노년기 돌봄학 개론

가족돌봄에서 시설돌봄까지

노년기 돌봄학 개론

초판 1쇄 인쇄일 2025년 8월 15일
초판 1쇄 발행일 2025년 8월 22일

지은이 나상원 이수명
펴낸이 양옥매
디자인 표지혜 송다희
마케팅 송용호
교 정 이원희

펴낸곳 도서출판 책과나무
출판등록 제2012-000376
주소 서울특별시 마포구 방울내로 79 이노빌딩 302호
대표전화 02.372.1537 **팩스** 02.372.1538
이메일 booknamu2007@naver.com
홈페이지 www.booknamu.com
ISBN 979-11-6752-656-4 (03300)

* 저작권법에 의해 보호를 받는 저작물이므로 저자와 출판사의 동의 없이
  내용의 일부를 인용하거나 발췌하는 것을 금합니다.
* 파손된 책은 구입처에서 교환해 드립니다.

돌봄학 시리즈 _1

《 가족돌봄에서 시설돌봄까지 》

노년기 돌봄학 개론

나상원·이수명 지음

INTRODUCTION TO ELDER CARE STUDIES

들어가며

고령사회는 더 이상 먼 미래의 이야기가 아닙니다. 한국 사회는 이미 전체 인구의 20% 이상이 65세 이상인 초고령사회에 진입했으며, '100세 시대'라는 말이 더는 낯설지 않을 만큼 인간의 수명은 획기적으로 연장되었습니다. 그러나 그 연장된 시간은 모두에게 평등하게 주어지는 축복일까요? 건강하고 존엄한 노후를 보장받기 위해 우리 사회가 감당해야 할 가장 중요한 과제 중 하나는 바로 '돌봄'입니다.

'돌봄(care)'은 단순히 도움이 필요한 사람을 돕는 행위가 아니라, 인간의 삶을 지탱하고 공동체를 유지하는 핵심 사회적 기능입니다. 돌봄은 일상 속에서, 관계 속에서, 제도 속에서 다면적으로 이루어지며, 돌봄을 받는 이뿐 아니라 돌보는 이의 삶에도 깊은 영향을 미칩니다. 특히 노년기에 접어든 사람들에게 돌봄은 생존의 문제이자 존엄의 문제입니다. 이에 따라 돌봄을 이해하고 실천하며 제도화하는 일은 우리 모두의 공동 과제가 되었습니다.

『노년기 돌봄학 개론』은 돌봄을 단순한 복지서비스가 아닌, 인간 존재와 사회 구조를 포괄하는 폭넓은 시각에서 조망하고자 합니다. 이 책은 돌봄을 이해하고 실천하며 제도화하는 과정을 총 4부 17장에 걸쳐 담아내고 있습니다.

1부 '돌봄의 이해'에서는 돌봄이란 무엇인가에 대한 철학적·윤리적 질문에서 출발합니다. 인간 존재의 취약성과 상호의존성에 기반한 돌봄의 개념을 살피고, 돌봄을 어떻게 정의하고 윤리적으로 접근할 것인지에 대한 근본적인 시각을 제시합니다.

2부 '돌봄의 실제'는 구체적인 돌봄의 현장을 다룹니다. 식사, 위생, 이동 보조 등 일상돌봄에서부터 정서적 돌봄과 의사소통, 디지털 기술을 활용한 원격돌봄, 시설돌봄,

생애말기돌봄에 이르기까지, 다양한 돌봄의 장면과 요구를 살펴봅니다. 아울러 돌봄제공자의 자기돌봄(self-care) 역시 중요한 주제로 포함하였습니다.

3부 '돌봄 제도'는 우리 사회의 돌봄체계를 이루는 주요 제도들을 분석합니다. 노인맞춤돌봄서비스, 장기요양보험제도, 치매 관련 제도, 지역사회 통합돌봄 등을 포함하여, 제도 간의 유기적 연계성과 한계, 개선 방향을 함께 모색합니다.

4부 '돌봄과 미래'는 돌봄을 둘러싼 경제적, 정치적, 교육적 쟁점을 조명합니다. 돌봄노동의 가치를 재조명하고 돌봄을 공공적 책임으로 전환하기 위한 정책적 상상력을 탐색하며, 돌봄이 지속가능한 사회를 위한 중심축으로 자리매김할 수 있도록 미래의 방향을 제시합니다.

이 책은 노년기를 중심으로 한 돌봄의 현상과 제도를 통합적으로 이해하고자 하는 학생, 현장 실무자, 정책 관계자, 일반 시민 모두에게 열려 있습니다. 특히 돌봄을 개인의 책임이 아닌 사회적 권리로 바라보는 관점, 그리고 누구도 돌봄에서 배제되지 않는 '돌봄 사회'를 함께 만들어가기 위한 출발점이 되기를 희망합니다.

돌봄은 결국 사람과 사람 사이의 이야기입니다. 이 책이 그 이야기를 함께 이해하고 나누고 실천해가는 여정에 작은 이정표가 되기를 바랍니다.

2025년 8월
나상원 · 이수명

차례

들어가며·4

제1부
돌봄의 이해

제1장 돌봄의 이해 ·· 15

1. 돌봄의 개념·16   2. 돌봄의 변천·22   3. 돌봄의 유형·24   4. 돌봄학·28   참고문헌·34

제2장 돌봄윤리 ·· 37

1. 돌봄윤리(Care Ethics)·37   2. 계몽주의 비판과 돌봄윤리·39   3. 돌봄윤리와 정의윤리·42   4. 돌봄윤리의 발전·46   5. 돌봄윤리의 윤리적 과제·59   참고문헌·60

제2부
돌봄의 실제

제3장 일상돌봄 ·· 65

1. 일상생활수행능력 ·65   2. 식사 지원·71   3. 배설 지원·82   4. 개인위생 관리·94   5. 의복 관리·97   6. 이동 보조·101   7. 복약 관리·106   참고문헌·109

제4장 정서적 돌봄과 의사소통 기술 · 110

제1절 정서적 돌봄 · 110

1. 정서적 돌봄의 개념과 중요성 · 110   2. 정서적 돌봄의 상호작용 · 114   3. 정서적 돌봄의 실천 전략 · 116   4. 가족돌봄에서의 정서적 돌봄 · 120   5. 정서적 돌봄의 전문성과 윤리 · 126

제2절 의사소통기술 · 128

1. 의사소통의 이해 · 128   2. 의사소통 모델 · 133   3. 공감적 소통기술 · 138   4. 상황별 의사소통 전략 · 140   참고문헌 · 148

제5장 원격돌봄과 응급대처 · 149

제1절 원격돌봄 · 149

1. 원격돌봄의 개념과 필요성 · 149   2. 원격돌봄의 유형 · 152   3. 원격돌봄 서비스 운영과 관리 · 159   4. 원격돌봄의 윤리 · 163

제2절 응급대처 · 166

1. 응급상황의 이해와 유형 · 166   2. 응급처치 기술 · 172   3. 응급 대응체계 · 179   참고문헌 · 184

제6장 시설돌봄 · 186

1. 시설 돌봄의 개념과 필요성 · 186   2. 시설 돌봄의 역사와 발전 · 187   3. 시설의 유형 및 기능 · 190   4. 입소 절차 및 평가 · 198   5. 시설 생활과 돌봄 내용 · 207   6. 시설 돌봄의 윤리와 인권 · 210   7. 시설 종사자의 전문성과 역할 · 212   8. 보호자의 역할 · 216   9. 돌봄 시설의 평가와 선택기준 · 218   참고문헌 · 222

제7장 생애말기돌봄 · 223

1. 생애말기 돌봄의 개념 · 223   2. 신체적 돌봄과 증상 완화 · 231   3. 정신·심리·영적 지지 · 237   4. 의사소통과 의사결정 · 239   5. 가족 돌봄과 지원 · 248   6. 팀 기반 임종 돌봄 · 250   7. 임종 후 돌봄과 애도 지원 · 253   참고문헌 · 261

제8장 자기돌봄 ··· 263

1. 자기돌봄의 의의·263 2. 가족돌봄자의 자기돌봄·269 3. 돌봄노동자의 자기돌봄·274 4. 돌봄수혜자의 자기돌봄·276 5. 자기돌봄을 위한 조직 및 정책적 지원·279 참고문헌·285

돌봄 제도

제9장 노인맞춤돌봄서비스 ··· 289

1. 추진 배경과 목적·289 2. 서비스 신청·299 3. 대상자 자격과 선정·299 4. 서비스 내용·303 5. 서비스 제공·318 6. 주요 성과와 과제·321 참고문헌·323

제10장 노인장기요양보험제도 ··· 324

1. 제도의 개요와 도입 배경·324 2. 제도의 운영 체계·326 3. 장기요양 인정과 등급판정·330 4. 장기요양급여의 종류·338 5. 수급자의 권리와 의무·349 6. 장기요양기관과 서비스 품질관리·354 7. 제도의 성과와 과제·357 참고문헌·364

제11장 치매관리제도와 치매공공후견제도 ···················· 365

제1절 치매관리제도·365

1. 치매관리제도의 개요·366 2. 치매관리체계의 구조와 운영·368 3. 치매안심센터의 주요 사업·372

제2절 치매공공후견제도·395

1. 치매공공후견제도의 이해·396 2. 치매공공후견제도의 절차·403 참고문헌·412

제12장 통합돌봄제도 · 414

1. 제도의 배경과 목적·414   2. 서비스 제공절차 및 운영체계·421   3. 대상자 자격 및 선정·428   4. 서비스 내용·437   5. 통합돌봄 성과와 사례·446   6. 제도의 과제와 전망·453   참고문헌·459

제13장 돌봄 관련 제도 · 460

제1절 방문건강관리사업 ·460

1. 방문건강관리사업의 이해·461   2. 서비스 내용과 제공 방식·462   3. 서비스 신청 및 이용 절차·464   4. 서비스 내용과 역할·467

제2절 연명의료결정제도 ·469

1. 연명의료제도의 의의와 배경·470   2. 사전연명의료의향서 및 연명의료계획서 작성·473   3. 연명의료결정의 이행절차·478   4. 연명의료결정제도의 관리체계·481

제3절 간병 제도 ·485

1. 간병의 개념과 필요성·485   2. 공공 간병제도의 발전과 정책 방향·487   3. 퇴원 후 간병지원과 지역 돌봄 연계·491   4. 민간 간병서비스 제도화와 기술 기반 확장·493   5. 간병 서비스의 과제와 미래 전망·495

제4절 일상돌봄서비스 사업 ·498

1. 일상돌봄서비스 사업의 개념과 목적·498   2. 일상돌봄서비스의 유형 및 제공 방식·499   3. 일상돌봄서비스 사업 체계·502   4. 일상돌봄서비스 이용 절차·505   5. 일상돌봄서비스의 운영 현황과 개선 방향·510

제5절 병원동행서비스 사업 ·512

1. 병원동행의 배경과 목적·512   2. 병원동행 현황·515   3. 병원동행서비스의 절차·517   4. 병원동행 매니저의 역할·525   참고문헌·526

제4부

돌봄과 미래

제14장 돌봄경제 ········· 531

1. 돌봄경제의 배경·532　2. 돌봄경제의 이해·540　3. 생태주의 경제·545　4. 돌봄노동의 돌봄경제·550　5. 전략적 관점에서 돌봄경제·554　참고문헌·557

제15장 돌봄 정치 ········· 559

1. 돌봄정치의 의의·560　2. 돌봄정치의 배경·563　3. 민주주의와 돌봄민주주의·567　4. 한국의 돌봄민주주의·570　참고문헌·580

제16장 돌봄 교육 ········· 582

1. 길리건의 돌봄교육론·583　2. 나딩스의 돌봄교육론·588　3. 돌봄윤리의 정치사회적 확장·592　4. 미래민주시민과 돌봄교육·596　참고문헌·600

제17장 돌봄의 미래 ········· 602

1. 탈시설과 지역돌봄·602　2. 기술과 돌봄·606　3. 생태돌봄·610　4. 초국가적 돌봄연대·614　5. 돌봄 기본사회·618　참고문헌·622

제1부

돌봄의 이해

INTRODUCTION TO ELDER CARE STUDIES

인간 존재와 사회를 이루는 근본 조건

인간은 누구나 언젠가 돌봄을 받으며, 또한 누군가를 돌보게 되는 존재다. 우리는 태어나면서부터 부모의 손길을 필요로 하고, 성장과 노화를 거치며 타인의 관심과 배려 속에서 살아간다. 이러한 인간의 보편적 의존성과 취약성은 돌봄이 단지 특정한 상황이나 집단에 한정된 일이 아니라, 인간 존재의 본질이자 사회적 삶의 토대임을 보여준다. 제1부는 돌봄을 학문적·실천적 탐구의 중심 개념으로 삼고, 그 철학적 기반과 사회적 맥락, 역사적 변천 과정을 종합적으로 조망하고자 한다.

제1장 「돌봄의 이해」에서는 돌봄을 인간의 의존성과 상호관계성을 전제로 한 존재론적 조건으로 설명하고, 실천성과 정서성, 규범성과 관계성을 아우르는 복합적 개념으로 제시한다.

제2장 「돌봄 윤리」에서는 인간의 삶을 독립성과 이성 중심으로 설명하는 계몽주의 윤리에 대한 비판적 성찰을 바탕으로, 관계성과 감정, 의존성을 중시하는 돌봄윤리의 대안적 관점을 제시한다.

이후 장들에서 다루어질 돌봄의 실제와 제도적 구조, 그리고 돌봄의 미래에 대한 깊은 이해의 발판을 제공한다. 독자들은 본 부를 통해 '돌봄'이란 무엇인지, 왜 지금 이 시점에서 돌봄을 다시 사유해야 하는지, 그리고 어떤 방향으로 돌봄사회를 구성할 수 있을지에 대한 이론적 토대를 갖출 수 있을 것이다.

제1장

돌봄의 이해

학습목표

- ✓ 돌봄의 개념과 중요성을 이해하고 설명할 수 있다.
- ✓ 돌봄의 유형과 범주를 구분할 수 있다.
- ✓ 돌봄의 변천과정을 살펴볼 수 있다.
- ✓ 돌봄학의 개념과 필요성을 설명할 수 있다.

    육체를 벗지 못하고 살아야 하는 인간인, 우리는 삶의 전반을 통해 어리거나 아프거나 나이가 들거나 장애가 생길 때 누군가의 관심과 에너지에 힘입어야 하는 시기를 겪게 된다. 이러한 생물학적 한계는 인간 존재의 본질적 조건이자 누구도 예외일 수 없는 보편적인 인간의 모습이다. 존재론적으로 인간은 취약한 자신에 대한 누군가의 관심과 걱정 그리고 실천에 의존해야 하는 상호의존적인 존재라 할 수 있다. 이렇듯 인간의 취약성과 의존성을 외면하지 않는 가치와 실천을 우리는 돌봄(care)이라 부른다. 이러한 돌봄을 통해 우리는 서로를 긍정하고 신뢰하며 사회 구성원으로 서로를 믿을 수 있는 신뢰의 출발점으로 삼는다. 따라서 돌봄은 자유롭고 평등한 사회구성원의 전제조건이자 동시에 우리 모두가 지향해야 할 가치이자 실천이라 할 수 있다.

    그간 우리 아니 세계가 동서고금을 막론하고 경제성장 중심의 개인주의를 우선시하며, 돌봄의 가치를 사적영역에 방치하고 공적책임을 소홀히 해왔다. 특히, 돌봄노동에 대한 하대와 보이지 않는 차별이 계속되면서, 돌봄은 공적 가치로 자리매김하지 못하고 사장될 위기에 처해 있다. 저출산·고령화의 원인은 돌봄을 우리 모두가 방치하고 경시한 후과(後果)일 뿐이다.

이제, 돌봄이 시대의 화두가 되었다. 돌봄은 '돌봄국가책임제'라는 각 정당의 선거 공약처럼, 저출산·고령화라는 공동체 전체의 구성과 절명의 문제를 해결할 전략적 방안의 공용어로 회자된다. 나아가, 돌봄은 인간 삶과 사회가 구성되고 조직되는 기존 도덕적, 철학적, 사회적, 경제적, 정치적 방식에 대한 근원적인 반성과 성찰의 패러다임 전환의 차원에서 돌봄의 의미가 재조명되고 있으며, '돌봄기본법', '돌봄헌법', 'ILO 결의안(2024)' 등 대안적 미래를 만들려는 패러다임 모색의 말머리로 제시된다. 요약하면, 대한민국과 세계는 우리 자신을 긍정하고 세상을 다르게 보고 읽어가며 더 좋은 관계로 만들어 갈 수 있는 새로운 힘을 돌봄에서 찾고 있다.

1. 돌봄의 개념[1]

한 마디로 돌봄(care)을 정의하기는 어렵다. 돌봄 개념은 맥락적 고려에 따라 시각이 분분할 정도로, 돌봄 개념은 학자들 사이에서도 정의하기 난해한 개념으로 악명이 높다. 초기 돌봄 학자인 러딕(Sarra Ruddick)(1984)은 돌봄을 세 가지 특징의 교집합으로 이해했다. 첫째, 추상적인 원리를 기반으로 제시되는 자유주의 정의에 반대되는 의미, 둘째, 노동이라는 활동적 가치의 의미, 셋째, 특정한 관계성을 갖는다는 의미가 강조되었다. 그런데, 돌봄을 연구한 문헌들을 보면, 돌봄은 흔히 실천(practices), 가치(value), 기질(disposition)이나 태도(attitude) 혹은 미덕(virtue)의 일종으로 정의되거나 이들의 교집합으로 설명된다. 예를 들어, 헬드(Held)는 돌봄을 일(work)뿐만 아니라 규범적 판단과 행위를 지도하는 이념으로 간주하여, 돌봄을 실천과 가치의 "묶음(clusters)"으로 제시한다.

1) 트론토(Joan Tronto)의 큰 개념 돌봄

너무 포괄적이라는 지적이 있지만, 가장 많이 쓰이는 주목할 개념 정의로는 트론토(Tronto)(2024)의 돌봄개념이 있다. 그녀는 돌봄을 "가능한 한 잘 살 수 있도록, 우리의 '세상'을 유지하고(maintain) 지속(sustain)시키며 복원(repair)하기 위해, 우리가 하는 모든 것을 포함하는 인간 종(種)의 활동"으로 제시다.

다소 큰 트론토의 돌봄 개념이 주목받는 점은 그것이 일회적인 개인의 서비스나 좋은 심성 혹은 활동으로 돌봄을 제시하지 않고, 인간 종(種)의 특징으로 제시함으로써, 특정 성이나 특정인에게 귀속되는 책임이나 활동이 아닌 가정을 넘어 인간으로서 우리 모두가 평등하게 주고받아야 하는 가치이자 실천으로 제시하고 있다는 점이다. 또한, 트론토의 큰 돌봄개념은 돌봄을 '일련의 연속적 과정'으로 제시함으로써 인간의 유한한 신체가 있는 한 우리는 모두 돌봄을 받으며 '수시로' 제공해야 하는 인간 삶에서 분리될 수 없는 인간적 가치이자 책임으로 제시하고 있다는 점이다. 이러한 특징은 트론토가 구체화시킨, 돌봄을 구성하는 도덕적 특징에서도 잘 나타난다.

트론토는 돌봄을 '연속적 과정'으로 제시하는데, 그 과정을 돌봄을 구성하는 단계이자 도덕적 특징들로 설명한다. 트론토는 다음과 같이 돌봄을 5가지 단계의 연속적 과정으로 제시한다.

(1) 관심(attentiveness): 관심돌봄(caring about)

돌봄의 첫 번째 단계로 개인이나 집단에 공백이 있는 돌봄의 필요를 감지하는 단계다. 자신의 이해관계보다 돌봄이 필요한 사람 혹은 약자의 처지에 이입해서 느끼고 결핍을 공감하며 바라보는 도덕적 능력이 필요한 단계다.

(2) 책임성(responsibility): 안심돌봄(caring for)

대상자(집단)의 돌봄 필요가 감지되고 확인되면 개인이나 집단은 그에 부응하고 대응(response)해야 할 부담을 담당하겠다는 일종의 책임감을 의미한다. 예를 들어, 혼자 있는 독거노인에게 당신을 발견했고 무엇이 필요한지 알았고, 이제 우리가 당신을 위해 모종의 대응을 할 것임을 확신시킴으로써 약자가 안심할 수 있게 하는 도덕적 자질이 필요한 단계다.

(3) 실행력(competence): 돌봄제공(care giving)

실제 돌봄을 제공하는 단계이며, 적정한 수준의 돌봄을 할 수 있는 도덕적 실천적 역량이 필요한 단계이다. 이 단계의 돌봄이 가장 민감하고 어려운 돌봄 과정일 수 있다. 무엇보다, 그것이 돌봄을 받는 사람들에게 적정한지의 여부를 돌봄 수혜자의 반응을 감지하면서 그 정도와 수위를 조절해야 하는 능력을 요구하기 때문이다. 다시 말해, 방치하지 않으면서도 부당한 개입을 하지 않는 실시간적인 균형점을 찾아 대응할 수 있는 도덕적 난도가 있는 능력이 요구된다.

(4) 대응력(responsiveness): 돌봄수혜(care receiving)

실행력(돌봄제공) 단계와 혼재된 부분이 있지만, 제공된 돌봄에 대한 반응을 보고 돌봄의 적절성 여부를 판단하는 과정을 의미한다. 단순히 돌봄을 주었고 거기서 돌봄이 종료되는 것이 아니라 제공된 돌봄으로 채워진 필요에 따라 새로운 국면과 단계로 부각되는 돌봄필요를 감지하는 능력까지를 요구한다. 이 단계는 채워지지 않은 돌봄필요의 단계나 새롭게 부각되는 돌봄필요의 감지를 의미하기 때문에, ①번의 관심 단계로 진입되는 새로운 돌봄과정의 출발점이 된다.

(5) 연대성(solidarity): 함께 돌봄(caring with)

돌봄의 복수(複數)성은 트론토 개념의 포괄적 특징을 가장 잘 대변한다. 우선 트론토는 돌봄이 엄마와 아이, 혹은 교사와 제자 등 양자 간의 대면적 관계에 국한되지 않는다고 본다. 트론토에 따르면, 돌봄은 여러 복수의 행위자들 간의 다자 관계로 봐야 하기 때문이다. 양자관계에 국한된 시각은 여러 명의 엄마역할자들(allomothers)의 협업(collaboration)으로 이뤄지는 다양한 돌봄의 양상을 못 보거나, 많은 공로(work)와 자원(resources)의 분배, 그리고 돌봄책임의 안배를 둘러싼 힘의 동학을 고려하지 못할 우려가 있다. 돌봄을 다자간의 협력적 관계로 이해해야 돌봄이 전통적인 엄마와 아이처럼 둘 간의 사적인 관계로 그치는 것이 아니라 그러한 관계를 둘러싼 사회 정치적 맥락들이 접목될 수 있는 집단적 사안으로 볼 수 있게 된다.

2) 작은 개념의 돌봄

(1) 실천성

트론토의 개념에 비해 작은 돌봄 개념은 주로 '인간의 의존성과 인격적인 상호작용'을 중심으로 돌봄을 이해한다. "전반적인 활동에서 시선을 마주하는 상호작용을 핵심으로 하며, 필요하지만 본인 자신은 혼자 해결할 수 없는 필수적인 것을 누군가가 충족시켜 주는 실천"을 돌봄으로 제시한다(Diemut Bubeck).

이 개념에 따르면, 돌봄(care)과 서비스(service) 나아가 복지(welfare)와 돌봄의 차이점이 이해된다. 이 정의에서 보면 돌봄은 스스로 충족할 수 없는 사람들의 필요를 충족시키는 활동이지만, 서비스는 자신을 돌볼 수 있는, 즉 자신의 힘으로 할 수 있는 능력이 있는 사람들의 필요를 충족시키는 것은 '서비스(Service)'로 분류된다. 다리를 다친 아내에게 물을 떠 주는 것은 돌봄이 될 수 있으나, 멀쩡한 남편에게 물을 떠 주는 것은 돌봄이 아니라 서비스로 봐야 한다.

또한, 돌봄을 일종의 활동이나 실천으로 정의한다는 점에 주목해야 한다. 돌봄은 신체의 노고와 공로가 직접 들어가는 인격적인 상호작용을 의미한다. 이 정의에서 보면 병상의 독거노인에게 식사를 배달하거나 식사비를 지원하는 것은 물적 자원을 분배하고 전달하는 복지(welfare)로 봐야 한다. 병상의 독거노인이나 영유아에게는 이유식을 직접 먹여주고 소화되는 것까지 확인하는 실천과 활동이 필요하다. 돌봄은 이러한 노고와 실천이 있어야 성립되는 개념이다.

(2) 정서성

돌봄은 또한 교감과 공감 등 정서적 차원이 동반되는 개념이다(Noddings 1984). 돌봄은 취약한 상대에 대한 고통이나 곤궁 등을 교감하고 소통할 수 있는 정서적 일체감이 요구된다. 나딩스는 이를 '전념(engrossment)'으로 표현하는데, 약자인 상대가 정서적으로 어떤 상태인지를 충분히 인지하고 그러한 상대의 입장에서 무엇이 필요한지 그리고 그러한 필요의 충족을 위해 함께 소통하는 능력을 포함한다. 이러한 감정적 유대는 돌봄 수혜자와 돌봄 제공자가 공동의 목표를 위해 함께 한다는 신뢰 관계의 전제가 된다.

정서적 교감은 이타성과 차이가 있는데, 이타성은 수혜자에 대한 제공자의 주관적 일방적 선심과 다르지 않을 수 있다. 하지만, 돌봄에서 요구하는 정서적 교감은 취약한 타인과의 관계 맺음까지를 의미한다. 돌봄을 주고받음으로써 서로를 교감하고 그러한 정서적 관계를 통해 서로에 대한 존중과 신뢰의 관계가 또 다른 사회 구성원에 대한 신뢰와 연대의 씨앗이 된다. 이러한 관계들의 망 속에서 서로에 대한 유대가 두터워지는 돌봄의 사회적 저변 확충 속에 서로에 대한 애정과 우정, 나아가 자신에게 돌봄을 주었던 작은 생태계인 마을에 대한 애향심, 더 확대되어 그러한 돌봄관계를 법과 제도로 든든하게 지원해 주었던 정치공동체를 민주적으로 운영하는 구성원들에 대한 애정 즉 애국심의 모태가 될 수 있는 감정적 토대가 된다. 이러한 차원에서 돌봄은 개인과 사회 그리고 국가 구성을 위한 애정과 유대의 밑알이라 할 수 있다.

(3) 규범성

헬드(Held 2017)가 지적하듯, 돌봄은 인간을 인간답게 만드는 윤리적 가치이자 실천이다. 취약한 어린아이, 연로자, 장애인 혹은 자신보다 어려운 처지와 곤경에 처한 사람을 봤을 때 이를 외면하지 않는 규범성이 돌봄을 윤리적인 기초로 만든다. 이러한 취약한 인간들을 보고도 외면한다면, 윤리적인 인격체인 사람이라기보다 인간 이하의 존재 즉 짐승과 다름없는 존재로 전락하는 것이다. 이러한 돌봄의 규범성은 오직 인간만이 인간을 위해 인간다움을 제공함으로써 상대를 인격체로 만들고 자신도 인격적 성품을 유지 발전할 수 있는 좋은 인간 공동체를 지향하는 원동력이 된다.

이러한 돌봄의 규범성 차원에서 보면, 일부 학자들의 돌봄 정의는 미흡해 보인다. 예를 들어, 잉스터(Engster)는 돌봄을 '생물학적으로 필요한 것을 충족할 수 있도록 돕는 모든 실천'으로 정의한다(Engster 2007). 이러한 정의에 따르면, 돌봄을 하는 양상은 음식을 제공할 때 존중받아야 할 인간 존중의 모습은 중요하게 간주되지 않을 수 있다. 식판을 던지지 않듯 돌봄에는 인간존엄에 대한 존중이 깃들어 있어야 한다.

(4) 관계성

돌봄은 그 어휘 자체가 함의하듯, 관계를 전제하는 개념이다. 자유주의가 상정하듯, 자율적이고 자급자족할 수 있는 독립적이고 고립된 개인이 아니다. 우리 모두가 어느 부모의 돌봄에 힘입은 아이들이듯, 특정한 어떤 인격체와의 관계 속에서 잉태되고 배양되는 인격체들이다. 즉, 돌봄 개념의 관계적 측면은 인간이 타고나길 관계 속에서 나서 관계 속에서 삶의 의미를 구성하고 관계를 맺고 확장함으로써 관계라는 삶의 그물망을 나 자신도 유지하고 지켜가며 관계 속에서 삶의 의미를 마감한다는 의미를 함의한다.

이러한 관계적 측면은 존재론적으로 인간은 비와 구름 아래서 저절로 태어나고 자라는 버섯 같은 존재가 아니라 인간다운 관계 즉 돌봄 속에서 자라고 돌봄을 주고받는, 강도의 차이는 있지만, 관계 속에서 그 의미를 갖고 찾게 되는 존재임을 함의한다.

이렇듯 돌봄-연고적(care-encumbered) 관계(김희강 2022)는 인간의 존재론적 특징을 전제하는, 비록 계약론적으로 선택하지 않았지만, 삶의 나고 자라는 자리가 해당 인격체의 의지와 무관하게 그 인격체 앞에 펼쳐지듯, 외면할 수 없는, 예를 들면 부모와 자식의 관계에 대한 서로에 대한 우리의 책임을 함의하는 의미이기도 하다.

3) Care의 어원과 번역어 '돌봄'

(1) Care의 어원

Care의 어원은 라틴어 'cure(치유하다, 돌보다)'와 고대 그리스어 'epimeleia(돌보다, 보살피다)'로 예시된다. 동양에서는 '인(仁)(어진 성품)', '배려(配慮)(내 반쪽으로 염려함)', '측은지심(惻隱之心)(불쌍해서 편하지 않은 마음)'으로 통용된다. 어감상 상내의 고통과 슬픔을 내 고통과 슬픔으로 생각하는 애통(哀痛)함으로 이해된다.

(2) 번역어 '돌봄'

'돌봄'은 우리말로는 '돌아보고 살피고 맡아서 하다'를 의미하는데, 영어 'care'의 번역어다. '내 일처럼 느끼고 챙기다(look after)'의 의미의 Care는 통상 '관심', '염려', '책임' 등을 내포한다.

Care의 번역어로 배려, 보살핌, 돌봄 등이 혼용된다. 이 책은 '돌봄'을 사용한다. 번역어 돌봄이 '힘의 비대칭이라는 사실성', '윤리적 태도라는 규범성', '행동의 실천성' 모두를 적절하게 함축할 수 있다고 보기 때문이다.

어린아이, 연로자, 환자, 장애인 등을 돌본다는 표현처럼, 주로 사회과학분야에서는 'care'의 번역어로 돌봄이 사용되고 있다. 번역어로 '돌봄'은 사실성, 규범성, 그리고 실천성 모두를 적절하게 함축할 수 있다는 장점에서 채택된 것으로 보인다(나상원 2024). 어린아이, 환자, 노인, 장애인 등을 돌본다는 표현처럼, 돌봄관계의 기본은 '힘의 비대칭성'이라는 엄연한 사실이다. 즉, 돌봄이라는 용어가 한국적 어감상 '어린아이를 상대하듯'이란 어감을 갖고 있듯, 혼자 힘으로 할 수 없는 사람과 그것을 해 줄 수 있는 힘이 있는 누군가와의 관계라는 힘의 비대칭성을 함축할 수 있다고. 의미 번역어는 본인의 힘으로 해결할 수 없는 무언가를 제공할 수 있는 힘을 갖고 있는 누군가와의 관계라는 비대칭성을 함축할 수 있다.

그리고, 취약한 인간을 외면하지 않는다는 윤리적 규범성을 내포할 수 있다. 예를 들어, 방치된 영유아나 환자 혹은 위험에 처한 취약한 인간을 마주했을 때 이를 외면하고 지나친다면 인간다운 인간이 아니다. 이를 지나치지 않고 '돌아보게 하는' 인간다운 인간으로의 질적 탈바꿈이 있어야 윤리적인 인간이라 할 수 있다. 헬드는 이를 마치 물이 얼음이 되듯 질적 변화가 일어나듯 윤리적 존재로의 탈바꿈(transformation)이라고 표현한다. 이렇듯 돌봄은 돌아본다는 용어가 함의하는 윤리적 규범성을 내포할 수 있다.

마지막으로, 돌봄은 '돌아본다'는 실천성까지 함의할 수 있는 장점이 있다. 물론, '어떤 대상을 보고 살피다'는 보살핌과 큰 차이가 없으나, 돌봄은 '어떤 대상에 관해 돌아서 보는'의 뜻을 함의하고 있어 '보살피다'보다 기존과 다른 '행위의 변화'까지 가시적으로 표현하고 있다는 점에서 더 강한 실천적 의미까지 내포할 수 있다.

2. 돌봄의 변천

1) 전근대 농경사회의 돌봄: 가부장제

돌봄이 인간 삶의 필수 불가결한 요소라는 관점에서 보면, 돌봄의 역사는 인간의 역사라 할 수 있다. 그만큼 뿌리가 깊다. 가부장제를 기반으로 발전한 고대문명에서 남성은 무기와 폭력을 독점하고, 여성은 점차 자연의 일부로 간주되어 통제와 착취의 대상이 되었다. 고대 사회에서도 남성은 가장으로서 공적 영역인 폴리스에서 공적인 일을 담당했으며 여성은 가장의 통제를 받으며 가정이라는 사적영역에서 가사, 양육, 일부 생산 영역을 담당해왔다.

특히, 생산의 무대인 일터와 재생산의 무대인 가정이 분리되지 않은 대가족 중심의 전통적인 농경사회에서, 돌봄은 가족과 지역공동체에서 담당해왔다. 형제자매의 수가 많았던 대가족의 구성원들은 그 자체로 돌봄을 담당하는, 물론 여성이 일차적으로 돌봄을 담당했지만, 대체 인력으로 돌봄의 부담을 분담하는 역할을 해왔다. 이를 통해, 가족과 사회에서 남성이 절대적인 권한을 행사하고, 여성은 남성의 휘하에 있는 가정의 역할에 한정되는 사회가 지속 강화되었다.

2) 근대 산업사회의 돌봄: 가부장제의 약화

근대 산업사회로의 전환은 산업화와 자본주의 발전, 도시화, 그리고 민주화 등 사회 전반의 변화를 동반했다. 이러한 산업사회로의 변화는 일터와 가정의 분리를 의미했으며, 남성은 가정 밖에서 임금노동자로서 공적 영역을 담당하게 되었으나, 여성은 여전히 가정이란 사적영역에서 가사와 돌봄을 전담하게 되는 가부장적 성별분업이 자본주의 산업사회에서도 제도화되었다.

하지만, 산업사회의 전환과 병행된 신분제 철폐와 대의제 민주주의 확산을 동반한 정치적 근대화는 가족 내 위계질서에 도전하고 수평적 관계를 지향하는 변화를 가져왔다. 여성의 교육 기회 확대와 참정권의 확대, 사회·경제 활동 참여의 증가로 가족 내 여성의 지위와 역할이 변화하기 시작했으며, 여성의 결혼과 가정에 대한 종속성이 약화되고, 성평등의 의식이 함께 고양되었다. 맞벌이 가정이 증가하고, 대가족이 핵가족으로 축소되면서 돌봄을 담당할 가족 내 인력이 역부족인 '돌봄공백'이라는 새로운 사회문제로 부상했다. 하지만, 여성의 사회·경제적 지위 향상으로 돌봄을 여성에게 당연히(natural) 귀속시킬 수 있어야 한다는 남성 가장의 경제적 심리적 영향력도 약화 되었다. 이러한 배경에서 돌봄 공백은 가정이나 사회에서 여성에게 전가되는 가부장적 방식에서 성별불문/공사불문으로 사회와 국가가 분담해야 할 공동의 문제로 제기되기 시작했다.

3) 압축적으로 재현된 한국의 돌봄 현대사

우리에게서도 서구에서 진행된 장시간의 산업화와 민주화라는 변화는 압축적으로 재현되었다. '한강의 기적'으로 불리는 한국의 경제성장과 민주주의는 200여년에 걸쳐 일어난 서구의 긴 시간에 비해 한두 세대라는 단시간에 비약적으로 달성된 산업과 민주주의의 '압축적 성장'으로 축약될 수 있다. 마찬가지로, 서구에서 진행된 장시간의 사회 변화는 한국에서도 압축적으로 재현되었다. 부연하면, 한국은 전근대적 농업사회에서 근대 산업국가로의 압축적 성장과 민주주의가 전통적 가부장제를 약화시키고 여성의 사회참여와 평등의식을 강화시켜 대가족의 해체로 급증한 돌봄 수요와 저출생으로 급감한 돌봄 공급의 부족이라는 한국적으로 가중된 '돌봄 공백'을 여성에게 전가하는 이데올로기가 더 이상 유효하지 않은 사회로 변모했다.

3. 돌봄의 유형

크고 작은 돌봄의 개념들은 그것들의 맥락에 따라 구체화 되는 실용적인 차원으로 분화시킬 수 있다는 장점이 있다. 다시 말해, 위의 개념 정의들이 주로 사회정의나 정치·사회·경제·교육의 이념적 미래형 나침반 역할을 한다면, 그러한 개념들을 실용적인 차원에서 분류하는 작업은 돌봄의 현재 좌표를 이해하고 비교할 수 있다는 점에서 의미가 있다.

1) 돌봄의 범위[1]

실용적 수준에서 구체화 되는 돌봄은 주로 돌봄노동(care work)의 범위 설정과 관련된다. ILO는 돌봄노동을 '성인과 아동의 신체적, 심리적, 감정적 욕구를 충족시키는 것과 연관된 활동과 관계'로 정의하고 있으나, 구체적인 분류에 있어서는 이견들이 있으며, 돌봄노동을 대면 중심으로 좁게 정의하는 방식과 간접적 방식까지 더 넓게 정의하는 방식으로 구분된다.

(1) 직접 대면적 상호작용 중심의 돌봄 노동

서로의 신체적 변화를 감지하고 대응할 수 있는 근거리에서 대면적 상호작용을 통해 의존자의 인지(심리)적, 신체적, 감정적 역량을 회복하거나 지속시키는 노동(work)으로 돌봄 노동을 정의한다. 이에 따른 범위는, 양육, 보건(간호, 간병, 요양), 교육서비스 등 대면 접촉이 필수인 직종 이외에, 타인의 신체적·정신적 유지와 심리적·사회적 능력을 유지·발전시키는 상담가, 사회복지사, 성직자, 레크레이션 종사자 등이 포함되며, 분류자에 따라, 교사, 의료인, 간호사, 대인 돌봄 제공자, 성직자, 의료인 또는 (지역사회 돌봄과 관련된) 군인, 경찰, 경호원 등도 돌봄 직종으로 분류된다.

(2) 간접적 돌봄활동을 포괄하는 돌봄 노동

돌봄노동이 직접적인 대면 관계를 중심으로 이해되면서, 직접대면은 아니나 돌봄제공에 없으면 안 되는 활동들을 간접적 돌봄노동으로 분류한다. 이에 따르면, 간호사, 유아교육 교사, 아동 돌봄 노동자, 노인 돌봄 노동자, 사회복지사 이외에, 간접적 돌봄 활동을 수행하는 가구 내 가사노동자 같은 종사자들을 포함시킨다.

(3) 간접적 기술적·환경적 향상에 의한 돌봄활동을 포함한 돌봄 노동

돌봄활동에 미치는 돌봄관련 기술적 환경적 영향이 증대된 현대적 환경을 고려까지

---

[1] 『돌봄경제 활성화 방안』(2022.11) 김태일 외 저출산고령화위원회. p.13

고려하면 돌봄노동의 범위는 확장된다. 보조기기, 복지용구, 개인화된 헬스케어, 돌봄로봇 등의 도입으로 돌봄활동이 효율화된 기술적 향상이나, 병원과 시설과의 연계성과 효율성을 높여주는 환경적 돌봄 역시 돌본 노동의 비대인적이고 기술적인 측면에서 간접적이지만 돌봄활동으로 포함시킬 수 있다. 이러한 기술적·환경적 발달로 가능해진 활동들은 돌봄활동의 영역을 이동, 응급, 보호, 건강관리까지 넓혀 노인과 장애인의 일상생활수행능력(ADL)과 도구적일상생활수행능력(IADL)까지 향상 시킬 수 있다.

2) 돌봄의 유형: 비공식적(informal) 돌봄과 공식적(formal) 돌봄

돌봄이 이뤄지는 영역에 따른 유형 분류로 비공식과 공식으로 돌봄의 유형을 분류할 수 있다. 비공식 돌봄은 주로 가정을 중심의 지역사회에서 수행되는 가사·돌봄을 말하며, 공식 영역은 국가(공공기관), 시장(사기업)이 중심이 되어 매개된 돌봄을 말한다. 흔히 비공식 돌봄은 사적 돌봄으로 공식 돌봄은 공적 돌봄으로 불리기도 한다.

공식 돌봄과 비공식 돌봄의 가장 큰 구분점은 금전적 대가 유무라 할 수 있다. 특히, 화폐나 금전적 대가가 지불되는 유급 돌봄을 공적 돌봄으로 이해되며, 금전적 대가가 수반되지 않는 무급 돌봄을 사적 돌봄으로 분류한다. 돌봄을 사적 영역의 것으로 간주해 온 전통적인 공사구분의 연장선에 있다 할 수 있다.

공식 돌봄은 주로 국가 혹은 지방정부가 사회복지사, 요양보호사, 간호사 등 그 자격을 인정한 전문 인력이 돌봄을 제공하며, 장기요양보험, 노인돌봄서비스 등 공적 제도가 뒷받침되며, 돌봄 제공자에게 급여가 지급된다. 공식 돌봄에서는 정부가 규율하는 일정한 서비스를 제공해야 하는 돌봄의 공적 확대의 맥락에 있다.

비공식 돌봄은 가족, 친척, 친구, 이웃 등 비전문적이고 무급 인력이 돌봄을 담당한다. 주로 정서적 유대와 친밀감을 바탕으로 돌봄을 주고받는 사람들의 내적 동기에 크게 좌우된다. 하지만, '동일노동 동일임금'의 관점이나, '돌봄의 사회적 책임'의 관점에서 비공식 돌봄에 대해서도 그 가치를 인정해야 한다는 사회적 공감대가 커지고 있어 이에 대한 대안으로 '돌봄크레딧' 같은 제도들이 모색되고 있다. 전반적으로 비공식 돌봄노동의 가치를 인정하는 공적 방안들에 대한 논의가 활발히 이뤄지고 있다.

국제노동기구(ILO)는 전 세계적으로 비공식 돌봄의 경제적 가치를 연간 약 10조 달러로 추산하며, 이는 GDP의 약 13%에 해당하는 규모다(ILO 2023). 또한 비공식 돌봄과 공식 돌봄을 모두 포괄할 때 약 3억 8,100만 개의 일자리(전 세계 고용의 11.5%)를 차지하고 있다고 추계한다.

[표1-1] 비공식돌봄과 공식돌봄

비공식 돌봄	무급	가정 내 직·간접 무급돌봄	
공식 돌봄	유급	직접	보육·유치원·초등돌봄, 요양·간병, 장애인 활동지원
		간접	조리, 청소, (비대면)가사서비스
		의료·교육·전문직·유관 행정사무	의사·간호사, 치료사, 초중등 행정사무, 사회복지사

3) 돌봄의 양상

(1) 신체적 돌봄

크게는, 신체적 질병이나 위험을 예방하고 신체적 건강을 유지하며 고통에서 회복될 수 있도록 반드시 필요한 돌봄활동을 말한다. 좁게는, 아이나 환자 노약자 등 혼자서 해결할 수 없는 식사, 배설, 위생, 복약, 병원이동, 동행보조, 수발 등의 신체적 욕구를 충족하도록 하는 것이 신체적 돌봄의 핵심이다. 보다 적극적인 의미로, 규칙적인 운동과 신체 활동, 균형 잡힌 식사와 영양 섭취, 수면과 휴식, 낙상 예방 등 일상 생활 전반의 활동과 관계된다.

(2) 정서적 돌봄

환자나 아이, 노인 등과의 돌봄에서 대상자의 심리적 불안이 안심으로 전환될 수 있도록 지원하는 돌봄을 말한다. 단순히, 신체적이거나 물질적인 도움을 넘어, 고통, 질병, 상실, 스트레스 등으로 심리적 실의와 불안에 처했을 때, 심정적 지지를 통해 스스로를 긍정할 수 있는 심리적 회복력을 북돋아 주는 것을 의미한다. 예를 들어, 상대의 심리적 고통에 대한 관심과 이해, 그리고 공감, 위로와 격려 및 지지를 제공하는 것을 포함한다. 이를 통해 심적으로 고립된 불안감을 완화하여 연결 관계와 애정의 복원과 심리적 상호작용의 능력을 복원할 수 있다. 이러한 심리적 안정감의 회복력은 환자나 노인 등 의존인 뿐 아니라 일반 성인들에게도 요구되는 돌봄이다. 심리적 회복탄력성을 유지하기 위해 누군가가 나를 정서적으로 돌보듯, 자기 자신의 심리적 상태를 이해할 수 있는 돌봄은 자기-돌봄의 첫걸음이기도 하다.

(3) 사회적 돌봄

가족이나 친밀한 사람이 아닌 사회가 제공하는 돌봄을 의미한다. 주로 아동, 노인, 장애인, 환자 등 신체적 정서적 돌봄이 필요한 사람들에게 대한 돌봄을 개인이나 가족이 담당해왔지만, 저출산 고령화 1인 가구 증가와 여성의 경제활동 등으로 돌봄에 과부하가 걸린 가족을 넘어 지역 사회와 국가 전체의 함께 감당해야 하는 과제로 부상했다. 이러한 맥락에서 친밀한 사적 관계에서의 돌봄의 개인 책임을 넘어 사회가 분담하는 사회적 책임으로 돌봄 위기를 해소하려는 공적 노력의 양상으로 이해될 수 있다.

무엇보다 사회적 돌봄의 특징은 돌봄의 제도화라 할 수 있다. 돌봄의 제도화란 돌봄을 사회적 합의와 공적 재원과 인력 및 관리 감독하에 사회적 가치를 지니는 안정적인 서비스로 공용재로 정착시키는 것을 의미한다. 이러한 제도를 성립시키고 운영하기 위한 공동의 노력 차원에서 사회적 돌봄은 민주적 돌봄과도 맞닿아 있다.

4. 돌봄학

1) 돌봄학의 개념과 배경

'돌봄학(Care Studies)'은 인간 삶의 보편적 조건인 돌봄을 철학적, 사회적, 정치적, 경제적 맥락에서 통합적으로 분석하는 학제적 연구 영역이다. 전통적으로 돌봄은 가족 내 여성의 역할, 사적인 정서 노동, 또는 복지의 부차적 영역으로 인식되어 왔지만, 20세기 후반에 접어들며 고령화와 가족 해체, 여성의 노동시장 진출, 사회적 불평등의 심화와 같은 구조적 변화가 맞물리면서, 돌봄은 더 이상 개별 가정의 문제로 환원될 수 없게 되었다.

특히 1980년대 이후 서구 페미니즘 철학과 도덕윤리학에서 '돌봄 윤리(Ethics of Care)'가 하나의 독립된 이론으로 부각되면서, 돌봄을 둘러싼 학문적 논의는 본격적인 전기를 맞이한다. 캐롤 길리건(Carol Gilligan), 넬 나딩스(Nel Noddings), 조안 트론토(Joan Tronto) 등의 이론가들은 돌봄을 단순한 행위가 아니라, 도덕적 판단, 인간관계의 본질, 사회 정의 실현의 기초로 보았다. 이러한 흐름은 돌봄을 철학·윤리학의 영역에서 다루기 시작했고, 이후 사회복지학, 간호학, 교육학, 정치학 등으로 점차 확장되어 통합적 연구의 필요성이 제기되었다.

돌봄학은 바로 이러한 배경에서 출발하였다. 돌봄을 단지 복지 서비스의 기술적 제공이나 노동의 한 형태로 보는 데 그치지 않고, 사회와 인간관계를 유지하는 핵심적인 윤리적·정치적 기초로 파악한다는 점에서 기존 학문들과 구분된다. 돌봄학은 돌봄이 필요한 상태와 제공되는 구조 사이의 권력 관계, 사회적 위계, 젠더 불평등, 자원 배분의 문제까지 아우르며, 돌봄을 둘러싼 사회구조 전반에 대한 분석을 시도한다.

특히 노년기 돌봄 영역에서는 돌봄학의 접근이 더욱 중요한 의미를 갖는다. 노인의 의존성과 자율성, 가족과 국가의 책임 분담, 돌봄노동자의 감정적 소진과 처우 문제, 지역사회 기반 돌봄 시스템 등 복합적인 요인을 이해하기 위해서는 돌봄을 통합적으로 탐색하는 학문적 토대가 필요하다. 돌봄학은 이러한 복잡한 현실을 분석하고, 대안을 제시하는 데 핵심적인 역할을 할 수 있는 이론적 자원을 제공한다.

결국 돌봄학은 단일 학문이라기보다 다양한 분야가 교차하며 형성된 학제적 연구영역(interdisciplinary field)으로서, 돌봄을 사회 변화와 윤리적 가치, 정책 설계와 실제 실천에 이르기까지 연결하는 다리 역할을 수행한다. 이러한 돌봄학의 등장은 고령화 사회를 살아가는 오늘날, 돌봄의 의미를 새롭게 정의하고 실천할 수 있는 학문적 기반을 마련하는 데 결정적인 기여를 하고 있다.

2) 대안적 상상력의 모태(母胎)

　돌봄의 역사를 인류의 역사로 볼 수 있듯, 돌봄의 미래는 인간의 미래라 할 수 있다. 돌봄은 역사와 함께 인간 삶을 관류하며 전수되어왔으나 우리 삶을 구성하는 가치의 언어로 잘 보이지 않고 거론되지 않았다. 이러한 돌봄이 가치의 영역에서 재조명되기 시작한 계기는 COVID-19이라는 지구적 팬데믹의 영향이 컸다. 우리의 일상이 멈추면서, 우리의 일상을 기본적으로 부양해왔던 돌봄의 의미와 그간 간과한 삶에 대한 전반적인 반성의 계기가 되었다.

　하지만, 이전과 다른 돌봄에 대한 우리의 감각이 바른 방향으로 재정립되어 다른 미래를 형성하고 정립하고 있는지는 또 다른 차원의 문제다. 여전히 우리는 돌봄을 영유아의 양육, 환자의 간병과 간호, 고령 노환자의 수발과 요양 등 '신체적 돌봄'으로 국한해서 생각하는 관성적 사고와, 가정과 친밀한 사적인 관계를 중심으로 축소해서 받아들이려는 습성에서 벗어나지 이탈하지 못하는 것 같다. 이러한 타성적 사고는 돌봄에 대한 새로운 각성을 가로막는다. 게다가, 시장 경제라는 상품으로 환원될 수 있는 서비스만을 가치있는 것으로 인정하려는 데 환경 속에서 돌봄을 자칫 시장에서 제공되는 상품으로 오인될 위험이 크다.

　발상을 크게 전환해야 한다. 돌봄이 공적 가치를 구성할 수 있는 원동력임을 생각해야 한다. 돌봄을 단지 신체적이고, 사적인 관계 잘해야 시장에서의 '서비스 상품'정도로 치부하는 것은 새로운 세상을 잉태할 수 있는 모태(母胎)로서 돌봄의 무한한 상상력과 잠재력을 사장시키는 것이다.

　돌봄이 없다면 개인, 가족, 사회, 경제 그리고 국가도 있을 수 없다. 비록 돌봄은 어머니 손등의 주름으로 그 흔적이 남아 있을 뿐 그 가치를 사회적으로 인정되거나 경제적으로 보상되거나 정치적으로 환대받지 못했지만, 그 주름들이 나와, 가족, 사회와 경제 그리고 국가적으로 필수불가결하다. 많은 학자들은 돌봄을 중심으로 세상이 재편될 수 있다고 본다.

　예를 들어, 낸시 프레이져(Nancy Fraser)는 보편적 돌봄제공자 모델(Universal Caregive Model)을 제시한다. 돌봄을 여성만의 책임으로 한정하지 않고 시민의 보편적 책임이자 사회의 핵심 가치로 삼자는 모델이다. 이 모델은 돌봄의 가치를 간과해온 기존의 '남성=생계부양자, 여성=돌봄제공자'의 구도 깨고, 남성과 여성 모두가 임금노동과 돌봄노동을 병행하는 것을 사회 구성의 출발로 삼아야 한다고 본다. 즉, 돌봄책임이 성별불문 모든 시민의 책임임을 인정하고, 사회제도를 설계하고 재편함으로써, 돌봄을 사회 유지의 필수적 요소로 보고, 돌봄을 저평가하거나 성별로 전가하는 구조를 해체해야 한다고 주장한다. 이를 통해 돌봄공백 문제, 돌봄책임의 불평등, 저출산 등의 다차원적인 사회문제에 대응하여 돌봄이 있는 사회로의 더 인간적인 사회로의 구성을 가능하게 할 수 있다고 본다. 이렇게 돌봄을 중심으로 한 대안적 상상에서 보면, 기존 시장 노동의 시간은 돌봄 시간의 확대를 위해 조정되어야 하며, 돌봄을 중심으로 한 가족, 사회, 시장에서의 의미 있는 생활 반경이 확대될 것으로 기대된다. 돌봄은 내가 속한 돌봄관계에 가치를 부여할 새로운 세상을 품고 있는 비전의 씨알이다.

3) 돌봄학의 필요성

과거의 세상을 성찰하고 미래의 세상을 열어갈 화두로 돌봄을 이해한다는 것은 돌봄에 대한 학문적 연구와 체계의 필요성을 웅변한다. 무엇보다, 돌봄에 대한 보편적이고 통합적인 접근이 필요하다. 기존의 돌봄 논의는 간호학, 보건학, 장애학, 노인복지, 교육학, 가정관리학 등 돌봄을 구체적인 목적에 특화되어 파편적으로 접근한 측면이 없지 않았던 것 같다. 이러한 접근은 '인간 의존성과 이에 대한 책임인 돌봄필요'들 인간 삶 전 구간에서 인간의 보편적 측면으로 이해하고, '인간 누구나 돌봄을 받아야 하고 우리 모두가 수시로 돌봄을 해야 하는 사회적 경제적 사상적 조건과 발상까지' 접근하지 못하는 측면이 있다고 볼 수 있다. 이러한 이유에서, 기존의 실천적 돌봄연구들과 그러한 돌봄실천들이 위치하는 가정, 사회, 경제, 정치, 지구 생태계라는 더 큰 맥락의 대안적 돌봄연구들이 접목되어 이해되는 돌봄학의 정립이 필요하다.

무엇보다 '돌봄학'을 관통하는 키워드는 '인간 의존성과 돌봄'이 될 것이다. 기존의 학문 특히 과학적 합리성을 중시하는 학문들에서 인간의 의존성(dependency)들이 얼마나 반영되었는지 의문이다. 주류 학문들이 이성적이고 독립적인(independent) 인간을 상정하고 그러한 전제에서 구축한 학문적 체계라면, 그 안에서 인간의 의존성은 보이지 않고 주변화될 뿐이다. 이는 비단 기술 진보를 이끈 과학계뿐 아니라 과학적 방법론을 기반으로 한 사회과학 분야에서도 대동소이해 보인다.

특히, IT 기술의 발전으로 인간이 기술을 다루는 능력은 나날이 발전하고 있으나, 인간이 인간을 대하는 능력은 점점 퇴화하고 있는 듯하다. 지능이나 활동면에서 인간의 능력을 뛰어넘어 인간의 여러 분야를 대체하고 있는 AI로봇의 등장은, 우리에게 인간과 AI로봇의 차이가 과연 무엇인지? 인간 정체성 즉, 인간의 가치에 대한 답을 찾아야 하는 시대에 살고 있다. 필자의 생각으론, 인간의 정체성은 인간이 서로를 대하는 능력 즉 돌봄에서 찾아야 할 것 같다. 지성을 기반으로 한 기술 진보가 인간의 인성 즉 도덕성의 진보를 의미하지 않는다. 인간이 기술을 대하는 영역에서 인간성과 도덕성을 찾을 수는 없다. 다이아몬드는 다이아몬드만이 제련할 수 있듯, 인간이 인간을 대하는 관계 속에서 인간성과 삶의 의미를 찾고 전수할 수 있도록 '보편적인 인간 의존성과 돌봄이 실천되는 맥락까지 통합된 인간학'의 관점에서 '돌봄학'의 정립이 필요하다. '인간의 인간을 위한 인간에 의한 돌봄'의 의미는 무엇인지 실천적인 측면과 거시적인 관점에서 제시되어야 한다.

오늘날 고령화와 돌봄 공백의 문제는 단순한 복지 수요의 증가가 아니라, 사회 전반의 구조적 전환을 요구하는 현상이다. 독거노인의 증가, 가족 돌봄자 부담, 저출산으로 인한 돌봄 인력 부족, 지역 격차 등 복합적인 문제들이 동시에 발생하고 있으며, 이는 기존의 복지정책이나 의료체계만으로는 대응이 어렵다. 따라서 돌봄을 보다 깊이 있게 분석하고, 실천 가능하고 지속 가능한 대안을 제시하기 위한 이론적 체계와 분석 틀이 절실히 요구된다.

돌봄학은 바로 이러한 필요에서 출발한다. 첫째, 돌봄학은 돌봄을 단지 물리적 지원이 아닌 관계성과 윤리를 중심으로 한 사회적 실천으로 재정의함으로써, 돌봄에 대한 인식 전환을 가능하게 한다. 이는 돌봄을 단순히 '하는 일'이 아니라, '함께 살아가기 위한 방식'으로 이해하게 만드는 틀을 제공한다.

둘째, 돌봄학은 돌봄이 발생하는 사회적 맥락과 구조적 조건을 분석함으로써, 복지정책의 한계와 돌봄노동의 불평등을 조명한다. 예컨대, 돌봄노동의 성별 분업, 저임금 구조, 비가시화된 감정노동은 단지 서비스 개선만으로는 해결되지 않으며, 이는 돌봄을 정치·경제·문화의 차원에서 분석할 수 있는 이론적 틀이 필요함을 보여준다.

셋째, 돌봄학은 학제적 접근을 통해 다양한 영역 간의 연결을 가능하게 한다. 보건의료, 사회복지, 간호, 교육, 심리, 철학, 도시계획 등 각 분야에서 돌봄은 핵심적인 요소임에도 불구하고, 그간 분절적으로 다루어져 왔다. 돌봄학은 이러한 분절을 통합하고, 현장과 정책, 학문 간의 연결 고리를 형성하는 데 기여한다.

무엇보다도 돌봄학의 등장은 단순히 한 분야의 지식 축적이 아니라, 인간의 삶의 조건을 재조명하고 공동체의 미래를 성찰하는 시도로서 의미가 크다. 돌봄학은 사회의 가장 기본적인 신뢰와 연대의 조건을 탐색하며, 인간다운 삶의 본질에 대한 질문을 던지는 학문이다. 따라서 노년기 돌봄을 이해하고 실천하기 위해서는 돌봄학에 대한 기초적 소양이 반드시 요구된다.

4) 다학문적 접근

돌봄은 생물학적 조건, 사회적 관계, 문화적 가치, 제도적 구조 등 다양한 요소가 복합적으로 작용하는 현상이기 때문에, 단일 학문 분야만으로는 충분히 설명하거나 대응하기 어렵다. 이에 따라 돌봄학은 처음부터 다학문적 접근(multidisciplinary approach)을 전제로 발전해왔으며, 다양한 학문 분야 간의 경계를 넘나들며 지식과 실천을 통합해 왔다.

우선 철학과 윤리학은 돌봄의 가치적 기반을 제공한다. 돌봄 윤리는 인간 존재의 의존성과 관계성을 중심에 두고, 추상적 규칙이나 보편적 원칙보다는 구체적이고 상황적인 판단을 강조한다. 이는 전통적인 정의 윤리에 비해 실천 중심적이며, 돌봄을 일상 속 도덕적 실천으로 인식하게 만든다. 철학은 돌봄의 의미를 해석하고 정당화하는 데 중요한 틀을 제공한다.

사회복지학과 간호학은 돌봄의 실천적 영역에서 핵심적인 역할을 한다. 이들 분야는 실제 돌봄 제공자들의 경험, 제도적 조건, 서비스 전달체계 등에 대한 분석을 통해 돌봄의 현실적 문제를 드러낸다. 예컨대, 장기요양 서비스의 질, 요양보호사의 노동환경, 돌봄수급자의 욕구 등은 사회복지 및 간호 영역의 연구가 중요한 기초자료를 제공한다. 이러한 분석은 돌봄의 윤리와 현실 간의 간극을 메우는 데 기여한다.

또한, 여성학과 젠더연구는 돌봄이 오랫동안 여성에게 집중되어 온 현실을 비판적으로 조망하고, 돌봄노동의 젠더 불평등 문제를 제기한다. 가사노동, 양육, 간병 등의 역할이 전통적으로 여성의 몫으로 전유되어 왔고, 그로 인해 돌봄은 저평가되고 비가시화된 노동으로 취급되어 왔다. 이러한 구조적 문제를 이해하기 위해서는 젠더 관점의 분석이 필수적이다.

정치학과 경제학 역시 돌봄학과 긴밀한 연관을 가진다. 돌봄은 개인의 선의나 가족의 희생만으로 감당할 수 없는 사회적 자원 분배의 문제이며, 공공정책과 제도 설계가 직접적으로 관련되어 있다. 돌봄 정책의 재정 구조, 민영화 논쟁, 지역사회 돌봄 모델의 효율성 등은 정치경제학적 분석의 대상이 된다. 특히 조안 트론토(Joan Tronto)의 '돌봄 민주주의(caring democracy)' 개념은 돌봄을 민주주의의 핵심 가치로 제시함으로써, 돌봄의 정치화를 이끌었다.

이 외에도 교육학, 심리학, 도시계획, 정보기술(IT) 등 다양한 분야에서 돌봄은 점점 더 중요한 주제로 부상하고 있다. 예컨대, 원격돌봄 기술의 개발, 치매노인의 돌봄환경 디자인, 돌봄 제공자의 정서적 소진과 회복 등은 개별 학문만으로 다루기 어려운 복합적 과제이다.

결과적으로 돌봄학은 학문 간의 통합적 이해를 지향하며, 실천과 이론, 개인과 구조, 가치와 제도 사이의 교차지점을 분석하는 융합적 학문이다. 돌봄을 제대로 이해하고 실천하기 위해서는 이러한 다학문적 접근에 대한 인식과 태도가 요구된다. 돌봄은 더 이상 한 영역의 문제가 아니라, 인간 사회 전체를 지속 가능하게 만드는 기반이라는 점에서 학문적 경계를 넘어서는 통합적 시야가 필수적이다.

참고문헌

- 콜린스, 스테파니. 2015. 돌봄 윤리의 핵심. 런던: 팔그레이브 맥밀런.

- Collins, Stephanie. 2015. The Core of Care Ethics. London: Palgrave MacMillan.

- Engster, Daniel. 2007. The Heart of Justice: Care Ethics and Political Theory. Oxford: Oxford University Press. 김희강 · 나상원 역. 2017.『돌봄:정의의 심장』.

서울: 박영사.

- Gilligan, Carol. 1982. In a Different Voice. Cambridge: Harvard University Press.
- Hankivsky, Olena. 2014. "Rethinking Care Ethics: on the Promise and Potential of an Intersectional Analysis." American Political Science Review 108(2): 252-264.
- Casalini, Brunella(2019). "Care and injustice." International Journal of Care and Caring 4(1): 59-73.
- Held, Virginia. 1993. Feminist Morality: Transforming Culture, Society, and Politics. Chicago: University of Chicago Press.
- _____. 2006. The Ethics of Care: Personal, Political and Global. Oxford: Oxford University Press. 김희강·나상원 역. 2017. 『돌봄: 돌봄윤리』 서울: 박영사.
- Kittay, Eva Feder(1999). 『돌봄: 사랑의 노동』. 서울: 박영사.
- Noddings, Nel. 1984. Caring: A Feminine Approach to Ethics and Moral Education. Berkeley: University of California Press. 한평수 역. 2009. 『배려: 윤리와 도덕교육에 대한 여성적 접근법』. 서울: 천지.
- _____. 1992. The Challenge to Care in Schools: An Alternative Approach to Education. New York: Teachers College Press. 추병완·박병춘·황인표 역. 2002. 『배려교육론』. 서울: 다른우리.
- _____. 2002. Starting at Home: Caring and Social Policy. Berkeley and Los Angeles: University of California Press.
- Ruddick, Sara. 1989. Maternal Thinking: Toward a Politics of Peace. Boston: Beacon Press.
- 러딕, 사라(2002). 『모성적 사유: 전쟁과 평화의 정치학』. 이혜정(역). 서울: 철학과 현실사.
- Sevenhuijsen, Selma. 1998. Citizenship and The Ethics of Care: Feminist Considerations on Justice. New York: Routledge.

- Ruddick, Sara(1995). "Injustice in Families: Assault and Domination." In Virginia Held (ed.). Justice and Care. Westview Press.
- Tronto, Joan C.(1994). Moral Boundaries New York: Routledge.
- _____.(2024). 『돌봄 민주주의: 시장, 평등 그리고 정의』. 김희강·나상원(역) 서울: 박영사

제2장

돌봄윤리

학습목표

- ✓ 돌봄윤리의 개념과 중요성을 이해하고 설명할 수 있다.
- ✓ 계몽주의에 대한 돌봄윤리의 비판점을 파악할 수 있다.
- ✓ 돌봄윤리와 정의윤리를 비교 설명할 수 있다.
- ✓ 돌봄윤리의 발전에 관해서 살펴본다.
- ✓ 돌봄관계에서 윤리적 딜레마를 제시할 수 있다.

---

1. 돌봄윤리(Care Ethics)

"돌봄윤리(Ethics of care)"로 알려진 도덕이론은 대체로 인간의 관계성(relationship)과 의존성(dependencies)이 인간삶에서 근본적으로 중요한 도덕적 의미가 있다고 본다. 돌봄윤리는 사회적 관계에서 돌봄을 하는 사람과 받는 사람의 좋은-삶(well-being)을 맥락에서 파악하고 진흥함으로 관계를 바람직하게 유지하는 길을 찾는다. 흔히 실천이나 미덕으로 정의되는 '돌봄(care)'은 우리 자신과 주변 사람들에게 반드시 있어야 하는 필요에 부응하고, 세상을 바람직하게 유지하는 것이다. 돌봄은 혼자서 할 능력이 아직 안 되는 의존적이고 취약한 사람들에게 뭔가를 해야 한다는 동기에서 시작되며, 돌봄을 받았던 기억과 자기 자신을 이상적으로 생각하는 경향으로 고취된다. 감정을 긍정하는 도덕 이론의 계통에서 —예를 들면, 17세기 스코티쉬 계몽주의(Scottish Enlightenment)—, 도덕적 추론(reasoning)뿐만 아니라, 신체(body), 감정(emotion), 그리고 돌보려는 동기(caring motivation)가 도덕에서 중요하다고 강조한다. 메이어옵(Milton Mayeroff)의 『On Caring』을 돌봄윤리의 시작으로 거론되지만, 도덕 이론으로 돌봄윤리의 태동은 그 차이가 확연히 드러나기 시작한 심리학자 길리건(Carol Gilligan)과 철학자 나딩스(Nel Noddings)의 1980년대 저작들이다. 두 이론가는 남성에 대한 선입견이 있는 전통적인 도덕 접근법을 취하며, 자유주의 인권 이론인 '정의관점(justice perspective)'에 대한 정통성 있는 대안으로 '돌봄의 목소리(vocie of care)'를 강변한다. 베이어, 헬드, 커테이, 러딕, 트론토 등은 돌봄윤리에 대한 기여가 큰 이론가들이다.

계몽주의 계열의 전통적인 칸트 같은 목적론적 윤리와 결과주의적/공리주의적이란 윤리와 달리, 돌봄윤리는 아프리카 윤리 또는 인(仁)과 측은지심(惻隱之心)의 유교와 유사한 부분들도 많다. 반면, 돌봄윤리에 대한 비판 지점은 자율과 의존 사이의 '모호성(ambiguity)'과 돌봄의 정도와 관련된 '선인(善人)의 딜레마(nice man's dilemma)'가 지적된다. 돌봄윤리는 페미니스트 윤리와 일치하지 않지만, 모성성(motherhood), 돌봄경제(care economy), 국제관계, 그리고 정치 이론과 관련해, 돌봄윤리의 많은 부분들이 페미니스트 윤리로도 설명된다. 또한, 돌봄윤리는 동물과 환경, 생명윤리를 포함하는 도덕적 이슈와 윤리 영역뿐만 아니라, 정치학과 정책학 그리고 법학에 적용되고 있다. 근원적으로 보면 사적이고 친밀한 삶의 영역에 가장 적합하다고 볼 수 있으나, 돌봄윤리는 돌봄을 주고받는 활동들의 깊이와 다양성에 대한 이해와, 공적 지원까지 뻗어가는 정치 이론과 사회운동으로 영역을 넓히고 있다.

이 장에서는 먼저 돌봄윤리의 배경이란 맥락에서, 돌봄윤리가들이 공통적으로 비판하는 계몽주의와 돌봄윤리의 차이점을 이해한다. 그리고, 본격적인 돌봄윤리의 시발점이라 할 수 있는 길리건의 배려윤리가 정의윤리를 어떤 지점에서 비판하며 배려윤리의 정초(foundations)에 대해 이해한다. 다음으로 돌봄윤리가 확장 발전하는 맥락에서 돌봄윤리가들의 강조점들을 이론가들을 통해 확인한다. 이후, 돌봄윤리의 비판 지점과 과제를 제시하며 이 장을 갈음한다.

2. 계몽주의 비판과 돌봄윤리

1) 계몽주의 비판과 돌봄윤리

17세기~18세기 유럽에서 발흥한 계몽주의(Enlightenment) 사조는 인간의 이성과 합리적 사고를 중심으로, 기존의 종교적·전통적 권위에 도전하고 인간의 자유와 평등, 진보를 강조한 사상으로 요약할 수 있다. '나는 생각한다. 고로 존재한다'는 데카르트의 명제가 상징하듯, '의심하고 생각하는 나'라는 모든 인간에게 부정할 수 없는 이성적 자아를 철학의 출발점으로 삼았다. 데카르트 이전에는 외부 세계나 신의 존재가 철학과 인식론의 중심이었으나, 인간의 사유적 능력을 중심이 되는 시대를 열었다 할 수 있다.

인간이 스스로 생각하고 판단하는 능력체임을 신뢰하고, 인간의 이성을 통해 편견과 미신 그리고 미몽에서 벗어나야 한다는 맥락에서 계몽이 강조되어, 종교적 권위와 왕권신수설로 정당화되었던, 절대군주제 등 기존 권위에 비판적인 입장이 근대의 사조가 되었다. 계몽주의는 객관적으로 증명 가능한 과학적 방법과 경험을 중시하면서 실제로 입증가능을 추구하는 실증주의를 중시하는 과학적이고 객관적인 태도와 사고를 정당화하고, 정치적으로는 종교적 권위에서 벗어나 인간의 존엄성과 자유와 평등을 강조하는 근대자유주의의 기반이 된 사회계약론 등 정치 이론의 발전에 기여했으며, 고전 경제학이 강조하는 자기 이익을 극대화하는 시장 중심의 경제적 인간인 호모 이코노미쿠스(Homo Economicus)가 정당화되는 기반이 되었다.

그러나, 헬드가 지적하듯, 계몽주의에서 강조하는 인간에게 요구되는 생각하는 능력이라는 이성, 논리적 합리성, 준수해야 할 추상적 보편성 그리고 개인의 자율과 독립성 등은 익숙함을 빼면 '인간(존재와 삶)의 반쪽'만 담겨있는 듯하다. 로댕의 작품 '생각하는 사람'에는 혼자서 자율적으로 고심하고 생각하는 독립적인 남성 성인의 모습은 잘 담겨있지만, 영유아의 시기처럼 생각하는 독립적인 성인이 되기 전에 누군가의 돌봄에 의존해야 하는 육체적 유한성을 지닌 인간의 모습과 그러한 인간에게 돌봄을 제공한 사람들과의 관계는 지워진 반쪽의 인간 삶만 담고 있는 듯하다.

돌봄윤리는 이렇듯 우리가 가치와 의미를 부여했던 윤리나 사상 속에서 돌봄을 주고

받아야 하는 인간의 모습이 없음을 지적한다. 돌봄 윤리의 관점에서 보면, 인간이란 존재는 '생각하는 사람'처럼 혼자 독립해 존재할 수 있는 인간이 아니다. 그렇게 독립적인 삶의 구간은 전체 인간 삶의 일부분에 불과할 뿐이다. 존재론적으로 인간은 유의미한 삶을 위해 누군가의 돌봄이 필요할 뿐만 아니라 '수시로' 돌봄을 해야 하는 존재들이다. 돌봄윤리는 어린아이나 노인처럼 생로병사의 유한한 신체를 입고 사는 인간적 조건을 인정하고, 그러한 한계 속에서 서로의 생명과 삶을 존중하고 힘이 되어 준 특정한 사람들과의 관계 속에서 삶의 의미와 인간적 가치를 발견하고 권장하며, 그러한 돌봄 관계를 지탱해 준 사람들이 사회적으로 홀대 되지 않도록 돌봄 책임을 경제적·정치적 차원에서 민주적으로 조직해야 한다고 주장한다. 부연하면, 이성적으로 생각했을 때 최상의 이념적 삶의 모습을 제시하지는 않지만, 유한한 인간적 한계 속에서 서로의 삶을 생성하고 유지하며 회복시키기 위한 '가능한 최선의 삶'에서 가치있는 인간과 사회, 경제 및 정치의 모습을 제시하는 사조라 할 수 있다.

[표2-1] 계몽주의와 돌봄윤리

구분	계몽주의에 대한 돌봄윤리의 비판점	
	계몽주의(데카르트, 칸트, 롤스)	돌봄윤리(길리건, 나딩스, 트론토)
접근방법	보편성·추상성 중심	실존하는 구체적인 상황과 맥락 중심
중심가치	이성·논리 중심	감정 중시·관계·책임성
개인/관계	개인주의·독립성·자율성	의존성·상호의존성·관계성
사회정의	추상적 정의, 권리 중심	실제적 필요와 돌봄관계 우선성

1) 보편성·추상성 중심 비판

칸트의 의무론, 공리주의, 자유주의 등 계몽주의 윤리는 상황적 특수성과 무관하게 적용될 수 있는 모든 상황에 적용되는, 이성의 준칙(칸트), 효용성(결과주의) 같은 일반화된 도덕 원칙을 강조한다. 하지만, 돌봄윤리는 도덕적 판단은 추상적 규칙이나 보편적 원칙보다 구체적인 상황과 관계를 기반으로 판단해야 한다고 비판한다. 보편적 원칙이 구체적인 인간의 삶이 뿌리내리고 있는 구체적인 인간관계와 이 관계를 둘러싼 맥락을 무시하여, 구체적인 인간관계를 무시하거나 도덕적 판단의 목적을 상실하게 되기 때문에 인간에 대한 무관심과 도덕적 맹목을 초래할 수 있다고 비판한다. 그렇기 때문에, 도덕적 판단은 추상적 규칙이나 보편적 원칙보다 구체적인 상황과 관계가 고려되어야 한다고 주장한다.

2) 이성 · 논리 중심 비판

계몽주의는 인간의 생각하는 능력 즉 이성과 논리를 도덕적으로 최상위의 가치를 부여한다. 이러한 배경에서 객관화된 논리와 지성을 강조한다. 나아가, 이성적이고 논리적인 판단을 위해 감정을 사절하고 억제할 것을 권장한다. 하지만, 돌봄윤리는 이성과 논리가 실천적 책임보다 우선하지 않으며, 도덕적 판단에 있어서 공감과 교감이라는 감정의 타당성을 인정하며, 오히려, 공분(公憤)(anger)과 같은 슬픔도 정의의 발로가 될 수 있다고 주장한다. 감정을 도덕적 판단의 구성 요소에서 배제하지 않는다.

3) 개인주의 · 자율성 비판

계몽주의는 이성적으로 '성숙한 개인의 자율성(autonomy)'과 '자기결정(self-determination)'을 도덕적 개인의 최상의 가치로 이상화한다. 인간은 독립적이고 자립적이며 자족적인 존재로 타인에 의존하는 것을 비정상으로 규정한다. 하지만, 돌봄윤리는 인간은 본질적으로 독립적이라기보다 의존적이며, 이러한 의존을 기반으로 그러한 의존관계에서 돌봄을 주고받는 상호 의존적 관계야말로 도덕적으로 우선시하고 권장되어야 할 도덕 관계로 권장한다. 돌봄윤리는 인간은 고립된 존재가 아니며 돌봄관계로 서로 연결된 존재임을 인정한다.

4) 추상적 정의(Justice)와 공정 비판

계몽주의 윤리는 정의(Justice)와 공정성(fairness) 같은 추상적 개념을 강조하지만, 돌봄윤리는 실제 삶에서 구체적인 주변 누군가의 취약성에 민감하게 반응하는 도덕적 능력이 더 중요하다고 강조한다. 추상적 원칙만으로는 실제 삶과 동떨어진 공상적 공식을 되풀이하면서 누군가의 고통을 외면하게 될 뿐 실제 고통을 덜어주지 못한다. 돌봄윤리는 인간 삶의 유한성과 복잡성 속에서 관계를 잃지 않고 유지하려는 고민과 실천에 도덕적 우선성과 삶의 유의미성을 둔다.

3. 돌봄윤리와 정의윤리

돌봄윤리는 발달심리학자 길리건(Gilligan)의 책『다른 목소리(In a different Voice)』(1982)가 발표되면서 시작되었다. 이 책은 후에 심리학, 여성학, 윤리학 등 다양한 분야에 큰 영향을 끼쳤으며, 초기 '배려의 윤리'라는 새로운 도덕철학의 초석이 되었다. 이 책에서 길리건은 그간 남성 중심적으로 해석된 도덕발달이론을 여성의 관점에서 비판하고, 여성의 윤리적 판단과 도덕적 목소리를 조명했다. 이 책에서 길리건은 기존 도덕성 발달이론, 특히, 칸트의 이성 중심을 전제로 도덕발달을 체계화한 지도교수 로렌스 콜버그(Kohlberg)의 이론이 남성의 경험과 가치에 편중된다고 비판한다. 콜버그의 이론은 도덕적 성숙을 추상적이고 보편적인 '정의'와 '원칙'을 중심으로 설명하는데, 길리건은 여성들이 실제로는 '관계', '배려', '돌봄', '책임' 등 타인과의 연결성을 중심에 두고 윤리적 판단을 하는 양상을 보인다고 주장했다.

콜버그의 도덕발달단계의 의미를 살펴보고, 이를 비판하며 배려윤리의 출발을 알린 길리건의 비판점들과 배려윤리의 주장은 다음과 같다.

1) 정의윤리: 콜버그의 도덕발달론

도덕적 행동이 보편적으로 적용될 수 있어야 한다며, 보편성, 무조건성, 자율성을 강조한 칸트의 정언명령(그대가 하고자 꾀하고 있는 것이 동시에 누구에게나 통용될 수 있도록 행하라!)을 전제로 구성한 콜버그의 도덕발달단계는 옳고 그름을 판단하는 인간의 도덕적 능력이 단순히 사회적 규범이나 규칙에 순응하는 데서 그치지 않고, 인지 능력의 발달과 함께 점진적으로 더 높은 수준의 추상적·보편적 원리로 발전한다고 주장했다. 이 도덕발달이론은 도덕적 판단이 연령이나 문화에 상관없이 보편적 단계를 거쳐 발달한다고 본다.

콜버그는 도덕적 추론 능력이 3수준 6단계로 발달한다고 보았다. 전인습수준은 외부의 보상이나 처벌에 따라 도덕 판단을 내리는 단계, 인습수준은 타인이나 사회 규범, 범 등 외부 기준을 내면화하는 단계. 후인습수준은 보편적 도덕 원리와 자기 내면의 윤리에 따라 판단하는 단계. 각 단계는 이전 단계보다 더 복잡하고 추상적인 도덕적 사고를 가능하게 하며, 도덕적 딜레마 상황에서의 판단 근거가 점점 자기중심적 동기에서 사회적, 나아가 보편적 원리로 발전한다는 것을 의미한다.

[표2-2] 콜버그의 도덕성 발달단계

콜버그의 도덕성 발달단계			
단계		특징	하인즈 딜레마에서의 예시
1수준	1. 벌과 복종	처벌 피하기	"약을 훔치면 감옥 가니까 하면 안 된다."
	2. 도구적 목적	이익과 욕구 지향	"아내를 살리기 위해 약을 훔치는 게 맞다."
2수준	3. 착한 아이	타인의 기대와 관계 지향	"좋은 남편이라면 아내를 구해야 한다."
	4. 법과 질서	법과 사회 규범 지향	"법을 어기면 안 되니 훔치면 안 된다."
3수준	5. 사회계약	법도 사회적 합의 지향	"법을 어겼지만 생명을 구하는 게 더 중요할 수 있다."
	6. 보편원리	보편적 정의와 양심 지향	"생명권이 법보다 우선한다."

2) 하인츠의 딜레마

콜버그는 하인츠의 딜레마를 설문지에 제시하며 이 상황에서 "하인츠의 행동이 정당화될 수 있는지?" 질문한다. "아내가 희귀한 병에 걸렸는데, 그녀를 살릴 수 있는 유일한 약이 있으나, 약의 원가(200달러)보다 훨씬 높은 2,000달러에 판매하고 있다. 하지만, 남편 하인츠는 최선을 다해도, 절반밖에 마련하지 못했다. 하인즈가 약사에게 사정을 설명하며 약값을 깎아주거나 나중에 갚게 해달라 부탁했지만, 약사는 이를 거절한다. 결국 하인츠는 절망 끝에 약국에 침입해 약을 훔쳐 아내를 구한다. 이 상황에서 하인즈의 행동은 정당화될 수 있는가?"

콜버그는 하인츠의 딜레마를 통해 도덕적 판단의 '근거'가 개인의 '도덕 발달단계'에 따라 어떻게 달라지는지 보여주려 했다. 이를 통해 콜버그는 인간의 도덕발달과정을 설명하고, 도덕적 성숙의 기준을 제시했으며, 도덕성 발달단계가 문화와 관계없이 보편적으로 나타난다고 주장한다.

3) 배려윤리(care ethics): 길리건의 도덕발달론

길리건은 콜버그의 도덕발달론에서 여학생들의 도덕 수준이 남학생들에 비해 낮게 나온 것에 의문을 품고, 11~16세 여학생들을 상대로 심층적인 연구를 진행한다. 길리건은 『In a different voice(다른 목소리)』에서 콜버그의 도덕발달이론이 남성 중심적 '정의윤리'에 치우쳐 있다고 비판한다. 길리건은 콜버그는 하인츠의 딜레마에 대한 답변을 주로 '법', '정의', '권리' 등 보편적 원칙에 따라 평가했지만, 여학생들은 이 질문을 판단 할 때 '관계', '배려', '책임' 등의 맥락적이고 관계 중심적인 요소를 더 중시한다고 보았다.

[표2-3] 길리건의 여성 도덕성 발달단계

길리건의 여성 도덕성 발달단계	
단계	특징
1수준 자기중심적 단계	-자신의 생존과 이익에만 몰두, 타인에 대한 배려 결여
2수준 자기희생과 책임 단계	-타인에 대한 책임감에서 자기희생적 태도, 관계 속에서 배려 실천
3수준 비폭력적 배려와 책임 단계	-자기와 타인 모두를 존중하는 비폭력적 배려와 책임의 균형 추구 -"더 대화해서 해결책을 찾아야 하지 않을까?" -"아내와 약사 모두를 배려할 방법이 없을까?" -"훔쳐서 수감되면 아내를 더 곤경에 빠지게 하는 건 아닐까?

길리건에 따르면, 하인츠의 딜레마는 단순히 "법을 어기는 것이 옳은가"라는 문제가 아니라, "타인과의 관계 속에서 어떻게 배려하고 책임을 질 것인가"라는 문제로 해석된다는 것이다. 하인츠가 아내를 얼마나 사랑하고, 그녀의 생명을 구하기 위해 어떤 고민을 했는지, 그리고 그 과정에서 주변인들과 어떤 관계와 책임을 맺고 있는지가 중요한 판단 기준이 된다는 것이다.

길리건은 남학생(예:제이크)이 이 딜레마를 "수학적 문제"처럼 정의와 규칙, 원칙에 따라 해석하는 반면, 여학생(예:에이미)은 관계 속에서 배려와 책임, 타인과의 대화를 통한 해결을 모색한다고 보았다. 여학생들은 "하인츠가 약사와 더 대화해서 해결책을 찾을 수 있지 않을까?", "아내와 약사 모두를 배려할 방법이 없을까?" "약을 훔쳐서 감옥에 가면 아내를 더 곤궁하게 하지는 않을까?"처럼 관계와 대화를 강조하는 답변들이 많았다.

즉, 여학생들은 하인츠 딜레마 같은 도덕적 문제에 답할 때, 문제를 추상적·법적·수학적 논리로만 접근하지 않고, 하인츠와 아내, 약사 등 사람들 간의 관계, 감정, 배려, 상호 이해, 그리고 대화를 통한 해결 가능성에 주목하는 윤리적 성향을 보였다. 여학생들은 이 딜레마를 소통을 통해 해결해야 하는 금이 간 관계이자 시간이 가면서 일어나게 될 관계의 내러티브(narrative)로 생각했다. 세상을 혼자 있는 사람들이 아니라 관계들로 채워진 세계로 이해하기 때문에, 애이미는 약사가 상황을 충분히 납득하기만 하면 하인즈씨와 함께 해결해 나가려 할 것이라는 확신에 차 있다. 길리건은 남성과 여성은 흔히 그들은 같다고 생각하지만 다른 언어체계로 말하고 있으며, 남성의 언어가 도덕적 사고방식의 인간적 전형으로 간주되는 남성적 전경(male perspective)을 시정해야 한다고 보았다.

길리건에 따르면, 남성과 여성은 인간관계에 대해 서로 "다른 도덕적 목소리"를 갖는다. 여성은 '배려의 관점'에서 판단하고, 남성은 '정의의 관점'에서 판단한다고 보았다. 따라서, '배려의 윤리'와 '정의의 윤리'는 우월을 논할 수 있는 것이 아니며 여성 자신의 도덕적 결함을 말해주거나 남성에 비해 도덕 발달이 뒤떨어지는 것은 아니다. 남성이 여성보다 높은 수준의 도덕성을 보인다는 점을 비판하고, 여성의 도덕 발달을 이론화한 관계 지향적 도덕성 이론을 '여성의 윤리', '배려의 윤리(care ethics)'로 제시했다.

[표2-4] 정의윤리와 배려윤리

정의 윤리 vs 배려 윤리	
콜버그(정의윤리)	길리건(배려윤리)
정의, 원칙, 보편적 규범	배려, 책임, 관계
추상적, 논리적, 보편적	구체적, 관계적, 상황적
남성 관점	여성의 관점

4. 돌봄윤리의 발전

후술 되는 돌봄윤리의 소개는 사회, 경제 및 정치적 맥락으로 확장되는 돌봄윤리의 발전 맥락에 있다. 돌봄윤리가 1980년대 이후 길리건의 도덕발달심리의 맥락에서 출발을 알린 후, '여성의 도덕이라는 접근에서 성별 불문 인간의 도덕 발달'의 논의로 확장되고, '개인의 윤리'에서 사회와 정치의 '사회정의' 차원에서 접근하는 확장의 맥락에서 소개하고 있다. 이러한 분류는 돌봄을 개인 차원의 모성적 윤리에서 인간적 특성의 보편 윤리로 이해하면서, 돌봄을 하는 사람들이 처하는, 사회 정치적 맥락과의 접점에서 그 논의를 확장하고 있는 분류를 참조했다.

분류에 따르면 캐롤 길리건(Carol Gilligan), 닐 나딩스(Nel Noddings), 버지니아 헬드(Virginia Held)(초기), 사라 러딕(Sara Ruddick) 등이 1세대로 분류된다. 이들 돌봄윤리의 특징은 어머니와 자녀, 교사와 학생 등 개인과 개인의 수준 즉, 두 사람의 관계로 보이게 하는 양자(兩者) 구도(Diadic Picture)로 돌봄 관계를 파악하고 그 윤리성을 설명한다. 돌봄의 원형을 어머니-자녀 관계에서 찾고, 아이에 대한 감정적 몰입(전념)(engrossment) 같은 인간에 대한 태도에서 돌봄윤리의 특징을 찾는다. 이들은 계몽주의나 자유주의에서 상정하듯 자연법이나 과학 같은 보편적 원칙을 추구하는 인간을 독립적이고 혼자 있는 인간이 아니라 상호 의존적인 인간으로 그러한 관계 속에서 태어나고 성장하고 회복하려 노력하는 '관계 유지'를 위한 판단과 실천인 돌봄에 도덕적 가치를 부여한다.

길리건과 나딩스처럼 초기 돌봄 윤리가들은 돌봄의 도덕적 가치를 인정하고 확인했다는 점에서 큰 주목을 받아왔으나, 돌봄을 양자관계인 모성의 특성으로 특정했다는 점에서 논의의 확장성이 제한된다는 비판점들이 제기되었다. 조안 트론토(Joan Tronto), 버지니아 헬드(Virginia Held)(후기), 다니엘 잉스터(Daniel Engster), 셀마 세븐후이젠(Selma Sevenhuisen) 등 2세대 돌봄윤리가들은 돌봄을 주고받는 모습을 모성에 국한시키지 않고 인간의 보편적인 특징으로 파악하며, 양자관계를 넘어 다자(多者)관계 속에서 돌봄을 파악한다. 즉, 이들은 돌봄을 사회 전체와 정치의 구조적 문제로 확장시켜, '사회 전체를 구성하고 유지하는 활동'으로 보고, 힘의 분배와 정의, 정책의 기초로서 돌봄의 중요성을 강조한다. 이러한 시각은 돌봄을 개인의 태도에 국한시키지 않고, 해당 공동체 구성원들이 집단적으로 조직해야 하는 정치와 제도 특히 민주주의의 문제로 이해한다. 이러한 돌봄윤리의 발전적 맥락에서 돌봄윤리가들의 논의점들을 간략하게 약술했다.

[표2-5] 돌봄윤리의 세대

구분	돌봄윤리의 세대구분	
	1세대 돌봄윤리	2세대 돌봄윤리(돌봄정의)
이론가들	길리건, 나딩스, 헬드(초기), 베이어, 러딕	트론토, 폴브레, 헬드(후기), 커테이, 세븐후이젠
특징	개인적 윤리, 양자적 관계, 모성 중심	사회윤리, 사회·정치적 맥락과 다자적 집단적 협력 관계
돌봄의 성격	감정, 관계성, 도덕적 정서	실천, 제도, 권력, 사회정의
한계	여성·사적영역에 한정, 양자관계 중심	돌봄의 정치적 구조적 측면 강조

1) 1세대 돌봄윤리가들

(1) 캐롤 길리건(Carol Giligan)

울스톤크래프트(Mary Wollstonecraft)같은 초기 페미니스트 철학자들의 저작에서 돌봄윤리의 단서들이 보이긴 하지만, 자타공인 가장 선명하고 정교한 첫 번째 설명은 1980년대 길리건과 노딩스다. 하버드 대학원 재학 당시, 지도교수인 콜버그(Lawrence Kohlberg)가 설명해온 경로와 다른 도덕발달이 있음을 설명하는 학위논문을 제시했다. 콜버그는 도덕이 발달할수록 점점 더 보편적이고 더 원칙적인 사고방식을 보이며, 여아들이 남아들보다 도덕발달 점수가 낮다고 주장해 왔다. 길리건은 콜버그의 도덕발달이론이 젠더적인 선입견이 있는 모델이며, 콜버그의 모델이 도덕적으로 높게 평가한 "정의의 목소리"와 "다른 목소리(differenct voice)"가 들린다고 밝혔다. 길리건은 남성과 여성은 모두 시기가 다를 뿐 돌봄의 목소리가 있지만, 콜버그의 연구는 여성에게만 돌봄의 목소리가 있는 것처럼 서술한다고 비판했다. 길리건은 여성의 도덕적인 추론이 가까운 사적 관계에 몰입하고 있기 때문에 도덕적으로 미성숙하다는 주장을 반박하며, 길리건은 "돌봄 퍼스펙티브(care perspective)"는 대안적이지만, 자율성과 비의존성(independence)에 초점을 맞춘 남성 중심의 자유주의적 정의론으로 퇴색되었지만 그와 비견될 만큼 정통성 있는 도덕적 가치가 있는 사고방식이라 피력했다. 길리건은 이러한 차이가 젠더적인 것이 아니라 도덕적 특성(theme)의 차이라고 그 성격을 규정했다.

길리건은 콜버그의 연구에서 "하인즈의 딜레마(Heinz dilemma)"에 등장하는 제이크(Jake)와 애이미(Amy) 두 아이들의 도덕적 추론을 통해 도덕적 특성이라는 논거를 정교하게 설명한다. "하인즈"씨가 불치병에 걸린 아내를 살리기 위해 자신의 돈으로 살 수 없는 신약을 훔쳐야 하는지 말아야 하는지 제이크와 에이미에게 질문을 받았다. 제이크는 하인즈의 딜레마를, 생명권이 재산권보다 먼저이기 때문에, 모든 사람들이 하인즈가 신약을 훔쳐야 한다는 식의 마치 수학문제 해석하듯 생각했다. 이에 비해, 애이미는 하인즈씨가 신약을 훔쳐서는 안 된다고 했는데, 그럴 경우 감옥에 가야해서 아내를 또 다른 곤경에 처하게 해서는 안 된다는 게 이유였다.

시간이 지나, 길리건은 자신의 논지가 돌봄윤리를 특성의 차이가 아니라 성별차이와 관련된 것으로 규정하려는 독해를 사절하면서, 돌봄윤리와 정의윤리의 조화를 성립시키려 했으나, 여성과 관계적 윤리를 결합하는 기본축은 포기하지 않았다. 길리건은 심리학과 교육학 등에서 "정의 관점"이 압도적이고 "돌봄관점(care perspective)"이 배제된 것의 함의를 비판하며, 두 개의 서로 다른 도덕적 "목소리들(voices)"과 젠더와 관계가 있다는 발상을 견지 발전시켰다. 길리건은, 돌봄관점이 사장된 교육과 심리 영역에서, 11~16세 여아들은 도덕적 추론을 규칙에 한정해서 해석하려는 경향을 보이는 반면, 자신들의 도덕적 직관들을 사장시키는 방향으로 정체성을 형성하는 시기가 되고 만다고 보았다. 또한, 길리건은 성인기 여성은 이와 같은 성인기의 위기를 자신이나 타인을 배제하는 방식으로 해결하도록 스스로를 독려하며, 결과적으로 여성의 저항 목소리는 사장되고, 여성은 불규칙한 식사, 남 앞에 나서지 않으려 하거나, 자신을 부정하는 방식으로, 자아, 심(心), 신(身)이 따로 노는 불안을 겪게 된다고 지적한다.

(2) 닐 나딩스(Nel Noddings)

나딩스는 『caring』(1984)에서 돌봄을 페미니스트의 윤리로 발전시켰으며, 실천으로서 도덕교육에 적용했다. 여성은 "실천적인 도덕 행위의 영역에 다른 문으로 들어간다"는 전제에서 시작해, 나딩스는 실시간적으로 눈을 마주하는 도덕적 고민 그리고 돌봄관계의 유일무이한 고유성을 더 중요시하는 점이 페미니스트 윤리라고 보았다. 모성적 관점에서, 나딩스는 돌봄관계가 인간의 존재와 의식의 기본이 되는 관계로 이해했다. 나딩스는 돌봄관계를 -돌봄을 하는 사람과 돌봄을 받는 사람- 두 부분으로 규정하고, 비록 방식은 다를 수 있지만, 두 부분이 서로를 돌봐야 할 모종의 의무 그리고 상대를 도덕적으로 대해야 할 의무가 있다고 보았다. 나딩스는 돌봄을 돌보는 사람이 자신의 자아를 투사하지 않으면서도 돌봄을 받는 사람을 위해 그 사람을 그 자체로 받아들이는 "전념(engrossment)"과 같다고 보았다. 또한, 나딩스는 자연적 돌봄감성인 인간적 애정의 반응과 이상적인 자아를 돌봄을 받았던 기억이 두 가지 동기에 윤리적 행위의 근원이 있다고 보았다. 그녀는 돌봄은 언제나 맥락에 적응되어야 하기 때문에 판단과 행위를 처방하기 위해 보편적 원칙은 사절되어야 한다고 보았다.

나딩스는 돌봄을 "caring-for"와 "caring-about" 두 단계로 구분한다. Caring-for는 돌봄을 눈빛을 마주하고 몸소 상대하는 것을 말하며, Caring-about은 돌보는 생각 혹은 의도가 양생되어(nuturing) 존재하는 상태를 의미한다. 나딩스는 돌볼 의무는 그 유효한 책임 범위가 제한된다고 보았으며, 돌봄의 유효범위는 상호 관계성이 가능한 사람들에게 가장 강력하다고 한다. 돌봐야 할 의무는 동심원을 넓히며 밖으로 움직이기 때문에 확장된 돌봄은 특별성과 맥락적 판단이 그에 반비례해 떨어진다. 이런 점에서 보면, 우리가 모든 사람을 하나하나 다 돌본다는 것은 불가능하다고 단언한다.

또한 나딩스는 인간과 유사한 동물에게도 그들이 필요를 느끼거나 돌봄제공에 응답할 수 있는 정도만큼 인간과 유사한 동물들도 돌볼 의무가 있지만, 돌봄을 준 돌봄에 대해 응답을 받을 수 있어야 완료되는- 완료할 수 없다면 먼 거리에 있는 사람들일수록 그들에 대한 돌봄의무는 작아진다고 주장했다. 이 주장은 아직도 논쟁의 여지가 많다. 비록 나딩스가 최근에는 먼 거리에 있는 사람들에 대한 더 강한 돌봄의무를 강조하지만, 여전히 원거리에 있는 사람들 모두에 대한 돌봄의무는 불가능하다고 본다.

(3) 안네 베이어(Anne Baier)

베이어는 돌봄윤리를, 그녀가 "여성의 도덕 이론가"라 부른, 흄(David Hume)의 도덕이론의 연장선에서 이해했다. 그녀는 두 이론 모두 도덕성이 보편적인 법칙의 준수하는 것이라는 명제를 사절하면서, 도덕성이란 다정(多情)(gentleness), 다감(多感)(agrreeability), 동감(同感)(compassion), 공감(共感)(temperedness) 등 감정적 자질을 함양하고 육성하는 것이라고 강조한다. 베이어는 추상적이고 자율적인 인격체들을 전제한 이론들에서는 신뢰가 무시된다며, 사람들 간의 기본적인 관계성인, 신뢰를 도덕성의 기초 개념으로 강조한다. 베이어는 도덕 감정들을 발전시키고 돌봄(care)과 '자유주의 정의(justice)'의 이상을 조화시킬 수 있는 지점들을 개간할 것을 권고한다.

(4) 사라 러딕(Sara Ruddick)

헬드에게 돌봄윤리의 진정한 선구자로 칭송받은 러딕은 『Maternal Thinking』(1980)에서 윤리에 대한 페미니즘적 접근의 정교하게 보여주었다. 러딕은 도덕적 추론에 대한 특유의 접근법을 사용하여 페미니스트적 평화의 정치를 위한 근거를 제시하고, 엄마 역할이라는 삶의 경험에서 이론화해야 하는 돌봄윤리적 방법론을 사용한다. 러딕은 남성이든 여성이든 "엄마 역할을 하는 인격체들(maternal persons)"의 실천들은 기존의 도덕이론에서 평가되는 것과 달리 더 큰 도덕적 적실성이 있는 철학적 인식적 능력을 보여준다고 역설한다. 그녀에 따르면, 아이를 돌보는 엄마의 모습을 분석하면, 엄마의 역할은 자연적이고 습관적인 행동이 아니라, 매 순간 선택과 결정을 해야 하며, 자신의 결정을 번복하고 성찰하는, 고도로 의식적인 철학적 활동이다. 돌봄윤리와 엄마 모습(motherhood)의 관련성에 대한 러딕의 주장은 찬반양론이 팽팽하다.

돌봄이란 실천에 뿌리를 두고 있기 때문에, 돌봄윤리는 많은 부분이 엄마하기(mothering)와 관련된 생각과 추론 그리고 행동들을 분석해서 등장했다. 비록 일부 비판가들은 모든 돌봄관계들을 엄마-아이 둘 간의 양자관계로 해석하는 경향에 비판적이지만, 러딕이나 헬드는 도덕과 정치이론으로 돌봄윤리를 확장시키기 위해 "엄마의 관점(maternal perspective)"을 활용한다. 특히, 러딕은 "엄마하기(maternal practice)"는 특정한 종류의 사고방식을 생성하며 폭력에 대한 원칙이 있는 대항을 지지한다고 주장한다. 러딕은 일각에서는 폭력과 전쟁을 지지하는 엄마들의 모습이 보이지만, 폭력과 전쟁이 돌봄의 목적과 생존기반을 위협한다는 점에서 그래서는 안 된다고 본다. 엄마를 아이들의 삶을 그리고 아이들의 돌봄을 책임지는 사람으로 정의하면서, 남성과 여성 모두 엄마가 될 수 있다고 강조한다. 러딕은 태도, 감정을 인자할 수 있는 능력, 덕성 등을 엄마하기와 관련된 것들로 규정했다. 예를 들어, 겸손한 생기로 보호하는, 보존애(preservative love), 아이들의 잠재력을 끌어내는, 성장증진(fostering growth), 그리고 양심(conscience)과 주인됨(authenticity)이 요구되는 사회화의 과정인, 사회적응 훈련(social acceptibility). 아이들이 사회적 기대에 복종하지만 반항하기도 하기 때문에, 엄마의 파워는 "주변 사람들의 시선"으로 제한된다. 사랑스럽게 주목해 주는 것은 환상이나 실의에 빠지지 않고 성장하기 위해, 엄마가 자녀와 자신을 정직하게 인식하도록 해준다.

임신과 출산 등 신체적 경험의 중대성을 확장·강조하며, 러딕은 엄마들은 아이들의 성적 정체성이 맞고 틀린 것으로 설명할 만큼 남성과 여성의 구분을 일도양단으로 하면 안 된다고 주장한다. 그렇게 하면, 엄마들은 생명의 탄생이라는 희망과 전망을 위협하기 때문에 군사이데올로기적인 남성성과 여성성의 특징을 엄격하게 구분하는 것에 도전해야 한다고 보았다. 이런 차원에서 보면, 러딕은 취약성, 인간 신체의 파워(power)와 유망함에 근거하며, 그리고 엄마의 상징들을 정치적 목소리로 전환할 수 있는, 엄마의 돌봄윤리에 대한 페미니스트적 논의를 빗어냈다.

반면, 엄마하기의 패러다임이 유용하다 해도, 이 프레임에 대해 많은 비판들이 있다. 일각에서는 러딕의 엄마하기(motherhood)가 논리적으로 평화롭지만, 엄마하기는 폭력적인 보호나 사나운 반응을 요구한다는 점을 들어 사절한다. 러딕 역시 많은 엄마들이 군사적 노력을 지지하고 평화운동을 무색하게 함을 인정하지만, 전쟁은 항상 비논리적이고 엄마의 실천들 그 반대에 있다고 볼 수 없다고 비판한다. 엄마하기에 폭력성이 있음을 러딕이 인정하더라도, 엄마-아이 패러다임이 지나치게 협소하게 양자적이며 로멘틱한 패러다임을 제공하며, 접근법은 엄마-아이 관계의 특성이 보편적인 세계의 특징이라는 전제를 하고 있는 흠결이 있다고 본다. 이러한 이유로, 엄마와 아이 관계성이 중요하다는 점에 동의하면서도, 일부 돌봄윤리가들은 우애(friendship)나 시민성(citizenship)처럼 다른 패러다임으로 돌봄이라는 작업(作業)을 탐색하면서 돌봄의 유효범위를 확장하고 있다.

2) 2세대 돌봄윤리가들

(1) 버지니아 헬드(Virginia Held)

헬드는 자유주의에서 말하는 정의가 흠결도 많고 제한적이기 때문에, 엄마처럼 돌보는 인격체들과 아이들을 모범으로 삼아 세상을 조직한다면 사회적 관계가 사뭇 다른 세상이 가능하다고 주장한다. 자유주의가 근간하는 관계인 −성인과 성인간의 이성과 이익 중심의 관계에 국한된− 계약주의와 전혀 다르게, −엄마와 아이의 관계처럼− 비계약주의적 특성인 인간의 돌봄필요를 전제로, 헬드는 돌봄을 가장 정초적인 도덕적 가치로 해석한다. 헬드는 "돌봄을 새로운 종류의 사회적 인격체로 창조하는 변혁적 파워를 확인하고, 인간의 관계성 제작과 아이들의 도덕적 번영을 가장 중요한 임무로 보는 사회의 문화와 정치"를 모색했다. 그녀는 페미니스트 윤리를 있는 그대로의 인간적 삶의 조건에서 찾으려 했다. 그녀는 추상적이고 가상적이 아니라 문자 그대로 인격체들, 만질 수 있는 형체를 지닌 사람, 실제 대화 그리고 맥락을 가지고 살아온 방법론들을 가지고 실제 경험 세계에 대해 주목하는 것이 페미니스트 윤리라 설명한다.

그녀는 돌봄윤리가 정치적, 사회적 그리고 지구적 문제들에 적실한 진단과 처방을 내릴 수 있음을 보여주면서, 돌봄을 실천이자 가치로 개념화하면서, 그녀는 돌봄인(caring person)은 주변의 사람들을 돌보려는 적정한 동기가 있으며, 효과적으로 돌보는 실천에 능숙하게 함께하는 사람으로 설명한다. 헬드는 돌봄윤리가 지구적 수준을 포함한 모든 관계에 도사리는 파워와 폭력을 다루는 월등한 보고(寶庫)로 보기 때문에, 돌봄을 시장에서 제공하거나, 윤리적 판단을 법률적인 사고방식으로 하는 것 모두 제한적인 수준이라 경고한다. 헬드는 지구적인 문제를 풀기 위해 돌봄을 하는 NGO들의 연대에 의존하는 지구적으로 상호의존적인 시민사회의 관점을 권장한다. 그녀는 자유주의 같은 권리 중심의 도덕이론들은 사회적 연결의 밑거름에 대한 고려가 없지만, 돌봄윤리는 자기−이익을 사실상 무한정 추구하기보다, 건강한 사회관계를 진흥하는 크고 작은 공동체들을 제작할 수 있다고 본다.

(2) 에바 페더 커테이(Eva Feder Kittay)

커테이는 돌봄윤리에서 또 다른 이정표를 세우고 있는 돌봄윤리학자다. 커테이는 『돌봄:사랑의 노동(Love's Labor)』에서, 중증장애아의 엄마이자 철학자로서 중증장애아를 돌본다는 것에 뿌리하는 의존성 기반의 평등논의를 발전시킨다. 커테이는 전통 자유주의 이론가들의 평등주의적 정의론에서의 원칙들은 돌봄이라는 보다 근본적인 원칙과 실천들에 의지하고 있어야 하며, 이 점을 보완하지 않는다면 이론이 허물어질 것이라 주장한다.

나아가, 커테이는 일부 여성들만 다른 여성들이 돌봄제공을 대체해 줄 때라야 전통적인 돌봄제공역할이 줄어들 수 있으며, "의존노동자(dependency workers)"와 "의존성 관계(dependency relations)" 여성이 돌봄과 본질적으로 혹은 자연적으로 관련된다는 통념을 사절한다. 커테이는 불가피하게 의존적인 사람들과 의존노동자들을 위한 평등은 생각과 제도가 바뀔 때라야 가능할 수 있다고 피력한다. 연장선에서, 커테이는 롤즈의 정의론을 구성하는 두 가지 원칙을 보다 확장 보완해서 인간의 상호의존성을 기초로 공정성과 상호성을 확장하는 제3의 원칙이 필요하다고 제언한다.

특히, 커테이에게 주목해야 할 지점은 그녀가 '인간 의존의 사실(fact of human dependency)', '파생된 의존(derived dependency)' 그리고 둘라(doula)라는 돌봄의 공적윤리를 제공한다는 점이다. 커테이는 인간은 의존성을 전제할 수밖에 없는 존재임을 역설한다. 그녀에게 인간은 신생아로 태어나서, 심신의 성장·발달의 과정에서, 아프거나, 장애가 발생해서, 나이가 들어 고령으로 죽음에 가까워질 때, 인간에게는 보편적으로 누군가의 돌봄이 필요한 존재다. 이러한 '인간의존의 사실'은 기존의 사회이론과 윤리학에서 등한시해 왔지만, 누구도 부인할 수 없고 누구도 예외일 수 없는 엄연한 사실(concrete fact)이다. 이렇듯 우리 모두의 삶에서, 정도와 강도 및 기간의 차이가 있지만, 의존성이 인간에게나 보편적인 사실이라는 점에서 보면, 우리 모두에게 의존의 시기가 있다는 엄존하는 사실은, 인간의 의존성을 보편적인 것이고 자연스러운 것이며 정상적인 것이다.

커테이의 의존성은 단지 생물학적으로 불가피한 인간의 의존성에 국한되지 않고, 생물학적인 의존성이 파생하는 사회경제적 의존성까지 확대된다. 커테이는 인간의 의존성을 두 단계로 구분한다. 하나는 인간의 생물학적 조건과 관련되며, 다른 하나는 사회경제적 조건과 관련된다. 첫째, 의존인의 의존성이다. 아이, 노인 등의 의존성은 인간의 힘으로 피할 수 있는 것이 아니다. 이러한 의존인의 의존성과 이에 따른 취약성으로 의존인을 돌봐야 하는 윤리적 책임이 돌봄제공자에게 부과된다. 의존인과 돌봄제공자의 관계는 1차 돌봄관계를 구성하다. 둘째, 돌봄제공자의 의존성이다. 이때의 의존은 돌봄 책임을 담임함으로써 동반되는 파생된 의존이다. 돌봄제공자는 의존인에게 돌봄을 제공함으로써 사회적·경제적 차원에서 취약해진다. 이때의 의존성은 인간의 생물학적 특성 때문에 생기는 의존성이 아니라 돌봄책임을 조직하는 -성별분업 같은- 사회경제적 조건에 의해 생긴다. 이러한 돌봄제공자의 취약성으로 인해 돌봄제공자를 돌봐야 하는 윤리적 책임이, 1차 돌봄관계에서 필요한 자원을 제공하는, 자원제공자에게 부여된다. 자원제공자는 취약한 돌봄제공자에게 자원을 제공할 책임이 있으며, 1차 돌봄관계 전체를 돌보는 사회적 책임으로 확장된다. 자원제공자는 1차 돌봄관계가 유지될 수 있는 조건을 조성해야 한다. 이렇듯 돌봄제공자와 자원조달자의 관계는 2차 돌봄관계를 구성한다(Kittay 2017).

커테이에게 주목해야 할 지점은 그녀가 공적윤리로써 돌봄을 연결하는 교두보 역할을 했다는 점이다. 커테이는 불가피한 의존성 때문에 받아야 하는 돌봄뿐만 아니라 돌봄을 하는 사람들이 -2차 돌봄관계에서- 가정·사회·경제 및 정치적으로 약해지지 않도록 이들을 지원해야 할 -그녀가 둘라(Doula)로 부른- 공적 책임의 기초를 제공했다는 평가를 받는다.

커테이는 둘리아(doulia)를 제시한다. 그리스 시대 아이를 돌보는 산모의 돌봄을 담당하는 책임을 지칭하는 둘리아 개념을 채택하였다. 산모가 아이를 돌보듯, 둘라(doula)라고 불리는 산모 도우미는 아이를 돌보는 산모를 돌보는 역할을 한다. 주목할 점은 둘라의 역할이다. 아이를 산모를 대신해 돌보는 것이 아니라 둘라의 역할을 산모를 돌봄으로써 산모가 아이를 잘 돌볼 수 있게 하여, 아이가 산모로부터 돌봄을 잘 받을 수 있는 아이와 산모의 좋은 돌봄관계의 조건을 조성한다. 우리 모두가 생존하고 발달하기 위해 돌봄이 필요했듯이, 우리 모두는 다른 사람들도 생존하고 성장하기 위해 돌봄을 주고받을 수 있는 조건을 조성할 책임이 있다. 이렇듯, 인간의 조건이 타인의 손에 힘입은, 우리 모두가 열외 없이 어느 엄마의 아이(mother's child)인 이상, 우리 모두에게는 우리 모두가 돌봄을 받을 수 있고 돌봄을 줄 수 있는 조건을 만들 공적 책임이 있다.

(3) 셀마 세븐후이젠(Selma Sevenhuijsen)

세븐후이젠은 돌봄윤리가 정치 특히 민주적 시민성에 적실하다고 본다. 먼저, 그녀는 돌봄윤리의 특징을 첫째, 법규칙과 권리보다 관계성과 책임성을 둘째, 형식적이고 추상적인 원칙보다 엄연한 사실에 입각한 구체적 상황을 셋째, 그냥 따라야 하는 원칙들이라기보다 도덕적 실천으로 '돌보는 활동(activity of caring)'을 제시한다. 그녀는 '의존성과 책임성을 어떻게 할 것인가?'라는 화두로 삼는 돌봄윤리는 도덕적 충돌 상황에서 가장 우선적인 규범적 원칙들과 옳음(rights)을 화두로 삼는 권리윤리의 질문과 결이 다르다고 보았다. 이러한 돌봄윤리의 특징들이 돌봄을 정치의 주제이자 민주적 시민성에 적합한 발상을 제공한다고 주장한다.

그녀는 돌봄윤리를 흄(David Hume)과 스미스(Adam Smith) 같은 18세기 스코티쉬 계몽주의와 비견하여 이해하며, 정치적 의사결정에 적합한 몇 가지 지점들을 제시한다. 그녀에 따르면, 흄(Hume)을 필두로 한 스코티쉬 계몽주의에서 강조하는 윤리는 보편적인 법에 복종하는 문제나 보편법을 규명할 수 있는 시공간을 초월한 일반논의를 발전시키는 문제가 아니라, 인격체가 갖춰야 할 성격을 일구고, 수정된 공감력을 육성하는 것이다. 그렇기 때문에, 보편적인 규칙들에서가 아니라 수단적인 이유, 자기-이익, 관행 그리고 역사라는 우연의 조합에서 도덕적 추론의 원천이 나올 수 있다. 따라서, 최고의 도덕적 입장은 공동체에 참여해서 의견과 느낌을 교류하는 것이고, 도덕성 역시 보편적 추론이 아니라 맥락에-국한된 의견들에 있다. 그녀는 욕망과 감정적 필요가 도덕적 고려에서 배제되어야 할 이유는 없으며, 욕망과 감정적 필요들이 성찰되고, 자신의 능력에 의해 통제되며, 사회적으로 단련되어 교정되고 순화된다면, 도덕적일 수 있다.

연장선에서 도덕성은 사람들에게 보편적으로 해당되는 옳음(rights)을 존중하는 것이 아니라, 사람들의 개인적 특성들을 인정하는 능력에 있다. 이런 점에서 개인의 도덕적 능력은 서로에게 각자의 감정들을 표현할 수 있고 교감할 수 있는 능력에 있다. 흄의 도덕성은 사회적 실천과 맥락에 구속되며, 사람들의 감정과 동기에 한정된다. 결론적으로, 다른 사람들을 알아가면서 감정과 의견에 대해 고민할 수 있으며, 좋은 판단의 징표인 '교정된 공감'이 실현될 수 있다고 본다. 이러한 맥락에서, 세븐후이젠은 돌봄윤리를 개개인의 이익들을 어떻게 최소화할 것인지, 삶을 어떻게 설정해서 적대감 없는 비교와 공감으로 우리의 욕망을 다른 인간들의 욕망과 연결시키는 지표가 될 수 있도록 하는지를 해결하려는 이념으로 보았다. 다시 말해, 이해관계들이 더 이상 개념 정의부터 반대나 적대적이지 않은 상황으로 재배치하는 것으로 이해한다.

이러한 계통에서, 세븐후이젠은 돌봄이 정치 특히 민주적 시민성에 적실하다고 보았다. 돌봄을 단순히 전통적인 여성의 역할과 가치로 생각하는 발상을 사절할 뿐만 아니라, 초기 돌봄윤리가들이 제시하는 돌보는 사회가 희생의 윤리적 부활, 전통적 가족 가치와 이성애적 질서의 당연함의 부활일 수 없다고 초기 돌봄윤리가들에게 비판하면서, 돌봄의 동기가 의존성과 감지력/예의주시(attentivenss)에서 일정 부분 생기지만, 사회적 실천에서의 동기들이 언제나 의존인들의 취약함을 보호하려는 충동에서 나오는 것은 아니라, 타인을 통제하거나 참견하고 싶어 하는 덜 숭고한 동기에서도 나올 수 있음을 지적했다. 돌봄이 좋은 동기가 아니라 나쁜 동기에서 출발할 수 있다는 맹점을 감안해서, 실천의 맥락에서 제도화되어야 한다고 보았다. 이러한 토대에서, 공적 지원과 정치적 규제들에 대한 기대가 변할 수 있으며, 특히 아이를 포함한 인간의 형성적 가치들로 돌봄을 이해할 때, 남성과 여성 사이에서 노동과 돌봄의 보다 만족할 만한 배분이 정치적으로 우선되어야 하며, 이러한 맥락에서 감지력(attentiveness), 대응성(responsiveness), 그리고 책임성(responsibility) 등 돌봄윤리의 가치들이 민주적 시민성으로 통합될 수 있다고 본다.

(4) 낸시 폴브레(Nancy Folbre)

돌봄이라는 관계성은 폴브레가 '보이지 않는 가슴(the invisible heart)'이라 부른 모종의 교류를 포함하기 때문에 그 가치를 측정하기는 원천적으로 어렵다. 상징적 비유인 보이지 않는 가슴이란 '사랑이라는 가족'과 '경제적 호혜성'이라는 가치를 일컫는 말로, 자기 이익을 추구가 수요와 공급이라는 시장적 힘을 가능케 하는, 애덤 스미스의 보이지 않는 손과 대비된다. 자유시장과 경쟁적 개인주의가 공적 생활을 지배하지만, 공감은 이러한 자기-이익이라는 힘을 완화해야 한다. 사람들이 합리적인 선택자들이라고 전제하면서, 폴브레는 돌보는 것이 비용이 많이 든다면, 사람들이 점점 덜 돌보게 된다. 경력보다 가족에 시간을 들이는 기회비용이 더 높다고 보면, 혹은 가난하거나 아픈 사람을 돌보는 것이 형편없이 보상된다면, 합리적인 의사결정자들은 돌봄을 피하게 될 것이다. 폴브르는 여성의 자율성이 높아지는 것을 환영하지만, 우리가 돌봄제공에 대한 우리의 집단적인 책임을 규정하는 고민을 담은 규칙들을 세우지 않는다면, 돌봄이 필요한 사람들이 겪어야 하는 불리함은 증가할 것이라고 주장한다. 격해지는 경제적 경쟁은 이타주의와 가족이 안중에서 사라지게 할 것이다.

폴브레는 여성의 전통적인 역할과 이 시대 경력을 중시하는 여성의 지위를 비교한다. 전통적으로 여성은 가정에서 돌봄을 제공했지만, 이러한 책임은 서서히 제3자 혹은 기업으로 이전되고 있다. 이윤 동기가 돌봄노동의 임금을 낮추는 경향이 있으며, 양질의 돌봄을 과소 제공됨으로써 경쟁과 개인성을 강조하는 경제 체계뿐 아니라 돌봄관계와 공적 지원의 특성 간의 균열이 커진다고 지적한다.

(5) 조안 트론토(Joan Tronto)

트론토는 돌봄윤리, 페미니스트이론 그리고 정치학을 넘나드는 이론가로 유명하다. 그녀는 강자의 파워가 계속 비대해지지 않도록 기획되거나, 공동의 파워에 정통성을 부여해 그 활동들의 가치를 높이고 있도록 설계된 페미니스트 돌봄윤리를 승인한다. 트론토는 돌봄윤리의 함의를 사적인 것으로 축소하려는 도덕의 경계를 규명하고, 여성과 다른 약세자들이 사회엘리트에게 혜택이 가는 방식으로 돌봄노동을 하게 되는 경향을 기술하는, 돌봄관계의 정치적 동학을 강조한다. 트론토는 돌봄을 상대가 돌봄이 필요한지를 감지하는 관심돌봄(care about), 불안한 상대가 필요한 돌봄부담을 담당하겠다는 안심돌봄(caring for), 필요한 돌봄을 직접 제공하는 돌봄제공(care giving), 필요한 돌봄을 받는 돌봄수혜(care receiving). 이 네 가지 국면은 일회적으로 종료되지 않고, 새로운 돌봄필요가 감지되면서 지속된다. 마지막으로, 이러한 국면들이 특정인이나 특정 부류에게 전가되지 않고 모두에게 민주적으로 분담되어야 하는 함께돌봄(caring with)까지 5가지 국면으로 확장한다. 또한, 트론토는 사회에서 가장 이익을 많이 보는 사람들이 돌봄을 상품처럼 구매할 수 있게 하면서, 돌봄을 하찮은 일로 격하시키면서 충분한 직접돌봄의 책임을 회피한다는 -보다 정확히는, 돌봄책임을 분담하는 정치적 대화에서 열외된다는- 의미로 '특권적 무책임(privileged irresponsibility)'과 '돌봄무임승차(passess)'를 비판한다.

5. 돌봄윤리의 윤리적 과제

1) 의존성과 자율성의 긴장: 착한 사람의 딜레마와 민주주의

인간을 독립적이고 자율적인 존재로 인식하는 전통 윤리와 달리, 돌봄윤리는 인간이 의존적인 존재이며 돌봄이 필요한 존재라는 사실에서 출발한다. 하지만, 전통윤리와 돌봄윤리 모두에서 '착한 사람의 딜레마'로 불리는 인간의 '의존인의 의존성과 제공자의 자율성 간의 충돌'이 생긴다.

착한 사람의 딜레마란, 타인의 필요와 요구에 민감하게 반응하고 책임을 다하려는 '좋은 사람'이 정작 본인의 삶과 자율성(권익)을 끊임없이 희생하게 되는 도덕적 압박에서 벗어나기 어려운 곤경을 말한다. 특히, 돌봄관계에서 돌봄제공자는 돌봄을 필요로 하는 사람(의존자)의 요구에 응답해야 한다는 도덕적 압박을 받는다. 이 과정에서 돌봄제공자는 자신의 필요와 권리를 뒤로 미루고, 상대방의 요구에 무한히 응해야 할 것 같은 상황에 처하게 된다. 즉, 착한 사람인 돌봄제공자는 자신의 이해관계를 주장하면 더 이상 착한 사람이 아니기 때문에, 상대방의 요구에 투명하게 자신을 내어주는 '투명자아(transparent self)'가 된다고 본다. 자율성과 자아를 찾기 어려워진다.

전통 윤리(정의 윤리)를 강조하면, 돌봄을 받아야 하는 의존인의 의존성과 돌봄필요성을 보이지 않게 되며, 돌봄윤리만을 강조하면, 자칫, 돌봄을 받아야 하는 의존인의 의존성만 충족되고, 돌봄을 하는 사람의 자율성과 권익은 증발할 위험이 발생할 수 있다.

트론토 등은 이 딜레마가 돌봄의 책임을 사회적으로 분배하지 않고, 일부 개인(주로 여성이나 가족 내 특정인)에게 떠넘기는 구조에서 비롯된다고 본다. 특히, 돌봄을 두 사람 간에 사적으로 주고받는 양자관계로 볼 경우, 돌봄을 혼자 전담하는 것이 아닌 그 밖에서 함께 분담하고 나눌 수 있는 또 다른 돌봄 분담자들이 있음을 생각하지 못하면서, 이 딜레마가 트렙(trap)이 될 수 있다. 이 대목에서 우리는 돌봄민주주의를 생각할 수 있어야 한다. 돌봄을 여러 사람들이 함께 분담하고 나눠야 하는 것임을 상기해야 한다. 이러한 전제에서 돌봄책임을 분담할 것인가를 사회와 국가 민주적으로 의제로 설정하고 대화하고 제도적으로 뒷받침해야 한다. 그러한 사회적 눈높이 즉, 돌봄민주주의의 수준이 높아질수록, 개개인이 자신의 자율성을 극단적으로 놓치면서 돌봄책임의 압박을 받게 되는 소위 '독박돌봄' 혹은 그러한 극단적인 형태인 '간병살인' 등의 행태들이 줄어들 것이다. 이러한 사회적 논의와 대화 속에서 돌봄관계를 의존인들과 돌봄제공자들 간의 협력과 갈등을 조율할 수 있고 줄일 수 있는 '존중의 거리'가 사회적 합의나 사회적 시선으로 형성될 것으로 기대할 수 있다. 우리 사회의 돌봄민주적 역량에 따라 의존성과 자율성의 긴장도는 좌우될 것이다.

물론, 이러한 사회적이고 민주적인 변화는 시간이 필요하다. 단기적 처방으로, 이러한 민주적 책임 분담에는 대상자 즉, 장애인, 어르신 등에 대한 교육이 빠져서는 안 된다. 여기서의 돌봄교육이란 가족과 보호자에 대한 교육의 필요성을 의미한다. 돌봄을 받는 사람들에게도 돌봄을 하는 사람들의 자율성을 존중하고 준수해야 하는 경계가 있음을 인지시키고 함께 노력해야 한다. 특히, 돌봄을 받는 사람들의 가족이나 보호자들에 대한 교육이 일차적으로 병행되어야 돌봄제공자와 수혜자 간의 적정한 관계의 균형을 잡을 수 있는 역할을 할 수 있는 근거와 기준이 될 것이다.

참고문헌

- 김희강·임현(2018). 『돌봄과 공정』. 박영사.

- 러딕, 사라(2002). 『모성적 사유: 전쟁과 평화의 정치학』. 이혜정(역). 철학과 현실사.

- Bubeck, Diemut Grace. 2002. "Justice and the Labor of Care." In Eva Feder Kittay and Ellen K. Feder (eds.). The Subject of Care: Feminist Perspectives on Dependency. Lanham: Rowman & Littlefield Publishers, Inc.

- Costa, Victoria. 2015. "Care." In Jon Mandle and David A. Reidy (eds). Companion to Rawls Lexicon. Cambridge: Cambridge University Press.

- Collins, Stephanie. 2015. The Core of Care Ethics. London: Palgrave MacMillan.

- Engster, Daniel. 2007. The Heart of Justice: Care Ethics and Political Theory. Oxford: Oxford University Press. 김희강·나상원 역. 2017. 『돌봄:정의의 심장』. 박영사.

- _____. 2015. Justice, Care and the Welfare State. Oxford: Oxford University Press.

- Gilligan, Carol. 1982. In a Different Voice. Cambridge: Harvard University Press.

- Hankivsky, Olena. 2014. "Rethinking Care Ethics: on the Promise and Potential of an Intersectional Analysis." American Political Science Review 108(2): 252-264.

- Casalini, Brunella(2019). "Care and injustice." International Journal of Care and Caring 4(1): 59-73.

- Held, Virginia. 1993. Feminist Morality: Transforming Culture, Society, and Politics. Chicago: University of Chicago Press.

- _____. 2006. The Ethics of Care: Personal, Political and Global. Oxford: Oxford University Press. 김희강·나상원 역. 2017. 『돌봄: 돌봄윤리』. 박영사.

- Kittay, Eva Feder(1999). 『돌봄: 사랑의 노동』. 서울: 박영사.

- Noddings, Nel. 1984. Caring: A Feminine Approach to Ethics and Moral Education. Berkeley: University of California Press. 한평수 역. 2009. 『배려: 윤리와 도덕교육에 대한 여성적 접근법』. 천지.

- _____. 1992. The Challenge to Care in Schools: An Alternative Approach to Education. New York: Teachers College Press. 추병완·박병춘·황인표 역. 2002. 『배려교육론』. 서울: 다른우리.

- Ruddick, Sara. 1989. Maternal Thinking: Toward a Politics of Peace. Boston: Beacon Press.

- Sevenhuijsen, Selma. 1998. Citizenship and The Ethics of Care: Feminist Considerations on Justice. New York: Routledge.

- Ruddick, Sara(1995). "Injustice in Families: Assault and Domination." In Virginia Held (ed.). Justice and Care. Westview Press.

- Tronto, Joan C.(1994). Moral Boundaries New York: Routledge.

- _____.(2024). 『돌봄 민주주의: 시장, 평등 그리고 정의』. 김희강·나상원(역).박영사

제2부

돌봄의 실제

INTRODUCTION TO ELDER CARE STUDIES

삶 속에서 이루어지는 돌봄의 장면들

돌봄은 추상적인 개념이나 이론에 머물지 않는다. 일상에서 이루어지는 돌봄의 행위야말로 돌봄의 본질을 보여주는 현장이다. 제2부 「돌봄의 실제」는 노년기 돌봄이 실제로 어떤 방식으로 제공되고 실천되는지를 중심으로 구성되었다. 돌봄은 삶의 전 과정에서 지속적으로 필요하지만, 특히 노년기에는 다양한 신체적·정서적 변화와 함께 일상 기능이 약화되면서 돌봄의 수요가 집중된다. 이에 따라 본 부에서는 노인의 삶 속에서 반복되고 지속되는 돌봄 장면들을 다각도로 조명하고자 한다.

우선, 제3장은 '일상돌봄'을 주제로 기본적인 생활지원, 이동, 식사, 청결 유지 등 일상생활에서의 실질적인 돌봄활동을 다룬다. 이는 돌봄의 가장 기초적이고 필수적인 형태로, 돌봄의 출발점이자 기반이다. 이어지는 제4장에서는 '정서적 돌봄과 의사소통 기술'에 주목하여, 단순한 물리적 지원을 넘어 노인의 정서적 안정과 관계 형성을 위한 돌봄자의 기술과 태도를 고찰한다. 돌봄은 인간관계의 질에 따라 그 효과가 크게 달라지며, 의사소통은 그 중심축이라 할 수 있다.

제5장은 기술 발달에 따라 점차 확대되고 있는 '원격돌봄'과 '응급대처'에 대한 내용을 다룬다. 특히 ICT 기반 기술이 노년기의 안전과 건강을 어떻게 지원하는지를 분석하고, 돌봄 공백을 보완하는 대안으로서의 가능성을 탐색한다. 제6장에서는 '시설돌봄'을 조명하여 노인요양시설, 공동생활가정 등 다양한 집단 거주시설에서의 돌봄이 어떤 방식으로 운영되는지를 살펴본다.

제7장은 '생애말기 돌봄'을 통해 노인의 삶의 마무리를 존엄하게 지원하는 돌봄의 철학과 실제를 소개하고, 제8장은 '자기돌봄'을 통해 돌봄 제공자의 건강과 지속가능성을 확보하기 위한 실천 전략을 제시한다. 이는 돌봄의 질을 유지하고 소진을 방지하기 위해 반드시 고려해야 할 요소이다.

제2부는 이처럼 돌봄이 구체적인 삶 속에서 어떻게 구현되는지를 체계적으로 탐색하며, 향후 돌봄 현장에서 필요한 역량과 감수성을 함양하는 데 기초가 된다. 독자는 이를 통해 돌봄의 실제적 맥락을 보다 생생히 이해하고, 돌봄에 대한 현실적 감각과 실천적 통찰을 키울 수 있을 것이다.

제3장

일상돌봄

학습목표

- ✓ 일상돌봄의 개념과 중요성을 이해하고 설명할 수 있다.
- ✓ 일상생활수행능력 평가도구를 활용하여 노인의 기능상태를 평가할 수 있다.
- ✓ 식사, 위생, 배설, 복약 등의 일상생활지원 기술을 실천할 수 있다.
- ✓ 이동 및 자세변경, 낙상 예방 등 안전한 돌봄기술을 습득할 수 있다.
- ✓ 노인의 자율성과 존엄성을 존중하는 돌봄 태도를 갖추고 실천할 수 있다.

일상돌봄은 도움이 필요한 사람이 일상생활(식사, 배설, 위생, 이동, 복약 등)을 자립적으로 유지할 수 있도록 신체적·정서적·사회적으로 돕는 활동이다.

1. 일상생활수행능력

1) 일상생활수행능력(ADL: Activities of Daily Living)

일상생활수행능력은 인간이 일상생활을 영위하기 위해 반드시 수행해야 하는 기본적인 활동을 의미하며, 신체적·정신적 독립성을 평가하는 데 매우 중요한 지표로 활용된다. 특히 노인, 장애인, 만성질환자 등 돌봄이 필요한 사람들의 자립 정도를 판단하고, 돌봄 필요 수준을 결정하는 기준으로 널리 사용된다.

ADL은 미국의 의사 시드니 케츠(Sidney Katz)가 1963년에 처음 제시하였으며, 다음의 여섯 가지 항목이 대표적이다.[1]

① 옷 입기
② 목욕하기
③ 화장실 사용
④ 침대와 의자 간 이동
⑤ 배변·배뇨(소변) 조절
⑥ 식사하기

이 항목들은 생존과 일상생활을 유지하는 데 필요한 가장 기본적인 신체적 기능으로, 각 항목에서 독립 여부를 평가하여 점수화함으로써 개인의 기능 상태를 객관적으로 파악할 수 있다.

ADL이 저하되면 독립적인 생활이 어려워지고, 돌봄제공자의 도움이 필요해지며, 이는 재가 돌봄, 방문요양 또는 요양시설 입소 등 돌봄 서비스 형태를 결정하는 기준이 된다. 또한 ADL 평가는 단순한 기능 측정뿐 아니라, 대상자의 삶의 질, 자존감, 심리적 안정성에도 영향을 미치기 때문에 돌봄 실천과 정책 수립의 기초 자료로 매우 중요하다.

결국 ADL은 단순한 신체 기능의 지표를 넘어, 노인의 자립성 유지와 돌봄 설계의 기준이 되는 핵심 개념으로, 돌봄제공자에게 필수적인 평가 항목이다.

[표3-1] 일상생활능력(ADL)

항목	세부활동
개인위생	목욕하기, 양치질, 머리 감기, 면도하기 등
옷 입기	옷을 입고 벗는 능력
이동	침대에서 일어나 앉기, 걷기, 계단 오르내리기 등
식사	음식을 먹는 능력, 음식을 입으로 가져가기
화장실 사용	화장실 가기, 변기 사용하기, 대소변 조절

2) 도구적 일상생활능력(IADL: Instrumental Activities of Daily Living)

도구적 일상생활수행능력(IADL)은 기본적인 일상생활 활동(ADL)보다 더 복잡하고 고차원적인 기능을 요구하는 활동들을 의미한다. IADL은 주로 독립적인 생활을 영위하기 위해 필요한 수행능력을 평가하는 지표로, 특히 노인의 자립성과 사회적 기능 유지 여부를 판단하는 데 중요하게 활용된다.

일상생활수행능력(IADL)에는 일반적으로 다음과 같은 항목이 포함된다.

① 식사 준비 전화 사용하기
② 교통수단 이용 또는 운전
③ 장보기
④ 전화 사용하기
⑤ 집안일하기
⑥ 세탁
⑦ 약 복용 관리
⑧ 금전 관리 등

이 항목들은 단순한 생존을 위한 행위가 아니라, 지역사회에서 자율적인 생활을 유지하기 위한 '도구적 능력'이라 볼 수 있다. 예를 들어, 노인이 스스로 식사를 준비하고, 외출하여 필요한 물품을 구매하며, 약을 정확하게 복용하고, 자신의 돈을 관리할 수 있는 능력은 혼자 생활할 수 있는지를 판단하는 핵심 기준이 된다.

IADL은 미국의 사회복지학자 로우렌스 알브라이튼(Lawton & Brody)이 개발한 'Lawton IADL Scale'을 통해 체계화되었으며, 특히 ADL 수행이 가능한 고령자라도 IADL이 저하되면 실제로는 독립적인 생활이 어려울 수 있다. 따라서 IADL은 ADL보다 더 민감한 자립 기능의 지표로 사용되며, 초기 치매나 경도인지장애, 우울증 등의 변화도 IADL에서 먼저 드러나는 경우가 많다.[2]

IADL의 중요성은 요양등급 판정, 재가복지 여부 판단, 돌봄서비스 계획에서 실질인 기준이 된다는 데 있다. 예를 들어, 노인이 목욕이나 식사는 가능하지만 약 복용 시간이나 금융관리, 전화 응대 등에 어려움을 겪는다면, 일상에서 돌봄이 꼭 필요하지는 않더라도 보호적 서비스가 필요한 상태로 간주된다.

또한 IADL은 단순히 신체 기능뿐 아니라 판단력, 인지기능, 시간 개념, 대인관계 능력 등 광범위한 영역을 포괄하기 때문에, 노인의 삶의 질과 사회적 참여도까지 반영하는 중요한 개념이다. 그러므로 돌봄제공자는 ADL과 함께 IADL을 체계적으로 평가하여, 노인의 실제적인 자립 능력을 정확히 파악하고, 그에 맞는 단계별 맞춤형 돌봄을 제공해야 한다. 이는 노인의 독립성을 존중하고, 삶의 만족도와 자기효능감을 높이는 데 기여하는 중요한 돌봄의 기초가 된다.

노인의 기능 저하와 일상생활의 어려움은 고령화에 따라 점차 심화되는 중요한 사회적 과제 중 하나이다. 노화는 신체적, 인지적, 정서적 기능 전반에 걸쳐 서서히 또는 급격하게 변화를 일으키며, 이로 인해 노인의 일상생활수행능력(ADL)과 도구(수단)적 일상생활수행능력(IADL)이 저하되는 경향이 있다. 특히 근력 약화, 관절의 유연성 감소, 시력과 청력의 저하, 균형감각 상실 등 신체 기능의 변화는 옷을 갈아입거나, 식사하기, 목욕하기, 이동하기 같은 기본적인 활동에서 어려움을 겪게 만든다.

[표3-2] 도구적 일상생활능력(IADL)

항목	세부활동 및 능력
가사 활동	집안 청소, 세탁, 식사 준비와 요리
쇼핑	식료품 쇼핑 또는 필요한 물건을 구매하는 능력
운전 및 교통이용	자신의 교통수단을 운전하거나 대중교통 이용 능력
약물 관리	자신의 약을 제대로 관리하고 복용하는 능력
재정 관리	청구서 지불, 예산 관리, 은행 업무 처리 능력
전화 및 통신사용	전화나 이메일을 통해 의사소통하는 능력
안전관리와 판단력	위험 상황을 인지하고 적절한 판단을 내리는 능력

[표3-3] 한국형 일상생활수행능력 척도

한국형 일상생활수행능력 척도(K-ADL)

※ 최근 1주일 동안의 일상생활을 기준으로 작성해주세요.

항목	설명	점수
1. 옷 갈아입기	혼자 상·하의, 속옷 등을 입고 벗을 수 있나요?	☐ 전적으로 가능 (0점) ☐ 약간 도움 필요 (1점) ☐ 전적으로 도움 필요 (2점)
2. 세수하기	혼자 세면대에서 손·얼굴을 씻을 수 있나요?	☐ 전적으로 가능 (0점) ☐ 약간 도움 필요 (1점) ☐ 전적으로 도움 필요 (2점)
3. 식사하기	혼자 숟가락/젓가락을 이용해 식사할 수 있나요?	☐ 전적으로 가능 (0점) ☐ 약간 도움 필요 (1점) ☐ 전적으로 도움 필요 (2점)
4. 이동하기	침대에서 일어나 걷거나 의자로 이동할 수 있나요?	☐ 전적으로 가능 (0점) ☐ 약간 도움 필요 (1점) ☐ 전적으로 도움 필요 (2점)
5. 목욕하기	혼자 상반신 또는 전신을 씻을 수 있나요?	☐ 전적으로 가능 (0점) ☐ 약간 도움 필요 (1점) ☐ 전적으로 도움 필요 (2점)
6. 대변 조절	대변을 스스로 조절할 수 있나요?	☐ 전적으로 가능 (0점) ☐ 약간 도움 필요 (1점) ☐ 전적으로 도움 필요 (2점)
7. 소변 조절	소변을 스스로 조절할 수 있나요?	☐ 전적으로 가능 (0점) ☐ 약간 도움 필요 (1점) ☐ 전적으로 도움 필요 (2점)
총점		_____ 점
해석	· 0~4점: 대부분 독립적인 생활 가능 · 5~9점: 부분적인 도움 필요 · 10점 이상: 일상생활 전반에서 돌봄 필요	

인지기능의 저하도 일상생활의 자립에 큰 영향을 미친다. 경도인지장애 또는 치매 초기에는 약 복용 시간을 기억하지 못하거나, 외출 후 집을 찾기 어렵고, 전화사용이

나 금전관리에 실수가 잦아지는 등 IADL 영역부터 어려움이 나타난다. 이러한 기능 저하는 자신감 상실, 우울감, 사회적 고립 등 심리사회적 문제로 확산될 수 있다.

또한 일상생활에서의 어려움은 노인의 삶의 질을 크게 떨어뜨릴 수 있으며, 독립적인 생활을 유지하던 노인이 점차 외부의 돌봄이나 시설 보호가 필요한 상태로 전환되는 중요한 신호가 되기도 한다. 노인은 작은 불편이나 실패 경험만으로도 자립성에 대한 위축감을 크게 느끼므로, 기능 저하를 조기에 파악하고 이에 적절히 대응하는 것이 매우 중요하다.

따라서 노인의 기능 상태를 주기적으로 평가하고, 필요한 경우 보조기기, 환경 개선, 재활운동 등의 개입을 통해 일상생활의 어려움을 최소화하는 노력이 필요하다. 이는 단순한 신체 보조를 넘어, 노인의 자존감 회복과 심리적 안정, 더 나아가 독립적인 삶을 유지하게 하는 핵심적인 돌봄 전략이라 할 수 있다.

3) 자기결정권과 자립성

자기결정권과 자립성의 존중은 노인 돌봄의 핵심 윤리이자, 인간다운 삶을 유지하기 위한 기본권이다. 노인이 나이가 들고 신체적 기능이나 인지능력이 저하되더라도, 가능한 한 자신의 생활과 선택에 대해 스스로 결정할 수 있도록 하는 것이 자기결정권의 본질이다. 이는 식사시간이나 메뉴, 옷차림, 여가활동, 돌봄 방식 등 일상생활의 작은 선택에서부터 건강관리나 치료 여부, 거주 환경 선택 등 보다 중대한 결정에 이르기까지 폭넓게 적용된다.

노인의 자기결정권을 존중하는 것은 단순히 요구를 수용하는 차원을 넘어, 존엄성과 자율성을 보장하는 인권(윤리)의 문제이다. 이를 무시하거나 제한할 경우, 노인은 무력감과 상실감을 경험하며 우울, 고립, 삶의 질 저하로 이어질 수 있다. 따라서 돌봄제공자는 대상자의 기능 상태에 맞는 정보와 선택권을 충분히 제공하고, 의사결정 과정에 적극적으로 참여하도록 도와야 한다.

한편, 자립성의 존중은 노인이 가능한 한 자신의 능력으로 일상생활을 유지할 수 있도록 돕는 것을 의미한다. 노인의 자립은 신체적 독립뿐만 아니라 정서적, 사회적 자율성을 포함한다. 예를 들어, 스스로 식사하거나 세면하는 기본적인 활동을 할 수 있도록 환경을 조성하고, 일정한 지지와 격려를 통해 자기효능감을 유지할 수 있게 하는 것이 중요하다.

이러한 실천은 돌봄의 효율성과 품질을 높일 뿐 아니라, 노인의 삶의 만족도와 자존감을 높이는 데 크게 기여한다. 결국 돌봄에서 노인의 자기결정권과 자립성을 존중하는 것은, 노인을 '수동적 수혜자'가 아닌 '능동적 삶의 주체'로 바라보는 관점의 전환이며, 인간 중심 돌봄의 핵심 가치라 할 수 있다.

2. 식사 지원

1) 영양관리

노인의 영양관리는 건강한 노화와 질병 예방, 기능 유지에 핵심적인 요소다. 나이가 들수록 신체 기능과 대사 작용, 식욕, 소화 기능 등이 변하기 때문에 청·장년기와는 다른 특수한 영양적 요구가 발생한다. 이러한 변화를 고려하지 않으면 영양 불균형, 면역 저하, 근감소증, 만성질환 악화 등의 문제가 생길 수 있다.

노인의 영양관리는 단순히 '먹는 것'이 아닌 노후 건강과 삶의 질, 자립생활 유지의 핵심 요소이다. 돌봄제공자는 노인의 영양 특성을 잘 이해하고 관리되어야 한다.

① 에너지(열량) 필요량 감소
근육량과 기초대사량이 감소함에 따라 에너지 필요량도 줄어들며, 과잉 섭취 시 체중 증가와 대사 질환(당뇨, 고지혈증 등) 위험이 있으므로 고열량 식품은 줄이고, 고영양 밀도 식사가 중요하다.

② 단백질 요구량 증가
노인은 근육 감소(근감소증)를 예방하기 위해 체중 1kg당 1.0~1.2g의 단백질이 권

장되며, 육류, 생선, 두부, 달걀, 유제품 등을 매 끼니마다 포함시키는 것이 좋다.

③ 비타민 및 무기질 섭취 필요

비타민 D, B12, 칼슘, 철분, 마그네슘 등의 결핍이 흔하며, 특히 뼈 건강과 인지기능 유지에 중요한 비타민 D와 칼슘은 햇볕 부족, 식사량 감소로 쉽게 부족해지므로 음식 또는 보충제를 적절히 보완해야 한다.

④ 수분 섭취의 중요성

노인은 갈증을 잘 느끼지 못해 탈수 위험이 높고 커피, 알코올보다는 물, 국, 수분 함량이 높은 과일 등을 수분을 충분히 보충해야 한다.

2) 식이유형

노인의 건강 상태, 치아 기능, 소화 능력, 질환 유무 등에 따라 적절한 식이를 제공하는 것은 매우 중요하다. 식이유형은 크게 일반식, 연식·죽식, 치료식, 경관영양으로 나뉘며, 각각에 따라 제공방식과 주의사항이 다르다.

(1) 일반식

특별한 식이 제한 없이 일반적으로 섭취할 수 있는 균형 잡힌 식사로써 씹기와 삼키기에 문제가 없고, 특별한 질환이 없는 노인에게 적절하다. 모든 영양소를 골고루 포함한 식단이며 기호, 문화, 선호도를 고려해 다양화할 수 있는 특징이 있다.

고령자의 경우에도 과도한 지방, 염분, 설탕은 피하는 것이 좋고, 음식의 온도와 간은 적절히 조절해야 하며, 저염식 반찬과 국 등을 적절하게 제공되어야 한다.

① 한식 상차림: 밥 + 된장국 + 생선구이 + 나물무침 + 김치 등
② 종류: 잡곡밥, 백미밥, 국/탕/찌개류, 반찬(볶음·조림·무침 등), 계절 과일

(2) 연식 및 죽식

씹기와 삼키기 어려운 사람을 위한 부드러운 형태의 식사로써 치아가 없거나 약한 노인, 연하곤란이 있는 경우, 수술 직후 환자 등에게 적합한 식이유형이다. 연식은 잘게 다지거나 부드럽게 조리한 음식 (예: 달걀찜, 으깬 감자, 연두부, 흰살생선 조림, 무른 나물 등)이며, 죽식은 물을 많이 넣어 끓인 밥 (예: 흰죽, 야채죽, 생선죽, 쇠고기죽, 단호박죽)이다.

기름지거나 점성이 높은 음식은 삼키기 어렵기 때문에 주의해야 하며, 음식의 온도와 질감은 일관되게 유지하는 것이 중요하다.

(3) 유동식

유동식은 액체 상태 또는 반액체 상태로 된 음식으로, 씹지 않아도 삼킬 수 있고 소화가 쉬운 식사 형태다. 연하곤란(삼킴 장애), 소화기 질환, 수술 직후 회복기 등의 환자에게 제공된다.

유동식은 묽고 부드러워 입에 넣으면 바로 삼킬 수 있으며, 위에 부담을 주지 않으며 빠르게 소화되며 필요에 따라 에너지, 단백질, 비타민 등을 농축하여 보충 가능하다.

유동식을 제공할 경우 질식 위험 예방을 위해 너무 묽으면 흡인(기도로 넘어감) 위험이 있으므로, 필요 시 점도를 조절해야 한다. 너무 차거나 뜨거운 유동식은 점막을 자극하므로 미지근하게 제공한다.

① 영양 불균형 방지: 단순 유동식만 장기간 제공 시 단백질, 비타민, 섬유소 부족이 우려되므로 균형 보충이 필요함
② 점도 및 농도 조절: 상태에 따라 '걸쭉한 유동식(연하식)'으로의 조정이 필요함
③ 위생관리 철저: 액상 상태라 부패나 오염이 빠르므로 식사 직전에 준비하고 잔량은 버림

(4) 치료식

특정 질환의 예방 또는 관리를 위해 영양 성분을 조절한 식사로써 만성질환(당뇨, 고혈압, 신장질환 등) 또는 회복기 환자에게 적합하다.

반드시 의료진 또는 영양사의 처방에 따라 제공되며, 식단표를 참고해 정확한 양과

조리법 준수해야 한다.

[표3-4] 치료식 종류

종류	설명	예시
당뇨식	혈당 조절을 위한 저당 식이	현미밥, 삶은 채소, 닭가슴살, 무가당 요구르트
저염식	나트륨 제한 식이 (고혈압, 심부전)	싱겁게 간한 미역국, 무조림, 무염김치
신장질환식	단백질·칼륨·인·나트륨 조절 필요	저단백 식단, 무가염 채소, 제한된 과일
저지방식	췌장염, 담낭질환 등에 적용	찐 닭가슴살, 삶은 야채, 저지방 우유

(5) 경관영양 (튜브 영양)

음식물이나 영양액을 입이 아닌 튜브를 통해 위장으로 직접 공급하는 방법으로써 의식저하, 심한 연하장애, 중증 치매, 입으로 식사가 불가능한 노인에게 적절한 유형이다. 경관영양은 코를 통해 위로 삽입한 튜브방식인 비위관 영양(NG tube)과 복부에 작은 구멍을 내고 위에 직접 삽입한 튜브방식인 위루관 영양(PEG 등)이 있다.

소화가 용이한 액상 영양식을 일정 속도로 주입하고 위생, 튜브 막힘 방지, 체위 유지가 매우 중요하다. 주입 전후 위 잔류량 확인, 체위(상체 30~45도)를 유지하며, 튜브 삽입 부위의 감염, 피부 자극 여부 확인이 필요하고 수분과 전해질 공급도 함께 고려해야 한다.

돌봄제공자를 위한 체크포인트
- 식사 전 연하상태(침 삼킴, 기침 유무) 확인
- 유동식은 질감 조절(너무 묽거나 질게 말고 '걸쭉하게')
- 경관영양은 반드시 의료진 지시에 따라 관리
- 식사 전후 자세 유지 필수 (질식 및 흡인 예방)

[표3-5] 식이유형 요약표

유형	대상	특징	주의사항
일반식	건강한 노인	일반 가정식	염분·지방 조절
연식/죽식	씹기·삼키기 어려운 경우	부드럽고 소화 잘됨	질감·온도 일관성 유지
유동식	연하곤란(삼킴 장애)	묽고 부드러워 삼킬 수 있음	점도를 조절
치료식	당뇨, 고혈압, 신장질환 등	영양성분 조절	전문가 처방 필수
경관영양	경구섭취 불가능한 경우	튜브로 영양공급	위생·체위·속도 관리

3) 식사보조 방법

식사보조는 단순히 식사를 도와주는 행위를 넘어서, 건강 유지와 삶의 질 향상, 심리적 안정, 자존감 회복을 지원하는 핵심적인 돌봄 활동이다. 노인은 연령 증가에 따라 씹고 삼키는 기능, 근력, 시력, 인지 기능이 저하되며, 이로 인해 스스로 식사하기 어려운 상황이 자주 발생한다. 이러한 경우 적절한 식사보조는 영양 섭취 부족을 예방하고, 근감소증·면역력 저하·만성질환 악화 등을 방지하는 데 중요한 역할을 한다.

또한, 식사는 신체적 건강뿐 아니라 정서적 만족과도 밀접한 관련이 있다. 혼자 식사하거나 음식을 먹기 어려운 상황은 노인에게 고립감, 우울감, 무력감을 유발할 수 있다. 이때 돌봄제공자가 함께 식사하거나 대화를 나누며 식사를 도와주면, 노인은 인정받고 존중받는 감정을 느끼고 정서적으로 안정될 수 있다. 이는 식욕 증진과 식사 만족감 향상으로 이어진다.

식사보조는 단순히 음식을 떠먹여 주는 것을 넘어서, 식사 전 손 씻기, 자세 조정, 식사 속도와 양 조절, 연하 상태 관찰, 질식 예방, 식후 구강관리까지 포괄한다. 이는 돌봄제공자의 세심한 관찰력과 노인의 존엄성을 지키려는 태도가 함께 요구된다. 궁극적으로 식사보조는 노인의 자립생활을 지원하고, 건강한 노화를 가능하게 하며, 인간다운 삶을 이어갈 수 있게 하는 중요한 돌봄 실천이라 할 수 있다.

다음은 노인의 식사보조(지원)를 위한 기본 원칙들이다.

(1) 자율성과 존엄성 존중
① 가능한 한 스스로 식사하도록 유도하고, 완전한 의존이 되지 않도록 돕는다.
② 느리더라도 본인이 먹을 수 있는 부분은 직접 하게 하며, 존엄성과 자존감을 지킨다.

(2) 개별 상태에 맞춘 지원
① 노인의 인지 기능, 연하 능력, 자세, 질환 상태 등을 고려해 식사방법과 속도를 조절한다.
② 치아 상태, 음식의 질감, 섭취 가능 식이도 함께 고려해야 한다.

(3) 안전한 식사 환경 조성
① 의자 또는 침대에 상체를 30~45도 이상 세운 자세로 식사하도록 하여 질식을 예방한다.
② 음식은 적절한 온도, 크기, 질감으로 제공하고, 입에 너무 많이 넣지 않도록 주의한다.

(4) 청결과 위생 유지
① 식사 전후 손 씻기, 입과 손 주위 청결 유지, 보조 도구의 위생상태 점검은 필수이다.
② 특히 연하장애가 있는 경우 구강 위생 관리가 매우 중요하다.

(5) 정서적 지지와 따뜻한 분위기 제공
① 식사 중에는 편안하고 안정된 분위기를 조성하고, 대화와 격려로 식욕을 돋운다.
② 혼자 식사하게 하지 않고, 동반자와 함께 식사하도록 돕는 것도 도움이 된다.

(6) 식사 속도와 양 조절
① 너무 빠르거나 느린 식사 속도는 소화와 안전에 영향을 줄 수 있다.
② 노인의 리듬에 맞게 천천히, 소량씩 제공하며 반응을 관찰한다.

(7) 관찰과 기록
① 식사량, 기호, 불편 반응(기침, 사레, 구역질 등)을 주의 깊게 관찰하고 필요한 경우 기록해 공유한다.

② 노인의 식사 양과 속도에 변화가 있으면 보호자나 의료진에게 즉시 전달해야 한다.

[표3-6] 식사보조 방법

단계	항목	내용
식사 전	대상자 상태 파악	연하 능력, 인지 수준, 치아 상태 등 확인
	식사도구 및 환경 준비	숟가락, 컵, 턱받이 준비 및 손 씻기, 상체 30~45도 유지
	식사 전 정서적 준비	식사 시간 안내, 가벼운 대화로 긴장 완화
식사 중	자립 유도	가능한 범위 내에서 스스로 식사하도록 격려
	음식 제공 방법	소량씩 천천히, 너무 뜨겁거나 찬 음식 피하기
	반응 관찰	기침, 사레, 불편감 등 이상 반응 관찰
	식사 분위기	눈 맞춤, 미소, 대화 등 정서적 지지 제공
식사 후	입가 및 구강 정리	물티슈로 입 주변 닦기, 필요 시 가글 또는 양치
	자세 유지	식후 20~30분간 상체 세우기 (역류 방지)
	섭취량 및 반응 기록	식사량, 거부 반응 등 간단히 기록

4) 식사도구 활용

노인의 식사 보조에서 식사 도구의 활용은 자립적인 식사 능력 유지와 영양 섭취의 질 향상, 안전 확보에 중요한 역할을 한다. 노화로 인해 손의 근력과 조정 능력이 약해지고, 시력 저하, 관절의 변형, 인지 기능 저하 등으로 일반적인 식기 사용이 어려워지는 경우가 많다. 이때 적절한 식사 도구를 활용하면 스스로 식사할 수 있는 능력이 향상되며, 이는 자존감 유지와 삶의 질 개선으로 이어진다.

예를 들어, 미끄럼 방지 손잡이가 달린 숟가락, 한 손 사용이 가능한 접시, 깊은 접시, 입이 넓은 컵, 고무 패드 등이 있다. 이러한 보조 도구들은 노인의 신체적 제한을 보완해 주며, 음식의 흘림, 낙상, 질식 등 위험을 줄이는 데도 기여한다. 또한 도구 선택 시에는 대상자의 기능 수준, 선호도, 안전성을 종합적으로 고려해야 한다.

즉, 식사 도구의 적절한 활용은 단순한 편의 제공을 넘어, 노인의 자립성과 존엄성을 지키고, 건강하고 안전한 식사 환경을 조성하는 핵심적인 돌봄 실천이다.

[표3-7] 신체 특성에 따른 식사도구

노인 특성	식사 도구	설 명
손 떨림, 손목 약화	굵은 손잡이 숟가락/포크. 고무 그립 식기류	미끄러짐 방지, 손에 힘이 덜 들어도 사용 가능
한 손 사용만 가능한 경우	모서리가 높은 경사형 접시. 흡착식 그릇. 한 손 컵	음식이 밀려나지 않고 한 손으로도 안정적인 식사 가능
시력 저하	대비 색상 강한 식기. 선명한 테두리의 접시	식기와 음식 구분을 쉽게 하여 식사 집중력 향상
관절 변형 또는 근력 저하	가벼운 플라스틱 식기. 입이 넓은 컵	무게 부담을 줄이고 들고 마시기 쉬움
인지기능 저하	단순한 모양의 식기. 한 종류씩 담을 수 있는 칸막이 접시	혼란을 줄이고 식사 동작을 쉽게 유도

[표3-8] 식이 형태별 식사도구

식이 형태	식사 도구	설 명
연식(부드러운 음식)	깊은 국그릇, 넓은 숟가락, 고무 주걱	퍼내기 쉬운 형태로 흘림 방지, 양 조절 용이
죽식/미음 등 유동식	넓은 입의 컵, 스푼, 흡입 가능한 음료컵	식사 속도 조절, 흡인 예방에 도움
연하곤란식	점도 조절 가능한 빨대컵.뚜껑 있는 컵(코코컵)	입에 천천히 들어가고, 삼키기 쉽게 유도
치료식	칸막이 식판. 정량 스푼. 전자저울	식품 간 섞임 방지, 식사량 정확하게 조절 가능

[표3-9] 기타 보조 식기류

도구	용도
미끄럼 방지 매트	식기 흔들림 방지, 안정감 부여
턱받이(앞치마)	흘림 예방 및 위생 유지
빨대 고정 클립	빨대 이동 방지, 안전한 흡입 가능
수저 클립, 손목 밴드	손에 힘이 약한 경우 사용하여 스스로 사용 가능하게 함

5) 연하장애

연하장애(嚥下障碍, Dysphagia)란 음식물이나 액체를 입에서 인두, 식도를 거쳐 위로 보내는 과정에 어려움이 있는 상태를 말한다. 연하는 단순한 동작처럼 보이지만, 입술, 혀, 턱, 인두, 후두, 식도 등 복합적인 근육과 신경이 관여하는 복잡한 과정이다. 노화로 인한 근육 약화, 신경계 질환(뇌졸중, 치매, 파킨슨병 등), 치아 문제 등으로 인해 연하 기능이 저하되면 음식물이 기도로 넘어가 사레, 흡인성 폐렴, 영양 부족, 탈수, 체중 감소 등을 유발할 수 있다.

연하장애는 겉으로 보기에는 단순한 '사레'나 '식사 어려움'으로 보일 수 있지만, 실제로는 생명을 위협하는 흡인성 폐렴, 만성 영양실조, 탈수, 체중감소, 정서적 위축 등 다른 질환의 합병증으로 이어질 수 있다. 따라서 연하장애가 의심되는 노인은 정확한 평가를 통해 원인과 정도를 파악하고, 그에 맞는 식이조절과 보조방법, 치료계획을 세우는 것이 매우 중요하다.

(1) 기초 관찰

연하장애는 노인에게 흔히 발생하는 문제로, 조기에 발견하지 않으면 영양결핍, 탈수, 흡인성 폐렴 등 생명에 위협이 될 수 있다. 이에 따라 돌봄제공자의 기초 관찰은 매우 중요하다. 돌봄제공자는 식사 중 사레, 기침, 목소리 변화, 음식 흘림 등 일상적인 행동 속에서 연하장애의 징후를 신속히 파악할 수 있는 위치에 있다. 이러한 관찰을 통해 이상 징후를 조기에 발견하면, 빠른 의료적 개입과 적절한 식사 조절로 합병증을 예방할 수 있다. 따라서 돌봄제공자의 기초 관찰은 연하장애 노인의 안전한 식사와 건강 유지에 필수적인 돌봄활동이다.

[표3-10] 연하장애 체크리스트

번호	항목	관찰 내용	(✓)
1	입 안에 음식물을 오래 머금는다.	음식을 씹지 않거나 삼키지 못하고 30초 이상 머금고 있음	☐
2	삼키는 데 시간이 오래 걸린다.	한입 삼키는 데 10초 이상 걸림	☐
3	물이나 국 섭취 시 자주 사레가 든다.	묽은 음식 섭취 후 기침, 사레 증상 보임	☐
4	식사 중 또는 직후 기침을 한다.	음식 삼킨 직후 또는 중간에 반복적 기침	☐
5	삼킨 후 목소리가 변한다.	삼킴 후 쉰 목소리, 가래 낀 듯한 음성	☐
6	음식물이 입 밖으로 흐른다.	씹거나 삼키기 전 음식물이 입 가장자리로 흐름	☐
7	식사 시간이 비정상적으로 길다.	한 끼 식사에 40분 이상 소요됨	☐
8	식사 중 표정이 일그러지거나 불편해 보인다.	통증, 불쾌감 등으로 식사를 중단하거나 얼굴 찡그림	☐
9	식사량이 점점 줄고 체중이 감소한다.	최근 1~2개월 내 섭취량 감소와 함께 체중도 줄어듦	☐
10	식사에 대한 두려움 또는 회피 행동을 보인다.	식사 전 거부, 식사 중 회피적 태도	☐
체크 항목 수	0~1개	정상 범위. 특별한 연하 문제 없음.	
	2~3개	경증 연하장애 가능성. 주기적 관찰 권장	
	4개 이상	중등도~중증 연하장애 의심. 전문가 평가 및 조치 필요.	

(2) 연하장애 검사

검사는 단순한 관찰에 그치지 않고, 삼킴 기능이 안전한지, 흡인의 위험이 있는지, 어느 단계에서 장애가 발생하는지를 과학적으로 확인할 수 있게 해준다. 이는 불필요한 식이 제한을 피하고, 필요한 경우에는 적절한 보조수단(예: 증점제, 연하 재활치료 등)을 선택할 수 있도록 도와준다.

[표3-11] 연하장애 검사 종류

검사명	설명	장점	비고
연하선별검사 (Bedside Swallowing)	물 또는 음식을 삼키게 하며 기침, 사레, 목소리 변화 등을 관찰	간단하고 빠르게 시행 가능	1차 스크리닝 용도
VFSS (비디오투시 연하검사)	바륨 성분이 포함된 음식을 삼키는 모습을 X-ray로 촬영하여 연하과정을 영상으로 분석	문제 발생 위치·단계 파악 가능. 흡인 여부 명확히 확인 가능	가장 널리 사용됨 (삼킴의 황금 표준 검사)
FEES (섬유내시경 연하검사)	콧구멍을 통해 내시경을 삽입한 후, 인두·후두 내부를 관찰하며 연하과정 직접 관찰	방사선 노출없음. 기관 구조 직접 확인 가능	코 내시경에 대한 거부감 있을 수 있음
침 삼키기 검사 (Saliva Swallow Test)	음식 없이 침만 삼키게 하며 삼킴 기능 평가	비침습적. 반복 가능	주로 중증 대상자나 초기 평가 시 사용
연하기능 종합검사 (Multidisciplinary Evaluation)	언어치료사, 작업치료사, 의사 등이 함께 실시하는 종합 평가	신체, 인지, 식이환경 등 다각적 분석 가능	중등도~중증 장애 의심 시 적합

(3) 연하장애 지원 방법

① 식사 자세 조정

- 상체를 30~45도 이상 세운 상태로 식사하도록 한다.
- 식사 중 고개를 약간 숙이거나 턱을 당기는 자세는 기도로 음식이 들어가는 것을 방지하는 데 도움이 된다.
- 식사 후에도 20~30분간 앉은 자세 유지 → 역류 및 흡인 예방

② 음식의 점도 및 질감 조절

- 너무 묽은 액체는 흡인 위험이 있으므로 걸쭉하게(증점제 사용) 조절한다.
- 질감은 부드럽고 잘 씹히며, 입안에서 쉽게 뭉쳐지는 형태가 이상적이다.

③ 식사 속도와 양 조절

- 한입에 넣는 양을 작게 하고, 천천히 먹도록 유도한다.
- 다음 음식을 넣기 전에 삼킴을 완료했는지 확인한다.

④ 식사 전·후 구강관리
- 구강 내 잔여물은 흡인의 원인이 될 수 있으므로, 식사 전후 입안 청결 유지가 중요하다.
- 치아, 의치 상태 확인, 입안 상처나 염증 여부도 함께 점검한다.

⑤ 정서적 지지와 환경 조성
- 연하장애로 인해 식사에 대한 두려움이나 불안감이 생길 수 있으므로, 부드러운 말투와 격려가 필요하다.
- 조용하고 안정된 환경에서 집중할 수 있도록 돕는다.

⑥ 전문가 협력
- 심한 연하장애가 의심될 경우, 언어치료사, 작업치료사, 영양사, 의사 등 다학제적 팀의 평가와 관리가 필요하다.
- 필요 시 연하검사(VFSS, 섬광투시 연하검사) 등의 정밀 검진을 통해 맞춤식 식이 처방도 가능하다.

3. 배설 지원

1) 배설의 개념과 중요성

배설(排泄, excretion)은 신체 내에서 생성된 노폐물과 불필요한 물질을 체외로 배출하는 생리적 기능을 말한다. 일반적으로는 배뇨(소변 배출)와 배변(대변 배출)을 포함하며, 그 외에도 땀이나 호흡을 통한 이산화탄소 배출 등도 광의의 배설에 해당된다.

이 중 노인 돌봄 현장에서 중요한 것은 배뇨와 배변으로, 이는 신장과 방광, 장과 항문 등의 기관이 정상적으로 기능하고 있다는 신호다. 배설은 단순히 노폐물을 내보내는 과정이 아니라, 신체의 항상성(내부 환경의 균형)을 유지하고 건강한 삶을 지속하는 데 핵심적인 역할을 한다.

(1) 배설(排泄)의 생리적 의미

배뇨는 신장에서 혈액을 여과해 생성된 소변이 방광에 저장되고, 뇌의 명령에 따라 요도를 통해 배출되는 과정이다. 이 과정은 자율신경과 근육의 협동작용에 의해 조절되며, 노화가 진행되면 이 기능이 점차 약화된다.

배변은 소화 후 남은 찌꺼기가 대장에서 수분이 흡수된 뒤, 직장으로 이동하고 항문을 통해 배출되는 과정이다. 이 역시 복부근, 항문 괄약근, 신경계의 협조 하에 이루어지며, 노년기에는 장운동이 느려지거나 변비가 발생하기 쉬운 환경이 조성된다. 따라서 배설 기능은 단순한 배출 과정이 아니라, 다양한 장기와 신경, 근육이 조화를 이루는 복합적인 생리 현상이라고 할 수 있다.

(2) 노년기 배설 기능 변화

노인의 경우 신체적 노화, 만성질환, 인지기능 저하, 약물 복용 등으로 인해 배설 기능에 다양한 변화가 발생한다. 대표적인 변화는 다음과 같다.

① 요실금: 방광 조절 기능 약화, 괄약근 이완 등으로 발생
② 빈뇨 및 야뇨: 방광 용적 감소와 감각 둔화로 인한 빈번한 배뇨
③ 배뇨곤란: 전립선비대, 신경계 손상, 약물 부작용 등이 원인
④ 변비: 대장운동 저하, 수분 부족, 섬유소 섭취 감소 등이 원인
⑤ 배변 실금: 항문 괄약근 약화, 신경 손상 등으로 조절력 상실

이러한 변화는 노인의 신체적 불편과 삶의 질 저하는 물론, 심리적 위축, 낙상 위험 증가, 피부 손상 및 욕창 유발, 요로감염 및 탈수 등 다양한 합병증으로 이어질 수 있다.

(3) 배설기능 유지의 건강상 중요성

정상적인 배설 기능은 노폐물 제거, 수분 및 전해질 균형 유지, 대사 과정 정리, 체

온 조절 및 독성 물질 배출 등의 기능을 수행하며, 이는 전반적인 건강 유지에 필수적이다. 특히 노인의 경우, 조금만 배설 리듬이 깨져도 전신 상태에 급격한 영향을 줄 수 있어 더욱 민감하게 다뤄야 한다.

예를 들어, 배뇨가 잘 이루어지지 않으면 요독증, 요로감염, 방광팽창 등이 발생할 수 있고, 변비가 지속되면 복통, 식욕부진, 장폐색, 전신 피로로 이어질 수 있다. 또한, 배설 기능이 유지된다는 것은 스스로 일상생활을 통제할 수 있다는 자립의 상징이 되기도 하며, 이는 정신적 안정과 자존감 유지에도 큰 영향을 미친다.

(4) 돌봄 현장에서의 배설지원 중요성

노인의 배설 기능을 잘 이해하고 지원하는 것은 단순한 위생 관리 이상의 의미를 지닌다. 돌봄제공자의 배려와 관찰력은 노인의 건강을 지키고 존엄을 보호하는 데 중요한 역할을 한다.

① 배설 시 정해진 시간에 맞춰 안내하고, 불안감 없이 편안하게 배설할 수 있는 환경을 조성해야 한다.
② 낙상 예방을 위해 밤중 배뇨 시 조명, 이동 보조기구, 방광 비우기 유도 등의 조치도 필수다.
③ 배설 보조 도구(기저귀, 이동변기, 방수 시트 등)를 적절히 활용하여 청결, 안전, 피부 보호가 함께 이루어져야 한다.

무엇보다도 배설은 매우 개인적이고 민감한 영역이므로, 프라이버시를 존중하고 부끄러움이나 수치심을 느끼지 않도록 정서적 지지가 동반되어야 한다.

2) 노인의 배설 특성

노인은 신체 기능의 노화와 더불어 다양한 배설 관련 문제를 경험하게 된다. 배설 문제는 단순히 육체적 불편을 넘어 심리적 위축과 자존감 저하, 건강 악화로 이어질 수 있으므로, 노인의 특성과 관련 요인을 잘 이해하는 것이 매우 중요하다.

(1) 고령자에게 흔한 배설 관련 문제
노년기에는 배설 기관과 관련된 근육, 신경, 감각 기능이 약화되면서 배뇨·배변의 조절 능력이 저하된다. 이로 인해 다음과 같은 문제들이 자주 나타난다.

① 배뇨 시 통제력 부족으로 소변이 새는 요실금
② 장운동 저하와 수분 부족 등으로 인한 변비
③ 방광 용적 감소로 인한 빈뇨(자주 소변을 보는 현상)
④ 밤중 수면 중 여러 번 일어나 소변을 보는 야뇨
⑤ 요도 폐쇄나 배뇨근 약화로 인한 배뇨곤란(소변 보기 어려움)

이러한 문제는 노인의 삶의 질을 저하시키고, 사회적 활동 제한, 위생 문제, 낙상 위험 증가 등 다양한 부정적 영향을 미친다.

(2) 증상별 문제
① 요실금
- 의지와 무관하게 소변이 흐르는 증상으로, 남녀 모두 고령에서 흔하게 발생
- 복압성, 절박성, 혼합성 요실금 등 여러 유형 존재
- 노인의 자존감 저하, 사회적 위축, 피부염, 감염 위험과 밀접한 관련

② 변비
- 3일 이상 배변이 없거나 배변 시 불편감, 잔변감이 느껴짐
- 섬유소 섭취 부족, 수분 부족, 운동량 저하, 약물 복용 등이 주요원인

③ 빈뇨
- 낮에 8회 이상 배뇨하거나, 평소보다 잦은 배뇨가 반복되는 경우
- 생활의 불편과 외출 기피, 수면 장애 유발

④ 야뇨
- 밤에 2회 이상 일어나 소변을 보는 현상
- 수면 질 저하, 피로 누적, 낙상 사고로 이어질 위험

⑤ 배뇨곤란
- 배뇨 시 힘이 들어가거나 잔뇨감이 지속됨
- 전립선비대증, 방광 기능 저하, 신경계 질환 등이 원인

(3) 약물, 운동 부족, 인지 저하와의 연관성
노인의 배설 문제는 단독 원인보다는 여러 요인이 복합적으로 작용하여 나타나는 경우가 많다.

① 약물 복용
- 이뇨제, 항우울제, 항콜린제, 진정제 등은 요실금이나 변비 유발가능
- 복용 중인 약물이 배설 기능에 미치는 영향을 항상 점검해야 함

② 운동 부족
- 신체활동이 적을수록 장운동과 방광 기능이 저하되며, 변비와 배뇨곤란이 심화됨
- 실내 생활이 많은 요양시설 노인의 경우 더욱 위험

③ 인지 기능 저하
- 치매, 뇌졸중 등으로 인해 배설 욕구를 인식하지 못하거나 화장실 위치를 기억하지 못함
- 이로 인해 실금, 방광 과민, 항문 괄약근 기능 약화 등이 발생할 수 있음

(4) 자존감과 수치심에 미치는 영향
배설은 매우 개인적이고 민감한 생리 기능이다. 노인이 스스로 배설을 조절하지 못하거나 실수를 반복하면, 다음과 같은 심리적 반응이 나타날 수 있다.

① 수치심과 불안감: "남에게 민폐를 끼친다"는 생각
② 자존감 저하: "나는 더 이상 혼자 생활할 수 없다"는 좌절
③ 사회적 고립: 외출, 사람과의 접촉 기피
④ 우울증 유발: 반복적인 실금과 배변 실패로 무기력감 심화

따라서 돌봄제공자는 비난하지 않고 공감적으로 대응하며, 사생활 보호, 감정 지지, 자립 가능성 유지를 통해 심리적 부담을 덜어주는 것이 중요하다.

노인의 배설 특성은 신체적, 심리적, 사회적 건강과 직결되는 주요 돌봄 영역이다. 단순한 관리 차원이 아니라, 노인의 존엄성과 삶의 질을 지키는 핵심 지원 활동으로 인식해야 하며, 배설 문제의 원인과 특성을 이해한 맞춤형 지원이 필요하다.

3) 배설지원의 기본 원칙

배설지원은 단순한 신체적 도움을 넘어, 노인의 자존감과 건강, 삶의 질을 유지하는 데 중요한 돌봄 행위다. 돌봄제공자는 대상자의 상태에 맞게 적절한 지원을 하되, 심리적 안정과 자율성, 위생과 안전을 함께 고려해야 한다. 다음은 배설지원을 수행할 때 지켜야 할 핵심 원칙이다.

(1) 대상자의 프라이버시 존중 및 자존감 보호
노인에게 배설은 매우 민감하고 사적인 문제다. 특히 배설 도움을 받는 상황은 대상자가 수치심이나 불편함을 느끼기 쉬우므로, 프라이버시 보호와 존엄성 유지가 매우 중요하다.

① 가능한 한 가림막, 커튼, 문 닫기 등을 통해 외부시선을 차단한다.
② 기저귀를 교체하거나 화장실 도움을 줄 때는 말과 행동에서 배려와 존중을 표현해야 한다.
③ "창피해하지 마세요", "괜찮으세요?", "지금 도와드릴게요" 등 공감적 언어를 사용한다.

④ 무심한 태도나 빠른 처리 중심의 행동은 대상자의 자존감을 훼손할 수 있으므로 금물이다.

이러한 태도는 노인의 심리적 안정과 신뢰 형성에 도움이 되며, 돌봄 과정 전반에 긍정적인 영향을 미친다.

(2) 자립을 돕는 배설지원

노인의 기능이 저하되었다고 해서 모든 배설을 대신하는 것은 바람직하지 않으며, 돌봄제공자는 대상자가 할 수 있는 범위 내에서 스스로 하도록 유도하고 필요한 부분만 보조해야 한다.

① 가능한 경우, 화장실까지 함께 걸어가되 혼자 배설하도록 한다.
② 손잡이, 높이 조절된 변기, 이동변기 등의 도구를 활용해 자율적인 배설을 유도한다.
③ 기저귀를 사용하더라도, 스스로 갈거나 교체할 수 있도록 지도할 수 있다.
④ 배설일지를 함께 쓰거나, '스스로 해냈다'는 경험을 쌓도록 격려한다.

자립을 도울수록 신체 기능 유지, 심리적 만족, 의욕 회복 효과가 크며, 전반적인 건강에도 긍정적인 영향을 준다.

(3) 안전하고 위생적인 환경 조성

배설지원을 할 때는 청결 유지와 낙상, 감염 등 위험 요소를 예방하는 환경 조성이 필수이며, 화장실 또는 침상 주변은 미끄럽지 않도록 정리하고 밤에는 수면등의 설치 등 조명이 필요하다.

① 기저귀나 이동변기 등은 사용 전후 반드시 손 위생을 실시하고, 청결하게 보관한다.
② 항문, 회음부, 피부 주위는 자극 없이 부드럽게 닦아내고, 필요시 보습제를 바른다.
③ 배설물은 곧바로 처리하고, 악취 제거를 위해 환기나 탈취제를 사용한다.
④ 욕창 예방을 위한 체위 변경, 시트 교체 등도 함께 관리한다.

(4) 일관성 있는 시간대와 방법으로 지원

노인의 신체 리듬은 일정한 루틴에 따라 움직이는 경우가 많다. 일관성 있는 배설지원은 신체기능 유지와 정서적 안정감을 높이는 데 큰 도움이 된다.

① 가능한 한 같은 시간대에 배뇨·배변을 유도하여 습관화할 수 있도록 한다.
　　예시 | 기상 직후, 식후 20~30분
② 대상자별 배설 패턴을 기록하여 개인 맞춤형 스케줄을 구성한다.
③ 배설지원 방식(예: 체위, 사용하는 도구, 선호하는 표현 방식 등)은 항상 동일한 방식으로 제공하여 혼란을 줄인다.

불규칙한 지원은 노인의 혼란, 불안, 배변 실패로 이어질 수 있으므로 주의한다. 일관성을 지키면 배설 습관이 안정되며, 배설 기능 회복과 의존도 감소에도 효과적이다.

4) 배설지원의 실제

노인의 신체 상태, 인지 능력, 이동 가능 여부에 따라 배설지원은 대상자 맞춤형으로 세심하게 이루어져야 하며, 다음의 절차와 요령을 숙지하고 실천하는 것이 중요하다.

(1) 배변/배뇨 전 준비(욕창 예방 포함)
배설지원을 시작하기 전에는 먼저 대상자의 배변 또는 배뇨 욕구를 정확히 파악해야 한다. 이는 표정 변화, 안절부절못하는 행동, 일정한 시간 간격의 반복된 요청 등을 통해 관찰할 수 있다. 이후 대상자가 안전하고 편리하게 배설할 수 있도록 화장실이나 이동식 변기에 접근 가능한 환경을 미리 정비해야 한다.
침상에서 배설을 지원해야 할 경우에는 대상자의 체위를 적절히 조정해주어야 하며, 욕창이 있거나 피부 손상이 있는 부위가 눌리지 않도록 주의 깊게 확인한다. 특히 배변 욕구가 강하게 나타날 경우에는 대기 시간이 길어지지 않도록 적절한 타이밍에 신속하게 지원하는 것이 중요하다.

이러한 준비 과정은 대상자의 안전, 피부 보호, 자존감 유지를 위한 가장 기본적이면서도 핵심적인 단계이다.

[표3-12] 배설지원 절차

단계	주요 절차 요약	주의사항
① 배변/배뇨 전 준비	배변 욕구 확인 → 체위 조절 → 보호 도구 준비	욕창 부위 압박 금지, 급한 배변 욕구 즉시 대응
② 배설 후 청결 관리	세척 → 건조 → 피부 보호 → 기저귀·시트 폐기	물기 남김 없이 말림, 피부 상태 관찰
③ 기저귀 착용/교체	손 위생 → 사이즈 확인 → 주름 없이 부착	통기성 확보, 장시간 착용 금지
④ 이동식 변기 사용	위치 조정 → 팔걸이 고정 → 배설 후 처리	미끄럼 방지, 낙상 주의
⑤ 침상 배설 지원	상체 세움 → 자세 조정 → 변기판 정확히 위치	체위 변경 시 2인 이상 보조 권장
⑥ 배설일지 기록	배설 후 기록지 작성 → 색·양·냄새 확인	혈뇨, 악취 등 이상 시 즉시 보고

(2) 배설 후 처리 및 청결 관리

배설이 끝난 후에는 청결하고 안전한 처리가 무엇보다 중요하다. 먼저, 항문과 음부는 미지근한 물이나 전용 물티슈로 부드럽게 닦아 깨끗하게 정리해준다. 이후에는 피부에 남아 있는 물기를 충분히 제거한 뒤, 발적이나 상처, 압박 흔적 등 피부 상태를 세심하게 확인해야 한다. 만약 피부가 민감하거나 자극을 받은 경우에는 피부 보호제를 발라주는 것이 효과적이다.

오염된 기저귀나 시트는 곧바로 위생적으로 폐기하고, 주변 정리를 신속하게 마친다. 사용한 장갑이나 소독용품은 감염 예방을 위해 지침에 따라 처리하며, 돌봄제공자 또한 손을 깨끗이 씻는 위생 관리를 철저히 해야 한다. 이 모든 과정은 대상자의 피부 건강과 감염 예방, 그리고 존엄을 지키는 기본적인 배려다.

(3) 기저귀 착용/교체 요령

기저귀를 착용하거나 교체할 때에는 위생과 피부 보호를 최우선으로 고려해야 한다. 먼저, 교체 전에 반드시 손을 깨끗이 씻고 장갑을 착용하여 감염을 예방한다. 사용할 기저귀는 대상자에게 맞는 사이즈를 확인하고 미리 준비해 두어야 하며, 피부에 직접 닿는 부위는 부드럽게 닦고, 물기가 남지 않도록 충분히 건조시킨 후 착용해야 한다. 기저귀를 부착할 때에는 주름이 생기지 않도록 밀착시켜야 하며, 통기성이 좋은 제품을 사용하는 것이 피부 건강에 도움이 된다.

기저귀 교체 주기는 배변 시에는 즉시, 배뇨 시에는 대상자의 상태와 기저귀 흡수량을 고려하여 보통 3~4시간 간격으로 교체하는 것이 바람직하다. 이 과정을 통해 불쾌한 냄새, 피부 자극, 욕창, 감염 등 2차 문제를 예방할 수 있다.

(4) 이동식 변기, 변기 의자 사용법

이동식 변기나 변기 의자를 사용할 때에는 대상자의 안전과 편안함을 최우선으로 고려해야 한다. 먼저, 낙상 위험을 줄이기 위해 변기까지의 동선에 장애물이 없는지 확인하고 주변 물건을 미리 치워야 한다. 변기 의자는 침대에서 쉽게 이동할 수 있는 위치에 배치하는 것이 좋으며, 사용 시에는 브레이크를 고정하고 높이를 대상자에게 맞게 조절해준다.

앉는 자세를 안정적으로 유지할 수 있도록 팔걸이를 활용하며, 필요할 경우 담요나 가림막을 사용해 하체 노출을 최소화하여 대상자의 불편함을 줄인다. 배설이 끝난 후에는 즉시 배설물을 처리하고, 변기 의자를 깨끗하게 세척하여 위생을 유지해야 한다. 이러한 세심한 절차는 대상자의 자존감과 위생, 낙상 예방에 중요한 역할을 한다.

(5) 침상 배설 시 체위 조절 방법

침상에서 배설을 지원할 때에는 대상자의 체위를 안전하고 효과적인 배변·배뇨 자세로 조절하는 것이 중요하다. 우선 상체를 30~45도 이상 세워주어야 하며, 이는 중력에 의해 배설이 원활하게 이루어지도록 도와준다. 이때 무릎을 약간 굽혀 배에 자연스럽게 힘이 들어갈 수 있도록 하여 배변 동작을 돕는다.

변기판이나 기저귀를 사용할 경우에는 위치가 정확히 고정되었는지 확인하고, 대상자의 피부와 밀착되지 않도록 주의해야 한다. 만약 옆으로 돌려 눕히는 자세가 필요할 경우에는 보조자 2인 이상이 함께 협조하여 체위 변경을 안전하게 진행해야 한다. 배설이 끝난 후에는 항문과 주변 부위를 깨끗이 닦고, 피부 보호를 위한 보습제를 바르는 등의 관리가 반드시 따라야 한다. 이 모든 과정은 욕창 예방과 감염 방지, 대상자의 안위 유지에 큰 도움이 된다.

(6) 배설관찰 일지 기록

배설관찰 일지를 작성하는 것은 노인의 건강 상태를 체계적으로 파악하고 이상 징후를 조기에 발견하기 위한 중요한 과정이다. 배설 후에는 시간, 횟수, 배뇨량, 대.소변의 색깔(맑음, 탁함, 혈뇨 등), 냄새, 불편감 등의 이상 반응을 관찰하여 즉시 기록해야 한다. 기록은 표준 양식이나 배설관찰 기록지를 활용하여 누락 없이 정확히 기입하는 것이 바람직하며, 반복되는 이상 증상이나 갑작스러운 변화가 관찰될 경우에는 지체 없이 간호사나 의료진에게 보고해야 한다.

이러한 관찰과 기록은 요로감염, 탈수, 신장질환 등 배뇨와 관련된 문제를 조기에 발견하고 예방하는 데 매우 유용하며, 특히 인지 기능이 저하된 대상자에게는 변화 추이를 파악하는 중요한 근거 자료가 된다. 돌봄제공자는 단순한 기록이 아닌 건강을 지키는 중요한 관리 행위로 인식하고 세심하게 관찰해야 한다.

[표3-13] 배설관찰 기록지

배설 관찰 기록지

이 름 _____

상 태 일반(   ) · 기저귀(   ) · 장루/요루(   ) · 도뇨관(   ) · 기타(   )

일시	배설 종류	양상 (색, 양, 냄새)	특이사항	교환 (기저귀,옷)	관찰자
	배뇨				
	배변				
	배뇨				
	배변				
	배뇨				
	배변				
	배뇨				
	배변				
	배뇨				
	배변				
	배뇨				
	배변				
	배뇨				
	배변				

4. 개인위생 관리

1) 구강관리

노인의 구강관리는 단순한 청결 유지 차원을 넘어, 전신 건강과 영양 섭취, 감염 예방에 중요한 역할을 한다. 고령자는 침 분비 감소, 의치 사용, 잇몸 질환, 치아 손실 등의 문제로 인해 입냄새, 통증, 씹기 어려움, 식욕 저하를 겪을 수 있다. 이를 방치하면 구강 내 염증, 치주질환, 폐렴 등의 전신 합병증으로 이어질 수 있어, 정기적인 구강 위생 관리가 매우 중요하다. 매 식사 후 칫솔질을 기본으로 하고, 의치는 반드시 분리 세척 후 보관해야 하며, 혀 클리너나 구강세정제도 보조 수단으로 활용된다. 대상자의 인지 상태나 운동 기능에 따라 돌봄제공자가 직접 도와줄 필요도 있다. 구강 상태를 수시로 관찰하고, 출혈·통증·입술 건조 등 이상이 있을 경우 치과나 주치의에게 보고하는 것이 구강관리의 필수 요소다.

다음은 올바른 구강관리 방법이다.

① 식사 후 칫솔질은 하루 3회, 특히 자기 전에는 반드시 실시해야 한다.
② 의치를 사용하는 경우에는 식사 후마다 의치를 분리해 세척하고, 물에 담가 보관해 건조를 방지해야 한다.
③ 혀 클리너로 혓바닥을 닦아주면 세균 번식을 막고 입냄새를 줄일 수 있다.
④ 구강세정제나 생리식염수로 입안을 헹구는 것도 효과적인 방법이다.
⑤ 입술과 입안 점막의 건조가 심할 경우, 보습제를 바르거나 물 자주 마시기, 젖은 수건으로 입가 닦기 등이 도움이 된다.

2) 세면 및 얼굴 관리

세면은 노인의 위생과 정서적 안정을 위한 가장 기본적인 일상관리 활동이다. 아침에는 수면 중 분비된 땀, 기름, 눈곱 등을 제거하고, 저녁에는 하루 동안의 먼지나 피지, 메이크업 잔여물 등을 닦아내기 위해 세안을 실시한다. 이를 통해 피부 트러블과 감염을 예방하고, 노인이 상쾌하게 하루를 시작하거나 편안하게 마무리할 수 있도록 돕는다.

특히 고령자는 피부가 얇고 민감하므로, 미지근한 물과 자극이 적은 약산성 세안제를 사용하는 것이 좋다. 눈곱은 따뜻한 물수건으로 부드럽게 닦아내며, 코 주변의 콧물이나 딱지는 살살 문질러 제거해야 한다. 귀지는 귓속 깊은 곳까지 파지 않도록 주의하며, 귀 바깥만 가볍게 닦는 정도로 관리한다.

세면 후에는 피부 보습이 매우 중요하다. 수분이 날아가면서 피부가 건조해질 수 있으므로, 보습제를 즉시 발라 피부 보호막을 유지하도록 한다. 특히 눈 밑, 뺨, 입술 주변은 건조가 심한 부위로, 보습제나 립밤을 덧발라주는 것이 좋다.

이러한 세면과 얼굴 관리는 단순한 청결을 넘어서, 노인의 자기 인식, 자존감 유지, 그리고 다른 사람과 마주할 때의 자신감에도 긍정적인 영향을 준다. 돌봄제공자는 대상자의 자율성을 존중하면서도, 필요할 땐 부드럽게 돕고, 피부 이상이나 염증, 상처가 있을 경우 즉시 보고하는 것이 중요하다.

3) 목욕 및 부분 목욕

목욕은 노인의 위생뿐 아니라 피부 건강과 정서적 안정에도 중요한 역할을 한다. 일반적으로 주 2~3회 전신 목욕이 권장되며, 건강 상태나 날씨에 따라 횟수를 조절할 수 있다. 전신 목욕이 어려운 경우에는 부분 목욕(세신)으로 대체할 수 있으며, 겨드랑이, 회음부, 손발 등 오염되기 쉬운 부위 위주로 닦아준다.

목욕 전에는 미끄럼 방지 매트 설치, 물 온도(약 38~40도) 확인, 수건 · 보습제 · 의류 등 준비물 준비가 필요하다. 목욕 방법은 다음과 같다.

① 대상자의 피로를 고려해 짧은 시간(10~15분 이내) 내에 마치고,
② 머리 → 얼굴 → 몸통 → 팔 · 다리 → 회음부 순서로 부드럽게 닦고,

③ 비누는 자극이 적은 것을 사용하고,
④ 부위마다 개별 수건을 사용하는 것이 위생상 바람직하다.

전신 목욕이 불가능할 경우에는 침상이나 따뜻한 실내에서 물수건을 사용한 부분 목욕을 시행하며, 자극이 적고 순한 클렌징 제품을 활용할 수 있다. 목욕 후에는 수건으로 톡톡 두드리듯 물기를 제거하고, 보습제를 발라 피부 건조를 예방해야 한다. 또한 이 과정은 피부 상태(상처, 발진, 욕창 등)를 관찰할 수 있는 중요한 기회이므로, 이상 소견이 있으면 즉시 보고한다.

4) 손톱·발톱 관리

노인의 손톱과 발톱은 나이가 들수록 성장 속도가 느려지고, 두꺼워지거나 변형되기 쉬우며, 스스로 관리하기 어려운 경우가 많다. 이를 방치하면 손톱으로 인한 자해, 위생 문제, 감염, 통증, 보행 장애 등 다양한 문제가 발생할 수 있다. 따라서 정기적인 손발톱 관리는 위생 유지와 안전, 삶의 질 향상에 필수적인 돌봄 활동이다.

손톱과 발톱은 2~4주에 한 번씩 깔끔하게 정리하며, 너무 짧게 깎거나 날카롭게 정리하지 않도록 주의한다. 발톱은 일자로 깎는 것이 내성발톱을 예방하는 데 도움이 된다. 노인은 특히 발톱이 두껍고 굳어 있는 경우가 많으므로, 목욕 후 손발이 부드러워졌을 때 관리하는 것이 안전하다.

손발톱 주변에 붉어짐, 부종, 통증, 진물, 곰팡이 증상 등이 관찰되면 조기에 간호사나 의료진에게 보고하고, 무리한 손질은 피해야 한다. 또한 당뇨병이 있는 노인의 경우, 작은 상처도 큰 감염으로 이어질 수 있으므로 더욱 세심한 관리와 관찰이 필요하다.

돌봄제공자는 손톱·발톱 손질 시 사생활 보호와 자율성 존중을 기반으로, 대상자가 가능하면 스스로 관리할 수 있도록 돕고, 어려운 경우에는 부드럽게 설명하고 도와주는 자세가 필요하다.

5) 피부관리 및 보습

노인의 피부는 얇고 탄력이 감소하며, 수분을 유지하는 능력도 저하되어 쉽게 건조해지고 손상되기 쉽다. 특히 활동량이 적고 실내 생활이 많은 경우 피부가 더 쉽게 건조해지며, 긁힘이나 미세한 상처도 감염, 염증, 욕창으로 악화될 수 있으므로 정기적인 피부관리와 보습은 필수적인 돌봄 요소다.

피부관리는 청결 유지 후 보습제 도포를 기본으로 한다. 목욕 또는 세면 후에는 수건으로 부드럽게 물기를 닦고, 3분 이내에 보습제를 발라 수분 증발을 막는 것이 효과적이다. 팔꿈치, 정강이, 발뒤꿈치, 손등 등 건조하기 쉬운 부위는 로션이나 크림을 충분히 바르도록 한다.

특히 욕창이 생기기 쉬운 부위(엉덩이, 꼬리뼈, 뒤꿈치, 발목 등)는 매일 점검하며, 피부가 붉어져 있거나 눌린 자국이 오래 남는 경우에는 욕창의 초기 증상으로 보고 조치를 취해야 한다. 또한 피부에 긁힌 자국, 발진, 가려움, 부종, 갈라짐 등이 있는지 수시로 확인하고, 이상이 있을 경우에는 즉시 간호사나 의료진에게 보고해야 한다.

피부를 관리할 때는 대상자의 피부 민감도와 선호하는 제품을 고려하고, 강한 냄새나 자극이 있는 제품은 피하는 것이 좋다. 이와 함께 실내 습도 유지와 수분 섭취도 피부건강을 유지하는 데 도움이 된다. 피부관리는 단순한 미용이 아니라, 노인의 건강과 안전을 지키는 예방적 돌봄 활동이다.

5. 의복 관리

1) 의복관리의 의의

의복관리는 단순히 옷을 입고 벗는 활동을 넘어, 노인의 건강, 위생, 정서적 안정감, 자율성 유지에 밀접하게 관련된 중요한 일상 돌봄의 한 영역이다. 특히 거동이 불편한 노인은 스스로 옷을 고르고 입는 데 어려움이 많기 때문에, 도움이 필요한 상황에서도 자신의 의지와 존엄이 존중받을 수 있도록 하는 배려 있는 돌봄이 필요하다.

적절한 의복은 체온 유지, 피부 보호, 낙상 예방에 직접적인 영향을 미치며, 옷을 고르고 입는 과정 자체가 자기표현과 자존감 유지에 기여할 수 있다. 따라서 의복관리는 외적 단정함 이상의 의미를 가지며, 삶의 질과 독립성, 정체성까지 포괄하는 일상생활 지원의 핵심이다.

2) 노인 의복관리의 기본 원칙

(1) 편안함과 안전성

노인용 의복은 무엇보다 편하고 안전해야 한다. 피부가 얇고 약해진 노인에게는 부드러운 면 소재, 헐렁한 옷, 단추나 지퍼가 피부에 닿지 않도록 설계된 의류가 적합하다.

특히 탈·착의가 쉬운 디자인(예: 앞 여밈식 상의, 밴딩형 바지, 측면 벨크로 등)은 돌봄제공자의 부담을 줄이고, 노인의 자립도도 높일 수 있는 선택지다. 예를 들어, 마비가 있는 노인은 팔을 뒤로 돌리기 어렵기 때문에 뒤여밈 의류보다는 앞여밈 의류가 실용적이다.

(2) 청결 유지

노인은 땀 분비가 적고 활동량이 줄어든다고 해도, 피부염, 욕창, 감염 등의 위험에 노출되어 있으므로 의류 청결을 소홀히 해서는 안 된다.

속옷은 매일 교체, 겉옷은 오염 상태에 따라 주기적으로 세탁해야 하며, 땀·소변·기저귀 누수 등으로 인한 의복 오염 여부를 돌봄제공자가 수시로 확인하고 조치해야 한다.

청결한 의복은 단지 위생을 유지하는 것을 넘어서 노인의 자기 이미지와 심리적 안정감에도 긍정적인 영향을 미친다.

(3) 계절 대응

노인은 체온 조절 기능이 떨어지므로 기온 변화에 민감하다. 따라서 계절에 따라 속옷, 양말, 이불, 외투 등 전체적인 의류 체계를 조정해야 하며, 하루의 시간대나 실내외 온도 차도 고려할 필요가 있다.

여름철에는 땀 흡수가 잘 되는 얇고 통기성 좋은 옷을, 겨울철에는 속을 따뜻하게 유지하면서 움직임을 방해하지 않는 가벼운 보온 의류를 준비한다. 또한, 에어컨이나 난방기 사용 시에도 실내복 조절이 필요하다.

(4) 자율성 존중

의복 선택은 자기표현의 수단이며, 노인이 일상에서 가질 수 있는 중요한 선택권 중 하나이다. 돌봄제공자는 대상자가 옷을 스스로 고를 수 있도록 유도하고, 선호 색상이나 스타일을 존중하여 감정적 만족감을 높여주는 것이 중요하다.

심지어 똑같은 옷이라도 "오늘은 이 색이 기분 좋을 것 같아요", "이 옷이 얼굴이 더 밝아 보여요"와 같은 긍정적인 피드백은 노인의 자존감과 자율성 유지에 도움을 줄 수 있다.

3) 옷 갈아입히기

거동이 불편한 노인에게 옷을 갈아입히는 일은 단순한 의복 교체가 아니라, 신체적 안전과 심리적 존중, 기능 유지까지 함께 고려해야 하는 섬세한 돌봄 활동이다. 돌봄제공자는 다음과 같은 단계와 원칙에 따라 체계적으로 옷 갈아입히기를 실천해야 한다.

(1) 기본 준비

먼저, 옷을 갈아입힐 장소는 조용하고 따뜻한 환경이어야 하며, 외부 시선으로부터 프라이버시가 보장되는 공간이 이상적이다. 커튼이나 담요를 활용해 노인이 민감해할 수 있는 노출을 최소화한다.

필요한 물품(속옷, 겉옷, 수건, 보습제, 담요 등)은 사전에 모두 준비해두어 중간에 자리를 비우지 않도록 해야 한다.

(2) 올바른 입·탈의 순서

노인이 마비나 통증이 있는 경우에는 옷을 벗을 때는 건강한 쪽 먼저, 입힐 때는 불편한 쪽부터 시작하는 것이 기본이다.

예를 들어, 오른쪽 편마비가 있는 경우에는

- 벗을 때는 왼팔 → 오른팔
- 입힐 때는 오른팔 → 왼팔 순서로 진행한다.

이 원칙은 불편한 쪽의 움직임을 최소화하고 통증을 줄이기 위한 중요한 요령이다.

(3) 체위 조정

침상에 누워 있는 노인을 대상으로 옷을 갈아입힐 경우에는, 상체를 살짝 세우거나 옆으로 돌려가며 옷을 밀어 넣거나 당겨 빼는 방법을 사용한다.

이때 복부, 어깨, 엉덩이 등 압박되기 쉬운 민감 부위는 조심스럽게 다루며, 불필요한 움직임을 최소화한다. 한 손으로 팔을 부드럽게 들어주고, 다른 손으로 소매를 정리하는 방식이 좋다.

(4) 착의 후 점검

옷을 모두 입힌 후에는 옷이 피부에 끼이거나 구겨져 있는 부분은 없는지, 속옷과 겉옷이 서로 맞게 정돈되었는지 확인한다. 단추나 지퍼가 피부를 자극하지 않도록 조정하고, 계절에 따라 양말, 덧신, 카디건 등 보온용품을 추가 착용시켜 체온 유지에도 신경 써야 한다.

옷이 너무 꽉 끼거나 지나치게 헐렁하면 활동이나 혈액순환에 방해가 될 수 있으므로, 착의 후 대상자의 반응이나 표정도 함께 살피는 것이 중요하다.

6. 이동 보조

1) 이동 돌봄의 의의

이동 돌봄은 노인이 일상생활 속에서 안전하고 원활하게 움직일 수 있도록 지원하는 활동으로, 노인의 삶에서 매우 중요한 의미를 지닌다. 노인의 이동 능력은 자립적인 생활 유지뿐 아니라 신체적 건강과 사회적 관계 형성에도 직접적인 영향을 미친다. 만약 노인의 이동이 제한될 경우 관절이 위축되고 욕창, 우울증 등의 문제로 이어질 수 있다. 특히 노인은 노화로 인해 근력과 균형감각이 저하되어 낙상 위험이 크며, 치매나 인지기능 저하가 있는 경우 방향감각 상실이나 심리적 불안으로 인해 이동에 어려움을 겪기도 한다. 따라서 적절한 이동 지원을 통해 낙상이나 사고를 예방하고 노인이 심리적으로 안정감을 느끼며 높은 삶의 질을 유지할 수 있도록 지속적인 관리가 필요하다.

이동 돌봄은 단순히 물리적인 이동을 돕는 것 이상의 의미를 가지고 있으며, 노인의 독립성과 자존감을 지키고 건강한 노후생활을 지속하도록 돕는 핵심적인 돌봄의 한 부분이다.

2) 이동 돌봄의 기본원칙

이동 돌봄의 기본원칙은 크게 네 가지로 구성된다.

첫째는 '안전성 우선'의 원칙으로, 낙상과 같은 사고를 예방하기 위해 환경적 위험 요소를 미리 제거해야 한다. 미끄럼 방지 매트를 설치하고, 바닥에 놓인 장애물을 치우며, 충분한 조명을 확보하는 등의 조치를 통해 노인이 안심하고 이동할 수 있도록 환경을 조성하는 것이 중요하다.

둘째로 '자립성 촉진'의 원칙이다. 돌봄제공자가 모든 것을 대신해 주기보다는 노인이 스스로 움직일 수 있도록 독려하고 지원하는 자세가 필요하다. 이는 노인의 신체 기능 유지와 자신감 향상에 기여할 뿐만 아니라 정서적 안정감도 제공한다.

셋째는 '개별 맞춤 지원'이다. 노인의 신체적 능력과 인지적 상태는 개인마다 큰 차이가 있으므로, 대상자의 상태에 따라 이동 보조의 방법과 수준을 조정해야 한다. 예를 들어, 보행이 어려운 노인에게는 지팡이나 휠체어를 제공하고, 인지 저하가 있는 경우 방향을 안내하는 등의 세심한 접근이 필요하다.

마지막으로 '지속적 관찰'의 원칙은 이동 중 노인의 피로도, 통증 발생 여부, 표정과 행동의 미묘한 변화를 세심히 관찰하여 적시에 적절한 대응을 할 수 있도록 한다. 이를 통해 노인의 안전을 유지하고, 불편감을 신속히 해결하여 긍정적인 이동 경험을 제공할 수 있다.

3) 일으켜 세우기[3]

침대에서 일어나는 동작은 노인의 하루 생활을 시작하는 첫 단계로서 매우 중요하다. 노인은 일반적으로 근력과 균형감각이 떨어져 있어 일어날 때 낙상의 위험이 크기 때문에 돌봄제공자의 세심한 지원이 필수적이다. 먼저, 침대에서 일어나기 전 침대 난간을 붙잡게 하여 안전성을 확보한 후, 상체를 천천히 들어올려 앉은 자세를 만든다.

(1) 앞에서 보조하는 경우
① 노인의 앞에 서서 양발을 어깨너비로 벌리고 무릎을 약간 굽혀 균형을 잡는다.
② 노인이 침대 가장자리에 앉아 양발이 바닥에 닿게 한 후, 노인의 무릎 바깥쪽을 돌봄제공자의 무릎으로 살짝 지지하여 미끄러짐을 방지한다.
③ 돌봄제공자는 양손으로 노인의 허리 양옆이나 등 뒤를 부드럽게 감싸 잡고, 노인은 돌봄제공자의 어깨나 팔을 잡도록 한다.
④ 돌봄제공자는 자신의 무릎과 허리 힘을 이용하여 천천히 노인을 일으켜 세운다.

(2) 옆에서 보조하는 경우
① 돌봄제공자는 노인의 약한 쪽이나 마비된 쪽 옆에서 서서 보조하는 것이 안전하다.

② 침대 가장자리에 앉아 노인의 두 발이 안정적으로 바닥에 닿도록 한다.
③ 노인의 가까운 쪽 허리나 등 뒤를 돌봄제공자의 한 손으로 잡고, 다른 손으로는 노인의 팔이나 손을 부드럽게 잡아준다.
④ 돌봄제공자는 노인의 신체 균형과 무게를 천천히 옆에서 지지하며 일으켜 세운다.
⑤ 일어선 직후 바로 몸을 움직이지 않고, 중간에 1~2분 정도 서서 안정을 취한 후 다음 행동을 진행하도록 한다.

4) 보행 지원

보행 지원은 노인의 자립 생활 유지와 신체적·정서적 건강을 위한 필수적인 돌봄 활동이다. 노인은 나이가 들면서 근력과 균형감각이 감소하여 낙상 위험이 높아지고, 신체 활동의 감소로 인해 사회적 고립과 우울감이 증가할 수 있다. 따라서 적절한 보행 지원은 단순히 걷는 것을 돕는 것이 아니라, 낙상 예방을 통한 신체 보호, 이동의 자율성을 통한 심리적 안정감, 삶의 질 향상이라는 중요한 의의를 가진다.
또한 보행 보조기를 이용한 보행 돕기는 훨씬 안전하고 효율적이다.

(1) 보행 벨트 사용 돕기
보행 벨트는 노인의 허리와 허벅지 부위를 안전하게 고정하여, 노인이 걷거나 일어날 때 균형 유지와 낙상 예방을 돕는 기구다. 벨트를 사용할 때는 돌봄제공자가 노인의 뒤나 측면에서 벨트를 잡고, 노인의 보행 속도에 맞추어 균형을 유지할 수 있도록 돕는다.
벨트는 너무 느슨하지 않게 손가락 한두 개가 들어갈 정도로 꼭 맞게 착용하며, 이동 전 반드시 착용 상태를 점검해야 한다.

(2) 지팡이 사용 돕기
지팡이는 보행 시 균형을 잡아주고 하중을 분산하여 낙상 위험을 줄이는 보조도구다. 지팡이의 높이는 손잡이가 노인의 손목 높이 정도로 맞추는 것이 적당하며, 지팡이를 잡았을 때 팔꿈치가 약 30도 정도 구부러진 상태가 이상적이다.

한쪽 다리가 약하거나 마비가 있는 경우, 지팡이는 약한 다리의 반대편 손으로 잡고 걸을 때 약한 다리와 동시에 앞으로 내디뎌 균형을 잡도록 한다. 보행 시 돌봄제공자는 노인의 반대쪽에서 동행하며 필요한 경우 팔이나 허리를 지지해준다.

(3) 워커(보행기) 사용 돕기

워커는 보행이 어려운 노인이 더욱 안전하고 안정된 보행을 할 수 있도록 도와주는 기구다. 워커를 사용할 때는 워커의 높이를 양손으로 잡았을 때 팔꿈치가 살짝 구부러질 정도로 조절한다.

사용 방법은 워커를 먼저 약간 앞으로 옮긴 후, 한 발씩 천천히 움직이며 워커 중심 안에서 걷는 방식이다. 돌봄제공자는 노인이 워커를 너무 멀리 밀지 않도록 안내하고, 항상 옆이나 뒤에서 노인의 움직임을 관찰하며 필요시 균형을 잡아줘야 한다.

5) 휠체어 이동 돕기[4]

휠체어는 노인이 이동의 어려움을 극복하고 일상생활에서 자율성을 유지하도록 돕는 필수적인 이동 보조 기구다. 휠체어로 이동을 도울 때는 우선 브레이크와 풋 레스트(발받침대)의 상태를 점검하고, 사용 전후에 반드시 브레이크를 확실히 고정해야 한다. 노인이 휠체어에 앉을 때는 허리와 골반이 좌석에 깊숙이 안정적으로 위치하도록 조정하며, 엉덩이가 앞으로 밀려나거나 기울지 않도록 주의한다.

(1) 침대에서 휠체어에 앉히기

노인을 안전하게 휠체어에 앉히는 방법은 상호 존중과 안전을 최우선으로 해야 한다. 이용자를 휠체어에 앉히기 전에 휠체어 준비와 옮겨 앉는 것에 대해 이용자에게 설명을 한다.

① 편마비가 있는 이용자의 경우 휠체어를 건강한 쪽으로 45도 비스듬히 두고 잠금장치가

잠겨 있는 것을 확인한다.
② 발 받침대는 다리가 걸리지 않도록 젖혀놓는다.
③ 이용자의 손을 돌봄제공자의 어깨에 놓도록 가까이 선다.
④ 이용자의 양쪽 무릎 사이에 돌봄제공자의 다리를 댄다.
⑤ 이용자가 양손으로 돌봄제공자의 목을 감싸도록 한다. 말을 하거나 눈으로 일어난다는 신호를 주면서 돌봄제공자 쪽으로 허리를 당기면서 양발을 축으로 하여 몸을 회전시켜, 이용자를 휠체어에 앉힌다.
⑥ 이용자의 겨드랑이 밑으로 매니저의 손을 넣어 휠체어 깊숙이 앉힌다.
⑦ 앉은 다음 발 받침대를 내려놓고 다리를 발 받침대에 차례로 올려놓는다.

[그림3-14] 휠체어의 구조

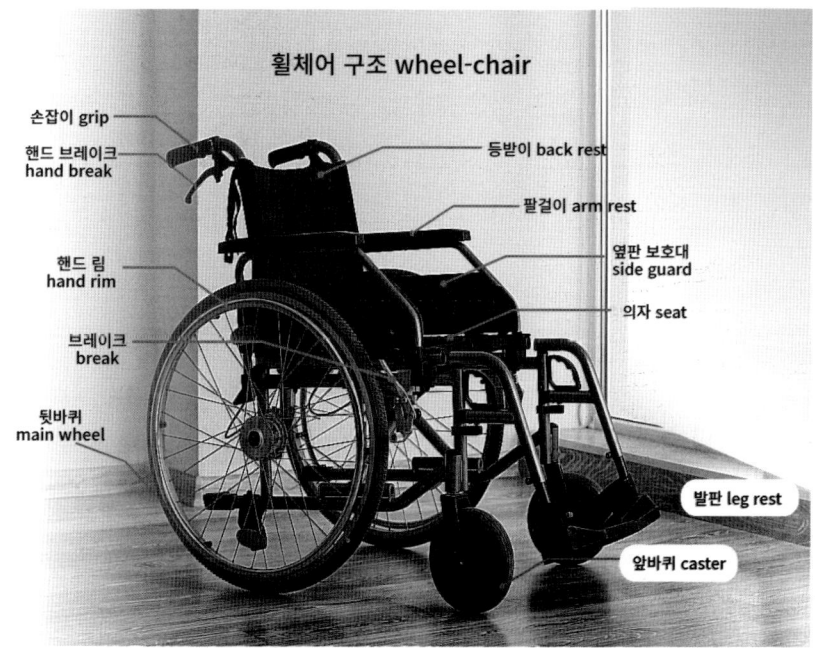

(2) 의자에서 휠체어에 앉히기
① 이용자의 가까이에 휠체어를 가져와 잠금장치를 잠근다.
② 이용자에게 무릎을 대고 양손으로 의자의 팔걸이를 잡게 한다.

③ 매니저는 이용자의 뒤에서 허리를 잡아주며, 이용자가 서서히 일어나도록 보조하여 휠체어에 앉힌다.

(3) 경사로 오르기

경사로를 오를 때는 매니저가 휠체어 뒤에서 가급적 낮은 자세를 취하며 밀어 올린다. 만약, 이용자의 체중이 무겁거나 경사가 급하고 힘이 부칠 때는 휠체어를 비스듬히 놓은 후 브레이크를 잠그고 휠체어를 잡은 상태에서 휴식을 취한 뒤 다시 오른다.

경사진 도로의 폭이 넓을 경우 지그재그로 오른다. 그러나 혼자 힘으로 벅찰 경우에는 무리하게 시도하지 말고 경사 밑으로 다시 내려와 브레이크를 잠그고 다른 사람의 도움을 청한다.

(4) 경사로 내려가기

경사로를 내려갈 때는 일반적으로 휠체어를 뒤로 돌려 천천히 뒷걸음으로 내려간다. 그러나 이용자의 체중이 무겁지 않은 경우에는 휠체어를 뉘어 앞으로 내려가도 된다. 만약, 이용자의 체중이 무겁거나 경사가 급한 경우 브레이크를 중간 위치에 놓아 바퀴에 마찰을 주며 손을 뒤로 하여 휠체어 손잡이를 잡고 앞을 보면서 내려간다.

7. 복약 관리

1) 약물의 이해

복약관리를 위해서는 먼저 대상자가 복용하는 약물의 기본적인 이해가 필수적이다. 약물의 이름, 복용 목적, 복용 시간, 복용량, 주의사항 등 기본적인 정보를 정확히 숙지해야 한다. 특히 노인은 다양한 약물을 함께 복용하는 경우가 많기 때문에, 약물 간 상호작용이나 부작용 가능성에 대한 이해가 중요하다. 돌봄제공자는 처방전을 바탕으로 대상자가 정확한 용량과 시간에 약을 복용하는지 확인해야 하며, 노인에게도 복용

이유와 방법을 쉽게 설명해 이해를 돕는다.

2) 복약 보조 및 관찰

노인의 복약을 지원할 때는 약물을 안전하고 정확하게 복용하도록 돕는 것이 핵심이다. 돌봄제공자는 약을 복용하는 시간마다 대상자에게 정확한 약물을 준비하여 제공하고, 복용 후 제대로 삼켰는지 반드시 확인한다. 복약 시 대상자의 표정이나 상태를 세심하게 관찰하여 약을 삼키기 어렵거나 거부하는 행동이 나타나면 원인을 파악하고 해결 방안을 마련한다. 치매나 인지기능 저하로 약 복용을 잊거나 중복 복용할 수 있으므로, 투약관리 일지나 복약함(약통)을 이용하여 명확하게 관리하는 것이 중요하다.

예를 들어, 치매 진단을 받은 박○○(80세) 어르신은 자주 약 먹는 것을 잊거나 같은 약을 여러 번 복용하는 경우가 있었다. 이를 예방하기 위해 돌봄제공자는 약통을 이용해 일주일 분량의 약을 날짜와 시간별로 미리 준비해 놓고, 매 복용 시간마다 어르신에게 약을 직접 전달한 후 약을 삼키는 것을 확인했다.

또한, 뇌졸중 후유증으로 인해 삼킴장애가 있는 최○○(77세) 어르신은 알약을 복용할 때마다 불편한 표정을 지으며 자주 약을 거부했다. 돌봄제공자는 이러한 반응을 관찰한 후, 의료진과 상의하여 알약을 가루약이나 시럽 형태로 바꿔 복용의 어려움을 해결했다. 이 과정에서 어르신의 표정과 복용 후 상태를 지속적으로 관찰하고, 기록하여 변화된 내용을 의료진과 공유했다.

3) 부작용 및 응급 대응

노인은 약물에 대한 민감도가 높고 부작용 발생률이 높으므로 돌봄제공자는 부작용 발생 가능성에 항상 주의를 기울여야 한다. 약물 복용 후 오심, 어지러움, 발진, 가려움증, 호흡곤란 등의 증상이 나타나는지 주의 깊게 관찰하고, 이상 증상이 나타나면 즉시 간호사나 주치의에게 보고한다. 특히 호흡곤란, 혈압 저하, 의식 저하 등 응급 상

[표3-15] 투약관리 일지[5]

투약관리 일지

<대상자 정보>

성 명		생년월일	
나이/성별	세 /	장기요양등급	등급

<투약 관리 목록>

질병명	의약품명	효능	투약빈도	투약량	복용기간	투약방법	아침		점심		저녁		취침전	필요시
							식전	식후	식전	식후	식전	식후		

<투약 기록>

일자	의약품명	투약방법	확인사항	아침	점심	저녁	취침전	필요시	투약량	잔량	비고
			투약시간								
			특이사항								
			제공자명								
			투약시간								
			특이사항								
			제공자명								
			투약시간								
			특이사항								
			제공자명								
			투약시간								
			특이사항								
			제공자명								
			투약시간								
			특이사항								
			제공자명								
			투약시간								
			특이사항								
			제공자명								

황이 발생하면 즉각적인 응급처치와 의료진의 도움을 받아야 한다. 따라서 돌봄제공자는 응급 상황 발생 시 연락처나 대응 절차를 미리 숙지하여 빠르게 대응할 수 있도록 준비해야 한다.

예를 들어, 평소 고혈압 약을 복용하는 김○○(78세) 어르신이 오전에 약물을 복용한 후 갑자기 어지러움을 호소하며, 식은땀과 함께 얼굴이 창백해졌다. 이는 혈압 강하로 인한 응급상황일 수 있으므로 즉시 간호사나 의료진에게 보고하고, 혈압 측정 및 안정을 위한 조치를 시행해야 한다.

또 다른 사례로, 이○○(82세) 어르신이 새로운 진통제를 복용한 직후 피부가 붉게 변하고 심한 가려움증과 호흡곤란을 호소하는 경우가 발생했다. 이는 약물 알레르기에 의한 중대한 부작용으로, 즉시 약물 복용을 중단하고 의료진에게 긴급 보고하여 빠른 응급 처치를 받게 해야 한다.

참고문헌

1. Katz, S., Ford, A.B., Moskowitz, R.W., Jackson, B.A., & Jaffe, M.W. (1963). 노인 질병 연구. 일상생활수행능력(ADL)지수: 생물학적 및 심리사회적 기능의 표준화된 측정.

2. M. Powell Lawton & Elaine M. Brody(1969), 노인 평가: 일상생활의 자기유지 및 도구적 활동.

3. 요양보호사 표준교재(2022년), 보건복지부

4. 장애인활동지원사 양성교육과정(2020년), 보건복지부, 진한엠앤비

5. 2025년 장기요양기관운영관련서식, 노인장기요양보험

제4장

정서적 돌봄과 의사소통 기술

학습목표

- 정서적 돌봄의 개념과 필요성을 설명할 수 있다.
- 가족돌봄에서의 정서적 돌봄 전략을 사례와 함께 학습할 수 있다.
- 노년기 정서적 변화와 심리적 요구를 이해할 수 있다.
- 상황별, 대상별로 적합한 의사소통 전략을 구분하고 사용할 수 있다.
- 돌봄 상황에서 효과적인 정서적 의사소통 기술을 실천할 수 있다.

제1절 정서적 돌봄

1. 정서적 돌봄의 개념과 중요성

정서적 돌봄은 단순한 신체적 도움을 넘어, 노인의 감정과 심리를 지지하고 공감하는 관계적 돌봄을 의미한다. 이는 존중, 경청, 공감, 정서적 유대감을 통해 이루어지며, 돌봄제공자와 노인 간의 상호작용 속에서 형성된다. 신체적 돌봄이 기능 회복이나 일상생활 지원에 초점을 둔다면, 정서적 돌봄은 노인의 존재 가치를 인정하고 외로움, 상실, 우울 등의 심리적 고통을 완화하는 데 중심을 둔다. 노년기는 배우자 사별, 사회적 역할의 축소, 건강 저하 등 다양한 상실 경험을 겪는 시기로, 정서적 고립감과 심리적 불안정이 심화되기 쉽다. 이러한 시기에 돌봄제공자가 따뜻한 관심과 정서적 지지를 제공하면, 노인의 자존감과 삶의 만족도를 높이고 우울감과 소외감을 완화할 수 있다. 따라서 정서적 돌봄은 노인의 삶의 질 향상에 핵심적인 요소로 작용한다.

1) 정서적 돌봄의 정의

정서적 돌봄은 단순히 신체적 욕구를 충족시키는 것을 넘어, 노인의 감정과 정서를 이해하고 지지하는 돌봄의 형태다. 이는 공감, 관심, 존중, 따뜻한 상호작용을 통해 노인의 심리적 안정을 도모하는 과정을 포함한다. 특히 돌봄제공자와의 지속적인 정서교류는 노인이 '존중받고 있다', '가치 있는 존재다'라는 인식을 갖게 하며, 삶의 질을 높이는 데 결정적 역할을 한다. 이는 말, 표정, 몸짓, 터치 등 다양한 방식으로 표현될 수 있으며, 돌봄제공자가 감정적으로 민감하게 반응하는 능력이 핵심이다.

신체적 돌봄은 식사, 배설, 이동, 위생 등 일상생활의 기능적 지원을 중심으로 하지만, 정서적 돌봄은 감정적인 안정과 관계적 만족을 위한 지원이다. 신체적 돌봄이 물리적 안전과 건강 유지에 초점을 둔다면, 정서적 돌봄은 노인의 외로움, 불안, 슬픔 등을 완화하여 심리적 건강을 유지시키는 데 목적이 있다. 두 돌봄은 서로 독립적이지 않으며, 함께 병행될 때 효과가 극대화된다. 정서적 돌봄이 결여된 신체적 돌봄은 기계적이고 비인간적으로 느껴질 수 있다.

[표4-1] 정서적 돌봄과 신체적 돌봄의 비교

구분	정서적 돌봄	신체적 돌봄
정의	노인의 감정, 심리 상태를 공감하고 지지하는 돌봄	일상생활을 돕기 위한 기능적·물리적 지원
돌봄의 목적	정서적 안정, 자존감 향상, 삶의 의미 회복	신체 기능 유지, 생존과 건강 관리
핵심 요소	공감, 경청, 존중, 정서적 교감	식사, 위생, 투약, 이동, 배설 등 일상생활 지원
표현 방식	말투, 표정, 눈맞춤, 스킨십, 관심 표현 등	손 씻기, 옷 갈아입히기, 약 챙기기 등 실질적 행위
돌봄의 결과	삶의 만족도 향상, 심리적 안정, 관계 형성	신체 건강 유지, 기능 향상, 일상생활 가능
실천 주의점	감정이입 과다로 인한 소진, 경계 설정 필요	기계적 돌봄의 위험, 인간적 접촉 결여 주의
예시	"어르신, 오늘 기분 어떠세요?"라고 눈을 맞추며 말함	어르신에게 식사를 떠먹여 줌

예를 들면, 요양시설에 입소한 85세 김씨는 처음엔 환경에 적응하지 못해 무기력한 모습을 보였다. 그러나 돌봄제공자가 매일 다정한 인사와 함께 짧은 대화를 시도하고, 김씨의 반응을 존중해주자 점차 미소를 보이고 식사에도 적극적으로 참여하게 되었다. 이는 단순한 물리적 지원이 아닌 정서적 돌봄이 작용한 결과다.

2) 노년기 정서적 욕구

노년기는 삶의 전환기이자 다양한 상실을 경험하는 시기로, 독립성과 존중, 소속감, 의미 있는 관계 형성이 중요한 정서적 욕구로 부각된다. 자녀의 독립, 배우자의 사별, 사회적 역할 상실 등으로 인해 '존재의 가치'에 대한 물음이 잦아지며, 감정적 지지에 대한 갈망이 커진다. 또한 '누군가 나를 이해해주고 기억해준다'는 경험은 노인의 정체성과 자존감을 유지하는 데 핵심적인 역할을 한다.

정서적 돌봄은 노인이 겪는 심리적 고통, 특히 고립감, 상실감, 우울감과 밀접하게 연결된다. 가족, 친구, 배우자와의 이별이나 사회적 관계 축소는 고립을 심화시키고, 자기 존재의 의미를 잃게 만들 수 있다. 이때 정서적 돌봄은 '함께 있어주는 관계'를 제공함으로써 상실로 인한 공허함을 완화하고, 심리적 회복력을 높인다. 우울감은 노인의 의욕 저하, 식욕 감소, 질병 악화로 이어질 수 있으므로 정서적 지원은 조기 개입의 형태로도 기능한다.

3) 노년기 심리적 변화

(1) 관계의 변화

노년기에 접어들면 배우자, 친구, 동료 등 가까운 사람들과의 이별을 경험하게 되며, 사회적 관계망이 급격히 축소된다. 은퇴로 인해 일상적인 사회활동에서 멀어지고, 자녀와의 접촉 빈도도 줄어드는 경우가 많다. 이로 인해 소속감이 약화되고, 정서적 지지의 부족을 느끼게 된다. 특히 배우자 사별은 단순한 동반자의 상실을 넘어, 일상의 안정성과 정체성의 붕괴를 동반한다. 관계의 변화는 외로움과 우울감으로 이어질 수 있으며, 이는 전반적인 건강 상태에 부정적인 영향을 미친다.

남편을 사별한 뒤 급격히 말수가 줄어든 어르신이, "이제 나를 찾아오는 사람도, 걱정해주는 사람도 없다"고 토로한 사례는 관계 단절이 정서적 고립으로 이어지는 과정을 잘 보여준다.

(2) 자존감과 자아정체감의 변화

노년기는 자아정체감이 흔들리기 쉬운 시기다. 은퇴, 질병, 신체 기능 저하, 외모 변화 등을 겪으며 '나는 여전히 가치 있는 존재인가?'라는 의문을 갖게 된다. 이전에 중요하다고 여겼던 역할(부모, 직장인, 사회 구성원 등)의 상실은 자존감의 약화로 이어지며, 자기 효능감도 감소한다. 타인의 평가에 민감해지고, 도움받는 상황이 반복되면 무력감과 수치심을 느낄 수 있다. 이때 존중받는 소통과 의미 있는 관계는 노인의 정체성과 자존감을 회복시키는 데 중요한 자원이 된다.

"나는 이제 쓸모없는 사람 같아"라는 말을 자주 하던 어르신이, 손주 돌봄에 참여하며 "내가 아직 도움이 되네"라고 말하는 장면은 자존감 회복의 계기를 보여준다.

(3) 생애 회고와 의미 찾기

노년기는 인생을 되돌아보며 의미를 재정립하는 시기이다. 과거의 성취와 실패, 상처와 기쁨을 돌아보며 자신의 삶을 해석하고 받아들이는 과정은 '생애 회고'라고 불린다. 이는 노인의 정신적 안정과 정체성 유지에 중요한 역할을 한다. 생애 회고를 통해 삶에 대한 자부심이나 수용이 이루어질 수 있고, 미처 해소되지 못한 감정을 정리하는 기회가 되기도 한다. 누군가 자신의 이야기를 귀 기울여 들어주는 경험은 존재의 가치를 확인하게 하며 정서적 안정감을 제공한다.

한 어르신이 "내 인생도 참 다사다난했지만, 이렇게 말할 수 있어서 좋다"고 말하며, 돌봄제공자와의 대화 속에서 자신이 살아온 여정을 긍정적으로 정리해나가는 모습은 생애 회고의 효과를 보여준다.

(4) 외로움과 사회적 고립의 영향

노인은 일상에서 대화할 사람이 없고, 자신이 필요 없는 존재로 느끼는 순간 극심한 외로움을 경험하게 된다. 이는 단순한 감정 상태를 넘어서, 우울, 불면, 인지기능 저하, 심지어 조기 사망 위험 증가와도 연관된다. 특히 사회적 고립은 정서적 지원의 부재뿐 아니라 긴급 상황 대처 능력의 감소로 이어져 전반적인 삶의 질을 떨어뜨린다. 돌봄제공자와의 꾸준한 접촉, 공동체 활동 참여, 정서적 교류는 고립감을 완화시키는 효과적인 방법이다.

매일 말없이 TV만 보던 어르신이, 돌봄제공자가 "어제 보신 프로그램 어땠어요?"라고 물은 뒤 TV 이야기를 시작으로 점차 대화를 이어가는 모습은, 작은 소통이 외로움을 해소하는 출발점이 될 수 있음을 보여준다.

2. 정서적 돌봄의 상호작용

1) 경청과 공감의 기술

경청은 단순히 '듣는 것'을 넘어, 상대의 감정과 말의 맥락을 온전히 받아들이는 적극적인 태도를 의미한다. 노인은 말의 속도가 느리거나 반복적인 이야기를 하는 경우가 많지만, 이를 지루하게 여기지 않고 진심으로 들어주는 태도가 중요하다. 공감은 '당신의 감정을 이해하고 있다'는 메시지를 말과 표정, 제스처로 전달하는 기술이다. 반응은 간단해도 효과적이다. "그랬군요", "많이 속상하셨겠어요" 같은 말은 노인의 감정을 인정해주고 심리적 안정을 준다. "예전엔 내가 이 동네를 다 누비고 다녔는데…"라는 말을 반복하던 어르신에게 돌봄제공자가 "그때 이야기를 들려주세요. 정말 활발하셨나 봐요"라고 반응하자, 어르신이 활짝 웃으며 자신의 과거를 자랑스럽게 이야기하게 되었다.

2) 비언어적 소통

노년기의 의사소통은 언어적 표현이 줄어들고, 비언어적 요소의 중요성이 더 커진다. 눈맞춤, 고개 끄덕임, 따뜻한 미소, 부드러운 목소리 톤, 그리고 손을 가볍게 잡아주는 스킨십은 노인에게 '관심받고 있다'는 느낌을 준다. 특히 언어가 제한적인 치매 어르신에게는 말보다 표정과 터치가 더 큰 의미로 다가온다. 돌봄제공자는 자신의 표정, 말투, 몸짓이 어떤 분위기를 만드는지를 자각해야 하며, 이를 통해 안정적이고 신뢰감 있는 상호작용 환경을 조성할 수 있다.

말을 거의 하지 않는 어르신에게 요양보호사가 식사 전 조용히 손을 잡고 눈을 맞추며 미소를 짓자, 어르신이 미세하게 고개를 끄덕이며 식사를 받아들이는 경우, 이는 말 없는 소통이 실제 정서적 반응을 이끌어낸 사례다.

3) 정서적 유대 형성의 중요성

정서적 유대는 단기적 돌봄보다 장기적 돌봄에서 더 큰 효과를 발휘한다. 반복되는 정서적 상호작용을 통해 신뢰감과 친밀감이 쌓이고, 이는 돌봄제공자의 말이나 행동에 대한 수용도를 높인다. 유대감은 단지 친해지는 것이 아니라, 노인이 돌봄제공자에게 감정적으로 안전하다고 느끼는 상태다. 이 유대는 돌봄의 거부, 불안, 공격성을 줄이는 데 효과적이며, 삶의 마지막 시기에는 특히 돌봄제공자의 존재 자체가 위안이 된다.

어르신이 자주 혼란을 겪던 중, 평소 친근했던 돌봄제공자가 다가가자 "당신은 알아. 당신은 내 친구지"라고 말하며 손을 잡는 경우, 이는 신뢰와 정서적 유대가 형성된 관계에서 보이는 반응이다.

4) 문화적, 세대적 차이 극복 방법

돌봄제공자와 노인 사이에는 세대 차이, 언어 사용, 사고방식 등 다양한 문화적 간극이 존재한다. 예를 들어, 노인은 간접적 표현을 선호하거나 권위적 대우를 기대할 수 있고, 돌봄제공자는 이를 이해하지 못하면 무례하게 받아들일 수 있다. 이러한 차이를 극복하려면, 문화적 민감성을 가지고 언어와 태도를 조절하는 능력이 필요하다. 말하기 전 '이 표현이 어르신께 어떻게 들릴까?'를 생각하는 태도가 중요하다. 또한 돌봄제공자가 먼저 배우려는 자세를 보일 때, 세대 간의 소통의 벽이 낮아진다.

3. 정서적 돌봄의 실천 전략

1) 회상요법(Life Review Therapy)

회상요법은 노인이 자신의 과거 경험을 떠올리고, 그 경험에 대해 이야기하며 정서적 통합과 의미 부여를 돕는 심리사회적 개입방법이다. 단순히 과거를 회상하는 것을 넘어, 삶의 여정 속에서 자신이 겪은 사건과 감정을 정리하고 수용하며, 자긍심과 정체성을 강화하는 데 목적이 있다. 특히 상실감, 외로움, 우울감을 경험하는 노년기에는 회상 활동을 통해 자신의 존재가치를 재확인하고 긍정적 감정을 회복할 수 있다.

회상요법은 1:1 또는 소그룹으로 진행될 수 있으며, 사진, 음악, 옛 물건, 냄새, 영상 등 감각 자극 자료를 활용하면 효과가 높아진다. 회상의 주제는 유년기, 학교 시절, 첫사랑, 결혼, 자녀 양육, 일, 취미, 시대적 사건 등 다양하게 구성할 수 있다. 대화를 유도하는 질문은 개방형으로 제시하며, 돌봄제공자는 평가나 판단 없이 경청하고 감정을 반영하는 태도를 유지해야 한다.

※ 회상요법은 어떤 경우에 사용할까?

〈상황〉

치매 초기 증상을 보이는 82세 여성 어르신 김씨는 말수가 적고 우울한 상태였다. 요양보호사는 어르신의 가족에게 부탁해 옛날 가족사진과 교복 사진을 받아 회상요법을 시도했다.

〈회상 장면〉

- 돌봄제공자 "어르신, 이 사진 속에 계신 건가요?"
- 김씨 "어머, 이건 내가 고등학교 다닐 때야. 그때 친구랑 도시락 바꿔 먹던 게 기억나네…"
- 돌봄제공자 "그 시절 친구는 지금도 생각나세요?"
- 김씨 (미소를 지으며) "그럼. 걔가 내 결혼식에도 왔어. 참 고마운 친구였지."

이후 김씨는 주기적으로 사진을 통해 대화를 이어갔고, 기억력이 좋아지는 건 아니었지만 표정이 밝아지고 식사 참여도도 향상되었다. 이는 회상요법이 정서적 활력과 관계적 소통을 회복하는 데 긍정적으로 작용했음을 보여준다.

2) 예술치료

예술치료는 음악, 미술, 무용, 문학 등의 예술 활동을 매개로 하여 개인의 정서 표현을 유도하고, 심리적 안정과 자기 이해를 증진시키는 돌봄기법이다. 노년기에는 언어적 소통이 줄고 감정 표현이 제한되는 경우가 많은데, 예술은 말로 표현되지 않는 내면의 감정과 기억을 끌어내는 비언어적 도구로 작용한다. 특히 예술치료는 창작의 즐거움을 통해 자존감을 회복하고, 과거를 회고하면서 삶의 의미를 재조명할 수 있는 기회를 제공한다. 활동 자체가 결과 중심이 아니기 때문에 노인의 개별 능력이나 건강 상태에 따라 자유롭게 적용할 수 있다는 장점이 있다.

(1) 음악치료

음악은 정서적 자극을 빠르게 전달하는 매체로, 기억, 감정, 신체 움직임을 동시에 자극한다. 특히 노년기에는 과거에 익숙했던 음악(예: 유년기 가요, 종교 음악 등)을 들으며 회상과 감정 환기가 자연스럽게 이루어진다. 음악치료는 우울감, 불안, 외로움을 완화하고, 사회적 상호작용을 촉진하며, 치매 환자의 경우 인지기능 유지에도 긍정적 영향을 준다.

요양시설에서 열린 '추억의 음악회'에서 80대 어르신이 학창시절에 즐겨 듣던 동요를 듣고 눈시울을 붉히며 "이 노래 들으니, 그때 친구 얼굴이 떠올라요"라고 말했다. 이후 그는 자발적으로 노래를 따라 부르며 모임 참여에 적극적으로 변화한다.

(2) 미술치료

미술치료는 색채, 선, 형상 등 시각적 표현을 통해 내면의 감정을 드러내고, 스트레스를 해소하며 자율성을 경험하게 한다. 그림을 그리거나 색칠하는 과정은 몰입과 정서적 이완을 유도하고, 완성된 작품은 자아 성취감과 자긍심을 고양시킨다. 특히 말을 잘 하지 않는 노인, 언어 표현이 어려운 치매 환자에게 매우 효과적이다. 공동 작업을 통해 사회적 관계 형성의 계기가 되기도 한다.

색연필로 '내가 좋아하는 풍경'을 그리는 활동에서, 말을 거의 하지 않던 어르신이 어릴 적 시골 마을을 떠올리며 초록 들판을 그렸고, "이곳이 내가 가장 행복했던 곳이에요"라고 직접 이야기하며 미소를 지은 이후 같은 활동에 반복해서 참여한다.

예술치료는 치료가 아닌 '표현과 관계'를 중심에 두어야 하며, 활동 결과보다는 참여 과정 자체에 의미를 두는 것이 중요하다. 활동 전 노인의 흥미와 기능 수준을 파악하고, 강요 없이 선택권을 주는 접근이 필요하다. 전문 치료사의 지도하에 진행되면 효과가 더 커지지만, 기본 교육을 받은 돌봄제공자도 일상에서 충분히 활용이 가능하다.

3) 동물매개활동(Pet Therapy)

동물매개활동(Pet Therapy)은 동물과의 교감을 통해 노인의 정서적 안정과 사회적 상호작용을 촉진하는 치료적 돌봄 기법이다. 주로 개, 고양이, 토끼, 새 등 친화적인 동물이 활용되며, 말벗이나 접촉을 통해 심리적 안정감, 외로움 완화, 활력 증진 효과를 기대할 수 있다. 동물과의 비언어적 상호작용은 인지기능이 저하된 노인에게도 친근하고 직관적으로 받아들여진다. 또한 동물을 돌보는 과정을 통해 책임감과 삶의 의미감을 회복하기도 한다. 정기적인 방문 활동이나 반려동물과의 일상생활 모두 정서적 돌봄의 중요한 자원이 될 수 있다.

요양원에서 주 1회 치료견(therapy dog)이 방문하는 프로그램에 참여한 78세 여성 어르신은, 평소 말이 없던 상태였지만 개에게 "너 이름이 뭐니?"라고 먼저 말을 건넸고, 그 후로 다른 어르신들과도 대화를 시도하게 되었다. 돌봄제공자는 "동물이 말을 하지 않아도 정서가 오가는 통로가 된다"고 말하며, 이 활동이 어르신의 감정 표현을 열어주는 계기가 되었음을 확인했다.

4) 종교적·영적 돌봄(Religious and Spiritual Care)

종교적·영적 돌봄은 노인의 삶 속에서 궁극적인 의미와 목적을 찾고, 내면의 평안과 연결감을 회복하도록 돕는 정서적 돌봄의 한 형태이다. 종교적 돌봄은 특정 신앙체계나 의례(예: 기도, 예배, 불경 낭독 등)를 포함할 수 있으며, 영적 돌봄은 꼭 종교에 기반하지 않아도 된다. 삶의 가치, 용서, 감사, 죽음에 대한 수용, 자연과의 일체감 등 개인의 깊은 내면과 연결된 주제를 다룬다.

노년기는 죽음, 상실, 외로움 등의 경험이 반복되는 시기로, 이 시기에 삶의 의미를 재정립하거나 초월적인 존재와의 관계를 다시 바라보는 경험은 정서적 회복에 큰 영향을 준다. 특히 말기 환자나 깊은 상실을 겪은 노인에게는, 신체적 치료 이상의 영적 지지가 필요하다. 돌봄제공자는 노인의 종교적 배경과 세계관을 존중하며, 강요 없는 경청과 동행의 태도로 접근해야 한다.

정서적 돌봄은 특별한 기술이나 거창한 프로그램에만 의존하지 않는다. 오히려 일상적인 순간 속에서 실천되는 사소하지만 의미 있는 행동들이 정서적 안정에 큰 영향을 미친다. 예를 들어, 아침 인사 시 이름을 불러주거나, 말없이 손을 잡아주는 행동, 식사 중 "이 반찬 좋아하시죠?"라고 말하는 것이 모두 정서적 돌봄의 표현이다. 반복되는 일상 속에서도 자신의 존재가 존중받고 있다는 느낌을 받을 때 정서적 안정감을 얻는다. 따라서 돌봄제공자는 '기능적 돌봄' 속에 '정서적 관심'을 자연스럽게 녹여내는 태도가 중요하다. 이는 감정 소통의 문을 열고, 돌봄 거부나 고립감을 줄이며, 신뢰 형성과 만족감으로 이어진다.

한 요양보호사는 어르신에게 약을 드리며 "오늘은 하늘이 정말 맑아요. 어르신 좋아하시는 날씨죠?"라고 말을 건넨다. 그 짧은 한마디에 어르신은 미소를 지으며 "예전엔 이런 날 산책을 자주 했지"라고 회상하기 시작했고, 이 대화는 하루의 정서적 활기를 여는 계기가 되었다.

4. 가족돌봄에서의 정서적 돌봄

1) 특징

가족 내에서 이루어지는 돌봄은 단순히 신체적 도움이나 일상생활의 보조에 그치지 않는다. 많은 경우, 돌봄은 감정적 연결과 심리적 지지를 포함하는 정서적 관계의 일부로 작용하며, 이는 특히 오랜 시간 함께한 가족 구성원 간에 더욱 강하게 나타난다. 이러한 정서적 돌봄은 가족돌봄의 질적 수준을 결정하는 중요한 요소이자, 수발자의 소진을 좌우하는 요인이기도 하다.

정서적 돌봄은 말로 표현되는 위로, 함께 있어주는 시간, 감정을 공감하고 받아주는 태도 등으로 구성된다. 이는 돌봄을 받는 사람에게는 심리적 안정감을 제공하고, 자존감과 삶의 의미를 유지하는 데 기여한다. 특히 고령의 가족 구성원이 신체적으로 약화되거나 질병에 직면할 때, 가족의 정서적 지지는 치료적 돌봄과 동일한 수준으로 중요한 자원으로 작용한다.

가족돌봄에서 나타나는 정서적 돌봄의 가장 큰 특징은 첫째, 혈연·정서적 관계를 기반으로 한 돌봄으로서 관계 기반의 감정노동이라는 점이다. 보편적인 직업적 돌봄에서는 감정 표현이 일정한 역할 규범에 따라 조정되지만, 가족 사이의 돌봄은 보다 깊은 감정의 이입과 역사적 기억에 기초해 이루어진다. 따라서 감정 표현이 자연스럽고 친밀하지만, 동시에 억압되거나 왜곡되기도 쉬운 구조를 갖는다.

둘째, 가족이라는 울타리 안에서 수행되는 정서적 돌봄은 비공식적이며 자발적인 경우가 많아 사회적으로 가시화되기 어렵다. 이는 정서적 돌봄을 제공하는 가족 구성원이 자신의 감정 상태를 드러내기 어려운 분위기를 형성하며, 때로는 '가족이니까 당연하다'는 기대감 속에서 감정적 부담을 외면당하는 결과를 낳기도 한다.

마지막으로, 가족돌봄은 사랑·의무·죄책감 등 복합적 감정이 중첩적으로 작용한다. 정서적 돌봄은 시간에 따라 변동되며, 돌봄 상황의 지속 여부나 관계의 변화에 따라 그 방식과 강도가 달라진다. 예컨대 치매나 만성질환과 같은 장기적인 돌봄 상황에서는 초기에는 공감과 위로 중심의 정서적 돌봄이 제공되지만, 시간이 지남에 따라 감정적 거리감이나 무감각이 생기기도 한다. 이러한 정서적 변화는 돌봄 제공자와 수혜자 모두의 심리적 복지를 위해 적절히 다뤄져야 할 중요한 과제다.

요컨대, 가족돌봄에서의 정서적 돌봄은 단순한 감정 표현을 넘어, 삶의 위기 속에서 인간관계를 유지하고 회복시키는 중요한 돌봄 행위이다. 그러나 이는 동시에 눈에 잘 띄지 않는 감정노동이자, 지원이 필요한 돌봄의 형태이기도 하다.

2) 배우자 간 정서적 돌봄

노년기에 접어든 부부는 인생의 후반부를 함께 견디고 살아가는 '동반자'로서의 의미가 더욱 강조된다. 이 시기의 부부 관계는 오랜 시간 함께한 생활사와 정서적 유대에 기반하며, 특히 질병이나 신체 기능 저하, 사회적 역할의 축소 등 생애 후기의 위기 상황에서 서로에게 정서적 지지를 제공하는 존재로 기능한다.

배우자 간의 정서적 돌봄은 단순히 친밀한 관계를 유지하는 것을 넘어, 서로를 위로하고 안심시키며 감정적으로 안정시켜주는 중요한 역할을 한다. 예컨대, 배우자가 질병으로 인해 신체적 고통을 겪거나 정신적 혼란을 경험할 때, 곁에서 말없이 손을 잡아주는 것만으로도 큰 위로가 되며, 이는 약물이나 치료 이상의 치유 효과를 줄 수 있다. 배우자는 다른 가족 구성원과 달리, 동일한 시공간을 공유하고 있는 파트너로서 공감의 깊이가 다르기 때문에 정서적 돌봄의 주요 제공자가 되기 쉽다.

그러나 노년기에 접어들며 부부 사이의 돌봄 역할이 바뀌는 경우도 많다. 건강했던 남편이 갑작스러운 뇌졸중으로 말과 거동이 불편해지면서 아내가 전일 돌봄을 담당하게 되거나, 우울증을 앓고 있는 아내를 남편이 돌보는 상황처럼 기존의 관계 구조가 바뀌는 일이 발생한다. 이때 정서적 돌봄은 더욱 중요한 의미를 갖지만, 동시에 감정적 부담 또한 크게 증가한다. 돌보는 배우자는 상대의 고통에 공감하면서도 자신의 삶이 희생되고 있다는 이중적인 감정을 느끼기도 한다.

또 하나 주목할 점은 의사소통의 단절이 정서적 돌봄을 어렵게 만든다는 점이다. 노년기에는 청력 저하, 기억력 감소, 우울감 등으로 인해 배우자 간의 대화가 줄어들고, 이로 인해 감정의 흐름이 막히는 경우가 많다. 이전에는 자연스럽게 나누던 대화가 줄어들고, 침묵이 반복되면 정서적 거리감이 커질 수 있다. 특히 감정을 표현하는 데 익숙하지 않은 세대일수록, 말로 감정을 전하는 일에 큰 장벽을 느끼며, 이로 인해 정서적 고립을 경험하기도 한다.

예를 들어, 알츠하이머 초기 진단을 받은 남편을 돌보는 한 아내의 사례를 살펴볼 수 있다. 그녀는 남편의 점점 흐려지는 기억과 반복되는 질문에도 매일 같은 대답을 하며 그를 안심시켰다. "이 사람이 나를 잊어도, 나는 이 사람을 잊을 수 없어요"라고 말한 그녀의 말 속에는 오랜 세월 쌓인 애정과 책임감, 그리고 사랑을 잃지 않으려는 간절함이 담겨 있었다. 이처럼 배우자 간의 정서적 돌봄은 병든 몸과 혼란스러운 마음을 끌어안는 '말 없는 대화'이자 함께 늙어가는 삶을 지키는 마지막 연대이다.

결국 배우자 간 정서적 돌봄은 삶의 위기 속에서 서로를 지탱해주는 중요한 돌봄 방식이다. 이는 단순히 돌보는 행동을 넘어서, 존재 그 자체로 서로에게 위로가 되고자 하는 노력이며, 노년기의 삶의 질과 부부 관계의 지속성에 깊은 영향을 미친다.

3) 자녀에 의한 부모의 정서적 돌봄

자녀가 부모를 돌보는 일은 한국 사회에서 오랜 시간 자연스러운 가족 역할로 여겨져 왔다. 특히 고령화가 심화되면서 자녀가 노년의 부모를 돌보는 일이 점점 더 보편화되고 있으며, 그 돌봄에는 일상적 돌봄과 더불어 정서적인 돌봄이 필수적으로 동반된다. 자녀는 단지 부모의 생활을 돕는 보호자 역할을 넘어, 부모의 외로움을 달래고 감정을 공감하며 삶의 마지막 여정을 함께 걸어가는 '정서적 동반자'가 된다.

자녀에 의한 정서적 돌봄은 대개 부모의 신체 기능이 약화되거나 병이 생기면서 시작된다. 이때 자녀는 식사나 약 복용을 챙기며 물리적인 돌봄을 제공하는 동시에, 부모의 감정을 살피고 대화를 통해 심리적 안정감을 전달한다. 정서적 돌봄은 주로 함께 시간을 보내는 것, 부모의 말을 경청하는 것, 과거 이야기를 나누는 것, 걱정을 들어주는 방식으로 이루어진다. 이 과정에서 자녀는 자신이 받았던 부모의 사랑을 되돌려주고자 하는 심리와 책임감을 동시에 느끼며 돌봄에 참여한다.

하지만 자녀가 부모를 돌보는 과정에는 감정적 긴장도 존재한다. 자녀는 자신의 삶을 살아가는 동시에 부모를 돌보는 이중 역할을 수행해야 하며, 특히 경제적·사회적 책임이 큰 중장년층의 경우 큰 부담을 느끼기도 한다. 때로는 '내가 자식을 키우느라 고생했듯, 너도 부모를 돌보는 것이 마땅하다'는 세대 간의 기대가 충돌을 일으켜 갈등을 빚는 경우도 있다. 부모의 기대와 자녀의 현실 사이에서 정서적 부담은 더 커질 수밖에 없다.

정서적 돌봄은 또한 단순한 동정이나 수동적 위로가 아니라, 부모의 삶을 존중하는 태도로 나타나야 한다. 예컨대, 치매 진단을 받은 어머니를 매일 찾아가 말벗이 되어주는 딸의 사례를 들 수 있다. 어머니는 매일 같은 이야기를 반복했지만, 딸은 그 이야기들을 어제 처음 듣는 듯 반응했다. 때로는 말 한마디 없이 손을 잡고 마주 앉아 있는 것만으로도 어머니는 안정을 되찾았다. 이 딸에게 돌봄은 부담이자 동시에 과거에 대한 감사의 표현이었으며, 어머니와의 마지막 시간들을 의미 있게 채워가는 과정이었다.

자녀가 부모에게 제공하는 정서적 돌봄은 한편으로는 관계의 회복이자 재구성의 시간이기도 하다. 오랜 세월 동안 쌓인 감정의 골이 해소되기도 하고, 평생 표현하지 못한 사랑이 뒤늦게 전해지기도 한다. 따라서 자녀에 의한 정서적 돌봄은 단순한 책임이나 의무를 넘어서, 인생의 순환을 완성하는 깊은 인간관계의 실현으로 볼 수 있다.

4) 가족돌봄자의 정서적 소진

가족 안에서 돌봄을 담당하는 사람은 종종 '사랑이 있으니 감당할 수 있다'는 기대를 받는다. 하지만 지속적인 돌봄은 단지 사랑이나 의무감만으로 감당하기 어려운 강도 높은 감정노동이다. 특히 돌봄의 대상이 만성질환이나 치매처럼 장기적인 도움이 필요한 경우일수록, 돌보는 가족은 신체적 피로를 넘어서 정서적 소진(emotional burnout)을 겪기 쉽다.

정서적 소진이란 반복되는 감정적 긴장과 스트레스로 인해 감정 에너지가 고갈되고, 무기력과 냉담함이 나타나는 상태를 말한다. 가족돌봄자의 경우, 돌봄을 받는 사람과의 깊은 정서적 관계로 인해 감정의 거리를 둘 수 없어 더 큰 영향을 받는다. 사랑하는 가족이 고통을 겪는 모습을 지켜보는 일은 그 자체로 감정적 소모를 유발하며, 자신의 삶을 일정 부분 포기해야 하는 현실은 죄책감과 분노를 동시에 불러온다.

특히 형제자매가 있는 상황에서도 '나만 전적으로 책임지고 있다'는 느낌은 소외감과 억울함으로 이어지기 쉽다. 다른 가족 구성원은 일정 거리를 두고 살아가는 반면, 돌봄을 전담하는 사람은 자주 '보이지 않는 감옥'에 갇힌 듯한 감정을 경험한다. 이는 심리적 고립을 심화시키고, 자존감의 저하와 우울감을 초래할 수 있다. 무엇보다 가장 위험한 점은, 이러한 감정들이 겉으로 잘 드러나지 않고 내면에 쌓인다는 것이다.

예를 들어, 장기간 치매 아버지를 돌보고 있는 50대 여성은 주변에는 "괜찮다"고 말하지만, 실제로는 점점 무표정해지고 스스로를 돌보는 데 소홀해지고 있었다. 그녀는 "아버지의 얼굴을 보고 있으면 화가 나다가도 미안해지고, 그러다 다시 허무해져요"라고 토로했다. 감정의 기복과 반복은 정서적 소진의 전형적인 신호이다.

정서적 소진을 예방하고 관리하기 위해서는 우선 자신의 감정을 인식하고 표현하는 것이 중요하다. 주변의 지지와 공감이 정서적 회복에 큰 힘이 되므로, 자조모임, 가족 상담, 감정노동에 대한 교육 등은 실질적인 도움이 될 수 있다. 또한 사회는 '가족돌봄'이 당연하거나 개인적인 일이라는 인식을 넘어서, 돌봄제공자의 감정 노동을 공공의 문제로 바라보고 제도적 지원과 정서적 회복 시스템을 마련할 필요가 있다.

결국, 돌봄은 감정의 연속이자 관계의 지속을 위한 끊임없는 조율이다. 돌보는 사람이 지치지 않도록 보호하고 지원하는 일은, 돌봄을 받는 이의 삶의 질을 높이는 또 다른 방식의 돌봄이기도 하다.

5) 죽음과 상실을 준비하는 정서적 돌봄

삶의 마지막을 함께하는 가족 간의 돌봄은 그 자체로 깊은 정서적 여운을 남긴다. 임종이 가까워질수록 가족은 신체적 돌봄을 넘어, 죽음을 앞둔 이의 감정과 존엄을 지키는 정서적 돌봄에 더욱 집중하게 된다. 죽음을 준비하는 과정은 단순한 이별이 아니라, 서로의 존재를 다시 확인하고 감정을 정리해 나가는 과정이기도 하다.

임종을 앞둔 가족은 종종 두려움, 외로움, 미련, 불안 같은 감정 속에 놓인다. 이때 가족은 안심과 지지를 통해 정서적 안정감을 제공할 수 있다. '곁에 있어 주는 것', '기억을 함께 나누는 것', '마지막 인사를 나누는 것'은 단순한 위로를 넘어, 존엄한 죽음을 가능하게 하는 핵심적인 정서적 돌봄의 방식이다.

정서적 돌봄은 또한 돌봄자 자신이 상실을 받아들이고 애도를 준비하는 시간이기도 하다. 죽음을 앞둔 가족의 모습에서 과거의 기억을 떠올리고, 미처 하지 못했던 말을 꺼내는 순간들이 생긴다. 어떤 이는 용서를 구하고, 어떤 이는 감사의 말을 남기기도 한다. 이 과정은 돌봄을 받는 사람과 남은 사람 모두에게 감정적 정리를 돕는 치유의 시간으로 작용한다.

사례를 들어보면, 말기 간암 판정을 받은 어머니를 돌본 한 아들은 매일 밤 침대 옆에서 일기를 쓰며 어머니에게 하고 싶은 말을 정리했다. 의식이 흐려진 어머니에게 손을 잡고 "고맙고 사랑한다"고 속삭이며 눈물을 흘렸고, 이 마지막 표현은 그에게도 긴 슬픔을 견디는 힘이 되었다. 이처럼 임종 직전의 정서적 교감은 단절이 아니라 연결의 마지막 고리가 된다.

그러나 죽음과 상실을 마주하는 정서적 돌봄은 말처럼 쉽지 않다. 가족 구성원은 감정을 표현하기 어려워하거나, 오히려 회피함으로써 슬픔을 억누르기도 한다. 이때 의료진이나 사회복지사의 중재, 또는 호스피스 돌봄 체계 내에서의 정서 지원이 큰 도움이 될 수 있다. 사전연명의료의향서나 장례 준비를 함께 논의하는 것도 정서적 준비를 돕는 하나의 방식이다.

정서적 돌봄은 삶의 끝자락에서 인간다운 이별을 가능하게 한다. 돌봄제공자에게는 감정의 미련을 남기지 않고 작별할 수 있는 기회를, 돌봄 받는 이에게는 편안한 이완과 수용의 시간을 선물한다. 이 마지막 정서적 돌봄이야말로 관계의 완성이며, 남겨진 삶을 위한 애도의 출발점이다.

5. 정서적 돌봄의 전문성과 윤리

1) 감정노동과 소진 예방

정서적 돌봄은 단순한 감정 표현이 아니라, 상대방의 감정을 이해하고 공감하며 반응하는 고도의 정서적 노동이다. 돌봄제공자는 자신의 감정을 억제하고, 항상 친절하고 부드러운 태도를 유지해야 한다는 압박을 느끼기 쉽다. 이러한 '감정노동'은 반복되면 피로감, 무력감, 분노, 냉소 등으로 이어지며, 결국 정서적 소진(burnout) 상태를 초래할 수 있다. 특히 돌봄제공자는 감정적 유대 형성이라는 책임감과 동시에 대상자의 죽음, 갈등, 무시 등의 상황에 자주 노출되므로 심리적 탈진의 위험이 높다.

이를 예방하려면 자기 돌봄(Self-care)이 필요하다. 감정을 안전하게 표현할 수 있는 공간 확보, 동료와의 정서적 지지, 정기적인 슈퍼비전, 현실적인 자기 기대 조절이 중요하다. 돌봄제공자의 정서적 회복력은 돌봄의 질과 직결되므로, 감정노동 관리 능력은 전문성의 핵심 요소로 간주된다.

2) 전문성과 경계 설정

정서적 돌봄은 인간적인 접근이 중요한 만큼, 돌봄제공자와 대상자 간의 관계가 지나치게 가까워질 경우 감정적 경계가 흐려질 위험이 있다. 돌봄제공자가 과도하게 감정이입하거나 개인적인 관계로 전환되면, 돌봄의 객관성과 균형을 잃을 수 있으며, 이는 오히려 노인에게 혼란과 의존을 초래할 수 있다. 전문적인 돌봄 관계란, 공감과 지지를 제공하면서도 역할과 책임의 한계를 명확히 인식하는 것이다. 즉, 따뜻하되 감정적으로 휘둘리지 않고, 인간적이되 사적 관계로 발전하지 않도록 스스로를 관리해야 한다. 이러한 경계 설정은 돌봄제공자의 소진을 예방하고, 돌봄 서비스를 장기적으로 지속할 수 있게 하는 기초가 된다.

어르신이 요양보호사에게 "딸처럼 느껴진다"며 자주 사적인 부탁을 하자, 보호사는 "어르신이 저를 믿어주셔서 감사하지만, 저는 직원으로서 어르신을 돕고 있어요"라고 부드럽게 선을 그었다. 이후에도 따뜻한 태도는 유지하되, 가족처럼 휘말리는 상황은 피하며 관계의 전문성을 유지하였다.

3) 정서적 학대 예방과 대처

정서적 학대는 노인의 감정과 자존감을 훼손하는 모든 언어적, 비언어적 행위를 포함한다. 이는 소리를 지르거나 비난하는 명백한 공격뿐 아니라, 무시, 냉대, 의사소통 단절, 조롱, 아동 취급, 욕설 없는 경멸적 태도 등 은밀한 방식으로도 이루어진다. 돌봄제공자가 바쁘거나 감정적으로 지친 상태에서 "귀찮게 하지 마세요", "그 얘긴 그만 하세요" 같은 말을 무심코 반복할 경우, 노인은 존엄감을 상실하고 정서적 고립 상태에 놓일 수 있다. 정서적 학대를 예방하려면, 돌봄제공자의 감정 인식 능력과 자기 조절이 전제되어야 하며, 기관 차원에서도 감정노동을 관리하고 상호 존중의 소통 문화를 구축해야 한다. 학대가 의심될 경우, 내·외부 신고 체계, 상급자 보고, 정서 회복 지원 등의 체계적 대응이 필요하다.

요양보호사 A씨는 반복적으로 "어르신 또 화장실이세요? 조금만 참으시죠"라고 말하곤 했다. 어르신은 점차 말수를 줄이고 종종 눈물을 보였다. 이를 지켜본 동료가 사례회의에서 해당 언행을 정서적 학대 가능성으로 제기했고, 기관은 A씨에게 감정 소진 관리 교육과 함께 어르신과의 관계 회복을 위한 코칭을 제공했다. 이후 A씨는 "그 말이 상처였을 줄 몰랐다"며 소통 방식을 바꾸고, 어르신과의 신뢰를 회복해갔다.

제2절 의사소통기술

1. 의사소통의 이해

1) 노인의 생애주기와 의사소통의 변화

노년기는 인간의 생애주기 중 마지막 단계로, 생리적·심리적·사회적 전환이 두드러지는 시기이다. 이러한 변화는 자연스럽게 의사소통 방식에도 영향을 미친다. 청장년기에 활발하던 사회적 관계와 소통 기회는 노년기에 접어들며 축소되기 쉬우며, 은퇴, 자녀 독립, 배우자 사별 등은 대화 대상과 내용의 변화를 유발한다. 또한 노년기는 '말하기'보다는 '들어줄 대상'을 더 필요로 하는 시기로, 감정을 나누고 과거를 회상하며 자신의 삶을 정리하려는 의사소통 욕구가 강해진다. 정보 전달 중심에서 관계 유지 중심으로 소통의 목적이 변화하며, 이야기의 속도는 느려지고, 반복되거나 과거 중심의 대화가 늘어나는 것도 특징이다. 이처럼 생애주기적 맥락에서 노인의 의사소통을 바라보는 것은, 돌봄제공자의 이해와 공감 능력을 높이고 관계 형성에 도움을 준다.

돌봄제공자가 "어르신, 이 이야기는 어제도 하셨잖아요"라고 말했을 때 어르신은 상처를 받았다. 그러나 다른 돌봄제공자가 "그때 그 이야기를 다시 듣고 싶어요. 어르신은 그 시절이 참 특별하셨군요"라고 반응하자, 어르신은 감동하며 "그래, 그게 내 인생에서 제일 좋았던 시절이야"라고 말했다. 이처럼 노인의 반복된 회상은 단순한 습관이 아니라, 삶의 의미를 되새기고 타인과 연결되려는 방식일 수 있다.

2) 노년기 심리·사회·신체적 특성과 소통 양식

노년기는 심리적, 사회적, 신체적 변화가 복합적으로 나타나는 시기로, 이러한 변화는 의사소통 양식에도 깊은 영향을 미친다. 심리적으로는 상실과 의존, 외로움, 자존감 저하 등의 감정 상태가 소통을 소극적으로 만들 수 있다. 사회적으로는 역할 상실(

퇴직, 자녀 독립), 관계망 축소 등으로 인해 대화 상대와 기회가 줄어들며, 소통의 내용이 과거 회상이나 반복적인 주제로 치우치기도 한다. 신체적으로는 청력 저하, 시력 감퇴, 언어 구사 능력의 둔화, 인지 저하 등이 동반되며, 이로 인해 말의 속도가 느려지거나 발화의 명료성이 낮아지는 현상이 나타난다. 따라서 노년기 소통은 신중함과 배려를 필요로 하며, 간결한 언어, 느린 속도, 반복적 확인, 비언어적 표현의 활용 등 조정된 방식이 요구된다. 단순히 '말을 듣고 말하는' 것을 넘어, 노인의 전반적인 상태와 정서에 맞는 '관계 중심의 소통'이 중요하다.

치매 초기인 78세 여성은 자주 말을 멈추고 단어를 잊어버리곤 했지만, 돌봄제공자가 천천히 말하며 손을 잡고 "괜찮아요. 천천히 말씀해 주세요"라고 말하자, 어르신은 마음을 가라앉히고 이야기를 이어갈 수 있었다. 이는 신체적·정서적 배려가 소통을 가능하게 한 사례이다.

3) 노인돌봄 의사소통의 특성

노인 돌봄에서의 의사소통은 단순한 정보 전달을 넘어, 신뢰 형성, 정서적 지지, 자율성 존중을 목적으로 한다. 돌봄제공자는 노인의 신체적·인지적 변화뿐만 아니라 심리·사회적 특성까지 고려해 적절한 소통 방식을 선택해야 하며, 의사소통의 유형도 그에 맞춰 조정되어야 한다.

다음은 노인 돌봄 현장에서 자주 사용되는 주요 의사소통 유형이다.

(1) 정보 중심 의사소통 (Informative Communication)

정보 중심 의사소통은 노인에게 일상생활, 건강 상태, 복약, 일정 등 필수적인 정보를 명확하게 전달하는 데 중점을 둔 의사소통 유형이다. 이 유형은 돌봄 현장에서 가장 기본적이면서도 빈번하게 사용되는 소통 방식으로, 돌봄제공자의 설명을 통해 노인이 현재 상황을 이해하고 자신이 해야 할 행동을 파악할 수 있도록 돕는다.

노인의 경우 청력 저하, 인지 기능 저하, 주의 집중력의 감소 등으로 인해 복잡하거나 긴 설명을 이해하는 데 어려움을 겪을 수 있으므로, 정보 제공 시에는 짧고 명확한 문장, 천천히 또박또박 말하기, 중요한 내용은 반복해서 확인하기 등의 전략이 필요하다. 또한 말로만 설명하기보다는 시각 자료(그림, 스케줄표)나 손짓, 동작을 함께 활용하면 이해도를 높이는 데 효과적이다.

예를 들어 "어르신, 지금은 점심시간이고요, 이 약은 식후에 드시는 겁니다"라는 설명은, 정보 전달의 정확성과 간결성을 갖춘 좋은 사례다. 단, 이러한 설명도 어르신의 반응을 확인하고, "이해되셨어요?" 혹은 "제가 다시 설명드릴까요?"처럼 확인 질문을 덧붙이는 것이 바람직하다.

정보 중심 의사소통은 단순한 '알림'이 아니라, 노인의 이해와 수용을 고려한 '설명'이어야 하며, 이를 통해 노인은 돌봄 상황 속에서도 자기 통제감과 예측 가능성을 느낄 수 있게 된다.

(2) 정서 지지 의사소통 (Emotional Supportive Communication)

정서 지지 의사소통은 노인의 감정 상태를 세심하게 인식하고, 이를 수용하며 정서적 안정과 위로를 제공하는 데 초점을 맞춘 의사소통 유형이다. 노년기는 외로움, 상실감, 우울감, 무력감 등 다양한 정서적 어려움이 동반되는 시기로, 단순한 기능적 돌봄만으로는 어르신의 심리적 요구를 충족시키기 어렵다.

이때 돌봄제공자는 공감적인 언어, 따뜻한 표정, 진심 어린 관심을 통해 어르신이 자신이 이해받고 있다는 느낌을 가질 수 있도록 해야 한다.

"많이 속상하셨겠어요", "저도 그런 기분 느껴본 적 있어요", "제가 곁에 있으니까 걱정 마세요"와 같은 표현은 단순한 정보 전달을 넘어, 감정에 대한 지지와 동반의 메시지를 전달한다. 정서 지지 소통은 어르신의 정체감과 자존감을 지켜주는 보호막 역할을 하며, 신뢰 관계 형성에도 긍정적인 영향을 미친다.

(3) 의사결정 지원 의사소통 (Decision-support Communication)

의사결정 지원 의사소통은 노인의 자율성과 자기결정권을 존중하며, 스스로 선택할 수 있는 기회를 제공하는 의사소통 유형이다. 고령의 노인은 신체적으로 도움을 받아야 할 상황이 많지만, 돌봄 전반에서 결정권이 무시될 경우 쉽게 수동적이고 의욕을 잃게 된다.

따라서 돌봄제공자는 가능한 상황에서 어르신의 의견을 물어보고, 선택지를 제시하며 결정에 참여할 수 있도록 유도해야 한다.

예를 들어 "오늘은 방에서 식사하실래요, 아니면 식당으로 가실래요?", "이 옷하고 저 옷 중에 어떤 걸 입고 싶으세요?"처럼 선택권을 주는 질문은 어르신의 자율감을 유지하는 데 효과적이다. 이 과정은 단순한 물리적 선택 이상의 의미를 지니며, "내 삶을 내가 조절할 수 있다"는 감각을 통해 삶의 질을 높인다.

(4) 치료적 의사소통 (Therapeutic Communication)

치료적 의사소통은 심리적 고통이나 불안, 혼란, 상실감 등을 경험하는 노인에게 정서적 지지와 자기표현의 기회를 제공하여, 내면적 회복과 통찰을 유도하는 깊이 있는 의사소통 유형이다. 이 유형은 감정 중심 소통에 특화된 전문적 접근 방식으로, 경청, 감정 반영, 개방형 질문, 침묵의 활용 등 다양한 소통 기법을 포함한다.

예를 들어 어르신이 "이제 더 이상 쓸모없는 사람 같아"라고 말했을 때, 돌봄제공자가 "그런 생각이 드셨군요. 요즘 어떤 일이 있으셨어요?"라고 말함으로써 감정을 되짚어주는 것은 치료적 의사소통의 핵심이다. 이러한 소통은 어르신의 감정과 기억을 스스로 정리하도록 돕고, 정서적 통로를 열어준다. 특히 우울, 치매 초기, 임종기 노인과의 상호작용에 효과적이며, 정서적 고립을 예방하는 중요한 수단이 된다.

(5) 비언어적 의사소통 (Nonverbal Communication)

비언어적 의사소통은 말 이외의 방식(표정, 시선, 몸짓, 손 터치, 목소리의 억양과 속도, 공간의 거리감 등)을 통해 전달되는 감정과 메시지를 의미한다. 노인은 언어 표현력이 감소하거나, 인지나 청력 저하로 인해 말보다 행동과 분위기에 더 민감하게 반응하는 경우가 많다. 따라서 돌봄제공자는 말의 내용뿐 아니라 자신의 표정과 태도, 움직임, 목소리 톤이 어떤 감정을 전달하고 있는지를 늘 인식해야 한다.

예를 들어 "괜찮으세요?"라는 말을 하면서 무표정하거나 시선을 피한다면, 오히려 불안감을 줄 수 있다. 반면 따뜻한 눈빛과 함께 조용히 손을 잡아주는 행동은, 아무 말 없이도 강력한 정서적 지지를 전달한다. 특히 언어적 소통이 어려운 치매 어르신이나 말수가 적은 노인에게 비언어적 의사소통은 중요한 돌봄 기술이 된다.

이러한 다섯 가지 유형은 상황에 따라 단독으로 사용되기도 하지만, 실제 돌봄 현장에서는 복합적이고 유기적으로 활용되는 경우가 많다.

예를 들어, 약을 설명할 때 단순 정보 제공에 그치지 않고, "어르신, 약 드시는 거 괜찮으세요?"라는 정서적 표현을 함께 사용하면 수용도가 높아진다. 돌봄제공자는 각 상황에 맞게 의사소통 유형을 유연하게 조합해야 하며, 말보다 '태도'가 더 중요하게 작용할 수 있음을 인식해야 한다.

4) 노년기 의사소통의 장애 요인

노년기에는 신체 기능의 자연스러운 저하로 인해 의사소통에 다양한 장애 요인이 발생한다. 대표적으로 청력 저하는 대화의 정확한 이해를 어렵게 하며, 주변 소음이 있는 환경에서는 더욱 집중하기 힘들어진다. 난청이 있는 경우, 상대방의 말소리가 작게 들리는 것이 아니라, 말소리와 배경음이 구분되지 않거나 단어의 일부만 들리는 현상이 생겨 오해와 반복 질문이 잦아진다. 시각 저하 역시 표정, 손짓, 입모양 등 비언어적 정보를 인 식하는 데 어려움을 주어, 감정의 전달과 수용이 방해받을 수 있다. 특히 치매나 경도 인지장애와 같은 인지 기능 저하는 언어 처리 능력 자체를 저하시켜, 말의 이해뿐 아니라 문장 구성, 단어 선택, 순서 기억에도 영향을 미친다. 이러한 요인들은 단독으로 작용하기보다 복합적으로 나타나며, 돌봄제공자는 이들을 민감하게 인식하고 의사소통 방식과 환경을 적절히 조절할 필요가 있다.

한 어르신이 같은 질문을 반복하거나 "왜 이렇게 작은 소리로 말하냐"고 반응하자, 돌봄제공자는 노인의 보청기가 꺼져 있는 것을 발견했다. 이후 돌봄제공자는 조용한 공간에서 천천히, 또박또박 말하고 시각 자료를 함께 제시하며 대화를 시도했고, 어르신은 "이제 잘 들린다"며 웃으며 대화를 이어갔다. 이는 청각과 환경, 전달 방식이 통합적으로 고려된 효과적인 의사소통 사례다.

[표4-2] 의사소통 방해요인 자가진단표

의사소통 방해요인 자가진단표

최근 돌봄 상황에서 해당되는 항목에 체크해보세요.

번호	점검 항목	예 / 아니오
1	노인이 보청기를 착용하고 있지 않거나, 기기가 작동하지 않는 상태였다	☐ 예 ☐ 아니오
2	대화 중 주변에 TV, 라디오, 사람 소리 등 배경 소음이 많았다	☐ 예 ☐ 아니오
3	상대방의 말속도가 너무 빠르거나 너무 느렸다	☐ 예 ☐ 아니오
4	조명이 어두워 노인의 얼굴 표정이나 입모양을 보기 어려운 환경이었다	☐ 예 ☐ 아니오
5	노인이 말을 이해하지 못하거나 질문을 반복했다	☐ 예 ☐ 아니오
6	말이나 설명이 길고 복잡하여 노인이 중간에 집중을 잃거나 대답을 망설였다	☐ 예 ☐ 아니오
7	의사소통 중 노인의 눈을 잘 맞추지 않고, 얼굴이 아닌 손이나 화면을 봤다	☐ 예 ☐ 아니오
8	노인의 감정 상태(불안, 혼란, 피로 등)를 고려하지 않고 대화를 시도했다	☐ 예 ☐ 아니오
9	노인이 사용하는 단어나 표현 방식(세대 차이)을 이해하지 못해 무시하거나 넘어갔다	☐ 예 ☐ 아니오
10	인지 저하를 고려하지 않고 지나치게 많은 정보를 한 번에 전달했다	☐ 예 ☐ 아니오

※ 3개 이상 '예'에 체크했다면, 현재 의사소통 환경이나 방식에 방해요인이 존재할 수 있습니다.

2. 의사소통 모델

의사소통은 단순한 정보 전달을 넘어, 감정과 관계를 형성하는 인간 상호작용의 핵심이다. 이를 이론적으로 이해하면 돌봄 현장에서 더 효과적인 소통 전략을 설계할 수 있다. 의사소통 모델은 전통적인 '전달 모델'에서 출발해, 점차 '상호작용', '맥락 중심', '해석 중심'으로 발전해왔다.

1) 베를로(Berlo)의 SMCR 전달모델[1]

베를로의 SMCR 모델은 송신자(Source), 메시지(Message), 채널(Channel), 수신자(Receiver)의 네 가지 구성 요소로 소통을 분석한다. 돌봄제공자는 송신자일 뿐 아니라 수신자이기도 하며, 메시지를 전달할 때 음성, 표정, 손짓 등 다양한 채널을 활용하게 된다. 노인의 특성을 고려할 때, 메시지의 단순성, 전달 속도, 비언어적 표현의 일치가 특히 중요하다.

청력이 약한 어르신에게 빠른 말투로 복잡한 설명을 하면 의사소통이 단절된다. 이때 말의 속도와 톤을 조절하고 시각 자료를 병행하면 채널의 다양성이 작용해 이해를 높일 수 있다.

전달 모델은 기본적인 복약 설명, 일과 안내 등 정보 중심 소통에서 유용하지만, 감정이나 맥락이 배제되기 쉬워 정서적 돌봄에는 한계가 있다.

2) 슈람(Schramm)의 상호작용 모형[2]

슈람은 의사소통을 일방향이 아닌 '쌍방향 피드백' 과정으로 보았다. 대화는 상대의 반응에 따라 조정되며, 의미는 서로의 배경지식과 경험이 겹치는 지점에서 생성된다. 이는 노년기 돌봄에서 공감과 피드백을 중시하는 소통이 왜 중요한지를 설명해준다.

돌봄제공자가 "오늘 기분 어떠세요?"라고 물었을 때, 어르신이 "그냥 그래"라고 대답한다면, "어떤 점이 그랬을까요?"라고 반응함으로써 피드백을 기반으로 의미를 확장해 가는 방식이 상호작용적 소통이다.

어르신의 반응을 읽고, 말의 방향을 조정하며 대화를 이어가는 기술이 중요하다. 정서적 반응에 민감한 소통을 가능하게 한다.

3) 맥락 중심 모델 (Contextual Model)[3]

어빙 고프먼(Erving Goffman)은 일상생활에서 사람들은 '역할'을 수행하며, 대화는 그 역할과 맥락에 따라 구성된다고 설명하였다. 그는 대면 상호작용에서 '무대 앞'과 '무대 뒤'의 개념을 통해 상황의 맥락이 메시지에 어떤 의미를 부여하는지를 강조했다.

맥락 중심 모델은 의사소통이 단지 말의 내용만으로 이루어지는 것이 아니라, 대화가 일어나는 사회적·문화적·물리적·정서적 맥락에 따라 의미가 달라진다고 본다. 즉, 같은 말도 누가, 언제, 어디서, 어떤 관계 속에서 말하느냐에 따라 해석이 달라진다.

예를들면 "지금 좀 바쁘니까 기다려 주세요"라는 말은 병원에서 간호사가 말할 경우 이해 가능한 표현이지만, 자녀가 집에서 부모에게 같은 말을 한다면 무시당하거나 소외되었다는 감정을 유발할 수 있다. 이는 동일한 언어도 맥락에 따라 전혀 다른 정서적 반응을 불러일으킨다는 점을 보여준다.

노인과의 의사소통에서 돌봄제공자는 언어만이 아닌 맥락 전체를 읽고 반응해야 한다. 예를 들어, 기관의 복도, 병실, 집, 정원 등 물리적 공간에 따라 어르신이 느끼는 개방감이나 위축감이 다르며, 감정 상태나 관계의 깊이도 대화에 영향을 준다. 돌봄제공자는 항상 '지금 이 말이 이 상황에서 어떻게 들릴까?'를 고려해야 한다.

4) 해석중심 의사소통 모델 (Interpretive Communication Model)[4]

해석중심 모델은 의사소통을 단순한 정보 전달이나 반응의 교환이 아닌, 상대방과 함께 의미를 만들어가는 과정으로 이해한다. 메시지는 말하는 순간 완성되는 것이 아니라, 수신자의 해석과 반응을 통해 의미가 공동으로 구성된다.

미하일 바흐친(Mikhail Bakhtin)은 언어는 고정된 것이 아니라, 대화 속에서 끊임없이 재해석되며 사회적으로 구성된다고 보았다.

그는 '대화성(dialogism)' 개념을 통해, 의미는 혼자 만드는 것이 아니라 타인과의 관계 속에서 형성된다고 강조하였다.

어르신이 "요즘은 다 쓸모가 없어졌어"라고 말했을 때, 이를 단순한 자기 비하로 받아들이지 않고, "무언가 허전한 기분이 드시나 봐요?"라고 응답하면, 어르신은 감정을 이해받았다고 느끼며 추가 이야기를 이어나가게 된다.

노인은 직접적으로 자신의 감정을 말로 표현하지 않는 경우가 많다. 돌봄제공자는 단어 자체만 해석하기보다, 그 말이 담고 있는 정서적 배경과 맥락을 함께 읽어내는 능력이 필요하다. 이를 위해 경청, 감정 반영, 열린 질문 등의 기술이 요구된다. 해석 중심 모델은 돌봄제공자가 '답변자'가 아닌 '의미 동반자'로서 노인과 함께 소통하는 방식이다.

[표4-3] 의사소통 모델

구분	특징	주요 개념	돌봄 적용
전달 모델	일방향, 정보중심	송신자 → 수신자	복약지도, 일정안내
상호작용 모델	피드백 강조	상호응답, 역할교대	감정 반응 조율
맥락중심 모델	상황 맥락 강조	문화·관계·장소	언어 외 요소 고려
해석중심 모델	의미 공동 구성	경청, 공감, 해석	존재의 의미 인정

5) 비언어적 의사소통[5]

비언어적 소통은 말보다 더 많은 감정을 전달할 수 있으며, 노년기에는 그 중요성이 더욱 커진다. 표정, 눈맞춤, 터치, 자세, 거리감 등은 의사소통의 신뢰성과 감정의 진위를 판단하는 데 결정적이다.

심리학자 앨버트 메라비언(Albert Mehrabian)은 감정이 담긴 메시지를 상대가 받아들이는 데 영향을 주는 세 가지 요소를 실험을 통해 밝혀냈다. 그 결과, 감정이 실린 메시지를 해석할 때 수신자가 영향을 받는 비율은 다음과 같았다.

- 7% : 말의 내용(단어)
- 38% : 음성적 요소(억양, 말투, 속도 등)

- 55% : 시각적 요소(표정, 몸짓, 자세 등)

이 법칙은 일상적인 정보 전달 상황이 아닌, 감정이 개입된 대화 상황에서 적용된다는 점에 주의해야 한다. 즉, 누군가 "괜찮아요"라고 말했을 때 그 사람의 표정과 말투가 불일치한다면, 사람들은 말보다는 비언어적 신호를 더 신뢰하게 된다는 것이다.

어르신이 불안한 표정으로 침대에 앉아 있을 때, 돌봄제공자가 "괜찮으세요?"라고 물으며 무표정하게 서 있는 경우와, 따뜻한 눈빛과 미소로 손을 살짝 잡으며 같은 말을 했을 때, 어르신의 반응은 크게 다르다. 후자의 경우, 말보다 비언어적 신호에서 안정을 느낀 어르신이 "응, 너 보니까 안심이 돼"라고 감정을 표현하게 되었다.

노인 돌봄에서는 말보다 표정, 눈빛, 터치, 목소리의 따뜻함이 더 강력한 신호가 된다. 특히 인지 저하나 청력 저하가 있는 어르신은 언어적 메시지를 완전히 이해하지 못하더라도, 돌봄제공자의 비언어적 태도를 통해 감정을 감지한다. 돌봄제공자는 항상 자신의 얼굴 표정, 손동작, 자세, 말의 억양을 점검하며, 신뢰와 안정감을 줄 수 있는 비언어적 표현을 훈련해야 한다.

6) 치료적 의사소통 (Therapeutic Communication)[6]

치료적 의사소통은 대상자의 감정, 가치, 경험을 존중하며 의도적으로 정서적 지지를 제공하는 전문적인 소통 방식이다. 이는 공감적 경청, 감정 반영, 침묵의 활용, 개방형 질문 등의 기술로 구성되며, 노인의 정서적 안정과 신뢰 형성에 크게 기여한다.

정신간호학의 선구자인 힐데가르드 페플라우(Hildegard Peplau)는 치료적 관계 이론을 통해, 간호사와 대상자 사이의 상호작용은 치료적 목적을 가진 전문적 인간관계라고 강조했다. 그녀는 치료적 의사소통을 통해 대상자가 스스로 문제를 인식하고 정서적으로 성장할 수 있도록 돕는 과정이라고 보았다.

페플라우는 치료적 관계의 단계를 ① 방향 설정, ② 정체성 탐색, ③ 활용, ④ 종결로 나누었으며, 각 단계에서의 언어적·비언어적 소통이 돌봄의 효과를 결정한다고 하였다.

한 어르신이 "이제 나도 별로 오래 못 살 것 같아"라고 말했을 때, 단순히 "괜찮으실 거예요"라고 반응하는 것은 회피적일 수 있다. 대신, "그렇게 느끼시게 된 데는 어떤 이유가 있으셨을까요?"라고 묻는다면, 어르신은 자신의 감정을 더 깊이 들여다볼 수 있게 된다. 이러한 질문은 감정의 흐름을 차단하지 않고, 정서적 통로를 열어주는 치료적 의사소통의 핵심 기법이다.

치료적 의사소통은 특히 우울, 혼란, 상실, 죽음을 앞둔 노인과의 상호작용에서 큰 효과를 발휘한다. 돌봄제공자는 해결책을 제시하려 하기보다는, 노인의 감정을 공감하고 말할 수 있는 공간을 제공하는 역할을 하게 된다. 이 과정은 돌봄제공자 자신에게도 감정 인식 능력과 자기 성찰이 요구되며, 단순한 기능 중심 돌봄을 넘어선 정서적 관계 형성을 가능케 한다.

3. 공감적 소통기술

1) 경청(listening)과 반영(reflection)

경청은 공감적 소통의 출발점으로, 단순히 말을 듣는 것이 아니라 상대방의 말과 감정, 맥락을 주의 깊게 수용하는 적극적인 태도를 말한다. 노인의 이야기는 종종 느리거나 반복적일 수 있으나, 그 속에는 삶의 기억, 감정, 존재의 의미가 담겨 있다.

돌봄제공자는 대화 중 끼어들지 않고 고개를 끄덕이거나 "네, 계속 말씀해 주세요"와 같은 표현으로 말할 공간을 열어주어야 한다.

반영은 들은 내용을 요약하거나 되짚어 주는 기술로, "그러니까 어르신께서 그때 무척 서운하셨군요"와 같이 말함으로써 노인이 자신의 감정을 다시 바라보도록 돕는다. 이러한 반응은 노인에게 '이해받고 있다'는 확신을 제공하고, 정서적 안정감을 증진시킨다.

2) 감정 되비추기(feeling reflection)

감정 되비추기는 말의 내용뿐 아니라, 노인의 내면적 감정을 읽고 이를 언어로 반영하는 기술이다. 이는 단순한 내용 요약을 넘어, 감정의 이름을 불러주는 행위를 통해 상대가 자신의 감정을 명확히 인식하고 표현하도록 돕는다.

예를 들어 "요즘 아무런 의욕이 없어요"라는 말에 "많이 허전하고 무력하게 느끼셨겠어요"라고 응답하면, 감정 되비추기를 통해 어르신은 자신의 감정을 정리하고, 돌봄제공자와의 관계 속에서 정서적 유대를 느끼게 된다. 이 기술은 우울, 상실, 자기 무가치감을 표현하는 노인과의 소통에서 매우 효과적이며, 자존감 회복과 심리적 해소에 기여한다.

3) 침묵의 활용과 지지적 자세

공감적 소통에서 침묵은 단절이나 회피가 아닌, 감정을 지지하고 수용하는 도구가 될 수 있다. 어르신이 감정적으로 깊은 이야기를 할 때, 말을 멈추거나 눈물을 보이는 순간이 있을 수 있다. 이때 돌봄제공자는 조용히 곁에 있어주며, 말없이 고개를 끄덕이거나 손을 잡아주는 행동을 통해 정서적 지지를 전달할 수 있다.

이러한 지지적 침묵은 어르신이 감정을 억누르지 않고 자연스럽게 흐르게 하며, 신뢰 형성과 정서 해소의 시간을 제공한다. 또한 무언가 말하지 않아도 존재만으로 위로가 되는 관계를 형성하는 데 중요한 역할을 한다.

4) 말투, 표정, 자세 등 비언어적 공감 표현

공감은 말보다 더 많은 경우 비언어적 방식으로 전달된다. 부드러운 말투, 따뜻한 눈빛, 미소, 고개 끄덕임, 손잡기 같은 행동은 노인이 말로 표현하지 못하는 감정을 받아들이고 있다는 신호가 된다.

특히 청력 저하나 인지 저하가 있는 노인의 경우, 말보다 표정이나 분위기에 더 민감하게 반응하는 경향이 있다. 따라서 돌봄제공자는 대화 시 눈을 맞추고, 무표정보다는 감정이 담긴 표정과 부드러운 몸짓을 유지하는 것이 중요하다.

비언어적 공감 표현은 정서적 긴장을 완화하고, '나는 혼자가 아니다'라는 안정감을 심어주는 데 필수적인 역할을 한다.

4. 상황별 의사소통 전략

1) 치매 및 인지저하 노인과의 소통 전략

치매 및 인지저하 노인과의 의사소통은 일반적인 대화 방식으로는 효과를 기대하기 어렵다. 이들은 기억력, 주의력, 언어 이해 및 표현 능력이 저하되어 정보를 처리하고 대화를 유지하는 데 어려움을 겪기 때문이다. 따라서 돌봄제공자는 인지 상태에 맞추어 명확하고 반복 가능한, 감정 중심의 소통 방식을 적용해야 하며, 무엇보다도 노인의 혼란을 최소화하고 안정감을 주는 태도가 중요하다.

첫째, 간단하고 구체적인 문장을 사용해야 한다. 복잡한 설명이나 추상적인 단어는 혼란을 야기할 수 있다. 예를 들어 "오늘은 날씨가 괜찮으니 산책 가실까요?" 대신 "지금 산책 갈까요?"처럼 짧고 직접적인 질문이 효과적이다.

둘째, 비언어적 소통을 적극적으로 활용해야 한다. 말뿐 아니라 눈맞춤, 미소, 손동작, 안내 동작 등은 이해를 도우며 정서적 연결감을 강화시킨다.

셋째, 반복과 일관성이 필요하다. 같은 표현을 반복해 사용하면 익숙함이 생기고, 이는 인지 혼란을 줄이는 데 도움이 된다. 또한 대화 시 한 번에 하나의 정보만 전달하는 것이 좋다.

넷째, 노인의 감정에 반응하는 태도가 중요하다. 때로 말의 정확성보다 "지금 불안해하고 계시는구나"라는 정서적 반응이 더 효과적인 소통이 될 수 있다. 정답을 정정하려 하기보다 감정을 수용하고 안심시키는 것이 핵심이다.

- 사례

78세의 김 모 어르신은 경도 치매 진단을 받고 자녀와 함께 지내고 있다. 최근 들어 어르신은 하루에도 여러 번 "언제 집에 가니?", "우리 엄마는 어디 계시니?"라고 반복해서 묻곤 했다. 처음에는 딸이 "여기가 어머니 집이에요. 엄마는 예전에 돌아가셨잖아요"라고 사실대로 설명했지만, 어르신은 더욱 혼란스러워하고 불안해하며 때로는 눈물을 흘리기도 했다.

이후 딸은 소통 방식을 바꾸기로 했다. 어머니가 "우리 엄마는 어디 갔니?"라고 묻는 상황에서, "어머니가 엄마를 많이 보고 싶으시구나. 엄마는 어떤 분이셨어요?"라고 되물으며 회상의 대화를 유도했다. 어르신은 차츰 진정되었고, 어릴 적 기억과 엄마에 대한 이야기를 꺼내며 평온한 표정을 지었다.

이 사례는 논리적 설명보다 감정에 공감하고 기억을 수용하는 소통 방식이 치매 노인의 불안을 완화하고 가족 간 정서적 유대를 회복하는 데 효과적이라는 점을 보여준다. 특히 가족돌봄 상황에서는 가까운 관계일수록 '정확한 설명'에 집착하기 쉬운데, 감정을 존중하고 함께 있어주는 태도가 더욱 중요한 전략임을 시사한다.

2) 우울·불안·혼란 상태에 있는 노인과의 소통

노년기는 상실, 질병, 사회적 고립 등의 경험이 반복되며 우울감, 불안, 혼란 같은 정서적 변화가 쉽게 나타나는 시기이다. 특히 돌봄을 받는 상황에서 자신의 삶을 통제할 수 없다는 감각, 또는 타인에게 짐이 된다는 죄책감은 부정적 감정을 심화시킨다. 이러한 정서 상태는 언어적 표현뿐 아니라, 말수 감소, 수면 변화, 신체 증상 호소, 공격적 태도 등 다양한 방식으로 나타날 수 있다. 돌봄제공자는 노인의 감정 신호를 민감하게 감지하고, 감정에 따라 맞춤형 소통 전략을 구사해야 한다.

(1) 우울감을 호소하는 노인과의 소통

우울한 노인은 종종 "살고 싶지 않다", "나는 이제 쓸모없는 사람이다"라는 표현을 반복한다. 이때 중요한 것은 그런 말 자체를 곧바로 부정하거나 위로하려 들기보다, 감정을 받아들이고 되비춰주는 공감적 태도이다.

① 감정을 무시하지 않고 되묻기: "그런 생각이 드시는 데에는 어떤 이유가 있을까요?"
② 가치 회복 질문 사용: "어르신이 예전에 힘들 때 버티게 해줬던 건 무엇이었나요?"
③ 작은 성취감 강조: "오늘 산책 나가신 건 어르신 덕분이에요. 함께해서 저도 좋았어요."

> ■ 사례
>
> 70대 어머니를 돌보던 딸은 어머니가 자주 "나는 이제 무가치해"라고 말하자 처음에는 "그런 말씀 마세요, 엄마는 아직 건강하시잖아요"라고 응답했다. 하지만 이후 상담을 받고 "그런 생각이 드실 만큼 많이 지치셨죠?"라고 공감하자, 어머니는 눈시울을 붉히며 "네가 내 마음 알아줘서 고맙다"고 말하며 눈에 띄게 마음을 열기 시작했다.

(2) 불안하거나 과민한 상태의 노인과의 소통

노인이 예민해지고 사소한 일에도 불안을 보일 경우, 반복적으로 확인하거나 '왜 그러냐'는 질문을 하는 경향이 있다. 이때는 논리적 설명보다 정서적 안정감을 주는 표현이 더 효과적이다.

① 말의 속도·톤 낮추기: "괜찮습니다, 천천히 하셔도 돼요."
② 과도한 정보 제공 자제: 짧고 명확한 문장 사용
③ 신체 접촉과 비언어적 지지 병행: 가볍게 손잡기, 눈맞춤 유지

> ■ 사례
>
> 혼자 남은 아버지가 자주 "문 잠갔나?", "가스 껐나?"라며 불안해하자, 아들은 반복적으로 "아까 껐다고 했잖아요"라고 반응했다. 이후 요양보호사의 조언을 받은 후 "아버지가 걱정되시는 건 당연해요. 제가 다시 확인하고 알려드릴게요"라고 말하며 사진을 찍어 보여주자, 아버지는 안정을 되찾고 질문 빈도가 줄었다.

(3) 혼란 · 인지저하 상태에서의 의사소통

노인이 장소나 시간, 사람을 헷갈리는 등의 혼란 상태를 보일 경우, 틀렸다고 바로 잡기보다 감정과 현실을 부드럽게 연결하는 방식이 필요하다.

① 부정하거나 지적하지 않기: "여기는 집이 아니야" 대신 "여기가 좀 낯설게 느껴지시죠?"
② 대화 방향 전환: "그 얘기 들으니 예전 생각 나시겠어요."
③ 감정 중심 반응: 내용보다 감정을 따라가기

■ 사례

치매 초기인 어머니가 자주 "나 오늘 엄마 만나러 가야 해"라고 말하자, 아들은 처음엔 "엄마는 돌아가셨잖아요"라고 말해 갈등이 잦았다. 이후 "어머니, 요즘 어머님이 자주 생각나시는 것 같아요. 어떤 분이셨어요?"라고 물으며 감정을 따라가자, 어머니는 과거의 따뜻한 기억을 꺼내며 정서적 안정감을 되찾았다.

3) 임종기 및 상실 상황에서의 의사소통

임종기와 상실의 순간은 노인과 가족 모두에게 심리적으로 극도로 예민하고 복합적인 감정을 수반하는 시기다. 이 시기의 의사소통은 단순한 말의 교환을 넘어서, 존재에 대한 존중, 감정의 수용, 관계의 마무리를 포함한 치유적 소통이어야 한다. 돌봄제공자는 말보다 함께하는 태도와 감정적 민감성을 중심으로, 상황에 따라 다르게 접근해야 한다.

(1) 임종이 임박한 노인과의 소통

말이나 인지가 제한된 상태라고 하더라도, 돌봄제공자는 그 사람의 '존재감'을 인정하며 마지막까지 함께하는 자세를 가져야 한다. 임종기 노인은 생리적 고통뿐 아니라 불안, 고립감, 삶의 의미에 대한 정리 욕구를 경험한다. 이때 단순한 위로보다도, 정서적 동행, 침묵의 수용, 손잡기, 눈맞춤 같은 비언어적 소통이 오히려 더 큰 위로가 된다.

(2) 임종 전후 가족과의 소통

가족은 임종이 임박한 부모나 배우자를 바라보며 혼란, 죄책감, 분노, 두려움 등 복잡한 감정을 경험한다. 돌봄제공자는 사실 전달과 감정 표현을 균형 있게 조율하면서, 가족이 감정을 인정하고 표현할 수 있도록 도와야 한다.

"지금은 마지막을 준비해야 할 시기입니다"라는 말은 조심스럽지만, 진실하고 따뜻한 전달을 통해 가족이 정서적으로 대비할 수 있게 한다. 또한 감정적 반응에 대해 판단 없이 경청하며, 가족 구성원 간의 갈등이나 책임 분담 문제도 중립적으로 다루는 태도가 필요하다.

> ■ 사례
>
> 어머니의 임종이 다가왔다는 사실에 자매 간 의견 충돌이 있었지만, 간호사가 "지금은 함께 있는 것만으로도 어머니께 큰 위로가 됩니다"라고 말하며 감정을 조율했고, 결국 두 사람은 침대 곁에서 손을 맞잡고 눈물을 흘리며 마지막 시간을 함께 보낼 수 있었다.

(3) 상실(사별) 직후의 소통

임종 직후에는 말을 건네는 시점과 방식 모두 민감해야 한다. 돌봄제공자는 애도를 강요하기보다는 감정의 흐름을 허용하고, "지금은 아무 말도 하기 어려우실 수 있어요", "제가 옆에 있겠습니다"처럼 존재 기반의 지지 언어를 사용하는 것이 적절하다. 또한, 실무자는 장례 절차와 필요한 정보를 충분한 시간을 두고 , 이해 하기 쉬운 언어로 전달해야 하며, 가족의 상태를 고려해 반복 설명도 마다하지 않아야 한다.

(4) 상실 이후의 정서적 소통

사별 후 가족들은 일상으로 복귀하는 과정에서 상실감, 우울, 후회, 공허감 등을 경험한다. 이 시기의 의사소통은 "지금은 괜찮으세요?"보다는 "어머님 생각 많이 나시죠"처럼 감정을 인정하고 자연스럽게 회상할 수 있는 대화로 이어져야 한다. 돌봄제공자는 자주 방문하던 가족에게 공백이 느껴질 경우, 작은 위로 메시지나 전화 한 통으로 관계를 이어갈 수 있다.

■ 사례

어머니를 떠나보낸 뒤 방문 요양사를 더 이상 만나지 않게 된 아들에게, 요양사가 "언제든지 이야기 나누고 싶으실 때 연락 주세요. 저도 어머님과의 시간이 그립습니다"라고 문자 메시지를 보냈다. 그 말은 아들에게 깊은 위로가 되었고, 이후 그는 감사 편지를 보내며 상실을 점차 수용해 나갔다.

이처럼 임종기와 상실 상황에서의 의사소통은 단지 슬픔을 위로하는 차원을 넘어, 존엄과 정서적 동행을 실현하는 돌봄의 완성이다.

4) 가족과의 소통

노인 돌봄에서 '가족'은 돌봄의 중요한 축이다. 특히 가족돌봄 상황에서는 정서적 유대감뿐 아니라, 책임, 감정, 기대, 갈등이 복합적으로 얽혀 있어 민감하고도 섬세한 의사소통이 필요하다. 돌봄제공자는 가족 구성원들과 정보를 효과적으로 공유하고, 정서적 갈등을 중재하며, 돌봄 방향을 함께 조율하는 소통의 연결자 역할을 수행해야 한다.

(1) 돌봄 책임 분담 문제로 인한 가족 간 갈등

가족 내에서 한 사람이 주로 돌봄을 맡게 될 경우, 다른 형제들과의 갈등이 발생하기 쉽다. 갈등은 "왜 나만 돌보지?"라는 불만에서 시작되며, 이때 돌봄제공자는 당사자 간의 감정을 중립적으로 조율하고, 가능한 현실적으로 가능한 분담 방안을 모색하는 소통이 필요하다.

① 형제간 공통의 관심사(부모의 안위)를 중심 주제로 소통
② 비난 대신 "어머니의 돌봄을 함께 논의해보고 싶어요"와 같은 협조적 언어 사용
③ 역할 분담은 단순 물리적 업무뿐 아니라 '전화하기', '병원 동행', '경제적 지원' 등 다양화

(2) 돌봄 방식에 대한 의견 충돌

한 가족 안에서도 돌봄 방식에 대한 관점 차이가 있을 수 있다. 예를 들어, 어떤 가족은 약물치료나 시설 입소를 선호하는 반면, 다른 가족은 정서적 지지와 가정 내 돌봄을 중시할 수 있다. 이럴 때 정보 전달은 단순한 '사실'이 아니라 가치와 감정을 조율하는 소통이 되어야 한다.

> ■ 사례
>
> 어머니를 혼자 돌보던 장녀는 남동생들에게 불만을 품고 감정이 고조되었다. 사회복지사의 중재로 가족회의가 열렸고, 동생은 "병원은 제가 책임질게요"라고 제안했다. 이후 역할이 명확해지며 갈등이 줄고 정서적 지지 관계로 전환되었다.

① 각자의 입장을 존중하며 들을 수 있는 구조 마련: 가족회의, 중립적 진행자 등
② 돌봄 결정의 핵심 기준을 노인의 의사와 삶의 질 중심으로 통일
③ 감정이 격해진 경우, 일시 중단과 감정 확인의 시간을 제공

(3) 정보 공유 부족으로 인한 불신과 오해

돌봄 정보를 제대로 전달받지 못한 가족은 소외감이나 불신을 느낄 수 있다. 특히 장기간 돌봄을 맡지 않은 가족이 간헐적으로 방문할 경우, 현재 상태를 제대로 파악하지 못하고 오해가 생기기도 한다.

- **사례**

미국에 사는 둘째 아들은 어머니의 건강 악화를 이해하지 못하고, 한국에 있는 장남을 의심했다. 요양보호사가 돌봄일지를 스캔해 이메일로 공유하고, 전화로 최근 상태를 자세히 설명하자 오해가 해소되었고, 이후 더 적극적인 경제적 지원이 이어졌다.

① 돌봄제공자의 관찰 내용, 건강 변화, 정서 상태 등을 주기적으로 구체적으로 보고
② 단순 전달이 아닌 사진, 메모, 영상 등 시각적 자료 활용
③ 돌봄일지, 메신저 공유, 정기적 대면보고 등 시스템화

(4) 임종기나 중대한 결정 전 가족 간 소통

임종기나 중대한 의료적 결정(연명치료 여부 등)이 필요한 상황에서 가족 간 소통은 매우 민감하고 갈등이 심화되기 쉽다. 이때 돌봄제공자는 감정적인 충돌을 완화하고, 노인의 의사에 기반한 결정을 유도할 수 있어야 한다.

① 노인의 생전 의사(사전의료의향서 등)를 중심 기준으로 삼기
② 모든 가족이 참여하는 자리를 만들어, 일방적 결정 방지
③ 감정 표현과 슬픔 표현을 억제하지 않고 존중

가족과의 소통은 단지 정보를 전달하는 데 그치지 않고, 정서적 긴장을 완화하고, 협력 구조를 조성하며, 노인의 삶의 방향을 함께 설계하는 과정이다.

돌봄제공자는 감정과 가치, 관계의 맥락을 읽고 조율할 수 있는 공감적 소통자이자 중재자로서의 역할을 수행해야 한다.

- **사례**

어머니의 연명치료 중단 여부를 두고 가족 간 갈등이 심해졌다. 장남은 중단을, 막내는 계속 치료를 원했다. 의료진이 사전의료의향서를 제시하며 "어머님은 자연스럽게 가시길 원하셨습니다"라고 설명했고, 가족은 눈물 속에 의견을 모아 품위 있는 임종을 맞이하게 되었다.

참고문헌

1. David K. Berlo. The Process of Communication: An Introduction to Theory and Practice. Holt, Rinehart and Winston. 1960

2. Wilbur Schramm. The Process and Effects of Mass Communication. University of Illinois Press. 1954

3. Erving Goffman. The Presentation of Self in Everyday Life. Anchor Books / Doubleday. 1959

4. Mikhail Bakhtin. The Dialogic Imagination: Four Essays. University of Texas Press. 1981

5. Mehrabian, A. & Ferris, S. R. (1967). Inference of attitudes from nonverbal communication in two channels. Journal of Consulting Psychology, 31(3), 248–252.

6. Hildegard E. Peplau. Interpersonal Relations in Nursing: A Conceptual Frame of Reference for Psychodynamic Nursing. G. P. Putnam's Sons. 1952.

제5장

원격돌봄과 응급대처

학습목표

- ✓ 원격돌봄의 개념과 필요성을 설명할 수 있다.
- ✓ 원격돌봄의 주요 기술을 사례를 통해 쉽게 이해할 수 있다.
- ✓ 원격돌봄 서비스의 운영 절차를 파악할 수 있다.
- ✓ 노년기 주요 응급상황을 이해하고 대처 방법을 익힌다.
- ✓ 응급상황 예방과 기술적 대응 방법을 습득한다.

제1절 원격돌봄

1. 원격돌봄의 개념과 필요성

1) 원격돌봄의 개념

원격돌봄(telecare)이란, 정보통신기술(ICT)을 활용하여 돌봄이 필요한 대상자의 건강 상태와 안전을 시간과 공간의 제약 없이 원격으로 관리하고 지원하는 서비스다. 주로 노년기 대상자를 위한 돌봄 서비스로 발전하였으며, 특히 독거노인이나 거동이 불편한 노인의 안전과 건강을 효과적으로 관리하는 데 중점을 둔다.

(1) 원격돌봄의 주요 요소
① 모니터링 장치 및 센서: 혈압계, 혈당측정기 등 건강 상태를 측정하는 장치와 낙상 센

서, 움직임 감지 센서 등의 안전 관련 센서가 대표적이다.
② 정보통신기술(ICT) 기반의 플랫폼: 스마트폰, 태블릿, 스마트홈 기기 등 IoT 기반 장치를 통해 수집된 데이터를 실시간으로 전송, 분석 및 관리를 한다.
③ 돌봄제공자 및 대응 시스템: 이상 상황이 발생할 경우, 자동적으로 돌봄제공자나 보호자에게 알림을 보내어 신속한 대응이 이루어지게 한다.

(2) 원격돌봄 서비스의 특성
① 실시간 모니터링과 빠른 대응 가능: 이상 신호를 즉각적으로 감지하여 위급 상황에 빠르게 대처할 수 있다.
② 돌봄 대상자의 독립성 및 자율성 보장: 노인이 익숙한 환경에서 독립적 생활을 유지하면서도 안전과 건강관리를 받을 수 있다.
③ 돌봄제공자의 업무 효율성 증대: 한정된 인적 자원으로 더 많은 대상자들을 효과적으로 관리할 수 있어 돌봄의 효율성을 높인다.

원격돌봄은 노인의 건강과 안전을 첨단 기술로 관리하는 디지털 돌봄 방식이다. 정보통신기술(ICT)을 활용하여 원격에서 실시간으로 돌봄 서비스를 제공하며, 돌봄 대상자의 삶의 질 향상에 중요한 역할을 하고 있다.

2) 원격돌봄의 필요성[1]

우리 사회는 빠른 속도로 초고령 사회로 진입하고 있다. 2025년에는 전체 인구의 20% 이상이 65세 이상 노인이 될 것으로 예상되며, 이에 따라 노인 돌봄의 수요와 부담이 급격히 증가하고 있다.
전통적으로는 가족이 중심이 되어 노인을 돌보았으나, 핵가족화와 1인 가구 증가로 인해 가족 돌봄 기능이 약화되고 있으며, 돌봄 공백 문제가 사회적 과제로 부상하고 있다.
이러한 변화 속에서 정보통신기술(ICT)을 활용한 '원격돌봄'은 돌봄의 새로운 대안으로 주목받고 있다.

(1) 돌봄 인력 부족 대응

요양보호사, 간병인 등 인력이 부족한 현실에서, 원격 모니터링과 자동화 시스템은 인력 부담을 줄이고 돌봄의 효율성을 높여준다.

(2) 노인의 자립성 지원

원격돌봄은 노인이 자택에서 독립적인 생활을 지속할 수 있도록 도와주며, 병원이나 시설에 가지 않고도 필요한 돌봄을 받을 수 있는 기반을 마련해 준다.

(3) 응급상황에 대한 신속 대응 가능

낙상, 심정지 등 응급상황 발생 시, 센서나 AI가 이상을 감지하고 즉각적으로 보호자나 119에 알림을 보낸다.

(4) 정서적 고립 해소

AI 음성 서비스나 화상통화 기술을 활용해 사회적 교류와 정서적 지지를 강화할 수 있다.

초고령사회에서는 기존의 전통적 돌봄 방식만으로는 한계가 있으며, 기술을 활용한 지속 가능하고 스마트한 돌봄 시스템이 요구된다. 원격돌봄은 이러한 시대적 요구에 대응하는 중요한 돌봄 방식으로 자리 잡고 있다.

3) 전통적 돌봄과의 비교 및 특징

노년기 돌봄 방식은 사회의 변화와 기술의 발전에 따라 다양한 형태로 발전하고 있다. 특히 정보통신기술(ICT)의 발달로 전통적 돌봄과는 다른 형태의 원격돌봄이 등장하며 새로운 돌봄 패러다임이 형성되고 있다.

전통적 돌봄은 사람 간의 상호작용과 정서적 지원이 강점이지만, 인력 부족과 물리적 한계가 단점이다. 원격돌봄은 기술을 활용해 상시 모니터링과 응급 대응이 가능하며, 다양한 상황에서 접근성이 뛰어나다. 두 방식은 서로 대체가 아닌 보완적 관계로 이해하는 것이 중요하다.

[표5-1] 전통적 돌봄과 원격돌봄의 비교

구분	전통적 돌봄	원격돌봄
제공 방식	주로 대면 돌봄: 보호자, 요양보호사, 가족 등 직접 돌봄	비대면 돌봄: IoT, AI, 센서, 웨어러블 등을 통한 돌봄
접근성	시간과 공간에 제약이 있음	실시간, 24시간 모니터링 가능, 공간 제약이 적음
대상자 수용 범위	개별 중심, 인력 제한으로 한정됨	시스템화된 돌봄으로 다수 대상자 관리 가능
정서적 지원	인간 중심으로 정서적 교류가 풍부함	기술 기반으로 정서적 교류가 제한될 수 있음
기술 의존도	낮음, 관계 중심	높음, 기기와 네트워크 의존도가 높음
효율성	인력 및 시간 소모가 큼	자동화 및 모니터링을 통해 효율적 관리 가능
한계	인력 부족, 비용 증가, 돌봄 사각지대 발생	디지털 격차, 정서적 거리감, 기술 오류 가능성

2. 원격돌봄의 유형

1) 건강 모니터링형 원격돌봄

건강 모니터링형 원격돌봄은 노인의 건강 상태(혈압·심박수·혈당·체온 등)를 실시간으로 측정하고, 그 데이터를 원격으로 분석 및 관리하는 돌봄 형태이다. 주로 웨어러블 기기와 IoT 센서, 모바일 앱 등이 활용되며, 응급 상황 발생 시 신속한 대응이 가능하다는 장점이 있다.

이러한 시스템은 일상적인 건강관리뿐 아니라, 만성질환자나 의료 접근이 어려운 노인에게 특히 유용하다. 건강 모니터링형 원격돌봄의 주요 기능 및 특징은 다음과 같다.

① 실시간 건강 데이터 측정: 웨어러블 기기나 IoT 장비로 수시로 측정
② 이상 징후 자동 감지: 위험 수치 발생 시 즉시 알림 전송
③ 비대면 건강관리: 의료진 또는 보호자가 원격으로 데이터를 확인
④ 정기적인 보고: 일정 주기마다 건강 리포트 자동 생성

- **SK텔레콤 'AI 돌봄 서비스'[92]**
  ○ 기술기반: 스마트워치 및 건강측정기, 클라우드서버, AI분석 시스템
  ○ 운영 방식
    • 노인은 혈압계, 체온계 등 측정기기로 데이터를 입력
    • 측정값은 스마트폰 앱을 통해 클라우드에 저장
    • 이상 징후 발생 시 보호자와 관계자에게 자동 알림
    • 주기적 건강 보고서를 통해 장기적 건강 추세 관리
  ○ 특징: 치매노인 및 독거노인을 대상으로 복지관, 지자체와 협업 운영

- **LG유플러스 'IoT 헬스케어 서비스'[93]**
  ○ 기술기반: IoT기반 생체데이터 측정기기, 헬스케어 앱, U+ 클라우드
  ○ 운영 방식
    • 노인이 스마트워치를 착용하거나 체중계/혈압계를 이용
    • 실시간으로 앱에 수치가 저장 및 분석
    • 수면, 운동, 맥박, 스트레스 지수까지 통합적으로 모니터링
  ○ 특징: 가족 구성원이 함께 앱을 연동하여 상태를 수시로 확인 가능

2) 안전 모니터링형 원격돌봄

안전 모니터링형 원격돌봄은 고령자의 실내외 움직임, 낙상, 장시간 무동작 상태 등을 실시간으로 감지하여 위험 상황 발생 시 즉각적으로 보호자나 응급대응체계에 알리는 돌봄 방식이다.

특히 독거노인이나 중증 질환자 등 상시 위험에 노출되어 있는 노인들에게 필수적인 안전망으로 작용한다. ICT 기반의 센서 및 AI 기술이 결합되어 돌봄 현장의 사각지대를 줄이고, 빠른 대응을 가능하게 한다. 안전 모니터링형 원격돌봄의 주요 기능 및 특징은 다음과 같다.

- **스페이스뱅크 'AIoT Wright 스마트 관제 시스템'[74]**
  - 기술 기반: KT의 스마트 돌봄 서비스는 인공지능 스피커 '기가지니'와 함께, 문 열림 감지 센서, 모션 센서, 조도 센서 등 다양한 IoT 기반 센서를 활용하여 노인의 생활 패턴을 감지하고 데이터를 수집·분석하는 구조로 구성되어 있다. AI는 이 데이터를 학습하여 평상시와 다른 이상 행동이나 비정상 상태를 판단한다.
  - 운영 방식: 서비스 대상자의 가정에 센서와 기가지니 단말기를 설치하고, 센서가 감지한 데이터를 기반으로 노인의 실내 활동 여부, 출입 현황, 조도 변화 등을 종합적으로 분석한다. 분석 결과 이상 징후가 발견되면 보호자와 지역 돌봄센터 등 관련 담당자에게 자동으로 알림이 전송된다. 또한, 긴급 상황 시 음성 명령을 통해 119 신고나 보호자 연결도 가능하다.
  - 주요 특징
    - 비대면으로도 실시간 안심 돌봄 제공
    - 움직임이 없는 장시간 상태나 야간 활동 이상 등 이상 징후 자동 감지
    - 화재·가스 누출 등 주거환경 안전도 포함
    - 음성 기반 상호작용을 통한 친숙한 사용자 경험 제공

- **스페이스뱅크 'AIoT Wright 스마트 관제 시스템'[75]**
  - 기술 기반: 스페이스뱅크의 AIoT Wright는 비접촉 레이더 센서를 활용하여 환자의 움직임, 심박수, 호흡 패턴 등을 감지한다. 이 센서는 CCTV와 달리 사생활을 침해하지 않고, 낮은 전파 강도로 신체와 거리의 변화를 지속적으로 분석하여 낙상 등의 위험을 실시간으로 감지할 수 있다. 감지된 정보는 중앙 관제 시스템으로 전송되어 분석된다.
  - 운영 방식: 요양병원이나 장기요양시설 등 노인 생활 시설 내 침상이나 화장실 등에 센서를 설치하고, 입소 노인의 상태를 24시간 자동으로 모니터링한다. 의료진이나

> 간호 인력은 별도의 모니터링 기기를 통해 여러 병실의 상태를 동시에 확인할 수 있으며, 이상 상태가 발생하면 즉시 현장 대응이 가능하도록 경고 알림이 울린다.
> ○ 주요 특징
> - 비접촉·비영상 방식으로 높은 사생활 보호 수준 확보
> - 시설 내 모든 입소자의 상태를 중앙에서 통합적으로 관리 가능
> - 낙상 고위험군, 치매노인 등에게 효과적이며, 침실 외에도 화장실 감시 가능
> - 데이터 기반 환자 관리로 의료 인력의 업무 효율성 제고

① 모션 센서/레이더 센서: 움직임 감지, 낙상 여부 판단
② AI 기반 분석 시스템: 이상 패턴 인식, 경고 판단
③ 긴급 알림 기능: 보호자·사회복지사·119 등으로 자동 통보
④ 플랫폼 연동: 실시간 모니터링 가능한 모바일 앱 또는 서버 시스템

3) 소통지원형 원격돌봄

고령화 사회에서 노인의 정서적 안정과 사회적 교류는 삶의 질 향상에 중요한 요소이다. 특히 독거노인이나 가족과의 접촉이 적은 노인의 경우, 외로움과 고립감이 우울증, 인지 저하 등 부정적 결과로 이어질 수 있다. 이에 따라 등장한 것이 소통지원형 원격돌봄이다.

소통지원형 원격돌봄은 영상통화, 음성인식, AI 대화 기술 등을 통해 노인과 일상적으로 교류하고, 정서적 지지를 제공하는 돌봄 형태이다. 이 방식은 단순한 안부 확인을 넘어서, 노인의 감정 상태와 생활 변화를 파악할 수 있는 수단으로도 활용된다.

- **네이버 '클로바 케어콜'[6]**
  - 기술 기반: 클로바 케어콜은 네이버의 초대규모 인공지능 모델인 '하이퍼클로바'를 기반으로 개발되었다. 자연어 처리 기술을 통해 문맥을 이해하고, 사용자 맞춤형 대화를 생성하는 고도화된 AI 대화 기능이 핵심이다.
  - 운영 방식: 복지관이나 지자체가 등록한 돌봄 대상자에게 AI가 주기적으로 전화를 발신한다. 전화 대화는 건강 상태, 식사 여부, 감정 표현 등 일상적 주제로 진행되며, 응답 내용은 실시간으로 분석되어 이상 징후가 감지되면 보호자나 복지 담당자에게 자동으로 통보된다.
  - 주요 특징
    - AI가 이전 대화 내용을 기억하여 다음 통화에서 자연스럽게 이어가는 '기억형 대화' 구조를 갖추고 있다.
    - 기계적 대화가 아닌 인간과 유사한 소통 경험을 제공해 정서적 안정에 기여한다.
    - 재난 시나리오 대응 기능이 탑재되어, 기상재난, 감염병 등의 상황에서 필요한 정보 제공과 안부 확인도 가능하다.

- **SK브로드밴드 'AI 돌봄 서비스'[7]**
  - 기술 기반: 이 서비스는 AI 스피커(음성인식 기술)를 중심으로 작동한다. 사용자는 기기와 말로 상호작용할 수 있으며, 복잡한 조작 없이 자연어로 다양한 요청이 가능하다.
  - 운영 방식: 노인의 거주지에 설치된 AI 스피커를 통해 항시 대화 가능한 환경을 구축하고, 노인은 일상적인 대화 외에도 복약 알림, 날씨 안내, 가족 연결 요청 등을 할 수 있다. 필요시 가족이나 복지 담당자와 통화를 연결하는 기능도 제공된다.
  - 주요 특징
    - 사용자가 버튼을 누르거나 스마트폰을 조작할 필요 없이 직관적인 음성 명령만으로 서비스를 이용할 수 있어 디지털 기기 활용에 익숙하지 않은 노인에게 적합하다.
    - 서비스는 생활 밀착형 정보 제공에 중점을 두며, AI와의 반복적 상호작용을 통해 정서적 지지 효과를 강화한다.
    - 비대면 환경에서도 소통과 정보 접근성을 높이는 도구로 활용되며, 대화형 인터페이스를 통해 기술적 장벽을 낮추는 데 기여한다.

4) 생활지원형 원격돌봄

생활지원형 원격돌봄은 노인의 일상생활 편의 향상과 자립적 생활 유지를 목적으로 정보통신기술(ICT)을 활용하는 돌봄 형태다. 이는 식사, 환경 제어, 약 복용 안내, 일상생활 루틴 점검 등 비의료적·비정서적 분야에서 노인의 생활을 지원하는 데 중점을 둔다. 특히 혼자 사는 고령자나 가족 돌봄의 공백이 있는 가정에서 유용하며, 돌봄의 부담을 줄이고 노인의 자기관리 역량을 높이는 데 기여한다.

- 한국야쿠르트의 '하이프레시' 서비스[7]
  - 기술 기반: '하이프레시'는 모바일 애플리케이션 기반의 주문 플랫폼과 한국야쿠르트의 자체 배달 네트워크를 연계하여 운영된다.
  - 운영 방식
    - 스마트폰 앱을 통한 주문 및 정기 배달
    - 배달원이 직접 방문하여 물품 전달 및 안부 확인
  - 특징
    - 식사 및 영양 지원과 정서적 접촉을 결합
    - 디지털 접근성이 낮은 노인에게도 적합
    - 돌봄 기능과 상업 서비스를 융합한 복합 모델

- SK텔레콤의 '스마트홈' 서비스[8]
  - 기술 기반: 이 서비스는 IoT(사물인터넷) 기술과 음성인식 기반 인공지능 '누구(NUGU)'를 중심으로 구성된다. 집안 곳곳에 설치된 스마트 스위치와 연동 센서를 통해 조명, 가전제품, 난방기기 등을 원격으로 제어할 수 있으며, 사용자의 음성 명령이나 스마트폰 앱을 통해 실시간 작동이 가능하다.
  - 운영 방식
    - 스마트홈 기기 설치 후 비대면 방식으로 자동 운영
    - 음성인식 또는 앱 제어로 일상 환경 제어
  - 특징
    - 거동이 어려운 노인의 자율성과 편의성 향상
    - 주거 안전성과 에너지 효율성을 동시에 확보
    - 고령자의 생활 자동화 및 심리적 안정성 제공

5) 의료지원형 원격돌봄

- **강원도 '닥터헬스(Dr. Health)' 플랫폼'**
  - 기술 기반: 강원도 '닥터헬스'는 스마트패드와 생체측정기기를 활용하여 고령자가 자택에서 혈압, 혈당, 체온 등의 건강 정보를 직접 측정하고, 이를 클라우드 기반 플랫폼을 통해 의료진에게 전송하는 시스템이다.
  - 운영방식
    - 보건소 간호사, 지역의사, 대상자가 연결되는 삼자 협력 구조
    - 스마트기기를 활용한 건강측정 → 플랫폼 자동 전송
    - 정기적인 화상진료 및 모니터링 제공
  - 특징
    - 농어촌 등 의료취약지 중심으로 운영
    - ICT 기반 공공-민간 협력형 원격의료 모델
    - 지속적 건강관리와 응급 대응체계 강화

- **세브란스병원 '모바일 원격진료 시스템'[10]**
  - 기술 기반: 세브란스병원의 모바일 원격진료 시스템은 스마트폰 앱을 활용해 환자가 직접 병원을 방문하지 않고도 진료 예약, 영상 진료, 결과 확인, 약 처방 및 배송까지 일괄적으로 받을 수 있도록 구축된 시스템이다.
  - 운영 방식
    - 스마트폰 앱을 통한 진료 예약 → 화상 진료 → 약 배송
    - 환자의 건강 데이터 사전 제출 → 맞춤형 상담 진행
    - 보호자와의 계정 연동을 통한 공동 관리
  - 특징
    - 고령자 중심의 사용자 환경(UI/UX) 설계
    - 병원 퇴원 후 지속 관리에 최적화
    - 비대면 의료 서비스의 일상화 가능성 제시

의료지원형 원격돌봄은 병원 방문이 어려운 노인이나 거동이 불편한 환자를 위해 ICT 기술을 활용하여 비대면으로 의료 서비스를 제공하는 돌봄 방식이다. 주로 원격

진료, 의료 상담, 원격 처방, 진료 예약 관리 등과 같은 서비스를 포함하며, 공공의료 접근성이 낮은 지역이나 독거노인의 지속적 건강관리에 효과적이다.

3. 원격돌봄 서비스 운영과 관리

1) 대상자 선정 및 등록 절차

(1) 대상자 선정

원격돌봄 서비스의 효과적인 운영을 위해서는 돌봄이 필요한 대상자를 정확히 파악하고, 그 특성에 맞는 서비스를 제공하는 것이 중요하다. 일반적으로 원격돌봄의 주요 대상자는 다음과 같다.

① 독거노인: 사회적 고립과 응급상황 위험이 높은 대상
② 고령자 중 건강 상태가 불안정한 자: 만성질환자, 재택 요양자 등
③ 의료 및 돌봄 접근성이 낮은 지역 거주자: 농산어촌, 도서 지역 등
④ 장시간 혼자 지내는 노인: 가족의 보호를 충분히 받지 못하는 환경의 대상자
⑤ 디지털 기기 사용이 가능하거나 보조자가 있는 고령자

대상자는 지자체 복지 담당자, 노인맞춤돌봄서비스 수행기관, 보건소 간호사, 또는 기존 복지 서비스 데이터베이스를 통해 발굴된다. 선정을 위해서는 생활환경, 건강 상태, 돌봄 필요 수준 등을 고려한 사전 평가가 이루어진다.

(2) 등록 절차

대상자로 선정된 이후에는 원격돌봄 시스템에 적절히 등록하고, 서비스 이용을 위한 기기 설치 및 초기 교육이 필요하다. 일반적인 등록 절차는 다음과 같다.

① 서비스 신청 및 동의 확보
- 본인 또는 가족, 담당 공무원이 신청
- 개인정보 수집 및 활용 동의서 작성

② 사전 상담 및 기초 정보 입력
- 대상자의 건강 상태, 주거환경, 생활 패턴 등 조사
- 상담을 통해 서비스 방식 및 기기 선택 결정

③ 기기 설치 및 작동 테스트
- IoT 센서, 스마트패드, AI 스피커 등 설치
- 장치가 정상 작동하는지 확인

④ 사용자 교육 및 보호자 연계
- 장비 사용법, 응급상황 대응 방법 교육
- 보호자 또는 지역 담당자의 연계 시스템 설정

⑤ 시범 운영 및 서비스 시작
- 일정 기간 시범 적용 후 정식 서비스 개시
- 정기 모니터링과 피드백 시스템 운영

이러한 등록 과정은 대상자의 디지털 적응 수준을 고려하여 조정 가능하며, 고령자 친화적 접근법(직접 설명, 반복 교육 등)을 병행하여 안정적인 서비스 사용을 도와야 한다.

2) 서비스 제공 및 관리 과정

(1) 서비스 제공 과정

원격돌봄 서비스는 대상자에게 정기적으로 돌봄을 제공하는 자동화된 체계를 갖추고 있으며, 대표적인 사례로 네이버의 클로바 케어콜이 있다.

이 서비스는 인공지능(AI) 기반의 음성 전화 시스템으로, 돌봄이 필요한 어르신에게 주기적인 전화를 걸어 안부 확인과 정서적 교류를 제공한다. 사용자는 마치 실제 사람과 대화하는 것처럼 자연스럽게 응답할 수 있고, AI는 이전 대화 내용까지 기억하며 연속적인 대화를 이어간다.

특히 건강, 수면, 식사 등 일상적인 주제로 대화를 시작해 대상자의 상태를 파악하고, 감지된 이상 징후는 즉시 보호자나 복지 담당자에게 알림으로 전송된다. 대화는 정해진 주기(예: 주 2~3회)와 시간대에 맞추어 진행되며, 돌봄의 일상성과 정서적 연결을 동시에 확보하는 것이 특징이다.

(2) 서비스 관리 및 운영 절차

원격돌봄 서비스의 운영은 대상자 등록부터 결과 분석까지의 전 과정이 체계적으로 이루어진다. 운영 절차는 다음과 같이 구성된다.

① 대상자 선정 및 등록

지방자치단체 또는 복지기관에서 돌봄이 필요한 독거노인 등을 선정하고 시스템에 등록한다. 등록 시 대상자의 기본정보와 돌봄 필요 수준, 통화 선호 시간 등을 입력한다.

② 서비스 설정 및 발신

등록된 정보에 따라 AI 전화 발신 주기, 시간대, 대화 주제가 자동 설정된다. 시스템은 사전에 설정된 일정에 따라 대상자에게 자동으로 전화를 발신한다.

③ 대화 내용 기록 및 분석

모든 대화는 텍스트 형태로 기록되며, AI가 감정 상태, 응답 패턴, 이상 징후 등을 분석한다. 이를 통해 이상 반응이 감지되면 관리자(복지 담당자)에게 경고 알림이 발송된다.

④ 데이터 관리 및 피드백

분석된 정보는 복지기관 또는 지자체 시스템에 연동되어 대상자의 돌봄 기록과 상태 변화를 장기적으로 추적할 수 있도록 한다. 필요시 서비스 주기나 방식도 조정할 수 있다.

3) 원격돌봄 서비스의 효과

원격돌봄 서비스는 첨단 기술을 활용하여 노인의 건강과 안전, 정서적 안정까지 포괄하는 새로운 형태의 돌봄으로 주목받고 있다. 특히 거동이 불편한 노인, 독거노인, 의료취약지역 거주 노인을 중심으로 원격돌봄이 도입되면서 돌봄 공백을 해소하고 삶의 질을 높이는 데 크게 기여하고 있다.

(1) 건강 모니터링 향상

IoT 기기, 웨어러블 장치, AI 스피커 등을 통해 실시간으로 생체 정보를 수집하고 이상 징후를 조기에 파악할 수 있다. 이는 낙상, 심정지, 고혈압 등 응급상황에 빠르게 대응할 수 있는 기반이 된다.

(2) 정서적 고립감 감소

AI 기반 통화 서비스나 영상통화를 통해 정기적으로 소통함으로써 노인의 외로움을 줄이고 우울감 완화에 효과가 있다.

(3) 의료 및 돌봄 접근성 확대

원격진료 및 비대면 상담을 통해 병원 방문이 어려운 노인도 필요한 의료지원을 받을 수 있게 되며, 복지 사각지대가 줄어드는 결과를 가져온다.

(4) 돌봄 인력의 부담 경감

반복적인 점검과 단순한 일상 확인은 기술이 대체함으로써, 돌봄 인력은 더 전문적인 부분에 집중할 수 있는 여유를 확보할 수 있다.

4. 원격돌봄의 윤리

1) 개인정보 보호 및 보안

원격돌봄 서비스는 노인의 건강, 위치, 생활 패턴 등 민감한 개인정보를 실시간으로 수집하고 관리하는 구조이므로, 정보보호와 보안 문제는 가장 기본적이면서도 중요한 윤리적 과제이다. 특히 노인은 정보기술에 익숙하지 않아 개인정보 유출이나 악용에 더 취약하므로, 이를 고려한 보호체계가 반드시 필요하다.

원격돌봄에서 수집되는 정보는 건강 상태, 생체 신호, 응급상황 이력, 대화 내용, 위치 정보 등 매우 민감한 정보들이다. 이러한 정보는 무단 유출되거나 제3자에 의해 오남용될 경우, 노인의 신체적·정신적 안전은 물론, 사회적 명예나 일상생활에도 심각한 피해를 줄 수 있다.

따라서 원격돌봄 서비스 운영자는 개인정보 보호법, 정보통신망법 등 관련 법령을 철저히 준수해야 하며, 정보 수집 및 이용에 대한 명확한 고지와 동의 절차가 필요하다. 더불어, 데이터는 암호화·익명화 기술을 통해 안전하게 저장되고 관리되어야 하며, 접근 권한은 최소한의 인원에게만 부여되어야 한다.

또한, 노인 당사자가 본인의 정보가 어떻게 수집되고 사용되는지 이해할 수 있도록 쉽고 명확한 설명을 제공해야 하며, 스스로 정보 제공을 거부하거나 철회할 수 있는 권리를 보장해야 한다. 이는 노인의 자기 결정권을 보호하고, 돌봄 과정에서의 신뢰 형성에도 긍정적인 영향을 준다.

결론적으로, 원격돌봄의 기술적 효율성만큼이나 개인정보의 보호와 데이터 보안 수준 확보는 윤리적 신뢰 기반을 구축하는 핵심 요소이다. 이를 소홀히 할 경우, 돌봄 서비스의 지속성과 사회적 수용성 모두에 부정적 영향을 줄 수 있음을 인식해야 한다.

> ■ 사례: A요양원 원격건강관리 서비스에서 발생한 정보 유출 사고
>
> 서울의 A요양원에서는 원격 건강관리 시스템을 도입해 입소 어르신들의 심박수, 체온, 활동량 등을 스마트기기로 수집하고, 보호자에게 실시간으로 데이터를 전송하고 있었다. 그러나 한 달간 서버 보안이 미흡한 상태에서 외부 접속이 가능하게 되어, 외부인이 다수 어르신의 건강 기록을 열람한 사실이 확인되었다. 이로 인해 가족들이 정신적 충격을 받았고, 요양원은 개인정보보호법 위반으로 과태료 처분을 받았다.
>
> 〈유의 사항〉
> - 개인정보를 저장·전송하는 시스템에는 반드시 암호화 및 접근제어 시스템이 필요하다.
> - 원격돌봄 서비스를 도입할 때는 사전 위험 분석 및 보안 점검을 거쳐야 하며, 정기적인 보안 교육도 필수이다.
> - 이용자와 가족에게 정보 수집 및 활용에 대한 충분한 설명과 동의서 확보가 중요하다.

2) 노인의 자율성 및 독립성 보호

원격돌봄 서비스는 노인의 건강과 안전을 지속적으로 관리할 수 있는 효율적인 수단이지만, 동시에 개인의 삶에 대한 과도한 개입으로 이어질 수 있는 우려도 함께 존재한다. 이에 따라 원격돌봄을 설계하고 운영할 때는 노인의 자율성과 독립성을 보호하는 윤리적 고려가 반드시 필요하다.

노인의 자율성이란 일상생활 속에서 본인의 의지에 따라 결정하고 행동할 수 있는 권리를 의미하며, 이는 인간으로서의 존엄성과도 깊이 연결되어 있다. 예컨대, 돌봄 로봇이나 센서 장치가 노인의 위치, 식사 여부, 수면 패턴 등을 지속적으로 기록하는 경우, 그 정보가 의도와 상관없이 외부에 전달될 수 있다면 노인의 사생활과 결정권이 침해될 수 있다.

따라서 원격돌봄 기술은 보호와 통제 사이의 균형을 고려하여 설계되어야 하며, 정

보 제공과 서비스 적용에 앞서 노인의 동의와 참여가 이루어져야 한다. 단순히 '보호대상'이 아닌 의사결정의 주체로서 노인을 존중하는 접근이 필요하다. 또한 노인이 가능한 한 스스로 생활을 유지할 수 있도록 기술은 '보조적 도구'로 기능해야 하며, 지나친 자동화와 통제는 지양해야 한다.

실제 현장에서는, 예를 들어 AI 스피커나 원격모니터링 장치를 사용할 때 설정 권한을 노인 본인에게 부여하거나, 일부 데이터를 선택적으로 공유할 수 있도록 하는 설계가 노인의 자율성 보호에 기여할 수 있다. 보호자나 서비스 제공자는 돌봄의 주체가 노인 자신임을 인식하고, 기술이 노인의 삶을 '대신' 하는 것이 아니라 '지원'하는 것임을 명확히 해야 한다.

3) 기술소외와 디지털 격차의 극복 방안

원격돌봄이 확산되면서 정보통신기술을 기반으로 한 서비스가 고령자의 일상 돌봄에 점점 더 깊숙이 들어오고 있다. 그러나 모든 노인이 이러한 기술을 동일하게 활용할 수 있는 것은 아니다. 특히 경제적 여건, 학습 기회, 신체적·인지적 제약에 따라 기술 사용 능력에 큰 차이가 발생하며, 이는 '디지털 격차(digital divide)'로 나타난다. 이러한 디지털 격차는 곧 돌봄의 불균형으로 이어질 수 있기 때문에, 사회 전반의 제도적 대응이 필요하다.

기술소외 문제를 극복하기 위해서는 첫째, 디지털 역량 교육이 필요하다. 고령자를 위한 맞춤형 디지털 교육은 단발성 강의보다 지속적인 실습 중심의 학습이 효과적이며, 지역 복지관이나 마을 단위 커뮤니티에서 쉽게 접근할 수 있도록 해야 한다.

둘째, 사용자 친화적인 인터페이스(UI) 개발이 중요하다. 복잡한 메뉴 구성이나 작은 글씨체는 고령자의 접근을 제한하므로, 단순하고 직관적인 화면 구성과 음성 안내 기능 등이 함께 제공되어야 한다.

셋째, 보호자 및 돌봄 인력의 중간 지원 역할도 중요하다. 고령자가 기술 사용에 익숙해질 때까지 가족이나 요양보호사가 중간자 역할을 하며 지원할 수 있어야 한다.

넷째, 공공기관과 민간기업의 협력을 통한 보급형 기기 지원, 통신요금 감면 등의 정책적 뒷받침도 병행되어야 한다. 이를 통해 기술 기반 돌봄의 접근성을 보다 공정하게 확보할 수 있다.

결론적으로, 원격돌봄의 효과가 사회 전반에 균등하게 확산되기 위해서는 기술을 중심으로 한 '포용적 돌봄 환경' 조성이 필요하다. 단순한 기기 보급을 넘어, 교육·디자인·정책·사회적 지지체계가 통합적으로 마련되어야만 고령층의 기술소외를 극복하고, 돌봄의 형평성을 확보할 수 있다.

제2절 응급대처

1. 응급상황의 이해와 유형

1) 노인의 생리적 변화와 응급상황의 취약성

노인은 나이가 들면서 신체 각 기관의 기능이 점진적으로 저하되며, 이러한 생리적 변화는 다양한 응급상황에 더 쉽게 노출되는 원인이 된다. 먼저, 심혈관계에서는 혈관의 탄력이 감소하고 심장의 수축력이 약해지면서 혈압 조절 기능이 떨어지게 된다. 이로 인해 기립성 저혈압이나 심부전, 심근경색 등 심혈관계 질환이 갑작스럽게 발생할 수 있다.

호흡기계 역시 폐의 탄성과 호흡근의 힘이 감소하면서 폐활량이 줄어들고, 이에 따라 호흡기 감염이나 호흡곤란이 쉽게 유발될 수 있다. 특히 고령자는 폐렴의 증상이 뚜렷하게 나타나지 않거나, 발열 없이 무기력감이나 식욕 저하 등 비전형적인 증상으로 나타나므로 조기 인식이 어렵다.

신경계의 변화도 중요한 요소이다. 뇌의 위축과 신경전달물질의 감소는 판단력, 인지력, 반사작용의 둔화를 초래하며, 이는 낙상 위험 증가 및 사고 대처 능력 저하로 이어진다. 근골격계 또한 근육량 감소와 관절의 유연성 저하로 인해 이동 능력이 떨어지고, 골다공증으로 인해 작은 충격에도 골절이 발생하기 쉬워진다.

[표5-2] 응급상황의 취약 요인

구분	응급상황 취약 요인	응급 반응 및 특징
심혈관계	• 혈압조절 능력 저하 • 순환기 질환 발생 위험 증가	• 어지럼증, 실신 • 흉통 없는 심근경색(무통성)
호흡기계	• 호흡기 감염에 취약 • 산소 교환 능력 저하	• 급성 호흡곤란 • 감염 후 폐렴 악화
신경계	• 자극 반응 느림 • 혼동이나 착란 위험 증가	• 말기능 저하, 방향 감각 상실 • 뇌졸중 증상 오인
근골격계	• 균형 장애 • 보행 불안정	• 낙상, 고관절 골절 • 움직임 제한
면역계	• 감염에 대한 방어력 저하	• 가벼운 감염이 패혈증으로 진행 가능
종합적 특징	• 증상 표현의 비전형성 • 응급 진행의 빠른 악화	• 조기 인식 어려움 • 응급대처 시기 놓칠 위험

이외에도 감각기관의 둔화는 통증·열·갈증 등의 자극에 대한 반응을 지연시키며, 응급상황을 초기에 인식하지 못하게 만든다. 예를 들어 고령자는 화상을 입고도 즉시 인지하지 못하거나, 심한 탈수 상태에서도 갈증을 호소하지 않을 수 있다.

결과적으로, 노인의 이러한 생리적 변화는 응급상황의 발생 가능성을 높일 뿐만 아니라, 증상이 뚜렷하지 않아 조기 발견을 어렵게 만들며, 회복에도 더 오랜 시간이 필요하게 만든다. 따라서 돌봄제공자는 노인의 생리적 특성을 충분히 이해하고, 평소의 건강 상태와 미세한 변화에도 민감하게 반응할 수 있는 관찰력과 대처 능력을 갖추는 것이 중요하다.

2) 주요 응급질환

노년기에는 신체 기능의 전반적인 저하로 인해 다양한 응급질환이 발생할 위험이 증가한다. 특히 심혈관계 질환, 뇌혈관계 질환, 그리고 낙상은 노인의 생명과 직결될 수 있는 대표적인 응급상황으로, 조기 인지와 즉각적인 대응이 필수적이다.

(1) 심혈관계 응급질환

노년기 심혈관계의 기능은 혈관 탄력성 감소, 심근 수축력 저하, 자율신경계 조절 능력 약화 등으로 전반적으로 약화된다. 이로 인해 심근경색, 협심증, 부정맥, 심부전과 같은 질환이 자주 발생하며, 이는 돌연사의 원인이 되기도 한다.

특히 심근경색은 노인에서 전형적인 흉통 없이도 나타날 수 있어(예: 무통성 심근경색), 호흡곤란, 식은땀, 오심, 기력 저하 등의 비전형적 증상에도 주의가 필요하다. 응급상황으로 인식되었을 경우에는 즉시 119에 연락하고 안정된 자세를 유지하도록 해야 하며, 가능한 경우 심폐소생술(CPR) 및 자동심장충격기(AED)를 사용할 준비가 필요하다.

(2) 뇌혈관계 응급질환

뇌혈관의 노화는 혈관의 경화, 혈류 저하, 뇌세포 손상 등의 위험을 높이며, 뇌졸중(중풍)이 대표적인 응급질환으로 꼽힌다. 뇌졸중은 허혈성(뇌경색)과 출혈성(뇌출혈)으로 구분되며, 모두 빠른 발견과 치료가 예후를 결정짓는 핵심 요소이다.

뇌졸중의 대표적인 초기 증상은 다음과 같다.

- 한쪽 얼굴이나 팔, 다리의 갑작스러운 마비 또는 저림
- 말이 어눌하거나 이해하지 못함
- 갑작스러운 시야 흐림 또는 시야 상실
- 심한 두통과 의식 저하

이러한 증상이 의심될 경우, 즉시 병원으로 이송하여 CT나 MRI 등 영상검사를 통한 진단과 신속한 처치를 받아야 한다.

(3) 낙상

노인의 낙상은 단순한 사고가 아니라 응급상황으로 간주되어야 할 심각한 문제이다. 균형 감각, 근력, 시각의 저하와 복용 중인 약물의 영향 등 다양한 원인으로 인해 낙상이 발생하며, 이로 인한 고관절 골절, 두부 손상, 척추 압박골절 등은 장기적인 기능 저하와 사망률 증가로 이어질 수 있다.

낙상 후에는 다음과 같은 점을 고려하여 대처해야 한다.

- 즉시 움직이지 않고 통증 부위와 출혈 여부를 확인한다.
- 의식과 호흡을 확인하며 119에 신고한다.
- 외상이 명확하지 않더라도 병원에서의 정밀 진단이 필요하다.

또한 낙상을 예방하기 위한 환경 정비와 균형 훈련, 보조기구 사용법 교육 등은 돌봄제공자에게 필수적인 사전 관리 영역이다.

3) 응급증상의 비전형적 표현

노인의 신체는 노화로 인해 생리적 반응성이 낮아지기 때문에, 응급질환이 발생해도 일반적인 증상이 뚜렷하게 나타나지 않는 경우가 많다. 이러한 비전형적(atypical) 표현은 질환의 조기 인지를 어렵게 하며, 적절한 치료시기를 놓치는 주요 원인 중 하나로 지적된다.

(1) 심혈관 질환의 비전형적 증상

일반적으로 심근경색은 갑작스러운 가슴 통증(흉통), 호흡곤란, 식은땀 등의 증상으로 알려져 있다. 그러나 고령자에게서는 이러한 전형적 증상이 없거나, 가볍고 애매하게 표현되는 경우가 있다.

예를 들어, 무통성 심근경색(painless myocardial infarction)은 노인에서 자주 나타나는 형태로, 환자는 단지 "기운이 없다", "속이 안 좋다", "소화가 안 된다"는 식의 호소를 할 뿐이다. 이러한 증상은 흔히 위장 질환으로 오인되기도 하며, 실제 진단 시에는 이미 심각한 상태로 진행된 경우가 많다.

(2) 뇌혈관 질환의 비전형적 표현

뇌졸중(중풍) 역시 고령자에게는 마비나 언어장애 같은 뚜렷한 증상 없이, 일시적인 의식 저하나 무기력, 단순한 행동 변화로 나타나는 경우가 있다.

특히 치매나 인지 저하가 있는 노인의 경우, 갑작스러운 성격 변화나 이유 없는 울음, 잠이 늘어난 것 같은 변화가 뇌졸중의 초기 징후일 수 있다.

(3) 감염성 질환의 비전형적 경과

폐렴, 요로감염 등의 감염성 질환은 고령자에게서 발열이나 기침 없이 단지 식욕 저하, 혼돈(confusion), 낙상 등의 방식으로 나타나기도 한다. 면역반응이 약화된 노인에게서는 염증 반응이 미약하게 발생하거나 체온 상승이 거의 없기 때문에, 감염을 놓치기 쉽다.

돌봄제공자는 비전형적 증상을 조기에 인지하기 위해서는 평소와 다른 행동 변화, 식사 패턴의 변화, 무기력함의 증가, 설명하기 어려운 통증 호소 등에 민감하게 반응해야 한다.

돌봄제공자는 "증상이 없으니 괜찮다"는 인식보다는, 노인에게서 증상이 약하거나 다르게 나타날 수 있다는 사실을 항상 염두에 두고 관찰과 기록을 이어가는 것이 중요하다. 또한 작은 이상에도 전문가의 평가를 받을 수 있도록 신속한 대응이 필요하다.

4) 일상 속 응급상황

노년기에는 신체 기능 저하, 만성질환의 누적, 약물 복용 등의 복합적인 요인으로 인해 일상생활 중에서도 다양한 응급상황이 발생할 수 있다. 특히 고령자는 균형 감각 저하, 인지기능 약화, 시각 및 청각의 감퇴 등으로 위험 상황에 대한 반응이 느려지고, 경미한 사고라도 심각한 결과로 이어질 가능성이 높다. 이러한 응급상황은 자택, 복지시설, 외출 중 등 다양한 일상 환경에서 발생할 수 있으며, 돌봄제공자와 가족은 그 특성과 징후를 미리 인식하고 신속하게 대처할 수 있는 준비가 필요하다.

(1) 낙상(Fall)

노인 응급상황 중 가장 빈번한 사례로, 실내에서 화장실 이동 중, 평형감각 저하로 인해 넘어지는 경우가 많다. 특히 고관절 골절은 장기 입원과 기능 저하로 이어지기 쉬워 조기 발견과 안전한 이동 지원이 중요하다.

(2) 기도 폐쇄 및 질식

식사 중 음식물이 기도로 들어가는 사고는 흔한 응급상황이다. 노인의 연하 기능이 약해지면서 질식 위험이 커지며, 하임리히법 등 기본 응급처치법을 숙지해야 한다.

(3) 약물 복용 오류

약을 중복 복용하거나 시간, 용량을 잘못 인지하여 이상 반응을 일으키는 사례가 많다. 특히 복합 질환으로 복용 약이 많은 노인의 경우 보호자의 관찰과 약물 정리가 필수적이다.

(4) 의식 저하 및 저혈당

당뇨나 고혈압, 심혈관계 질환을 앓는 노인의 경우, 저혈당이나 뇌졸중 등으로 인한 갑작스러운 의식 저하가 발생할 수 있다. 응급상황 시 의식 상태 확인과 119 신고, 의료정보 전달이 중요하다.

(5) 화상 및 화재 관련사고

난로나 전기장판, 조리 기구 사용 중 주의가 부족해 화상을 입는 경우가 있으며, 특히 반응이 느려 초기 진압이 어려운 경우 화재로 번질 위험도 있다.

(6) 열사병 및 저체온증

기온 변화에 대한 적응 능력이 떨어지는 노인은 여름철 고온다습 환경에서 열사병에, 겨울철에는 저체온증에 쉽게 노출될 수 있다. 계절별 환경관리와 실내 적정 온도 유지가 중요하다.

이와 같은 일상 속 응급상황은 예방과 사전 인식, 신속한 초기 대응이 핵심이다. 교육을 통해 실제 상황에 대한 판단력과 대응력을 기르고, 응급상황 발생 시 당황하지 않고 침착하게 대처할 수 있는 역량을 갖추는 것이 돌봄제공자에게 요구된다.

2. 응급처치 기술

응급상황에서 초기 대응은 환자의 생명 유지와 후속 처치의 효과를 결정짓는 가장 중요한 과정이다. 노인을 돌보는 돌봄제공자는 응급처치의 기본 원칙을 정확히 이해하고, 실제 상황에서 당황하지 않고 신속히 실행할 수 있어야 한다. 응급상황 발생 시 기본적으로 따라야 할 순서는 의식 확인 → 신고 → 처치의 3단계이다.

[표5-3] 응급처치 절차[11]

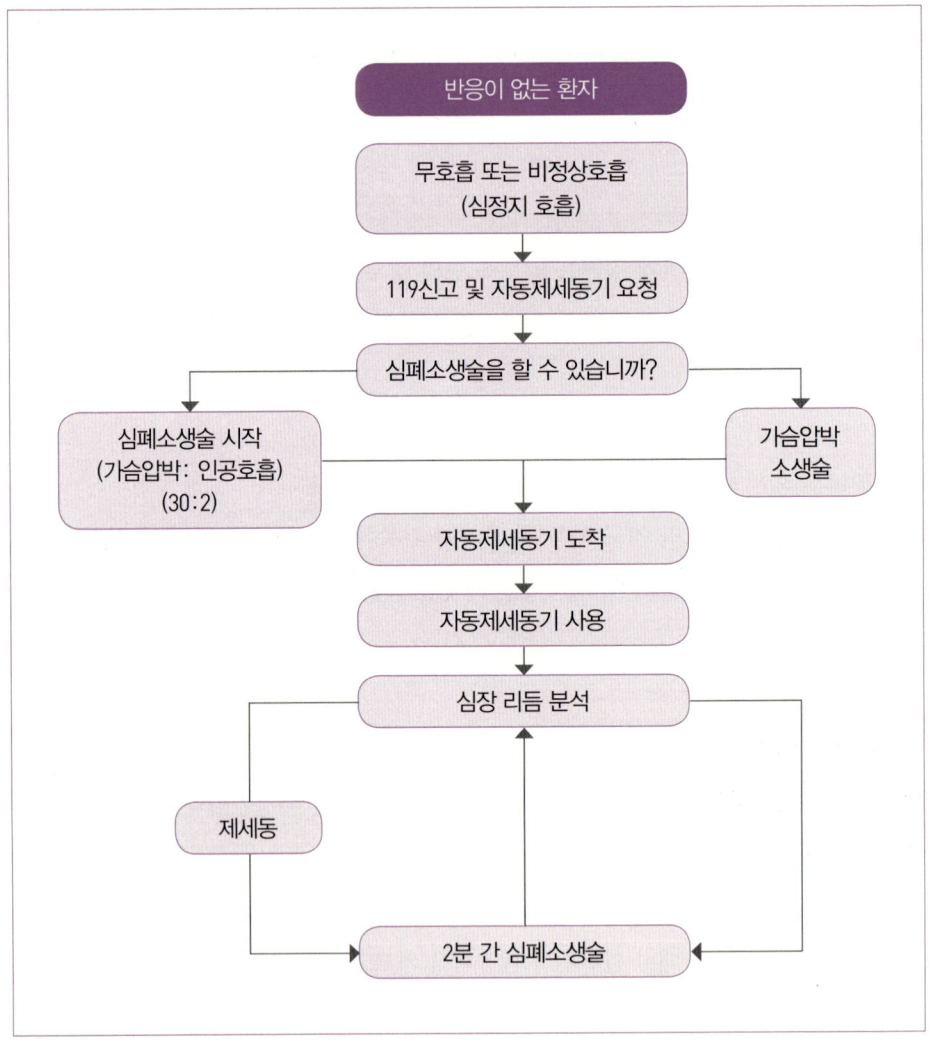

1) 심폐소생술(CPR)

심폐소생술(Cardiopulmonary Resuscitation, CPR)은 심정지로 인해 호흡과 맥박이 멈춘 사람에게 산소를 공급하고 순환을 유지하기 위해 시행하는 응급처치 기술이다. 노년기 돌봄에서는 심정지의 주요 원인으로 심근경색, 뇌졸중, 부정맥 등이 흔히 나타나므로, 돌봄제공자가 CPR의 중요성과 올바른 절차를 숙지하고 있어야 한다.

(1) 의식 확인(Check)

먼저 환자에게 의식이 있는지 확인하는 것이 첫 단계이다. 가능한 한 큰 소리로 이름을 부르거나 어깨를 가볍게 흔들며 반응을 확인한다. 반응이 있다면 상황을 안정시키고 필요시 응급서비스를 준비한다. 반응이 없고 호흡도 느껴지지 않는다면 즉시 다음 단계로 진행해야 한다. 이때 호흡의 유무도 함께 확인하는 것이 중요하다. 가슴의 움직임, 숨소리, 공기 흐름 등을 확인하되 10초 이내에 판단한다.

어깨를 가볍게 두드리며 큰 소리로 "괜찮으세요?"라고 묻는다. 환자가 반응이 없으면, 심정지의 가능성이 높을 수 있다.

(2) 신고(Call)

의식이 없거나 비정상적인 호흡(가쁜 숨, 무호흡 등)이 관찰되면 즉시 119에 신고해야 한다. 상황 설명 시 환자의 상태(나이, 반응 없음, 호흡 없음 등), 위치, 구조요청 내용 등을 명확히 전달한다. 가능한 경우 근처 사람에게 신고를 부탁하고, 자신은 처치를 계속한다. 자동심장충격기(AED)의 위치를 주변에 요청하는 것도 중요하다.

다수가 모여 있을 경우 특정한 한 사람을 지목해 요청한다. 주변에 아무도 없다면 직접 119에 신고한다.

(3) 처치(Care)

신고 후에는 즉시 심폐소생술(CPR) 등 필요한 응급처치를 시작한다. 이때 가장 기본적인 조치는 흉부 압박(가슴 압박)이다. 환자를 평평한 바닥에 눕힌 후, 손바닥을 포갠 상태로 가슴 중앙을 압박한다. 압박 속도는 분당 100~120회, 깊이는 약 5~6cm 정도로 유지한다. 전문적 처치가 도착할 때까지 멈추지 않고 반복한다. 기도 폐쇄나 출혈, 골절 등 다른 유형의 응급상황인 경우에는 해당 처치법으로 전환한다.

환자의 머리를 젖히고 턱을 들어 기도를 개방시킨다. 환자의 코를 막고 입을 크게 벌려 환자의 입을 막은 후 가슴이 올라올 정도로 1초에 걸쳐서 숨을 불어 넣는다. 숨을 불어넣은 후에는 입을 떼고 코도 놓아주어서 공기가 배출되도록 한다.

119구급대원이 현장에 도착할 때까지 반복해서 시행한다. 다른 구조자가 있다면 한 사람은 가슴 압박을, 한 사람은 인공호흡을 맡아서 한다. 심폐소생술 5주기를 반복하고 서로 역할을 교대한다.

[표5-4] 심폐소생술 (질병관리청)

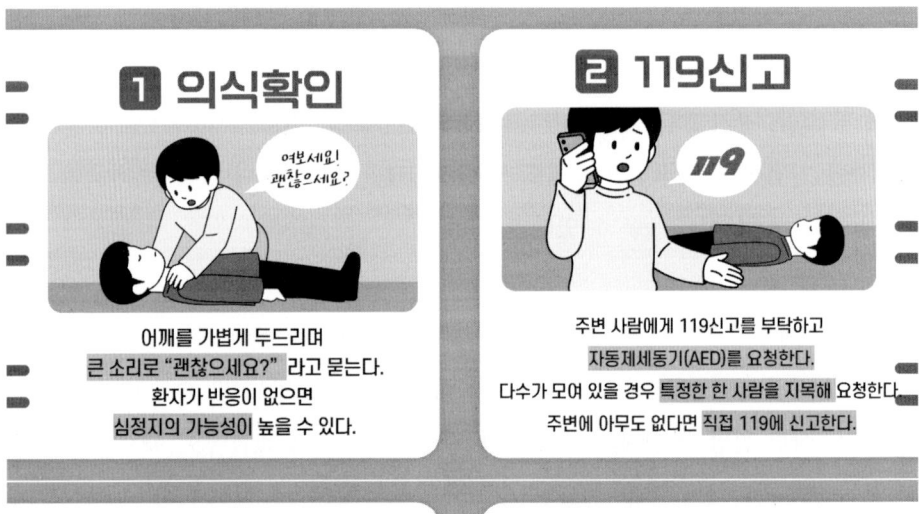

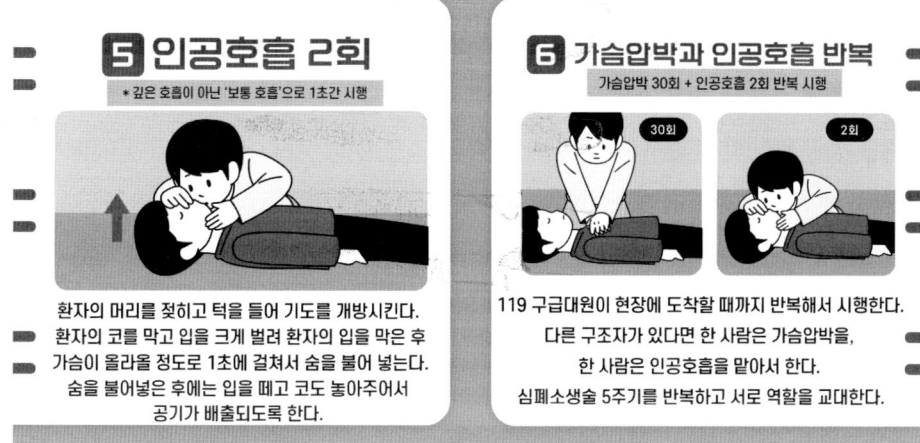

2) 자동심장충격기(AED)

[표5-5] 자동심장충격기(AED) 사용법 (질병관리청)

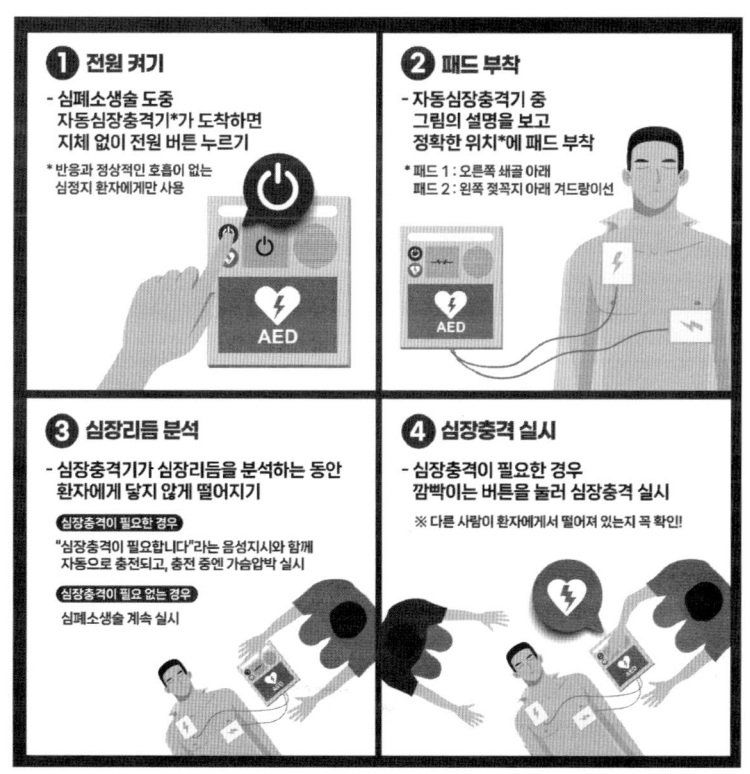

자동심장충격기(Automated External Defibrillator, AED)는 심실세동이나 무맥성 심실빈맥 등 치명적인 부정맥을 전기 충격으로 정상 심장 리듬으로 회복시키는 장치로, 일반인도 쉽게 사용할 수 있도록 설계되어 있다.

최근 공공장소 및 복지시설에 보급이 확대되고 있으며, AED 사용법 또한 CPR과 함께 숙지해야 할 필수 응급기술이다.

3) 기도 폐쇄

기도 폐쇄는 주로 식사 중 음식물이 기도를 막을 때 발생한다. 질식으로 이어질 수 있으므로 즉각적인 대처가 필수이다.

① 의식이 있는 성인의 경우: 뒤에서 두 팔로 환자의 명치 위 복부를 감싸듯 안고, 한 손은 주먹을 쥐고, 다른 손으로 그것을 감싸서 배꼽과 명치 사이를 강하고 빠르게 위쪽으로 압박한다. 이 과정을 음식물이 배출될 때까지 반복한다.
② 의식을 잃은 경우: 즉시 119 신고 후, CPR(심폐소생술)을 시작하며 기도 내 이물질을 확인하고 제거한다.
③ 혼자 있을 경우: 단단한 테이블 모서리나 등받이에 배를 밀어 넣는 방식으로 하임리히법을 응용할 수 있다.

4) 출혈

노인의 피부는 얇고 혈관이 약하여 작은 충격에도 출혈이 쉽게 발생한다.

(1) 경미한 출혈
① 깨끗한 거즈나 수건으로 상처 부위를 직접 압박한다.
② 출혈 부위가 심장보다 높게 위치하도록 한다.

③ 감염 방지를 위해 소독과 드레싱을 실시한다.

(2) 심한 출혈
① 지혈대를 사용할 경우, 지혈 시간과 사용 위치를 정확히 기록한다.
② 즉시 의료기관으로 이송되도록 조치한다.

5) 골절

노인은 골다공증 등으로 인해 사소한 충격에도 골절될 가능성이 높다.

(1) 증상 인지: 통증, 부종, 변형, 움직임 제한이 관찰될 수 있다.
(2) 조치
① 절대 움직이지 않도록 하며, 손상 부위를 부목이나 수건 등으로 고정한다.
② 찬 찜질로 부종을 완화하고, 안정된 자세로 119를 기다린다.
③ 움직임은 최소화해야 하며, 옮겨야 할 경우 다수의 인원이 협력해야 한다.

6) 낙상

낙상은 노인 응급상황의 대표적 사례이며, 내부 손상 또는 외상성 뇌출혈을 유발할 수 있다.

(1) 즉각 확인 사항: 의식 상태, 출혈 여부, 골절 징후
(2) 대응 절차
① 갑작스럽게 일으키지 말고 먼저 통증 부위를 확인한다.
② 움직임이 가능할 경우에도 천천히 일으켜서 안정된 자세로 유도한다.
③ 의식이 없거나 골절 의심 시, 자세를 유지한 채 전문 인력의 도움을 기다린다.

④ 후속적으로 낙상 원인을 분석하고 재발 방지를 위한 환경 개선이 필요하다.

7) 화상

화상은 조리 중 뜨거운 물이나 음식, 전기장판, 난로, 햇볕 노출 등 일상 속 다양한 상황에서 발생할 수 있는 응급상황이다. 특히 고령자는 피부가 얇고 회복력이 낮아 동일한 화상이라도 더 심각한 손상을 입을 수 있다. 초기 대응이 감염과 흉터, 합병증 발생 여부를 결정짓는 핵심이 되므로, 적절한 응급처치가 매우 중요하다.

(1) 화상의 분류
① 1도 화상: 피부가 붉어지고 약간 부어오르며 통증이 있음 (예, 햇볕에 탐)
② 2도 화상: 수포가 생기고 진물, 통증이 심하며 감염 위험이 있음
③ 3도 화상: 피부층이 깊게 손상되어 감각이 없고, 피부가 흰색 또는 검게 변함

(2) 응급처치 절차
① 화상 부위를 즉시 냉각시키기
- 흐르는 찬물로 10~20분간 충분히 식힌다.
- 얼음은 직접 대지 않으며, 저온 화상을 유발할 수 있으므로 주의한다.

② 오염 방지와 보호
- 깨끗한 거즈나 헝겊으로 화상 부위를 덮어 보호한다.
- 수포를 터뜨리거나 연고, 기름 등을 바르지 않는다. (의료진 판단 전까지는 순수 보호 중심)

③ 전신 증상 관찰
- 넓은 부위의 화상이나 호흡곤란 증상, 의식 저하가 있을 경우 즉시 119에 신고한다.

- 특히 얼굴, 기도 부위 화상은 내부 손상이 동반될 수 있어 응급 이송이 필요하다.

④ 의류 제거 주의
- 의류가 피부에 붙었을 경우 억지로 떼지 말고, 절단하여 주변만 정리한다.
- 합성 섬유 의류는 화상 부위에 융착될 수 있어 더 주의해야 한다.

⑤ 화학물질 화상의 경우
- 해당 부위를 풍부한 물로 씻어내되, 손상 부위에 접촉하지 않도록 조심한다.
- 어떤 화학 물질인지 확인 후, 응급 의료진에게 전달한다.

3. 응급 대응체계[12]

노년기의 응급상황은 신속하고 적절한 대응이 생명과 직결될 수 있기 때문에, 돌봄 제공자는 지역사회 내의 응급지원체계에 대한 정확한 이해와 활용 능력을 갖추어야 한다. 우리 사회에는 고령자를 위한 다양한 응급 대응체계가 마련되어 있으며, 이들을 적절히 연계하고 활용하는 것이 돌봄 서비스의 핵심 중 하나이다.

1) 119, 응급실, 방문의료 등 응급지원체계 이해

(1) 119 응급구조 체계

119 구조대는 응급의료법에 근거한 공공 응급지원체계로, 의료적 응급상황이 발생했을 때 가장 빠르게 접근 가능한 기관이다. 119는 24시간 대응하며, 구급대원은 기본 응급처치 훈련을 받은 전문 인력으로 구성되어 있다.

심정지, 심한 출혈, 호흡곤란, 의식불명 등 위급 상황에서 즉각 신고하고 도움을 요청해야 한다. 신고 시에는 환자의 위치, 상태, 가능한 병력 정보, 현재 상황을 구체적으로 전달해야 정확한 대응이 가능하다.

(2) 응급실 및 지역응급의료기관

응급실은 119에 의해 후송되거나 자가 방문하는 환자들에게 전문적인 응급진료를 제공하는 병원 내의 핵심 부서이다. 대부분의 종합병원, 대학병원, 권역응급의료센터 등이 응급실을 운영하며, 응급환자 우선 진료 원칙을 따른다. 지역별로는 지역응급의료기관, 권역응급의료센터, 응급의료기관 외래진료실 등으로 구분되어 있으며, 각 기관은 처치 수준과 전문성에 차이가 있다.

돌봄제공자는 보호자나 대상자의 상황에 맞게 근거리 응급의료기관의 위치와 연락처를 사전에 파악하고 있어야 한다.

(3) 방문의료 및 지역사회 연계 서비스

노인 대상자의 거동이 불편하거나 응급상황이 발생했지만 병원 이송이 어려운 경우에는 방문의료 서비스를 연계할 수 있다. 방문의료는 의료기관 소속 의사 또는 간호사가 직접 가정이나 거주시설을 방문하여 진료하는 서비스로, 일부 지방자치단체와 보건소에서 시행 중이다. 특히 만성질환자, 말기환자, 퇴원 후 회복기 환자 등에게 효과적이며, 응급상황 이후 회복기 관리나 증상 관찰에 유용하다.

방문의료 외에도 방문간호, 방문보건, 재가의료서비스 등의 연계 자원들이 지역 내에 다양하게 존재하며, 장기요양보험, 건강보험, 지자체 예산을 통해 지원받을 수 있다.

2) ICT 기반 응급호출 장비 및 스마트 돌봄 기술

고령사회의 심화와 1인 가구의 증가에 따라, 돌봄 대상자의 안전과 응급상황 대응을 위한 ICT(정보통신기술) 기반의 돌봄 시스템이 빠르게 발전하고 있다. 이러한 기술들은 응급상황 발생 시 빠른 감지와 즉각적인 대응을 가능하게 하며, 돌봄제공자의 부담을 경감하고 서비스의 질을 높이는 데 기여한다.

ICT 응급호출 시스템은 센서, 통신기기, 플랫폼 등을 활용하여 고령자의 상태를 실시간으로 모니터링하고, 이상 징후 발생 시 자동으로 보호자나 응급기관에 알림을 보내는 기술이다.

① 비상호출버튼(Panic Button): 고령자가 손쉽게 누를 수 있는 버튼형 장치로, 침대 옆이나 몸에 착용 가능하며, 119 또는 보호자에게 즉시 신호를 전송한다.
② 웨어러블 기기: 손목시계나 목걸이 형태로 착용하며, 낙상 감지, 심박수 이상, 위치 추적 등의 기능 포함을 포함한다.
③ 움직임 감지 센서: 실내 공간에 설치되어 움직임 부재, 이상 행동(장시간 화장실 체류 등) 감지 시 알림을 전송한다.
④ 스마트폰 앱 연동 서비스: 고령자의 건강정보, 알림, 위치 정보 등을 실시간으로 보호자와 공유한다.

3) 응급연락 체계 구축

노인의 응급상황은 돌봄제공자 혼자만의 대응으로는 한계가 있으며, 가족·이웃·지역사회와의 신속한 연계가 생명을 좌우할 수 있다. 이를 위해서는 돌봄제공자뿐 아니라 보호자·이웃·마을 단위의 커뮤니티까지 아우르는 유기적 응급연락 체계 구축이 필요하다.

(1) 보호자와의 상시 연락체계 마련
응급상황 시 가장 먼저 연락해야 할 대상은 가족 보호자이다. 돌봄제공자는 대상자의 주 보호자 및 대리 보호자(예비 연락처 포함)의 정보를 사전에 확보해두고, 평소에도 긴밀한 소통을 유지하는 것이 중요하다.
보호자와의 정기적인 커뮤니케이션을 통해 건강 상태 변화, 응급계획 수립 여부, 치료 의향 등을 공유해야 한다.

(2) 응급상황 공유 방식과 매뉴얼 마련

응급상황 발생 시 보호자에게 정확하고 신속하게 정보를 전달하는 체계적 매뉴얼이 필요하다. "○○님이 오후 3시경 욕실에서 의식을 잃고 쓰러져 119에 신고하였으며, 현재 ○○병원으로 이송 중입니다."

돌봄기관이나 단체의 경우 표준화된 보고서 양식과 연락 프로토콜을 마련하여 돌봄 관련자들이 혼란 없이 대응할 수 있도록 한다.

(3) 커뮤니티 기반 협력망 구축

고령자 단독가구의 증가와 가족의 부재 상황에 대비하여, 지역사회 내 다양한 주체들과의 응급협력망 구축이 필요하다. 이웃 주민, 반장, 통장, 또는 마을 돌봄활동가 등과 연계하여 긴급 시 도울 수 있는 협의체를 사전에 조성한다.

지자체 복지담당자, 방문간호사, 건강관리사, 요양보호사 간 네트워크도 연계해 정보 공유 및 응급조치 연계가 가능하도록 한다. 일부 지자체에서는 응급연락 협약서를 통해 민간 자원(약국, 마을 경로당 등)과 응급상황 협조 체계를 구축하기도 한다.

(4) 연락체계의 디지털화 및 문서화

응급연락망은 문서 및 디지털 양식으로 이중 관리되어야 하며, 언제든 접근 가능해야 한다. 종이 형태의 비상연락망은 침대 옆, 냉장고, 거실 벽 등에 비치하며, 디지털 형태로는 스마트폰, 돌봄앱, 공동 메신저 등을 통해 보호자와 돌봄제공자 간 실시간 공유한다.

4) 돌봄제공자의 심리적 부담 관리와 사후 대응 교육

응급상황은 돌봄을 받는 노인뿐만 아니라, 이를 직접 목격하고 대응하는 돌봄제공자에게도 심리적 충격과 스트레스를 유발할 수 있다. 특히, 생명과 직결된 위기 상황에서 적절한 판단을 내리고 즉각적인 처치를 시행해야 하는 부담은, 교육받지 않은 일반 보호자뿐만 아니라 전문 돌봄인력에게도 감정적 소진을 초래할 수 있다. 이러한 상황에 대비하기 위해서는 사전 교육뿐 아니라 응급 이후의 정서적 회복과 심리적 지원 체계가 반드시 마련되어야 한다.

(1) 응급상황 이후 돌봄제공자의 감정 반응
응급상황을 경험한 돌봄제공자는 다음과 같은 다양한 심리적 반응을 겪을 수 있다.

① 죄책감: 응급상황을 제대로 막지 못했다는 자책
② 불안감: 향후 비슷한 상황에 대한 두려움
③ 무력감 및 탈진: 긴장된 순간 이후 찾아오는 심리적 방전
④ 외상 후 스트레스(PTSD): 중대한 사고를 경험한 경우, 반복되는 기억이나 회피 반응 등

이러한 반응은 방치될 경우 돌봄의 질 저하, 이직, 우울감 증가 등 부정적 결과를 초래할 수 있다. 따라서 돌봄제공자에게도 심리적 회복을 위한 체계적인 지원과 교육이 요구된다.

(2) 돌봄제공자를 위한 사후 대응 교육의 필요성
사후 대응 교육은 단순히 응급처치 기술을 넘어, 응급 이후의 정서적 자기 점검과 회복을 위한 과정이다. 다음과 같은 내용이 포함되어야 한다.

① 감정 인식과 표현 훈련: 자신의 감정 상태를 이해하고 적절히 표현하는 연습
② 스트레스 해소 기법: 심호흡, 명상, 긴장 이완 등 간단한 심리 완화 기술
③ 동료 또는 상급자와의 사례 공유: 혼자 감정을 감추기보다는 팀 기반으로 공유하고 지지받는 문화 형성
④ 사건 기록 및 피드백 과정 참여: 응급 대응 과정의 복기와 개선점을 함께 검토함으로써, 자기 효능감 강화

(3) 기관 차원의 정서적 지원과 시스템 구축
돌봄 인력이 반복되는 응급상황에서도 안정적으로 대응할 수 있도록, 조직 내에서

다음과 같은 제도적 기반이 필요하다.

① 정기적인 감정 소진 예방 교육 및 워크숍 운영
② 심리상담 전문가 또는 외부 자문 연결 체계 마련
③ 응급사건 후 간단한 디브리핑(사건 검토 및 정서 공유) 실시
④ 휴식 보장과 업무 재조정 등 회복 기간 지원

돌봄제공자는 단지 기술을 수행하는 인력이 아니라, 인간 대 인간으로서 위기 속에서도 감정을 경험하는 존재이다. 응급처치만큼 중요한 것은, 응급 이후 스스로를 치유하고 다시 회복하는 능력이며, 이는 지속가능한 돌봄 실천의 핵심이라 할 수 있다.

참고문헌

1. 보건복지부. (2024). 노인맞춤돌봄서비스사업 안내. 보건복지부.
2. SK텔레콤. (2023). AI 돌봄서비스 및 스마트홈 서비스 설명서. SK텔레콤
3. LG유플러스. (2023). U+ IoT 헬스케어 서비스 개요. LG유플러스.
4. KT. (2023). 기가지니 스마트 돌봄 서비스 안내자료. KT AI케어센터.
5. 스페이스뱅크. (2023). AIoT Wright 스마트 관제 시스템 기술백서.
6. 네이버 '클로바 케어콜'
7. SK브로드밴드. (2023). AI 돌봄 스피커 서비스 소개. SK브로드밴드.
8. 한국야쿠르트. (2022). 하이프레시 고령자 돌봄 유통 서비스 리포트.
9. SK브로드밴드. (2023). AI 돌봄 스피커 서비스 소개. SK브로드밴드.
10. 강원도. (2023). 닥터헬스(Dr. Health) 원격의료 시범사업 보고서.
11. 세브란스병원. (2023). 모바일 원격진료 시스템 소개자료. 연세의료원 디지털 헬스팀.

12 질병관리청. (2023). 응급처치 및 심폐소생술 안내서. 질병관리청.

13 국가응급의료정보센터. (2023). 응급의료서비스 체계 설명자료. 응급의료포털 (www.e-gen.or.kr).

제6장

시설 돌봄

학습목표

- 시설 돌봄의 필요성과 역사적 발전 과정을 이해할 수 있다.
- 돌봄 시설의 유형과 특징을 구별하여 설명할 수 있다.
- 시설 돌봄 현장의 돌봄 과정을 이해하고 적용할 수 있다.
- 돌봄 시설 종사자의 역할과 윤리적 책임을 이해할 수 있다.
- 시설 돌봄의 현안과 발전 방향에 대해 논의할 수 있다.

1. 시설 돌봄의 개념과 필요성

1) 시설 돌봄의 정의

시설 돌봄이란 일정 수준 이상의 도움이 필요한 노인이 일상생활과 건강관리를 위해 입소해 생활하는 형태의 돌봄 서비스를 말한다. 이는 가정 내에서 제공되기 어려운 전문적이고 지속적인 돌봄을 제공하며, 다양한 유형의 돌봄기관(요양시설, 요양병원, 그룹홈 등)에서 운영된다.

가족 돌봄은 정서적으로 가깝고 유연성이 있지만, 전문성이 부족하거나 돌봄 부담이 집중되는 문제가 있다. 반면, 시설 돌봄은 다직종의 전문가가 돌봄에 참여하며, 안전한 환경과 구조화된 서비스가 제공되는 장점이 있지만, 개별성이나 정서적 친밀감이 떨어질 수 있다.

2) 시설 돌봄의 필요성

노년기에는 신체적 기능 저하, 만성질환, 인지저하(치매 등), 고립 등의 문제가 발생하기 쉽다. 이러한 변화로 인해 자립적 생활이 어려워지고, 24시간 상시적인 돌봄이 필요한 경우가 많다. 또한 가족이 돌봄을 전적으로 감당하기 어려운 상황에서 시설 돌봄은 중요한 대안이 된다.

고령사회에서는 노인 인구의 증가와 가족 구조의 변화(핵가족화, 독거노인 증가)로 인해 돌봄의 사회화가 필요해졌다. 이에 따라 시설 돌봄은 공공성과 안전성을 갖춘 중요한 사회 인프라로 자리 잡고 있으며, 지역사회 돌봄과 연계한 새로운 모델 개발의 중심이 되고 있다.

[표6-1] 가족돌봄과 시설돌봄의 비교

구분	가족 돌봄	시설 돌봄
정서적 관계	정서적으로 가깝고 친밀감이 높음	상대적으로 정서적 거리감이 있음
돌봄 제공자	가족 구성원	전문 인력(요양보호사, 간호사 등)
전문성	비전문적, 경험 기반	직무 교육과 자격을 갖춘 인력 중심
돌봄 환경	가정 중심, 비공식적	안전 설비와 체계화된 환경 제공
돌봄 지속성	가족 상황에 따라 유동적	24시간 상시 돌봄 제공
부담 분산	특정 가족에게 집중될 수 있음	팀 기반 돌봄으로 부담 분산 가능
비용	금전적 부담은 비교적 낮을 수 있음	서비스 수준에 따라 비용이 발생함

2. 시설 돌봄의 역사와 발전

고령화, 가족 구조의 변화, 사회적 돌봄 수요의 증가는 우리 사회가 돌봄을 '개인의 책임'이 아닌 '공적 책임'으로 전환하게 만든 핵심 배경이다. 특히 한국의 시설 돌봄은 역사적으로 전쟁과 빈곤의 위기 속에서 민간 중심의 구호 활동으로 시작되었으며, 이후 산업화, 민주화, 복지제도 발전을 거치며 국가 중심의 제도화된 돌봄체계로 점차 전환되었다.

한국의 시설 돌봄이 어떻게 형성되고 발전해 왔는지를 5시기로 구분해 살펴보고, 각각의 시기에서 나타난 제도적 특징과 사회적 맥락을 통해 현재의 돌봄 정책이 가지는 의미를 이해하고자 한다.

1) 형성기(1945년~1960년대): 구호 중심의 시기

광복과 6·25 전쟁을 겪으며 전쟁고아, 빈곤 노인, 노숙인 등 취약계층이 급격히 증가하였다. 당시 정부의 복지 역량은 매우 미약했기 때문에, 돌봄은 주로 민간·종교단체에 의해 이루어졌다. 구호 중심의 보호 시설이 다수 설립되었으며, 이 시기의 돌봄은 기본적인 생존과 격리에 초점을 둔 것이 특징이었다.

① 민간·종교단체 주도의 자선적 돌봄이 중심.
② 수용 중심의 보호에서 사회 격리 목적이 강함.
③ 외국 원조(NGO, 미군, 기독교 선교단체 등)에 의존.

대표적으로 홀트아동복지회(1955), 대한기독교사회사업회(1956) 등이 활동했으며, 국가보다는 외국 원조와 자선단체에 의존하는 구조였다.

2) 도입기(1970년대): 제도화의 시작

산업화와 도시화가 진행되면서 전통적인 가족 중심 돌봄 기능이 약화되었고, 복지의 제도화가 본격적으로 시작되었다. 특히 1970년 「사회복지사업법」 제정은 복지시설 설치 및 운영에 대한 법적 기반을 마련한 중대한 계기가 되었다.

이 시기에는 양로원, 장애인 보호시설, 생활시설 등이 제도권 안에서 운영되기 시작했으며, 국가가 점차 시설 돌봄에 개입하기 시작한 시기였다.

① 정부의 복지정책 시작, 법적 기반 마련.
② 복지시설에 대한 제도적 규율 시도.
③ 전국노인복지시설 실태조사를 통한 대응 근거 마련.

3) 성장기(1980~1990년대): 공공 책임과 전문화 확대

1980년대 이후, 민주화와 경제성장을 배경으로 복지에 대한 국민의 요구가 증가하였다. 이에 따라 정부는 복지서비스 제공자로서의 역할을 강화하기 시작했고, 복지시설의 전문화 및 세분화가 이루어졌다.

1981년 「노인복지법」과 「장애인복지법」의 제정은 대표적인 성과로, 법률에 기반한 시설 운영 기준과 서비스 제공 기준이 구체화되었다. 이로써 시설은 단순 보호를 넘어서 교육·재활·요양 등 기능 중심으로 발전하였다.

① 복지시설 유형의 전문화 및 세분화: 국공립 양로시설, 요양원, 재활시설, 장애인생활시설
② 복지 인프라 확대로 지방정부의 민간 협력 체계 강화.
③ 1995년 국민기초생활보장제도 전 단계 준비로 공공복지 확대 기반

4) 전환기(2000년대): 인권 중심과 탈시설 담론의 등장

2000년대에 들어서면서 시설 내 인권침해 사례가 사회적으로 문제화되었다. 특히 형제복지원 사건은 시설의 폐쇄성과 폭력성을 드러내며 '시설 중심 돌봄'에 대한 사회적 반성을 이끌어냈다.

이에 따라 '탈시설', 즉 지역사회 중심의 돌봄으로의 전환이 논의되기 시작했다. 또

한 2008년에는 노인장기요양보험제도가 도입되어 노인요양시설의 국가 지원이 제도화되었고, 복지서비스의 질을 평가하는 제도도 본격화되었다.

① 시설 내 인권 문제 및 인권침해 사건 대두: 형제복지원 사건
② 탈시설(community-based care) 정책 논의 시작.
③ 국가의 서비스 품질 관리 강화.

5) 현대기(2010년대~현재): 탈시설 실현과 지역사회 통합 돌봄

고령사회로의 진입과 함께 돌봄의 수요가 폭증하고 있으며, 국민들은 삶의 질과 자율성을 중요하게 여기게 되었다. 이에 따라 정부는 기존의 대형 수용시설에서 벗어나, 개별화된 서비스와 지역사회 기반의 돌봄으로 전환을 추진하고 있다.

2018년부터 '커뮤니티 케어' 시범사업이 시작되었고, 2021년에는 '장애인 탈시설 로드맵'이 발표되며, 모든 사람이 지역사회에서 자립생활을 할 수 있도록 지원하는 정책이 추진 중이다. 또한, 스마트 돌봄 기술도 시범적으로 적용되고 있다.

① 탈시설 정책 본격 추진: 이용자 중심, 지역 기반 돌봄 강화.
② 디지털 기반, 복합형 돌봄 서비스 확산.
③ 커뮤니티 케어 정책의 추진.

3. 시설의 유형 및 기능

돌봄 시설이란, 노인의 신체적·정신적 상태 및 생활환경에 따라 적절한 보호와 돌봄 서비스를 제공하는 공간을 의미한다. 이는 노인의 일상생활 지원, 건강관리, 정서적 안정, 사회적 교류를 목적으로 하며, 공공 또는 민간 부문에서 운영된다. 이러한 시설은 노인의 자립능력 수준, 건강 상태, 가족의 돌봄 여건 등에 따라 다양하게

구성되며, 노인이 시설 내에서 생활하거나 시설을 방문해 서비스를 받을 수 있도록 지원한다.

돌봄 시설은 이용형태, 운영 주체, 서비스 기능, 법적 근거에 따라 분류할 수 있다.

1) 노인요양시설(요양원)[1]

노인요양시설은 「노인장기요양보험법」에 따라 설립된 입소형 장기요양기관으로, 신체적·정신적 기능이 저하되어 일상생활을 스스로 수행하기 어려운 노인에게 전문적인 돌봄 서비스를 제공하는 시설이다. 이 시설은 장기요양등급 판정을 받은 노인을 대상으로 하며, 일반적으로 65세 이상의 노인 중 장기요양 1~5등급 또는 인지지원등급을 받은 사람이 해당된다. 또한, 65세 미만이라 하더라도 치매나 파킨슨병과 같은 노인성 질환이 있는 경우에는 이용이 가능하다.

노인요양시설에서는 식사·배변·목욕 등 기본적인 일상생활을 보조하는 것뿐만 아니라, 전문적인 간호 및 간병 서비스가 함께 제공된다. 더불어 물리치료나 인지기능 향상을 위한 재활 프로그램, 그리고 개인별 장기요양계획의 수립 및 가족 상담 등도 중요한 기능으로 포함된다.

이러한 시설은 장기요양보험제도에 의해 일부 운영비가 지원되며, 입소 노인은 본인부담금 외에 건강보험공단의 재정 지원을 통해 비교적 안정적인 돌봄 서비스를 받을 수 있다. 시설 내에는 요양보호사·간호사·사회복지사 등의 상주 인력이 24시간 교대 근무를 하며, 안전하고 지속적인 케어가 이루어진다.

따라서 노인요양시설은 일상생활의 전반적인 도움과 간병이 필요한 고위험군 노인에게 적합한 시설로, 주거와 요양 기능을 동시에 수행하는 돌봄 공간이라 할 수 있다. 특히 의존도가 높은 노인에게는 신체적 보호뿐 아니라 정서적 안정을 제공하는 중요한 사회복지 인프라로 기능한다.

2) 요양병원[2]

요양병원은 노인성 질환이나 만성질환, 또는 수술 후 회복기에 있는 환자에게 장기적인 치료와 간호를 제공하는 의료기관이다. 일반 병원이 주로 단기적·급성기 치료를 제공하는 것과 달리, 요양병원은 환자의 일상 기능 회복과 삶의 질 유지를 목표로 한다. 특히 거동이 불편하거나 지속적인 간호가 필요한 고령자를 대상으로 하는 의료 돌봄에 특화되어 있다.

요양병원은 「의료법」에 근거하여 설립되는 의료기관이며, 「노인복지법」상 노인복지시설에는 포함되지 않는다. 그러나 현실적으로는 노인의 치료와 돌봄이 동시에 이루어지는 대표적 시설로 기능하고 있다. 단순한 입원치료를 넘어서, 요양병원은 재활치료, 물리치료, 인지기능 강화, 정서적 지원 서비스 등을 포함한 포괄적 관리 체계를 갖추고 있으며, 다양한 전문 인력들이 팀을 이루어 다학제적 접근을 실행한다.

요양병원의 주 대상은 치매·중풍·파킨슨병 등 노인성 질환을 가진 노인과 수술 후 회복기 환자, 그리고 만성질환으로 인해 지속적인 관찰과 처치가 필요한 환자들이다. 또한 장기요양등급을 받지 않은 고령자라도 의료적 판단에 따라 입원이 가능하다.

요양병원의 가장 큰 특징은 의료기관으로서의 정체성을 갖고 있다는 점이다. 의사·간호사·치료사가 상주하며, 진단·처치·투약·재활 등 다양한 의료서비스를 제공한다. 이러한 의료적 기능은 일반 노인요양시설(노인요양원)과 구별되는 점이다.

[표6-2] 공공시설과 민영시설의 비교

구분	공공 운영 시설	민간 운영 시설
운영 주체	국가, 지자체, 공공기관	개인, 민간법인, 사회복지법인 등
설립 목적	공공복지 실현, 취약계층 보호	돌봄 서비스 제공 및 일부 수익 창출 목적 병행
입소 우선 대상	기초생활수급자, 저소득층, 긴급보호 대상자 등	일반 요양등급 판정자(소득 무관)
이용 요금	상대적으로 저렴(공공 보조 비율 높음)	다소 높은 편 (시설별 차이 있음)
시설 규모 및 환경	중·대형 중심, 인원 제한 있음	소형~대형 다양, 시설 환경에 경쟁력 있음
서비스 내용	기본 요양서비스 중심, 공공 기준에 충실	차별화된 프로그램 및 서비스 가능

인력 배치	법정 기준 충실히 준수	법정 기준 + 일부 시설은 우수 인력 추가 배치
감독 및 평가	국가 및 지자체 직속 관리 및 감사 대상	장기요양기관 지정·평가 기준 적용, 민간 감사 대상
입소 대기	수요 대비 공급 부족으로 대기자 많음	시설에 따라 입소 가능 여부 다양
운영 투명성	정보공개 의무 높음, 회계·운영 기준 명확	시설별 편차 있음, 운영 수준 다양

요양병원은 의료와 돌봄이 통합된 형태의 시설로서, 고령사회에서 중증 노인에 대한 지속적이고 전문적인 관리가 필요한 상황에 매우 중요한 역할을 수행하고 있다.

[표6-3] 요양원과 요양병원의 비교

구분	요양원	요양병원
설치 근거	노인복지법	의료법
주요 기능	생활 돌봄 중심	의료 + 돌봄 병행
입소 대상	장기요양등급 판정자 (등급 1~5)	의학적 치료나 간호가 필요한 노인
운영 주체	지자체, 사회복지법인 등	민간의료기관 또는 병원법인
의료 인력	간호조무사, 요양보호사	의사, 간호사, 치료사 등 상주
급여 형태	장기요양보험 적용	건강보험 적용
입소 기간	장기 입소 가능	의료적 필요에 따라 장기 입원 가능
서비스 내용	일상생활 보조, 위생관리, 식사 및 기본 돌봄	의료처치, 투약, 재활치료, 간호서비스
간병 서비스	요양보호사 제공	개별 간병인 고용 또는 간병통합서비스 제공

3) 노인요양공동생활가정

　노인요양공동생활가정은 요양등급을 받은 노인 6~9명이 한 집에서 함께 생활하며 돌봄을 받는 소규모 입소형 요양시설이다. 일반적인 대형 요양시설과 달리, 가정과 유사한 환경에서 노인이 보다 편안하고 안정된 생활/을 할 수 있도록 지원하는 것이 특징이다. 흔히 '그룹홈(Group Home)'이라고도 불리며, 주거 공간과 돌봄 서비스를 결합한 형태로 운영된다.

　이러한 시설은 비영리기관이나 지역사회 기반의 민간단체가 운영하며, 정해진 인원 수 이상의 입소자를 받지 않도록 법적으로 제한된다. 소규모 운영의 장점은 개별 맞춤형 돌봄을 가능하게 하고, 입소자 간의 친밀한 관계 형성, 그리고 지역사회와의 연계를 보다 활발하게 할 수 있다는 점이다.

　서비스 내용은 가정식 식사 제공, 청결 관리, 간단한 건강관리, 정서적 지원 활동, 여가 프로그램 등으로 구성되며, 요양보호사와 관리 책임자가 상주하여 입소자의 생활을 지원한다. 또한, 가족 방문과 지역 자원과의 연결이 비교적 자유로워 사회적 고립감을 줄이고 자존감을 유지할 수 있는 환경을 제공한다.

　예를 들어, 전라북도의 'ㅇㅇ실버하우스'는 기존의 단독주택을 리모델링하여 8인의 노인이 공동생활을 하도록 설계한 그룹홈으로, 일상에서 함께 식사하고 대화를 나누며 자연스럽게 공동체 생활을 이어가고 있다. 강원도 'ㅇㅇ노인공동생활가정'은 지역 자원봉사자와 주민들이 자주 방문하여 문화·정서적 교류 활동을 지속함으로써 지역사회 기반의 돌봄 모델을 실현하고 있다.

　노인요양공동생활가정은 삶의 질을 중시하고자 하는 현대 노인복지의 방향성을 잘 보여주는 시설 유형으로, 향후 탈시설 정책 및 지역사회 통합돌봄 체계에서도 핵심적인 역할을 할 것으로 기대된다.

4) 치매전담형 요양시설

　치매전담형 요양시설은 치매 진단을 받은 노인을 대상으로 인지 기능 유지와 행동 증상 완화에 중점을 두고 운영되는 특화형 장기요양시설이다. 기존의 일반 요양시설과는 달리, 치매 노인의 특성과 욕구를 반영하여 환경, 프로그램, 인력 구성이 모두 차별화되어 있다.

이러한 시설은 크게 두 가지 형태로 나뉜다. 하나는 일반 요양시설 내에 별도의 치매전담실을 설치하여 운영하는 방식이며, 다른 하나는 아예 독립된 치매전담형 요양시설로 설립되는 방식이다. 두 형태 모두 일정 요건을 충족해야 하며, 「장기요양보험법」과 관련 지침에 따라 운영된다.

치매전담형 시설의 가장 큰 특징은 저자극·안정 중심의 환경 설계와 소그룹 케어다. 치매 노인은 주변 자극에 민감하고 혼란을 겪기 쉬우므로, 과도한 소음이나 시각 자극을 피하고, 6~9인 정도의 소규모 생활 공간에서 돌봄을 제공하는 방식이 일반적이다. 또한, 인지기능 자극 프로그램, 행동증상 완화 프로그램, 생활기능 유지 훈련 등 인지적 개입이 체계적으로 이루어진다.

시설에는 반드시 치매전문교육을 이수한 간호사, 요양보호사, 사회복지사 등의 전문인력이 배치되어야 하며, 입소자에 대한 지속적인 상태 관찰, 가족 상담, 위기상황 대응 등의 서비스도 함께 제공된다.

예를 들어, 경기도 C치매전담형 요양센터는 인지활동치료실과 음악·미술치료실을 갖추고 있으며, 가족들이 시설과 함께 치매 환자의 상태를 점검하고 돌봄 계획을 조정할 수 있도록 상담실 및 정기 가족회의를 운영하고 있다. 부산 D노인요양원은 일반 병동과 치매 병동을 명확히 분리하여, 각각의 필요에 맞는 환경과 프로그램을 제공하고 있다.

정부는 2015년 이후 치매국가책임제를 강화하며 치매전담형 시설의 확대 설치를 장려하고 있으며, 치매전문 교육, 시설 기준, 프로그램 운영지침 등을 지속적으로 고도화하고 있다. 이와 같은 시설은 고령사회에서 증가하는 치매 돌봄 수요에 대응하는 핵심 인프라로서 중요한 역할을 담당하고 있다.

5) 주·야간보호센터

주·야간보호센터는 노인이 가정에 거주하면서도 주간(또는 야간) 시간 동안 보호와 돌봄을 받을 수 있도록 설계된 재가형 노인 돌봄시설이다. 이 시설은 일정 시간 동안 보호가 필요한 노인을 위탁받아 식사·개인위생·건강관리·인지활동·여가프로그램 등을 제공함으로써, 가족의 돌봄 부담을 완화하고 노인의 생활 안정과 기능 유지에 기여한다.

보통 보호자는 생업이나 외부 일정으로 인해 하루 중 일정 시간 동안 노인을 직접 돌보는 것이 어렵기 때문에, 주·야간보호센터는 이 공백을 안전하게 메워주는 중요한 돌봄 자원이다. 센터에서는 전문 교육을 받은 요양보호사, 간호사, 사회복지사 등이 배치되어 노인의 건강 상태를 수시로 관찰하고 필요 시 간단한 의약품 복용 지도나 운동 프로그램을 제공한다. 또한, 치매 예방을 위한 인지자극 활동, 집단 미술치료, 음악활동 등도 정기적으로 운영되며, 이는 신체·정신 기능의 퇴행을 예방하는 데 긍정적인 영향을 미친다.

시설 이용은 「노인장기요양보험법」의 적용을 받는 장기요양 수급자라면 가능하며, 요양등급에 따라 이용 횟수와 본인부담금이 결정된다. 대부분의 센터는 아침에 차량으로 이용자를 자택에서 픽업하여 시설로 이동시키고, 저녁 무렵 다시 귀가시켜주는 이동지원 서비스도 함께 제공하고 있다.

주·야간보호센터의 가장 큰 장점은 노인이 지역사회 내에서 생활을 지속하면서도 안정적인 돌봄을 받을 수 있다는 점이다. 이는 시설 입소를 지연하거나 예방함으로써 노인의 자율성과 가족의 일상생활 유지 모두에 기여한다. 특히, 치매 초기 단계나 경도 신체기능 저하를 겪고 있는 노인에게 적합한 돌봄 모델로 평가된다.

6) 단기보호시설

단기보호시설은 일시적인 사유로 가정 내에서 노인을 돌볼 수 없는 상황이 발생했을 때, 노인을 단기간 시설에 입소시켜 임시로 보호·돌봄 서비스를 제공하는 재가형 노인 돌봄시설이다. 보호자의 질병, 여행, 긴급한 외출, 일시적 부재, 또는 노인의 일시적 건강 저하와 같은 상황에서 가정 돌봄의 공백을 메우는 대체 서비스로 활용된다.

이용 대상은 「노인장기요양보험법」에 따라 장기요양등급을 받은 노인이며, 보통 1일에서 최대 30일까지의 단기 기간에 시설을 이용할 수 있다. 시설에서는 노인이 안전하고 편안한 환경에서 지낼 수 있도록 숙박, 식사, 위생관리, 간호·간병, 사회적 상호작용 프로그램 등을 제공하며, 필요시 의약품 복용 관리나 의료적 지원도 병행된다.

단기보호시설은 일반 요양시설과 유사한 환경을 갖추고 있지만, 이용 기간이 비교적 짧고 탄력적인 점이 가장 큰 차이점이다. 대부분의 시설은 보호자의 사전 예약과 함께 입소 여부가 결정되며, 노인의 건강 상태와 요양등급에 따라 제공되는 서비스 수준이 조정된다. 특히 노인이 장기요양보험 수급자일 경우, 본인부담금 일부를 제외한 비용은 건강보험공단의 지원을 통해 보조받을 수 있다.

이러한 단기보호시설은 가족 돌봄의 일시적 부담을 줄여주며, 보호자가 안심하고 외출이나 휴식을 할 수 있는 여건을 조성하는 데 기여한다. 동시에 노인에게는 새로운 환경에서의 사회적 자극과 프로그램 참여를 통한 활력 제공이라는 측면에서도 의미가 있다. 재가 돌봄과 시설 돌봄의 중간지점에서 유연하게 활용될 수 있다는 점에서, 고령사회의 복합적인 돌봄 수요에 대응하는 핵심 인프라로 주목받고 있다.

7) 양로시설(생활시설)

양로시설은 가족이나 가까운 보호자가 없거나, 생활이 어려워 자립적인 일상생활이 곤란한 노인을 대상으로 주거와 기본 생활을 지원하는 공공 복지시설이다. 일반적으로 '생활시설'이라고도 불리며, 「노인복지법」에 근거하여 국가 또는 지방자치단체, 사회복지법인 등이 설치·운영한다.

이 시설은 65세 이상의 무의탁 노인이나 경제적 어려움을 겪는 노인을 보호 대상으로 하며, 단순한 수용이 아닌 안정된 노후 생활을 보장하기 위한 복지서비스를 제공하는 데 목적이 있다. 양로시설에서는 숙식 제공은 물론, 간단한 건강관리, 심리·정서적 지지, 종교 활동, 여가 프로그램 등 다양한 생활 지원 서비스가 이루어진다.

특히 입소자의 자율성과 존엄성을 존중하며, 가능한 한 지역사회와의 연계를 통해 사회적 고립을 방지하고자 노력한다. 이러한 양로시설은 시설마다 정원 기준, 생활공간 배치, 안전설비 등에 대한 법적 요건을 충족해야 하며, 운영의 투명성과 서비스 질을 높이기 위한 정기 평가도 이루어진다.

4. 입소 절차 및 평가[3]

노인 요양시설 입소는 단순한 전입 절차가 아니라, 노인의 건강 상태와 생활환경을 고려하여 가장 적절한 돌봄 환경을 선택하는 복합적인 결정 과정이다. 입소는 보통 노인의 신체적·인지적 기능 저하, 가족 돌봄의 어려움, 의료적 필요 등으로 인해 검토되며, 이를 위해 공적인 인정 절차와 행정적 과정이 요구된다.

본 절차는 입소 필요성 인지에서 시작하여 장기요양등급 신청, 시설 탐색과 상담, 서류 제출 및 계약 체결, 입소 후 초기 적응에 이르기까지 총 8단계로 이루어진다. 각 단계는 노인의 권리와 자기결정권을 존중하면서 안전하고 적절한 돌봄 환경을 마련하기 위한 중요한 과정이다.

1) 입소 필요성 평가

노인 요양시설 입소의 첫 번째 단계는 입소 필요성에 대한 평가이다. 이는 단순히 시설 이용 여부를 결정하는 절차를 넘어, 노인의 신체적·정신적 기능 상태, 사회적 환경, 돌봄 욕구를 종합적으로 판단하여 가장 적절한 돌봄 방식을 선택하는 데 기반이 된다.

입소 필요성 평가는 주로 다음과 같은 측면에서 이루어진다.

첫째, 신체적 기능 저하 여부이다. 이는 일상생활수행능력(ADL) 또는 도구적 일상생활능력(IADL)의 저하 정도로 평가할 수 있으며, 대표적으로 보행, 식사, 목욕, 배변 등의 활동에서 도움을 필요로 하는 경우가 해당된다.

둘째, 인지기능 상태의 확인이다. 치매나 인지장애가 있는 노인의 경우,

[표6-4] 입소 의사결정능력 평가척도

입소 의사결정능력 평가척도

- 평가일: .   .   .
- 평가 대상자 이름: _____   · 보호자 이름: _____

영역	문항	평가 내용	점수
정보 이해 능력	시설에 입소하면 어떤 일이 생기는지 설명해주세요.	시설 입소의 의미와 절차를 이해하고 있는가?	
관련 정보 인식	현재 본인의 건강이나 생활 상태에 대해 어떻게 생각하시나요?	본인의 상황을 인식하고 있는가?	
선택 대안 인식	시설에 가지 않고도 다른 방법이 있다고 생각하시나요?	대안을 인식하고 설명할 수 있는가?	
추론능력	입소와 미입소의 차이를 비교해 말씀해 보시겠어요?	장단점을 비교하여 설명할 수 있는가?	
의사 표현 능력	입소 여부에 대해 본인의 생각을 말씀해주세요.	명확하게 의사를 표현할 수 있는가?	
결정 일관성	며칠 전과 같은 선택을 지금도 하시겠습니까?	의사결정이 일관되게 유지되는가?	
의사결정 동기	왜 그렇게 결정하셨나요?	결정의 이유가 주체적인가?	
※ 점수 부여 기준 · 질문을 이해하지 못하거나 관련된 판단을 하지 못함: 0 점 · 부분적으로 이해하거나 제한적인 설명 가능함: 1 점 · 질문에 대해 명확하고 논리적인 설명 또는 판단이 가능함: 2 점			
총 점 _____ 점			
해석	· 12~14점: 의사결정 능력 충분 – 자기결정 존중 가능 · 8~12점: 일부 보조 필요 – 의사결정 지원, 보호자 협의 필요 · 0~7점: 의사결정능력 부족 – 대리결정, 법적 보호조치 고려		

혼자 생활하는 데 위험 요소가 많고, 외부 지원이 필수적이기 때문에 시설 입소가 고려된다. 인지기능은 MMSE(간이정신상태검사), CDR(치매평가척도) 등의 도구를 활용하여 평가할 수 있다.

셋째, 사회적 환경과 보호자 돌봄 여부이다. 독거노인, 보호자가 없는 경우, 또는 보호자가 있으나 돌봄 소진(burden) 상태일 경우에는 시설 입소의 필요성이 증가한다.

넷째, 의료적 상태와 만성질환 여부도 주요 평가 기준이다. 지속적인 의료 돌봄이 필요한 경우, 재가서비스로는 한계가 있기 때문에 시설 돌봄이 적합한 대안이 된다.

이러한 종합적인 평가를 바탕으로 공공기관(예: 국민건강보험공단)은 장기요양인정 등급판정을 통해 공식적으로 돌봄 필요 수준을 결정한다.

등급에 따라 입소 가능한 시설의 유형이나 이용할 수 있는 서비스 범위가 달라지므로, 정확하고 객관적인 입소 필요성 평가는 이후의 절차를 위한 매우 중요한 기초 단계라고 할 수 있다.

2) 장기요양등급 신청

노인 요양시설에 입소하기 위해서는 먼저 공적 장기요양서비스를 이용할 수 있는 자격을 갖추어야 하며, 이를 위해 장기요양등급 신청이 필수적이다. 장기요양등급은 노인의 신체적·인지적 기능 상태를 공식적으로 평가하여 요양서비스의 필요성과 지원 수준을 판정하는 제도이며, 국민건강보험공단에서 운영한다.

장기요양등급 신청은 노인 본인 또는 가족, 보호자 등이 공단에 직접 신청할 수 있으며, 가까운 국민건강보험공단 지사에 방문하거나 전화, 온라인(홈페이지)을 통해 접수할 수 있다. 신청서 접수 후 일정 기간 내에 공단의 전담 직원이 노인의 거주지에 방문하여 방문조사를 실시한다. 이 조사에서는 일상생활수행능력(ADL), 인지기능, 행동 변화, 간호처치 필요성 등의 항목을 종합적으로 평가한다.

3) 공단의 방문조사 및 등급 판정

장기요양등급 신청이 접수되면, 국민건강보험공단은 신청자의 실제 돌봄 필요 상태를 객관적으로 파악하기 위해 전문 조사요원을 가정으로 파견하여 방문조사를 실시한다. 이 조사는 노인의 신체적·인지적·행동적 기능 수준을 종합적으로 평가하는 절차로, 이후 등급 판정의 기초 자료가 된다.

방문조사에서는 주로 일상생활수행능력(ADL), 인지기능, 행동변화, 간호처치 필요성, 재활 요구, 질환 및 상태 등의 항목을 포함한 총 52개 문항에 대해 평가가 이루어진다. 예를 들어, 스스로 식사, 목욕, 옷 입기, 배변 조절이 가능한지 여부나 치매 증상, 불안정한 행동 여부 등이 주요 평가 요소이다. 또한 노인의 실제 건강 상태와 돌봄 상황을 이해하기 위해 보호자나 가족과의 면담이 병행되기도 한다.

조사 결과는 요양 인정 점수로 환산되어, 공단의 장기요양등급판정위원회에 제출된다. 위원회는 의사, 사회복지사, 간호사, 재활 전문가 등으로 구성되어 있으며, 서류 심사와 필요시 추가 자문을 거쳐 장기요양 1~5등급 또는 인지지원등급을 판정한다. 등급은 돌봄 필요 수준에 따라 구분되며, 등급이 높을수록 요양서비스의 필요성이 크다는 것을 의미한다.

등급 판정이 완료되면, 신청인에게 '장기요양인정서'와 '표준장기요양이용계획서'가 발송된다. 이는 요양시설 입소 시 필요한 공식 문서이며, 공적 지원을 받는 기반이 된다. 따라서 방문조사와 등급 판정 과정은 단순한 서류 절차가 아니라, 노인의 돌봄권리 보장과 적절한 자원 배분을 위한 핵심 과정이라 할 수 있다.

4) 요양시설 탐색 및 상담

장기요양등급이 확정되면, 다음 단계는 노인의 건강 상태와 생활 특성에 적합한 요양시설을 탐색하고 상담을 진행하는 과정이다. 이는 단순히 시설을 선택하는 것이 아니라, 노인의 삶의 질과 안전, 가족과의 접근성 등을 종합적으로 고려하여 가장 적합한 생활 공간을 찾는 과정으로 매우 중요하다.

요양시설 탐색은 보통 국민건강보험공단의 장기요양기관 정보포털, 각 지자체의 복지포털, 또는 지역 복지관 등을 통해 이루어진다. 또한 병원, 방문간호사, 케어매니저 등 전문가의 추천을 받는 경우도 많다. 이 과정에서 노인의 등급에 따라 입소 가능한 시설 유형을 구분해야 한다. 예를 들어, 장기요양 1~2등급은 일반 요양시설에, 경증 치매가 있는 경우는 치매전담형 요양시설이나 노인요양공동생활가정(그룹홈)이 적합할 수 있다.

시설을 선정할 때는 위치, 운영주체(공공/민간), 직원 구성, 프로그램 운영 여부, 입소비용, 식사와 위생 관리 상태, 응급 대처 체계 등 다양한 요소를 꼼꼼히 살펴보아야 한다. 이를 위해 전화상담과 함께 현장 방문을 통해 실제 환경을 직접 확인하는 것이 바람직하다. 현장에서는 입소자들의 생활 모습, 직원의 응대 태도, 시설의 청결 상태 등을 관찰하고, 입소 전후의 과정, 초기 적응 프로그램 등에 대해 상세히 설명을 듣는 것이 좋다.

상담 과정에서는 노인의 건강 상태와 특이사항을 미리 공유하고, 입소 대기 여부, 필요 서류, 초기 적응 계획 등에 대해 구체적으로 협의한다. 또한 계약 전 단계에서 시설 이용계약서와 설명서를 충분히 읽고, 보호자와의 협의 하에 신중하게 결정해야 한다.

이와 같은 탐색 및 상담 과정은 단순한 정보 수집이 아니라, 노인의 일상과 삶의 질을 결정짓는 중요한 판단의 시간이다. 따라서 충분한 시간을 갖고, 신중하게 접근할 필요가 있다.

5) 입소 신청 및 서류 제출

요양시설을 탐색하고 입소를 원하는 시설을 결정한 후에는, 해당 기관에 입소 신청을 하고 필요한 서류를 제출하는 단계가 진행된다. 이 과정은 행정적 절차에 해당하지만, 노인의 권리 보호와 서비스의 적정 제공을 위해 매우 중요하게 다루어진다.

입소 신청은 보통 보호자 또는 가족이 직접 시설을 방문하거나, 전화 상담 후 서류를 준비하여 접수하는 방식으로 이루어진다. 이때 요구되는 기본 제출서류는 다음과 같다.

① 장기요양인정서: 국민건강보험공단에서 발급받은 장기요양등급 확인 문서
② 표준장기요양이용계획서: 공단에서 제공하는 요양서비스 계획서
③ 주민등록등본 및 가족관계증명서: 법적 보호자 확인을 위한 자료
④ 의사소견서 또는 진단서: 노인의 건강 상태와 병력 확인을 위한 자료
⑤ 기타 추가 서류: 약물 복용내역, 예방접종 확인서 등

[표6-5] 요양시설 선택 평가

요양시설 선택 체크리스트

※ 아래 체크리스트는 노인 요양시설을 선택할 때 고려해야 할 주요 요소를 평가할 수 있도록 구성된 도구입니다. 각 항목에 대해 관찰하거나 질문한 내용을 바탕으로 점수를 부여하세요.

평가 항목	세부 내용	미흡 (1점)	보통 (2점)	우수 (3점)
입소자 건강 대응	치매, 와상, 복합질환 등 수용 가능 여부			
종사자 비율 및 전문성	요양보호사 수, 간호인력 배치, 교육이수 여부			
응급상황 대응 체계	응급대처 지침, 병원 연계, 보호자 연락체계			
청결과 위생 상태	화장실, 공용공간의 청결 상태 및 냄새유무			
식사 및 영양 관리	식단 구성, 특이 체질 반영, 식사 보조 여부			
사회·정서 프로그램	여가 활동, 인지 자극 프로그램, 정서지원 활동			
자기결정권 존중	개인생활 보장, 외출·외박의 자율성			
시설 분위기 및 태도	종사자 태도, 입소자 표정, 전반적 분위기			
계약 및 비용 투명성	입소비, 부대비용, 계약 조건 명확성			
가족 소통 및 면회	면회 시스템, 보호자 상담 및 회의 참여			

총점: _____ / 30점

〈해석 가이드〉

- 25~30점: 매우 적합한 시설로 입소 고려 가능
- 18~24점: 일부 조건 확인 후 입소 가능
- 17점 이하: 다른 시설과 비교 필요

시설에 따라 입소 전 면담 또는 사전건강평가(의료기관 검진)를 실시하는 경우도 있으며, 이 경우 입소자의 생활 습관, 질병 이력, 돌봄 요구사항에 대해 상세히 상담한다. 이를 통해 입소 후 돌봄 계획을 보다 정확히 수립할 수 있다.

또한 보호자는 입소 신청 시, 입소 대기 여부와 입소 가능 예상일, 비용, 이용규정 등을 정확히 확인하고, 입소 계약 전 설명을 충분히 듣는 것이 중요하다. 일부 시설은 대기자 명단에 등록한 뒤, 순번에 따라 입소를 진행하므로 이 점도 고려해야 한다.

정확한 서류 제출은 요양서비스의 신속한 제공을 위한 필수 조건이며, 향후 입소 계약 체결 및 요양급여 수급을 위한 기반이 되므로, 누락이나 오류 없이 준비하는 것이 바람직하다.

6) 입소 가능 여부 확인

요양시설에 입소 신청과 관련 서류를 제출한 후에는, 해당 시설에서 신청인의 입소 가능 여부를 판단하고 통보하는 절차가 이어진다. 이 과정은 시설의 수용 가능 인원, 입소자의 건강 상태, 돌봄 인력의 배치 현황 등을 종합적으로 고려하여 결정된다.

먼저 시설은 신청자가 제출한 장기요양인정서, 진단서, 상담 기록 등을 바탕으로 입소 적합성을 검토한다. 이때 노인의 신체적 상태나 인지 기능, 행동 특성 등이 시설의 돌봄 체계 안에서 적절히 관리 가능한 수준인지가 중요한 판단 기준이 된다. 예를 들어, 의학적 중재가 자주 필요한 경우에는 의료기관 연계형 시설이 적합할 수 있으며, 중증 치매 노인의 경우에는 치매전담형 요양시설을 고려하게 된다.

다음으로 확인되는 사항은 시설의 입소 정원 및 대기자 현황이다. 많은 요양시설은 정해진 정원에 따라 운영되기 때문에 즉시 입소가 불가능한 경우, 입소 대기자 명단에 등록되어 순번이 돌아올 때까지 대기하게 된다. 이때 보호자는 시설로부터 대기 순번, 예상 입소 시기, 공석 발생 시 통보 방법 등에 대해 안내받는다.

또한, 일부 시설은 입소 전에 건강 상태 재확인 또는 추가 면담을 요구하기도 한다. 이는 입소 후 돌봄 계획 수립과 초기 적응을 원활히 하기 위한 절차로, 입소자와 보호자 모두의 협조가 필요하다.

입소 가능 여부 확인 절차는 단순한 행정 절차가 아니라, 노인이 해당 시설에서 안정적으로 생활할 수 있는지를 판단하는 중요한 과정이다. 따라서 보호자는 시설과의 소통을 지속하며 입소 일정, 준비 사항, 초기 지원 계획 등을 충분히 숙지해야 하며, 여러 시설을 비교하여 대기 기간이 짧고 적합한 시설을 선택하는 것도 하나의 전략이 될 수 있다.

7) 입소 계약 및 준비

입소 가능 여부가 확인되면, 다음 단계는 요양시설과의 입소 계약 체결과 실질적인 입소 준비를 진행하는 과정이다. 이 단계는 단순히 행정적 서류를 작성하는 것을 넘어, 노인의 권리를 보호하고 적절한 돌봄 환경을 보장하기 위한 법적·실무적 준비를 포함한다.

입소 계약은 요양시설과 보호자(또는 법정대리인) 간에 체결되며, 시설 이용과 관련된 전반적인 사항을 포함한다.

① 요양서비스 범위와 제공 시간
② 입소비용과 납부 방식
③ 환불 규정
④ 면회 및 외출·외박 기준
⑤ 응급상황 발생 시 대응 방식
⑥ 계약 해지 조건 등

보호자는 계약 내용을 충분히 숙지하고 궁금한 점은 시설 담당자와 상담을 통해 명확히 해야 한다. 또한 시설에서는 입소 전에 입소 안내서를 제공하고, 노인의 건강 상태, 약물 복용 정보, 식이 특성, 정서적 필요 등을 파악하기 위한 사전 생활 상담을 진행한다. 이 정보를 바탕으로 시설은 노인 개개인에 맞춘 돌봄 계획(케어플랜)을 수립하게 된다.

입소 준비 과정에서는 개인 물품과 준비물을 미리 안내받는다. 일반적으로 필요한 준비물에는 실내복, 세면도구, 개인용품, 의료기록 복사본 등이 있으며, 금전 및 귀중품은 가져오지 않도록 권고된다. 시설에 따라 병원 진료 의뢰서, 보호자 연락처 등 추가 서류 제출을 요청하는 경우도 있다.

이 단계는 입소 후 노인이 낯선 환경에 보다 원활하게 적응할 수 있도록 하는 중요한 준비 과정이다. 따라서 보호자는 계약 체결 시 노인의 의견을 반영하고, 자기결정권이 존중될 수 있도록 함께 참여하는 것이 바람직하다. 아울러 계약 이후에도 시설과 지속적인 의사소통을 유지함으로써 안정적인 돌봄이 이루어질 수 있도록 해야 한다.

8) 시설 입소 및 초기 적응

입소 계약을 체결하고 준비가 완료되면, 노인은 정식으로 요양시설에 입소하게 된다. 이 시점부터는 본격적인 시설 생활이 시작되며, 초기 며칠에서 수 주 동안은 적응 기간(adjustment period)으로 간주되어 시설 측의 세심한 관찰과 돌봄이 병행된다.

초기 적응 과정은 노인에게는 새로운 환경과 규칙, 낯선 사람들과의 동거라는 심리적 부담을 동반하기 때문에, 신체적 돌봄뿐만 아니라 정서적 지지가 중요하게 작용한다. 많은 시설에서는 입소 초기에 생활 담당자가 배정되어, 노인의 일상생활 루틴을 파악하고 필요한 지원을 제공하며, 식사, 배변, 수면, 사회활동 등의 생활 리듬이 안정되도록 돕는다.

시설은 입소 후 7~30일 이내에 초기 건강평가 및 생활계획 회의(케어플랜 회의)를 통해 노인의 건강 상태, 인지기능, 감정 변화 등을 종합적으로 점검하고, 이에 맞는 개별화된 돌봄 계획을 수립한다. 이를 통해 식단 조정, 약물 복약 지도, 운동 및 인지 활동 프로그램 참여 여부 등이 결정된다.

초기 적응을 위한 가족의 역할도 매우 중요하다. 보호자는 입소 후 일정 기간 면회를 지속적으로 진행하거나 전화, 영상통화 등을 통해 정서적 연결을 유지함으로써 노인의 외로움과 불안을 완화시킬 수 있다. 또한 시설과 긴밀히 소통하며 초기 돌봄 상황을 점검하고, 문제 발생 시 신속히 조치할 수 있도록 협력해야 한다.

초기 적응 단계는 노인이 시설 생활에 심리적·사회적으로 안착하기 위한 중요한 전환기이며, 이 시기를 어떻게 경험하느냐에 따라 향후 돌봄의 질과 삶의 만족도에 큰 영향을 미치게 된다. 따라서 시설 종사자, 보호자, 노인이 함께 협력하여 이 시기를 안정적으로 넘어가는 것이 매우 중요하다.

5. 시설 생활과 돌봄 내용

1) 시설 생활의 이해

시설 생활은 노인의 일상생활 전반에 걸쳐 안전하고 건강하게 살아가도록 지원하는 환경이다. 시설 내 생활은 단순한 주거 제공을 넘어 신체적·정신적 건강과 사회적 관계 형성을 포괄적으로 지원하는 공간으로 설계되어야 한다. 시설 돌봄에서 생활 지원은 삶의 질을 좌우하는 중요한 요소로, 돌봄 종사자와 이용자 간의 긴밀한 상호작용 속에서 이루어진다.

2) 일상생활 활동 지원(ADL)

일상생활 활동(Activities of Daily Living, ADL)은 개인의 기본적인 신체적 활동을 포함한다. 대표적인 활동으로는 다음과 같은 항목들이 있다.

① 신체 청결 유지: 목욕, 양치질, 손발 관리 등
② 배설 관리: 화장실 이용 및 실금 관리
③ 식사 지원: 식사 준비, 식사 보조 및 영양 관리
④ 이동과 자세 관리: 보행 지원, 휠체어 이동 지원 등
⑤ 옷 입기와 개인 위생 유지

시설 돌봄은 이러한 활동을 통해 노인의 독립성을 최대한 유지하면서도 개별적인 요구를 존중하고 필요한 지원을 제공해야 한다.

3) 수단적 일상생활 활동 지원(IADL)

수단적 일상생활 활동(Instrumental Activities of Daily Living, IADL)은 보다 복합적이고 인지적인 활동을 포함한다. 주요 활동은 다음과 같다.

① 약물 관리: 정확한 시간과 용량에 맞춰 약물 복용 지원
② 금전 관리: 용돈 관리와 같은 개인적 재정 관리 보조
③ 외부 활동 참여: 병원 방문, 외출 동행, 사회적 활동 지원
④ 전화나 스마트 기기 활용: 가족 및 지인과의 소통 지원

이러한 활동 지원은 노인의 인지적 능력을 촉진하고 사회적 관계 유지를 돕는 데 중요한 역할을 한다.

4) 건강관리 및 의료 지원

시설 내에서 건강관리는 정기적인 건강 검진과 투약 관리, 그리고 응급상황 대응 등을 포함한다.

① 정기적인 건강 상태 모니터링 및 간호 서비스
② 만성질환 관리와 예방 교육
③ 응급상황에 대한 빠른 대응 체계 구축
④ 의료기관과의 협력을 통한 전문적인 의료서비스 제공

시설 돌봄에서는 의료적 관리와 건강 예방이 지속적으로 이루어져야 하며, 이를 통해 노인의 삶의 질을 높이고 안정을 유지할 수 있다.

5) 정서적·사회적 지원

시설에서의 돌봄은 신체적 지원뿐만 아니라 정서적이고 사회적인 지원이 병행되어야 한다. 이는 노인의 심리적 안정과 사회적 고립 방지를 위한 중요한 요소로 다음과 같은 내용을 포함한다.

① 여가 활동 지원: 취미 활동, 문화 프로그램 참여 지원
② 대인 관계 촉진: 시설 내 사회활동과 그룹 참여 독려
③ 심리상담 및 정서적 지지 서비스 제공
④ 가족 및 지역사회와의 연계 활동 지원

돌봄 종사자는 이용자의 정서적 안정과 행복감을 유지하도록 다양한 프로그램을 개발하고 적극적으로 개입해야 한다.

6) 돌봄 종사자와 이용자의 관계 형성

돌봄의 질은 돌봄 종사자와 이용자 간의 신뢰와 존중에 기반을 둔 관계 형성에서 출발한다. 이를 위해 다음과 같은 노력이 필요하다.

① 개별 노인의 특성 및 욕구에 대한 지속적인 파악
② 존중과 배려를 기반으로 한 소통 방식 유지
③ 이용자의 프라이버시 존중과 자기결정권 보장
④ 정기적인 피드백과 관계 개선 노력

이러한 관계 형성을 통해 시설 돌봄 환경에서 신뢰와 존중의 문화가 정착될 수 있다. 시설 생활과 돌봄 내용은 노인의 삶의 질을 결정짓는 핵심적 요소로서 체계적이고 지속적인 관리가 필수적이다.

6. 시설 돌봄의 윤리와 인권

1) 시설 돌봄에서의 윤리적 원칙

시설 돌봄은 신체적 돌봄을 넘어, 이용자의 존엄성과 권리 보장을 최우선으로 고려해야 한다. 시설에 입소한 노인은 다양한 질병이나 장애로 인해 의사결정 능력이 저하될 수 있으며, 타인의 도움 없이는 일상생활이 어려운 경우가 많다. 이러한 상황은 자칫 돌봄제공자 중심의 서비스로 이어질 위험이 있으며, 이에 따라 윤리적 기준이 매우 중요하다.

시설 돌봄의 윤리적 원칙은 다음과 같은 핵심 가치에 기반한다.

① 자기결정권(Self-determination): 가능한 한 입소 노인의 선택과 의사를 존중해야 하며, 사소한 일상에서도 참여 기회를 보장해야 한다.
② 존엄성(Dignity): 나이·질병·신체기능과 관계없이 인간으로서의 고유한 가치를 지켜야 한다.
③ 정의(Justice)와 차별금지(Non-discrimination): 성별, 경제력, 가족 유무 등에 따라 차별 없이 공정하게 돌봄을 제공해야 한다.

2) 시설 내 인권 보장의 핵심 요소

(1) 사생활 보호와 프라이버시

공동생활이 주를 이루는 시설환경에서 사생활 보호는 매우 중요한 이슈이다. 개인

공간의 확보, 목욕·배변 시 프라이버시 보호, 방문객 접견 시 개별 공간 보장 등이 구체적 실천 방안이 된다.

예를 들면, 한 요양원에서는 가족 면회 시 공용 로비가 아닌 별도의 상담실을 활용해 사적인 대화를 나눌 수 있도록 운영하는 경우다.

(2) 언어와 표현의 존중

직원들이 노인을 '환자'로 취급하거나 '어르신'대신 '할머니, 할아버지'라 부르는 경우, 존엄성을 훼손할 수 있다. 말투나 언어 습관 또한 돌봄의 질을 결정하는 중요한 요소이다.

(3) 학대 예방 및 대응

노인학대는 신체적·정서적·성적·경제적 학대뿐 아니라 방임도 포함된다. 시설에서는 학대 예방 교육, 감시체계, 외부 고충 신고 채널을 마련해 인권을 보호해야 한다.

"노인학대 예방의 날"을 정해 전 직원이 관련 교육을 받고, 입소자와 가족에게도 고지하는 시설이 증가하고 있다.

3) 윤리적 딜레마와 판단 기준

시설에서는 아래 [표6-6]와 같은 윤리적 딜레마가 자주 발생한다.

[표6-6] 윤리적 딜레마 상황

상 황	윤리적 쟁점	고려할 원칙
치매 노인의 외출제한	안전 vs. 자율성	자기결정권, 보호의무
거부하는 목욕을 강제로 진행	위생관리 vs. 의사 존중	비강제성, 설득 기반 대화
심신약화 노인의 지속적 투약	의학적 필요 vs. 부작용 우려	생명권, 건강권, 동의

이러한 경우, 다학제적 접근(사회복지사, 간호사, 보호자, 의사 등의 협의)을 통해 종합적 판단이 이뤄져야 한다.

노인복지법 및 장기요양보험법은 시설의 인권보장을 위한 법적 틀을 제공한다. 노인인권보호지침, 노인학대신고체계 등이 운영되고 있으며, 관련 기관(국가인권위원회, 노인보호전문기관)과의 협업이 중요하다.

시설은 인권교육을 의무적으로 실시하고, 인권침해 시 즉각 대응할 수 있는 절차를 마련해야 한다.

7. 시설 종사자의 전문성과 역할

노인요양시설은 다양한 분야의 전문 인력이 협업하여 노인의 삶의 질을 향상시키는 복합적 돌봄 공간이다. 물리적 환경과 제도적 기반이 갖추어졌더라도, 돌봄의 성패는 결국 현장에서 일하는 사람들의 역량과 협력에 달려 있다. 따라서 시설돌봄 종사자들의 역할을 이해하고, 그들의 전문성과 직무역량 강화를 위한 체계적인 접근이 중요하다.

1) 주요 종사자별 역할

(1) 요양보호사

요양보호사는 노인과 가장 밀접하게 상호작용하며 일상생활을 지원하는 핵심 인력이다. 신체적 돌봄(식사, 배설, 목욕, 이동 보조 등)뿐 아니라 정서적 교감과 안전한 생활환경 조성을 책임진다. 또한 응급상황 시 신속한 대응과 보고체계를 유지하며, 노인의 일상 변화를 관찰하고 기록하는 역할도 수행한다.

(2) 간호사(또는 간호조무사)

의료적 지식과 기술을 바탕으로 건강관리, 약물 투약, 상처 처치, 의료기기 관리,

건강 상태 모니터링 등을 수행한다. 의사와 연계한 진료 보조 및 건강 사정은 물론, 요양보호사와 협력하여 노인의 건강 상태에 따른 맞춤 돌봄계획 수립에 참여한다.

(3) 사회복지사

사회복지사는 입소자의 심리·사회적 욕구를 파악하고, 개인별 서비스 계획을 수립·조정하는 역할을 한다. 가족과의 의사소통, 지역사회 자원 연계, 여가·사회참여 프로그램 기획 등도 포함되며, 돌봄 과정에서의 갈등 조정자로서의 기능도 수행한다.

(4) 시설장(시설 운영 책임자)

시설장은 종사자의 인력배치, 서비스의 질 관리, 행정적 책임, 외부 평가 및 감사 대응 등을 총괄한다. 법적 기준에 맞는 시설운영을 보장하며, 종사자의 근무환경 개선과 교육 체계 마련, 윤리문화 확산에 중추적 역할을 한다.

2) 협업과 팀 기반 돌봄

시설돌봄은 단일 전문직 중심이 아닌 다학제적 협업 체계로 운영되어야 한다. 요양보호사·간호사·사회복지사·영양사·물리치료사 등은 각각의 전문성을 바탕으로 노인의 신체적·정신적·사회적 돌봄에 함께 개입한다. 효과적인 팀워크는 다음과 같은 요소로 이루어진다.

① 정기적 사례회의를 통한 정보 공유와 서비스 조정
② 의사소통 훈련과 직무 간 이해 증진
③ 공동의 돌봄 목표 설정과 역할 명확화

3) 직무 교육과 전문성 강화

종사자의 전문성을 유지하고 강화하기 위해서는 정기적인 직무교육과 현장 중심의 연수가 필수적이다. 주요 교육 내용은 다음과 같다.

① 기초 교육: 노인질환, 치매돌봄, 감염관리, 응급처치
② 심화 교육: 인권과 윤리, 의사소통 기술, 문제행동 대응
③ 현장 연계: 실습 중심 교육, 사례 기반 학습, 멘토링 제도

직무 교육은 단지 지식을 전달하는 것을 넘어, 돌봄의 질적 향상과 소진 예방, 직무 만족도 제고에 기여한다.

4) 돌봄윤리와 종사자의 과제

시설 내 돌봄 종사자들은 매일 윤리적 판단을 요구받는 상황에 직면한다. 예컨대, 자기결정권 존중과 안전보호의 경계, 신체억제의 필요성과 인권의 충돌, 가족과의 이해관계 조정 등이 있다. 윤리적 감수성을 높이기 위한 다음과 같은 노력이 요구된다.

① 윤리교육 및 사례 나눔의 일상화
② 노인의 권리 선언문과 지침 공유
③ 내부 고충 처리 및 학대 예방 체계 마련

시설돌봄 종사자는 단순한 노동자가 아닌, 전문직으로서의 책임과 소명의식을 지닌 돌봄 실천자이다. 이들의 협업과 전문성, 윤리의식이 곧 시설의 서비스 질을 결정짓는다. 따라서 이들을 위한 교육, 지원, 정책적 배려는 노인돌봄의 지속 가능성을 확보하는 가장 중요한 과제 중 하나이다.

[표6-7] 시설종사자 자기평가표

시설 종사자 자기평가표

다음은 노인요양시설 종사자의 자기점검을 위한 평가표입니다.
각 문항에 대해 자신의 현재 수행 수준을 평가해보세요.

1점(전혀 아니다). 2점(아니다). 3점(보통이다). 4점(그렇다). 5점(매우 그렇다)

평가 영역	세부 항목	점수 1	2	3	4	5
기본업무 수행	일상생활 지원 업무(식사, 배설, 위생 등)를 정확히 수행한다.					
	응급상황 발생 시 적절한 초기 대응을 할 수 있다.					
의사소통 및 협업	감염 예방과 위생 관리를 철저히 실천하고 있다.					
	팀 내 다른 직무자들과 원활히 협력하고 있다.					
	입소자 및 보호자와 친절하고 명확하게 소통하고 있다.					
전문성 개발	직무 관련 교육이나 연수에 적극적으로 참여하고 있다.					
	노인질환, 치매, 심리변화 등에 대한 지식을 지속적으로 학습한다.					
윤리와 인권	입소자의 인권과 자기결정권을 존중하고 있다.					
	돌봄 중 인격적 언어와 태도를 유지하려 노력한다.					
	부당한 처우나 학대 상황에 대해 민감하게 인식하고 있다.					
서비스의 질	서비스 수행 후 피드백을 반영해 개선하려고 노력한다.					
	나의 돌봄이 노인의 삶의 질 향상에 기여하고 있다고 느낀다.					

총점: _____ / 60점

〈해석 가이드〉

- 55점 이상: 돌봄 역량이 우수하며 전문성과 태도가 잘 갖추어짐
- 41~54점: 대부분의 영역에서 평균 이상이나, 일부 영역 보완 필요
- 40점 이하: 역량 향상을 위한 교육 및 피드백이 요구됨

8. 보호자의 역할

노인이 요양시설에 입소한 이후에도 가족으로서 보호자의 역할은 끝나지 않는다. 오히려 시설 환경에서의 삶의 질을 높이기 위해 보호자의 적극적인 참여와 협력은 더욱 중요해진다. 보호자는 단순한 방문객이나 후견인이 아닌, 정서적 지지자이자 정보 제공자, 감시자, 의사결정의 동반자로서 중요한 위치에 있다.

1) 정서적 지지자

입소 초기, 노인은 낯선 환경에 대한 불안과 심리적 위축을 겪기 쉽다. 이 시기 보호자의 정기적인 면회와 교류는 정서적 안정을 돕는 심리적 버팀목이 된다. 또한 지속적인 연락과 관심은 노인의 사회적 소외를 예방하고, 자신의 삶에 대한 통제감을 회복하도록 지원하는 역할을 한다.

2) 정보 제공자 및 협력자

시설 종사자가 노인을 잘 이해하고 적절한 돌봄을 제공하기 위해서는 가족이 제공하는 정보가 매우 중요하다. 보호자는 노인의 병력, 식습관, 성격 특성, 선호도, 과거의 삶의 맥락 등 세밀한 정보를 전달하여 개인화된 돌봄 계획 수립에 기여할 수 있다.
또한, 보호자는 종사자와의 신뢰 기반 의사소통을 통해 변화된 건강 상태나 돌봄 요구를 공유하며, 맞춤형 돌봄이 안정적으로 지속될 수 있도록 협력하는 중요한 주체다.

3) 권리 보호자 및 외부 감시자

시설이라는 폐쇄적 공간에서는 노인의 인권이 침해될 위험이 존재할 수 있다. 이에 보호자는 외부 감시자이자 권리 대변인으로서 역할을 수행할 수 있다. 부당한 대우나 학대 정황이 감지될 경우, 보호자는 이를 즉각 시설에 알리고 시정 조치를 요구해야 하며, 상황에 따라 외부 기관(장기요양기관 평가센터, 국민건강보험공단 등)에 신고할 수 있다.

이러한 역할은 시설 서비스의 책임성을 제고하고, 더 나은 돌봄 환경을 형성하는 데 기여한다.

4) 의사결정의 동반자

입소 이후에도 노인에게는 다양한 의료적, 생활적 의사결정이 요구된다. 보호자는 노인의 의사결정 능력을 존중하는 동시에, 필요한 경우 의사결정의 동반자로서 기능한다. 예를 들어 투약, 병원 전원, 특정 돌봄 서비스 선택 등은 보호자와의 협의 아래 결정되며, 이는 노인의 자기결정권을 실현하는 실질적 지원이 된다.

오늘날의 돌봄은 단순히 전문가 중심의 일방적 서비스 제공이 아니라, 가족과 시설이 동등한 파트너로서 협력하는 상호작용의 과정이다. 보호자는 시설 운영의 외부 이해당사자이자, 어르신의 삶의 질을 지지하는 중요한 주체이다. 이러한 인식 아래, 보호자의 역할을 적극적으로 안내하고 소통을 강화하는 것이 좋은 돌봄 실현의 출발점이 된다.

[표6-8] 보호자 협조 사항

항목	세부 내용
면회 및 외출	사전 예약제 운영(감염병 상황 고려), 외출 시 서면 동의 필요
복지 및 의료 의사결정	중대한 건강 문제 또는 치료 선택 시 보호자 동의 필수
약품 및 물품 반입	의약품은 반드시 시설 간호사에게 전달, 금지 품목 확인
의사소통 창구	지정된 담당자(간호사, 사회복지사)와 연락 유지
비상 연락 체계	응급 상황 시 즉시 연락 가능한 보호자 정보 제공 및 유지
정기적 피드백	서비스 만족도 조사, 평가 참여 요청 시 적극 응답

9. 돌봄 시설의 평가와 선택기준

1) 시설돌봄 서비스 질 평가 기준과 방법

노인의 일상생활을 책임지는 시설돌봄은 단순한 돌봄 제공을 넘어, 서비스의 질을 지속적으로 유지하고 향상시키는 노력이 필수적이다. 노인의 건강, 안전, 존엄성이 보장되기 위해서는 객관적인 평가 기준에 따라 서비스가 체계적으로 관리되고 모니터링되어야 한다.

시설돌봄 서비스의 질은 다음과 같은 3가지 축을 기준으로 평가된다.

① 구조적 요소: 인력 구성, 시설 환경, 안전 시스템, 물리적 공간 등
② 과정적 요소: 돌봄서비스 제공 방식, 직원의 업무수행 태도, 의사소통 체계
③ 결과적 요소: 이용자의 건강 상태 변화, 삶의 질, 가족 및 이용자 만족도

평가 방법으로는 자체 평가, 외부 평가(국가 또는 민간), 이용자 피드백조사 등이 있으며, 다양한 이해관계자의 관점을 반영한 다원적 접근이 강조되고 있다. 이로써 단순한 점수화가 아닌, 개선 중심의 질 관리 문화가 정착될 수 있다.

2) 장기요양기관 평가제도의 이해와 활용

한국에서는 「노인장기요양보험법」에 따라 장기요양기관 평가제도가 정기적으로 시행되고 있다. 이 평가는 건강보험공단 산하의 국민건강보험공단 노인장기요양기관평가센터를 중심으로 3년 주기로 실시된다.

(1) 평가 목적
① 서비스 질 향상 유도
② 이용자 선택권 보장

③ 기관 간의 경쟁과 책무성 강화

(2) 평가 항목
① 기관운영: 운영규정, 운영위원회, 직원교육, 직원권익향상, 안전하고 쾌적한 환경조성, 낙상예방 환경조성, 시설안전 등
② 수급자 존중: 수급자(보호자) 참여강화, 지역사회 교류, 수급자의 권리, 응급상황대처, 감염관리, 수급자 건강관리 등
③ 서비스 제공: 통합적 사정, 급여제공계획 수립 및 제공, 구강관리, 목욕서비스, 배설관리, 욕창예방 및 관리 등
④ 서비스 관리: 기능회복훈련, 사례관리, 급여제공결과 평가, 간호의료서비스, 식사(간식)제공결과, 서비스 만족도 조사(유선) 등

평가 결과는 등급(A~E 등급)으로 분류되어 공표되며, 상위 등급 기관은 인센티브, 우선지원, 대국민 홍보 등의 혜택을 받을 수 있다. 반면 낮은 등급의 기관은 교육명령, 시정조치, 지정취소 등의 조치를 받을 수 있어, 제도는 질 향상 압력으로 작용한다.

[표6-9] 장기요양기관 평가지표[4]

장기요양기관 평가지표

평가영역	세부 영역	항목 수	점수
총 합계	8개 영역	45	100
기관운영	합 계	12	28
	기관관리: 운영규정, 운 영위원회, 직원 교육, 직원권익향상 등	8	18
	안전환경관리: 안전하고 쾌적한 환경 조성, 낙상예방, 시설안전 등	4	10
수급자 존중	합 계	11	24
	수급자 관리: 수급자(보호자) 참여강화, 지역사회 교류, 수급자의 권리 등	8	18
	수급자 건강: 응급상황대처, 감염관리, 수급자 건강관리	3	6

서비스 제공	합 계	11	25
	서비스 계획: 통합적 사정, 급여제공 계획수립 및 제공	2	4
	서비스 제공: 구강관리, 목욕서비스, 배설관리, 욕창예방 및 관리 등	9	21
서비스 결과	합 계	11	23
	수급자 상태: 기능회복훈련, 사례관리, 급여제공결과 평가, 간호의료 서비스 등	8	15
	만족도 평가: 식사(간식)제공결과, 서비스 만족도 조사(유선) 등	3	8

3) 시설돌봄 질 향상을 위한 사례 분석과 피드백 체계 구축

시설의 질 향상은 단지 평가 결과를 받아들이는 데 그치지 않고, 지속적인 자기 성찰과 개선 활동을 통해 이뤄진다. 실제 현장에서는 아래와 같은 사례 기반의 질 관리 노력이 이루어지고 있다.

(1) 개별화된 돌봄계획 수립

한 요양시설에서는 평가 결과 '개별 서비스 계획이 일률적'이라는 지적을 받자, 개별 욕구사정 도구를 개발하여 입소자마다 맞춤 계획을 수립하고 정기적으로 갱신하도록 개선하였다. 이로 인해 가족과의 신뢰도 상승과 함께 평가 점수가 향상되었다.

(2) 직원 피드백 시스템 도입

또 다른 시설에서는 종사자 간 의사소통 부족 문제를 해결하기 위해 주간 피드백 회의와 제안함 제도를 운영하였다. 이로 인해 사소한 실수 예방, 업무 개선 아이디어 공유, 직무 만족도 증진 등의 효과를 얻었다.

(3) 외부 컨설팅 및 질 향상 워크숍

평가에서 낮은 등급을 받은 기관 중 일부는 외부 전문가 컨설팅을 도입하거나, 동일 지역의 우수 시설과 연계하여 워크숍을 운영하였다. 이를 통해 문제 영역을 구체화하고, 현장 기반의 개선방안을 도출하는 데 큰 도움이 되었다.

[표6-10] 장기요양기관 평가등급표[5]

등급	평가점수	등급별 인센티브 및 조치
A등급 (최우수)	90점 이상	▪ 매우 우수한 기관으로 공표 ▪ 장기요양급여 수가 가산 혜택 가능 ▪ 공단 홈페이지 및 홍보물 등재 ▪ 홍보용 간판 부착 허용
B등급 (우수)	80~89점	▪ 안정적 기관으로 공표 ▪ 교육 및 컨설팅 우선 지원 ▪ 차기 평가 문서 간소화 대상
C등급 (보통)	70~79점	▪ 적정 수준으로 일부 개선 요구 ▪ 개선 권고 및 사례집 제공 ▪ 자체 개선계획 수립 요구
D등급 (개선)	60~69점	▪ 다수 영역 개선 필요 ▪ 공단 집중 컨설팅 제공 ▪ 일부 사업 참여 제한 가능 ▪ 종사자 재교육 권고
E등급 (미흡)	60점 미만	▪ 기준 미달, 시정 조치 필요 ▪ 개선계획서 제출 및 정기점검 ▪ 지정 취소 또는 급여비 삭감 가능 ▪ 행정처분 연계 가능

장기요양기관의 평가결과는 단순히 등급을 부여하는 데 그치지 않고, 이용자, 시설 운영자, 행정당국 모두에게 실질적인 의사결정 자료로 활용된다. 이처럼 다각적으로 활용되는 평가결과는 노인돌봄서비스의 질 향상뿐 아니라 제도 전반의 효율성과 투명성을 높이는 데 기여한다.

무엇보다 평가결과는 이용자의 선택권 보장에 중요한 역할을 한다. 국민건강보험공단은 평가 결과를 공단 홈페이지, 지역 노인복지관, 주민센터 등에 공표하며, 이를 통해 가족과 노인 이용자는 기관의 전반적인 수준을 사전에 확인하고 신중하게 선택할 수 있다. 이는 특히 치매나 거동불편 등으로 장기요양이 필요한 노인의 삶의 질에 직접적인 영향을 미치기에 중요한 기준이 된다.

아울러 시설 내부에서는 운영관리 지표로 평가결과를 적극 활용할 수 있다. 시설장은 평가 항목별 결과를 분석하여 조직의 강점과 약점을 진단하고, 이에 기반한 교육계획 수립, 인력 재배치, 서비스 매뉴얼 정비 등의 전략을 수립하게 된다. 이 과정은 단기적인 평가 대응을 넘어 장기적인 질 관리 체계를 구축하는 데 도움이 된다.

또한 최근에는 평가결과가 지역사회 돌봄 정책과 연계되는 사례도 늘고 있다. 일부 지방자치단체에서는 A등급을 받은 기관을 지역사회 통합돌봄 사업, 치매안심센터 협력사업, 노인복지 특화 프로그램의 수행기관으로 우선 선정하거나, 지역 예산 지원 사업의 파트너 기관으로 활용하고 있다. 이는 평가제도가 단순한 기관 평가를 넘어 돌봄 생태계 내 신뢰 기반을 형성하는 제도적 역할을 하고 있음을 보여준다.

참고문헌

1 노인장기요양보험법 [법률 제20213호, 2024. 2. 6., 일부개정]

2 의료법[시행 2024. 12. 20.] [법률 제20593호, 2024. 12. 20., 일부개정]

3 국민건강보험공단 노인장기요양보험 (www.longtermcare.or.kr)

4 2025년 장기요양기관 시설급여(노인요양시설) 평가매뉴얼

5 위의 자료

생애말기 돌봄

학습목표

- ✓ 생애말기 돌봄의 개념과 필요성을 이해할 수 있다.
- ✓ 임종기의 생리적 변화와 돌봄의 개념을 설명할 수 있다.
- ✓ 임종기 환자의 주요 신체증상과 완화방법을 이해하고 적용할 수 있다.
- ✓ 정신·심리·영적 돌봄의 중요성을 인식하고, 환자 및 가족의 감정에 공감하는 태도를 기른다.
- ✓ 임종기 의사소통과 의사결정 과정에 필요한 대화 기술과 전달 전략을 활용할 수 있다.

---

1. 생애말기 돌봄의 개념

1) 생애말기돌봄의 정의

생애말기돌봄(end-of-life care)은 회복 가능성이 없는 질환으로 인해 죽음이 임박한 시기에 제공되는 전인적 돌봄을 의미한다. 이는 의학적 치료보다는 삶의 질 유지, 고통 완화, 존엄성 보장에 초점을 두며, 환자뿐 아니라 그 가족까지 포함한 통합적 지원을 포함한다.

생애말기돌봄은 '죽음을 삶의 일부'로 수용하는 인문학적 전환을 요구하며, Ivan Illich는 생의 마지막 순간이야말로 가장 인간적인 경험임을 강조하였다.[1] 죽음을 통제의 대상이 아닌 성찰과 마무리의 기회로 보아야 한다는 주장은 돌봄의 존재론적 기반을 형성한다.

생애말기돌봄은 호스피스·완화의료와 임종돌봄을 포함하는 더 넓은 개념으로, 생애의 마지막 단계에 놓인 환자와 그 가족을 대상으로 제공되는 모든 유형의 통합적 돌봄을 의미한다. 이는 임종 직전의 짧은 시기뿐 아니라 사전의료의향 결정, 임종 준비, 죽음 이후의 가족지지와 같은 더 포괄적인 맥락을 담고 있다. 의료기관뿐 아니라 가정, 지역사회 차원에서도 다양한 형태로 이루어지며, 삶의 마무리를 준비하는 모든 과정에서의 돌봄을 강조한다.[2]

생애말기돌봄의 한 형태로 호스피스(hospice care)가 있다. 호스피스는 생애말기 중에서도 사망이 임박한 6개월 이내의 말기 환자를 대상으로 하는 의료 중심의 돌봄 서비스이며, 의학적 완화를 핵심으로 하면서도 심리적·영적 돌봄을 함께 제공하는 제도화된 모델이다.

[표7-1] 생애말기돌봄 관련 개념

구분	임종돌봄 (Terminal Care)	호스피스 (Hospice)	완화의료 (Palliative Care)
정의	임박한 죽음을 앞둔 환자에게 제공하는 응급 중심의 집중 돌봄	말기 환자의 통증과 증상을 완화하고 심리·영적 지지를 제공하는 완화 돌봄	치료보다는 증상 완화와 삶의 질 향상을 목표로 하는 의료적 접근
제공 시기	사망 직전 수일~수시간	일반적으로 사망 전 약 6개월 이내	진단 초기부터 생애말기까지
대상	임종이 임박한 모든 환자	암, 만성폐질환 등 말기 질환 환자	모든 중증·만성 질환자
목적	고통과 불안을 최소화하며 임종과정의 안정적 관리	편안하고 품위 있는 임종 준비와 전인적 돌봄 제공	증상 완화, 심리·사회적 지지, 삶의 질 향상
돌봄 방식	간호·간병 중심, 생리적 징후 관리	다학제 팀에 의한 통합 서비스	의료 중심이나 다학제 접근 가능
제도화 여부	비제도화, 병원 내 관행 중심	법률에 의해 제도화, 건강보험 적용 가능	의료제도 내 포함, 단독 서비스보다는 치료 병행
돌봄 장소	병원, 요양시설, 자택 등 임종 장소	입원형, 가정형, 자문형 등 다양	병원, 외래, 자택, 요양시설 등 다양

(1) 임종기의 개념

'임종기(臨終期, dying phase)'란, 질병이 회복 가능하지 않은 상태로 진행되어 사망이 임박한 시기를 말한다. 일반적으로 수일에서 수주 내외로 생물학적 죽음이 예측되는 시점을 의미하며, 더 이상 근원적 치료(근치적 치료, curative treatment)가 유효하지 않거나 중단된 상태이다.

이 시기에는 생리적 기능이 점차적으로 저하되며, 의식의 변화, 호흡 양상의 변화, 식욕 저하, 활력징후의 불안정 등의 증상이 함께 나타난다. 의학적으로는 '적극적 치료를 중단하고, 돌봄의 초점을 증상 완화와 삶의 질 유지에 두는 시점'으로 간주된다.[3]

(2) 임종기 판단의 주요 기준

임종기에 해당하는지 여부를 판단하는 것은 중요한 임상적 결정이며, 환자의 치료 방향, 돌봄 계획, 가족 교육, 사전의료계획 등에 직접 영향을 준다.

다음은 『임종돌봄 임상진료지침(한국호스피스·완화의료학회)』 및 『호스피스·완화의료 및 임종과정에 있는 환자의 연명의료결정에 관한 법률』에서 제시한 판단 기준이다.

[표7-2] 임종기의 의학적 판단 기준

주요 징후	내용
활력징후 저하	혈압 저하, 맥박 약화, 호흡수 감소 또는 증가
의식 저하	졸림, 반응 없음, 의식 혼미
호흡 변화	체인스토크(Cheyne-Stokes)호흡, 수시로 멈추는 호흡
말초순환 감소	손발이 차가워지고, 피부색이 변함(청색증, 룩무늬)
식욕 저하	음식 섭취 불가 또는 최소화
체액저류	부종 또는 소변량 감소, 무뇨증 등

의학적 기준에 따라 임종기로 판단할 수 있는 주요 징후는 다음과 같다. 먼저, 활력 징후가 저하되어 혈압이 떨어지고 맥박이 약해지며, 호흡수의 변화(감소 또는 증가)가 나타날 수 있다. 또한, 의식 수준이 저하되어 졸리거나 반응이 없고 혼미한 상태가 지속된다. 호흡의 양상 또한 중요한 판단 요소로, 체인스토크 호흡(Cheyne-Stokes)이나 불규칙한 호흡, 또는 호흡이 수시로 멈추는 현상이 관찰되기도 한다.

> ▪ 사례
>
> 말기 췌장암 여성의 임종기 판단과 돌봄 전환
>
> 74세 여성 환자는 말기 췌장암 진단을 받고 입원 중이었다. 입원 초기에는 경미한 통증과 피로감을 호소하였으나, 병의 진행과 함께 2주 전부터 경구 섭취가 불가능해지고, 의식이 저하되며, 호흡이 불규칙한 양상을 보이기 시작했다.
>
> 이에 담당 의사와 완화의료 전문의는 해당 환자가 더 이상 회복이 어려운 상태이며, 임종기에 접어들었다고 판단하였다. 의료진은 환자의 가족에게 이러한 상태를 충분히 설명하고, 임종기 돌봄의 목적과 방향에 대해 상담하였다. 그 결과 가족은 연명의료 시술을 중단하고, 환자가 고통 없이 평화롭게 마지막 시간을 보낼 수 있도록 증상 완화 중심의 돌봄으로 전환하는 데 동의하였다. 이후 의료진은 진통제 조절과 호흡 완화를 중심으로 한 돌봄을 제공하였고, 가족에게 작별의 시간을 마련해주었다.

말초 순환의 감소도 눈여겨볼 증상이다. 손발이 차가워지고, 피부색이 청색으로 변하거나 얼룩무늬가 나타나는 등의 변화가 발생할 수 있다. 식욕은 점차 감소하여 음식물 섭취가 불가능하거나 최소한으로 줄어들며, 이로 인해 영양 상태도 급격히 악화된다. 아울러 체액 저류 현상이 발생하여 부종이 생기거나 소변량이 현저히 감소하고, 심할 경우 무뇨증이 나타나기도 한다.

> ▪ 사례
>
> 말기 심부전 환자의 임종기 돌봄 전환
>
> 82세 남성 환자는 말기 심부전으로 인해 병원에 입원하였다. 입원 당시부터 혈압은 불안정하였고, 소변량이 현저히 줄어들었으며, 전신 쇠약과 함께 체온 저하가 동반되었다. 환자는 이미 연명의료계획서를 작성해 놓은 상태였으며, 그 안에는 인공호흡기나 심폐소생술 등의 적극적 연명치료를 원하지 않는다는 의사가 명확히 기록되어 있었다.
>
> 이에 의료진은 현재의 생리적 변화가 임종기에 해당한다고 판단하고, 환자의 사전의사에 따라 돌봄 방향을 연명치료 중단과 증상완화 중심의 완화의료로 전환하였다. 이후 환자는 통증 관리를 위한 진통제 투여와 함께, 가족과의 정서적 지지 시간을 가질 수 있도록 돌봄 환경을 조성하였다. 의료진은 가족의 정서적 부담도 함께 고려하여 지속적인 설명과 심리적 지지를 병행하였다.

변화를 관찰하고, 연속적인 평가를 통해 임종 돌입 여부를 결정해야 한다. 이러한 임상적 판단은 돌봄의 방향을 연명의료 중단이나 완화치료 전환 등으로 조율하는 데 중요한 기초가 된다.

2) 생애말기 돌봄의 목적

20세기 중반까지 의료는 생명 연장을 최우선으로 하며 '죽음과 싸우는 치료 중심 패러다임'에 머물렀다. 그러나 이는 환자의 고통을 연장시키는 '의료화된 죽음'이라는 비판을 받게 되었다. 고령사회로 진입한 한국 사회에서 생애말기돌봄은 선택이 아닌 필수 사회서비스로 자리 잡고 있다.

생애말기돌봄(end-of-life care)은 치료 불가능한 상황에서도 인간의 고유한 삶의 의미를 존중하며, "고통의 치료에서 의미의 회복으로" 패러다임이 이동하게 된다.

국내에서는 이러한 패러다임을 반영해 환자의 의사를 중심으로 한 사전연명의료의향서, 연명의료계획서 제도가 도입되었으며, 이는 돌봄의 방향이 연명보다 품위 있는 죽음으로 전환되고 있음을 보여준다.

임종 돌봄은 단순히 생의 마지막을 기다리는 수동적 돌봄이 아니라, 삶의 마지막 순간까지 인간으로서의 존엄성과 의미를 지키기 위한 적극적이고 전인적인 실천이다. 이는 죽음을 하나의 실패나 회피 대상이 아닌, 삶의 일부로 받아들이고 준비하는 과정으로 바라보는 철학적 기반 위에 세워진다.

(1) 임종 돌봄의 목적

임종 돌봄의 목적은 생명을 억지로 연장하기보다, 고통을 완화하고 삶의 질을 유지하며 죽음을 인간답게 맞이할 수 있도록 지원하는 것이다. 다음과 같은 목적이 중심을 이룬다.

① 신체적 고통 완화: 통증과 호흡곤란, 구토 등 말기증상의 완화 제공
② 심리·정서적 지지: 불안, 두려움, 고립감에 대한 정서적 돌봄

③ 영적·존엄적 돌봄: 삶의 의미에 대한 질문과 종교·영성적 요구 대응
④ 가족 돌봄과 준비: 가족과의 작별, 용서와 감사의 시간 마련
⑤ 자기결정권 존중: 불필요한 연명의료 중단, 사전의향서에 따른 존엄한 죽음 실현

(2) 임종 돌봄의 철학

임종 돌봄의 철학은 "사람은 죽음에 이르기까지 돌봄을 받을 권리가 있다"는 관점에서 출발한다. 이는 다음과 같은 세 가지 핵심 철학에 기반한다.

첫째, 인간은 어떠한 질병 상태에서도 고유의 존엄(dignity)을 지닌 존재이며, 임종기에도 존중받을 권리가 있다. 존엄한 죽음을 위한 환경과 관계, 돌봄을 조성하는 것이 필수적이다.

둘째, 신체적 질병만이 아니라, 정서적·사회적·영적 차원의 고통까지 다루는 전인적 돌봄(holistic care)이다. 이는 통합적 팀 접근(multidisciplinary approach)을 필요로 하며, 의료진·간호사·사회복지사·종교인 등이 협력한다.

셋째, 임종 돌봄은 관계의 회복과 마무리다. 죽음은 단절이 아니라, "남은 관계를 정리하고 삶의 궤적을 완성하는 시간"이라는 관계의 회복과 마무리이다. 임종 돌봄은 이별을 준비하고 화해와 용서를 실현할 기회를 제공하는 철학을 담고 있다.

① Cicely Saunders – 전인적 고통(Total Pain)의 개념[4]

영국의 의사이자 간호사였던 사이슬리 손더스(Cicely Saunders, 1918-2005)는 현대 호스피스 운동의 창시자이며, 임종 돌봄 철학에 결정적인 영향을 끼친 인물이다. 그녀는 임종기 환자의 고통이 단순히 육체적 고통이 아니라, 정서적·사회적·영적 고통이 통합된 '전인적 고통(total pain)'이라 주장했다. 이에 따라 임종 돌봄은 의료뿐 아니라 관계·의미·소속·신념을 포괄하는 다차원적 접근을 취해야 한다고 강조하였다.

② Ira Byock – 의미와 관계 회복[5]

미국의 완화의료 전문의 Ira Byock은 『Dying Well』과 『The Four Things That Matter Most』를 통해, 인간이 죽음을 맞이하는 과정은 단절이 아닌 삶의 마무리를 완성하는 시간이며, "용서, 감사, 사랑, 작별"의 네 가지 메시지를 전하는 것이 임종 돌봄의 본

질이라고 하였다. 이는 환자와 가족이 감정적 관계를 회복하고, 평화로운 이별을 준비하도록 돕는 돌봄제공자의 역할을 강조하는 것이다.

③ Paul Ricoeur – 생애의 내러티브 윤리[6]

철학자 폴 리쾨르(Paul Ricoeur)는 인간 삶을 '이야기(narrative)'로 보았으며, 삶의 끝 또한 그 이야기의 결말로서 의미 있게 구성되어야 한다고 주장하였다. 이는 임종 돌봄이 "남은 생의 의미를 해석하고 완성해나가는 과정"이어야 한다는 관점을 제공한다.

3) 임종 돌봄의 한국적 현실과 과제

한국 사회는 급속한 고령화와 가족구조의 변화, 병원 중심의 임종 문화 속에서 '삶의 마지막 여정'에 대한 사회적 논의와 제도적 정비가 진행되고 있다. 그러나 여전히 임종 돌봄은 다양한 현실적 제약과 문화적 난제에 직면해 있다. 다음은 한국에서 임종 돌봄이 처한 대표적인 현실과 그 과제를 정리한 내용이다.

(1) 병원 중심의 임종과 과잉치료

한국에서의 임종은 의료기관 중심으로 이뤄지는 경향이 강하다. 보건복지부 자료에 따르면 2021년 기준 사망자의 76.5%가 병원에서 사망하였고, 이 중 상당수는 불필요한 연명치료를 받은 것으로 보고된다. 이는 '연명의료 결정법'시행 이후 일부 개선의 조짐이 있지만, 여전히 '의료진의 책임 회피', '가족의 불안'으로 인해 연명의료 중단 결정이 지연되거나 회피되는 현실이 있다.

예시 | 말기암 진단을 받은 78세 남성이 통증 완화를 원했으나, 가족의 요구로 삽관·인공호흡기를 지속하면서 고통스럽게 생을 마감한 사례.

(2) 임종 돌봄 서비스의 지역 격차

2024년 기준, 호스피스 완화의료 기관은 전국적으로 120여 개에 불과하며, 지역 편차가 매우 심각하다. 수도권이나 대도시 외의 농촌·도서 지역에서는 임종기 돌봄 서비스를 이용하기 어렵고, 가정형 호스피스나 자문형 호스피스 등 대안적 돌봄도 충분히 확산되지 않았다.

(3) 돌봄 인력과 전문성 부족

임종 돌봄은 고도의 정서적·신체적 민감성이 요구되는 영역임에도 불구하고, 간호사·요양보호사·사회복지사 등의 전문 교육과 훈련 체계가 미비하다. 특히 가정 내 돌봄제공자(가족)의 경우 임종기의 복잡한 증상(통증, 섬망 등)을 감당하기 어려워 스트레스와 죄책감에 시달리며, 사후 우울증이나 외상 후 스트레스장애로 이어지는 경우도 보고된다.

(4) 문화적 장벽과 죽음에 대한 침묵

한국 사회는 죽음에 대한 언급을 금기시하는 경향이 강하며, 이는 임종 계획 수립 및 사전연명의료의향서 작성률 저조로 이어진다. 실제로 2023년 보건복지부 통계에 따르면 65세 이상 노인의 사전연명의료의향서 작성률은 20% 미만에 그친다. 죽음을 준비하고 대화하는 문화가 부족한 상황에서 환자와 가족 간, 의료진 간의 의사소통 단절이 빈번하게 발생한다.

(5) 정책 및 제도 연계 미흡

2018년부터 시행된 『호스피스·완화의료 및 임종과정에 있는 환자의 연명의료결정에 관한 법률』은 법·제도적 진전을 이뤘으나, 실제 임상 현장에서는 제도 적용이 복잡하고, 연명의료결정 지원 전담 인력이 부족하다. 또한 요양병원, 장기요양기관, 지역사회 통합돌봄 서비스 간의 연계가 미흡해 환자 중심 돌봄 연속성이 깨지는 문제가 있다.

2. 신체적 돌봄과 증상 완화

1) 임종기 주요 신체증상

임종에 가까워진 노인은 신체 전반의 기능이 점진적으로 저하되며 다양한 생리적 변화를 경험하게 된다.

이러한 변화는 자연스러운 생의 과정이며, 임종 돌봄제공자는 증상의 의미를 이해하고 적절한 대응 방법을 숙지할 필요가 있다. 가장 흔하게 관찰되는 임종기 신체증상은 호흡변화, 통증, 섬망, 식욕 저하, 근력 약화 등이다.

(1) 호흡 변화(말기성 신음, 체인-스토크스 호흡)

① 말기성 신음(Terminal Secretions): 임종 전 수 시간~수일간, 기도에 분비물이 고여 "가르랑거리는 소리"가 나타난다. 이는 생명이 꺼져가는 과정에서 자연스럽게 발생하며, 가족에게는 고통으로 오해될 수 있으므로 설명과 안심이 중요하다.

② 체인-스토크스 호흡(Cheyne-Stokes)[7]: 불규칙하고 깊은 호흡이 얕은 호흡이 반복되며, 무호흡 구간이 나타나는 것이 특징이다. 뇌의 호흡 조절 중추 기능 저하로 발생하며, 죽음이 임박했음을 나타낸다.

(2) 통증

말기 질환 환자의 60~80%가 중등도 이상의 통증을 호소하며 암, 신부전, 만성 폐질환, 심부전 등 다양한 질환에서 통증은 신체적 고통과 더불어 심리적 불안을 유발한다.

비언어적 표현(신음·찡그림·안절부절 등)으로 통증을 표현하는 경우도 많아 돌봄제공자는 행동 관찰 기반의 평가가 필요하다.

(3) 섬망(Delirium)

급격한 인지 변화, 혼란, 환시, 불면, 공격성 등으로 나타나며, 임종 전 수일간 발생 빈도가 높으며, 약물, 대사 불균형, 감염, 탈수 등이 원인일 수 있다.

환자가 가족을 알아보지 못하거나 망상에 빠질 경우 가족의 충격이 크므로, 섬망의 일시성과 돌봄 방향을 사전에 교육하는 것이 바람직하다.

(4) 식욕 저하 및 수분 섭취 감소

생의 말기에는 대사 속도와 에너지 필요량이 줄어들며 자연스럽게 식사량이 줄어든다. 강제적인 음식/수액 공급은 고통을 가중시킬 수 있으므로, 돌봄제공자는 환자의 신체 변화에 대한 가족의 이해를 도울 필요가 있다.

(5) 근력 약화와 의식 저하

전신 쇠약, 자세 유지 곤란, 대·소변 실금 등이 동반되며, 점차 수면 시간이 늘고 의식이 흐려진다. 이는 뇌 기능 저하 및 전신 에너지 고갈의 자연스러운 결과로, 돌봄제공자의 부드러운 접촉, 말 걸기, 안정된 환경 제공이 중요하다.

2) 통증 관리

임종기에 접어든 노인은 다양한 신체적 고통을 경험하게 되며, 그중에서도 통증은 환자의 삶의 질과 존엄한 죽음을 심각하게 저해하는 대표적인 증상이다. 이 시기의 통증은 암성 통증, 만성질환으로 인한 통증, 의료처치에 의한 통증 등으로 다양하게 나타나며, 단순한 불편감을 넘어서 심리적·영적 고통과도 깊이 연결되어 있다. 따라서 임종기 통증 관리는 단순한 약물 투여에 그치지 않고, 전인적 접근을 통해 환자의 신체적·정서적 안녕을 돌보는 것이 핵심이다.

통증의 정확한 평가는 효과적인 관리의 출발점이 된다. 통증은 주관적인 경험이므로, 가능한 경우 환자의 자가보고를 기반으로 평가한다. 일반적으로 숫자평가척도(NRS), 시각상사척도(VAS), 얼굴표정척도(FPS) 등의 도구가 사용되며, 의사소통이 어려운 환자의 경우에는 얼굴 찡그림, 신음, 안절부절못함과 같은 비언어적 신호를 관찰하여 통증을 유추한다.

세계보건기구(WHO)에서는 통증 관리의 기본 원칙으로 '3단계 진통제 사다리법'을 제안하고 있다. 이에 따르면 경증 통증에는 비마약성 진통제(예: 아세트아미노펜, 이

부프로펜)를 사용하고, 중등도 통증에는 트라마돌, 코데인과 같은 약한 아편유사제를, 중증 통증에는 모르핀·펜타닐·옥시코돈과 같은 강한 아편유사제를 사용한다.

약물은 정기적으로 투여하는 것이 원칙이며, 돌발성 통증이 있을 경우 속효성 진통제를 병행하여 사용한다. 경구 복용이 가능한 경우에는 경구 투여를 우선하지만, 상태에 따라 피하주사, 정맥주사, 패치형 약물 등 다양한 방법이 활용된다.

이와 함께 아편유사제 사용 시 발생할 수 있는 부작용, 특히 변비, 졸림, 메스꺼움, 약물 의존성 등의 문제를 예방하고 관리하는 것도 중요하다. 필요에 따라 완하제를 함께 처방하거나, 간헐적 투여로 졸림을 조절하는 등의 개별화된 대응이 요구된다.

약물치료 외에도 비약물적 접근법 역시 통증 완화에 효과적이다. 따뜻한 찜질, 마사지, 바른 자세 유지, 음악치료, 터치와 같은 돌봄 행위는 환자에게 신체적 안정감뿐 아니라 정서적 지지를 제공한다. 또한 환자의 불안, 두려움, 분노와 같은 정서적 고통은 통증을 증폭시키는 요인이 될 수 있으므로, 심리적 안정과 영적 지지가 병행되어야 한다.

임종기의 통증 관리는 환자의 '마지막 시간'을 가능하면 평화롭고 의미 있게 만들기 위한 중요한 실천이다. 돌봄제공자는 통증을 자연스러운 노화나 죽음의 일부로 수용하기보다는, 반드시 완화되어야 할 고통으로 인식해야 하며, 이를 위해 적극적인 평가, 맞춤형 약물 조절, 정서적 돌봄을 함께 제공해야 한다. 통증 없는 죽음은 단순한 이상이 아니라, 실천을 통해 현실로 만들 수 있는 돌봄의 목표임을 명심해야 한다.

3) 영양 및 수액 공급

임종기에 접어든 환자에게 영양과 수분을 공급할 것인지에 대한 결정은 단순한 생리적 필요를 넘어, 환자의 고통 경감, 품위 있는 죽음, 가족의 정서, 윤리적 판단이 복합적으로 얽혀 있는 민감한 주제이다.

(1) 임종기 환자의 생리적 변화

임종이 임박한 환자는 신체 기능 저하로 인해 음식물과 수분 섭취가 자연스럽게 줄어들며, 이에 따라 갈증, 배고픔, 전신 쇠약 등이 나타날 수 있다. 하지만 이 시기의 식욕 감소는 생의 마지막 단계에서 나타나는 자연스러운 생리 현상이며, 강제로 영양을 투입한다고 하여 삶의 질이 향상되거나 생존 기간이 유의미하게 늘어나는 것은 아니다.

(2) 인공영양과 수액 공급의 논쟁

임종기 환자에게 인공적으로 영양이나 수액을 공급하는 문제는 임상 현장에서 흔히 마주하는 윤리적 쟁점 중 하나이다. 위루관이나 비위관을 통해 영양을 주입하거나, 정맥주사로 수액을 공급하는 이러한 행위가 생명을 연장하기 위한 치료인지, 아니면 기본적인 생리적 돌봄의 일환인지에 대한 입장은 의료진과 가족 간에 의견이 엇갈리는 경우가 많다.

찬성하는 입장에서는 인공영양과 수액 공급을 통해 환자의 갈증이나 허기 같은 기본 욕구를 완화할 수 있으며, 가족 역시 환자가 무언가를 "섭취하고 있다"는 사실에 심리적으로 위안을 얻는다고 본다. 이는 가족의 죄책감을 덜어주고 돌봄의 일환으로 이해될 수 있다는 점에서 긍정적으로 평가되기도 한다.

반면, 반대하는 입장에서는 이러한 인위적인 공급이 환자의 고통을 오히려 연장시킬 수 있으며, 흡인성 폐렴, 폐부종, 복부 팽만 등 여러 합병증의 위험을 초래할 수 있다고 우려한다. 또한 생의 말기에 접어든 환자가 자연스럽게 먹고 마시는 기능을 잃는 것은 신체의 자연스러운 과정이며, 인공적인 개입은 오히려 그 흐름을 방해하고 '품위 있는 죽음'의 기회를 저해할 수 있다고 본다.

이에 대해 『호스피스·완화의료 임상진료지침』은 임종기에 접어든 환자에게 불필요한 영양 및 수액 공급을 제한할 것을 권고하고 있다. 핵심은 생명을 인위적으로 연장하려는 목적보다는, 환자의 불편을 최소화하고 안위를 최우선으로 고려하는 돌봄의 방향성을 유지하는 데 있다. 이처럼 인공영양과 수액 공급 여부는 단순한 의료적 판단을 넘어, 환자의 가치와 존엄, 가족의 정서, 돌봄 철학이 모두 고려되어야 할 중요한 결정이라 할 수 있다.

(3) 결정의 기준

임종기 환자에게 영양 및 수액을 공급할 것인지의 여부는 단순한 의학적 판단만으로 결정되기 어렵다. 이는 환자의 신체 상태와 예후, 섭취 능력뿐 아니라, 환자 본인의 의사와 가족의 정서, 돌봄의 가치에 대한 종합적인 고려를 필요로 한다.

우선, 환자가 자발적으로 음식이나 물을 섭취할 수 있는지, 의식 수준이 어느 정도인지에 대한 평가가 이뤄져야 한다. 그다음으로 환자의 생존 가능 기간이 며칠 정도로 예상되는지를 전문가들이 판단해야 하며, 이때 예후에 대한 정확한 설명과 정보 제공이 의료진에 의해 이루어져야 한다.

무엇보다 중요한 것은 환자 자신의 의사 표현이다. 환자가 생전에 사전연명의료의향서나 연명의료계획서를 작성해 두었다면, 그 내용을 존중하는 것이 가장 우선된다. 만약 환자가 의사 표현이 어려운 상태라면, 가족과의 충분한 논의를 통해 대리 결정을 내릴 수 있으며, 이 과정에서 가족의 심리적 부담과 정서적 지지 역시 고려되어야 한다.

또한 수액이나 영양 공급이 실제로 증상을 완화시키는지, 오히려 부종이나 호흡곤란과 같은 불편을 유발하지는 않는지에 대한 의학적 검토도 병행되어야 한다. 따라서 이러한 결정은 담당 의료진의 설명과 다학제 팀의 논의, 그리고 가족과의 신뢰 기반 의사소통을 바탕으로 이루어져야 하며, 모든 판단은 환자의 품위 있는 죽음을 지지하는 방향으로 이뤄져야 한다.

4) 죽음이 임박했을 때의 징후

죽음이 임박한 시점(보통 수일~수 시간 전)은 환자와 가족 모두에게 가장 중대한 변화의 시기로, 신체·심리·정서·영적 변화가 복합적으로 나타난다. 이 시기의 징후를 이해하고, 가족에게 이를 적절히 설명하고 교육하는 것은 임종 돌봄에서 가장 중요한 과정 중 하나이다. 이는 불필요한 불안과 오해를 줄이고, 존엄한 죽음을 준비하는 데 핵심적인 역할을 한다.

(1) 임박한 죽음의 대표적 징후

죽음이 가까워지면 환자의 몸과 생리적 기능은 점차 정지에 가까워지며, 다양한 신체적 징후가 뚜렷하게 나타난다. 이 징후들은 환자의 생명이 얼마 남지 않았다는 것을 알려주는 신호이자, 가족과 돌봄제공자가 임종을 준비할 수 있도록 돕는 중요한 지표가 된다.

[표7-3] 임종 징후

구분	주요 징후	설명
의식 변화	무반응 상태, 반혼수	의식의 저하가 점차 심화되며, 반응이 줄어들고 잠든 상태가 길어진다.
호흡 변화	체인스토크 호흡, 가쁜 숨	불규칙한 호흡, 점차 느려지고 깊이가 얕아짐. 숨을 쉬지 않다가 다시 들이쉬는 현상도 나타남.
사지 냉감	손발 차가워짐, 청색증	말초혈류 감소로 손발이 차가워지고, 손끝·발끝에 자주 멍든 듯한 색 변화가 나타남.
소변·배변 변화	양 감소, 색 짙어짐	신장 기능 저하로 소변량이 줄고, 짙은 갈색 또는 무뇨 상태가 나타날 수 있음.
체력·근력 저하	음식물 삼킴 어려움	연하곤란과 무기력, 침을 삼키지 못하고 가래소리 유발
진정된 얼굴	고통 감소 후 표정 완화	의식은 없지만 얼굴이 편안해지고 숨결이 잦아드는 모습이 보임

(2) 가족 교육의 주요 내용

돌봄제공자는 이러한 임종 징후들을 가족에게 미리 설명해주어야 하며, 가족이 겪는 불안이나 슬픔을 공감하며 정서적 지지를 제공해야 한다. 예를 들어, "이러한 호흡 변화는 임종이 가까워졌다는 자연스러운 신호입니다" 또는 "지금 환자분은 의식은 없지만, 청각은 마지막까지 남아 있으니 사랑의 말을 전해보세요"와 같은 언어는 가족들이 상황을 이해하고 받아들이는 데 큰 도움이 된다.

이러한 설명은 단지 정보 전달을 넘어서, 환자와 가족이 함께 의미 있는 이별을 할 수 있도록 돕는 과정이기도 하다. 임종기 가족 교육은 환자의 존엄한 죽음을 실현하기 위한 중요한 돌봄 실천이며, 돌봄제공자의 민감한 판단력과 공감 능력이 요구된다.

[표7-4] 가족 교육

가족의 궁금증	교육 내용
"왜 숨을 그렇게 헐떡이죠?"	"이런 호흡은 '체인스토크 호흡'이라고 해서 죽음이 가까워질 때 자주 나타납니다. 환자분은 지금 고통을 느끼지 않고 계십니다."
"물이 필요해 보이는데 먹이지 않아도 되나요?"	"물이나 음식을 억지로 드시게 하면 오히려 더 힘들 수 있습니다. 입안은 촉촉하게 유지해드리고 있어요."
"계속 잠만 자요. 혹시 들리긴 하나요?"	"의식은 없어도 청각은 가장 마지막까지 남아 있습니다. 따뜻한 말을 계속 들려주세요."
"지금 어떤 상태인가요?"	"이제 숨이 잦아들고 있습니다. 사랑하는 분들과 조용히 함께해 주세요."

3. 정신·심리·영적 지지

임종기 돌봄은 단순히 육체적 고통의 경감에 그치지 않고, 환자의 삶 전체를 통합적으로 이해하고 마무리하는 과정이다. 특히 환자의 정서·심리·영적 상태를 지지하는 것은 '좋은 죽음(good death)'을 위한 필수적 요소로, 환자의 존엄을 보존하고 삶의 의미를 되새기게 한다. 다음은 정신·심리·영적 지지의 네 가지 하위 주제를 중심으로 한 단원 구성이다.

1) 환자의 정서적 고통과 두려움 이해

임종기 환자에게 나타나는 정서적 반응은 공포·분노·불안·외로움·무력감 등으로 다양하다. 특히 질병의 경과와 죽음에 대한 불확실성은 환자에게 심리적 고통을 유발하며, 이를 무시하거나 과소평가할 경우 돌봄의 질은 현저히 저하된다.

환자들은 자신의 죽음이 가족에게 끼칠 영향, 고통스러운 죽음에 대한 두려움, 삶의 미완성에 대한 후회 등 복합적인 감정을 경험한다. 돌봄제공자는 이를 있는 그대로 받아들이고, 감정을 표현할 수 있도록 돕는 경청과 공감의 자세가 필요하다. 때로는 "괜찮다"는 위로보다 "그럴 수 있다"는 수용의 언어가 환자에게 더 큰 위안이 된다.

2) 임종기 환자의 영적 돌봄

영적 돌봄은 종교적 신념을 넘어서, 환자가 자신의 삶의 의미를 되돌아보고 받아들이며 마무리할 수 있도록 돕는 과정이다. 인간은 죽음을 앞두고 "나는 누구인가?", "무엇을 남기고 가는가?"와 같은 존재론적 질문에 직면하게 된다. 이때 돌봄제공자는 환자의 믿음·세계관·가치관을 존중하며, 그 사람만의 방식으로 삶을 정리할 수 있도록 동행해야 한다.

종교적 신념이 있는 환자에게는 성직자의 방문이나 기도·의식을 연계해줄 수 있고, 종교가 없는 경우에는 가족과의 대화, 편지쓰기, 회고적 인터뷰 등의 비종교적 접근을 통해 삶의 통합감을 도울 수 있다. 중요한 것은 환자가 평온하고 의미 있는 마무리를 경험하도록 하는 것이다.

3) 용서·감사·작별의 시간 마련

삶의 마지막 시기는 인간관계에 대한 정리가 중요한 시점이기도 하다. 미처 하지 못했던 말, 오해와 상처의 풀림, 감사를 전하는 말, 진심 어린 작별 인사가 임종기 환자와 가족에게 심리적 해방과 평화를 가져다준다.

돌봄제공자는 환자와 가족에게 "지금 하고 싶은 말이 있으신가요?", "마지막으로 만나고 싶은 사람이 있으신가요?"와 같은 질문을 통해 대화의 기회를 열어줄 수 있다. 일부 환자는 남겨질 가족을 걱정하며 사별 후의 삶을 염려하기도 하므로, 돌봄제공자는 이러한 감정도 존중하며 '남아 있는 사람을 위한 작별'의 시간을 도와야 한다.

실제로 "사랑한다", "용서한다", "고맙다", "잘 가라"는 네 가지 말은 죽음을 앞둔 이들에게 가장 치유적인 말로 알려져 있다. 이는 '좋은 작별'을 가능하게 하며, 사별자의 슬픔을 줄여주는 중요한 지점이기도 하다.

4) 문화적 차이를 고려한 지지 방안

죽음을 받아들이는 방식과 표현하는 감정, 의례나 의사소통 양식은 문화적으로 매우 다양하다. 한국 사회는 죽음을 은유적으로 표현하거나 가족 중심으로 의사결정을 내리는 경향이 있으며, 직접적인 표현을 꺼리는 문화적 특성이 강하다.

이러한 문화적 배경을 고려하지 않은 돌봄은 오히려 환자와 가족에게 심리적 거리감을 만들 수 있다. 따라서 돌봄제공자는 환자의 문화·종교·가족 체계에 대한 이해를 바탕으로 개별화된 돌봄을 설계해야 한다. 예컨대 외국인 환자, 이주배경 고령자, 다문화 가족의 경우 통역과 문화중재자의 역할이 중요하다.

또한 같은 문화권 내에서도 세대 차이, 성별, 종교 유무 등에 따라 임종을 받아들이는 태도는 다를 수 있으므로, 표준화된 접근보다 맥락 중심의 돌봄이 필요하다.

4. 의사소통과 의사결정

1) 환자·가족과의 의사소통 전략

임종기 돌봄에서는 환자와 가족과의 의사소통이 돌봄의 방향, 질, 관계 형성에 결정적인 영향을 미친다. 돌봄제공자는 환자의 의사결정 능력을 존중하면서도, 변화하는 건강 상태에 따라 가족과 함께 정보를 공유하고 정서적 지지를 제공해야 한다. 이 과정에서의 의사소통은 단순한 정보 전달을 넘어서, 신뢰 형성과 정서적 안정, 치료 목표의 공동 결정, 임종기의 갈등 완화로 이어지는 핵심 돌봄 기술이다.

(1) 환자 중심의 의사소통

환자와의 대화에서 가장 중요한 원칙은 존중과 경청이다. 임종기 환자는 신체적 쇠약과 함께 정서적 불안을 동시에 경험하며, 자신의 의견이 무시되거나 돌봄 과정에서 소외되는 것에 큰 상처를 받는다. 따라서 돌봄제공자는 환자의 말에 귀 기울이고, 질문에는 성실하게 답하며, 환자가 표현하는 감정이나 불안을 판단 없이 받아들여야 한다.
예를 들어, 환자가 "나는 이제 곧 죽는 걸까?"라고 묻는다면, "그렇게 느끼시는 이유가 있으세요?"와 같은 개방형 질문(open-ended question)으로 대화를 이어가야 하며, "걱정되시겠어요. 함께 이야기 나눠볼까요?"라는 방식으로 정서적 지지를 표현하는 것이 바람직하다.

(2) 가족과의 협력적 소통

임종기 돌봄에서 가족은 중요한 의사결정 당사자이며, 환자의 의지와 돌봄 현실 사이를 잇는 중간자 역할을 한다. 특히 환자의 의사 표현이 어려운 경우, 가족과의 대화는 치료 방향, 연명의료 여부, 임종 환경 등을 결정짓는 데 핵심이 된다. 그러나 이 과정에서 의견 차이, 죄책감, 불안 등 다양한 감정이 충돌할 수 있으므로, 돌봄제공자는 중립적이고 조율적인 자세를 견지해야 한다.

가족이 혼란스럽거나 감정적으로 동요할 때는, "무엇이 가장 걱정되시나요?", "어떤 결정이 환자분께 가장 편안할지 함께 생각해볼까요?"와 같이 가족의 입장을 공감하고 함께 선택할 수 있는 여지를 마련해주는 것이 중요하다.

(3) 시기적절한 정보 제공과 반복 설명

환자와 가족이 임종기의 의료상태나 돌봄 옵션을 이해하고 수용하기 위해서는 단계적이고 반복적인 설명이 필요하다. 의학적 설명은 너무 전문적이거나 한 번에 많은 정보를 전달하기보다, 현재 상황에서 가장 중요한 내용을 중심으로 간결하게 설명하고, 수시로 확인하고 질문할 수 있는 시간을 제공해야 한다.

예를 들어 "상태가 악화되었다"는 설명 대신, "현재 호흡이 많이 약해졌고, 치료보다는 편안함을 우선으로 하는 시기입니다"와 같이 이해 가능한 언어로 정서까지 고려한 전달 방식이 요구된다.

(4) 문화적·세대적 차이의 고려

한국 사회에서는 죽음에 대한 직접적인 표현을 꺼리는 문화적 특성이 있으며, 부모 세대는 자신의 병명이나 예후를 알지 않기를 바라는 경우도 많다. 이럴 경우 환자와 가족

간, 혹은 가족 구성원 간에 정보 공유의 깊이나 범위를 둘러싼 갈등이 발생하기 쉽다.

따라서 돌봄제공자는 개별 가정의 문화적 배경, 종교, 세대 특성 등을 고려하여 의사소통 수준을 조절하고, "이런 이야기를 누구와 먼저 나누고 싶으세요?"와 같이 의사소통 방식에 대한 선택권도 함께 제시하는 것이 좋다.

(5) 돌봄제공자의 태도와 비언어적 표현

의사소통의 효과는 언어뿐 아니라 표정, 시선, 몸의 방향, 침묵의 활용과 같은 비언어적 요소에 크게 좌우된다. 특히 임종기의 대화는 슬픔·두려움·죄책감과 같은 감정을 동반하므로, 돌봄제공자는 조용하고 차분한 어조, 안정된 눈맞춤, 따뜻한 손길을 통해 환자와 가족의 마음을 안정시킬 수 있다.

[표7-5] 생애말기 돌봄 체크리스트

다음 체크리스트는 환자와 가족이 생애말기돌봄에 대해 함께 준비하고 논의하기 위한 도구입니다.

체크 항목	예 (○)	아니오 (X)
■ 환자의 현재 건강 상태를 이해하고 있습니까?		
■ 환자와 생애말기 계획에 대해 논의한 적이 있습니까?		
■ 사전연명의료의향서 또는 사전돌봄계획을 작성하였습니까?		
■ 환자가 원하는 임종 장소(자택, 요양시설 등)를 알고 있습니까?		
■ 연명의료 시행 여부에 대한 환자의 의사를 알고 있습니까?		
■ 환자의 통증이나 증상 완화를 위한 계획이 있습니까?		
■ 정서적·심리적 지지를 위한 방안을 마련했습니까?		
■ 종교적·영적 지지를 고려하고 있습니까?		
■ 가족 간의 돌봄 역할이 분담되어 있습니까?		
■ 응급 상황 시 대처 방안이 마련되어 있습니까?		
■ 사별 후 가족을 위한 지원 계획이 있습니까?		

- 9~11개: 생애말기돌봄 준비가 매우 잘 되어 있으며, 환자와 가족이 돌봄철학과 계획을 공유하고 있습니다.
- 6~8개: 생애말기돌봄에 대한 준비가 어느 정도 진행 중이며, 일부 보완이 필요합니다.
- 3~5개: 준비가 부족한 상태로, 전문가 상담과 구체적인 계획수립이 필요합니다.
- 0~2개: 생애말기돌봄에 대한 준비가 거의 이루어지지 않았으며, 조속한 논의와 지원이 요구됩니다.

※ 이 평가는 단순 참고용으로, 반드시 전문가 상담과 병행하여 활용하는 것이 바람직합니다.

2) 사전연명의료의향서 및 연명의료계획서 작성

현대의학의 발전은 임종기의 생명을 일정 수준까지 연장할 수 있게 되었지만, 연명의료가 반드시 환자의 이익과 존엄을 보장하는 것은 아니다.

오히려 환자 본인의 의사와 상관없이 이루어지는 인공호흡기, 심폐소생술, 항암치료 등은 신체적 고통과 심리적 부담을 가중시킬 수 있다. 이에 따라 한국에서는 『호스피스·완화의료 및 임종과정에 있는 환자의 연명의료결정에 관한 법률』(2018년 시행)을 통해 환자의 자기결정권을 보장하고, 인간다운 삶의 마무리를 가능케 하기 위한 제도를 마련하였다.

(1) 사전연명의료의향서

사전연명의료의향서(Advance Directives, AD)는 18세 이상의 성인이 본인의 건강상태가 양호할 때, 향후 임종기에 특정 연명의료를 시행하지 않겠다는 의사를 미리 문서로 밝혀두는 제도이다. 이는 본인의 결정 능력이 없을 경우를 대비한 사전계획이며, 등록기관(보건소, 지정 상담기관 등)에서 작성할 수 있다. 작성 가능한 연명의료 항목은 다음과 같다.

① 심폐소생술(CPR)
② 인공호흡기 착용
③ 혈액투석
④ 항암제 투여 등

사전연명의료의향서는 언제든지 철회하거나 변경이 가능하며, 이는 의료진과 가족에게 환자의 의사를 명확히 전달함으로써 불필요한 연명치료를 피하고, 환자의 존엄한 죽음을 보장하는 데 중요한 역할을 한다.

(2) 연명의료계획서

연명의료계획서(Life-Sustaining Treatment Plan)는 임종과정에 있는 환자 본인과 주치의가 함께 논의하여 작성하는 문서로, 환자의 의사에 따라 연명의료 중단 또는 유보에 대한 결정을 공식화한다.

이 계획서는 다음과 같은 절차에 따라 작성된다.

① 담당 의사가 환자에게 임종과정임을 설명하고,
② 환자 본인의 의사결정 능력이 있는 경우, 구체적인 치료 중단 여부(예: 심폐소생술, 인공호흡기, 수혈 등)를 계획서에 기입
③ 환자 의사 확인이 어려운 경우에는 가족 2인 이상의 일치된 진술에 따라 결정 가능

연명의료계획서는 주치의가 의료기관 내 '연명의료관리기관'에 등록함으로써 법적 효력을 가진다. 환자가 본인의 의사로 중단을 요청하는 경우, 의료진은 이를 존중하고 과잉치료를 피해야 한다.

(3) 작성 시 고려해야 할 윤리적 요소

사전연명의료의향서나 연명의료계획서 작성은 단순한 서류 절차가 아니라, 삶과 죽음에 대한 본인의 가치·존엄·의미를 다시 성찰하는 과정이기도 하다. 따라서 다음과 같은 윤리적 배려가 중요하다.

① **충분한 정보 제공**: 치료 방법의 내용·효과·부작용 등에 대한 충분한 설명
② **자기결정권 존중**: 의료진이나 가족의 판단이 아닌, 환자 본인의 의지 중심
③ **강요 없는 환경 조성**: 작성 여부에 대한 압박이나 유도 없이 자발적 참여 보장
④ **문화적·종교적 다양성 고려**: 삶과 죽음에 대한 철학적 차이를 존중

(4) 돌봄제공자의 역할

돌봄제공자는 환자와 가족이 사전의향서 및 연명의료계획서를 이해하고, 필요한 경우 적절한 상담기관이나 의료진과 연결될 수 있도록 안내해야 한다. 특히 환자가 불안하거나 혼란스러워할 때, 감정적 지지를 제공하면서도 객관적 정보를 전달하는 균형 있는 역할이 중요하다. 사회복지사·간호사·케어매니저 등은 법률과 실무에 대한 교

육을 통해 환자의 삶의 마지막 결정이 존중받을 수 있도록 지원해야 한다.

3) 치료 목표의 조율

임종기에 이른 환자를 돌보는 과정에서는, 환자의 상태에 따라 치료의 목적과 방향이 치료 중심(cure)에서 돌봄 중심(care)으로 전환될 필요가 있다. 이 전환 과정은 단순히 의료적 결정이 아니라, 환자와 가족, 의료진이 함께 합의해가는 소통의 과정이자 존엄한 죽음을 준비하는 협의의 과정이라 할 수 있다.

(1) 치료 목표의 변화 이해

치료 초기에는 질병의 완치를 목표로 한 적극적 치료가 중심이 되지만, 말기나 회복 불가능한 상태에 이르면 목표는 삶의 질 향상과 고통 완화, 존엄한 죽음 준비로 이동하게 된다. 그러나 이 전환은 환자나 가족이 심리적으로 받아들이기 어려운 경우가 많다.

환자는 "더 이상 치료를 받지 않는다는 것은 포기인가요?"라는 불안을 가질 수 있으며, 가족은 "혹시 우리가 치료를 포기한 것이 아닐까?"라는 죄책감을 느낄 수 있다. 따라서 치료 목표의 변화는 단절이 아니라 '돌봄의 초점이 바뀌는 것'임을 분명히 전달해야 한다.

예시 | "이제는 병을 고치기보다, 선생님의 하루하루가 편안하고 의미 있게 하도록 돕는 것이 저희의 가장 중요한 목표입니다."

(2) 공유 의사결정 (Shared Decision-Making)

치료 목표를 조율하는 핵심 원칙은 '공유 의사결정'이다. 이는 환자와 가족이 자신의 가치, 삶의 목표, 우선순위에 따라 의료진과 함께 치료방침을 논의하고 결정하는 접근이다. 이 과정에서 의료진은 가능한 치료 선택지에 대한 이점과 부담, 예상 결과를 투명하게 설명하고, 환자의 결정이 존중받도록 해야 한다.

중요한 것은 "어떻게 살 것인가?"에 대한 환자의 뜻을 중심에 두고, 의학적 정보는 그 뜻을 실현하기 위한 수단으로 제공되는 방식이다.

(3) 목표 조율을 위한 핵심 질문

치료 목표의 조율을 위해 의료진이 활용할 수 있는 주요 질문이다.
"현재 가장 우선적으로 원하는 것은 무엇인가요?"
"삶의 마지막 시기를 어떤 모습으로 보내고 싶으신가요?"
"지금까지의 치료 중 가장 힘들었던 것은 무엇이었나요?"
"지금 가장 걱정되는 점이 있다면 무엇인가요?"
"어떤 치료가 삶에 도움이 될지 함께 생각해보면 좋겠습니다."
이러한 질문은 환자 자신이 치료의 주체로 참여하게 만들며, 불필요한 연명의료를 줄이고 돌봄의 질을 높이는 결과로 이어진다.

(4) 현실적인 조율과 윤리적 고려

현실에서는 치료 목표에 대한 의견 차이가 생기기도 한다. 환자는 편안한 죽음을 원하지만, 가족이 집요하게 연명의료를 요구할 수 있고, 의료진이 법적 책임을 우려해 소극적으로 대응하는 경우도 있다.

이럴 때 돌봄제공자는 윤리적 중재자이자 의사소통 촉진자로서 역할을 해야 한다. 감정적인 대립을 피하고, 각자의 입장을 인정하면서도 환자의 의사와 삶의 질을 최우선 가치로 삼아야 한다.

4) 나쁜 소식 전달법과 대화 기술

임종기 환자 돌봄에서 '나쁜 소식'을 전하는 일은 피할 수 없는 과정이다. 여기서 말하는 나쁜 소식이란 질병의 악화, 치료 불가 판정, 사망 임박, 연명의료 중단과 같은 환자와 가족에게 심리적 충격을 주는 정보를 의미한다. 돌봄제공자는 이러한 상황에서 정보 전달뿐 아니라 감정적 지지와 신뢰 형성까지 함께 수행해야 한다. 따라서 효과적인 대화 전략과 윤리적 민감성을 겸비한 의사소통 능력이 필수적이다.

(1) 나쁜 소식 전달의 어려움

대부분의 돌봄제공자들은 나쁜 소식을 전하는 과정에서 심리적 부담과 갈등을 느낀다. 특히 "희망을 꺾는 것이 아닐까?", "가족이 감당할 수 있을까?"라는 우려로 인해 지나치게 완곡하거나 모호한 표현을 사용하는 경우가 많다. 이는 오히려 환자나 가족에게 더 큰 혼란을 초래하고, 향후 돌봄과 의사결정의 신뢰 기반을 약화시킬 수 있다. 따라서 나쁜 소식은 사실에 근거하되, 공감과 배려를 담아 명확히 전달해야 한다.

(2) 효과적인 전달을 위한 기본 원칙

대표적인 나쁜 소식 전달법의 지침으로는 SPIKES 모델(Buckman, 미국 텍사스 MD Anderson Cancer Center, 1992)이 널리 활용된다. 이 모델은 6단계로 구성되며, 돌봄 현장에서 체계적인 대화 구조를 제공한다.

[표7-6] SPIKES 모델[8]

단계	내용
S – Setting (환경 조성)	조용하고 편안한 공간, 휴대폰과 방해물 제거, 의자 맞대기
P – Perception(이해도 확인)	"현재 상황에 대해 어떻게 이해하고 계세요?"
I – Invitation(정보제공 요청 확인)	"지금 어느 정도까지 알고 싶으신가요?"
K – Knowledge(정보 제공)	완곡하되 명확한 언어 사용, 서서히 핵심 전달
E – Empathy(감정 반응 수용)	눈물·침묵·분노 등을 공감하고 기다림
S – Summary/Strategy(정리 및 계획 제시)	다음 단계 안내, 의사결정 동반 약속

이러한 절차를 통해 환자와 가족은 단순히 정보를 '받는' 입장이 아니라, 스스로의 감정과 사고를 '정리하고 수용'할 수 있는 시간과 여지를 갖게 된다.

(3) 표현 방식과 언어 선택의 중요성

① 모호한 표현 피하기: "상태가 좀 좋지 않다"→"병이 더 이상 치료되지 않는 상태입니다"

② 과도한 희망 부여 피하기: "기적이 일어날 수도 있어요"→"남은 시간을 어떻게 의미 있

게 보낼지 함께 고민해보겠습니다"
③ 환자 중심 표현: "무엇이 가장 두렵거나 걱정되시나요?", "어떤 방식으로 남은 시간을 보내고 싶으세요?"

언어는 정보 전달의 도구일 뿐 아니라, 환자의 자율성과 존엄성을 지지하는 수단이다. 따라서 말의 내용뿐 아니라, 말하는 태도, 시선, 침묵의 간격, 손의 움직임까지 비언어적 요소도 의사소통의 일부로 다루어야 한다.

(4) 가족과의 동시 대화 전략

일반적으로 가족이 환자보다 먼저 의학적 정보를 듣고 조율하는 경우가 많다. 이때 돌봄제공자는 가족의 입장을 이해하면서도, 환자의 알 권리와 자기결정권을 존중해야 한다. 가족에게는 다음과 같은 방식으로 대화할 수 있다.

"어떤 방식으로 이 소식을 환자분과 나누는 것이 좋을지 함께 고민해보겠습니다."
"환자분은 지금 어떤 정보까지 알고 계신가요?"
"이 내용은 환자분께 직접 전달해드리는 것이 좋겠다고 생각하시나요?"

이러한 접근은 보호와 존중의 균형을 유지하며, 가족 중심 문화를 고려한 돌봄 실천을 가능하게 한다.

■ 사례

73세 여성 말기 암 환자에게 항암 중단과 임종기 돌입 사실을 전달해야 하는 상황.

〈대화 예시〉
"이제 치료로 병의 진행을 멈추기는 어려울 것 같습니다. 남은 시간 동안 불편을 줄이고, 편안하게 보내실 수 있도록 도와드리는 것이 중요해졌습니다."
"지금 어떤 생각이 드시나요?"
"혹시 걱정되시는 부분이 있으시면 언제든지 말씀해주세요."

5. 가족 돌봄과 지원

임종기 환자를 돌보는 데 있어 가족은 매우 중요한 역할을 한다. 가족은 돌봄의 현장에서 환자와 가장 가까운 위치에 있으면서 신체적 · 정서적 · 경제적 부담을 함께 지며, 의사결정에도 깊이 관여하게 된다. 그러나 임종기의 가족 돌봄은 환자의 상태 악화, 시간적 제약, 감정적 압박, 역할 혼란 등 다양한 긴장 속에서 이루어진다. 따라서 가족의 특성을 이해하고, 심리적 개입과 실질적 지지 방안을 함께 마련하는 것이 필요하다.

1) 말기환자 가족의 특성과 돌봄의 어려움

말기환자를 둔 가족은 생애 어느 시기보다 복합적인 정서와 행동 반응을 보이기 쉽다. 일반적으로 다음과 같은 특성이 관찰된다.

(1) 불확실성에 대한 불안
가족들은 환자의 상태가 어떻게 변화할지, 임종 시점이 언제일지 알 수 없는 상황에서 지속적인 긴장감과 통제 불가능성을 경험한다.

(2) 복합 감정의 공존
희망과 절망, 분노와 죄책감, 사랑과 피로감이 뒤섞인 복합 감정이 나타난다. 특히 환자의 고통을 보는 것만으로도 가족은 정서적 탈진에 이르기도 한다.

(3) 의사결정의 부담과 갈등
연명의료 중단이나 치료 전환 등의 중대한 결정을 내려야 하는 시점에서 가족은 서로 다른 의견으로 갈등을 겪거나, 환자의 뜻과 가족의 생각이 충돌하는 경우도 많다.

(4) 사회적 고립과 경제적 부담
가족 중 한 명이 전담 간병을 하게 되면 일상생활과 경제 활동이 제한되고, 점차 사

1) 다학제 팀의 구성과 역할

임종기 돌봄팀은 일반적으로 다음과 같은 직종으로 구성된다.

① 의사: 병의 경과 설명, 증상 조절, 연명의료계획 수립
② 간호사: 환자의 신체 상태 관찰 및 기본간호, 가족 교육
③ 케어매니저: 돌봄계획 수립, 포괄적 평가, 자원 연계
④ 사회복지사: 가족 상담, 정서적 지원, 사별 돌봄, 자원 연계
⑤ 성직자/영적 돌봄제공자: 종교적·영적 지지 제공
⑥ 요양보호사·영양사·약사·자원봉사자 등: 보완적 전문 영역 담당

각 직종은 고유의 역할을 수행하면서도, 환자와 가족의 돌봄 목표를 중심으로 상호 협력한다. 팀 내 명확한 역할 정의는 업무 중복을 방지하고, 돌봄 서비스의 누락을 줄인다.

2) 의료진 간의 수평적 협력

임종 돌봄팀이 효과적으로 작동하기 위해서는 위계적 지시 체계가 아니라, 수평적이고 열린 협력 구조가 전제되어야 한다. 즉, 의사 중심의 일방적 명령이 아닌, 간호사나 사회복지사, 돌봄종사자의 관찰과 의견이 적극적으로 반영되는 구조가 되어야 한다.
이를 위해 팀 회의를 정기적으로 운영하고, 환자 상태 변화에 대한 공유와 의사결정 과정에 모든 팀원이 참여하도록 한다. 팀원 간 신뢰와 존중은 돌봄의 질을 결정짓는 핵심 요소이다.

3) 돌봄 리더의 지정과 조정

돌봄팀 내에서는 리더십과 조정자 역할이 필요하다. 일반적으로는 책임 의사나 간호

사, 사회복지사, 케어매니저가 팀 리더 역할을 수행하며 다음과 같은 역할을 한다.

 ① 돌봄 계획 수립 및 조율
 ② 팀 내 정보 공유와 회의 주재
 ③ 돌봄 우선순위 결정 및 역할 분담 조정
 ④ 갈등 조정 및 윤리적 딜레마 중재

 리더는 환자의 상태와 팀원의 업무 과중 상태를 동시에 고려하여 효율성과 휴먼케어의 균형을 맞춰야 하며, 복잡한 돌봄 상황에서는 윤리위원회 또는 외부 전문가와의 협력을 연계할 수도 있다.

4) 소진 예방 및 전문성 강화

 임종기 돌봄은 돌봄제공자에게도 정서적 소모와 스트레스를 동반한다. 특히 죽음에 대한 감정노출, 반복되는 사별 경험, 환자·가족과의 관계에서 오는 감정의 잔류는 직업적 소진(burnout)으로 이어질 수 있다. 따라서 팀원들은 다음과 같은 교육과 훈련을 지속적으로 받아야 한다.

 ① 사례 기반 교육: 실제 임종 장면을 중심으로 한 사례 분석
 ② 윤리적 판단 훈련: 연명의료결정, 가족 간 갈등 대응 전략 등
 ③ 자기돌봄 훈련: 감정표현, 명상, 슈퍼비전(supervision), 동료지지모임 운영
 ④ 전문직 간 교육(IPE): 다직종 간 상호이해와 협력 증진

 팀원 간 상호지지는 감정노동을 분산시키고, 전문성과 지속가능성을 높이는 중요한 자원이다. 또한 조직 차원에서 소진 예방을 위한 정책적 지원과 슈퍼비전 시스템 구축도 필요하다.

7. 임종 후 돌봄과 애도 지원

1) 임종 직후의 신체 돌봄과 절차

환자가 생을 마감한 직후의 시간은 돌봄제공자와 가족 모두에게 매우 엄숙하고 의미 있는 전환의 순간이다. 이 시점은 단순히 생리적 사망 확인에 그치는 것이 아니라, 고인의 마지막 몸을 정성스럽게 돌보는 의례적·정서적 돌봄의 과정이기도 하다. 신체 돌봄은 환자에 대한 최종적 존중의 표현이며, 가족에게는 고인과의 작별을 준비할 수 있는 심리적 공간을 제공하는 중요한 역할을 한다.

(1) 임종 확인과 사망 선고

의료기관 또는 호스피스 기관에서는 먼저 환자의 의식·호흡·심박수·동공반응·맥박 등 생명징후가 멈추었는지 확인한다. 이러한 확인은 보통 의사가 담당하며, 법적 기준에 따라 사망 시간을 기록하고 사망진단서 또는 시체검안서를 발급한다.

가정에서 임종한 경우에도 의사나 등록된 자문형 호스피스 의료진이 방문하여 같은 절차를 진행한다.

(2) 가족의 감정적 반응 배려

사망 확인 직후 가족은 슬픔·충격·무력감 등 복합적인 감정을 경험한다. 이때 돌봄제공자는 조용하고 존중하는 태도로 곁에 머물며, 감정을 강요하지 않고 자연스럽게 슬퍼할 수 있는 공간을 마련해야 한다.

예를 들어 "천천히 작별하셔도 괜찮습니다"라는 말은 심리적 완충 시간을 제공해준다.

(3) 신체 정돈(Body care) 절차

사망한 환자의 몸을 단정히 정돈하는 과정은 돌봄제공자의 숙련된 기술과 공감적 태도가 요구되는 절차이다. 다음은 일반적인 신체 돌봄 절차이다.

① 눈 감기기: 눈꺼풀이 열려 있을 경우, 손가락이나 습윤 거즈를 이용해 부드럽게 감긴다.

② 턱 고정: 입이 열린 경우 턱을 감싸 닫은 후, 수건이나 붕대로 지지해준다.
③ 유체 제거: 사망 직후 배뇨·배변이 있을 수 있으므로, 기저귀나 패드 교체와 함께 몸을 깨끗이 닦는다.
④ 수의나 환의 정돈: 가족이 원하는 복장으로 갈아입히거나, 정결하게 환의를 정돈한다.
⑤ 손과 발 정리: 손가락을 모아 정돈하고, 때로는 가족이 손을 잡을 수 있도록 포즈를 정리한다.
⑥ 가볍게 시트 덮기: 신체 위에 깨끗한 시트를 덮어 고인의 존엄을 유지한다.

이 과정을 가족이 함께하기를 원할 경우, 돌봄제공자는 필요한 부분만을 도와주고 나머지는 가족에게 위임할 수 있다. 이는 작별의 정서적 기회를 높여주는 데 도움이 된다.

(4) 환경 정비와 보호자 응대

신체 돌봄과 동시에 주변 환경도 조용하고 안정적으로 정돈해야 한다. 조명을 부드럽게 조정하고, 의자와 휴지를 마련하며, 필요시 배경 음악을 트는 등의 배려가 중요하다. 이때 가족에게 다음과 같은 안내를 제공할 수 있다.

"혹시 손을 잡거나 말로 인사를 하시고 싶으시면 천천히 하세요."
"원하시면 저희가 사진을 남겨드릴 수도 있어요."
"이제 장례 절차나 이송을 준비해야 하는데, 쉬셨다가 결정하셔도 괜찮습니다."

(5) 시신 인계 및 후속 절차 안내

가족이 충분히 작별을 마친 후, 장례식장 이송 또는 시신 기증 절차를 안내하게 된다. 사망진단서, 주민등록등본 등 필요한 서류를 안내하며, 종교 의식이나 문화적 관습에 따른 작별 방식도 존중해야 한다.

임종 직후의 신체 돌봄은 돌봄의 마지막 실천이자 고인에 대한 마지막 예우이다. 이는 단순히 절차적 의미를 넘어서, 남겨진 이들을 위한 심리적 정리 과정이기도 하다. 돌봄제공자는 이 시간을 경건하게, 존중과 배려의 태도로 이끌어야 하며, 신체 처치뿐 아니라 가족 감정 지지와 후속 안내까지 통합적 접근이 요구된다.

2) 가족과의 작별과 장례 준비

임종 직후, 가족은 깊은 슬픔과 충격 속에서 사랑하는 사람과 이별을 맞이해야 한다. 이 시기의 돌봄은 단순한 장례 절차 안내를 넘어, 가족이 존엄한 이별의 시간을 경험할 수 있도록 돕는 정서적 동행이 중심이 되어야 한다. 돌봄제공자는 환자의 마지막 순간을 가족과 함께 의미 있게 구성하고, 장례에 필요한 실질적 절차를 안내하며, 이후의 애도 과정까지 준비할 수 있도록 지원하는 역할을 수행한다.

(1) 작별의 시간 마련

임종 직후 가장 먼저 필요한 것은 가족이 환자와 충분히 작별할 수 있는 시간과 공간을 보장하는 일이다. 대부분의 병원이나 호스피스 병동에서는 환자의 임종 이후 일정 시간 동안 가족이 침상 곁에 머무를 수 있도록 하고, 조용한 분위기에서 마지막 인사를 나눌 수 있는 환경을 제공한다.

돌봄제공자는 가족에게 다음과 같은 방식으로 작별을 안내할 수 있다:
"마지막으로 손을 잡아주시고 싶은 분 계신가요?"
"평소 하고 싶었던 말씀을 나눠보셔도 좋습니다."
"지금 이 시간은 사랑하는 분과 함께하는 작별의 시간입니다."

이러한 말은 가족이 감정적으로 무너지지 않고, 의미 있는 이별 의례를 경험할 수 있도록 돕는다. 때로는 가족이 환자의 얼굴을 닦아주거나, 기도나 음악을 틀어주는 등 직접 참여하는 행위를 통해 애도 감정을 자연스럽게 표현할 수 있도록 한다.

(2) 장례 절차 안내와 실무적 지원

작별 인사가 마무리되면, 가족은 장례 절차를 준비해야 한다. 그러나 대부분의 가족은 갑작스럽고 혼란스러운 상황 속에서 무엇을 어떻게 준비해야 하는지 모르는 경우가 많다. 돌봄제공자는 이때 다음과 같은 내용을 안내해야 한다.

① 사망진단서 발급 및 수령 절차
② 시신 이송 및 안치 관련 정보 (병원 영안실, 장례식장 안내 등)

③ 장례식장 예약 및 장례 절차 순서
④ 장례비용 및 지원 제도 안내 (기초생활수급자 장례비 지원 등)

가능하다면 병원 내 장례 상담 전문 인력(장례 코디네이터)이나 사회복지사와 연계하여 보다 체계적인 안내가 이뤄질 수 있도록 한다. 특히 장례 준비 과정에서 가족이 정보 부족으로 인해 불필요한 지출이나 시간 지연을 겪지 않도록 구체적이고 실용적인 정보를 제공하는 것이 중요하다.

(3) 문화적·종교적 의례 존중

장례는 단지 법적 절차나 형식의 문제가 아니라, 고인의 삶을 기리고 남은 가족이 슬픔을 마주하는 문화적·의례적 행위이다. 따라서 돌봄제공자는 환자와 가족의 종교적 신념, 지역적 관습, 가족 구성원의 문화적 다양성을 존중해야 한다.

예를 들어, 천주교 환자의 경우 임종 후 성사를 요청할 수 있으며, 불교 가정에서는 염불이나 향 의례가 필요할 수 있다. 이슬람, 원불교, 무종교 가정도 나름의 작별 방식이 있으므로 이를 사전에 파악하거나 필요한 경우 종교 지도자와 연결해주는 역할도 중요하다.

(4) 작별 이후의 감정적 배려

장례 준비와 절차가 진행되는 동안, 가족은 감정적으로 매우 불안정한 상태에 놓인다. 특히 첫날은 현실 부정, 당혹감, 감정 억제가 복합적으로 나타날 수 있으며, "내가 뭔가 잘못한 게 아닐까?"라는 죄책감과 무력감에 사로잡히는 경우도 많다.

따라서 돌봄제공자는 장례 기간 내내 가족의 감정 변화에 민감하게 대응해야 하며, 다음과 같은 언어를 통해 정서적 지지를 전할 수 있다.

"고인을 위한 모든 마음이 잘 전달되고 있습니다."
"가족분들이 함께해주셔서 고인도 편안했을 것입니다."
"감정이 드는 대로 표현하셔도 괜찮습니다. 울어도, 조용히 있어도 됩니다."

이러한 말은 슬픔을 억제하기보다 표현할 수 있도록 허용하는 심리적 안전망이 되어준다.

3) 사별 가족 지원과 사회자원 연계

임종은 한 사람의 삶이 마무리되는 사건이자, 남겨진 가족에게는 새로운 심리적 여정의 시작이다. 사별을 경험한 가족은 죽음 직후부터 슬픔·허탈감·분노·죄책감·고립감 등 다양한 감정을 겪게 되며, 이러한 애도 반응은 신체적·정서적 건강에도 영향을 미친다.

특히 말기 돌봄 과정에 깊이 관여했던 가족일수록, 사별 이후 심리적 공백과 돌봄 상실감이 크며, 조기 중재가 없을 경우 복합 애도(complicated grief)나 우울, 외상 후 스트레스 증후군으로 이어질 수 있다. 이에 따라 임종 이후에도 가족에 대한 지속적인 돌봄과 사회적 자원 연결이 중요하다.

(1) 사별 가족의 애도 반응

사별 직후에는 다음과 같은 반응이 정상적으로 나타날 수 있으며, 이는 시간의 경과에 따라 완화되거나 심화되기도 한다.

① 슬픔, 눈물, 무기력, 상실감
② 수면장애, 식욕 저하, 집중력 감소
③ 환각 또는 망상적 사고(고인과의 대화 환청 등)
④ 죄책감, "더 잘해줬어야 했는데…"라는 자기비난

(2) 사별가족의 위험요인

① 자살 사고 또는 자해 경향
② 6개월 이상 일상생활 기능 저하
③ 중증 우울 증상 및 사회적 고립
④ 어린 자녀를 둔 사별 배우자, 독거노인의 경우

(3) 사별 가족을 위한 구체적 지원 방법

① 감정 표현과 애도 유도

돌봄제공자는 임종 직후 유족에게 "슬퍼하셔도 괜찮습니다", "지금 느끼는 감정이 자연스러운 반응입니다"와 같은 정서적 수용 언어를 사용할 수 있다.

가족이 울거나 고인의 손을 잡고 있는 시간을 허락하며, 고인을 돌볼 수 있도록(세수, 입 닦기 등) 기회를 제공하는 것도 의미 있는 작별의 방식이 된다.

② 정보 제공과 절차 안내

장례 절차, 사망신고, 유족급여, 장례비용 지원 등 실무적 안내도 병행되어야 한다. 많은 가족은 장례 준비에 대한 경험이 없기 때문에, 사회복지사는 구체적인 단계와 선택지를 안내하며 불안감을 완화할 수 있다.

③ 추모 의식과 기억하기

사망 1개월 후 감사엽서, 추모 편지, 유품 보관 상자 전달 등은 가족에게 '기억할 권리'를 지지하는 방식으로 작용하며, 건강한 애도를 촉진한다.

(4) 지역사회 자원과의 연계

사별 가족 지원은 단지 병원 내 돌봄으로 끝나지 않고, 지역사회와의 연계를 통해 확장되어야 한다. 다음은 주요 자원이다.

[표7-7] 사회자원 연계

유형	기관	주요 내용
정서 지원	정신건강복지센터, 자살예방센터	애도 상담, 애도 집단 프로그램, 마음치유 모임, 자조모임
실무 지원	행정복지센터, 사회복지관	사망신고 지원, 유족급여 안내, 긴급 복지 서비스 연계
종교/영적 지원	교회, 사찰, 성당, 원불교당 등	장례의례, 추모 예배/법회, 상담 목회자 연결
장례 후 복귀 지원	일자리센터, 여성비전센터	활동 재개, 삶의 목표 회복 프로그램

사회복지사와 지역 호스피스기관은 이러한 자원들을 사례관리의 틀 안에서 통합적으로 연계하여 사별 가족의 애도 회복 경로를 지속적으로 추적하고 지원할 수 있다.

(5) 사별을 공동체의 일로 인식하기

죽음 이후의 돌봄은 단지 개인적 상실을 보듬는 것이 아니라, 공동체가 함께 슬퍼하고 기억하는 문화를 조성하는 과정이기도 하다.

학교, 교회, 마을공동체 등에서 "작은 추모의 시간", "기억의 숲 만들기", "고인을 위한 감사 엽서 쓰기" 등의 활동은 유족의 슬픔을 개인화하지 않고 관계 속에서 의미화하는 데 기여한다.

4) 돌봄제공자의 감정관리와 팀 회고

임종 돌봄은 환자와 가족에게 깊은 영향을 미칠 뿐 아니라, 이를 담당하는 의료진과 돌봄제공자에게도 심리적 잔흔을 남기는 감정노동의 연속 과정이다. 죽음은 일상화되기 어렵고, 매번 새로운 이별이며, 때로는 돌봄의 한계와 무력감을 직면하게 하는 경험이 된다. 따라서 의료진이 경험하는 감정적 반응을 적절히 인식하고 관리하며, 이를 팀 차원의 회고(reflection)와 지원 체계로 연결하는 것은 임종 이후 돌봄의 중요한 축이다.

(1) 돌봄제공자의 감정 반응과 필요

말기 환자의 사망 이후, 돌봄제공자는 다음과 같은 다양한 감정을 경험할 수 있다.

① 슬픔과 상실감: 오랜 돌봄 관계를 맺었던 환자와의 이별에서 비롯
② 자책감: "더 잘할 수 있었는데……"라는 미완의 감정
③ 무력감과 소진(burnout): 반복된 죽음과 고통을 목격하면서 오는 정서적 탈진
④ 의미 상실감: 치료가 중단되고 생명이 꺼질 때 느끼는 전문성의 한계

이러한 감정은 돌봄제공자가 비인격화되거나 감정을 억누르게 만들며, 장기적으로는 직업 만족도 저하, 이직률 증가, 우울과 피로로 이어질 수 있다. 따라서 개인적 차원을 넘어 조직적, 팀 기반의 감정관리 체계가 필요하다.

(2) 감정관리를 위한 전략

의료진이 임종 이후 감정을 건강하게 관리하기 위해 실천할 수 있는 전략은 다음과 같다.

① 감정 표현 훈련: 억누르기보다 감정을 나누는 환경 조성
② 감정 일지 작성: 사별 직후 느낀 감정, 떠오르는 장면 기록
③ 짧은 휴식 제공: 임종 후 몇 분간이라도 감정 정리를 위한 시간 확보
④ 동료 간 피어서포트(peer support): 동료에게 간단히 말하거나 함께 산책하기

이와 함께 슈퍼바이저(관리자, 팀 리더)는 감정이 격해진 팀원에게 일시적 업무 재조정이나 상담 자원을 안내할 수 있어야 한다.

(3) 디브리핑(debriefing, 회고 회의)의 의미와 절차

'팀 디브리핑'이란 임종 직후 또는 주기적으로 돌봄 팀이 모여 환자의 임종 과정, 가족 반응, 의료진의 감정을 공유하고 성찰하는 구조화된 활동이다. 이는 단순한 평가를 넘어서, 공감과 복원력(resilience)을 키우는 시간으로 기능한다.

디브리핑의 주요 구성요소는 다음과 같다:

① 사실 공유: 환자의 임종 상황, 돌봄 내용 정리
② 감정 나누기: "이 상황에서 가장 기억에 남는 감정은 무엇이었나요?"
③ 잘한 점 확인: "우리 팀이 함께 해낸 의미 있는 순간은?"
④ 배운 점 도출: "다음 유사 사례에 적용할 수 있는 배움은?"
⑤ 지지 메시지 나누기: "수고하셨습니다", "서로 덕분이었습니다"

디브리핑은 공식적인 시간으로 배정되어야 하며, 비판보다는 공감과 수용 중심의 분위기에서 진행되어야 효과가 있다.

(4) 조직 차원의 소진 예방과 교육 필요성

임종 돌봄의 감정적 부담을 구조적으로 완화하기 위해, 조직은 다음과 같은 제도적 뒷받침이 필요하다.

① 정기적인 감정 회복 프로그램 운영 (예: 명상, 미술치료, 감정 피드백 워크숍)
② 의료진 소진 실태조사와 대응 정책 수립
③ 신입 직원 대상의 임종 대응 심화 교육 제공
④ 심리상담사, 정신건강전문가와의 연계 체계 구축

이러한 지원 체계는 돌봄제공자의 지속가능성을 확보하고, 결과적으로 환자와 가족에게 더 나은 임종 돌봄을 제공하는 기반이 된다.

참고문헌

1. Illich, Ivan. Medical Nemesis: The Expropriation of Health. Pantheon Books, 1976.

2. 『호스피스·완화의료 및 임종과정에 있는 환자의 연명의료결정에 관한 법률 (2016)』

3. WHO, Palliative Care

4. Saunders, C. (1964). "The Management of Terminal Illness". Nursing Times

5. Byock, I. (1997). Dying Well: The Prospect for Growth at the End of Life. Riverhead Books.
    _____. (2004). The Four Things That Matter Most: A Book About Living. Free Press.

6   Ricoeur, P. (1991). Life: A Story in Search of a Narrator. In M. J. Valdés (Ed.), A Ricoeur Reader: Reflection and Imagination. Harvester Wheatsheaf.

7   Dorland's Medical Dictionary. (2011). Dorland's Illustrated Medical Dictionary (32nd ed.). Elsevier.

8   Buckman, R. (1992). How to Break Bad News: A Guide for Health Care Professionals. Johns Hopkins University Press.

자기돌봄

학습목표

- 자기돌봄의 개념과 중요성을 이해한다.
- 가족 및 전문 돌봄제공자의 자기돌봄 필요성과 실천 전략을 설명할 수 있다.
- 돌봄 이용자의 자기돌봄 역량 강화를 위한 접근 방식을 이해한다.
- 자기돌봄을 촉진하기 위한 조직 및 정책적 지원체계를 설명할 수 있다.
- 좋은 돌봄을 위한 자기돌봄 기반의 사회문화적 과제와 방향을 제안할 수 있다.

1. 자기돌봄의 의의

1) 자기 돌봄의 정의

'자기돌봄(Self-care)'은 일반적으로 자신의 건강과 안녕을 유지하거나 회복하기 위해 개인이 스스로 행하는 의식적이고 자율적인 활동을 의미한다. 이는 단순히 신체 건강을 유지하는 차원을 넘어서, 정서적 안정과 정신적 회복, 사회적 관계의 유지 등 삶의 전반을 포괄하는 총체적인 자기관리 개념으로 확장된다.

세계보건기구(World Health Organization, WHO)는 자기돌봄을 "건강증진, 질병 예방, 건강상태 유지 및 회복을 위한 지식과 기술을 활용하여, 개인 또는 가족, 지역사회 차원에서 수행하는 건강관리 행위"로 정의하고 있다.[1] 이 정의는 자기돌봄이 단순한 개인적 행위가 아닌, 사회적 맥락에서의 실천이라는 점을 강조한다.

특히 돌봄제공자의 자기돌봄은 다음과 같은 특징을 지닌다.

(1) 의도성과 주체성

자기돌봄은 타인의 개입 없이 자신의 상태를 스스로 인식하고 조절하려는 주체적인 실천을 포함한다. 예컨대 스트레스를 자각하고 이에 대해 운동, 수면 조절, 대화, 상담 등으로 대응하는 행동은 전형적인 자기돌봄이다.

(2) 다차원적 활동

자기돌봄은 다음과 같이 다양한 차원의 활동을 포함한다.
① 신체적 돌봄: 충분한 휴식, 영양 섭취, 건강 검진
② 정서적 돌봄: 감정 인식 및 표현, 스트레스 해소, 공감 훈련
③ 사회적 돌봄: 의미 있는 관계 형성, 경계 설정
④ 영적·심리적 돌봄: 삶의 의미 되새김, 명상, 내면 성찰

(3) 회복과 예방의 기능

자기돌봄은 직무 스트레스나 감정소진을 미리 예방하거나, 이미 발생한 정서적 탈진으로부터 회복하는 치유의 기제로 작용한다. 특히 돌봄 종사자의 경우 자기돌봄을 실천하지 않을 경우, 탈진, 냉소, 직무불만족 등으로 이어질 수 있으므로 예방적 차원에서도 필수적이다.

(4) 돌봄의 지속 가능성을 위한 조건

자기돌봄은 돌봄제공자가 장기적으로 업무를 수행하기 위해 반드시 갖추어야 할 내적 자원 관리의 방법이다. 자신을 돌보지 못하는 상태에서 타인을 위한 질 높은 돌봄을 제공하는 것은 지속되기 어렵다.

2) 학문적 접근

돌봄학과 간호학, 심리학 등 여러 분야에서 자기돌봄은 다양한 방식으로 개념화되어 왔다.

(1) Dorothea Orem의 자기간호이론(Self-Care Deficit Nursing Theory)[2]

Dorothea Orem은 간호학에서 자기돌봄 개념을 이론화한 대표 학자이다. 그녀는 다음과 같이 설명한다.

"자기간호(self-care)란 개인이 생명, 건강, 안녕을 유지하기 위해 자신을 돌보는 목표 지향적 활동이다."

Orem은 자기간호를 인간의 본능적이고 발달적 요구로 보았으며, 개인의 자기간호 역량이 결핍될 경우 간호사가 이를 보완하거나 완전히 대행하는 '간호 체계'를 제시하였다. 이 이론은 특히 노인돌봄 분야에서 자기돌봄 역량의 파악과 지원 전략 수립에 유용하게 적용된다.

(2) 트론토(Joan Tronto)의 돌봄윤리와 자기돌봄[3]

Tronto는 돌봄이 타인을 위한 행위일 뿐만 아니라 돌보는 자신을 돌보는 윤리적 책임도 포함한다고 보았다. 그녀는 돌봄의 핵심 요소 중 하나로 '자기돌봄(Self-care as part of caring)'을 제시하며, 다음과 같은 관점을 제시하였다.

"좋은 돌봄을 실천하기 위해서는 돌봄제공자 자신이 건강하고 회복된 상태를 유지해야 하며, 이는 돌봄의 윤리적 조건이다."

Tronto의 이론은 '자기희생적 돌봄'이 아닌 '상호성의 돌봄' 구조를 강조하며, 자기돌봄의 윤리적 정당성을 이론적으로 뒷받침한다.

(3) 크리스티나 마스라크(Christina Maslach)의 소진 이론과 자기돌봄[4]

심리학자인 Maslach는 직무소진(burnout) 개념을 개발한 학자이다. 그녀는 소진을 "정서적 탈진, 비인격화, 낮은 성취감"의 세 가지 차원으로 설명하며, 이를 예방하기 위한 주요 전략 중 하나로 정기적인 자기돌봄 실천을 강조하였다.

Maslach의 이론은 돌봄제공자들이 감정노동과 심리적 소모를 줄이고, 회복 탄력성(resilience)을 높이기 위해 자기돌봄을 어떻게 조직적·개인적으로 설계할 수 있는지를 설명하는 데 기초를 제공한다.

3) 자기돌봄의 중요성

(1) 돌봄관계에서 자기돌봄의 필요성

노년기 돌봄은 신체적 지원뿐만 아니라 정서적 지지와 관계적 상호작용을 포함하는 고밀도의 인간관계 활동이다. 이러한 돌봄관계는 대상자와 제공자 간에 지속적이고 감정적으로 긴밀한 유대를 형성하기 때문에, 돌봄제공자의 정서 상태나 신체 컨디션은 돌봄의 질에 직접적인 영향을 미친다.

① 지속 가능한 돌봄: 돌봄제공자가 소진(burnout)·탈진하거나 감정적으로 고갈되면, 대상자에게 감정적으로 냉소적이 되거나 돌봄의 질이 저하될 가능성이 높아진다.
② 내적 자원의 제공: 자기돌봄은 돌봄제공자가 대상자와 건강한 경계를 유지하는 데 필요하다. 지나친 감정이입이나 희생적 돌봄은 관계에서의 경계 붕괴를 초래하고, 이는 상호의존성 혹은 과의존적인 돌봄으로 이어져 관계의 균형을 무너뜨릴 수 있다.

(2) 돌봄 관계의 질

자기돌봄을 실천하는 돌봄제공자는 신체적 피로와 정서적 스트레스를 보다 효과적으로 관리할 수 있으며, 다음과 같은 이점을 갖는다.

① 감정적으로 안정된 돌봄 제공
② 공감과 존중 기반의 의사소통
③ 신뢰와 상호존중 관계 형성
④ 관계의 경계 유지 및 균형 잡힘

(3) 자기돌봄을 실천하지 않는 돌봄제공자의 특징
① 피로와 스트레스로 인한 감정기복
② 냉소, 무기력, 거리감 형성
③ 돌봄대상자에게 수동적, 기계적 반응
④ 돌봄 중단 또는 회피 가능성 증가

정서적으로 안정된 돌봄제공자는 대상자의 심리적 안정을 도우며, 돌봄대상자가 존엄을 느끼고 자율적으로 존재할 수 있는 환경을 조성한다. 이는 단순한 서비스 '제공자-이용자' 관계를 넘어 신뢰 기반의 인간적 돌봄관계로 이어진다.

> ■ 사례
>
> **요양보호사 김○○ 씨의 자기돌봄 결핍과 이직 사례**
>
> 김○○ 씨(여, 56세)는 수도권의 한 장기요양기관에서 4년째 근무하던 요양보호사였다. 그는 근무 초반에는 노인 대상자의 안위를 위해 열정적으로 일했으나, 점차 피로와 감정적 부담이 누적되면서 수면장애와 소화불량, 우울감을 겪게 되었다. 동료와의 갈등도 잦아졌고, 자신이 제대로 돌보지 못하고 있다는 죄책감이 심해졌다.
>
> 그는 업무 외 시간에도 자신의 몸과 마음을 돌보는 시간 없이 오로지 '좋은 요양보호사'가 되어야 한다는 압박에 시달렸다. 기관 차원의 정서적 지원이나 심리 상담은 없었고, 스스로의 회복력도 점차 약화되었다. 결국 그는 "더 이상 이 일을 감당할 수 없다"는 생각에 이직을 결정하였다.
>
> 이 사례는 자기돌봄 부재가 개인의 건강 문제를 넘어, 돌봄 서비스의 중단과 인력 유출로 이어질 수 있음을 보여주는 사례이다. 만약 초기 단계에서 자기돌봄 교육이나 감정노동 보호 프로그램이 제공되었다면 그는 지속적으로 돌봄현장에 머물 수 있었을 것이다.

(4) 상호돌봄과 자기돌봄의 순환적 관계

트론토(Tronto)는 돌봄윤리 이론에서 "돌보는 사람 또한 돌봄의 대상이 되어야 한다"고 주장하며, 돌봄제공자의 자기돌봄을 윤리적 정당성의 기반으로 제시하였다. 타인을 돌보는 과정에서 돌봄제공자가 지속적으로 소진된다면, 이는 돌봄 행위 그 자체의 의미를 훼손하게 된다.[5]

따라서 자기돌봄은 단순한 '개인적 건강 유지'를 넘어, 좋은 돌봄을 실천하기 위한 선행 조건이며 윤리적 책임이라 할 수 있다. 자기돌봄은 돌봄제공자의 회복력(resilience)을 높이고, 이는 곧 돌봄의 연속성과 관계의 안정성으로 이어진다.

(5) 이용자의 자율성과 존엄에 기여

자기돌봄을 실천하는 돌봄제공자는 감정적으로 여유 있고, 대상자의 자율성과 선택권을 존중하는 태도를 유지할 수 있다. 반면 자기돌봄이 부족한 경우, 돌봄제공자는 자신의 피로와 스트레스를 무의식적으로 대상자에게 투사하거나, 대상자의 요구를 과소평가하거나 회피할 수 있다. 즉, 자기돌봄은 돌봄 대상자의 존엄성과 권리를 지켜주는 간접적 실천 방식이라 할 수 있으며, 이것이 돌봄관계에서의 자기돌봄이 중요한 이유이다.

자기돌봄은 돌봄제공자가 돌봄관계에서 신체적·정서적 건강을 유지하고, 대상자에게 공감적이고 존중하는 돌봄을 지속하기 위한 핵심 역량이다. 자기돌봄은 관계의 경계를 건강하게 유지하고, 대상자의 자율성을 지지하며, 돌봄 행위의 윤리성과 질을 보장하는 토대가 된다.

4) 자기돌봄과 번아웃(소진)

번아웃(burnout)은 직무 스트레스로 인한 만성적 탈진 상태로, 정서적 소진, 비인격화, 성취감 저하의 3대 특징을 지닌다. 돌봄노동자는 감정의 과잉 소비와 자기희생을 요구받는 구조 속에서 쉽게 번아웃에 도달할 수 있다. 자기돌봄은 번아웃 예방의 실질적 도구로 기능하며, 그 효과는 다음과 같다.

① 스트레스 조절 능력 향상
② 자기효능감 회복
③ 감정표현 및 정서적 해소의 기회 제공
④ 개인 삶의 균형 회복

특히, 자기돌봄이 체계적으로 실천될 경우 돌봄제공자 자신의 정체성을 회복하며, 대상자에 대한 긍정적 태도와 전문성 또한 함께 강화된다.

2. 가족돌봄자의 자기돌봄

1) 가족 내 돌봄제공자의 역할 고립과 정서적 피로

가족은 전통적으로 가장 기본적인 돌봄 제공의 단위로 인식되어 왔다. 그러나 현대 사회에서 가족구조는 핵가족화되고 있고, 여성의 경제활동 참여와 고령화로 인해 가족이 감당해야 할 돌봄의 부담은 더욱 커지고 있다. 그 결과, 가족 중 특정 개인에게 돌봄의 책임이 집중되는 경향이 강해지고 있으며, 그 개인은 '역할 고립'과 '정서적 피로'라는 이중의 부담을 경험하게 된다.

가족돌봄자는 종종 공식적인 역할이나 권한이 없음에도 불구하고, 실질적으로 가장 많은 돌봄노동을 수행한다. 특히 치매, 중증 질환, 거동 불편 등의 돌봄대상을 돌보는 경우, 돌봄제공자의 일상은 24시간으로 확장되며 자신의 삶을 유지할 여유조차 잃어버리게 된다. 이러한 상황에서 돌봄자는 다음과 같은 정서적 상태를 경험하게 된다.

① 고립감: 가족 내 다른 구성원들로부터 '내가 혼자 모든 걸 책임지고 있다'는 느낌을 받으며 심리적으로 고립된다.
② 이해 부족: 가족이나 주변인들로부터 정서적 지지나 공감을 받지 못하고 오히려 '해야 할 도리'로 취급받는다.
③ 감정 억제: 돌봄대상자에게 부정적인 감성을 느껴도 이를 표현하지 못하고 억누르게 된다. 이는 죄책감이나 자책으로 이어지기도 한다.
④ 삶의 상실감: 나의 시간, 경력, 인간관계, 심지어 자아까지 돌봄에 흡수되어 사라지는 듯한 무력감을 느낀다.

특히 여성 중장년층(딸, 며느리 등)이 주요 가족돌봄자로 역할을 수행하는 경우가 많은데, 이들은 종종 본인의 직장과 가정생활을 병행하며 돌봄까지 감당해야 하는 삼중 부담에 놓인다. 또한 돌봄에 대한 사회적 인정과 보상이 부족하여 자존감과 삶의 만족도가 떨어지는 악순환에 빠지기 쉽다.

이러한 역할 고립과 정서적 피로는 단순한 감정 문제가 아니라, 돌봄의 지속 가능성을 위협하는 구조적 문제이다. 가족돌봄자의 자기돌봄은 단순히 개인의 회복 차원을 넘어, 돌봄 대상자의 삶의 질과 가족 기능 유지를 위해 필수적인 요소로 인식되어야 한다.

2) 가족돌봄자의 심리적 딜레마

가족돌봄자는 돌봄과 관련된 다양한 심리적 갈등에 지속적으로 노출된다. 이러한 갈등은 단순한 피로를 넘어 죄책감 · 분노 · 슬픔 · 무기력감 등의 복합적 감정으로 나타나며, 이는 돌봄자의 자기존중감과 가족관계 전반에 부정적 영향을 미친다. 이를 '심리적 딜레마'로 명명할 수 있으며, 가족돌봄 제공자에게 매우 흔하면서도 해결이 쉽지 않은 과제이다.

(1) 돌봄부담과 정체성의 위기

돌봄은 가족 내에서 '자연스럽게 감당해야 할 책임'으로 여겨지기 쉽다. 특히 부모에 대한 부양의무가 강조되는 문화에서는 개인의 의사나 한계를 고려하지 않고 돌봄이 주어지는 경우가 많다. 이로 인해 가족돌봄자는 자신의 삶과 경력, 인간관계를 중단하거나 축소하면서까지 대상자 중심의 삶을 살아가게 된다.

돌봄이 장기화되면 돌봄자는 본인의 삶의 방향성과 자율성을 잃고, '나'라는 존재가 오로지 '누군가를 돌보는 사람'으로만 규정되는 정체성의 위기를 겪게 된다.

(2) 죄책감과 자기비난

돌봄자는 자주 다음과 같은 딜레마에 빠진다.

"나는 충분히 잘하고 있는가?"

"왜 이런 감정이 드는 걸까?"

"돌보는 게 힘들다고 말하면 나쁜 사람인가?"

이러한 질문은 죄책감과 자기비난을 강화시킨다. 특히 돌봄 과정에서 분노 · 짜증 · 혐오 같은 감정이 들었을 때, 그것을 억누르거나 부정하는 경우가 많다. 감정 표현의 부재는 심리적 내상으로 축적되고, 우울과 불안, 자기혐오로 이어질 수 있다.

(3) 가족 내 갈등과 관계의 손상

돌봄 책임이 특정 구성원에게 과도하게 집중되는 경우, 가족 내 갈등이 유발된다. 형제 간에 돌봄 분담을 두고 불신이 생기거나, 배우자와 자녀에게 소홀하다는 비난을 들을 수도 있다. 또한 돌봄대상자와의 관계도 오랜 시간 지치고 고통스러운 감정을 반복하며 감정적 거리가 벌어질 수 있다.

이러한 관계 갈등은 단순한 일시적 충돌을 넘어서, 가족 전체의 기능 저하와 심리적 분열로 이어지며, 결국 가족돌봄자의 자기효능감과 자존감마저 약화시킨다.

(4) 사회적 인식 부족과 보이지 않는 노동

가족돌봄자는 사회적으로 '효자', '효녀'로 미화되거나, 반대로 '당연히 해야 할 역할'로 간주되기 쉽다. 그 결과 돌봄노동의 정당한 평가와 지지를 받지 못한 채, 보이지 않는 노동자로서의 좌절감을 겪는다. 이는 돌봄을 계속할 동기와 힘을 잃게 만들며, 감정소진(burnout)으로 이어질 위험을 높인다.

따라서 가족돌봄자의 자기돌봄은 단순한 스트레스 해소가 아니라, 정체성 회복과 관계 회복, 심리적 균형 유지를 위한 필수적 조건임을 이해해야 한다. 이러한 인식 전환을 바탕으로, 실천 가능한 자기돌봄 전략과 외부 지원체계가 뒷받침되어야 한다.

3) 자기돌봄 실천 전략

가족돌봄자의 자기돌봄은 단순한 감정 해소를 넘어서, 지속 가능한 돌봄을 가능케 하는 핵심 역량이다. 돌봄자의 자기돌봄은 '회복할 권리'이자 '돌봄의 질을 유지하기 위한 조건'으로서 정당하게 보장되어야 한다.

이를 위한 주요 전략은 다음 세 가지로 구분할 수 있다.

(1) 지역자원 연계

가족돌봄자는 혼자서 모든 것을 해결해야 한다는 부담에서 벗어나, 지역사회의 다양한 자원을 활용하는 것이 중요하다. 이는 돌봄자의 신체적 부담을 줄이고, 정서적 고립을 완화하는 데 효과적이다.

① 노인맞춤돌봄서비스: 말벗, 병원동행, 일상점검 등으로 돌봄 공백을 메워줄 수 있다.
② 방문간호 · 방문요양: 가족이 감당하기 어려운 건강관리나 신체활동 지원을 보완한다.
③ 주야간보호센터: 가족돌봄자에게 '하루의 여유'를 제공해 주는 중요한 돌봄쉼터이다.
④ 치매안심센터 · 가족지원센터: 치매가족 자조모임, 심리상담, 교육 프로그램 등을 통해 정보 제공과 심리적 지지를 제공한다.

이러한 제도적 · 비공식적 자원 활용은 돌봄자가 자기만의 시간을 확보할 수 있게 해주며, 장기적으로 돌봄의 지속 가능성을 높인다.

(2) 역할 분담과 자기경계 설정

가족돌봄자가 모든 것을 감당하려는 태도는 '책임감'이 아니라 '소진'의 지름길이다. 가족 내에서 돌봄의 역할을 명확히 분담하고, 자신의 한계를 설정하는 자기경계(self-boundary)를 명확히 하는 것이 중요하다.

① 역할 분담: 형제자매 간에 요일별, 업무별, 금전적 분담 등을 협의하여 공동 책임 구조를 만든다.
② 자기경계 설정: '이 시간에는 내가 쉬겠다', '이 이상은 하지 않겠다'는 경계를 명확히 하고, 주변에도 이를 알리는 것이 중요하다.
③ 감정의 책임 분리: 대상자의 상태나 반응에 대해 모든 감정적 부담을 본인이 떠안지 않고, 전문가나 상담자를 통해 분산한다.

이러한 자기경계는 가족관계에서의 갈등을 줄이고, 돌봄자가 자신을 잃지 않도록 도와준다.

(3) 돌봄휴가제 및 가족상담 활용

공적 지원제도 중에서도 '가족돌봄휴가제'와 '심리상담'은 자기돌봄을 제도적으로 보장해주는 핵심 장치이다.

① 가족돌봄휴가제: 근로자가 가족을 돌보기 위해 연간 최대 90일까지 무급휴가를 사용할 수 있는 제도이다. 이는 돌봄자가 자기 시간과 휴식을 확보할 수 있는 법적 기반을 제공한다.
② 심리상담 및 가족치료: 감정 표현이 억제된 돌봄자는 상담을 통해 정서적 환기와 자기 이해를 회복할 수 있다. 특히 가족 내 갈등이 심한 경우에는 가족 전체를 대상으로 한 치료적 접근이 유효하다.

이러한 제도적 접근은 가족돌봄자의 회복과 재충전을 보장할 뿐 아니라, 돌봄대상자와의 관계 개선에도 긍정적 영향을 미친다.

■ 사례

치매 부모를 돌보며 '나만의 시간'을 회복한 50대 여성의 이야기

김선희(가명, 56세) 씨는 5년 전부터 치매 진단을 받은 어머니를 집에서 돌보고 있다. 처음에는 '딸로서 당연한 일'이라 생각하며 직장을 그만두고 전념했지만, 돌봄이 장기화되면서 신체적 피로와 정서적 고립감이 심해졌다. 매일 반복되는 배변처리, 약 복용 확인, 밤중의 이상행동 대응은 그녀를 점점 지치게 했고, 어느 순간 "내가 사라지고 있다"는 느낌이 들기 시작했다.
가족 내에서도 돌봄 책임은 대부분 김 씨에게만 집중되었고, 남편과 자녀들은 상황을 충분히 이해하지 못한 채 무심하게 대했다. 심지어 형제들조차 "그래도 엄마랑 같이 사니까 네가 알아서 해줘"라는 말을 하며 거리를 두었다. 이러한 역할 고립은 죄책감과 분노, 무기력함을 동시에 불러왔다.
결정적인 전환점은 보건소를 통해 치매안심센터의 '가족상담 프로그램'과 '주야간보호센터' 정보를 알게 된 것이었다. 김 씨는 어머니를 주 3일 주간보호센터에 맡기며 하루 4~5시간의 자유시간을 확보하게 되었다. 그 시간 동안 김 씨는 근처 복지관의 요가 수업에 참여하거나 카페에서 책을 읽는 등 오롯이 자신을 위한 시간을 보내기 시작했다.

> 또한 형제들과 '돌봄 회의'를 통해 경제적 지원 분담과 명절 교대 돌봄 등을 합의하였고, 심리상담사와의 정기 면담을 통해 감정 표현을 연습하며, 스스로를 비난하지 않는 법을 배워나갔다. 김 씨는 "내가 무너지면 어머니를 더 이상 돌볼 수 없다는 걸 이제는 이해하게 되었다"고 말한다.
> 지금도 힘든 날은 있지만, 김 씨는 자기돌봄을 통해 '딸'이라는 돌봄 역할과 '나'라는 존재를 분리하여 인식할 수 있게 되었고, 자신이 다시 삶의 주도권을 찾고 있다는 점에서 큰 의미를 느끼고 있다.

3. 돌봄노동자의 자기돌봄

1) 돌봄노동자의 감정노동과 신체적 탈진

전문 돌봄노동자는 단순한 '업무 수행자'가 아니라, 정서적 관계를 기반으로 돌봄을 실천하는 전문인력이다. 요양보호사·간호사·사회복지사 등은 일상적으로 신체적인 수발뿐 아니라, 감정적 지지와 심리적 안정까지 제공하는 역할을 수행한다. 그러나 이 과정에서 반복되는 업무, 낮은 사회적 인정, 과도한 감정노동으로 인해 만성적인 탈진(burnout)을 경험하기 쉽다.

감정노동은 대상자의 고통과 죽음에 직면하면서도, 자신의 감정을 억누르고 친절과 공감을 유지해야 하는 상황에서 발생한다. 특히 치매노인, 말기 환자, 가족 갈등 상황에서 감정적으로 통제된 반응을 지속하는 것은 돌봄자의 정서적 에너지를 급속도로 소진시킨다. 또한 장시간 근무, 야간교대, 반복된 이직 등은 신체 건강에도 부정적 영향을 끼친다.

2) 자기돌봄의 필요성과 전문성 유지의 관계

돌봄노동자의 자기돌봄은 단순한 '사적 권리'가 아니라, 전문성을 유지하기 위한 필수적인 조건이다. 자기돌봄을 실천하는 전문가는 다음과 같은 능력을 유지하거나 회복할 수 있다.

① 감정 분리 능력: 대상자의 고통에 과도하게 감정 이입하지 않고 균형 유지
② 의사소통의 명료성: 스트레스 상황에서도 분노나 회피 없이 정확한 소통 가능
③ 윤리적 판단력: 정서적 소진 상태에서 벗어나 객관적 판단과 돌봄 선택 유지
④ 회복 탄력성: 스트레스 후 빠르게 일상과 직무로 복귀하는 정신적 회복력

자기돌봄은 곧 전문직으로서의 생존 조건이며, 장기근속과 돌봄의 질을 높이는 기반이 된다.

3) 실천 가능한 자기돌봄 전략

전문 돌봄노동자가 일상에서 실천할 수 있는 자기돌봄 전략은 다음 세 가지 영역으로 구분할 수 있다.

(1) 신체 건강 관리
① 규칙적인 식사, 충분한 수면, 가벼운 운동 등을 통해 신체 회복을 도모한다.
② 장시간 서거나 무거운 대상자를 다루는 업무 특성상, 근골격계 보호를 위한 스트레칭이나 요통 예방 운동도 필요하다.

(2) 정서적 해소와 감정 관리
① 일상 중 발생하는 감정들을 말로 표현하거나, 감정일지 · 그림 · 명상 등을 통해 해소한다.

② 정기적인 동료 슈퍼비전이나 직무 스트레스 상담 프로그램에 참여함으로써 감정의 부담을 분산시킬 수 있다.
③ 자기비난을 줄이고, 자기공감과 긍정언어를 활용한 정서 회복 훈련도 도움이 된다.

(3) 자기 전문성 강화 및 자율성 회복
① 외부 교육, 세미나, 독서 등을 통해 자신의 돌봄 능력을 발전시키고 성취감을 느낀다.
② 업무의 경계를 명확히 하고, 휴식과 업무를 분리하여 자신의 일상 리듬을 회복한다.
③ 경우에 따라 '업무 위임'이나 '역할 분담'을 요청하는 것도 자기돌봄의 일환이다.

■ 사례

감정노동 일지를 활용한 요양보호사의 자기회복 경험

최모 씨(요양보호사, 49세)는 요양시설 근무 3년 차에 접어들며 수면장애, 소화불량, 무기력증을 겪었다. 그녀는 감정노동 상담 프로그램에서 '감정노동 일지 쓰기' 과제를 받고 매일 퇴근 후 10분간 자신의 감정을 글로 표현하기 시작했다.
"화가 났다", "서운했다", "하지만 이해하려고 노력했다" 등 감정의 흐름을 그대로 적는 연습은 자신이 왜 힘들었는지를 돌아보게 했다.
3개월 후, 그녀는 감정을 억누르기보다 인식하고 다루는 법을 배우게 되었고, 소진감도 점차 줄어들었다. 그녀는 말한다.
"자기돌봄은 거창한 게 아니라, 나를 자주 들여다보는 습관이었다."

4. 돌봄수혜자의 자기돌봄

1) 돌봄 이용자의 자기돌봄 개념

노년기 돌봄에서 '자기돌봄(self-care)'은 돌봄제공자만의 과제가 아니다. 돌봄을 받는 수혜자 또한 가능한 범위 내에서 자기 삶을 주도적으로 관리할 수 있는 능력을 회복하고 강화해야 한다.

수혜자의 자기돌봄은 생물학적 건강뿐 아니라, 심리적 안정, 사회적 연결감, 그리고 자기결정권의 유지와 직결된다.

자기돌봄 능력이 향상된 수혜자는 돌봄 서비스의 수동적 대상이 아니라, 돌봄의 공동 주체로서 역할을 수행하며, 이는 삶의 만족도와 존엄성 회복으로 이어진다.

2) 노년기 자기돌봄의 주요 영역

돌봄 이용자의 자기돌봄은 다음과 같은 실천 영역으로 구분된다.

① 신체적 자기돌봄: 식사, 약물 복용, 배변 관리, 수면 등 일상생활의 기초적 기능 유지
② 정신적·정서적 자기돌봄: 감정 표현, 스트레스 대처, 정서적 안정 유지
③ 사회적 자기돌봄: 타인과의 교류, 여가 활동, 지역사회 참여
④ 자기결정의 실천: 본인의 의사를 표현하고 선택하는 능력(예: 복약 여부, 활동 참여, 의사소통 방식 등)

고령자는 인지능력이나 신체기능 저하로 인해 일부 자기돌봄 영역이 제한되기도 하지만, 그 제한된 범위 안에서 최대한의 자율성을 유지하는 것이 중요하다.

3) 자기돌봄을 촉진하는 조건

노인의 자기돌봄은 단독으로 실현되기 어렵고, 주변 환경과 돌봄제공자의 태도, 제도적 지원에 따라 크게 영향을 받는다. 다음과 같은 조건이 자기돌봄 실천을 도울 수 있다.

① 접근 가능한 정보 제공: 본인의 건강상태, 서비스 내용 등을 이해할 수 있도록 설명

② 의사소통 지원: 시력, 청력, 언어 문제를 고려한 맞춤형 소통 방식
③ 디지털 보조기기 활용: 알림 기능이 있는 약통, 자동 혈당측정기 등
④ 정서적 지지와 격려: 작은 성공도 인정받고 존중받을 때 자기효능감이 향상됨

돌봄제공자는 수혜자의 자기결정권을 존중하며, '스스로 해낼 수 있도록 돕는 지원자'의 역할로 전환해야 한다.

■ 사례

혈당 관리를 스스로 실천하며 독립생활을 이어가는 80세
전 당뇨 진단을 받고 약물 복용과 식이조절을 병행해왔다. 자녀들은 어르신의 건강을 걱정해 요양시설 입소를 권유했지만, 그는 스스로 건강관리를 하며 살 수 있다는 확신이 있었다. 김 어르신은 매일 아침 일정 시간에 일어나, 혈당을 측정하고, 복약일지에 직접 수치를 기록했다. 식사는 건강식 반찬을 미리 조리해 냉동 보관해두고, 주 3회 경로당 운동 프로그램에도 참여했다. 그는 스마트폰으로 알람을 설정해 약 복용 시간을 관리하고, 주간보호센터 사회복지사에게 정기적으로 혈당관리 상황을 점검받았다. 이러한 자기돌봄 실천은 어르신의 자존감을 높였고, '내가 아직 쓸모 있는 사람'이라는 생각이 그의 삶에 활력을 불어넣었다. 김 어르신은 말한다. "누가 돌봐줘서 좋은 게 아니라, 내가 나를 챙길 수 있어서 기쁜 거지요." 이 사례는 노인 수혜자가 신체적 제약 속에서도 가능한 자기돌봄의 영역을 실천하며, 독립성과 삶의 주도권을 유지할 수 있음을 보여준다.

4) 자기돌봄 중심 돌봄의 확산 필요성

돌봄은 단순히 '누가 도와주는가'의 문제가 아니라, '어떻게 함께 살아갈 것인가'의 문제이다. 돌봄 수혜자의 자기돌봄 역량을 존중하고 강화하는 접근은 돌봄의 질을 높이고, 돌봄제공자의 부담도 분산시킬 수 있다.
이를 위해서는 다음과 같은 인식 전환이 필요하다.

① "할 수 없으니 대신해주는 돌봄" → "할 수 있도록 옆에서 지원하는 돌봄"
② "의존을 전제로 한 서비스" → "자립을 전제로 한 협력적 관계"
③ "수동적 수혜자" → "적극적 생활주체"로서의 전환

이러한 자기돌봄 중심 접근은 노인의 존엄을 지키는 동시에, 돌봄관계의 상호성을 회복하는 실천이 된다.

5. 자기돌봄을 위한 조직 및 정책적 지원

1) 돌봄기관의 자기돌봄 문화 조성

돌봄노동자는 단지 신체적 서비스를 제공하는 데 그치지 않고, 정서적·심리적 돌봄을 함께 수행하는 '감정노동자'이기도 하다. 특히 요양시설, 재가센터, 지역사회 돌봄기관에서 근무하는 종사자들은 치매, 신체기능 저하, 죽음과 같은 민감한 상황에 일상적으로 노출되며 심리적 탈진과 감정소진을 반복적으로 경험한다.

이러한 환경 속에서 자기돌봄은 개인의 책무로만 전가되어서는 안 되며, 조직 차원에서의 구조적 지원과 문화 조성이 함께 이루어져야 한다.

(1) 감정노동 보호 장치의 제도화

돌봄기관은 감정노동의 위험을 인지하고, 이를 보호할 수 있는 장치들을 체계적으로 마련해야 한다. 대표적인 보호 방안은 다음과 같다.

① 감정노동 대응 매뉴얼 마련: 감정충돌이나 폭언 상황에 대한 대응 절차와 보고 체계를 명확히 설정한다.
② 심리적 위기 대응 체계 구축: 정신건강 전문기관과의 연계를 통해 상담, 위기 개입, 휴식 처방 등을 제공한다.

③ 휴게시간과 쉼터 확보: 교대 근무 중 짧은 휴식이라도 정해진 공간에서 쉴 수 있도록 하며, 이 공간을 '감정 회복 공간'으로 지정하는 경우도 있다.
④ 감정노동 수당 지급 및 보상체계 마련: 일부 지자체는 요양보호사 감정노동 수당을 지원하거나, 심리치유 프로그램 비용을 보조하기도 한다.

이러한 조치는 단순한 복지 확대가 아니라, 돌봄의 질과 기관의 지속 가능성 확보를 위한 전략적 접근이라 할 수 있다.

(2) 조직 기반 회복 프로그램의 운영

돌봄기관 내에서 자기돌봄을 장려하고 실천할 수 있도록 돕는 회복 프로그램(Resilience Program)은 매우 효과적인 방식이다. 다음과 같은 프로그램이 대표적이다.

① 집단 슈퍼비전(Supervision): 업무 중 겪은 감정적 부담을 동료와 함께 나누며, 상호 피드백과 지지를 주고받는다.
② 스트레스 관리 워크숍: 명상, 요가, 미술치료, 감정표현 훈련 등을 통해 몸과 마음의 회복을 돕는다.
③ 경청의 날, 칭찬 릴레이 등 회복 문화 캠페인: 상호 존중과 감정 표현이 자유로운 문화 형성을 돕는다.
④ 자기돌봄 계획서 작성 및 이행 평가: 정기적으로 자기돌봄 목표를 설정하고, 실행 과정을 피드백 받는 교육 프로그램이다.

이러한 프로그램은 단지 '힐링'에 그치지 않고, 직무 만족도 향상, 이직률 감소, 조직 응집력 강화로 이어지는 효과가 있다.

(3) 자기돌봄 친화적 조직문화 조성의 원칙

자기돌봄이 단순한 개인 실천을 넘어 조직문화로 자리 잡기 위해서는 다음과 같은 원칙이 중요하다.

① 정서적 안전 보장: 감정을 표현해도 비난받지 않는 분위기 조성
② 회복의 권리 보장: 휴식, 상담, 재충전의 시간이 권리로 인식됨
③ 지지적 리더십: 관리자와 리더가 감정노동 보호에 관심을 두고 솔선수범함
④ 공동체 기반 회복: 개인 회복뿐 아니라 동료 간 상호 회복 지원 장려

■ 사례

서울시 사회서비스원 '마음건강 프로그램'
서울시 사회서비스원은 산하 돌봄 종사자들을 대상으로 '마음건강 프로그램'을 운영하고 있다.
이 프로그램은 심리상담, 정서회복 워크숍, 명상 및 회복 휴가 등의 내용을 포함하며, 매년 정기 평가와 피드백을 통해 개선된다.
참여한 요양보호사들은 프로그램 이후 "감정을 억누르지 않고 표현할 수 있었다", "자기 자신에게 더 따뜻해졌다"는 소감을 남겼다.
이는 자기돌봄을 제도적으로 보장하고, 실천 가능한 환경을 만들어 주는 조직이 곧 '좋은 돌봄'을 제공할 수 있다는 것을 보여주는 대표적 사례이다.

2) 가족돌봄자 지원제도

가족돌봄자에 대한 제도적 지원은 여전히 미흡한 실정이다. 그러나 최근 가족돌봄휴가제를 비롯하여 몇 가지 제도가 마련되고 있다.

① 가족돌봄휴가제: 근로기준법상 연간 최대 90일의 무급휴가 가능 (하루 또는 시간 단위 사용 가능)
② 가족돌봄수당: 일부 지자체(예: 서울, 성남 등)에서는 돌봄 수행 가족에게 월 수당 또는 바우처 지급
③ 가족상담 및 자조모임: 치매안심센터, 건강가정지원센터 등을 통한 가족상담, 교육, 스트레스 관리 프로그램 운영

④ 정보 연계 시스템: 노인맞춤돌봄서비스, 방문간호 등과 연계된 가족돌봄자 대상 서비스 안내와 상담

가족이 '돌봄책임의 최후 보루'가 아니라, 지원받는 시민으로 인식되고 보호되는 구조로 전환되어야 한다.

3) 수혜자 자기돌봄 역량 강화 지원

돌봄 수혜자의 자기돌봄 역량은 정책과 지역 커뮤니티의 지원을 통해 강화될 수 있다.

① 커뮤니티케어: 지역사회 내에서 요양시설 중심이 아닌 자택·공동체 기반의 자율적 돌봄 환경을 조성함
② 디지털 자기돌봄 기기 보급: 스마트 복약기, 스마트워치, 건강 모니터링 센서 등이 고령자의 자기건강관리 지원
③ 정보문해력 교육: 노인을 대상으로 하는 디지털 기기 활용법, 자기결정 교육, 건강관리 강좌 등
④ 인지·기능별 맞춤 프로그램: 치매 초기 단계 노인을 위한 자기관리 훈련, 자조활동 그룹 구성 등

수혜자가 가능한 한 '할 수 있는 일'을 유지하고, '결정할 수 있는 권리'를 존중받는 돌봄환경이 자기돌봄의 핵심이다.

4) 자기돌봄 기반의 '좋은 돌봄'을 위한 정책적 과제

'좋은 돌봄'이란 단지 서비스의 양과 효율성이 아니라, 돌봄 관계에 참여하는 모든 주체의 존엄성과 회복 가능성을 보장하는 돌봄을 의미한다. 이 관점에서 자기돌봄(self-care)은 돌봄제공자와 수혜자 모두에게 적용되어야 할 핵심 가치이다.

그러나 현실의 돌봄 체계에서는 여전히 자기돌봄이 '개인의 몫'으로만 전가되거나, 정서적 피로와 소진이 방치되는 경우가 많다. 이러한 구조는 결국 돌봄서비스의 질 저하, 이직률 증가, 대상자의 삶의 만족도 하락으로 이어진다. 따라서 자기돌봄을 제도적으로 내재화하고, 국가적 차원에서 이를 촉진하는 정책적 기반 마련이 필수적이다.

(1) 자기돌봄의 제도화와 법적 기반 마련

현재 우리나라의 장기요양보험, 노인복지법 등은 돌봄제공자와 이용자의 권리를 규정하고 있으나, '자기돌봄'이라는 개념 자체는 명시적으로 반영되지 않은 상태이다. 앞으로는 다음과 같은 방향으로 법적 제도화를 추진할 필요가 있다.

① 장기요양기관 평가 지표에 "종사자 자기돌봄 환경" 항목 포함
② 노인복지시설 설치기준에 감정노동 보호 공간 및 정서지원 프로그램 포함
③ 노인돌봄서비스 이용 계획 수립 시, 이용자의 자기돌봄 역량 평가 항목 신설

이를 통해 자기돌봄이 돌봄의 질을 평가하는 공식 기준이자 권리로 자리 잡을 수 있도록 해야 한다.

(2) 공공재정 기반의 자기돌봄 지원 확장

돌봄제공자나 가족돌봄자의 자기돌봄을 실질적으로 지원하기 위해서는 재정 기반이 뒷받침된 정책 설계가 필요하다.

① 자기돌봄 휴식비, 상담비, 회복 프로그램 운영비에 대한 공적 지원
② 가족돌봄자 대상의 유급 돌봄휴가제 시범사업 도입
③ 돌봄노동자의 감정노동 수당 제도화 및 감정회복 프로그램 비용 지원

이러한 예산 편성은 돌봄을 일자리로만 보지 않고, 사람과 사람 간의 회복적 관계로 이해하는 복지국가의 기본자세를 보여주는 지표가 된다.

(3) 자기돌봄을 포함한 돌봄 교육과 훈련 강화

현재 대부분의 돌봄 교육 과정은 대상자 중심의 기술 및 이론 교육에 집중되어 있다. 그러나 돌봄자의 자기이해 · 감정관리 · 경계설정 · 회복전략 등 자기돌봄 역량을 체계적으로 교육하는 과정은 부족하다.

① 요양보호사 · 간호조무사 · 사회복지사 교육 과정에 자기돌봄 및 감정노동 교육 필수화
② 가족돌봄자 대상의 '나를 돌보는 법' 중심의 지역교육 프로그램 확대
③ 노인 대상의 자기돌봄 훈련과 자기결정권 교육 활성화 (예: 복약관리, 건강기록 쓰기)

교육은 곧 인식과 실천을 연결하는 통로이므로, 자기돌봄의 문화가 자리 잡기 위해서는 정규 교육 체계 내에서의 내재화가 중요하다.

(4) 자기돌봄 친화적 사회문화 조성

마지막으로 자기돌봄을 가능하게 하는 사회적 분위기 형성과 인식 개선도 핵심 과제이다. '자기돌봄 = 이기적', '감정 표현 = 약함'이라는 잘못된 인식을 벗어나, 자기돌봄은 책임 있고 지속 가능한 돌봄을 위한 성숙한 선택임을 알려야 한다.

① 미디어 및 캠페인을 통한 자기돌봄 인식 개선
② 지역사회 중심의 '돌봄자 힐링주간', '돌봄노동자 존중의 날' 제정을 통한 자기돌봄 실천 사례 발굴 및 확산

이러한 문화적 변화는 결국 개인-가족-조직-지역사회의 돌봄공동체 회복으로 이어진다.

[표8-1] 돌봄제공자 스트레스 자가진단 체크리스트

돌봄제공자 스트레스 자가진단 체크리스트

다음 문항을 읽고, 지난 일주일간 나의 상태에 대해 해당하는 빈도에 표시해보세요. 각 항목에 대해 0~3점으로 체크한 후 총점을 계산해보세요.

문항	전혀 아니다 (0점)	가끔 그렇다 (1점)	자주 그렇다 (2점)	항상 그렇다 (3점)
최근 피로감을 자주 느낀다.				
잠들기 어렵거나 자주 깬다.				
짜증이나 분노를 자주 느낀다.				
감정을 표현하기 어렵다.				
업무 중 무기력하거나 집중이 안 된다.				
대상자에게 냉정하게 대하는 나를 발견한 적이 있다.				

총점: _____ / 60점

- 0 - 6점: 스트레스 수준이 낮은 편입니다. 현재 상태를 잘 관리하고 있으나, 정기적으로 자기돌봄 시간을 갖는 것이 좋습니다.
- 7 - 12점: 경미한 스트레스 상태입니다. 간헐적인 피로나 감정 기복이 있을 수 있으므로, 간단한 회복 활동이나 주변과의 대화를 통해 정서적 지지를 받는 것이 권장됩니다.
- 13 - 18점: 중등도 이상의 스트레스 상태입니다. 감정소진이나 신체적 피로가 누적될 수 있으며, 슈퍼비전·심리상담·단기 휴식 등의 회복 전략을 계획하는 것이 필요합니다. 돌봄 중단 위기를 예방하기 위해 적극적인 자기돌봄 실천과 제도적 자원 활용이 요구됩니다.

참고문헌

1 세계보건기구(World Health Organization, WHO), "Self-care is the ability of individuals, families and communities to promote health, prevent disease, maintain health, and to cope with illness and disability … with or without the support of a health-care provider."

2   Dorothea Orem: Self-Care Deficit Theory (Sage, 1991)

3   Joan Tronto, Moral Boundaries: A Political Argument for an Ethic of Care (1993)

4   Maslach, C. & Jackson, S. E. (1981). "The Measurement of Experienced Burnout." Journal of Occupational Behaviour, 2, 99-113.

5   Joan Tronto, Caring Democracy: Markets, Equality, and Justice (2013)

제3부

돌봄 제도

INTRODUCTION TO ELDER CARE STUDIES

제도화된 돌봄의 틀과 정책적 기반

　돌봄이 한 개인의 선의나 가족 내 책임으로만 이루어지는 시대는 지나갔다. 인구 고령화와 가족구조의 변화, 사회적 돌봄 수요의 증가에 따라 돌봄은 더 이상 사적 영역에만 머물 수 없으며, 공적 책임과 제도적 기반 위에서 안정적으로 제공되어야 한다. 제3부 「돌봄 제도」는 이러한 사회적 요구에 응답해 온 한국의 주요 노인돌봄 제도들을 체계적으로 조명한다.

　이 부에서는 국가와 지방정부가 마련한 다양한 공공 돌봄 정책과 서비스를 중심으로, 노인의 삶을 실질적으로 뒷받침하는 제도적 틀을 검토한다. 먼저, 제9장은 지역사회 기반의 예방적·일상적 돌봄을 제공하는 「노인맞춤돌봄서비스」를 통해 돌봄의 접근성과 다양성을 살펴본다. 이어 제10장에서는 대표적인 사회보험 제도로 자리 잡은 「노인장기요양보험 제도」를 분석하며, 요양시설 및 재가서비스 급여체계와 수급자 권리 보장을 중심으로 구성된다.

　제11장은 치매국가책임제의 일환으로 시행되는 「치매관리제도」와 법정후견제도의 공공화된 형태인 「치매공공후견제도」를 함께 다루어, 인지기능 저하 노인을 위한 통합적 보호체계를 소개한다. 이어 제12장에서는 지역 기반의 통합서비스 모형으로 부상하고 있는 「통합돌봄 제도」의 법제도적 구조와 시범사업 운영사례를 통해 지역사회 통합돌봄의 가능성과 과제를 분석한다.

　마지막으로 제13장은 그 외에 고령자 돌봄과 관련된 「방문건강관리사업」, 「연명의료결정제도」, 「간병제도」, 「일상돌봄서비스 사업」, 「병원동행서비스 사업」 등 기타 돌봄 관련 제도들을 통합적으로 조명함으로써, 돌봄의 사각지대를 메우는 다층적 정책 구조를 이해하도록 돕는다.

　제3부는 돌봄이 단순한 서비스가 아니라 사회구조 속에서 제도화되고 재정적으로 뒷받침되어야 함을 보여준다. 이는 돌봄의 공공성, 지속가능성, 형평성을 확보하기 위한 필수적 조건이며, 돌봄을 사회정책의 중심 의제로 끌어올리기 위한 기초 인식이기도 하다. 독자는 본 부를 통해 현재 한국 사회의 돌봄제도가 어떤 방식으로 설계되고 실행되고 있는지를 종합적으로 이해하게 될 것이다.

제9장

노인맞춤돌봄서비스

학습목표

- ✓ 노인맞춤돌봄서비스의 도입 배경과 제도적 의의를 이해한다.
- ✓ 노인맞춤돌봄서비스의 대상자 선정 기준과 서비스 제공 체계를 설명할 수 있다.
- ✓ 노인맞춤돌봄서비스의 주요 서비스 내용과 개별 맞춤형 계획 수립 과정을 이해한다.
- ✓ 생활지원사와 전담사회복지사의 역할과 협력 체계를 설명할 수 있다.
- ✓ 노인맞춤돌봄서비스의 성과와 한계, 향후 발전 방향에 대해 비판적으로 고찰한다.

---

1. 추진 배경과 목적

1) 추진 배경

한국 사회는 2017년 고령사회(65세 이상 인구 14% 이상)에 진입한 이후, 2025년에는 초고령사회(65세 이상 인구 20% 이상)로 접어들 것으로 예측된다. 이와 같은 고령화는 단순히 인구 구조의 변화를 넘어, 국가와 사회 전반에 걸쳐 새로운 돌봄 수요를 발생시키고 있다. 특히 혼자 사는 독거노인, 노인 부부 가구의 증가와 함께 자녀 부양률의 감소는 노인이 일상생활을 영위함에 있어 큰 장애요인이 되고 있다. 더 이상 전통적인 가족 중심의 돌봄 체계로는 급증하는 노인 돌봄 수요를 감당하기 어려운 실정이다.

이러한 변화 속에서 사회적 약자인 노인들은 고립, 외로움, 건강 악화, 경제적 빈곤 등 복합적인 문제를 겪게 되며, 이로 인해 일상생활의 자립성과 존엄이 위협받는 상황이 반복되고 있다. 더욱이 농어촌이나 도시 저소득 밀집 지역의 경우, 복지 서비스 접근성이 떨어져 돌봄 사각지대에 놓이는 경우가 많다. 결국 돌봄을 필요로 하는 노인들 사이에서도 지역, 소득, 건강 상태에 따라 돌봄 격차가 심화되고 있다는 점에서 공공 중심의 제도적 개입이 절실히 요구되었다. 이와 같은 사회적 문제의식은 노인맞춤돌봄서비스 도입의 근본적인 배경이 된다.

노인맞춤돌봄서비스가 시행되기 전까지는 보건복지부 산하에서 운영되던 세 가지 개별 돌봄사업으로 노인돌봄기본서비스, 노인돌봄종합서비스, 단기가사서비스가 서로 다른 기준과 체계로 운영되고 있었다. 이들 제도는 각각 대상자 선정 기준, 신청 절차, 예산 배정 방식이 달랐기 때문에 현장에서는 서비스 중복 제공, 대상자 누락, 행정 비효율 등의 문제가 지속적으로 제기되었다.

예를 들어, 한 노인은 기본서비스와 종합서비스를 모두 필요로 했음에도 불구하고 하나의 서비스만 제공받거나, 반대로 복수의 서비스가 중복 지원되며 자원이 낭비되는 경우도 발생하였다. 또한, 서비스 제공기관마다 기준이 달라 돌봄의 질과 내용이 일관되지 않았고, 행정적으로는 같은 목적을 가진 유사 사업들이 중복 운영되면서 정책 효율성이 떨어지는 문제가 있었다.

정부는 이러한 문제를 해결하고자 2019년 시범사업을 거쳐 2020년부터 세 제도를 하나로 통합한 '노인맞춤돌봄서비스'를 본격적으로 시행하였다. 이 통합은 단순히 제도를 줄이는 것이 아니라, 노인의 개별적 욕구에 따라 서비스 제공 내용을 유연하게 조정할 수 있는 체계를 구축한다는 점에서 돌봄 정책의 질적 전환을 의미한다.

노인맞춤돌봄서비스는 기존 제도가 지닌 공급자 중심의 한계를 극복하고, 수요자인 노인의 입장에서 서비스가 기획되고 제공되는 방식으로 전환되었다는 점에서 정책적 진보를 보여준다. 특히, 사례관리자가 초기 상담을 통해 노인의 욕구와 상황을 분석하고, 이를 바탕으로 맞춤형 서비스 계획을 수립하는 과정은 '표준화된 서비스 제공'에서 '개별화된 돌봄 설계'로의 전환을 상징한다.

또한, 생활지원사는 단순한 업무 수행자가 아니라 정기적인 방문을 통해 노인의 건강과 정서 상태를 관찰하고, 필요시 사례관리자에게 정보를 공유하여 적절한 조치를 유도하는 역할을 수행한다. 이러한 상호작용은 돌봄의 신뢰성과 지속성을 강화하며, 무엇보다 노인의 자기결정권을 존중하는 돌봄 문화를 형성하는 데 기여한다.

수요자 중심 서비스는 돌봄 제공 과정에서 노인의 의견과 선택을 반영하고, 삶의 주도권을 잃지 않도록 하는 것을 중요한 가치로 삼는다. 이는 돌봄의 대상이 아니라 돌봄의 주체로서 노인을 바라보는 관점 전환이며, 궁극적으로는 노인의 삶의 질 향상과 지역사회 내 자립적 생활 유지라는 제도의 본래 목적과도 맞닿아 있다.

2) 목적

노인맞춤돌봄서비스란, 일상생활이 어렵거나 사회적 고립 위험이 있는 만 65세 이상 노인에게 맞춤형 돌봄 서비스를 제공함으로써 안정된 노후생활을 도모하고자 하는 공공복지 서비스이다. 노인맞춤돌봄서비스는 돌봄이 필요한 노인을 대상으로 일상생활 지원, 정서적 안정, 사회관계 증진, 자원 연계 등을 통합적으로 제공하여, 노인의 안전한 생활과 삶의 질 향상을 도모하는 국가 복지서비스이다.

기존 노인돌봄제도는 서비스 간 분절성으로 인해 유사한 대상에게 중복 지원되거나, 반대로 필요한 노인이 서비스에서 누락되는 문제가 발생하였다. 또한, 공통된 기준 없이 기관별로 다른 형태로 서비스를 제공함으로써 돌봄의 형평성과 효율성이 저하되는 구조적 한계를 지니고 있었다. 이에 따라 노인맞춤돌봄서비스는 이용자의 욕구에 기반한 맞춤형 서비스 제공과 사례관리 중심의 통합적 접근을 핵심 원리로 설계되었다.

이 제도의 주요 목적은 다음과 같다.

첫째, 돌봄이 필요한 노인을 체계적으로 발굴하고, 서비스 제공을 통해 위기 상황을 예방하는 것이다. 특히 독거노인, 고령 부부세대, 거동 불편 노인 등 고립 위험군을 중심으로 돌봄 안전망을 구축하는 데 중점을 둔다.

둘째, 돌봄 서비스 제공과 함께 다양한 지역자원과의 연계를 통해 사회참여 기회를 확대하고, 정서적 안정 및 자립생활을 유지할 수 있도록 지원하는 데 목적이 있다.

셋째, 노인 당사자의 욕구에 기반한 개인별 계획을 수립하고 이에 따라 서비스를 제공함으로써, 수요자 중심의 돌봄 실현을 지향한다. 이는 이용자의 자기결정권을 존중하고, 비표준화된 돌봄 접근에서 벗어나 보다 정교한 복지 실천을 가능하게 한다.

이러한 목적 아래 노인맞춤돌봄서비스는 보편적 복지와 선별적 지원의 균형, 일상적 지원과 위기 대응의 통합, 공공과 민간의 협력을 통해 새로운 노인 돌봄 모델로 자리 잡아가고 있다. 결과적으로, 단순한 돌봄 제공을 넘어 노인의 삶의 질 향상과 지역사회 통합돌봄 실현이라는 중장기적 사회적 목표를 견인하고자 하는 제도라 할 수 있다.

3) 추진 법적 근거[1]

「노인복지법」 제1조(목적) 이 법은 노인의 질환을 사전예방 또는 조기발견하고 질환 상태에 따른 적절한 치료·요양으로 심신의 건강을 유지하고, 노후의 생활안정을 위하여 필요한 조치를 강구함으로써 노인의 보건복지증진에 기여함을 목적으로 한다.
「노인복지법」제27조의2(홀로 사는 노인에 대한 지원)

① 국가 또는 지방자치단체는 홀로 사는 노인에 대하여 방문요양과 돌봄 등의 서비스와 안전확인 등의 보호조치를 취하여야 한다. 〈개정 2017. 10. 24.〉
② 국가 또는 지방자치단체는 제1항에 따른 사업을 노인 관련 기관·단체에 위탁할 수 있으며, 예산의 범위에서 그 사업 및 운영에 필요한 비용을 지원할 수 있다. 〈신설 2017. 10. 24.〉
③ 제1항의 서비스 및 보호조치의 구체적인 내용 등에 관하여는 보건복지부장관이 정한다. 〈개정 2017. 10. 24.〉

「노인복지법」제27조의3(독거노인종합지원센터)
① 보건복지부장관은 홀로 사는 노인에 대한 돌봄과 관련된 다음 각 호의 사업을 수행하기 위하여 독거노인종합지원센터를 설치·운영할 수 있다.
　1. 홀로 사는 노인에 대한 정책 연구 및 프로그램의 개발
　2. 홀로 사는 노인에 대한 현황조사 및 관리
　3. 홀로 사는 노인 돌봄사업 종사자에 대한 교육
　4. 홀로 사는 노인에 대한 돌봄사업의 홍보, 교육교재 개발 및 보급
　5. 홀로 사는 노인에 대한 돌봄사업의 수행기관 지원 및 평가

6. 관련 기관 협력체계의 구축 및 교류
7. 홀로 사는 노인에 대한 기부문화 조성을 위한 기부금품의 모집, 접수 및 배부
8. 그 밖에 홀로 사는 노인의 돌봄을 위하여 보건복지부장관이 위탁하는 업무

② 보건복지부장관은 제1항에 따른 독거노인종합지원센터의 운영을 전문 인력과 시설을 갖춘 법인 또는 단체에 위탁할 수 있다.

③ 그 밖에 독거노인종합지원센터의 설치·운영 등에 필요한 사항은 보건복지부령으로 정한다.

4) 추진방향

노인맞춤돌봄서비스는 고령사회의 심화와 돌봄 수요의 다양화에 대응하기 위해 수요자 중심의 통합적 돌봄체계를 구축하고자 시작된 사업이다. 이 서비스의 추진방향은 크게 세 가지 축으로 구성된다. 욕구 중심의 맞춤형 서비스 제공, 민관복지전달체계의 공공성 강화, 그리고 중장기 과제를 반영한 전략적 과제 추진이다.

첫째, 욕구 중심의 맞춤형 서비스 제공과 서비스 다양화를 통해 보다 정교하고 개별화된 돌봄이 실현되고 있다. 기존에 운영되던 6개의 유사·분절적 노인돌봄사업을 통합함으로써 중복과 비효율을 해소하고, 하나의 통합체계 내에서 개인의 상태와 욕구에 따라 맞춤형 서비스 제공계획을 수립하여 필요한 돌봄을 통합적으로 제공하고 있다. 특히 단순한 보호 중심의 돌봄을 넘어, 노인의 사회참여를 유도하는 참여형 서비스, 신체건강·정신건강 증진을 위한 프로그램, 그리고 질병이나 장애를 사전에 예방하는 예방적 돌봄까지 폭넓게 포함한다.

둘째, 민관복지전달체계의 공공성과 책임성 강화를 중점 과제로 설정하고 있다. 장기요양기관과 돌봄기관의 기능을 명확히 구분하여, 노인의 상태가 악화되기 전 예방적 단계에서 필요한 돌봄을 제공할 수 있도록 제도적 기반을 강화하였다. 서비스의 신청 접수, 대상자 발굴, 서비스 제공계획의 승인 등은 읍·면·동 등 기초자치단체 중심으로 수행되어 지역 밀착형 돌봄체계를 실현하고 있다. 이는 돌봄의 책임 주체를 명확히 하여 서비스 전달의 공공성을 제고하고, 특히 장기요양보험 등급 외의 사각지대에 놓

인 취약 노인에게 적절한 돌봄을 제공함으로써 장기요양 진입을 예방하고, 노후 삶의 질을 향상시키는 데 기여하고 있다.

셋째, 2025년 중점 추진과제에서는 서비스의 내실화와 돌봄사각지대 해소를 위한 다양한 전략이 제시되고 있다. 지방자치단체는 현황조사와 홍보 활동을 통해 서비스를 보다 적극적으로 알리고, 고위험군 노인을 발굴하여 조기 개입을 추진하고자 한다. 특히 장기요양 등급 외 A·B등급의 노인, 65세에서 75세 사이의 전환기 노인, 독거노인, 조손가정 노인 등 돌봄 위기군에 대한 선제적 접근이 강조된다. 또한 광역자치단체 및 수행기관은 지역 내 인적·물적 자원과의 연계를 통해 참여형 프로그램을 활성화하고, 건강관리, 사회참여, 정서 지원 등 다양한 서비스를 제공하여 지역사회 기반의 돌봄 생태계 구축을 지속적으로 추진하고 있다.

이처럼 노인맞춤돌봄서비스는 개별 맞춤형 접근과 지역 중심의 통합적 체계를 바탕으로, 노인의 자립생활과 삶의 질 향상, 그리고 장기요양 예방이라는 복합적 목표를 동시에 달성하고자 하는 정책적 시도라 할 수 있다.

5) 추진체계[2]

노인맞춤돌봄서비스는 보건복지부 → 중앙·광역·지역수행기관 → 읍면동 → 대상자로 이어지는 다층적 구조를 통해 운영된다. 각 기관은 사업기획·지원·교육·평가·보고의 역할을 분담하며, 효율적인 전달체계를 통해 서비스가 제공된다.

(1) 보건복지부
① 사업안내 지침 마련(매 전년도 12월)
② 국고 보조금 교부, 홍보 등 사업 총괄
③ 사업 관리·감독 및 평가, 정책연구

(2) 광역자치단체(시도)
① 시군구별 사업량 및 예산배정

② 광역지원기관 관리·감독
③ 시군구 사업 관리, 교육·홍보 등 지원
④ 시도 사업계획 수립 및 보건복지부에 제출
⑤ 국고 보조금 정산 보고

[표9-1] 사업 추진체계[3]

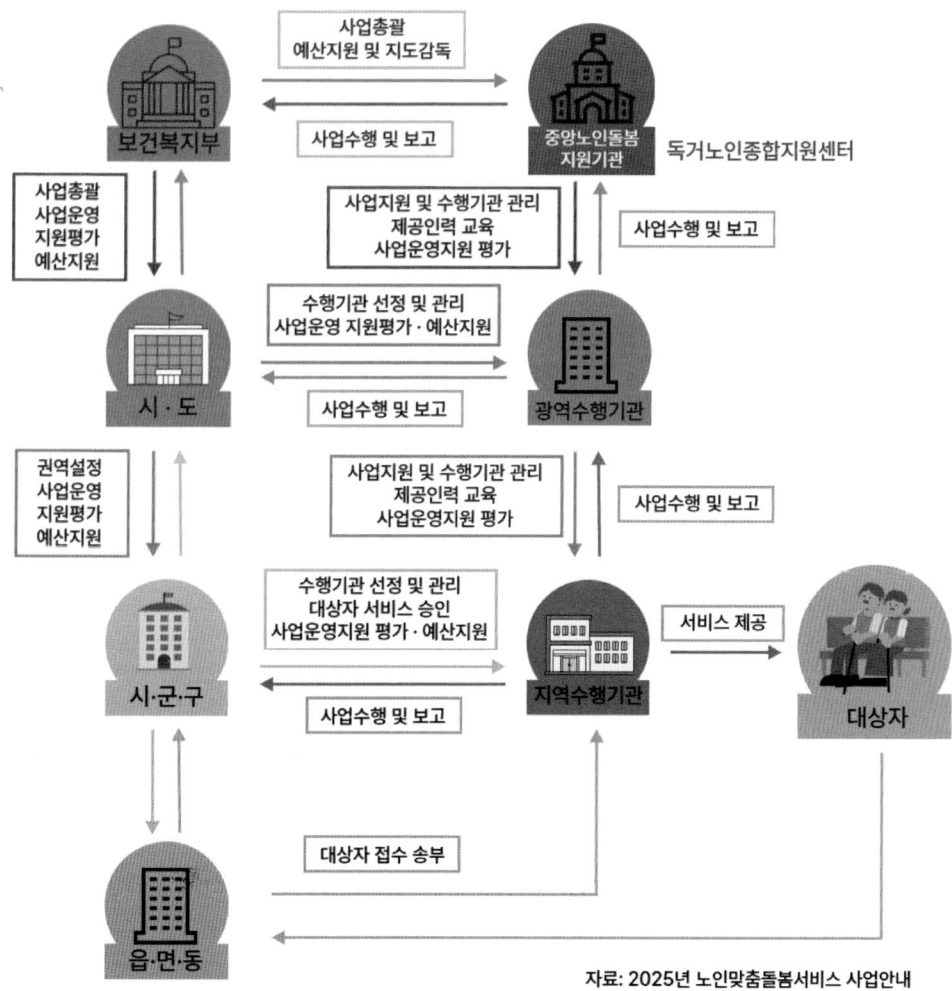

자료: 2025년 노인맞춤돌봄서비스 사업안내

(3) 기초자치단체(시군구)

① 시군구 사업계획 수립 및 시·도에 제출

② 수행기관 사업계획 승인

③ 수행기관 선정 및 운영 지원

④ 수행기관 관리·감독

⑤ 지자체 자체사업 간 유사중복 여부 판단·결정

⑥ 서비스 대상자 선정 및 서비스 제공계획 승인여부 등 결정

⑦ 노인맞춤돌봄협의체 구성·운영

(4) 읍면동

① 노인맞춤돌봄서비스 담당자 교육 관리

② 노인맞춤돌봄서비스 신청접수

③ 시군구 사업계획에 따라 노인맞춤돌봄서비스 신규 대상자 발굴

(5) 중앙노인돌봄지원기관(독거노인종합지원센터)

① 사업지원 및 실적관리

② 사업 관련 시스템 운영관리

③ 광역지원기관, 수행기관 인력 지원

(6) 광역지원기관 및 수행기관

① 광역지원기관 사업계획 수립 및 시·도에 제출

② 광역지원기관 사업계획에 따른 사업추진 및 운영

③ 광역자치단체(시도) 사업 추진 지원

(7) 노인맞춤돌봄서비스 수행기관

① 수행기관 사업계획 수립 및 시군구에 제출

② 수행기관 사업계획에 따를 사업 추진 및 운영

③ 수행 인력 채용·교육 및 관리

④ 기초자치단체(시군구) 사업 추진 지원

6) 노인맞춤돌봄서비스의 특징

노인맞춤돌봄서비스는 기존의 분절된 노인 돌봄사업들을 통합하여, 대상자의 다양한 욕구에 기반한 통합적이고 체계적인 돌봄을 제공하는 공공서비스이다. 이 서비스는 단순한 일상생활 지원을 넘어, 건강관리, 정서지원, 사회적 참여 등 노인의 전인적 삶의 질을 향상시키기 위한 종합적인 접근 방식을 특징으로 한다.

① 서비스의 통합성과 다양성이 핵심적인 특징이다. 기존의 노인돌봄기본서비스·노인돌봄종합서비스·단기가사서비스 등 6개의 개별사업을 통합함으로써 행정의 효율성과 서비스 접근성을 높였고, 보다 다양한 수요에 대응할 수 있는 유연한 서비스를 제공하고 있다.

② 참여형 서비스의 도입은 노인의 자율성과 능동성을 존중하는 방식으로서, 단순히 돌봄을 '받는' 대상이 아니라 사회적 활동에 '참여하는' 주체로 자리매김하게 한다. 이를 통해 노인의 사회적 고립을 예방하고, 자기효능감과 삶의 만족도를 증진시킨다.

③ 개인별 맞춤형 서비스 계획 수립이 이루어진다. 서비스 대상자의 건강상태, 생활환경, 사회적 관계망 등을 종합적으로 평가하여 개별 돌봄계획을 수립하고, 이에 기반한 맞춤형 서비스를 제공함으로써 돌봄의 실효성과 수요자 만족도를 높이고 있다.

④ ICT 기술을 활용한 스마트 돌봄이 확산되고 있다는 점도 주목할 만하다. 정보통신기술을 도입하여 비대면 모니터링, 응급알림, 건강관리 시스템 등을 구축함으로써 물리적 접근이 어려운 상황에서도 안전한 돌봄 환경을 구현하고 있다.

⑤ 생활권역별 수행기관 책임 운영체계는 지역사회 중심의 돌봄 실현을 가능하게 한다. 각 수행기관은 일정 생활권역을 기반으로 지역 내 노인의 상황을 파악하고, 밀착형 서비스를 책임감 있게 운영함으로써 돌봄의 지속성과 연결성을 확보하고 있다.

⑥ 은둔형 및 우울형 노인을 위한 특화서비스 제공도 이루어진다. 심리·정서적으로 고립되어 있는 노인을 조기 발굴하고, 정기적 방문과 상담, 사회참여 프로그램 연계 등을 통해 이들의 사회적 관계 회복과 정신건강 증진을 도모하고 있다.

[표9-2] 서비스 제공절차

절차	내용
서비스 신청 (신청자)	• 노인맞춤돌봄서비스를 필요로 하는 노인 또는 그 가족 등이 읍·면·동 행정복지센터 방문 등을 통해 서비스 신청
신청 접수 (읍·면·동)	• 읍·면·동 담당공무원은 신청자의 나이·소득·유사 중복 서비스 수혜 여부 등 신청 자격 확인 후 접수 및 수행기관에 통보 * 신청자격 확인 결과 비대상자는 신청접수 불가
대상자 선정조사 및 서비스 상담 (수행기관)	• 전담사회복지사 등은 서비스 신청자(또는 대상자)의 가정방문 등을 통해 선정 조사 및 서비스 상담 실시 * 대상자 선정조사 결과, 대상자 자격기준에 해당되지 않는 경우 서비스 상담 및 서비스 제공계획 수립 생략
서비스 제공 계획 수립 (수행기관)	• 전담 사회복지사는 대상자 선정조사 결과에 따라 대상자 자격기준에 해당되는 경우에 한하여 서비스 내용, 서비스 방법, 제공빈도, 담당 생활지원사 배정 등을 포함한 구체적인 서비스 제공계획 수립
승인 요청 (수행기관)	• 수행기관은 대상자 선정조사 결과 및 서비스 제공계획을 시·군·구에 결정 요청 * 대상자 선정조사 결과, 대상자 자격기준에 해당되지 않는 경우 서비스 서비스 제공계획 없이 대상자 선정조사 결과만 심의 요청함.
결정 (시·군·구)	• 시·군·구는 노인맞춤돌봄협의체 등을 통해 대상자 선정 및 서비스 제공계획의 적합성, 적절성, 타당성 등을 심의하여 승인 여부 등을 결정하고 그 결과를 수행기관에게 통보
결정 통지 (시·군·구)	• 시·군·구는 신청자에게 서비스 결정 통지
서비스 제공 (수행기관)	• 서비스 제공계획에 따라 담당 생활지원사 및 지원인력이 서비스 제공 * 생활지원사는 이용자의 상태변화에 대해 정기적으로 모니터링을 실시하고 그 결과를 전담사회복지사에게 보고
재사정 (수행기관)	• 서비스 이용자의 욕구와 상태 등에 맞는 적절한 서비스가 제공되고 있는지 재사정 * 전담 사회복지사는 생활지원사의 모니터링(서비스 점검기록지) 결과를 바탕으로 연1회에 한하여 재사정 대체 가능(필요한 경우 별도 재사정 실시)
종결/사후관리 (수행기관)	• 사망, 시설입소, 서비스 거부 등의 사유로 서비스 종결이 필요할 경우 사례실무회의 및 시·군·구 승인을 통해 종결처리 및 사후관리 실시

출처: 2025년 노인맞춤돌봄서비스 사업안내

2. 서비스 신청[5]

1) 신청권자
① 노인맞춤돌봄서비스 신청자격이 있는 노인
② 신청자의 친족(배우자, 8촌 이내의 혈족, 4촌 이내의 인척), 이해관계인(친족을 제외한 이웃 등 그 밖의 관계인), 수행기관
③ 읍면동 공무원(직권 신청)

2) 신청 방법
① 방문 신청: 신청자의 주민등록 상 주소지의 읍면동 행정복지센터에 방문하여 신청함.
② 전화 · 우편 · 팩스 · 온라인(복지로 www.bokjiro.go.kr) 신청
③ 읍면동 공무원이 직권 신청하는 경우 신청자의 동의를 받아 신청서 대리 작성하여 신청

3) 제출 서류
① 본인 신청: 노인맞춤돌봄서비스 신청서, 신청자의 신분증
② 대리 신청: 노인맞춤돌봄서비스 신청서, 신청자의 신분증(사본), 위임장 및 대리 신청자의 신분증(사본)
* 읍면동 공무원이 신청하는 경우 제외

3. 대상자 자격과 선정[6]

1) 대상자 자격

65세 이상 국민기초생활수급자, 차상위계층 또는 기초연금수급자로서 유사 중복사업* 자격에 해당되지 않는 노인(다만, 시장 · 군수 · 구청장이 서비스가 필요하다고 인정하는 경우 예외적으로 신청 가능)은 노인맞춤돌봄서비스를 받을 수 있다.

① 독거·조손·고령부부 가구 노인 등 돌봄이 필요한 노인
② 신체적 기능 저하, 정신적 어려움(인지저하 우울감 등)으로 돌봄이 필요한 노인
③ 고독사 및 자살위험이 높은 노인

※ 유사중복사업 자격 해당자
노인맞춤돌봄서비스는 예방적 돌봄서비스로, 아래 ①~⑤에 해당하는 유사중복사업을 이용 중인 경우 우선적으로 제공된다.
① 노인장기요양보험 등급자
장기요양등급을 받은 노인은 노인맞춤돌봄서비스의 선순위로서 장기요양 등급자가 장기요양을 포기하고 노인맞춤돌봄서비스를 신청하는 것은 불가능하다.
단, 장기요양 등급 유효기간 만료자는 신청 가능하고, 노인장기요양보험 등급포기자가 요청하고 시장·군수·구청장이 서비스가 필요하다고 인정되는 경우 예외적으로 신청 가능하다.
장기요양등급 판정 내역은 읍면동 담당공무원이 사회보장정보시스템(행복e음)을 통해 확인하거나 대상자가 입증서류(장기요양보험결정서 등)를 제출한다.
② 가사·간병 방문지원사업 이용자
③ 국가보훈처 보호재가복지서비스 이용자
④ 장애인 활동지원 사업 이용자
⑤ 기타 국가 및 지방자치단체(이하 '지자체')에서 시행하는 서비스 중 노인맞춤돌봄서비스와 유사한 재가서비스
* 시군구는 각 사업의 특성, 실질적 제공 내용 및 돌봄 필요성 등을 고려 판단하여 사업별 유사 중복 여부를 사전에 정해야 한다.
(예: 도시락배달서비스는 유사 중복에 해당될 수도 있고 아닐 수도 있음)
* 노인맞춤돌봄서비스는 돌봄이 필요한 노인에게 다양한 서비스를 통합적으로 제공함을 목표로 하고 있으며, 이용자의 상태변화에 적합한 서비스를 제공하기 위해 노인맞춤돌봄서비스의 보완적 서비스로 재가노인지원서비스를 연계할 수 있다.

출처: 2025년 노인맞춤돌봄서비스 사업안내

2) 대상자 선정기준

(1) 중점돌봄군

신체적인 기능 제한으로 인해 일상생활 지원의 필요가 큰 대상자로 대상자 선정조사 결과, 신체영역이 '상'이면서 사회영역 또는 정신영역 중에서 '상' 또는 '중'이 1개 이상으로 판정된 대상자가 해당된다. 월 20시간 이상 40시간 미만의 직접서비스 및 주기적인 가사지원 서비스를 제공받는다. 이용자의 신체적·사회적·정신적 상태 및 환경적 요인 등을 고려하여 충분한 서비스가 제공될 수 있도록 한다.

(2) 일반돌봄군

사회적 관계 단절이나 일상생활의 어려움으로 돌봄이 필요한 대상자로대상자 선정조사 결과, 사회영역이 '중' 이상이면서, 신체영역 또는 정신 영역 중에서 '상' 또는 '중'이 1개 이상으로 판정된 대상자(중점돌봄군 제외)가 해당된다. 월 16시간 미만의 직접 서비스가 제공되며, 주기적인 가사지원 서비스는 제공이 불가하다. 특수한 상황(수술·골절 등)이 있는 경우에 한정하여 가사지원 서비스를 한시적으로 제공 가능하며, 가사지원 서비스 제공의 필요가 길어질 경우에는 중점돌봄군으로 변경이 필요하다.

[표9-3] 대상자 분류

구분	영역	점수		
		상	중	하
중점돌봄군	사회영역	○	○	
	신체영역	●		
	정신영역	○	○	
일반돌봄군	사회영역	●	●	
	신체영역		○	
	정신영역	○	○	

* ●에 반드시 해당하면서 ○이 1개 이상 있어야 함

출처: 2025년 노인맞춤돌봄서비스 사업안내

3) 대상자 선정조사

선정 조사는 서비스 신청자(또는 대상자)의 돌봄 필요를 판단하기 위해 대상자의 가정 방문을 통행 사회·관계적, 신체적, 정신적 측면의 복합적 욕구를 종합적으로 평가하는 과정이다.

평가 결과는 대상자 선정, 서비스 제공계획 수립, 서비스 제공, 평가 및 사후관리 과정에 연속적으로 활용된다.

(1) 수행주체

전담사회복지사가 수행한다. 단, 전담사회복지사의 업무부담, 선임생활지원사의 다양한 경험과 정보 활용 등을 고려하여 '재사정 대상자(일반돌봄군)'의 경우 선임생활지원사에게 선정조사 업무를 수행하게 할 수 있다.

(2) 조사 시기

신청접수일(읍면동으로부터 수행기관으로 접수된 일자)로부터 14일 이내(공휴일 제외)에 한다.

(3) 조사방법 및 안내사항

① 전담사회복지사는 신청자에게 연락하여 방문 일정을 조율한다.
② 선정조사 시 대상자로 선정될 가능성이 없다고 판단되지 않는 한, 서비스 상담을 바로 진행하여 서비스 제공계획을 수립할 수 있도록 준비한다.
③ 대상자 선정조사 결과는 시군구 심의를 통해 대상자 선정 여부가 결정되며, 결정되는 대로 그 결과를 안내할 예정임을 고지한다.
④ 신청자의 특성, 안전문제 등을 감안하여 필요시 2인(보호인력)으로 동행하여 방문한다.

4) 선정조사 시 유의사항

① 사회·정신·신체 측면의 복합적 욕구를 종합적으로 평가하는 과정이므로 반드시 대면 조사로 실시해야 한다.
② 정중하고 친근하게 인사하고, 조사자의 신분증을 제시하면서 수행기관명, 이름, 조사의 목적을 밝힌 후 조사를 시작한다.
③ 신청자와의 라포(신뢰관계) 형성을 위해 조사 시 점수집계 등을 병행하는 것을 지양하고, 조사가 종료된 후에 사무실 등 별도의 장소에서 실시한다.
④ 대상자 선정조사지 작성방법을 충분히 숙지한 후 작성해야 한다.
⑤ 대상자 가정 방문 시 부재중일 경우 출입문에 메모 등 부착 시에는 개인정보가 누출되지 않도록 유의하고, 낙인효과(stigma effect)가 발생하지 않도록 주의해야 한다.

4. 서비스 내용

노인맞춤돌봄서비스는 돌봄이 필요한 노인이 지역사회에서 안전하고 존엄한 삶을 유지할 수 있도록 다양한 지원을 통합적으로 제공하는 제도이다. 이 서비스는 단순히 신체적 돌봄이나 물리적 지원을 넘어서, 노인의 정서적 안정, 사회적 연결, 생활 능력 유지, 건강 증진을 포괄적으로 지원함으로써, 돌봄의 질적 전환을 지향한다. 특히 노인 개개인의 삶의 상황과 욕구를 고려하여 맞춤형으로 서비스를 설계하고 제공함으로써, 수요자 중심의 돌봄 체계를 실현하고자 한다.

노인맞춤돌봄서비스의 지원 내용은 크게 직접 서비스와 연계 서비스로 구분된다. 직접 서비스는 생활지원사나 사례관리자 등이 직접 제공하는 활동을 의미하며, 안전지원, 사회참여, 생활교육, 일상생활지원의 네 가지 영역으로 구성된다. 안전지원은 정기적인 방문 또는 전화 연락, ICT 기반 안전 관리 등을 통해 노인의 안전을 확인하고 사고를 예방하는 데 중점을 둔다. 사회참여 영역은 노인의 사회적 고립을 예방하고 자존감을 높이기 위해 다양한 프로그램과 자조모임을 지원한다. 생활교육은 신체 건강과 정신 건강을 유지하고 증진하기 위한 교육 활동을 포함하며, 일상생활지원은 이동 지원이나 가사지원 등을 통해 노인의 일상 자립을 돕는 데 목적이 있다.

한편, 연계서비스는 직접 지원이 아닌, 지역사회의 다양한 자원을 발굴하고 연계하여 노인에게 필요한 추가 지원을 제공하는 방식이다. 생활지원 연계, 주거환경 개선 연계, 건강지원 연계, 기타 복지서비스 연계 등이 이에 해당한다. 이러한 연계 활동은 노인의 복합적인 욕구를 충족시키고, 지역사회 내 돌봄 네트워크를 활성화하는 데 기여한다. 특히 지역사회 중심의 통합돌봄 실현을 목표로 하는 오늘날 복지정책의 흐름 속에서 연계서비스의 중요성은 더욱 강조되고 있다.

[표9-4] 제공 서비스 내용

구분	대분류	중분류	소분류
직접 서비스	안전지원	방문 안전지원	• 안전·안부확인 • 정보 제공(사회·재난안전 등) • 생활안전점검(안전관리점검) • 말벗(정서지원)
		전화 안전지원	• 안전·안부확인, 말벗(정서지원) • 정보제공(사회·재난안전 등)
		ICT 안전지원	• ICT 관리·교육 • ICT 안전·안부확인
	사회참여	사회관계 향상 프로그램	• 여가활동, 문화활동 • 평생교육활동
		자조모임	• 자조모임
	생활교육	신체건강분야	• 영양, 보건, 건강교육
		정신건강분야	• 우울예방, 인지활동 서비스
	일상생활 지원	이동활동지원	• 외출활동
		가사지원	• 식사관리, 청소관리
연계 서비스		생활지원연계	• 생활용품 지원, 식료품 지원 • 후원금 지원
		주거개선연계	• 주거위생개선 지원 • 주거환경개선 지원
		건강지원연계	• 의료연계, 건강보조 지원
		기타 서비스	• 기타 일상생활 서비스
특화 서비스		고독사 예방	· 은둔형 사례관리 · 우울형 사례관리
		자살예방	

이와 같이 노인맞춤돌봄서비스의 직접 서비스와 연계서비스는 각각 독립적으로 기능하는 것이 아니라 상호 유기적으로 연계되어, 노인의 삶 전반을 지원하는 통합적 체계를 형성하고 있다. 이는 노인이 단순히 지원의 대상이 아니라, 자신의 삶을 주체적으로 영위할 수 있도록 돕는 현대 돌봄 정책의 핵심 방향과도 맞닿아 있다. 앞으로 본 장에서는 이러한 직접 서비스와 연계서비스의 세부 내용을 구체적으로 살펴보고, 각각이 노인의 삶에 미치는 영향을 이해함으로써, 노인맞춤돌봄서비스의 실질적 의미를 깊이 있게 조명하고자 한다.

1) 안전지원[7]

노인맞춤돌봄서비스에서 안전지원은 노인의 일상생활 속 안전을 확보하고, 긴급 상황 발생 시 신속하게 대응할 수 있도록 하는 핵심 지원 영역이다. 특히 신체적 기능이 약화되거나 고립 위험이 높은 노인의 경우, 일상적인 안전 확인이 생명과 직결되는 중요한 요소가 된다. 안전지원은 크게 방문 안전지원, 전화 안전지원, ICT 안전지원의 세 가지 방식으로 이루어지며, 각각의 지원 방식은 노인의 특성과 상황에 맞추어 탄력적으로 제공된다.

(1) 방문 안전지원

방문 안전지원은 생활지원사가 노인의 거주지를 정기적으로 직접 방문하여, 신체적 이상 유무, 주거환경의 안전성, 건강 상태 등을 확인하는 활동이다. 이를 통해 노인의 건강 이상이나 위기 상황을 조기에 발견하고, 필요시 사례관리자나 응급기관에 즉시 연계할 수 있도록 한다. 방문 과정에서는 단순한 안부 확인을 넘어, 낙상 위험 요소 점검, 생활공간 내 위험요소 제거 조치, 기본 건강 체크(예: 식사 여부, 수분 섭취 등)까지 포함된다. 방문 안전지원은 특히 독거노인, 거동이 불편한 노인 등 외부와 단절되기 쉬운 노인에게 필수적인 안전망 역할을 수행한다.

① 안전·안부확인: 이용자의 신체적·정서적·환경적 안전을 점검한다.

② 정보 제공: 위기 상황에 대한 예방 교육으로 이용자의 보호능력을 향상하고, 위기 상황에 대한 신속하고 적절히 대처한다.
③ 생활안전점검: 안전하고 청결한 생활환경 구축으로 안전사고를 감소시키고, 이용자의 생활환경 관리 능력의 향상을 도모한다.
④ 말벗: 사회적·정서적 안정감을 증가하고, 생활지원사와의 관계 형성으로 외로움을 감소한다.

(2) 전화 안전지원

전화 안전지원은 생활지원사가 정기적으로 노인에게 전화하여 안부를 확인하고, 건강 상태나 생활상의 변화를 파악하는 방식의 안전지원 활동이다. 대면 방문이 어려운 상황이나, 비교적 자립적인 생활이 가능한 노인의 경우에는 전화 안전지원이 주요한 모니터링 수단이 된다. 전화 통화를 통해 노인의 목소리 톤, 말투, 호흡 상태 등을 세심하게 관찰함으로써, 비대면 상황에서도 위험 신호를 조기에 포착할 수 있다. 또한 전화 통화는 단순한 안전 확인을 넘어 정서적 안정을 도모하고, 노인의 고립감 해소에도 긍정적인 역할을 한다.

① 안전·안부확인: 대상자의 신체적·정서적·환경적 안전을 점검한다.
② 말벗(정서지원): 사회적·정서적 안정감을 증가하고, 생활지원사와의 관계 형성으로 외로움을 감소한다.
③ 정보 제공: 위기 상황에 대한 예방 교육으로 이용자의 보호능력을 향상하고, 위기 상황에 대한 신속하고 적절히 대처한다.

(3) ICT 안전지원

ICT 안전지원은 정보통신기술(ICT)을 활용하여 노인의 안전을 실시간으로 모니터링하는 방식이다. 대표적으로는 응급호출기, 활동감지센서, 스마트폰 기반 안전확인 앱 등이 활용된다. 이러한 기기를 통해 생활지원사나 사례관리자는 노인의 거주지 내 움직임, 응급상황 발생 여부를 비대면으로 신속하게 확인할 수 있으며, 응급상황 발생 시 즉각적으로 대응할 수 있다. 특히 ICT 안전지원은 고령자의 자택생활 유지와 독립성을 지원하는 데 효과적이며, 대규모 노인 인구를 대상으로 안전망을 구축하는 데 효율적인 수단이 된다. 다만 디지털 기기 사용에 익숙하지 않은 노인을 위한 사전 교육과 기술 지원이 병행되어야 한다.

① ICT 관리·교육
② ICT 안전·안부확인

2) 사회 참여

노인의 삶의 질은 신체적 건강뿐만 아니라 심리적, 사회적 연결감에 의해 크게 영향을 받는다. 노인맞춤돌봄서비스에서는 고립과 단절을 예방하고, 노인이 지역사회 내에서 적극적으로 관계를 맺고 참여할 수 있도록 다양한 사회참여 지원 프로그램을 제공하고 있다.
특히 '사회관계 향상 프로그램'과 '자조모임'은 노인의 사회적 역할을 확장하고 정서적 안정성을 증진하는 데 핵심적인 역할을 수행한다.

(1) 사회관계 향상 프로그램
사회관계 향상 프로그램은 노인이 다양한 대인관계를 형성하고 사회석 소속감을 느낄 수 있도록 지원하는 활동을 말한다.
주요 프로그램으로는 소규모 모임, 여가 활동, 문화 프로그램, 지역사회 참여 행사 등이 있으며, 이를 통해 노인은 타인과의 관계를 새롭게 맺고, 외부 활동에 대한 자신감을 회복하게 된다.
이 프로그램은 노인의 고립감을 해소할 뿐만 아니라, 긍정적인 정서 자극과 신체적 활동을 유도하여 전반적인 건강 유지에도 기여한다. 또한 프로그램 운영 과정에서 개인의 성향과 욕구를 고려하여 맞춤형 참여를 독려함으로써, 노인 개개인이 자발적으로 사회 활동에 참여할 수 있는 기반을 마련하는 데 중점을 두고 있다.

① 여가활동
- 여가활동 프로그램 참여를 통한 사회적 관계망을 형성
- 정서적으로 즐겁고 건강한 여가시간을 영위
- 소근육 자극활동을 통한 잔존기능을 강화

② 평생교육 활동
- 평생교육 활동 참여를 통한 사회적 관계망을 형성
- 이용자의 자기개발과 학습욕구 충족

③ 문화활동
- 문화활동 참여를 통한 사회적 관계망을 형성
- 이용자의 문화적 욕구를 충족

(2) 자조모임 지원

자조모임은 비슷한 경험이나 관심사를 공유하는 노인들이 자발적으로 모여 상호 지원과 교류를 통해 심리적 지지망을 형성하는 모임을 의미한다. 노인맞춤돌봄서비스는 자조모임 구성을 지원하고, 초기에는 모임이 활성화될 수 있도록 조직과 운영을 돕는 역할을 한다.

자조모임은 단순한 친목을 넘어서, 구성원 간의 정보 공유, 심리적 지원, 문제 해결, 공동 활동 등을 통해 노인들이 서로의 삶을 긍정적으로 지지하는 구조를 만든다.

특히 독거노인, 만성질환 노인, 저소득 노인 등 취약계층 노인들이 자조모임을 통해 사회적 고립에서 벗어나 자존감을 높이는 데 큰 효과를 보이고 있다.

자조모임은 자율성을 기반으로 운영되며, 일정 기간 이후에는 외부 지원 없이도 지속적으로 모임이 유지될 수 있도록 자립적 운영체계를 지향한다.

* 주요 활동 예시: 동년배 모임, 질환별 건강 모임, 지역사회 봉사활동 모임, 학습 소모임 등

3) 생활교육

노인의 건강은 신체적 기능과 정신적 안정이 균형을 이룰 때 비로소 유지될 수 있다. 특히 고령화가 심화되는 사회에서는 노인의 만성질환 예방, 신체기능 유지, 정서적 건강 증진이 모두 중요한 과제가 된다. 이에 노인맞춤돌봄서비스에서는 생활교육 프로그램을 통해 신체건강과 정신건강을 지원하고, 스스로 건강관리를 실천할 수 있도록 돕는다. 생활교육은 크게 신체건강분야와 정신건강분야로 나뉘어, 노인의 삶의 질 향상에 기여하고자 한다.

(1) 신체건강분야
① 영양교육

영양교육은 노인의 균형 잡힌 식습관 형성과 영양결핍 예방을 목표로 한다. 고령기에 흔히 나타나는 영양 문제, 예를 들어 단백질 부족, 칼슘 섭취 저하, 비타민 결핍 등을 이해하고, 이를 보완할 수 있는 식이 방법을 교육한다. 또한 만성질환(고혈압, 당뇨병, 심혈관질환 등)을 관리하기 위한 식이요법과 염분, 당분, 지방 섭취를 조절하는 방법을 안내한다. 이를 통해 노인 스스로 건강한 식단을 구성하고, 일상에서 실천할 수 있도록 지원한다.

② 보건교육

보건교육은 감염병 예방, 개인위생 관리, 건강검진의 중요성 등에 대한 인식을 높이는 것을 목적으로 한다. 계절성 감염병(독감, 폐렴 등) 예방접종 안내, 손씻기 및 구강위생 관리 방법, 상처 예방과 처치 방법 등을 교육하여 일상생활에서 질병 예방 실천을 유도한다. 특히 면역력이 약한 고령자 특성을 고려하여 감염 예방에 대한 경각심을 높이고, 정기적인 건강검진을 통한 조기 질병 발견의 중요성을 강조한다.

③ 건강교육

건강교육은 노인의 신체적 기능 유지와 안전한 생활을 지원하기 위한 실질적 교육을 포함한다. 규칙적인 운동의 필요성과 방법(걷기 운동, 근력 강화 운동 등)을 안내하고,

낙상 예방을 위한 주의사항 및 실내외 환경 정비 방법을 교육한다. 또한 관절 질환, 골다공증 등 노인성 질환에 대한 이해를 높이고, 일상생활에서 신체적 자립성을 유지할 수 있도록 돕는다. 건강교육은 단순한 정보 전달을 넘어, 노인이 주체적으로 자신의 신체 기능을 관리하고 향상시킬 수 있도록 동기를 부여하는 것을 목표로 한다.

(2) 정신건강분야

정신건강분야 생활교육은 노인의 정서적 안정과 인지기능 유지·강화를 지원하여, 고령화 과정에서 나타나는 심리적, 인지적 어려움을 예방하고 삶의 질을 높이는 것을 목표로 한다. 구체적으로는 '우울예방 서비스'와 '인지활동 서비스'를 통해 노인의 정신건강을 체계적으로 지원한다.

① 우울예방 서비스

우울감은 고령자에게 흔히 나타나는 심리적 문제로, 초기에는 쉽게 간과되지만 삶의 질 저하와 자살 위험을 높이는 심각한 결과를 초래할 수 있다. 노인맞춤돌봄서비스에서는 정기적인 정서 모니터링과 상담을 통해 노인의 우울 정도의 점검과 위험을 조기에 발견하고, 우울감 완화를 위한 다양한 프로그램을 제공한다.

② 인지활동 서비스

노년기에는 기억력, 집중력, 판단력 등 다양한 인지 기능이 자연스럽게 저하되기 쉽다. 인지 기능 저하는 일상생활 능력의 감소뿐만 아니라, 치매로의 진행 가능성도 내포하고 있다. 이에 따라 노인맞춤돌봄서비스에서는 인지활동 서비스를 통해 노인의 인지 기능 유지를 적극적으로 지원한다.

4) 일상생활 지원

노년기에는 신체 기능 저하, 만성질환, 운동 능력 감소 등으로 인해 일상생활을 스스로 수행하는 데 어려움을 겪는 경우가 많다. 특히 독거노인이나 거동이 불편한 노인은 외출이나 가사활동 등 기본적인 생활을 영위하는 데 상당한 제약을 받는다. 이에 따라 노인맞춤돌봄서비스는 노인의 자립적 생활을 지원하고 일상생활의 질을 높이기 위해 '일상생활 지원' 서비스를 중요한 축으로 설정하고 있다. 일상생활 지원은 크게 이동활동 지원과 가사지원으로 구분된다.

(1) 이동활동 지원

이동활동 지원은 이동이 불편한 노인이 일상생활을 안전하고 원활하게 영위할 수 있도록 돕는 핵심 서비스 중 하나이다. 이동 지원은 크게 외출 동행 지원과 가정 내 이동 지원으로 구분된다. 이를 통해 노인의 외부 활동 참여를 촉진하고, 가정 내 안전한 생활을 지원함으로써 자립성과 삶의 질을 향상시키는 데 중점을 둔다.

① 외출 동행 지원

외출 동행 지원은 병원 방문, 복지관 이용, 은행 업무, 장보기 등 노인이 필요로 하는 외출 활동 시 생활지원사가 함께 동행하여 이동을 돕는 서비스이다.

② 가정 내 이동 지원

가정 내 이동 지원은 주거 공간 안에서 이동이 어려운 노인이 집안 곳곳을 안전하게 이동할 수 있도록 생활지원사가 돕는 서비스를 의미한다. 이는 노인의 일상생활 자립을 촉진하는 동시에, 낙상 등 부상 위험을 사전에 예방함으로써 노인의 신체적 안전을 확보하는 데 중요한 역할을 한다. 또한 이동 지원을 통해 노인이 가정 내 다양한 공간을 자유롭게 활용할 수 있도록 하여, 주거생활의 만족도와 삶의 질을 높이는 데 기여한다.

(2) 가사지원

가사지원은 노인이 일상생활을 안전하고 쾌적하게 영위할 수 있도록 돕는 서비스로서, 특히 식사관리와 청소관리를 중심으로 이루어진다. 신체적 제약이나 건강상 이유로 스스로 식사를 준비하거나 주거공간을 청결하게 유지하기 어려운 노인을 대상으로 제공되며, 노인의 영양상태 개선, 주거환경 개선, 삶의 질 향상에 기여하는 것을 주요 목적으로 한다.

① 식사관리

식사관리는 식사준비 및 이용자의 식사관리 수행능력에 따른 맞춤서비스 제공으로 노인이 규칙적이고 균형 잡힌 식사를 유지할 수 있도록 지원하는 서비스이다.

② 청소관리

청소관리는 생활공간 청소, 위생 관리, 정리정돈 등 단순히 집안을 깨끗하게 만드는 것을 넘어, 주거 내 낙상 사고를 예방하고, 곰팡이나 세균 등으로 인한 건강 악화를 막는 중요한 역할을 수행한다. 또한 깨끗한 생활환경은 노인의 정서적 안정과 자존감 유지에도 기여하며, 자율적 생활을 지속할 수 있는 기반을 제공한다.

5) 연계 서비스

노인맞춤돌봄서비스의 연계 서비스는 직접 지원으로 해결하기 어려운 복합적 욕구를 충족시키기 위해 다양한 지역사회 자원과 제도를 연결하는 지원 방식이다. 이를 통해 노인은 보다 폭넓고 전문적인 지원을 받을 수 있으며, 지역사회 내에서 자립적인 삶을 지속할 수 있다. 주요 연계 서비스는 생활지원, 주거개선, 건강지원, 기타 복지서비스 연계로 구분된다.

(1) 생활지원 연계

생활지원 연계는 노인의 일상생활을 안정적으로 유지하고 기본적인 생계 여건을 보장하기 위해, 지역사회 내 다양한 복지 자원과 연계하여 생활에 필요한 지원을 제공하는 활동이다. 특히 경제적 어려움을 겪거나 돌봄이 취약한 노인을 대상으로, 생활용품 지원, 식료품 지원, 후원금 지원 등을 중점적으로 실시한다.

생활용품 지원은 노인이 일상생활을 영위하는 데 필수적인 물품을 제공하거나 연계하는 것을 의미한다. 예를 들어, 침구류·의류·위생용품·보조기구(워커, 지팡이 등)

와 같은 기본 생활용품을 후원단체나 지자체 복지사업과 연계하여 지원한다. 이를 통해 노인이 보다 편리하고 쾌적한 생활을 할 수 있도록 돕는다.

식료품 지원은 경제적 이유 또는 거동 불편으로 인해 식생활에 어려움을 겪는 노인에게 식료품 꾸러미, 반찬 배달 서비스, 무료 급식소 이용을 연계하여 영양 관리를 지원하는 것을 말한다. 정기적 또는 비정기적으로 식품을 제공함으로써 영양 불균형을 예방하고, 신체 건강을 유지하는 데 기여한다.

후원금 지원은 노인의 긴급 생계비 또는 특정 필요(예: 난방비, 약제비 등)를 충당하기 위해 민간 후원기관이나 지역 복지재단을 통해 금전적 지원을 연계하는 것을 의미한다. 긴급 위기 상황에 놓인 노인을 대상으로 후원금을 신속하게 지원하여 생활의 안정을 도모하고, 위기 상황을 완화하는 중요한 수단이 된다.

이와 같은 생활지원 연계 활동은 단순한 물질적 지원을 넘어서, 노인이 경제적 자립의 기반을 마련하고, 지역사회 내에서 기본적 삶을 안정적으로 유지할 수 있도록 하는 데 핵심적 역할을 한다. 또한, 생활지원 연계를 통해 다양한 기관과의 협력을 강화하고, 노인 맞춤형 돌봄 네트워크를 활성화하는 데에도 기여하고 있다.

(2) 주거개선 연계

주거개선 연계는 노인이 안전하고 쾌적한 환경에서 생활할 수 있도록 돕기 위해 주거공간을 개선하거나 정비하는 다양한 지원 활동을 연계하는 것이다. 특히, 노인 맞춤돌봄서비스에서는 주거위생개선 지원과 주거환경개선 지원을 주요 축으로 삼아, 노인의 일상생활 안정성과 삶의 질 향상에 기여하고 있다.

주거위생개선 지원은 주로 위생 취약 가구를 대상으로 한 지원을 의미한다. 혼자 거주하거나 거동이 불편한 노인의 경우, 청소가 제대로 이루어지지 않아 주거공간이 비위생적인 상태로 방치되기 쉽다. 이로 인해 건강 악화, 감염병 노출, 심리적 위축 등의 문제가 발생할 수 있다. 이에 따라 전문 청소서비스 연계, 정리정돈 지원, 해충 방제 서비스 연결 등을 통해 주거공간의 기본적인 청결과 위생 수준을 확보하는 것을 목표로 한다. 주거위생개선은 단순한 청결 유지 이상의 의미를 가지며, 노인의 건강 증진과 심리적 안정을 위한 필수적인 환경 조성으로 간주된다.

주거환경개선 지원은 노인의 생활 안전과 편의를 증진하기 위한 물리적 공간 개선을 중심으로 한다. 주요 내용으로는 낙상 방지를 위한 안전손잡이 설치, 경사로 설치, 미끄럼 방지 매트 부착, 문턱 제거 등의 안전장치 설치가 포함된다. 또한 노후화된 주택의 경우, 방충망 교체, 창호 보수, 단열 공사 등 주거의 기본 기능을 회복시키기 위한 경미한 수선 작업이 이뤄진다. 이러한 환경 개선은 노인의 사고 위험을 줄이고, 일상생활 수행 능력을 높이며, 보다 오랫동안 지역사회 내에서 독립적으로 거주할 수 있도록 지원하는 데 중점을 둔다.

노인맞춤돌봄서비스의 주거개선 연계는 단순한 시설 개선을 넘어, 노인의 존엄성과 삶의 질을 보장하는 데 필수적인 역할을 수행한다. 이를 위해 지역의 사회복지기관, 지자체 지원사업, 주거복지센터 등 다양한 외부 자원과의 연계를 적극적으로 추진하고 있으며, 대상자의 특성과 욕구에 맞춘 맞춤형 지원이 이루어지고 있다.

(3) 건강지원 연계

건강지원 연계는 노인의 신체적·정신적 건강을 유지하고 악화를 예방하기 위해 다양한 의료 및 건강지원 서비스를 외부 기관과 협력하여 제공하는 활동이다. 특히 노인의 건강 문제는 조기 발견과 지속적 관리가 중요하기 때문에, 필요한 경우 적절한 시기에 전문적인 기관과 연계하여 지원하는 것이 필수적이다. 건강지원 연계는 크게 의료연계 지원과 건강보조 지원으로 구분하여 이루어진다.

① 의료연계 지원

의료연계 지원은 노인이 필요한 의료 서비스를 적시에 받을 수 있도록 지역 의료기관, 보건소, 방문간호센터 등과 협력하여 지원하는 것을 의미한다. 의료연계 지원을 통해 노인은 질환의 조기 발견과 예방, 지속적 관리가 가능해지며, 장기적으로 건강 악화를 방지하고 독립적인 생활을 유지할 수 있게 된다.

② 건강보조 지원

건강보조 지원은 의료적 치료 이전 또는 이후에 필요한 일상적 건강관리 활동을 지원하는 것을 의미한다. 이는 노인이 일상생활 속에서 스스로 건강을 유지할 수 있도록 돕는 활동 중심으로 구성된다. 건강보조 지원은 노인이 스스로 건강관리를 할 수 있는 능력을 키우고, 생활 속 건강 위험요인을 최소화하는 데 목표를 두고 있다. 이를 통해 노인은 일상에서 더욱 활기차고 안전한 생활을 영위할 수 있다.

6) 특화 서비스

노인맞춤돌봄서비스의 특화 서비스는 사회적 고립과 우울 위험이 큰 취약노인을 대상으로 개별 맞춤형 사례관리를 제공함으로써 고독사 및 자살을 예방하는 데 목적이 있다. 특히 위험군 노인의 특성을 세밀하게 구분하고, 이에 맞는 집중적인 지원 전략을 통해 심리적 위기 상황을 조기에 발견하고 개입한다.

(1) 대상 및 기준
가족, 이웃 등과의 접촉이 거의 없어 고독사 및 자살위험이 큰 65세 이상 노인에 해당된다. 단, 고독사 및 자살위험이 크다고 판단되는 경우 60세 이상의 노인도 포함되며 이 경우에는 중앙노인돌봄지원기관(독거노인종합지원센터)의 승인이 필요하다.

① 은둔형 고위험 노인
사회적 접촉을 극도로 기피하거나, 외부활동 없이 주거공간에만 머무르는 경향이 있는 노인으로서 외출 기피, 사회적 단절, 대인관계 회피, 자기관리 저하(식사, 위생 등)의 특징이 있다.

② 우울형 고위험 노인
정서적 위축과 심리적 불안정이 뚜렷하여 우울 증상을 보이며, 자살위험이 상대적으로 큰 노인으로서 무기력, 삶에 대한 무가치감, 의욕 저하, 자살 관련 발언 또는 징후의 특징이 있다.

(2) 서비스 내용
노인맞춤돌봄서비스의 특화 서비스는 은둔형과 우울형 고위험 노인을 구분하여 각각의 특성에 맞춘 맞춤형 사례관리를 제공하는 한편, 모든 대상자에게 적용되는 공통적 관리 원칙을 바탕으로 운영된다.

　공통 서비스 내용은 위험군 노인의 심리적 안정과 사회적 연대를 강화하기 위해, 지속적인 사례관리, 정서적 지지, 지역사회 연계, 응급대응 체계 마련 등을 기본으로 한다. 이러한 공통적 틀 위에, 은둔형과 우울형 각각의 특성과 위험요인에 맞추어 세밀화된 서비스가 제공된다.

(3) 은둔형 노인을 위한 서비스

　은둔형 노인은 장기간 외출을 하지 않고 타인과의 교류를 피하는 경향이 강하여, 심각한 사회적 고립과 건강 악화를 초래할 위험이 크다. 이에 은둔형 노인을 대상으로 다음과 같은 맞춤형 서비스가 제공된다.

① 심리적 신뢰 관계 형성: 초기에는 강제적인 활동 참여보다 정기적인 방문과 안부 확인을 통해 노인과 생활지원사 간 신뢰를 쌓는 데 중점을 둔다.
② 사회적 관계 재구축: 생활지원사를 매개로 가까운 이웃, 마을 커뮤니티와의 연결을 유도하여 점진적으로 사회적 관계망을 복원한다.
③ 외출 및 활동 촉진 지원: 외출이 어려운 경우에는 짧은 산책, 공공시설 방문 등의 소규모 동행 활동부터 시작하여 점진적으로 사회 활동 범위를 넓힌다.
④ 일상생활 기능 강화: 식사, 위생, 주거환경 관리 등 기본적인 생활 기능이 저하된 경우, 생활지원사가 지원하거나 지역서비스를 연계하여 일상생활 복귀를 지원한다.
⑤ 거주환경 안전 점검 및 개선: 주거지 내 낙상 위험, 청결 불량 등 문제를 발견할 경우, 주거개선 연계서비스를 통해 환경을 개선한다.

(4) 우울형 노인을 위한 서비스

　우울형 노인은 무기력감, 삶의 무가치감, 자살 충동 등 심리적 불안정성을 보이는 경우가 많아, 정서적 지지와 전문적 심리개입이 핵심적인 지원 전략이 된다.

① 정서 지원 프로그램 연계: 미술치료 · 음악치료 · 원예치료 등 정서 회복을 돕는 다양한

프로그램에 참여하도록 지원하고, 필요시 동행한다.

② 전문기관 심리상담 연계: 우울증, 불안장애 등 위험 징후가 나타나는 경우, 정신건강복지센터 또는 심리상담기관과 연계하여 심층상담을 받을 수 있도록 지원한다.

③ 자살위기 예방 개입: 자살 관련 발언이나 위기 신호가 감지되면 즉각 사례관리자가 긴급 개입하고, 지역 정신건강기관과 협력하여 위기관리 계획을 수립한다.

④ 의미 있는 일상활동 참여 유도: 자원봉사, 취미활동, 소규모 사회활동에 참여를 유도하여 노인이 자신의 존재감을 인식하고 삶의 의미를 재발견할 수 있도록 돕는다.

⑤ 생명존중 문화 확산 지원: 생명존중 교육 프로그램(예: 생명사랑 교육, 생명지킴이 양성 교육)에 참여를 독려하여 자살예방문화를 확산시킨다.

[표9-5] 특화 서비스 내용

구분	은둔형	우울형
제공 주기	최소 2주1회 대면(비대면)서비스	최소 2주1회 대면(비대면)서비스
제공내용	1. 개별상담 2. 외부활동(가능한 경우) 　예) 사회적응 프로그램, 나들이, 문화체험 등 3. 자조모임(가능한 경우) 4. 중도 탈락자 사후관리 5. 지역사회 자원연계 서비스	1. 우울증 진단 및 투약관리 2. 개별상담 3. 집단활동 　• (필수)집단 프로그램 　• (선택)집단치료 · 상담 　• 자조모임, 추후자조모임 　• 외부활동: 지역탐방, 나들이, 문화체험 등 4. 중도 탈락자 사후관리 5. 지역사회 자원연계 서비스
제공 방법	1:1 사례관리	1:1 사례관리

출처: 2025년 노인맞춤돌봄서비스 사업안내

5. 서비스 제공[8]

1) 수행 주체

(1) 생활지원사

① 생활지원사는 수립된 서비스 제공계획에 따라 대상자에게 필요한 서비스를 수행하며, 노인맞춤돌봄시스템을 통해 서비스 실적을 입력하고 관리한다.
② 서비스 제공 중에 이용자의 상태 변화로 인해 서비스의 조정이나 추가 연계가 필요할 경우, 이를 전담사회복지사에게 신속히 요청한다. 또한 생활지원사는 서비스 제공 과정에서 대상자의 건강 상태, 생활환경 변화 등을 주기적으로 관찰하고, 그 결과를 전담사회복지사에게 보고해야 한다.
③ 정기적인 모니터링은 『노인맞춤돌봄서비스 전담사회복지사 업무매뉴얼』에 근거하여, 점검기록지를 활용해 실시한다.
④ 이용자의 건강이 악화되거나 장기요양서비스가 필요한 것으로 판단될 경우, 생활지원사는 이를 전담사회복지사에게 보고하고 장기요양인정조사 신청을 권유할 수 있다. 또한, 사망이나 사고 등 긴급 상황 발생 시에는 즉시 전담사회복지사에게 보고하여 적절한 조치가 이루어질 수 있도록 한다.

(2) 지원인력

① 지원인력은 생활지원사의 업무를 보조하거나, 생활지원사와 함께 수행할 수 있는 일부 업무를 담당한다.
② 지원인력은 주로 생활지원사의 동행 없이도 단독 수행이 가능한 업무(예: 단순 방문확인, 정보전달 등)를 맡아, 서비스의 원활한 제공을 지원한다. 특별한 상황 발생 시에는 생활지원사와 협의하여 대응하며, 문제 상황이 발생한 경우에는 생활지원사와 전담사회복지사에게 신속히 보고해야 한다. 지원인력이 단독으로 서비스를 제공한 경우에도, 서비스 수행 결과는 전담사회복지사가 점검하고 모니터링하는 과정을 거친다.

[표9-6] 생활지원사와 지원인력의 역할

구분	주요 역할
생활지원사	• 서비스 제공계획에 따라 대상자에게 직접 서비스 제공 • 노인맞춤돌봄시스템에 실적 입력 및 관리 • 대상자의 상태변화 모니터링 및 전담사회복지사에 보고 • 서비스 조정 또는 연계 요청 • 장기요양 인정조사 신청 권유 • 긴급 상황(사망, 사고 등) 발생 시 즉시 보고
지원인력	• 생활지원사의 업무 보조 또는 일부 단독 수행 • 단순 방문확인, 정보전달 등 단독 가능 업무 수행 • 문제 발생 시 생활지원사 및 전담사회복지사에 보고 • 단독 서비스 제공 시에도 결과 보고 및 모니터링 실시

2) 서비스 제공

① 서비스 제공기간은 시군구 서비스 이용 자격 승인 익일부터 1년이다.
② 노인맞춤돌봄서비스는 이용자의 안전하고 안정적인 일상생활을 지원하기 위해 유연하고 탄력적으로 운영된다. 서비스 제공의 기본 방향은 단순한 지원을 넘어, 이용자가 가능한 한 스스로 자신의 일상생활을 관리하고 유지할 수 있도록 돕는 데 중점을 둔다. 서비스는 이용자의 건강 상태, 생활환경, 긴급 상황(재난, 사고 등) 변화에 따라 탄력적으로 조정이 가능하며, 일시적인 서비스 변경이나 추가 지원이 이루어질 수 있다. 이를 통해 돌봄 수요의 변동성에 신속히 대응하고, 이용자의 기능 저하를 예방하는 데 기여하고자 한다.

특히, '셀프케어(Self-care)' 관점에서 남아 있는 신체적·정신적 기능을 적극 활용하고 강화하는 것을 강조한다. 이용자가 일상생활을 영위하는 능력을 유지하거나 향상시키는 것이 궁극적인 목표이다.
③ 서비스 제공 방식은 크게 다음과 같다.

생활지원사와 지원인력이 수행 주체가 되어 방문형 서비스, 통원형(집합 프로그램) 서비스 등을 통해 직접 지원을 제공하며, 필요시 지역사회 다양한 기관과 연계하여 종합적인 지원을 실시한다. 예를 들어, 정기적 방문을 통한 안부 확인, 건강·위생관리 교육, 응급상황 대응 교육 프로그램이 운영된다.

또한, 전담사회복지사는 생활지원사와 지원인력, 지역사회 자원을 유기적으로 연결하고 조정하여, 이용자에게 맞춤형 서비스가 안정적으로 제공될 수 있도록 관리한다. 이용자의 특성이나 안전 문제가 우려될 경우, 두 명 이상의 종사자가 동행하여 서비스를 제공하는 등 세심한 조치가 이뤄진다.

3) 서비스 제공 시 고려사항

① 노인맞춤돌봄서비스를 제공할 때는 이용자의 신체적, 사회적, 정신적 기능이 일부 저하된 상황에서도 남아 있는 능력을 적극적으로 활용할 수 있도록 지원해야 한다. 특히 이용자가 스스로 자신의 일상생활을 관리하고 돌보려는 '셀프케어'의 중요성을 인식하고, 실천할 수 있도록 돕는 것이 필수적이다.
② 서비스 과정에서는 다양한 건강정보 제공, 사회참여 프로그램 운영 등을 통해 이용자의 일상생활 역량을 강화해야 하며, 이를 통해 안정적인 생활을 지원하고 독립적 삶을 가능한 한 연장하는 것을 목표로 삼는다. 단순히 서비스를 제공하는 데 그치지 않고, 이용자가 자기 생활을 주체적으로 영위하도록 유도하는 적극적 접근이 필요하다.
③ 전담사회복지사는 수립된 서비스 제공계획에 따라 서비스가 적절히 제공되고 있는지, 서비스의 효과성이 확보되고 있는지를 지속적으로 점검해야 한다.
④ 생활지원사의 업무 수행 현황도 함께 관리하며, 필요시 개선사항을 도출하여 서비스 품질을 향상시키는 역할을 수행한다. 이를 통해 서비스의 체계성과 전문성을 강화하고, 현장 인력의 부담을 최소화할 수 있다. 생활지원사와 전담사회복지사는 이용자에게 단순히 의존적인 지원을 제공하는 것을 지양해야 한다. 대신, 이용자가 스스로 잔존 능력을 최대한 발휘하여 일상생활에 적극적으로 참여할 수 있도록 '셀프케어'를 안내하고 지원해야 한다. 이는 이용자의 삶의 질 향상뿐만 아니라, 생활지원사를 무리한 요구로부터 보호하고, 안정적이고 지속 가능한 서비

스 제공 환경을 유지하는 데에도 중요한 역할을 한다.

6. 주요 성과와 과제

1) 성과

노인맞춤돌봄서비스는 2020년부터 전국적으로 본격 시행되면서 고령사회에 대응하는 새로운 돌봄 모델로 자리 잡았다. 이 서비스는 기존의 여러 노인 돌봄 관련 사업(노인돌봄기본서비스, 단기가사서비스, 독거노인종합지원센터 사업 등)을 통합·개편하여, 보다 체계적이고 맞춤형으로 노인 개개인의 욕구에 부합하는 지원체계를 구축했다.

제도 시행 이후 가장 큰 성과는 돌봄 체계의 통합성과 효율성 제고에 있다. 서비스 중복과 사각지대를 동시에 해결하기 위해 '수요자 중심'의 욕구 사정과 '맞춤형 서비스 계획(ISP)'을 도입함으로써, 노인의 건강상태, 사회적 고립 정도, 생활환경 등을 종합적으로 평가하고 개인별 지원 계획을 수립할 수 있었다. 이를 통해 기존에 단편적이고 일괄적으로 제공되던 서비스 방식이 개선되어, 노인 개인의 삶의 질을 실질적으로 향상시키는 효과를 거두었다.

특히, 돌봄 사각지대 해소 측면에서 중요한 변화를 이끌어냈다. 기존 제도에서는 장기요양보험 등급을 받지 못한 경증 노인이나 고독사 위험이 높은 독거노인이 제도권 밖에 머무는 경우가 많았지만, 노인맞춤돌봄서비스는 소득수준·주거형태·건강상태 등을 복합적으로 고려하여 포괄적 돌봄대상 발굴에 주력했다. 이를 통해 기존 돌봄 사각지대에 놓였던 약 50만 명 이상의 노인을 적극적으로 발굴하고 지원할 수 있었다.

또한, 생활지원사와 전담 사회복지사 등 현장 인력의 대규모 배치는 서비스 접근성을 높이고 긴급상황 대응력을 강화하는 데 기여했다. 정기적 안전확인, 응급상황 연계, 생활교육과 사회참여 프로그램 연계 등이 활성화되면서, 단순한 생존 지원을 넘어 노인의 자립적 생활을 촉진하는 방향으로 돌봄 서비스가 진화하였다.

요약하면, 노인맞춤돌봄서비스는 제도 시행 이후 돌봄 통합성 강화, 사각지대 해소, 욕구 기반 맞춤형 서비스 제공, 사회적 고립 완화, 지역사회 연계 강화 등의 측면에서 뚜렷한 성과를 달성하였으며, 이는 고령사회 대응정책의 한 전환점을 마련하는 데 기여하였다.

2) 과제

노인맞춤돌봄서비스는 고령화 사회에 대응하여 돌봄 수요를 폭넓게 포용하고, 지역사회 중심의 보편적 돌봄을 실현하는 데 중요한 기여를 해왔다. 그러나 제도 시행 과정에서 다음과 같은 여러 한계와 과제가 드러나고 있으며, 향후 통합돌봄(커뮤니티케어) 정책과의 연계를 고려한 개선 노력이 필요하다.

첫째, 서비스의 표준화와 지역 격차 문제이다. 현재 수행기관 간 운영방식과 서비스 제공 수준에 차이가 존재하여 지역 간 불균형이 발생하고 있다. 특히 농어촌·도서지역 등에서는 인력 부족과 지역자원 한계로 인해 서비스의 질이 저하되는 경우가 많다. 이를 해결하기 위해 표준운영매뉴얼을 고도화하고, 지역 특성에 맞는 탄력적 적용방안을 마련해야 한다.

둘째, 생활지원사 등 종사자의 고용안정성과 처우 개선이 시급하다. 생활지원사는 노인맞춤돌봄서비스의 핵심 전달자이지만, 고용 형태가 불안정하고 임금과 근로조건이 열악한 경우가 많다. 이는 서비스 품질 유지에도 부정적 영향을 미친다. 종사자 처우 개선, 경력 관리체계 구축, 직무 전문성 강화 교육 등을 제도적으로 뒷받침할 필요가 있다.

셋째, 복합적 욕구에 대응하는 맞춤형 서비스 한계이다. 고령자의 다양한 신체·정신적 문제와 사회적 고립 등을 충분히 반영한 통합적 사례관리가 미흡한 경우가 있다. 기존의 단일 서비스 중심 접근에서 벗어나, 복지·보건·주거·의료 등 다영역 통합돌봄 계획을 수립하고 맞춤형 연계지원이 강화되어야 한다.

넷째, 통합돌봄(커뮤니티케어) 정책과의 연계 강화가 요구된다. 노인맞춤돌봄서비스는 장기요양, 방문건강관리, 주거지원, 의료기관 등 다양한 자원과 연계하여 지역 단위의 통합서비스 체계를 구축해 나가야 한다. 이를 위해 수행기관 간 협력 네트워크를 강화하고, 정보공유와 연계기반 시스템(사례관리 정보망)을 확대해야 한다.

다섯째, 수요자 중심 접근과 자율성 보장이 더 확대되어야 한다. 현재는 서비스 제공자의 판단에 의존하는 측면이 크지만, 향후에는 이용자의 자기결정권을 존중하는 맞춤형 서비스 설계가 강화되어야 하며, 개인별 목표 설정과 참여 기반의 계획수립(Individualized Care Plan, ICP)이 확산되어야 한다.

마지막으로, 지속가능한 재정 기반 구축이 필요하다. 급격한 고령화에 따라 수요는 증가하는 반면, 재정적 지속성은 불확실한 상황이다. 이에 따라 국가와 지자체의 안정적 재원 확보와 함께, 민간 및 지역사회 자원의 활용, 사회적경제 기반 모델과의 연계 등 다양한 재정 다각화 전략이 병행되어야 한다.

노인맞춤돌봄서비스는 통합돌봄을 향한 이행의 중추적 기반이 될 수 있다. 이를 위해서는 현행 서비스의 한계를 냉정하게 평가하고, 보다 유연하고 통합적인 서비스 체계로 진화해 나가는 노력이 필수적이다. 나아가 '모든 노인이 지역사회 내에서 존엄하게 살아갈 수 있는 돌봄'을 실현하기 위해, 정책의 혁신과 실천적 개선이 지속되어야 할 것이다.

참고문헌

1. 노인복지법[시행 2024. 11. 1.] [법률 제19814호, 2023. 10. 31. 타법개정]
2. 2025년 노인맞춤돌봄서비스 사업안내. 보건복지부, 진한엠앤비
3. 위의 도서
4. 위의 도서
5. 위의 도서
6. 위의 도서
7. 위의 도서
8. 위의 도서

제10장

노인장기요양보험제도

- 노인장기요양보험제도의 목적과 대상, 운영 구조를 설명할 수 있다.
- 장기요양급여의 유형별 특성과 이용 절차를 설명할 수 있다.
- 장기요양기관의 설치기준, 평가체계에 대해 이해하고 적용할 수 있다.
- 수급자의 권리와 의무, 본인부담금 구조, 개인정보 보호제도에 대해 설명할 수 있다.
- 장기요양보험제도의 성과와 과제를 분석하고, 통합돌봄 연계 방향에 대해 비판적으로 고찰할 수 있다.

1. 제도의 개요와 도입 배경

1) 고령사회와 돌봄 위기의 등장

한국 사회는 2000년에 고령화사회(65세 이상 인구 7%)에 진입한 이래, 2017년에는 고령사회(14%), 2025년에는 초고령사회(20% 이상)에 도달할 것으로 예측된다. 평균수명이 늘어나면서 장수는 축복이 아니라 돌봄의 부담과 생애 후반의 삶의 질 문제로 재조명되었다.

노인의 증가와 함께 치매, 중풍, 퇴행성 관절염 등의 노인성 질병 환자도 급격히 늘어났고, 고령자의 독거 비율 또한 높아졌다. 반면, 가족 구조는 핵가족화되었고, 여성의 사회진출이 보편화되면서 전통적으로 가정 내에서 해결되던 노인 돌봄의 기능이 약화되었다.

이에 따라 가족의 돌봄 부담은 사회적 위기로 대두되었으며, 특히 중증 치매노인 등

장기간 돌봄이 필요한 노인을 돌보는 가족들의 신체적·경제적·정서적 부담이 심각한 사회문제가 되었다. 이러한 위기 상황은 국가가 제도적으로 노인 돌봄을 보장할 필요성을 강하게 제기하였다.

2) 제도 도입의 배경과 목적

노인장기요양보험제도는 이러한 돌봄 위기에 대응하여 2008년 7월 1일부터 시행된 제도로, 건강보험과는 별도로 운영되는 사회보험 형태의 제도이다.

제도의 주요 도입 배경은 다음과 같다:

① 가족 돌봄의 한계 보완: 가정 중심의 돌봄 체계를 공공 서비스로 대체하거나 보완할 필요성
② 노인 삶의 질 향상: 노인의 기능저하 상태에 맞는 개별적 돌봄 제공으로 삶의 만족도 제고
③ 간병 부담 경감: 가족 구성원의 간병 시간과 비용 부담을 제도적으로 분산
④ 복지의 형평성과 지속성 확보: 민간과 국가가 공동으로 비용을 부담하는 보험 방식의 장점 활용

이 제도는 개인의 소득과 상관없이 요양이 필요한 상태에 도달한 노인에게 서비스를 제공함으로써 돌봄의 보편성, 형평성, 공공성을 강화하는 데 목적이 있다.

3) 법적 근거[1]

노인장기요양보험제도는 「노인장기요양보험법」에 근거하며, 법 제1조는 다음과 같은 목적을 밝히고 있다.

제1조(목적)

이 법은 고령이나 노인성 질병 등의 사유로 일상생활을 혼자서 수행하기 어려운 노인 등에게 제공하는 신체활동 또는 가사활동 지원 등의 장기요양급여에 관한 사항을 규정하여 노후의 건강증진 및 생활안정을 도모하고 가족의 부담을 덜어줌으로써 국민의 삶의 질을 향상하도록 함을 목적으로 한다.

제2조에서는 제도의 핵심 용어를 정의하고 있다. 주요 정의는 다음과 같다.

① '노인 등'이란 65세 이상의 노인 또는 65세 미만의 자로서 치매·뇌혈관성질환 등 대통령령으로 정하는 노인성 질병을 가진 자를 말한다.
② '장기요양급여'란 제15조 제2항에 따라 6개월 이상 동안 혼자서 일상생활을 수행하기 어렵다고 인정되는 자에게 신체활동·가사활동의 지원 또는 간병 등의 서비스나 이에 갈음하여 지급하는 현금 등을 말한다.
③ '장기요양사업'이란 장기요양보험료, 국가 및 지방자치단체의 부담금 등을 재원으로 하여 노인 등에게 장기요양급여를 제공하는 사업을 말한다.
④ '장기요양기관'이란 제31조에 따른 지정을 받은 기관으로서 장기요양급여를 제공하는 기관을 말한다.
⑤ '장기요양요원'이란 장기요양기관에 소속되어 노인 등의 신체활동 또는 가사활동 지원 등의 업무를 수행하는 자를 말한다.

2. 제도의 운영 체계

1) 운영 주체: 보건복지부, 국민건강보험공단, 지방자치단체

노인장기요양보험제도는 중앙정부와 지방정부, 공공기관이 각기 다른 역할을 분담하며 공동으로 운영하는 다층적 거버넌스 구조를 가지고 있다.

(1) 보건복지부: 제도 총괄과 정책 방향 수립

① 장기요양보험사업의 주관 부처로서 제도의 기획, 법령 제정·개정, 장기요양기본계획 수립, 정책 방향 설정 등을 담당한다.

② 법 제6조에 따라 5년마다 장기요양기본계획을 수립하며, 급여 항목, 재원조달, 인력정책 등을 포함한다.

③ 장기요양위원회를 설치하여 보험료율, 급여기준, 가족요양비 지급기준 등 핵심 정책 사안을 심의한다.

(2) 국민건강보험공단(NHIS): 보험자이자 관리운영기관

① 실제 제도의 집행 주체로서 장기요양인정 신청 접수, 인정조사, 등급판정 지원, 급여비용 심사·지급 등을 수행한다.

② 장기요양기관 정보 공개, 수급자 이용지원 상담, 수급자 급여 내용 확인, 장기요양급여 평가 등 현장 행정의 중심 역할을 한다.

③ 재정적으로는 보험료 부과 및 징수, 독립회계 관리, 국고지원금 수령과 분배 등을 담당한다.

(3) 지방자치단체: 지역 실행과 인프라 확충

① 보건복지부가 수립한 장기요양기본계획에 따라 세부시행계획을 수립·집행한다.

② 관내 장기요양기관의 설치·지정·평가와 지역 단위의 등급판정위원회 위원 추천을 수행한다.

③ 노인성질환 예방사업, 수급자 보호조치, 기관 지도·점검, 공공인프라 확충 등의 지역 밀착형 기능을 담당한다.

[표10-1] 운영 체계도[2]

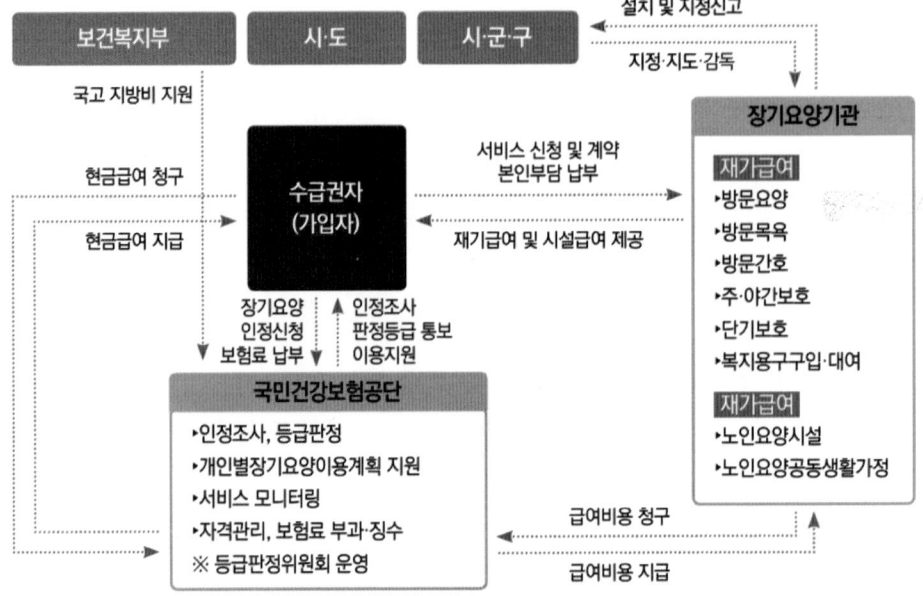

출처: 노인장기요양보험. 국민건강보험공단

2) 관리 및 재정 구조

노인장기요양보험제도는 사회보험 방식을 채택하고 있으며, 가입자와 국가, 지방자치단체가 함께 부담하는 구조로 운영된다.

(1) 가입자
① 보험료 부담 주체는 건강보험 가입자이며, 장기요양보험료는 건강보험료에 비례하여 산정된다.
② 2024년 기준 보험료율은 건강보험료의 12.95% 수준(0.9182%)이다.

(2) 국가와 지자체 부담
① 국가는 전체 예상 보험료 수입의 20%를 공단에 지원하며, 의료급여수급권자의 급여비

용 등도 별도 재정으로 전액 부담한다.
② 지방자치단체는 의료급여 대상자의 비용을 분담하며, 지역 내 수급자의 급여서비스 보장에 필요한 행정·재정적 조치를 시행한다.

(3) 재정 운영
① 보험료는 건강보험료와 함께 통합 징수되나, 장기요양보험은 독립 회계로 관리된다.
② 급여비용은 공단이 장기요양기관에 지급하며, 본인부담금은 수급자가 별도로 납부한다.
③ 급여별 정산, 부당이득 환수, 장기요양기관 인건비 지출 비율 관리 등도 재정 안정성과 투명성 확보를 위한 제도적 장치다.

3) 장기요양위원회 및 등급판정위원회의 역할

(1) 장기요양위원회 (중앙 단위)
① 보건복지부 소속 자문기구로서 제도의 방향성과 주요 정책을 심의한다.
② 보험료율, 급여 범위, 가족요양비 기준, 급여비용 산정 방식 등 주요 항목에 대해 정책 결정을 내린다.
③ 사용자·노동자·전문가·정부 등 각 이해당사자의 참여로 구성되며, 위원장은 보건복지부 차관이다.

(2) 장기요양등급판정위원회 (지역 단위)
① 국민건강보험공단 산하에 설치되며, 신청자에 대한 등급판정 심의를 수행한다.
② 지역 단위로 구성되어 신청자 수, 행정 수요 등을 고려해 설치되며, 공단 조사자료, 의사소견서, 신청서 등을 바탕으로 장기요양등급을 판정한다.
③ 위원은 의료인, 사회복지사, 공무원, 관련 전문가로 구성된다.

3. 장기요양 인정과 등급판정

1) 장기요양 인정신청

노인장기요양보험제도에서 서비스를 받기 위해서는 우선 '장기요양 인정'을 받아야 하며, 이를 위해 정해진 자격을 갖춘 자가 신청해야 한다. 장기요양 인정은 제도 전반의 출발점이자, 수급자 자격을 결정짓는 핵심 과정이다.

(1) 신청 자격

「노인장기요양보험법」 제15조에 따라 장기요양 인정 신청은 다음의 두 가지 조건 중 하나에 해당하는 사람만 가능하다.

① 65세 이상의 노인: 연령 기준만 충족하면 신청 가능 (질병 유무와 관계 없음)
② 65세 미만이더라도 '노인성 질병'을 가진 자: 대통령령으로 정하는 치매, 뇌혈관성 질환, 파킨슨병 등에 해당하는 자

이러한 자격 조건은 노인 돌봄의 보편성 확보와 함께, 의료적·기능적 취약성을 기준으로 장기요양의 필요성을 판정하기 위함이다.

[표10-2] 장기요양 인정신청의 종류[3]

종류	신청사유	신청시기	제출서류
인정신청	장기요양인정 신청을 처음 하는 경우	신청자격을 가진 자가 장기요양 급여를 받고자 하는 경우	• 장기요양 인정 신청서 • 의사소견서
갱신신청	장기요양인정 유효기간 종료가 예정되어 유효기간 만료 다음날부터 장기요양인정을 희망하는 경우	유효기간 종료 90일 전부터 30일 전	• 장기요양 인정 갱신신청서 • 의사소견서
등급 변경신청	장기요양급여를 받고 있는 동안 신체적·정신적 상태의 변화가 있는 경우	변경사유 발생 시	• 장기요양 인정 변경신청서 • 의사소견서

등급종류 내용 변경신청	급여종류 · 내용 변경을 희망하는 경우	급여종류 · 내용변경 사유 발생시	• 장기요양급여종류내용 변경 신청서 • 사실확인서(제출 필요시)
이의신청	통보받은 장기요양인정 등급에 이의가 있는 경우	처분이 있는 날로부터 90일 이내	• 장기요양 인정 신청서 • 의사소견서

(2) 신청 방법

장기요양 인정 신청은 수급자 본인 또는 법적 대리인이 가능하며, 다음과 같은 경로를 통해 이루어진다.

① 방문 신청: 국민건강보험공단 지사 또는 장기요양운영센터
② 비대면 신청: 인터넷(공단 홈페이지), 모바일 앱 「The 건강보험」
③ 기타: 팩스, 우편 접수 등

(3) 필수 제출 서류
① 장기요양인정신청서: 기본 정보, 신청 사유 등 기재
② 의사소견서: 주치의 혹은 전문의가 진단 및 기능 저하 상태를 기술
③ 본인 또는 대리인 증빙서류: 대리 신청 시 위임장, 가족관계증명서, 신분증 등

단, '의사소견서 제출이 면제되는 경우'도 있다. 예를 들어, 신체 · 정신 기능 저하가 심각하거나 도서 · 벽지 거주 등으로 접근성이 제한된 경우에는 보건복지부령 기준에 따라 공단 조사원 확인만으로 신청 가능하다.

(4) 신청 이후 절차

장기요양 인정 신청 후에는 다음과 같은 단계로 절차가 진행된다.

① 인정 신청 접수 → 공단에서 서류 검토 및 접수 완료
② 인정조사 실시 → 교육을 이수한 공단 직원이 가정을 방문하여 신체 · 인지 · 행동 기능,

간호 · 재활 필요성, 환경 등을 종합 조사
③ 의사소견서 제출→ 환자의 주치의 또는 해당 의료기관에서 발급
④ 등급판정위원회 심의→ 조사결과와 소견서를 바탕으로 장기요양 등급(1~5등급, 인지지원등급) 판정
⑤ 장기요양인정서 및 이용계획서 발급→ 수급자에게 등급, 유효기간, 이용 가능 서비스 종류 등이 기재된 인정서 발급

[표10-3] 이용 절차

절차	내용
① 인정신청	• 65세 이상 노인 또는 65세 미만의 노인성 질환을 가진 자로서 혼자서 일상생활이 어려운 자가 공단에 장기요양인정 신청
② 등급판정	• 장기요양등급판정위원회에서 심의 및 판정 공단직원이 조사한 인정조사 결과 및 의사소견서 등을 참고하여 심신상태 및 장기요양이 필요한 정도 등 등급판정기준에 따라 등급판정
③ 장기요양 / 급여 이용	• 장기요양 등급을 받은 자에게 장기요양 인정서 및 개인별 장기요양이용계획서 작성 송부 • 수급자는 개인별 장기요양이용계획서를 고려하여 희망에 따라 장기요양기관을 선택하여 장기요양급여 계약을 체결하고 수급자의 가정에서 또는 요양시설에 입소하여 장기요양 급여를 받을 수 있음
④ 비용 청구 / 심사 · 지급	• 수급자에게 장기요양급여를 제공한 장기요양기관은 공단에 비용 청구 • 공단은 공단부담금(급여비용 중 본인부담금 및 비급여대상 금액 제외) 심사 후 지급
⑤ 이용 지원	• 장기요양급여에 관한 일반사항, 이용절차 및 방법 등을 안내하고 장기요양기관 정보 제공 등 수급자를 위한 이용지원을 지속적으로 실시

출처: 노인장기요양보험. 국민건강보험공단

2) 장기요양 인정조사-개요, 조사표, 특기사항

장기요양보험의 수급 자격을 부여하기 위한 핵심적 평가 단계가 바로 '인정조사'와 '의사소견서'의 제출이다. 이는 장기요양 등급판정의 기초자료가 되며, 노인의 신체적·인지적 기능 저하 수준을 객관적으로 평가하는 데에 중요한 역할을 한다.

(1) 인정조사

인정조사(認定調査)는 장기요양인정 신청자가 실제로 장기요양서비스가 필요한 상태인지를 확인하기 위한 조사로, 국민건강보험공단 소속의 전문조사원이 직접 가정을 방문하여 수행한다.

① 조사 대상: 장기요양 인정 신청서를 제출한 모든 대상자
② 조사자: 공단에서 소정의 교육을 이수한 조사전문가 (주로 간호사, 사회복지사 등 돌봄 관련 자격자)
③ 조사 방식: 신청자의 거주지나 입원 중인 의료기관 등에서 방문 조사를 통해 실시

(2) 인정조사 항목

장기요양인정조사표는 장기요양 인정 신청자의 신체기능, 인지기능, 행동변화, 간호처치, 재활능력, 환경 및 서비스 욕구 등을 종합적으로 평가하기 위해 총 90개 항목으로 구성된 표준화된 조사 도구이다. 국민건강보험공단 직원이 직접 방문하여 이 항목들을 기준으로 객관적 기능 저하 정도를 수치화하고 등급판정의 기초자료로 활용한다.

(3) 의사소견서

의사소견서는 노인의 건강 상태와 진단명, 치료력, 예후 등을 의학적으로 진술한 문서로, 인정조사 결과와 함께 등급판정의 중요한 참고자료가 된다.

① 발급 자격: 주치의 또는 해당 분야 전문의가 발급 가능하며, 발급 비용은 원칙적으로 본인이 부담하되, 저소득층의 경우는 공단이 지원할 수 있음

② 포함 항목
- 주 진단명 및 노인성 질병 여부
- 현재 치료 내용 및 향후 예측
- 장기요양서비스 필요 정도에 대한 주관적 판단
- 약물 복용 여부, 치매 판정 여부 등

[표10-4] 장기요양인정 조사표[5]

영역	항목	
신체기능 (12항목)	• 옷 벗고 입기 • 세수하기 • 양치질하기 • 목욕하기 • 식사하기 • 체위변경하기 • 일어나 앉기 • 옮겨 앉기 • 방 밖으로 나오기 • 화장실 사용하기 • 대변 조절하기 • 소변 조절하기	
인지기능 (7항목)	• 단기 기억장애 • 지시 불인지 • 날짜 불인지 • 상황 판단력 감퇴 • 장소 불인지 • 의사소통 어려움 • 나이·생년월일 불인지	
행동변화 (14항목)	• 망상 • 물건 망가뜨리기 • 서성거림, 안절부절못함 • 환청, 환각 • 부적절한 옷 입기 • 돈·물건 감추기 • 길을 잃음 • 폭언, 위협행동 • 슬픈상태, 울기도 함 • 밖으로 나가려 함 • 대/소변 불결행위 • 도움에 저항 • 불규칙 수면, 주야혼동 • 의미 없거나 부적절한 행동	
간호처치 (9항목)	• 기관지절개관 간호 • 경관영양 • 도뇨관리 • 욕창간호 • 흡인, 장루간호 • 산소요법 • 암성통증간호 • 투석간호	
재활 (10항목)	운동장애 (4항목)	• 우측 상지 • 우측 하지 • 좌측 상지 • 좌측 하지
	관절제한 (6항목)	• 어깨관절 • 팔꿈치 관절 • 무릎관절 • 손목 및 수지관절 • 고관절 • 발목관절

③ 의사소견서 제출 생략 가능 대상: 「노인장기요양보험법 시행령」 제6조에 따라, 다음과 같은 경우에는 의사소견서를 제출하지 않아도 된다.
- 보행 불가 등 신체기능이 현저히 저하된 자로 공단 조사원이 현장에서 확인 가능한 경우
- 도서·벽지 지역에 거주하여 의료기관 접근이 어려운 자

이 경우에는 공단 직원의 인정조사만으로 등급판정 절차가 진행된다.

3) 등급판정

장기요양 인정 신청자에 대한 인정조사 및 의사소견서가 완료되면, 해당 자료는 장기요양등급판정위원회로 넘어가 심의된다. 이 위원회는 장기요양급여의 수급 여부와 등급을 결정하는 공식 판단기구로서, 보건복지·의료·사회복지 전문가로 구성된다.

[표10-5] 등급판정 절차⁶

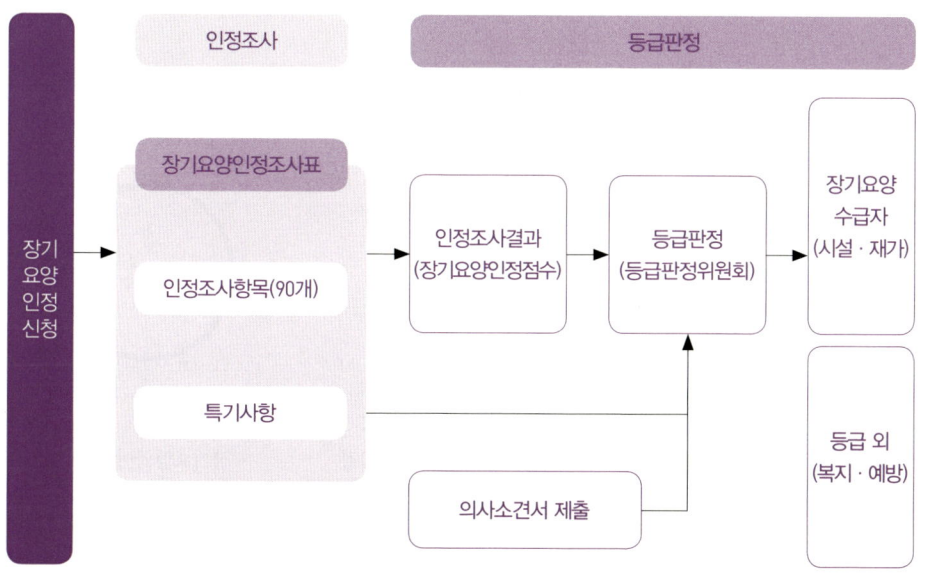

출처: 노인장기요양보험 국민건강보험공단

장기요양등급은 수급자가 일상생활을 수행하는 데 필요한 타인의 도움 정도를 정량화한 기준이다. 각 등급은 신체기능, 인지기능, 행동 변화 등 종합 평가 결과를 바탕으로 산출된 장기요양인정점수에 따라 판정된다.

[표10-6] 장기요양 등급판정 기준[7]

등급	점수 기준	심신의 기능 상태
1등급	95점 이상	심신의 기능상태 장애로 일상생활에서 전적으로 다른 사람의 도움이 필요한 자
2등급	75~94점	심신의 기능상태 장애로 일상생활에서 상당 부분 다른 사람의 도움이 필요한 자
3등급	60~74점	심신의 기능상태 장애로 일상생활에서 부분적으로 다른 사람의 도움이 필요한 자
4등급	51~59점	심신의 기능상태 장애로 일상생활에서 일정 부분 다른 사람의 도움이 필요한 자
5등급	45~50점	치매환자로서 일상생활 일부 도움이 필요한 상태 (신체 기능은 비교적 양호)
인지등급	45점 미만	치매환자로 경증 상태이며, 인지기능 지원 중심 서비스가 필요한 경우

[표10-7] 장기요양인정 후 절차

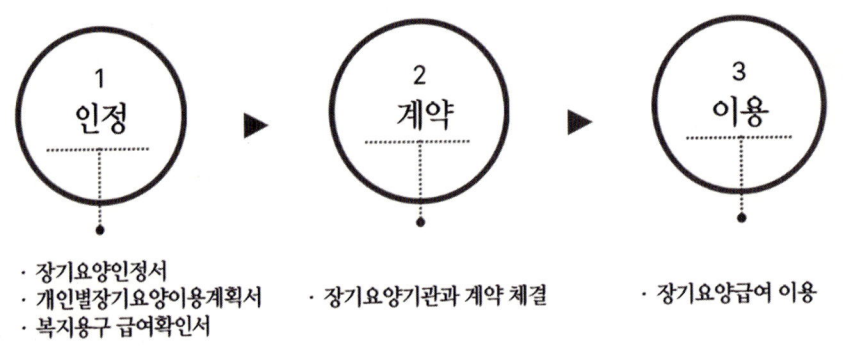

4) 장기요양인정서 및 장기요양이용계획서

장기요양등급판정위원회의 심의를 거쳐 등급이 결정되면, 수급자에게 공식적인 결과 통보 문서인 '장기요양인정서'와 '개인별 장기요양이용계획서'가 발급된다. 이 두 문서는 단순한 행정통지서를 넘어, 수급자의 돌봄 서비스 방향을 구체화하고 선택을 지원하는 핵심 도구다.

(1) 장기요양인정서

장기요양인정서는 공단이 수급자에게 공식적으로 장기요양 대상자로 인정되었음을 통보하는 문서이다. 이 문서는 수급자의 권리를 법적으로 보장하며, 향후 서비스를 받을 수 있는 근거가 된다.

① 주요 기재 내용
- 장기요양등급(예: 2등급, 인지지원등급 등)
- 인정 유효기간(예: 2년, 3년 등)
- 수급 가능한 급여 종류(재가급여, 시설급여, 복지용구 등)
- 본인부담금 비율 및 월 한도액

② 발급 방식
- 등급판정 결과가 확정된 후 우편 또는 전자 방식으로 수급자에게 송부
- 수급자가 요양기관과 급여 계약 시 제시 필수 서류로 활용됨

(2) 장기요양이용계획서

장기요양이용계획서는 수급자의 기능 상태, 건강 상태, 가족 지원 가능성, 생활 환경 등을 고려하여 맞춤형 급여 이용방안을 설계한 문서이다. 이는 공단의 '장기요양관리자'가 작성하며, 수급자가 본인의 월 한도액 범위 내에서 어떤 급여를 어떻게 이용할 것인지 선택할 수 있도록 안내하는 계획서이다.

① 목적
- 수급자의 기능 수준에 맞는 효율적 서비스 조합 제공
- 서비스 남용 방지 및 수급자의 자율성 보장
- 기관과 수급자 간 급여계약 체결의 기준 문서

② 항목
- 수급자 기본 정보
- 기능 상태 요약
- 급여 이용 권장사항
- 한도액 및 본인부담 안내

4. 장기요양급여의 종류

장기요양급여의 종류는 「노인장기요양보험법」 23조~제26조에서 구체적인 급여의 종류와 내용, 제공 기준을 규정하고 있다.

1) 재가급여

재가급여는 수 급자가 자택 또는 지역사회 내에서 생활을 유지할 수 있도록, 전문 인력이 정기적으로 방문하여 돌봄서비스를 제공하는 급여 유형이다. 이는 장기요양보험이 추구하는 "가능한 한 가정과 지역사회에서 살아가는 돌봄"이라는 철학을 실현하는 중심축이다.

(1) 방문요양

방문요양은 요양보호사가 수급자의 가정을 방문해 일상생활 지원과 정서적 돌봄을 제공하는 서비스이다.

① 주요 내용
- 신체활동 보조: 식사, 세면, 배설, 체위변경 등
- 가사활동 보조: 청소, 세탁, 장보기, 식사 준비 등
- 정서적 지원: 말벗, 외출 동행, 병원 진료 보조 등

[표10-8] 장기요양급여의 종류[8]

구 분		내 용
재가급여	방문요양	장기요양요원이 수급자의 가정 등을 방문하여 신체활동 및 가사활동 등을 지원하는 장기요양급여
	방문목욕	장기요양요원이 목욕설비를 갖춘 장비를 이용하여 수급자의 가정 등을 방문하여 목욕을 제공하는 장기요양급여
	방문간호	장기요양요원인 간호사 등이 의사, 한의사 또는 치과의사의 지시서(이하 "방문간호지시서"라 한다)에 따라 수급자의 가정 등을 방문하여 간호, 진료의 보조, 요양에 관한 상담 또는 구강위생 등을 제공하는 장기요양급여
	주·야간보호	수급자를 하루 중 일정한 시간 동안 장기요양기관에 보호하여 신체활동 지원 및 심신기능의 유지·향상을 위한 교육·훈련 등을 제공하는 장기요양급여
	단기보호	수급자를 보건복지부령으로 정하는 범위 안에서 일정 기간 동안 장기요양기관에 보호하여 신체활동 지원 및 심신기능의 유지·향상을 위한 교육·훈련 등을 제공하는 장기요양급여
	기타재가급여	수급자의 일상생활·신체활동 지원 및 인지기능의 유지·향상에 필요한 용구(소프트웨어를 포함한다)를 제공하거나 가정을 방문하여 재활에 관한 지원 등을 제공하는 장기요양급여로서 대통령령으로 정하는 것
시설급여		장기요양기관에 장기간 입소한 수급자에게 신체활동 지원 및 심신기능의 유지·향상을 위한 교육·훈련 등을 제공하는 장기요양급여
특별현금급여	가족요양비	• 도서·벽지 등 장기요양기관이 현저히 부족한 지역으로서 보건복지부장관이 정하여 고시하는 지역에 거주하는 자 • 천재지변이나 그 밖에 이와 유사한 사유로 인하여 장기요양기관이 제공하는 장기요양급여를 이용하기가 어렵다고 보건복지부장관이 인정하는 자 • 신체·정신 또는 성격 등 대통령령으로 정하는 사유로 인하여 가족 등으로부터 장기요양을 받아야 하는 자
	특례요양비	수급자가 장기요양기관이 아닌 노인요양시설 등의 기관 또는 시설에서 재가급여 또는 시설급여에 상당한 장기요양급여를 받은 경우 대통령령으로 정하는 기준에 따라 해당 장기요양급여비용의 일부를 해당 수급자에게 특례요양비로 지급
	요양병원간병비	수급자가 「의료법」제3조제2항제3호라목에 따른 요양병원에 입원한 때 대통령령으로 정하는 기준에 따라 장기요양에 사용되는 비용의 일부를 요양병원간병비로 지급

② 대상: 혼자 일상생활이 어려우나, 가정에서 생활 가능한 수급자
③ 특징: 하루 3~4시간 이내 서비스 이용 가능, 이용 횟수와 시간에 따라 급여비용 산정

(2) 방문목욕

방문목욕은 목욕 설비가 구비된 차량을 이용해, 이동이 어려운 수급자에게 가정 내에서 안전한 목욕 서비스를 제공하는 재가급여이다.

① 주요 내용
- 전신 또는 부분 목욕
- 피부청결, 두피 · 손발 위생관리
- 욕창 예방과 청결 유지

② 대상: 거동이 불편한 고령자, 와상 상태의 노인
③ 특징: 2인 1조 서비스 제공, 실내목욕과 이동형 차량 목욕 모두 가능

(3) 방문간호

방문간호는 의사, 치과의사 또는 한의사의 지시서에 따라 간호사 등이 수급자의 가정을 방문해 의료적 처치와 건강관리를 수행하는 전문 서비스이다.

① 주요 내용
- 상처 소독 및 드레싱, 투약 지도, 질환별 교육
- 당뇨, 고혈압, 욕창 등 만성질환 관리
- 구강위생, 심리 · 정서적 상담

② 대상: 자택에서 간호 및 진료보조가 필요한 노인
③ 특징: 일반 요양서비스보다 전문성과 의료성을 강조, 서비스 내용은 지시서에 따라 맞춤형 제공

(4) 주 · 야간보호

주 · 야간보호는 수급자가 주간 또는 야간에 전문 돌봄시설에 일정 시간 머무르면서

기능 회복 및 인지 자극 프로그램에 참여하는 서비스이다. 특히 치매 초기 어르신의 인지 유지, 독거노인의 정서적 안정, 가족 돌봄자의 돌봄공백 해소를 위해 적극 권장된다.

① 주요 서비스 내용
- 송영(차량 이동) 서비스
- 식사, 간식 제공 및 약 복용 지원
- 신체활동(운동·체조), 작업치료
- 인지자극 프로그램(퍼즐, 회상치료, 그림그리기 등)
- 사회적 상호작용 기회 제공

② 대상
- 낮 시간 또는 야간 시간 동안 혼자 있기 어려운 노인
- 보호자가 부재하거나 직장에 다니는 경우
- 낙상 위험, 치매 증상 등 돌봄이 지속적으로 필요한 수급자

③ 특징: 일일 또는 주기적으로 이용 가능하며, '시간제 시설 돌봄' 형태로서 재가와 시설의 중간 지점에 위치한 유연한 급여 유형이다.

(5) 단기보호

단기보호는 수급자가 일정 기간(보통 1~10일 이내) 노인요양공동생활가정 등 지정 시설에 입소하여 24시간 돌봄을 받는 서비스이다. 가족이 병원 입원이나 여행, 일시적인 간병 중단 등의 사유로 돌봄이 어려울 때 사용된다.

① 주요 서비스 내용
- 24시간 숙식 및 기본 돌봄 제공
- 의료적 관리, 응급 대응
- 일상생활지원 및 정서 케어
- 레크리에이션, 기능회복 훈련 프로그램 등

② 대상
- 가족 부재 시 단기간 보호가 필요한 수급자
- 입소시설 입소 전 평가·적응 기간이 필요한 경우

③ 특징: 수급자에게 시설 경험 기회를 제공하고, 가족에게는 '돌봄휴식기'를 제공하는 기능을 수행한다.

(6) 기타 재가급여

기타 재가급여는 수급자의 일상생활·신체활동 지원 및 인지기능의 유지·향상에 필요한 용구(소프트웨어를 포함한다)를 제공하거나 가정을 방문하여 재활에 관한 지원 등을 제공하는 서비스다.
- 낙상예방 매트, 미끄럼 방지 손잡이, 생활환경 안전 점검
- 자원 연계를 통한 식사배달, 정서지원(말벗 서비스) 등
- 수급자의 생활환경 유지와 기능 악화 방지 목적의 보조 서비스

2) 시설급여

시설급여는 장기요양 수급자가 장기간 자택에서 생활하기 어렵다고 판정된 경우, 전문 장기요양기관에 입소하여 24시간 돌봄서비스를 제공받는 급여 유형이다.

이는 신체 기능 저하가 심하거나 인지기능이 급속히 악화된 수급자에게 안정적인 보호환경을 제공하기 위한 것으로, 재가급여로는 돌봄이 곤란한 경우에 한해 허용된다.

(1) 노인요양시설

노인요양시설은 「노인복지법」 제34조에 따른 장기요양기관으로, 일상생활 전반에 걸쳐 전문 인력에 의한 24시간 밀착 돌봄 서비스를 제공한다.

① 주요 서비스 내용
- 식사, 목욕, 배설 등 일상생활 전반에 대한 지원
- 간호 및 건강관리, 투약 보조
- 인지 및 정서 프로그램 운영(회상요법, 소근육 훈련 등)
- 사회활동 지원(실내 활동, 가족면회 등)

② 입소 대상
- 장기요양등급 1~2등급 수급자 중심
- 3등급 수급자는 가족 돌봄이 불가능하다는 사유 소명 시 입소 가능
- 일상생활 완전 의존 또는 보호자 돌봄이 불가능한 경우

③ 특징: 비교적 규모가 크고, 요양보호사·간호사·사회복지사 등이 상주하며 통합적 돌봄 서비스를 제공하며, 의료기관은 아니므로 진료는 외부 협력의료기관과 연계함.

(2) 노인요양공동생활가정

노인요양공동생활가정은 일반 가정집과 유사한 주거공간에서 소규모로 생활하며 가정적인 분위기 속에서 돌봄을 제공하는 시설이다. 이는 대규모 요양시설의 부정적인 이미지를 보완하고, 수급자의 심리적 안정과 관계 중심 돌봄을 도모하기 위해 도입되었다.

① 주요 서비스 내용
- 숙식 제공, 위생관리, 복약 지도, 정서적 돌봄
- 일상생활 지원과 간호관리, 가족 같은 생활환경 조성
- 공동체 활동(요리, 텃밭, 노래 등)

② 입소 대상
- 장기요양 1~5등급 수급자 중 소규모 공동생활을 선호하는 자
- 인지기능 저하가 있으나 공동체 생활이 가능한 노인

③ 특징: 입소정원은 일반적으로 9인 이하이며, 개별적 욕구와 생활습관을 존중한 맞춤 돌봄 실현에 적합

3) 특별현금급여

특별현금급여는 장기요양 인정 대상자에게 일정한 조건이 충족되는 경우, 서비스 대신 현금으로 지급되는 급여 유형이다. 이는 원칙적으로 현물급여(서비스 제공)를 기본으로 하는 장기요양제도에서 예외적으로 허용되는 보완적 형태로, 보호자 돌봄을 인정하거나, 서비스 이용이 불가능한 지역적 상황 등에 대응하기 위해 마련되었다. 「노인장기요양보험법」 제26조에 명시되어 있으며, 크게 세 가지로 구분된다.

(1) 가족요양비
가족요양비는 수급자가 재가급여를 이용하지 않고, 가족(배우자, 자녀 등)에게 전적으로 돌봄을 받는 경우에 지원하는 현금 급여이다. 전문 인력에 의한 서비스 대신, 가족의 간병노동을 사회적으로 인정하고 일부 보상하는 기능을 한다.

① 지급 조건
- 장기요양 1~2등급 수급자
- 복지용구 급여 외에 다른 장기요양급여를 이용하지 않은 경우
- 보호자가 동거하면서 실제 간병을 제공하는 경우
- 요양보호사 등 외부 서비스 미이용

② 지원 내용
- 월 15만 원 내외의 정액 지급 (물가와 기준에 따라 변동)
- 복지용구 급여는 중복 이용 가능

(2) 특례요양비

특례요양비는 도서·벽지 등 서비스 제공이 어려운 지역이나, 감염병 상황처럼 장기요양기관 이용이 불가능한 경우, 임시로 보호자가 제공하는 돌봄에 대한 급여를 현금으로 지원하는 제도이다.

① 지급 조건
- 재가급여 제공이 지리적·물리적으로 불가능한 경우: 도서지역, 산간 벽지, 장기요양기관 미설치 지역
- 감염병 격리, 재난상황 등으로 기관이 이용 불가한 경우: 공단의 사전 심사 및 인정 필요

② 지원 내용
- 가족요양비와 유사한 수준의 월 지급액
- 특정 사유가 해소되면 급여 중단

(3) 요양병원 간병비

요양병원 간병비는 장기요양 수급자가 불가피하게 요양병원에 입원하여 장기요양급여를 이용하지 못할 경우, 일정 요건 하에 간병비를 현금으로 지원하는 급여이다.

① 지급 조건
- 장기요양등급을 받은 수급자가 요양병원에 입원 중
- 병원 측에서 간병을 제공하지 않거나, 보호자 간병이 필요한 상황
- 공단의 사전 인정 및 간병 제공자 확인 필요

② 지원 내용
- 월 단위 정액 간병비 지원
- 병원비와는 별도이며, 간병노동에 대한 보조금 성격

4) 복지용구 급여

(1) 제도의 개요

복지용구 급여제도는 노인의 신체 기능 저하 및 이동 불편, 낙상 위험 등으로부터 보호하고 자립적 일상생활을 지원하기 위해, 장기요양 수급자에게 복지용구를 제공하는 장기요양급여 중 하나이다.

특히 재가 수급자의 생활환경 개선과 돌봄제공자의 신체적 부담 완화를 주요 목적으로 하며, 노인의 삶의 질 향상과 재택 돌봄의 지속성 확보에 기여한다.

복지용구는 크게 구매와 대여 방식으로 나뉘며, 급여 대상자에게는 연간 한도 내에서 공단이 정해진 비율로 비용을 지원한다.

(2) 급여 대상 및 비용

① 급여 대상
- 장기요양 1~5등급 또는 인지지원등급을 받은 재가 수급자
- 시설 입소자는 복지용구 급여 이용 불가

② 급여 비용 및 한도

총급여비용의 85%를 공단이 부담, 이용자는 15% 본인부담금 납부
- 기초생활수급자 및 차상위계층은 전액 지원
- 연간 급여한도는 200만 원(2024년 기준) 한도 내에서 여러 제품을 나누어 사용할 수 있음

예시 | 전동침대 대여 시 월 23,000원 정도의 본인 부담 → 연간 276,000원

(3) 급여 기준

복지용구 급여는 공단이 사전 인정한 제품과 업체를 통해서만 이용 가능하며, 용구별로 이용 대상자 조건, 수량, 사용 기간 등이 정해져 있다.

① 급여 방식
- 구매 품목: 실소유 형태 (예: 이동변기, 성인용 보행기 등)
- 대여 품목: 일정기간 사용 후 반납 (예: 전동침대, 욕창예방매트 등)

② 중복 사용 제한
동일 품목 중복 구매 또는 대여는 원칙적으로 제한되며, 소모품 일부는 예외 인정

(4) 이용 절차
복지용구 급여 이용을 위해서는 다음과 같은 절차를 따라야 한다.

① 장기요양등급 인정 후 재가급여 대상자로 확정
② 공단의 장기요양이용계획 수립: 수급자의 생활환경, 기능상태, 서비스 이용 계획 등을 종합 고려
③ 복지용구 제공업체 선택 및 계약: 공단에 등록된 복지용구 판매/대여 업체만 가능
④ 복지용구 구매 또는 대여: 공단이 급여비용 정산, 이용자는 본인부담금 납부

복지용구 구입 후에는 반드시 구입영수증과 급여비 청구서 제출이 필요하며, 대여품은 정기적인 관리·점검 서비스 제공이 포함된다.

(5) 복지용구의 종류
2024년 기준 공단에서 인정한 복지용구는 총 17종이며, 이동지원·환경개선·위생보조·인지지원 등으로 분류된다. 주요 품목은 다음 [표10-9]와 같다.

[표10-9] 복지용구의 종류[9]

		품목		사용가능 햇수
구입 품목	1	이동변기	화장실로 이동하기 어려운 경우 용변을 쉽고 안전하게 볼 수 있는 용품	5년
	2	목욕의자	목욕시 자세유지 및 편안한 목욕을 도와주는 용품	5년
	3	성인용보행기	보행이 불편한 경우 실내외에서 혼자서 이동할 수 있도록 보조하는 용품	5년
	4	안전손잡이	손잡이를 부착하여 자립 환경을 조성하고 안전사고 예방을 위한 용품	없음
	5	미끄럼방지용품	실내에서 미끄러지지 않도록 하여 낙상사고를 예방하기 위한 용품(양말, 매트)	없음
	6	간이변기	와상상태, 소변조절 등이 어려운 경우 용변을 쉽고 안전하게 볼 수 있는 용품	없음
	7	지팡이	보행이 불편한 경우 보행을 보조하는 용품	2년
	8	욕창예방방석	장시간 앉아 있거나 휠체어를 이용할 경우 욕창을 예방하는 용품	3년
	9	자세변환용구	장시간 누워있는 경우 자세 및 위치 변환을 보조하는 용품	없음
	10	요실금팬티	배뇨 조절 기능 저하 등으로 요실금증상이 있는 어르신에게 쾌적한 일상생활 지원을 위한 용품	없음
대여 품목	11	수동휠체어	보행이 불가능하거나 장시간 보행이 곤란한 경우 이용하는 용품	5년
	12	전동침대	일어나는 동작 등을 보조하고 자립을 지원하는 전동식 용품	10년
	13	수동침대	일어나는 동작 등을 보조하고 자립을 지원하는 수동식 용품	10년
	14	이동욕조	거동이 불편한 경우 자신이 거주하는 방에서 외부로의 이동없이 간편하게 목욕 가능한 용품	5년
	15	목욕리프트	입욕 시 높낮이를 조절하여 안전하고 편리하게 목욕을 실시하며 수발자의 편리를 도모하는 용품	3년
	16	배회감지기	인지장애가 있는 수급자의 배회 및 실종을 미연에 방지하는 용품(GPS형, 매트형 등)	5년
구입 또는 대여 품목	17	욕창예방매트리스	체중을 분산하고 통풍을 원활하게 하여 욕창을 예방하는 용품	3년
	18	경사로(실외용)	실내외에서 수동휠체어 또는 성인용보행기 이용 시 이동성 확보 및 안전사고 예방을 위한 용품	8년
		경사로(실내용)		2년

출처: 노인장기요양보험. 국민건강보험공단

5. 수급자의 권리와 의무

노인장기요양보험제도는 단순한 급여 제공을 넘어서 수급자의 권리 보장과 자기결정권 존중을 중요한 가치로 삼고 있다. 수급자는 단순한 수혜자가 아니라 서비스의 당사자로서, 장기요양급여를 선택하고 조정할 수 있는 권리를 가진다. 본 단원에서는 수급권자의 권리와 의무를 균형 있게 이해할 수 있도록, 이용자의 선택권, 본인부담 구조, 급여 외 청구 금지, 개인정보 보호 등 핵심 쟁점을 중심으로 살펴본다.

1) 수급권자의 권리와 이용자의 선택권

(1) 수급권자의 기본 권리
노인장기요양보험 수급자는 다음과 같은 권리를 가진다.

① 급여 이용의 권리: 법령이 정한 장기요양급여(재가, 시설, 복지용구, 특별현금급여 등)를 이용할 수 있다.
② 차별받지 않을 권리: 성별, 연령, 거주지, 소득 수준에 관계없이 공정한 서비스 접근 기회를 보장받는다.
③ 서비스 내용에 대한 알 권리: 이용할 서비스의 내용, 비용, 절차에 대한 충분한 정보를 제공받고 이해할 권리가 있다.
④ 자기결정권과 참여권: 개인별 장기요양이용계획 수립 과정에서 자신의 의견을 반영하고, 제공 기관을 선택할 권리를 갖는다.

(2) 이용자의 선택권 보장
노인장기요양보험제도는 수급자가 급여 제공기관을 자유롭게 선택할 수 있도록 다음과 같은 제도적 장치를 마련하고 있다.

① 장기요양인정서와 개인별 이용계획서 제공: 수급자가 장기요양등급을 받으면 공단은 '장기요양인정서'와 함께 '개인별장기요양이용계획서'를 송부한다. 이 계획서는 수급자

의 기능상태와 욕구에 따라 맞춤형으로 설계된다.
② 장기요양기관 선택의 자율성: 수급자는 해당 계획서를 참고하여 자신의 거주지 인근 또는 선호 기관을 선택해 계약을 체결할 수 있다. 요양시설에 입소하거나 재가급여를 이용할지 여부도 본인의 선택이다.
③ 이용지원 서비스 제공: 국민건강보험공단은 수급자의 선택권을 지원하기 위해 장기요양기관 정보, 급여 내용, 이용 절차 등을 지속적으로 안내하고 있다.

> ■ 사례
>
> A씨는 치매로 4등급을 받은 후, 본인의 주거지 인근에 있는 3개의 장기요양기관 중 하나를 선택하여 주·야간보호서비스를 계약함. 공단은 비교표를 제공해 기관별 서비스 특성과 위치, 비용을 안내함.

2) 본인부담금 구조와 감면 제도

(1) 본인부담금 제도의 개요

노인장기요양보험은 사회보험 원리에 따라 국가·지방자치단체·가입자(수급자)가 공동으로 재정을 분담한다. 수급자는 급여를 이용할 때 일부 비용을 부담하는데, 이를 본인부담금이라 한다. 이는 과잉이용을 방지하고 제도의 지속 가능성을 높이기 위한 장치다.

(2) 급여 유형별 본인부담금율

① 재가급여: 급여비용의 15%
② 시설급여: 급여비용의 20%
③ 특별현금급여: 본인부담금 없음, 정액 지급
④ 비급여항목: 전액 본인 부담
※「국민기초생활보장법」에 따른 의료급여수급권자는 본인부담금을 면제받는다.

(3) 본인부담금 전액 부담 사례

수급자가 다음 중 하나에 해당하는 경우에는 전액 본인 부담이 발생할 수 있다.

① 공단 인정 범위를 초과하여 급여를 이용한 경우 (예: 월 한도 초과)
② 인정서에 명시되지 않은 급여를 자의로 이용한 경우
③ 식사재료비, 이미용비, 상급침실 이용료 등 부대 서비스 이용 시

(4) 감면 제도

경제적 취약계층을 위한 본인부담금 감면 제도가 마련되어 있다. 감면 대상자에게는 본인부담금의 40~60%를 감경한다.

① 의료급여 수급권자(일부): 법령상 열거된 자(제3조 제2호~9호 등)
② 저소득층: 일정 소득·재산 기준 이하
③ 생계곤란자: 천재지변, 재해 등 특수 사유 발생 시
※ 감면율 및 세부 기준은 보건복지부 고시에 따르며, 도서·벽지 지역 등은 별도 기준 적용 가능

3) 수급자 보호와 청구 제한

노인장기요양보험은 수급자의 권익을 보호하고 불필요한 부담을 방지하기 위해 장기요양기관이 정해진 범위를 초과하여 금전을 요구하거나 부당한 서비스를 제공하지 못하도록 청구 제한과 급여 외 행위 금지를 법적으로 규정하고 있다. 이는 수급자의 경제적 부담 경감과 서비스의 공정성 보장을 위한 핵심 장치이다.

(1) 법적 근거 및 금지 행위

「노인장기요양보험법」 제40조 및 제41조에 따라 다음과 같은 행위는 금지되며 청구할 수 없다.

① 급여 외 비용 청구: 식사재료비, 이미용비, 상급병실료 등 비급여 항목에 대한 비용을 공단 부담금에 포함하여 청구
② 허위·과다 청구: 실제 제공하지 않은 서비스나, 인정서에 없는 급여 항목을 청구
③ 공단 부담금과 무관한 항목 강요: 특정 물품 구입을 강제하거나 기관 내부 규정이라는 명목으로 의무화
④ 선물, 수수료, 사례비 요구: 수급자 또는 가족에게 금품·편의 제공을 요구하거나 암묵적으로 유도
※ 위반 시 행정처분, 부당이득 환수, 지정취소 등의 처벌이 따름.

(2) 수급자 보호 장치

공단과 정부는 수급자가 위법·부당한 요구에 노출되지 않도록 다음과 같은 보호 장치를 운영하고 있다.

① 장기요양급여 제공내용 확인제도: 공단은 장기요양기관의 급여제공 내용을 확인하고 점검함.
② 수급자 신고센터 운영: 부당 청구나 강요 등 위법 행위에 대해 수급자 또는 가족이 신고할 수 있는 창구 운영.
③ 급여계약 시 표준계약서 사용 의무화: 서비스의 종류·시간·비용 등을 명시하여 불필요한 분쟁 방지.

4) 정보 제공과 개인정보 보호

노인장기요양보험 수급자는 본인의 서비스 이용과 관련된 충분하고 정확한 정보를 제공받을 권리를 가진다. 이는 자기결정권을 실현하고, 적절한 급여 선택과 이용을 가능하게 하는 핵심 권리로 보장된다.

(1) 정보 제공의 주요 내용

① 이용계획 정보: 개인별 장기요양이용계획서, 인정등급, 이용 가능한 급여 종류
② 서비스 정보: 장기요양기관의 명단, 위치, 평가결과, 인력 구성 등
③ 비용 관련 정보: 급여별 본인부담금 수준, 감면 조건, 비급여 항목 안내
④ 절차 안내: 장기요양인정 신청, 변경, 갱신, 불복절차 등의 절차적 권리 안내

(2) 개인정보 보호 원칙

노인장기요양보험제도는 수급자의 인격권과 사생활 보호를 위해 개인정보 보호를 엄격히 규정하고 있다.

① 법적 근거 및 기본 원칙
- 「개인정보 보호법」 및 「노인장기요양보험법」 제정 · 시행에 따라 수급자 개인정보 보호 규정 명시
- 수급자의 동의 없이 개인정보를 제3자에게 제공하거나 업무 외 사용 금지
- 민감 정보(건강 정보, 기능상태 평가결과 등)는 최소한의 범위에서만 수집 · 활용

② 장기요양기관의 의무
- 정보보안: 수급자 기록, 평가자료, 급여내용 등은 전산으로 안전하게 관리해야 함
- 비밀 유지: 종사자는 수급자의 건강, 가정환경, 병력 등 민감 정보를 외부에 누설할 수 없음
- 열람 요청: 수급자는 본인의 정보에 대해 열람 · 정정 · 삭제를 요청할 수 있음

정보 접근권과 개인정보 보호는 수급자의 신뢰 형성과 자기결정권 실현을 위한 쌍두마차이다. 수급자는 필요한 정보를 충분히 제공받을 권리가 있으며, 동시에 자신의 민감한 정보가 안전하게 보호될 수 있어야 한다. 이를 통해 노인장기요양보험제도는 단순한 복지제도를 넘어, 권리 기반의 돌봄 체계로 자리매김할 수 있다.

6. 장기요양기관과 서비스 품질관리

1) 장기요양기관의 설치 · 지정 · 평가 기준

(1) 장기요양기관의 개념과 종류

장기요양기관은 노인성 질병 또는 고령으로 인해 일상생활 수행이 어려운 장기요양수급자에게 급여를 제공하는 기관으로, 보건복지부 장관 또는 지방자치단체장의 지정을 받아야 한다. 제공 서비스에 따라 다음과 같이 구분된다.

① 시설급여 제공기관: 노인요양시설, 노인요양공동생활가정
② 재가급여 제공기관: 방문요양, 방문목욕, 방문간호, 주 · 야간보호, 단기보호, 복지용구 등

(2) 장기요양기관의 설치 및 지정 기준

장기요양기관을 설치 · 운영하려면 일정한 시설, 인력, 장비 기준을 충족하고, 관할 시 · 군 · 구청에 설치신고와 함께 장기요양기관 지정을 신청해야 한다. 지정 기준은 다음과 같다.

① 시설 기준: 입소 정원, 침실 면적, 공용공간 확보 등
② 인력 기준: 요양보호사, 간호사, 사회복지사 등 필수인력 배치
③ 운영 기준: 수급자 권익보호, 기록 관리, 급여 제공 계획 수립 등

지정은 3년마다 갱신되며, 지정 · 갱신 여부는 평가결과에 영향을 받는다.

(3) 장기요양기관 평가제도

장기요양기관 평가는 「노인장기요양보험법」 제35조에 따라 수행되며, 서비스의 질을 높이고 수급자의 선택권을 보장하기 위한 제도이다. 3년 주기로 실시되며, 평가결과는 A등급부터 E등급까지 등급화되어 공표된다.

① 평가 대상
- 시설급여 제공기관: 노인요양시설, 노인요양공동생활가정
- 재가급여 제공기관: 방문요양기관, 주·야간보호시설 등

② 평가 영역 및 지표
- 기관 운영: 운영관리, 인력관리, 안전관리
- 서비스 제공: 급여계획 수립, 서비스 제공의 적절성 및 기록관리
- 수급자 권리: 인권보장, 고충처리
- 급여 결과: 건강상태 개선, 욕구 충족
- 환경 위생: 시설 청결, 감염 예방

③ 평가 결과의 활용
- 수급자의 기관 선택자료: 국민건강보험공단 홈페이지에 공개됨
- 기관의 질 향상 도구: 평가 결과를 토대로 개선계획 수립
- 행정적 활용: 일부 지방자치단체에서는 고득점 기관에 인센티브 제공 또는 지역 돌봄기관으로 우선 연계

④ 지정 취소 및 부정수급 방지
- 평가결과 최하위(E등급) 판정을 받거나, 부당청구 및 인권침해 등이 발견된 기관은 지정이 취소될 수 있다.
- 법령에 따라 부정수급에 대한 과징금 부과, 지정 취소, 공표제도가 함께 운영되며, 수급자의 안전과 공공재정의 건전성을 확보하고자 한다.

2) 기관 평가 및 부정수급 방지 제도[10]

장기요양기관 평가는 「노인장기요양보험법」 제35조에 근거하여 수급자에게 제공되는 급여의 품질을 높이고, 기관의 운영 실태를 정기적으로 점검하기 위해 도입되었다.

이 제도는 서비스의 질 관리뿐 아니라 공공성 강화, 이용자 권익보호, 부정수급 방지를 동시에 목적으로 한다.

(1) 평가 절차와 결과의 행정 활용

장기요양기관 평가는 국민건강보험공단이 주관하며, 다음의 절차로 진행된다.

① 사전 공지: 평가대상 기관에 사전 안내 및 자료 제출 요청
② 현장조사: 공단 평가단이 직접 방문하여 서비스 실태 및 문서 검토
③ 평가지표 적용: 운영, 인력, 급여과정, 수급자 권익, 환경 등 항목별 지표로 점수 산정
④ 등급화: A등급(우수)부터 E등급(매우 미흡)까지 5등급으로 구분
⑤ 결과 공표: 공단 홈페이지에 기관별 평가 결과 공개

(2) 평가결과의 행정적 활용

① 지정·갱신 심사 기준: E등급을 받을 경우 지정 갱신이 제한될 수 있음
② 보조금 지원 연계: 일부 지자체는 A·B등급 기관을 지역 돌봄사업 우선 참여 기관으로 지정
③ 서비스 품질 개선: 결과에 따른 자율개선계획 제출 의무 부과

(3) 부정수급 점검 방식

공단은 장기요양기관의 허위청구, 중복청구, 부당청구 등의 부정수급을 예방·적발하기 위한 체계적 관리제도를 운영하고 있다.

① 급여내용확인 조사: 실제 서비스 제공 여부를 전화·현장 방문·수급자 인터뷰 등으로 확인
② 요양급여비용 청구내역 분석: 전산 시스템을 활용하여 이상청구 탐지
③ 현장실사: 정기 또는 수시로 기관을 직접 방문하여 청구기록, 장부, 서비스 이력 점검

(4) 행정처분과 처벌
① 부당청구 적발 시 조치: 부당이득 환수, 과징금 부과 (법 제37조의2), 지정취소 또는 업무정지, 심각한 경우 형사고발 등
② 공표제도 운영: 위반기관은 보건복지부 또는 시군구 홈페이지에 최대 6개월간 기관명, 위반내용 등 공표하고, 반복 위반기관은 언론을 통한 추가 공표도 가능함

장기요양기관의 평가는 단순한 점검이 아니라 서비스 품질과 신뢰성을 확보하는 핵심 수단이다. 동시에 부정수급 방지체계는 공단의 재정 건전성과 제도의 지속가능성을 위한 보호장치로 작용한다. 평가와 사후관리는 장기요양기관이 단순한 공급자가 아니라, 공적 책임을 지는 복지 주체로 자리매김하도록 하는 구조이다.

> ■ 사례
>
> 부정청구로 인한 지정취소
>
> 2023년 ○○요양원은 입소하지 않은 수급자 명의로 허위로 급여비용을 청구하여 1억 원 이상의 부당이득을 취득하였다. 국민건강보험공단은 환수조치 및 지정취소 처분을 내렸으며, 해당 기관은 보건복지부 홈페이지에 6개월간 공표되었다.

7. 제도의 성과와 과제

1) 제도의 현황[11]

(1) 인정 현황

2023년 12월 말 기준으로 장기요양보험 누적 신청자 수 1,429,046명 중 판정자는 1,238,495명이며 총인정자는 1,097,913명이다. 이 통계는 2022년 대비 7.7% 증가했으며, 노인인구 대비 11.1%에 해당하는 인정률이다.

지원유형별 분포는 일반 수급자 495,283명(전체의 약 45%) 감경 수급자 602,630명(전체의 55%)이다. 인정자 1,097,913명 중에서 이용수급자는 1,073,452명으로서 97.8%이며 1인당 월평균 1,439,200원 급여를 이용했다.

[표10-10] 장기요양인정신청·인정자 현황

구분	2020년	2021년	2022년	2023년
노인인구 (65세이상)	8,480,208	8,912,785	9,377,049	9,858,810
신청자	1,183,434	1,281,244	1,348,961	1,429,046
판정자 (인정자+등급외자)	1,007,423	1,097,462	1,160,850	1,238,495
인정자 (판정대비 인정률)	857,984 (85.2%)	953,511 (86.9%)	1,019,130 (87.8%)	1,097,913 (88.6%)
노인인구 대비 인정률	10.1%	10.7%	10.9%	11.1%

[표10-11] 등급별 인정자 현황(2023년 기준)

구분	계	1등급	2등급	3등급	4등급	5등급	인지지원등급
계	1,097,913	52,913	98,015	297,796	499,584	123,971	25,634
일반	495,283	24,473	42,764	134,168	223,281	57,655	12,942
감경	423,926	19,787	39,727	118,350	191,104	46,341	8,617
의료급여	178,704	8,653	15,524	45,278	85,199	19,975	4,075

[표10-12] 이용수급자·급여 현황

구분	2020년	2021년	2022년	2023년
이용 수급자(명)	807,067	899,113	999,451	1,073,452
급여비용(억원)	98,248	111,146	125,742	144,948
공단부담률(%)	90.4	90.8	91.0	91.0
이용수급자 1인당 월평균 급여비(원)	1,315,195	1,322,679	1,356,473	1,439,200

(2) 요양시설 및 인력현황

최근 3년간 장기요양기관 수는 꾸준히 증가하고 있으며, 특히 재가기관의 확대가 두드러진다. 요양보호사를 중심으로 한 인력 구조는 돌봄 현장의 현실을 반영하지만, 복합욕구 대응을 위한 전문인력 비중은 낮아 질적 향상과 연계체계 보완이 필요한 시점이다.

[표10-13] 장기요양기관 및 인력현황

구분		2021년		2022년		2023년	
		재가	시설	재가	시설	재가	시설
기관	계	26,547		27,484		28,366	
	소계	20,559	5,988	21,334	6,150	22,097	6,269
인력	계	565,283		626,765		676,820	
	사회복지사	33,736		37,027		39,499	
	요양보호사	507,473		564,243		610,069	
	간호조무사	14,196		15,118		15,967	
	기타	9,877		10,377		11,285	

2) 제도의 성과와 한계[12]

노인장기요양보험제도는 2008년 도입 이래 고령사회의 복지기반으로서 중요한 역할을 수행해왔다. 제도 시행 15년이 지난 현재, 수급자 확대와 서비스 전문화 등 다방면에서 성과를 거두었으나, 동시에 지속가능성과 형평성 측면에서는 여러 과제를 안고 있다.

(1) 제도의 주요 성과

① 공적 돌봄 보장의 제도화
- 장기요양보험은 민간 중심이던 간병·돌봄을 공공 영역으로 전환하며, 고령자 돌봄의 사회적 책임 기반을 확립하였다.

- 일정 요건을 갖춘 수급자는 누구나 국가가 보장하는 급여를 안정적으로 이용할 수 있게 되었다.

② 수급자 수의 확대와 재가서비스 중심 전환
- 수급자 수는 2008년 도입 당시 약 20만 명에서 2022년 기준 95만 명으로 약 5배 이상 증가하였다.
- '시설 중심'에서 '재가 중심'으로 급여구조가 전환되며, 지역사회 기반 돌봄이 활성화되었다.

③ 돌봄 노동의 제도화와 전문성 강화
- 요양보호사 자격제도 도입 및 보수교육 의무화로 전문인력 양성과 관리체계가 구축되었다.
- 요양보호사 수는 2022년 기준 약 160만 명 이상이 자격을 보유하고 있으며, 현장 배치인력도 증가 추세이다.

④ 치매 국가책임제와의 연계 강화
- 2017년 이후 '치매국가책임제'와 연계하여 인지지원등급이 도입, 경증 치매 고령자에 대한 지원 범위가 확대되었다.
- 인지지원등급 수급자는 2022년 전체 수급자의 약 22%로 가장 높은 비중을 차지한다.

(2) 제도의 구조적 한계
① 인력 중심 서비스의 취약성
- 돌봄 서비스는 인력 의존도가 높음에도 불구하고 요양보호사의 처우와 노동환경은 여전히 열악하다.
- 낮은 임금, 감정노동, 고용불안정 문제로 인해 돌봄노동의 지속성이 위협받고 있다.

② 지역 간 서비스 접근 격차
- 도시 지역에 비해 농어촌 및 도서지역은 기관 수, 인력 확보, 인프라 면에서 열악하여 수급자 접근성이 낮다.
- 결과적으로 장기요양 서비스의 지역 간 형평성이 확보되지 못하는 문제가 지속되고 있다.

③ 제도 남용과 부정수급 문제

일부 장기요양기관에서는 허위 청구, 중복 청구 등 부정수급 사례가 발생하고 있으며, 이는 제도 신뢰도 저하 및 보험 재정 건전성에 위협이 되고 있다.

④ 건강·의료와의 연계 부족
- 장기요양은 돌봄 중심 구조이나, 고령자에게는 의료적 관리와 통합서비스 필요성이 높아지고 있다.
- 현재는 방문간호, 복약관리 등 일부 기능만 존재하며, 의료-요양 연계 시스템은 아직 미흡하다.

3) 과제와 방향

노인장기요양보험제도가 성숙기로 접어들었음에도 불구하고, 장기요양서비스의 공공성과 질을 안정적으로 유지하기 위해 해결해야 할 구조적 과제가 적지 않다. 인력 문제, 지역 불균형, 제도의 지속 가능성은 모두 서비스 제공의 기반과 직결된 핵심 사안으로, 중장기적 대응이 필요한 영역이다.

(1) 인력 부족과 돌봄 노동의 위기

① 요양보호사의 이탈과 공급 부족
- 2022년 기준 요양보호사 자격 취득자는 160만 명 이상이지만, 실제 활동 인원은 50% 수준에 불과하다.

- 열악한 근무환경(저임금, 비정규직, 감정노동)과 높은 이직률로 인해 돌봄 노동 지속성에 위기가 발생하고 있다.

② 전문성 있는 인력 양성체계의 한계
- 요양보호사의 자격 기준은 비교적 단기간(240시간)의 교육으로 부여되어, 중증 수급자 대응에는 전문성 부족이 지적된다.
- 방문간호, 치매지원, 응급대응 등 고난도 상황에 대응할 수 있는 특화 인력 부족 문제도 존재한다.

③ 정책적 대응 필요성
돌봄 노동의 가치 재평가, 인건비 보전, 경력관리체계 마련 등 종합적 인력정책의 수립이 요구된다.

(2) 지역 간 서비스 격차
① 기관 및 인력의 수도권 집중
- 도시지역 중심으로 장기요양기관이 밀집되어 있으며, 농촌·도서·산간지역은 서비스 접근성이 낮다.
- 일부 지역에서는 요양보호사를 확보하지 못해 급여를 포기하거나 대기 기간이 장기화되는 문제가 발생한다.

② 지역 여건 반영 부족
현재 제도는 전국 단일 기준으로 운영되고 있어 지역별 고령화 속도, 생활환경, 교통 접근성 등 차이를 충분히 반영하지 못한다.

③ 대응 방향
지역 맞춤형 장기요양모델 개발, 소규모 다기능 기관 확대, 지역 간 서비스 가용성 격차 해소를 위한 중앙-지방 협력체계가 필요하다.

(3) 제도의 지속가능성 확보

① 급속한 수급자 증가에 따른 재정 압박
- 수급자는 매년 5~7% 증가하고 있으며, 2040년경에는 장기요양보험 재정이 30조 원 이상에 이를 것으로 전망된다.
- 고령자 비중 확대와 함께 경증 치매 수급자 증가, 장기 입소 비율 상승은 비용 구조에 부담을 가중시킨다.

② 보험료와 본인부담금의 형평성 문제

현재 재정은 보험료·국고지원·본인부담으로 구성되어 있으나, 보험료율 인상은 국민 부담 증가와 직결되어 사회적 수용성의 문제를 유발한다.

③ 장기적 재정 안정화 방안 필요

예방 중심 서비스 전환(인지지원 프로그램, 낙상 예방 등), 중복 급여 통합 관리, 지속적인 평가제도 개선 등을 통해 비용 효율성을 높여야 한다.

(4) 통합돌봄과 연계 방향

노인장기요양보험제도의 지속가능성을 높이고, 인력과 지역 불균형 문제를 완화하기 위해서는 지역사회 통합돌봄(Community Care) 체계와의 유기적인 연계가 필요하다. 특히 고령자의 복합적 욕구에 대응하기 위해 요양, 건강, 의료, 주거, 돌봄서비스를 연계·통합하는 시스템이 중요하다.

① 요양 중심에서 지역 중심으로의 전환
- 기존의 기관 중심 서비스에서 벗어나, 수급자가 살던 곳에서 필요한 서비스를 통합적으로 받을 수 있는 체계로의 전환이 요구된다.
- 방문간호, 재가돌봄, 주거환경 개선, 식사지원 등 다양한 돌봄 서비스를 지역 단위에서 통합 제공할 수 있도록 제도 간 연계 강화가 필요하다.

② 지자체 기반의 서비스 조정기능 강화
- 지방정부가 주도하는 통합돌봄 지원체계를 통해 서비스 중복과 사각지대를 줄이고, 지역 내 자원과 인력을 보다 유기적으로 연결할 수 있다.
- 장기요양 수급자에 대해 지자체의 복지, 건강, 의료 연계 담당자가 직접 조정·연계하는 구조가 필요하다.

③ ICT 기반 정보 연계 인프라 구축
- 장기요양기관, 보건소, 지역의료기관 간에 수급자 정보 공유 및 연계 플랫폼 구축이 필수적이다.
- 전자기록(EHR), 방문간호보고서, 급여 이력 등을 통합관리할 수 있는 공공기반 데이터 시스템 구축이 필요하다.

참고문헌

1	노인장기요양보험법[시행 2025. 6. 21.] [법률 제20587호]
2	노인장기요양보험. 국민건강보험공단
3	위의 자료
4	위의 자료
5	위의 자료
6	위의 자료
7	위의 자료
8	위의 자료
9	위의 자료
10	2025년도 장기요양기관평가 매뉴얼, 국민건강보험공단
11	2023노인장기요양보험 통계연보, 국민건강보험공단
12	제3차 장기요양기본계획(2023~2027), 보건복지부

제11장

치매관리제도와 치매공공후견제도

학습목표

- 치매관리제도의 의의와 법적 근거를 설명할 수 있다.
- 치매관리체계와 기관별 역할을 구분할 수 있다.
- 치매관리서비스의 주요 내용과 지원받을 수 있는 서비스 흐름을 파악할 수 있다.
- 치매공공후견제도의 도입 배경과 추진체계를 설명할 수 있다.
- 치매관리제도와 공공후견제도의 연계 필요성과 돌봄윤리적 함의를 분석할 수 있다.

제1절 치매관리제도

치매는 단순한 노화의 일부가 아니라, 인지기능 저하로 인해 일상생활 수행이 어려워지는 퇴행성 질환이다. 우리 사회는 고령화의 급신선과 함께 치매 유병률의 지속적인 증가에 직면하고 있으며, 이에 따른 사회적·경제적 부담도 커지고 있다. 특히 치매는 환자 개인의 문제를 넘어 가족, 지역사회, 국가가 공동으로 대응해야 할 공공의 보건과제이며, 전 생애주기적 관점에서의 관리가 요구된다.

본 절에서는 치매관리제도의 개요, 치매관리체계의 구조와 운영, 치매관리 서비스 내용을 통해 치매관리제도를 이해하고자 한다.

1. 치매관리제도의 개요

1) 치매의 정의와 특성[1]

치매는 후천적인 뇌 손상 또는 질병에 의해 기억력·사고력·언어능력·판단력 등의 인지기능이 저하되어 일상생활에 지장을 초래하는 복합적 증후군이다. 단순한 노화로 인한 기억력 감퇴와 달리, 치매는 병리적인 인지 저하가 뚜렷하며 점진적으로 진행되는 것이 특징이다.

치매의 주요 증상은 기억력 감퇴, 언어장애, 공간인지력 저하, 성격 변화, 문제 해결 능력의 감소 등이며, 이로 인해 사회적 역할 수행과 대인관계 유지가 어려워진다. 또한 치매는 단일 질환이 아닌 알츠하이머병, 혈관성 치매, 루이체 치매 등 다양한 원인에 의해 발생하며, 중증도에 따라 경증인지장애(MCI)부터 중증 치매까지 단계적으로 구분된다.

치매는 환자 개인의 삶의 질 저하뿐 아니라 돌봄을 제공하는 가족과 사회 전체에 중대한 부담을 초래하는 질환이다. 따라서 예방, 조기진단, 지속적인 관리가 매우 중요하며, 국가적 차원의 체계적인 대응이 요구된다.

2) 치매 유병률 및 사회적 비용

우리나라의 치매 유병률은 급속한 고령화와 함께 증가 추세에 있으며, 2024년 기준 65세 이상 노인의 약 10% 이상이 치매를 겪고 있는 것으로 추정된다. 특히 85세 이상 초고령층에서는 유병률이 30%를 상회하기도 한다.

치매로 인한 사회적 비용은 다음과 같은 측면에서 발생한다. 첫째, 진단 및 치료에 필요한 직접 의료비와 간병비가 있으며, 둘째, 가족돌봄자 또는 요양기관 이용에 따른 간접비용이 포함된다. 보건복지부가 발표한 2024년 실태조사에 따르면 치매환자 1인당 연간 관리비용은 평균 약 2,000만 원에 이르며, 국가 전체 치매 관련 사회적 비용은 수십조 원에 달하는 것으로 추산된다.[2]

이러한 경제적 부담 외에도 가족 구성원의 심리적·정서적 소진, 노동시장 이탈, 사회적 단절 등 2차 피해가 심각하다. 따라서 치매는 개인 질병을 넘어 사회 전체가 공동으로 관리해야 할 중요한 공공보건 과제다.

3) 치매국가책임제 도입 배경

2017년 정부는 "치매국가책임제"를 선언하며 국가가 치매의 예방부터 진단, 치료, 돌봄, 사망 이후의 지원까지 책임지겠다는 종합 대응전략을 마련하였다. 이 정책은 치매 환자와 가족의 삶의 질 향상, 돌봄 부담의 완화, 그리고 지속 가능한 고령사회 대응을 목적으로 한다.

치매관리제도의 도입 배경은 다음과 같다.

첫째, 급격한 고령화로 치매 환자 수가 폭발적으로 증가하고 있음에도, 이전에는 민간 중심 혹은 가족돌봄에 의존한 한계가 뚜렷하였다.

둘째, 지역 간·계층 간 치매 서비스의 접근성 격차로 인해 돌봄 불균형 문제가 심화되었다.

셋째, 치매는 단순히 의료가 아닌 복지, 지역사회, 주거, 돌봄 등 다양한 정책영역과 통합적으로 접근해야 할 필요성이 제기되었다.

이에 따라 전국 시군구에 '치매안심센터'를 설치하고, 소기검진, 사례관리, 가족지원, 인식개선, 쉼터 운영 등 다양한 서비스를 공공기관이 중심이 되어 제공하는 구조로 전환하게 되었다.

4) 치매관리법 제정과 주요 내용

「치매관리법」은 치매국가책임제를 제도적으로 뒷받침하기 위해 2011년에 제정되었으며, 이후 여러 차례 개정을 거쳐 치매 대응체계를 강화하였다. 특히 2023년 개정안과 2024년 7월 시행규칙 개정은 경도인지장애(MCI) 진단자까지 포함하는 사전예방적 관리체계를 명확히 하는 계기가 되었다.

치매관리법은 치매의 예방, 치매환자에 대한 보호와 지원 및 치매퇴치를 위한 연구 등에 관한 정책을 종합적으로 수립·시행함으로써 치매로 인한 개인적 고통과 피해 및 사회적 부담을 줄이고 국민건강증진에 이바지함을 목적으로 한다.[3]

[표11-1] 치매관리법 주요내용

항목	주요 내용
목적	치매의 예방, 진단, 치료 및 보호·지원을 국가와 지방자치단체가 책임지도록 함
주요사업	조기검진, 맞춤형 사례관리, 예방교육, 가족지원, 쉼터 운영, 실종 예방 등
치매관리체계	중앙치매센터 – 광역치매센터 – 치매안심센터로 이어지는 3단계 체계
정보시스템 구축	치매정보시스템을 통해 실태조사, 역학조사, 등록통계, 사업관리 수행
공공후견제도	인지능력이 저하된 치매환자 보호를 위한 후견인 제도 도입 근거 마련

2. 치매관리체계의 구조와 운영[4]

치매는 예방, 진단, 돌봄, 보호 등 다양한 단계에서 통합적이고 지속적인 대응이 필요하기 때문에, 국가적 차원의 인프라 및 전달체계 구축을 통해 효율적으로 수행되어야 한다. 각 단계는 기능별로 상호보완적 역할을 수행하고 있다.

1) 중앙치매센터의 기능

중앙치매센터는 보건복지부의 위탁을 받아 전국 치매관리정책의 컨트롤타워 역할을 수행하는 핵심 기관이다. 이 기관은 주로 다음과 같은 기능을 수행한다.

① 치매관련 정책·사업 기획 및 연구 개발

② 치매정보포털 운영 및 교육 콘텐츠 개발
③ 전국 치매관리 통계자료 수집 및 데이터베이스 구축
④ 광역치매센터 및 치매안심센터에 대한 기술 지원과 평가
⑤ 치매관리사업의 효과성 평가 및 개선안 제시

중앙치매센터는 국민 인식 개선을 위한 홍보사업과 더불어, 최신 연구 동향과 국제적 협력에도 주도적으로 참여하고 있다. 서울대학교병원이 위탁운영기관으로 선정되어 있다.

[표11-2] 치매관리체계

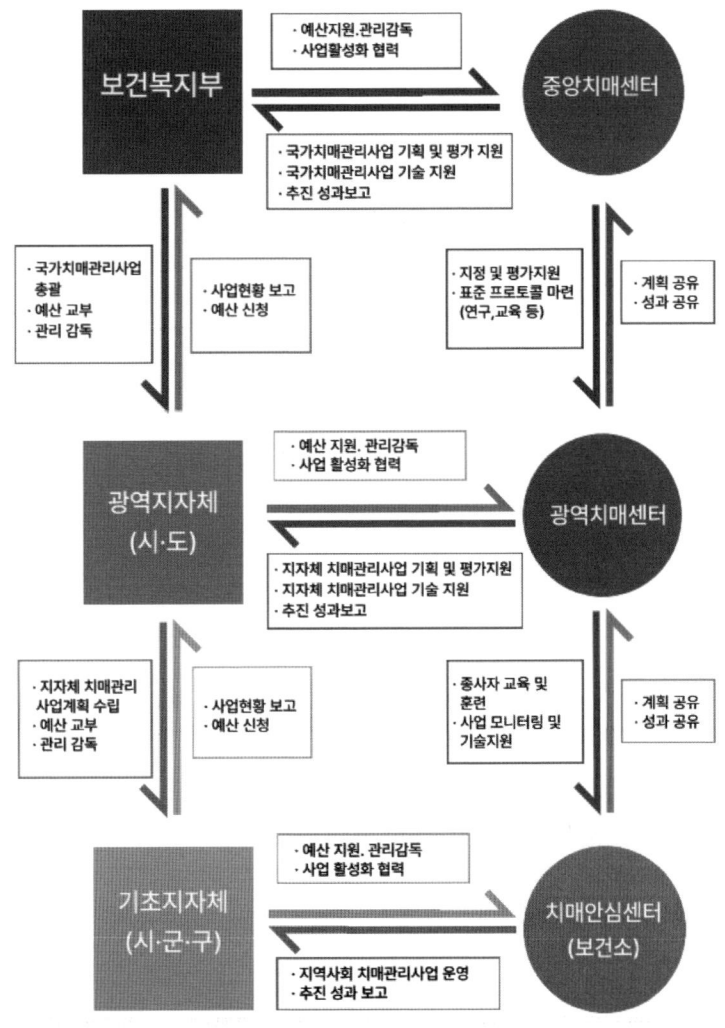

2) 광역치매센터의 역할

광역치매센터는 전국 17개 시도 단위에 설치된 중간 허브기관으로, 해당 지역의 치매정책 실행과 시군구의 치매안심센터에 대한 지원과 관리를 담당한다.

광역치매센터는 각 시도 내 의과대학병원 또는 공공의료기관이 위탁기관으로 선정되어 운영되고 있다. 예를 들어 서울시 광역치매센터는 서울대학교병원이 운영 주체이다. 광역치매센터의 역할은 다음과 같다.

① 지역 내 치매안심센터의 운영 모니터링 및 컨설팅
② 지역 특성에 맞춘 치매예방 프로그램 개발 및 보급
③ 사례관리 솔루션 회의 개최 및 슈퍼비전 제공
④ 지역사회 치매연구 및 조사 수행
⑤ 치매전문 인력 교육 및 역량강화 지원

3) 치매안심센터의 운영

치매안심센터는 전국 모든 시·군·구에 설치된 기초 치매관리 기관으로, 지역 주민을 대상으로 가장 가까이에서 직접 서비스를 제공하는 실무 중심기관이다.

치매안심센터는 2025년 기준 전국 256개소가 운영 중이며, 등록 관리 대상자 수는 연간 50만 명 이상에 이른다. 이 센터는 지역 보건소 내에 설치되거나 독립 분소로 운영된다. 주요 운영 내용은 다음과 같다.

① 치매상담 및 등록관리
② 치매조기검진(선별검사, 진단검사, 감별검사)
③ 치매환자 맞춤형 사례관리 및 사례회의
④ 예방 프로그램(치매예방교실, 인지강화교실 등)
⑤ 치매환자쉼터 운영

⑥ 조호물품 및 치매치료관리비 지원
⑦ 가족지원 프로그램(가족교실, 자조모임, 힐링 등)
⑧ 치매인식 개선 활동 및 지역사회 연계

4) 치매안심병원의 지정과 기능

치매안심병원은 치매환자에 대한 전문 진단과 입원치료, 행동증상 관리 등을 수행하는 지역 거점 의료기관이다. 치매안심병원은 보건복지부의 지정을 통해 선정된다.

치매안심병원은 의료기관 인증을 받은 병원 중 공공성과 전문성을 갖춘 기관이 선정되며, 2025년 기준 전국 22개소가 지정되어 운영 중이다. 주로 다음 기능을 수행한다.

① 신경과, 정신건강의학과, 재활의학과 등 전문과 협진을 통한 진단과 치료
② 인지행동장애 및 중증 치매환자에 대한 입원 치료 및 안정화
③ 치매 환자·가족 대상 상담 및 지역 연계
④ 지역 치매안심센터와의 연계 및 교육지원

5) 공립요양병원의 운영

공립요양병원은 장기요양이 필요한 치매환자에게 공공성이 보장된 입원 치료 및 돌봄을 제공하는 지역 기반 병원이다. 이 병원들은 보건복지부와 지방자치단체가 공동으로 설치·운영한다.

또한, 공립요양병원은 정기적인 평가를 통해 서비스 질, 인력배치, 치료성과, 환자 만족도 등을 점검받으며, 그 결과는 향후 운영 개선 및 예산 지원에 반영된다. 다음과 같은 기능을 수행한다.

① 지역 내 의료취약계층 치매노인에 대한 공공요양 제공

② 퇴원환자의 재가복귀 연계 및 지역사회 자원 연결

③ 치매환자 대상 특화 프로그램 운영

④ 지역 치매안심센터 및 치매안심병원과 연계

이와 같은 중앙-광역-기초의 3단계 치매관리 전달체계는 상호 유기적으로 연계되어, 국가 전체의 치매관리 정책의 통일성과 지역 맞춤형 서비스의 효율성을 동시에 확보하고자 한다. 이러한 체계적 접근은 치매환자 개인의 삶의 질 향상뿐 아니라 가족의 돌봄 부담 경감, 사회적 비용 절감에도 기여하고 있다.

3. 치매안심센터의 주요 사업[5]

치매안심센터는 치매국가책임제의 핵심 실행기구로, 전국 모든 시군구 보건소에 설치된 지역기반 공공기관이다. 2017년부터 본격적으로 구축되기 시작하여 현재는 전국 256개소 이상이 운영 중이며, 치매환자와 가족, 그리고 지역 주민을 대상으로 예방부터 진단, 돌봄, 가족지원, 지역사회 연계까지 전 생애주기적 치매통합지원을 제공하고 있다.

치매안심센터는 단순한 의료기관이 아니라, 치매환자가 지역사회에서 존엄을 유지하며 안전하게 살아갈 수 있도록 돕는 복합서비스 플랫폼이다. 등록관리 시스템, 인지기능검사, 쉼터 운영, 조호물품 제공, 가족교육 등 다양한 프로그램을 통합 운영하며, 기초자치단체의 치매관리 정책과도 긴밀히 연계된다.

1) 상담 및 등록관리

상담 및 등록관리는 치매안심센터의 기본적이고도 핵심적인 기능으로, 초기 방문자에게 치매 관련 정보를 제공하고, 대상자의 건강·인지 상태를 평가하여 서비스 이용의 기초를 마련하는 과정이다.

[표11-3] 치매관리 주요사업 체계[6]

(1) 초기상담 및 욕구파악

센터를 처음 방문한 대상자 또는 가족을 대상으로 치매 전문인력이 1:1 맞춤형 상담을 제공한다. 상담 내용은 다음과 같다.

① 인지저하 증상 유무 및 건강력 확인
② 일상생활 수행능력(ADL/IADL) 확인
③ 가족 돌봄환경 및 스트레스 상황 평가
④ 치매 관련 정보 제공 및 제도 안내

이러한 초기상담은 단순한 정보전달에 그치지 않고, 대상자의 개별 욕구와 위험요인을 파악하여 적절한 서비스 연계의 출발점이 된다.

(2) 대상자 등록관리

상담 결과 치매 또는 인지저하가 의심되는 경우, 센터는 전산 등록관리 시스템(Dementia Registration & Management System)을 통해 정식 등록 절차를 진행한다.

① 등록 대상: 경도인지장애(MCI), 경증~중등도 치매환자
② 관리 항목: 진단명, 진단일, MMSE 점수, 주소, 보호자 정보 등
③ 관리 방식: 정기적 모니터링, 상태 변화 추적, 연계 이력 관리

등록된 대상자는 이후 예방 프로그램, 쉼터, 사례관리, 물품지원 등 다양한 서비스에 자동으로 연계될 수 있으며, 필요시 장기요양등급 신청, 의료기관 연계 등도 함께 이루어진다.

(3) 개인정보 보호와 동의 절차

등록관리 과정에서는 개인정보 보호를 위해 대상자 또는 보호자의 서면 동의를 필수로 받는다. 등록정보는 치매정보시스템과 연계되어 지역 간 이관, 전산 백업, 정책자료 생산 등의 용도로도 활용된다.

2) 치매조기검진

치매조기검진사업은 치매를 조기에 발견하여 적절한 치료와 관리를 제공함으로써 질병의 진행을 늦추고 삶의 질을 높이는 것을 목적으로 한다. 조기검진은 치매의 진행을 완전히 멈출 수는 없지만, 조기 발견 시 약물치료 및 인지중재 프로그램의 효과가 높다는 점에서 매우 중요하다.

이 사업은 치매안심센터가 중심이 되어 지역사회 내 만 60세 이상 노인을 대상으로 무료로 제공되며, 크게 3단계로 구성된다.

(1) 1단계: 치매선별검사

① 대상: 만 60세 이상 지역주민

② 장소: 주민등록지 관할 치매안심센터 또는 방문검진

③ 내용: 약 15분간 간이정신상태검사(MMSE-DS) 등을 활용한 인지기능 측정

④ 결과: 정상, 경도인지장애 의심, 치매 의심으로 분류

※ 이 단계에서 치매 고위험군이 선별되면 다음 단계로 연계된다.

(2) 2단계: 치매진단검사

① 대상: 1단계에서 치매 의심 판정자

② 장소: 치매안심센터 또는 협약병·의원

③ 내용: 전문의 문진 및 진찰, 정밀신경인지검사(SNSB, CERAD-K 등)

④ 목적: 치매 여부 및 인지장애의 유형(알츠하이머형, 혈관성 등)진단

※ 진단 결과에 따라 등록관리, 사례관리, 의료 연계가 이루어진다.

(3) 3단계: 치매감별검사

① 대상: 2단계에서 치매로 확진되었거나 감별이 필요한 경우

② 장소: 치매안심센터가 지정한 협약병원

③ 내용: 혈액 및 소변검사, 뇌영상검사(CT 또는 MRI 중 1종)

④ 목적: 치매의 원인질환(예: 혈관성, **특발성**, 종양 등)을 명확히 파악하여 맞춤형 치료 계획 수립

(4) 검진 비용과 지원 기준

① 1단계 선별검사는 전액 무료

② 2단계, 3단계 검사비는 기준 중위소득 120% 이하의 경우, 최대 15만 원까지 지원

③ 추가 비용은 본인 부담 원칙

이러한 경제적 지원은 검진의 접근성을 높이고, 저소득층의 치매 조기 발견율을 향상시키는 데 기여하고 있다.

(5) 신청 및 이용 절차
① 신청권자: 본인, 가족, 돌봄제공자 등 관계인
② 신청장소: 주소지 관할 치매안심센터
③ 신청방법: 방문 신청 또는 전화 예약 후 내소
④ 준비서류: 신분증 (지자체별 추가서류 확인 필요)
⑤ 운영방식: 상시 운영 / 일부 지역은 주기적 방문검진도 병행

> ■ 참고
>
> **치매조기검진의 효과성**
>
> 조기검진을 통해 경도인지장애(MCI) 단계에서 인지기능 악화를 막기 위한 예방 프로그램이 제공될 수 있으며, 의료기관과의 진단 연계를 통해 치매관리 서비스의 시작점으로 기능한다. 특히 인지저하 고위험군에 대한 집중사례관리와 약물치료의 시의성 확보라는 점에서 정책적 가치가 높다.
> 이와 같은 조기검진 체계는 치매국가책임제의 실질적 시작 지점이며, 이후 사례관리, 예방활동, 가족지원으로의 연계를 통해 포괄적 치매돌봄 흐름을 가능하게 한다.

3) 치매환자 맞춤형 사례관리

치매환자는 병의 진행 단계, 동반 질환, 가족의 돌봄 역량, 생활환경 등에 따라 돌봄 요구가 매우 다양하다. 이에 따라 치매안심센터는 등록된 환자 개개인의 특성과 욕구에 맞는 맞춤형 사례관리(Case Management)를 수행한다. 이는 단발성 서비스가 아니라, 환자의 상태에 따라 지속적으로 조정되고 연계되는 돌봄 지원 체계를 말한다.

(1) 사례관리의 목적
① 치매환자의 기능 저하 속도를 늦추고 일상생활을 최대한 유지하도록 돕는다.
② 보호자의 부담을 경감시키고 돌봄지속성을 높인다.

③ 보건·복지·요양·주거 등 지역 내 자원을 통합적으로 연계한다.

사례관리는 단순한 복지 연계가 아니라, 환자의 삶의 질과 가족의 생활 안정이라는 돌봄 생태계의 유지전략이다.

(2) 사례관리 대상자 선정

치매안심센터는 다음 기준에 따라 사례관리 대상자를 선별한다.

① 의료적 위험이 높은 치매환자 (중증도 이상, 행동심리증상 동반 등)
② 복합적 돌봄 욕구가 있는 대상자 (독거노인, 인지기능 저하 + 사회적 고립)
③ 장기요양등급 미신청자 또는 등급외자
④ 치매가족의 돌봄부담도가 높은 경우

이와 같은 기준은 「치매사례관리 지침」(보건복지부)에 따라 정기적으로 점검되고 있다.

(3) 사례관리 절차

사례관리는 아래와 같은 5단계 과정을 따른다.

① 초기사정: 인지기능, 건강상태, 일상생활능력, 가족돌봄여건 등 종합평가
② 서비스 계획 수립: 대상자의 우선욕구를 중심으로 개별 사례관리 계획 수립
③ 자원 연계: 치매쉼터, 예방교실, 물품지원, 병원, 복지기관 등과 연결
④ 모니터링: 방문·전화 등을 통한 정기적 상태 확인 및 서비스 조정
⑤ 종결 또는 재사정: 상태 호전·악화 여부에 따라 관리 지속 여부 결정

사례관리 주기는 환자 특성에 따라 월 1회~분기 1회 이상 진행되며, 필요시 즉시 재개입한다.

■ 예시

김 씨(83세)는 경증 치매 진단을 받았으나 장기요양등급을 받지 못한 상태이며, 홀로 생활 중 낙상과 약물복용 누락이 반복되었다. 치매안심센터는 사례관리 대상으로 등록 후, 약 복약지도, 지역 복지관 식사배달 서비스 연계, 쉼터 프로그램 참여 유도 등 맞춤형 서비스를 시행하였다. 이를 통해 김 씨는 다시 안전하게 혼자 생활을 유지할 수 있었고, 이웃의 주기적 관찰 체계도 함께 마련되었다.

(4) 사례회의와 슈퍼비전

① 사례회의(Case Conference): 다학제 전문가(치매전문요원, 간호사, 사회복지사 등)가 참여하여 복잡한 사례에 대해 해결방안을 논의함.
② 슈퍼비전(Supervision): 광역치매센터 또는 중앙치매센터로부터 실무자에 대한 역량강화 및 기술적 지원이 이루어짐.

이는 사례관리의 전문성과 지속성을 담보하는 중요한 제도적 장치이다.

■ 정리

치매안심센터의 맞춤형 사례관리는 치매환자의 상태 변화에 능동적으로 대응하고, 필요한 자원을 적시에 제공함으로써 환자의 지역사회 내 자립생활을 지원하는 핵심 기능이다. 특히 단순한 서비스 연계를 넘어, 전문적 돌봄 코디네이터(Care Coordinator)로서의 역할을 수행한다는 점에서 그 중요성이 크다.

4) 치매예방관리

치매는 완치가 어려운 퇴행성 질환이지만, 위험요인 관리와 인지자극 활동을 통해 발병 시기를 늦추거나 진행을 완화할 수 있다. 이에 따라 치매안심센터는 예방 중심의 적극적 개입을 통해 치매 고위험군 및 일반 노인을 대상으로 다양한 예방관리 프로그램을 운영하고 있다.

치매예방관리는 크게 인지기능 유지·강화, 생활습관 개선, 사회적 교류 증진을 목표로 하며, 대상자의 상태에 따라 1차 예방(정상 노인), 2차 예방(경도인지장애), 3차 예방(경증 치매환자)으로 구분하여 단계별 서비스를 제공한다.

(1) 치매예방 프로그램의 구성

치매안심센터의 치매예방 프로그램은 주로 다음 세 가지 유형으로 구성된다.

[표11-4] 치매예방 프로그램 유형

유형	주요 프로그램	대상자 특성
인지강화교실	인지훈련 워크북, 인지자극 활동, 그룹놀이 등	경도인지장애 또는 치매 고위험군
기억키움교실	건강정보 교육, 운동요법, 생활습관 코칭 등	정상군 또는 초기 기억저하 호소자
두근두근 뇌운동	신문 스크랩, 기억력 훈련, 계산력·주의력 과제	모든 노인 가능 / 자가 실천형

이러한 프로그램은 대면 교실, 가정방문, 비대면 키트 제공 등 다양한 방식으로 운영된다.

(2) 두근두근 뇌운동의 활용[7]

중앙치매센터가 개발한 「두근두근 뇌운동」은 일상적인 인지훈련을 통해 두뇌 활동을 자극하고, 신문·운세·방송편성표 등 익숙한 매체를 활용하여 재미있고 꾸준한 훈련을 유도하는 프로그램이다.

① 문항
- 날짜 계산기, 기사 제목 기억하기
- 삼행시 짓기

- 퍼즐 스크랩, 기호 바꿔쓰기
- 초성 이어쓰기, 손가락 낭독회

② 훈련영역: 지남력, 기억력, 언어능력, 작업기억, 소근육협응 등

이 프로그램은 하루 30분씩 자가훈련이 가능하며, 인지기능 유지뿐만 아니라 정서적 활력 증진에도 효과적이다.

(3) 치매예방운동의 적용

운동은 치매 예방에서 매우 중요한 요소로, 치매안심센터는 다음과 같은 활동을 함께 지도한다.

① 치매예방 체조: 손 운동, 팔 운동, 온몸 자극, 호흡 운동 등
② 신체균형 운동: 낙상 방지와 근력 유지를 위한 근지구력 강화
③ 인지-신체 통합 운동: 음악과 리듬, 기억력 과제를 통합한 활동

이는 신체적 자극을 통해 혈류량 증가, 뇌 자극, 사회적 상호작용 증진 등의 효과를 제공한다.

(4) 비대면 치매예방관리

코로나19 이후 비대면 치매예방활동이 강화되었다. 치매안심센터는 예방키트 배포, 전화 인지훈련, 온라인 교육 영상 제공 등을 통해 거동이 불편하거나 감염 우려가 있는 노인도 예방관리에서 소외되지 않도록 노력하고 있다.

예시 | 예방법 영상 CD · USB 제공, 문자 기반 인지퀴즈 제공, AI 음성로봇을 통한 퀴즈 응답 시스템 등

(5) 실천과 연계의 강조

치매예방 프로그램은 단발성 교육이 아닌 생활습관의 개선으로 이어지는 실천형 프로그램을 목표로 한다. 센터는 대상자가 훈련을 지속하고 결과를 점검할 수 있도록 다

음과 같은 관리 방식도 병행한다.
- 인지기능 사전·사후평가 (MMSE, KDSQ-C 등)
- 주간 목표 설정 및 실천 체크리스트
- 가족 및 이웃과의 연계 활동 유도

■ 정리

치매예방관리는 단지 치매를 '막는' 행위를 넘어서, 노인의 삶에 활력을 더하고 지역사회와의 연결을 촉진하는 적극적 돌봄 전략이다. 치매안심센터는 과학적 근거 기반 프로그램과 지역 자원을 활용하여, 모든 노인이 가능한 한 오랫동안 건강한 인지기능을 유지할 수 있도록 지원하고 있다.

5) 치매환자쉼터

치매환자쉼터는 치매안심센터 내에 설치된 공간으로, 경증 치매환자가 지역사회에서 가능한 오래 독립적으로 생활할 수 있도록 인지기능 유지와 사회적 상호작용을 지원하는 낮시간 돌봄시설이다. 동시에 가족의 돌봄부담을 완화하여 돌봄 지속 가능성을 높이는 역할도 함께 수행한다.

쉼터는 단기적인 보호 장소가 아니라, 치매환자의 일상생활 수행능력을 강화하고, 퇴행 속도를 늦추기 위한 인지중재 기반의 프로그램 공간이다. 치매안심센터 사업 중에서도 대상자와 가족의 만족도가 높은 핵심 서비스 중 하나로 평가받는다.

(1) 설치 및 운영 기준
① 설치 장소: 전국 시군구 치매안심센터 내 공간 또는 인근 분소
② 대상자: 주로 경증 치매환자 또는 경도인지장애(MCI) 대상자
③ 운영 시간: 주중 주간 운영(일 24시간, 주 23회 기준)
④ 참여 조건: 등록 대상자 중 사례회의를 통해 참여 적합 판정자

쉼터는 운영 전 반드시 안전관리계획 수립, 공간 확보, 전담인력 배치 등을 갖추어야 하며, 지역 보건소나 자치단체의 감독 하에 운영된다.

(2) 주요 프로그램 구성

쉼터에서는 전문 인력(치매전문요원, 간호사, 작업치료사 등)이 다음과 같은 인지·신체·정서 프로그램을 제공한다.

① 인지자극: 퍼즐 맞추기, 회상놀이, 숫자·언어 퀴즈, 신문 읽기 등
② 신체활동: 치매예방체조, 실내 걷기, 소도구 운동, 균형 훈련
③ 정서지원: 음악 감상, 미술치료, 반려식물 가꾸기, 사진 앨범 만들기
④ 사회적 교류: 생일잔치, 명절 행사, 공동 식사, 조별 과제 수행

모든 활동은 대상자의 기능 수준에 맞게 개별화되어 제공되며, 평가 도구(MMSE, GDS 등)를 통해 정기적으로 효과를 점검한다.

(3) 가족지원 연계

쉼터는 단지 환자 돌봄에만 그치지 않고, 가족의 정서적 소진과 부양 스트레스를 완화하는 기능도 수행한다. 보호자가 환자를 맡기는 동안 휴식·외출·자가치료 등의 시간을 확보할 수 있으며, 다음과 같은 연계 프로그램도 병행된다.

- 가족상담 및 힐링 프로그램
- 보호자 교육(치매이해, 응급대처법 등)
- 자조모임 연계(쉼터 이용가족 간 네트워크)

■ 예시

이 씨(78세)는 경도 치매 진단을 받고도 대부분의 시간을 집에서 TV를 보며 지냈다. 가족은 외부 활동을 권유했지만 거부감이 커졌고, 점차 사회적 위축과 우울감이 심해졌다. 치매안심센터의 쉼터 프로그램에 참여하면서 이 씨는 인지퀴즈와 체조에 흥미를 느끼고, 함께 활동하는 또래 친구들과 정서적으로 연결되었다. 보호자는 "매일 웃고 돌아오는 아버지를 보며 안심하게 되었다"고 소감을 밝혔다.

(4) 기대 효과
① 경증 치매환자의 인지기능 유지 및 퇴행 속도 완화
② 일상생활능력 유지와 정서적 안정 증진
③ 가족돌봄자의 휴식 확보 및 부양 지속력 향상
④ 사회적 고립 예방 및 지역 내 통합돌봄 실현

> ■ 정리
>
> 치매환자쉼터는 치매안심센터가 수행하는 돌봄 서비스 중 인지중재와 사회참여를 통해 환자의 존엄을 실현하는 핵심 거점이다. 치매를 진단받은 이후 병리적 관리에만 의존하는 것이 아니라, '함께 살아가는 치매 친화적 지역사회'를 구현하기 위한 실질적 실천 공간이라는 점에서 그 의의가 크다.

6) 배회가능 어르신 인식표 보급사업

치매환자는 질병의 특성상 지남력 저하(시간, 장소, 사람 구분의 어려움)로 인해 실종 위험이 높다. 특히 혼자 외출하거나 길을 잃는 배회 증상은 치매환자 안전과 생명에 직접적인 위협이 되며, 가족에게는 큰 심리적·정서적 부담을 안긴다. 이에 따라 보건복지부는 치매국가책임제의 일환으로 '배회가능 어르신 인식표 보급사업'을 전국적으로 시행하고 있다.

이 사업은 치매환자의 신속한 발견과 귀가를 돕기 위한 신원확인 장치(인식표, 팔찌, 목걸이, 신발 부착형 태그 등)를 무료로 제공하여 실종 예방 및 조기 발견 체계를 구축하는 것을 목표로 한다.

(1) 사업 목적
① 배회 위험이 있는 치매노인의 실종을 예방하고, 발생 시 조기 발견 및 귀가를 지원한다.
② 치매가족의 불안을 해소하고 돌봄 부담을 경감한다.

③ 경찰, 지자체, 이웃 등과 연계한 지역사회 안전망을 강화한다.

(2) 보급 대상자

① 치매안심센터에 등록된 치매 진단자 또는 인지저하자 중 실종 경험이 있거나, 배회 가능성이 높다고 판단되는 대상자
② 보호자의 동의를 받은 대상자

※ 인식표에는 개인정보를 직접 노출하지 않고, 고유 등록번호를 통해 경찰 등 유관기관이 조회하는 방식으로 개인정보를 보호한다.

(3) 신청 절차

① 신청기관: 관할 치매안심센터
② 신청방법: 방문 또는 전화 후 서면동의 제출
③ 준비서류: 치매 진단 확인서, 보호자 신분증 등
④ 제공방식: 현장 수령 또는 우편 발송 (지역별 상이)

※ 제공 후 착용 여부, 실종 경험 여부 등은 사례관리 과정에서 지속적으로 모니터링된다.

(4) 인식표의 종류 및 특징

모든 인식표는 고유 등록번호를 기반으로 치매안심센터의 등록DB 및 경찰청 실종노인 정보시스템과 연동되어 있다.

[표11-5] 인식표 종류

구분	종류	특징
팔찌형	실리콘 또는 천 재질 팔찌	착용간편, 시계형 디자인도 존재
목걸이형	플라스틱 태그 목걸이	탈부착 용이, 의류 아래 숨길 수 있음
신발부착형	RFID 태그 부착형 스티커	눈에 잘 띄지 않아 거부감 적음
의류부착형	QR코드 인쇄형 천 스티커	겉옷 안쪽에 부착하여 외부노출 없음

(5) 연계 체계와 조기 대응 시스템

보건복지부는 경찰청, 소방청, 지자체, 민간기업 등과 협력하여 실종노인 조기 발견 체계를 강화하고 있다. 주요 연계 체계는 다음과 같다.

① 경찰청에 사전 지문·사진을 등록해 실종 시 신속하게 검색할 수 있도록 한다.
② 지방자치단체와의 협력을 통하여 지역방송, 마을방송, 전광판 등을 활용한 실시간 실종 정보 알림체계를 갖춘다.
③ GPS 기반 배회감지 기기(예: 배회감지기, 스마트워치)와 연계를 가능하게 한다.

> ■ 예시
>
> 박 씨(82세)는 알츠하이머병 진단을 받고 혼자 외출 중 실종된 적이 있었다. 이후 치매 안심센터의 인식표 보급사업을 통해 신발부착형 인식표를 제공받았고, 다시 길을 잃은 상황에서도 지나가던 주민의 신고로 경찰이 고유번호를 조회하여 2시간 내 귀가에 성공할 수 있었다. 가족은 "예전에는 불안해서 외출을 못 시켰지만, 지금은 안심하고 동네 산책도 함께 나간다"고 전했다.

(6) 기대효과

치매환자의 생명과 안전을 보호하고, 가족의 불안을 경감시키며, 지역사회 전체의 치매 대응 역량을 강화하는 정책적 효과를 기대할 수 있다.

① 치매환자의 생명 보호와 안전한 귀가 실현
② 가족 및 보호자의 돌봄 부담 경감
③ 실종 예방을 통한 사회적 비용 절감
④ 치매친화적 지역사회 인프라 조성
⑤ 공공기관과 지역사회 간 협력체계 강화

■ 정리

배회가능 어르신 인식표 보급사업은 단순한 물품 제공이 아니라, 실종 예방을 위한 지역사회 전체의 협력체계를 구축하는 안전복지 서비스이다. 치매환자의 '자유로운 외출'과 '안전한 귀가'를 동시에 보장함으로써, 돌봄의 질과 삶의 존엄을 지키는 중요한 사회적 장치로 기능하고 있다.

7) 치매치료관리비 지원

치매는 장기적인 약물치료와 지속적인 관리가 필요한 질환으로, 진단 초기부터 꾸준한 외래 진료 및 약물 복용이 이루어져야 한다. 그러나 일부 취약계층은 경제적 부담으로 인해 적절한 치료를 받지 못하거나, 치료를 중단하는 사례도 발생한다. 이에 따라 정부는 치매 초기환자에게 치료비 일부를 지원함으로써 조기치료를 장려하고, 병의 진행을 늦추기 위한 '치매치료관리비 지원사업'을 시행하고 있다.

이 사업은 치매국가책임제의 핵심 제도 중 하나로, 치매 치료의 접근성을 높이고 지역사회 기반의 자립생활을 도모하기 위한 정책적 수단이다.

(1) 지원 대상

치매치료관리비 지원은 다음 요건을 모두 충족한 사람을 대상으로 한다.
- 만 60세 이상
- 전문의로부터 치매 진단을 받은 자 (상병코드 F00~F03, G30 등)
- 건강보험료 기준 중위소득 120% 이하 가구의 수급자
- 치매안심센터에 등록된 대상자

※ 기초생활수급자 또는 차상위계층, 장기요양 미등급자 우선 지원

(2) 지원 내용 및 범위

① 치매치료에 필요한 약제비 및 진료비를 연 최대 15만 원 한도로 지원

② 지원 항목
- 항정신병 약물, 인지기능 개선제 등 치매 관련 약제
- 외래 진료비 및 처방전 발급비 등

③ 의료급여 수급자의 경우 전액 지원, 그 외 일반 대상자는 본인부담금 일부만 지원

※ 약제는 보건복지부가 고시한 치매치료 인정 약제에 한해 적용됨

(3) 신청 및 절차

① 신청기관: 주소지 관할 치매안심센터
② 신청권자: 본인, 가족, 보호자 또는 담당 의료진
③ 신청방법: 방문 또는 우편 접수 (일부 지자체는 온라인 가능)
④ 제출서류: 진단서, 소득확인서류, 약제비 영수증 등

센터는 제출서류를 검토 후 대상자 적합 여부를 판정하고, 분기별 또는 연 단위 정산 방식으로 지원금을 지급하거나 약국·병원에 직접 지급하는 방식으로 운영한다.

■ 예시

정 씨(75세)는 경증 알츠하이머 진단을 받고 병원 처방을 받았으나, 매달 약제비 부담으로 약 복용을 중단하고 있었다. 치매안심센터를 통해 치료관리비 지원을 신청한 후, 월 1~2만 원 내외의 부담으로 약 복용을 재개하게 되었고, 보호자는 "환자의 상태가 다시 안정되며, 가족 모두 안심하게 되었다"고 말했다.

(4) 기대 효과
- 치매 조기진단 후 치료 연속성 확보
- 의료비 부담 경감으로 가족의 경제적 스트레스 완화
- 저소득·취약계층의 치료 공백 방지
- 장기요양 진입 전 단계에서의 지역사회 자립생활 유지

> ■ 정리
>
> 치매치료관리비 지원사업은 경제적 이유로 적절한 치료를 받지 못하는 치매환자에게 실질적인 의료 접근권을 보장함으로써, 치매의 조기 개입과 관리체계를 강화하는 핵심적 수단이다. 또한 치매안심센터가 환자의 의료 및 사례관리 정보를 통합적으로 파악하고 지원함으로써, 의료-복지-돌봄의 연계 기반을 강화하는 정책적 허브로 기능하고 있다.

8) 조호물품 지원

치매환자는 인지기능 저하와 함께 배뇨·배변 조절능력 상실, 위생관리 어려움, 수면장애, 불안정한 행동특성 등을 동반하는 경우가 많다. 이러한 특성은 일상생활의 질 저하뿐만 아니라, 돌봄을 제공하는 가족에게도 심각한 신체적·정서적 부담을 유발한다. 이에 따라 치매안심센터는 환자의 일상생활을 보조하고, 가족의 돌봄 부담을 완화하기 위한 '조호물품 지원사업'을 시행하고 있다.

'조호'란 일상생활을 유지하기 위한 보조적 돌봄을 뜻하며, 조호물품은 치매환자의 안전·위생·자립생활에 도움이 되는 각종 보조용품을 포함한다.

(1) 사업 목적
① 치매환자의 위생관리와 자립생활을 지원한다.
② 보호자의 돌봄부담을 경감하고, 감염·피로 등 2차 피해를 예방한다.
③ 치매환자의 지역사회 내 안정적 거주를 유도하고 장기요양 진입을 지연시킨다.

(2) 지원 대상
치매안심센터에 등록된 치매 진단자 또는 인지저하자 중
- 조호욕구가 있는 자 (배설 문제, 기동력 저하 등)
- 가족의 돌봄 여건이 열악하거나, 혼자 생활하는 경우
- 기초생활수급자, 차상위계층, 중위소득 120% 이하 가구 우선

(3) 지원 물품의 종류

치매안심센터는 대상자의 상태에 따라 맞춤형으로 조호물품을 구성하여 주기적으로 지원한다. 주요 품목은 다음과 같다.

[표11-6] 조호물품 종류

구분	품목 예시	용도
위생용품	성인용 기저귀, 물티슈, 방수시트	배설관리, 피부 보호
안전용품	미끄럼 방지매트, 침대난간, 야광표시 등	낙상예방, 안전 보행
생활용품	식사보조도구, 고무장갑, 앞치마 등	식사 · 위생 보조
수면용품	방수이불, 방한조끼, 진정용 담요	수면안정, 체온유지

※ 일부 센터는 계절별 물품(여름용 쿨매트, 겨울용 난방패드)이나 지역 특화 물품(온열방석 등)도 제공함.

(4) 신청 절차 및 제공 방식

① 신청기관: 관할 치매안심센터
② 신청자: 본인, 가족, 돌봄제공자, 사례관리자
③ 절차: 대상자 사정 → 적격여부 판정 → 물품 배부
④ 제공 방식: 정기 배송(분기/반기), 지점 수령, 방문 제공 등
⑤ 모니터링: 사용 실태 확인 및 물품 재조정 (사례관리 포함)

※ 신청 후에는 반드시 인정서 또는 동의서 제출이 필요하며, 지역에 따라 제공 시기와 품목 구성이 다를 수 있다.

■ 예시

김 씨(80세)는 중등도 치매로 실내 배회와 요실금 증상을 보이며 가족의 돌봄이 어려운 상황이었다. 치매안심센터에서 성인기저귀, 미끄럼방지매트, 방수패드 등을 지원받고, 보호자는 "가장 부담되던 위생관리 부분이 크게 개선되어 간병 피로가 줄었다"고 소감을 밝혔다.

(5) 기대 효과
- 청결 유지 및 감염 예방으로 환자의 건강상태 안정
- 돌봄제공자 부양부담 감소 및 신체적 소진 예방
- 장기요양시설 입소 지연 및 지역사회 내 생활 유지 연장
- 예방적 관점의 비용 절감 효과 (요양 · 의료비 지출 완화)

■ 정리

조호물품 지원은 치매환자의 기본 생활을 유지할 수 있도록 도우며, 보호자의 일상 돌봄 부담을 실질적으로 경감시키는 생활 밀착형 서비스이다. 치매안심센터는 단순한 물품 제공에 그치지 않고, 대상자의 변화에 따라 맞춤형으로 물품을 조정하고 돌봄환경을 개선해 나가는 통합적 사례관리 체계를 함께 운영하고 있다.

9) 가족지원 프로그램

치매는 환자 개인만의 질병이 아니라, 가족 전체의 삶의 양식에 중대한 영향을 미치는 '가족 질환'이라 할 수 있다. 치매환자를 돌보는 가족은 신체적 · 정서적 피로뿐만 아니라, 사회적 고립, 경제적 부담, 죄책감 등 복합적인 스트레스를 겪는다. 특히 장기적인 돌봄 상황에서 가족의 소진은 돌봄 포기나 환자 방임으로 이어질 수 있어, 가족에 대한 적극적인 지원이 치매돌봄의 지속성과 질을 결정하는 핵심 요인이 된다.

이에 따라 치매안심센터는 환자 중심의 서비스 외에도 가족 중심의 통합지원 프로그램을 함께 운영하며, 치매환자 가족이 보다 건강하게 돌봄을 지속할 수 있도록 다양한 형태의 정서 · 교육 · 상담 서비스를 제공하고 있다.

(1) 가족지원 프로그램의 구성
치매안심센터의 가족지원 프로그램은 아래와 같은 세 가지 핵심축으로 구성된다.

[표11-7] 가족지원 프로그램 유형

유형	주요 내용	대상
가족교실	치매 질환 이해, 돌봄기술, 의사소통법, 복지제도 안내 등 교육 제공	치매환자 가족, 보호자
자조모임	유사한 돌봄 경험을 가진 보호자 간 정보 교환, 정서적 지지	장기 돌봄 가족, 고립감 높은 가족
가족힐링 프로그램	숲치유, 명상, 미술치료, 여행 프로그램 등 심리적 회복 지원	소진 위험군, 중증환자 가족 등

(2) 가족교실 운영 방식

가족교실은 치매에 대한 이해 부족으로 인해 생기는 불안감과 돌봄 기술 부족 문제를 해결하기 위한 정기적 교육 프로그램이다. 주요 내용은 다음과 같다.

- 치매의 종류와 증상, 경과, 약물치료 설명
- 문제행동 대처법, 응급상황 대응법
- 의사소통 기법(반복 질문, 분노, 망상 등 대응 전략)
- 노인장기요양보험, 치매치료관리비 지원 등 제도 안내

교육은 집합 교육, 소규모 워크숍, 온라인 강의 등으로 진행되며, 지역 내 요양보호사나 정신건강전문요원도 함께 참여하여 실제적인 돌봄 사례를 공유한다.

(3) 자조모임의 기능과 중요성

자조모임은 치매환자 가족이 겪는 정서적 고립감과 무력감, 부양 스트레스를 완화하기 위한 비공식 지지 네트워크이다. 주로 다음과 같은 활동을 포함한다.

- 정기적인 만남을 통한 돌봄 경험 공유
- 공감 기반의 정서적 지지

- 센터 사회복지사와의 상담 및 스트레스 해소 활동
- 법률, 금융, 요양서비스 등 실용 정보 교환

자조모임은 동일한 돌봄 환경에 처한 보호자들이 서로 힘이 되어주는 '비전문가 돌봄공동체'로 기능하며, 일부 지역에서는 보호자 커뮤니티 리더 양성 프로그램도 병행된다.

> ■ 예시
>
> 이 씨(67세)는 남편의 치매를 5년째 돌보고 있었으나, 외부활동이 거의 없어 극심한 우울감과 불면을 호소했다. 치매안심센터의 자조모임과 힐링 프로그램에 참여한 후 "나만 힘든 줄 알았는데 함께 울고 웃는 사람이 있다는 사실에 큰 위로를 받았다"며, 치매 돌봄에 대한 태도와 마음가짐이 긍정적으로 바뀌었다고 말했다.

(4) 가족 힐링 프로그램

장기 돌봄에 따른 신체적 피로와 심리적 소진을 예방하고 치유하기 위해 감정 회복 중심의 체험형 프로그램도 제공된다.

- 숲 치유 워크숍, 요가·명상 체험
- 원예·미술치료, 시·노래쓰기
- 가족동반 여행, 캠프형 쉼 프로그램
- 영화 감상, 치유 공감 강연회

이러한 활동은 단순한 휴식이 아니라, 가족으로서의 자존감 회복과 돌봄 지속 동기를 강화하는 데 기여한다.

> ■ 정리
>
> 가족지원 프로그램은 치매돌봄의 지속 가능성과 질을 유지하는 데 있어 가장 필수적인 보호자 지원 시스템이다. 돌봄 부담을 가족 개인에게 전가하는 것이 아니라, 지역사회가 치매가족을 함께 돌보는 '공적 돌봄 생태계'의 일부로서 기능하게 하는 핵심 제도이다. 치매안심센터는 치매환자와 가족이 함께 건강하게 살아갈 수 있는 환경 조성을 위해 교육, 정서, 공동체를 통합적으로 연결해 나가고 있다.

10) 치매인식개선 사업[8]

치매는 질환 자체보다도 사회적 낙인과 편견, 정보 부족으로 인해 환자와 가족이 고립되고 어려움을 겪는 경우가 많다. 많은 이들이 치매를 단지 '노망'이나 '불치병'으로 오인하고, 치매환자를 불편한 존재로 여기기도 한다. 이러한 인식은 조기검진을 기피하거나, 돌봄을 가족에게 전가하며, 지역사회 내 배제를 유발하는 주요 원인이 된다.

이에 따라 보건복지부와 중앙치매센터는 전 국민을 대상으로 한 치매인식개선 활동을 확대하고 있으며, 각 치매안심센터는 지역사회 기반의 다채로운 인식개선 사업을 전개하고 있다. 이는 단순한 정보 제공을 넘어서, 치매에 대한 이해와 공감, 수용의 문화를 확산시키고자 하는 노력이다.

(1) 사업 목적
- 치매에 대한 부정적 인식과 사회적 낙인을 해소함
- 치매에 대한 정확한 정보와 예방 메시지를 전달함
- 지역사회 구성원 모두가 치매환자와 공존할 수 있는 환경을 조성함

(2) 주요 프로그램

치매인식개선 프로그램은 일반 시민을 포함한 전 국민을 대상으로 다양한 교육, 캠페인, 홍보 활동을 통해 치매에 대한 긍정적 인식을 확산시키는 것을 목적으로 한다.

특히 치매환자의 권리를 보호하고, 이들을 포용하는 지역사회를 조성하기 위한 공공적 노력이 포함된다.

다음의 프로그램들은 단순한 정보 제공을 넘어 시민 참여를 유도하고, 지역사회의 돌봄문화 확산을 목표로 운영되고 있다. 인식 개선은 치매 정책의 성공적인 정착을 위한 기반 조성의 핵심이라 할 수 있다.

[표11-8] 주요 프로그램 유형

구분	내용	대상
치매극복의 날 행사	매년 9월 21일 기념 캠페인, 홍보부스 운영, 시민걷기대회 등	일반시민, 학생, 돌봄 가족 등
치매파트너 교육	치매이해, 응대방법, 치매환자 공감법 등 교육 이수 후 인증	청소년, 공공기관 직원, 일반주민 등
찾아가는 치매교육	학교, 복지관, 경로당, 직장 등으로 강사 파견	지역주민, 실무자
미디어 콘텐츠 제작	영상, 카드뉴스, 웹툰, 라디오 캠페인 등 온라인 홍보	전 국민
공공장소 캠페인	지하철, 마을버스, 공공기관, 시장 등에서 포스터 및 전단 배포	지역 유동인구

(3) 치매파트너 및 치매친화적 환경 조성

치매파트너는 치매에 대한 기본 지식과 이해를 갖추고, 일상에서 치매환자를 존중하고 배려하는 시민 역할을 수행하는 지역사회 구성원을 의미한다.

① 참여 방법: 치매안심센터, 중앙치매센터 홈페이지, 단체교육 등을 통해 참여 가능
② 인증 절차: 교육 이수 후 '치매파트너 수첩' 또는 온라인 인증 수여
③ 활동 종류: 치매환자 안내 돕기, 응급상황 시 도움 요청하기, 가족 지지하기 등

또한 치매안심센터는 시장, 은행, 약국, 마트, 도서관 등 생활 밀착형 장소를 중심으로 '치매친화적 공간'을 지정하고, 종사자 대상 인식개선 교육을 실시함으로써 지역사회 전반의 수용성을 높이고 있다.

(4) 성과 및 파급 효과
- 치매파트너 누적 참여자 수 약 150만 명 이상(2024년 기준)
- 치매극복 걷기행사, 캠페인 등을 통해 치매 친화문화 확산
- 학교 · 지자체 · 기업 · 언론의 협력 확대로 사회적 담론 형성 기여
- 인식개선 사업에 참여한 시민의 치매조기검진 참여율 상승

■ 정리

치매인식개선 사업은 치매를 단지 의료적으로 다루는 것이 아니라, 전 국민이 치매에 대해 이해하고 함께 살아가는 문화와 환경을 조성하는 돌봄 민주화의 시작이다. 치매환자와 가족이 사회에서 배제되지 않고 존엄을 지키며 살아가기 위해서는, 치매에 대한 올바른 인식과 사회적 공감대가 전제되어야 하며, 그 중심에 치매안심센터의 지역사회 인식개선 활동이 자리하고 있다.

제2절 치매공공후견제도

치매는 인지기능의 저하뿐 아니라 판단력과 자기결정능력의 상실로 이어지는 질환이다. 이로 인해 치매환자는 일상생활은 물론, 재산 관리, 계약 체결, 치료 동의 등 법적 의사결정이 필요한 상황에서 자신의 권리를 제대로 행사하지 못하게 되는 경우가 많다. 이러한 상황은 치매환자 개인의 권익 침해뿐 아니라, 가족 간의 갈등, 사회적 소외, 경제적 피해 등 2차 문제로도 이어진다.

이처럼 의사결정능력이 부족한 성인을 보호하고, 사회적 · 법적으로 그들의 권익을 대리할 수 있도록 마련된 제도가 바로 '성년후견제도'이며, 특히 돌봄이 필요한 치매 노인을 대상으로 국가가 개입하여 후견인을 지정하고 지원하는 방식이 '치매공공후견제도'이다.

치매공공후견제도는 치매환자가 가족이나 법정대리인의 도움 없이도 법률 행위나 재산 관리에서 적절한 지원을 받을 수 있도록 하는 공적 돌봄 체계이며, 돌봄 사각지대에

있는 인지저하 노인을 위한 중요한 사회안전망이다. 특히 가족 부양이 어려운 독거노인, 무연고자, 장기입원자 등이 후견 지원 대상이 된다.

본 절에서는 치매공공후견제도의 개념과 도입 배경, 제도의 유형과 법적 근거를 살펴보고, 실제 운영 체계와 신청 절차, 후견인의 역할 및 활동 과정을 단계별로 이해함으로써, 치매돌봄과 법적 보호가 결합된 제도의 의미와 실천방안을 종합적으로 고찰하고자 한다.

[표11-9] 법정후견과 공공후견의 비교

구분	후견제도	
	법정후견	공공후견
대상자	장애, 노령, 그 밖의 사유로 인한 정신적 제약에 따라 사무를 처리할 능력이 결여된 자	치매진단을 받은 자 중 소득, 가족, 욕구 등에 따른 필요도 판단
서비스	피후견인에 대한 신상 및 재산보호	
	성년후견, 특정후견, 한정후견	공공후견(특정후견)
전달체계	가정(지방)법원	가정(지방)법원 치매안심센터(광역, 지자체)

1. 치매공공후견제도의 이해

1) 성년후견제도의 유형

성년후견제도는 질병, 장애, 노화 등으로 인해 판단능력이 부족한 성인의 법적 행위와 일상생활을 지원하기 위해 가정법원이 후견인을 선임하여 일정한 범위 내에서 의사결정과 재산 관리를 대리 또는 보조하도록 하는 제도이다.

우리나라에서는 2013년 「민법」 개정을 통해 도입되었으며, 치매, 발달장애, 정신장애, 뇌병변 장애, 노인성 질환 등으로 인해 판단 능력이 저하된 사람이 주요 대상이다.

성년후견제도는 후견의 범위와 대상자의 의사결정능력 수준에 따라 다음과 같이 세 가지 유형으로 나뉜다.

[표11-10] 성년후견제도의 유형

구분	성년후견	한정후견	특정후견
개시사유	정신적 제약으로 사무처리능력 지속적 결여	정신적 제약으로 사무처리 능력 부족	정신적 제약으로 일시적 후원 필요
행위능력	원칙적 행위능력 상실자	원칙적 행위능력자 (제한적 행위능력자)	행위능력자
후견인의 권한	포괄대리권, 취소권	법원이 정한 범위 내 대리권, 동의권, 취소권	법원이 정한 범위 내 대리권
비고	피후견인의 사망 또는 종료 심판까지 지속	피후견인의 사망 또는 종료 심판까지 지속	피후견인의 사망 또는 특정후견기간 (3년) 만료 시까지 지속

2) 치매공공후견제도의 목적과 필요성

치매공공후견제도는 인지능력 저하로 의사결정이 어려운 치매환자가 법적, 행정적, 생활상의 권리를 적절히 행사할 수 있도록 돕기 위해 국가와 지방자치단체가 개입하여 후견인을 지원하는 제도이다. 특히 가족이 없거나, 가족의 돌봄을 받을 수 없는 노인층을 대상으로 한 공적 보호장치로 설계되었다.

치매는 단순한 인지장애가 아니라, 판단력 저하로 인해 계약서 작성, 병원 치료 동의, 복지 서비스 신청 등 기본적인 사회생활이 불가능해지는 질환이다. 이러한 상황에서 적절한 법적 대리인이 없다면, 당사자는 권리를 행사하지 못하고 방임, 학대, 재산침해, 제도적 소외 등의 위험에 쉽게 노출된다.

(1) 제도의 목적
① 의사결정능력 저하 치매노인의 권익 보호

복지급여, 의료서비스, 재산관리 등 법적·행정적 행위에 필요한 후견인을 지원함으로써 치매환자의 사회적 배제와 차별을 예방한다.

② 가족 돌봄 사각지대 해소
무연고자, 독거노인, 가족과의 단절 등으로 보호자가 없는 치매환자에게 공공이 직접 후견인 역할을 지원하여 돌봄의 연속성을 확보한다.

③ 사법적 권리구제와 복지적 돌봄의 연계
성년후견제도의 법적 틀 속에서 복지서비스를 통합적으로 연결하고, 치매안심센터·지자체·법원이 협력하여 통합적 사례관리체계를 구축한다.

④ 사회적 책임 실현과 치매친화적 환경 조성
치매를 개인이 감당해야 할 사적 부담이 아니라, 공공이 함께 돌보는 사회적 책임의 영역으로 확장함으로써 치매친화사회 구현에 기여한다.

(2) 도입의 필요성
우리 사회는 빠르게 고령화되고 있으며, 이에 따라 치매 유병률도 꾸준히 증가하고 있다. 특히 아래와 같은 사회 변화는 치매공공후견제도의 도입 필요성을 더욱 부각시킨다.

① 1인 가구와 고령 독거노인의 급증
가족의 보호 없이 혼자 법적 결정을 내려야 하는 치매환자가 증가하고 있다.

② 치매에 대한 편견과 법률 이해 부족
많은 치매환자 또는 가족이 성년후견제도를 알지 못하거나, 복잡한 절차로 접근하지 못하고 있다.

③ 재산피해 및 복지 누락 사례 증가
치매환자가 사기를 당하거나 복지신청을 하지 못하는 사례가 지속적으로 보고되고 있다.

④ 돌봄 공백으로 인한 사회적 비용 증가

후견인을 통한 권리행사 지원은 돌봄시설 입소 지연, 불필요한 의료비 지출 감소로 이어질 수 있다.

(3) 제도의 적용 대상에 주목할 필요성

치매공공후견은 단지 재산이 없는 사람만을 위한 제도가 아니다. 오히려 소규모 재산을 보유하고 있음에도 의사결정이 어려워 재산을 잃는 치매환자, 일상생활은 가능하나 법적 절차가 필요한 중요한 상황에 놓인 노인, 복지서비스 수급을 놓치는 저소득층 노인에게 꼭 필요한 공공 지원제도이다.

> ■ 정리
>
> 치매공공후견제도는 인지능력이 저하된 노인이 사회 구성원으로서 자기결정권을 존중받으며 살아갈 수 있도록 보장하는 제도적 기반이다. 이는 단순한 법적 대리를 넘어서, 공적 돌봄과 권리 보호가 결합된 사회적 안전망의 구축을 의미하며, 치매국가책임제의 철학을 실현하는 핵심축이기도 하다.

3) 법적 근거

치매공공후견제도는 치매로 인해 의사결정능력이 저하된 노인이 적절한 보호와 지원을 받을 수 있도록 법적·제도적으로 보장하는 공공후견 체계이다. 이 제도는 민법상 성년후견제도의 틀 위에 구축되며, 공공이 개입하여 후견인 선임을 지원하고 사후 관리까지 함께 수행한다.

이러한 제도의 시행을 위해서는 치매환자에 대한 후견 지원이 법적으로 가능하도록 명시된 법률 조항과, 그 운영을 구체화하는 시행규칙 등의 근거가 필수적이다.

(1) 민법상 성년후견제도 규정[9]

치매공공후견제도는 기본적으로 「민법」 제9편 '친족' 제3장에 규정된 성년후견제도(제921조~제952조)를 근간으로 한다.

성년후견제도는 정신적 제약으로 사무처리 능력이 부족한 성인에게 후견인을 지정함으로써, 법적 대리권을 부여하고 대상자의 권익을 보호한다.

민법은 성년후견, 한정후견, 특정후견의 세 유형을 규정하고 있으며, 치매공공후견은 일반적으로 특정후견의 절차에 따라 진행된다.

(2) 「치매관리법」에 명시된 공공후견 지원 근거[10]

치매공공후견은 민법 외에도 「치매관리법」에서 공공이 후견제도를 적극적으로 활용할 수 있는 법적 기반을 마련하고 있다.

① 제12조의3(치매환자에 대한 후견 지원)

국가 및 지방자치단체는 치매환자의 권익보호를 위해 성년후견제도 이용을 지원할 수 있음을 명시하고 있음.

② 동 조항에서는 특히 인지능력이 저하된 치매환자에 대해 필요한 후견인을 발굴·선정하고, 사법절차를 지원할 수 있는 행정적 역할을 지자체가 수행할 수 있도록 규정하고 있다.

(3) 「치매관리법 시행규칙」을 통한 운영 기준

2024년 개정된 「치매관리법 시행규칙」 제18조~제20조에서는 치매공공후견제도의 실제 운영방식, 신청절차, 후견인 교육 및 활동비 지원 등 구체적인 시행 기준을 명확히 규정하고 있다.

① 제18조(후견 지원 신청 등)

후견 지원 대상자 발굴, 서류 준비, 법원 제출 절차 등 행정 지원 절차 명시

② 제19조(후견인의 자격 및 교육)

공공후견인이 되기 위한 요건과 필수 교육 이수 기준 규정

③ 제20조(후견 활동 지원)

후견인의 활동비, 사례관리 협조, 감독 보고 등에 대한 내용 포함

이로써 치매공공후견제도는 단순 권고가 아닌 법적으로 구체화된 제도적 틀을 갖춘 공공정책으로 자리 잡게 되었다.

4) 치매공공후견 추진체계

치매공공후견제도는 단순히 개인이 법원에 후견을 신청하는 사적 제도와는 달리, 국가와 지방자치단체, 치매안심센터, 후견인, 법원이 유기적으로 협력하여 운영하는 공공 돌봄 기반의 제도이다.

이에 따라 이 제도의 실효성을 확보하기 위해서는 다층적 협력 구조와 역할 분담 체계가 필요하며, 이를 통해 대상자 발굴부터 후견인 선발, 활동지원, 사후 관리까지 일관적이고 체계적인 서비스 제공이 이루어진다.

[표11-11] 추진주체의 역할

추진 주체	주요 역할
보건복지부	제도 정책 수립, 법령 제·개정, 예산 편성, 중앙지침 제공
중앙치매센터	후견제도 관련 교육자료 개발, 교육기관 연계, 추진성과 모니터링
광역치매센터	시·군·구 사업 관리, 후견인 교육 실행, 사례지원 자문
기초자치단체 (시·군·구청)	후견대상자 발굴·선정, 후견인 추천, 후견심판 청구, 행정절차 수행, 후견 감독
치매안심센터	대상자 발굴, 상담·등록, 사례관리, 서류작성 지원, 후견인 연계·관리
가정법원	후견심판 접수 및 결정, 후견인 선임 및 변경, 활동 감독
공공후견인	후견 대상자의 권리 대리 및 보호, 법률·행정적 지원 수행

치매공공후견은 중앙지침에 따라 전국 공통 기준으로 운영되지만, 지역별 자원과 인력 상황에 따라 지자체가 유연하게 대응하고 자율적 모델을 설계할 수 있다.

특히 다음과 같은 지역 기반의 운영 특성이 강조된다.

- 읍면동 단위 사례회의와 공공후견 연계
- 지역 복지관, 사회복지협의회 등과 협력한 후보자 모집
- 지자체 단위 후견인 인력풀 관리 및 활동 내역 공유
- 광역센터 주관 교육과정 연계 및 품질관리

[표11-12] 치매공공후견 추진체계[11]

수행기관	수행업무	
보건복지부	사업총괄	• 사업계획 수립 및 지침 마련 • 예산 지원
시도	광역단위 사업관리	• 치매안심센터(시군구)사업관리 총괄 • 지방비 확보
시군구 (치매안심센터)	후견 대상자 발굴	• 후견대상자 발굴 선정 • 후견심판 청구 • 후견비 활동비 지급 • 후견 감독
광역지원단 (광역치매센터)	후견인 후보자 선발·관리	• 후견인 후보자 모집선발 • 치매안심센터에 후견인 후보자 추천 • 후견인 후보자 지원 및 인력풀 관리 • 후견인 후보자 및 치매안심센터 종사자 등 교육 • 후견심판청구 지원 및 법률자문(후견심판청구지원 계획 및 체계를 확립한 시도 광역지원단만 해당) ※ 전문인력(변호사, 관계전문가 등)을 두고 시군구 치매안심센터 등 관계기관과 협의하여 심판청구 지원계획을 수립한 경우에는 관할 치매안심센터의 후견심판청구 업무지원 가능. 단, 후견심판청구 진행 및 결과 등에 대해 중앙지원단에 사전 사후 보고 및 상호협의 필수
중앙지원단 (중앙치매센터)	법률자문 후견사무 지원	• 후견심판 청구지원 및 법률·자문 • 광역지원단치매안심센터 지원 및 모니터링 • 후견업무 관리·감독 지원 • 후견인 후보자 교육과정 지원

출처: 2025년 치매정책사업안내, 보건복지부

2. 치매공공후견제도의 절차

치매공공후견제도는 법원 중심의 성년후견제도와 달리, 치매안심센터와 지자체가 중심이 되어 발굴·신청·연계·감독까지 전 과정을 통합적으로 수행한다. 이 절차는 후견이 꼭 필요한 대상자에게 실질적인 지원이 이뤄질 수 있도록 설계된 것으로, 사전 조사와 판단, 법원과의 연계, 후견인의 활동관리, 종결 이후 점검까지 총 5단계로 구성된다.

1) 후견대상자 발굴 및 선정

치매공공후견제도는 의사결정능력이 저하된 치매환자 가운데 가족 등 보호자가 없거나 보호받기 어려운 취약계층에게 공적 차원에서 후견인을 지정하고 지원하는 제도이다. 따라서 제도의 첫 출발점은 바로 '적절한 대상자'를 찾아내는 발굴과 선정이다.

이는 공공후견의 실효성을 좌우하는 핵심 단계로, 대상자의 권익보호와 사회적 안전망 작동의 시발점이 된다.

(1) 대상자 발굴 경로

후견 대상자는 주로 지역 내 다양한 복지서비스 접점에서 발견되며, 아래와 같은 경로를 통해 치매안심센터 또는 지자체로 연계된다.

① 치매안심센터의 사례관리 과정 (치매환자 등록관리 중 발견)
② 보건소 방문건강관리팀, 노인맞춤돌봄서비스 제공인력
③ 주민센터(읍면동)의 복지담당자 또는 통합사례관리사
④ 장기요양기관, 요양병원, 정신건강복지센터 등 지역 유관기관
⑤ 지역주민, 통장, 이웃, 종교기관 등의 제보 및 상담 연계

※ 발굴된 대상자는 사전 동의 절차를 거쳐 등록되며, 필요시 가족 또는 보호자 면담

이 병행된다.

[표11-13] 치매공공후견제도의 절차[12]

수행업무	수행주체	세부내용
후견대상자 선정	시군구 (치매안심센터)	• 후견대상자 발굴 • 후견지원회의를 통해 최종 대상자 선정 • 광역지원단에 후견인후보자 추천 요청
후견인후보자 추천	광역지원단 (광역치매센터)	• 후견인후보자 모집 선발·관리 • 후보자 추천요청접수 후 2주 내 후보추천(2배수 이상 추천 원칙)
후견심판 청구	시군구 / 중앙 광역지원단	• 후견대상자-후견인후보자 최종 선정 • 후견심판 청구(중앙 또는 광역지원단 지원)
후견감독	시군구 (치매안심센터)	• 후견인 정기보고서 검토·확인 등 후견활동에 대한 관리·감독(후견지원회의 개최) • 매년 관할 법원에 후견정기보고서 제출

※ 시군구 치매안심센터-광역지원단(광역치매센터) 간 후견인후보자 추천요청-)추천(2배수 이상 원칙)-)후견인후보자 선정결과 회신 등의 업무는 공문처리 원칙

(2) 후견지원 대상자 기준

치매공공후견 대상자는 단순히 치매 진단을 받았다는 이유만으로 자동 선정되는 것이 아니라, 인지기능 저하와 더불어 돌봄 공백과 권리보호가 절실한 사람이 선정 기준에 부합한다.

① 의사결정능력 부족: 치매로 인해 복지급여 신청, 병원진료 동의 등 법률적 행위 수행이 어려운 경우
② 보호자 부재 또는 부적절: 가족·친족이 없거나, 학대·방임 등의 위험이 있거나 돌봄

이 불가능한 상황
③ 복지적·법적 후견 필요성: 재산관리, 각종 서비스 신청, 계약 체결 등이 필요하나 스스로 수행 불가
④ 취약계층 여부: 기초생활수급자, 독거노인, 무연고자, 정신건강 문제 동반 등 복합 취약성 보유

(3) 사정 및 적격성 검토 절차

발굴된 대상자가 후견 신청에 적합한지 여부는 치매안심센터 사례회의 또는 지자체 후견심의위원회를 통해 판단한다.

① 인지기능 평가 결과(MMSE, CDR 등), 진단서, 생활환경, 복지욕구 조사 결과를 종합 분석
② 가족 유무, 후견인의 필요성, 후견 범위에 대한 전문가 의견 청취
③ 후견 필요성 판단 기준표 또는 후견지원 판정기준표에 따라 적합성 판단
※ 일부 지자체는 후견 적격 여부에 대한 1차 사정을 위한 자체 점수표를 운영하고 있음.

(4) 신청 동의 및 준비

후견을 신청하기 위해서는 법적 절차에 따라 대상자 본인의 동의 또는 이를 대신할 수 있는 정신감정 결과 및 의사소견서가 필요하다.
- 대상자의 동의가 어려운 경우, 정신건강의학과 전문의의 진단으로 후견 필요성을 대체 설명 가능
- 필요시 가정법원 면담 또는 조정절차를 통해 대상자의 의사 확인

2) 후견인 후보자 선발

치매공공후견제도에서 후견인은 치매환자의 권익을 대리하고 일상생활 속 법적·행

정적 결정을 지원하는 핵심 수행자이다. 특히 공공후견제도는 가족이나 친족이 후견을 맡는 사적 후견과 달리, 공공이 추천하고 법원이 선임한 후견인이 대상자를 보호하는 구조이기 때문에, 후견인의 선발과 교육, 자질 검증 과정이 제도의 신뢰성과 실효성을 좌우한다.

(1) 자격 요건

공공후견인은 다음의 기본 요건을 갖춘 자 중에서 지자체 또는 치매안심센터가 발굴하여 법원에 추천한다. 「민법」 제937조에서 명시하고 있는 결격사유가 없는 사람으로서 다음 중 하나 이상의 조건을 충족한 자:

- 사회복지사, 간호사, 요양보호사, 법률 또는 복지 실무 경력자
- 공익활동 경력자, 지역 돌봄활동가
- 공공후견 교육과정을 이수한 일반 시민

※ 기존 직업 종사자뿐 아니라, 관심과 책임감을 가진 시민도 일정 교육을 이수하면 공공후견인으로 활동 가능하다.

(2) 후견인 양성 교육

모든 공공후견인 후보자는 지자체 또는 광역치매센터, 중앙치매센터가 인정한 교육기관의 후견인 양성 교육을 이수해야 한다.

① 교육 내용
- 성년후견제도의 개요 및 법적 구조
- 치매에 대한 이해, 인지장애 특성과 돌봄 기술
- 후견인의 역할, 사례관리, 윤리 및 비밀유지
- 활동보고서 작성법, 법원과의 협력절차

② 교육 시간: 총 16시간 이상

③ 교육 방식: 집합교육, 실습, 온라인 콘텐츠 병행

④ 보수 교육: 활동 중 연 1회 이상 사후교육(슈퍼비전 포함) 권장

3) 후견심판청구

치매공공후견제도는 공공이 주도하여 발굴한 대상자에게 후견인을 연계하고 활동을 지원하지만, 법적으로 후견인의 권한이 인정되기 위해서는 반드시 가정법원의 후견심판 절차를 거쳐야 한다.

후견심판청구는 치매환자의 법적 권익보호를 위한 핵심 법적 절차로, 공공후견제도에서 사법적 정당성을 부여하는 관문이라 할 수 있다.

(1) 심판청구의 주체

공공후견의 경우, 민간이 아니라 기초지방자치단체장(시·군·구청장)이 심판청구를 대행한다. 보통 치매안심센터가 대상자를 발굴하고 서류 준비를 지원하며, 지자체가 청구 당사자가 된다.

① 청구자: 시장·군수·구청장
② 협조기관: 치매안심센터, 광역치매센터, 사례관리 기관 등

※ 민법상 후견청구 자격이 있는 가족(배우자, 직계혈족 등)도 원칙적으로 신청 가능하지만, 공공후견은 가족이 없거나 기능을 하지 못하는 경우를 전제로 한다.

(2) 후견심판청구 절차
① 후견대상자 선정 및 동의: 대상자의 의사 확인 또는 정신감정 등을 통해 후견 필요성 판단
② 후견인 후보자 선정 및 추천서 작성: 공공후견인 교육 이수자 중 적격자 추천
③ 청구서류 작성 및 제출: 관할 가정법원에 심판청구서 접수
④ 법원 심문 또는 사실조사: 필요시 대상자 면담, 병원 소견 검토
⑤ 후견개시 심판 결정: 심판 결과에 따라 후견개시 및 후견등기 등록

(3) 제출 서류 목록
① 후견심판청구서: 지자체 명의로 작성한 청구 공식 문서

② 진단서 및 의사소견서: 정신건강의학과 또는 신경과 전문의 발급
③ 후견인 추천서: 공공후견인 후보자 소개, 자격 및 교육 이수내용 포함
④ 가족관계등록부: 가족 유무 및 법정 후견청구권자 확인용
⑤ 후견동의서 또는 감정서: 대상자의 의사 확인 불가능 시 전문의 감정서 제출

※ 일부 지자체는 후견동의와 사전사정을 위한 표준화된 내부 서식을 운영한다.

(4) 후견심판 유형과 결정 방식

공공후견은 대부분 특정후견 형태로 이루어지며, 법원은 신청된 후견 범위를 심사하여 후견 개시 범위, 후견인의 권한, 후견기간(최대 3년) 등을 명시한다.

① 특정후견: 특정 행위(예: 수급 신청, 재산 관리 등)에 한정된 후견
② 기간설정: 일반적으로 1~3년으로 설정되며, 종료 시 연장 신청 가능
③ 후견등기: 법원의 결정은 등기소에 등록되어 공식 효력을 갖는다

(5) 심판 후 절차 연계
① 심판 결정이 내려지면, 지자체는 후견인에게 임명 통지 및 활동 개시 안내를 제공한다.
② 치매안심센터는 대상자를 중심으로 사례관리 계획 수립, 후견활동 모니터링 체계 구축에 착수한다.

4) 후견활동과 감독

후견심판을 통해 법원이 후견개시를 결정하면, 후견인은 법적으로 정해진 권한 범위 안에서 치매환자의 법적·행정적 권익을 대리하고 보호하는 활동을 시작하게 된다.
이 과정은 단지 서류상 권한이 부여되는 것이 아니라, 당사자의 삶에 실질적 영향을 미치는 돌봄의 실천 과정이자, 공공 책임이 개입된 민감한 역할 수행이기도 하다.
따라서 후견활동은 치매환자의 권리 보장을 위한 성실한 수행이 요구되며, 동시에 제도의 남용, 방임, 위법 행위 등을 방지하기 위한 감독 체계가 병행되어야 한다.

(1) 후견인의 주요 활동 내용

공공후견인의 활동은 법원의 심판에서 명시된 후견 권한의 범위 내에서 이루어진다.

① 법률행위 대리: 수급신청, 계약체결, 병원 동의서 서명, 보증 해지
② 행정적 업무: 각종 민원서류 작성, 금융업무 대리, 병원동행
③ 복지서비스 연계: 장기요양신청, 복지관 이용, 긴급지원제도 신청
④ 일상생활 조력: 약복용 확인, 간단한 가사지원연계, 위생환경확인
⑤ 사회적 고립 방지: 정서적 지지, 외부활동 격려, 자원봉사자 연계

(2) 활동보고 및 점검

공공후견인은 일정한 주기로 자신의 활동 내용을 문서로 작성해 법원 및 지자체에 제출해야 한다.

① 보고서 종류: 후견활동보고서 (연 1회 이상 의무), 재산 현황보고서 (필요시), 종료보고서 (후견 종료 시)
② 보고 항목: 대상자의 생활 변화, 서비스 이용 현황, 후견인이 수행한 주요 행위, 문제 발생 및 해결과정, 기타 요청사항 및 건의사항

이 보고서는 법원의 사법 감독, 지자체의 행정 점검, 치매안심센터의 사례관리 참고자료로 활용된다.

(3) 감독기관의 역할과 기능

후견인의 활동은 다음과 같은 공공기관들이 협력하여 감시하고 지원한다.

① 가정법원: 후견인 임무 수행의 적정성 판단, 필요시 해임 또는 변경 결정
② 지방자치단체(시군구): 활동비 집행, 월간 모니터링, 사후 평가, 민원 대응
③ 치매안심센터: 사례관리 병행, 현장 상황 파악, 정기적 상담 및 실태조사
④ 광역치매센터: 후견인 슈퍼비전 제공, 보고서 품질검토 및 자문
※ 일부 지역에서는 후견감독인을 별도 지정하여 법원 활동을 보조하기도 한다.

(4) 후견활동의 원칙과 윤리
① 최선의 이익 원칙: 모든 후견 행위는 대상자의 입장에서 이익이 되도록 판단해야 한다.
② 의사존중 원칙: 가능한 한 대상자의 의사와 선호를 파악하고 존중한다.
③ 비영리성 원칙: 후견인은 금전적 이득을 추구할 수 없으며, 활동비 외 보상을 요구해서는 안 된다.
④ 비밀보장 원칙: 대상자의 개인정보 및 사생활을 외부에 누설해서는 안 된다.

(5) 후견 중단 및 조정
다음과 같은 경우 후견활동은 조정되거나 종료될 수 있다.

① 후견인의 개인사정(이직, 건강 악화 등)으로 활동이 어려운 경우
② 대상자의 상태 변화(사망, 회복, 시설입소 등)
③ 법원이 부적절한 활동을 확인한 경우(의무 불이행, 권한 남용 등)

이 경우 지자체 또는 법원은 후견인 교체, 후견 재심판, 감독 강화 등의 조치를 취할 수 있다.

5) 후견 종결 및 점검

공공후견은 치매환자의 권익을 보호하고 의사결정을 지원하기 위한 제도이지만, 그 자체가 무기한 지속되는 것은 아니다. 후견의 목적이 달성되거나 종료 사유가 발생한 경우, 법적·행정적 절차에 따라 후견은 종료되며, 종료 이후의 관리와 점검은 제도의 신뢰성과 완결성을 높이기 위한 필수 과정이다.

(1) 후견 종료 사유
후견의 종료는 대상자 또는 후견인, 법원의 판단에 따라 발생할 수 있으며, 대표적인 사유는 다음과 같다.

① 후견 대상자의 사망: 가장 일반적인 종료 사유로, 사망 사실이 확인되면 즉시 후견 종료 처리됨.
② 후견 사유 소멸 또는 개선: 대상자의 인지기능이 회복되었거나, 후견이 더 이상 필요하지 않은 상태로 판단될 경우.
③ 후견 기간 만료: 특정후견은 원칙적으로 최대 3년 이내 기간 설정, 종료 시 연장 심판 없을 경우 자동 종료.
④ 후견인의 사임 또는 해임: 후견인의 개인 사정, 직무 태만, 권한 남용 등이 발생한 경우.
⑤ 법원의 후견 종료 결정: 후견감독 과정에서 후견의 필요성 부재가 확인될 경우 법원이 직권으로 종료 결정 가능.

(2) 후견 종료 절차

후견 종료 시에는 다음과 같은 절차가 필요하다.

① 종료 사유 발생 통보: 후견인 또는 치매안심센터, 지자체가 법원에 종료 사유를 통보함.
② 후견 종료 심판 또는 자동종료 확인: 사망 시 등본 제출, 기타 종료 사유는 법원 심사를 통해 확인
③ 최종 보고서 제출: 후견인은 활동 종료 시점까지의 최종 활동보고서를 작성하여 제출해야 하며, 주요 내용에는 수행 업무, 잔여 재산, 행정 처리 결과 등이 포함됨.
④ 후속 행정 처리 및 기록 보관: 치매안심센터와 지자체는 후견종결 사실을 내부 시스템에 기록하고, 대상자의 돌봄 연계 가능성 및 사후 서비스 여부를 검토함.

(3) 사후 점검 및 평가

공공후견 종료 이후에도 일정 기간 동안 대상자 상태 확인 또는 후견 활동 평가가 수행될 수 있으며, 이는 향후 제도 개선과 후견인 역량관리, 사례연구 등에 활용된다.

① 종료 사례 분석: 대상자 유형, 후견인의 활동 유형, 종료 사유 등을 통계화하여 제도 운용 개선에 반영
② 후견인 피드백 회의: 활동 후기, 어려웠던 점, 제도 개선 제안 등을 공유

③ 사례관리 연계 검토: 후견은 종료되었지만, 대상자가 여전히 복지·의료·돌봄이 필요한 경우, 치매안심센터 또는 지역복지기관을 통한 사례관리로 연계

(4) 후견 종료 후의 고려 사항
① 후견 종료가 대상자의 사회적 고립이나 권리 침해로 이어지지 않도록, 후속 돌봄 체계와 보호자 유무에 대한 점검이 필요하다.
② 장기요양기관 또는 요양병원 등 시설 입소 상태의 대상자는 후견 종료 후에도 기관 종사자 또는 지역사회보호체계와의 지속적 연계 유지가 바람직하다.

■ 정리

후견인의 활동은 단순한 행정 대리나 서류 절차의 수행을 넘어, 치매환자의 존엄을 지키고 삶의 질을 보장하는 공공돌봄의 실천 과정이다. 이를 위해 제도의 투명성과 지속가능성 확보를 위한 체계적 감독과 지원이 반드시 병행되어야 하며, 후견인은 자기 역할에 대한 윤리적 책임과 사명감을 갖고 대상자 중심의 활동을 수행해야 한다.

참고문헌

1. 2025년 치매정책사업안내, 보건복지부
2. 중앙치매센터 (www.nid.or.kr)
3. 「치매관리법」제1조
4. 2025년 치매정책사업안내, 보건복지부
5. 중앙치매센터 (www.nid.or.kr)
6. 2025년 치매정책사업안내, 보건복지부
7. 중앙치매센터 「두근두근 뇌운동」
8. 중앙치매센터 「헤아림」

9   민법 [법률 제20432호, 2024. 9. 20., 일부개정]

10   치매관리법(법률)(제19904호)

11   2025년 치매정책사업안내, 보건복지부

12   위의 자료

제12장

통합돌봄제도

학습목표

- 통합돌봄제도의 도입 배경과 철학을 설명할 수 있다.
- 통합돌봄의 서비스 제공 절차와 운영체계를 설명할 수 있다.
- 대상자 선정 기준과 통합지원계획 수립 절차를 이해할 수 있다.
- 통합돌봄에서 제공되는 다양한 유형과 연계자원을 파악할 수 있다.
- 통합돌봄 시범사업의 성과와 지역사례를 통해 제도의 실천적 적용을 평가할 수 있다.

1. 제도의 배경과 목적

1) 고령사회 진입과 돌봄 수요의 변화

한국 사회는 세계에서 가장 빠른 속도로 고령화가 진행되고 있다. 통계청에 따르면 2025년에는 전체 인구 중 65세 이상 인구 비율이 20%를 넘는 '초고령사회'에 진입할 것으로 전망되며, 2040년에는 그 비율이 약 33%에 이를 것으로 예측된다. 이처럼 고령 인구의 급속한 증가는 의료, 요양, 돌봄 등 다양한 복지 수요의 구조적 변화를 초래하고 있다.

노인의 건강 상태 또한 단순한 연령 증가에 그치지 않고, 만성질환, 노쇠(frailty), 인지장애, 우울, 사회적 고립 등 복합적인 문제를 동반하는 경향이 뚜렷해지고 있다. 특히 단독가구 또는 노인 부부가구의 증가와 가족 돌봄 기능의 약화는 노인들이 일상생활에서 겪는 어려움을 더욱 심화시키고 있으며, 공적 돌봄의 필요성과 수요는 지속적으로 증가하고 있다.

　기존의 돌봄서비스는 장기요양보험을 통한 신체적 기능 저하 중심의 요양서비스 제공에 집중되어 있었으나, 고령화가 심화되면서 의료적 지원, 심리·정서적 지원, 주거, 이동, 안전, 사회적 관계 등 다양한 삶의 영역에서 통합적 돌봄이 필요한 상황이 되었다.

　또한 지역사회 내에서 노인이 자신의 집 또는 익숙한 환경에서 마지막까지 살아가기를 희망하는 수요가 늘어나면서, '시설' 중심이 아닌 '지역' 중심의 돌봄이 강조되고 있다. 이는 단순한 서비스 공급을 넘어 '살던 곳에서 건강하게, 자율적으로 살아가기'를 지향하는 새로운 돌봄 패러다임의 필요성을 부각시키고 있다.

　이러한 사회적 변화 속에서 돌봄 수요는 양적으로 팽창할 뿐 아니라, 질적으로도 다양화되고 복합화되고 있다. 이에 따라 정부는 의료·요양·돌봄·주거·일상생활지원 등을 통합적으로 제공할 수 있는 제도적 틀을 모색하게 되었고, 이것이 바로 통합돌봄 제도 도입의 핵심 배경이 되었다.

2) 기존 돌봄제도의 한계와 분절 문제

　한국의 기존 돌봄제도는 보건의료·장기요양·복지·주거 등 다양한 영역에서 개별적으로 제공되어 왔다. 이들 서비스는 각각의 목적과 법적 근거에 따라 독립적으로 운영되며, 연계성과 통합성이 부족하다는 구조적 한계를 안고 있었다.

　첫째, 서비스 제공기관 간 분절이 대표적인 문제로 지적된다. 예컨대, 노인이 건강 문제로 병원에 입원한 후 퇴원하더라도, 재가복지나 요양서비스와의 연계가 부재하여 지속적인 돌봄을 받지 못하는 경우가 많았다. 병원, 요양시설, 지역복지기관 간 정보 공유와 협력 체계가 미흡하여, 서비스의 연속성과 효율성이 떨어지는 것이다.

　둘째, 이용자 중심이 아닌 행정 중심의 전달체계도 문제였다. 장기요양보험, 노인맞춤돌봄서비스, 방문건강관리서비스 등은 각각 다른 기관에서 제공되며, 이용자가 개별 서비스에 대해 스스로 신청하고 조정해야 했다. 이로 인해 돌봄이 필요한 노인이나 가족이 다양한 기관을 전전하며 중복되거나 누락된 서비스를 경험하게 되는 일이 발생하였다.

셋째, 정보 시스템의 단절로 인해 각 기관은 동일한 대상자에 대해 반복적으로 조사하고 계획을 수립해야 했다. 이로 인해 행정비용이 증가하고, 돌봄의 효과성이 저하되는 문제가 나타났다.

넷째, 지역 간 격차도 통합적 돌봄 실현에 장애가 되었다. 일부 지자체는 복지와 건강관리를 연계한 모형을 시범적으로 운영하고 있었으나, 전국적인 표준 체계가 부재하여 지역별로 서비스 접근성과 질에 큰 차이가 존재하였다.

이처럼 기존의 돌봄제도는 각 분야별 전문성과 목적을 중심으로 발전해왔으나, 복합적 욕구를 가진 고령자에게는 분절적이고 비연속적인 서비스 제공 체계라는 한계를 드러냈다. 이에 따라 '사람 중심의 통합적인 돌봄 체계'에 대한 사회적 요구가 점차 커지게 되었으며, 통합돌봄제도는 이러한 문제의식을 바탕으로 등장하게 되었다.

3) 통합돌봄의 철학

통합돌봄은 단순히 복지서비스를 나열식으로 제공하는 것이 아니라, 이용자 중심의 삶 전반을 통합적으로 지원하는 철학을 기반으로 한다. 이 철학은 세 가지 핵심 가치, 즉 사람 중심(person-centered), 지역사회 중심(community-based), 연속성 중심(continuity of care)을 기초로 삼는다.

(1) 사람 중심(Person-centered)
통합돌봄의 가장 핵심적인 철학은 '사람 중심'이다. 이는 서비스 제공이 행정 편의나 공급자 중심이 아닌, 이용자 개개인의 욕구, 선호, 삶의 방식을 존중하는 방식으로 이뤄져야 한다는 원칙을 의미한다.

노인은 단순한 '수혜자'가 아니라, 자신의 삶에 대해 의사결정할 권리와 주체성을 가진 존재로 인식되어야 한다. 따라서 돌봄 계획 수립 시 당사자의 참여가 필수적이다. 이를 위해 통합돌봄에서는 개인별 통합지원계획(케어플랜)을 수립하고, 이를 기반으로 다양한 서비스가 연계된다.

■ 사례

부천시는 주민센터 내 '통합돌봄창구'를 운영하여, 한 번의 방문으로 복지상담, 방문간호, 주거환경 개선 신청 등을 연계할 수 있도록 하였다. 이는 지역 기반의 통합 전달체계 구현의 대표 사례이다.

(2) 지역사회 중심(Community-based)

통합돌봄은 노인이 살고 있는 지역 안에서, 일상적인 공간을 유지하며 살아갈 수 있도록 돕는 것을 지향한다. 이는 돌봄 서비스를 병원, 시설 중심에서 벗어나 주거지와 생활권 중심으로 재구성하는 방향성을 의미한다.

지역사회의 인적·물적 자원을 활용하고, 지자체가 주도적으로 통합창구와 전달체계를 구축함으로써, 분절된 복지·의료·요양 자원을 한데 모아 '살던 곳에서의 삶'을 가능하게 만든다.

■ 사례

안산시의 통합돌봄 시범사업에서는 노인 당사자가 '나는 집에서 요양보다는 마을 쉼터를 자주 가고 싶다'는 의견을 반영하여 주야간보호 대신 커뮤니티센터 방문 프로그램을 주축으로 케어플랜을 조정하였다.

(3) 연속성 중심(Continuity of Care)

통합돌봄은 노인의 건강상태, 환경, 욕구 변화에 따라 시기별로 적절한 서비스가 끊김 없이 제공되는 구조를 지향한다. 예를 들어, 독거노인의 건강이 악화되어 재택진료가 필요해지는 경우, 의료기관, 요양기관, 지역사회 돌봄기관 간 정보 공유와 유기적 연계를 통해 빠르고 적절한 조치를 취할 수 있어야 한다.

이를 위해 통합돌봄은 다직종 협업체계(Multidisciplinary Team, MDT)와 통합지원정보시스템의 도입을 통해 연속적 서비스를 가능하게 한다.

> ■ 사례
>
> 사례: 창원시는 만성질환 독거노인을 대상으로, 방문건강관리-재가요양-응급대응-병원치료까지 일관된 연계시스템을 통해 입원율을 낮추고, 서비스 만족도를 높였다.

4) 제도의 도입 경과와 정책 흐름

한국의 통합돌봄제도는 급속한 고령화에 따라 분절된 복지·의료·요양체계를 통합하여, 지역사회 중심의 돌봄을 실현하고자 도입되었다. 이 제도는 단기간에 도입된 것이 아니라 다양한 정책적 실험과 법적 논의, 지자체 중심의 시범사업을 거쳐 점진적으로 구축되었다.

통합돌봄 논의는 2018년 「포용국가 사회정책 추진계획」[1]에서 본격화되었으며, 이를 계기로 '지역사회 통합돌봄(Community Care)'이 주요 복지전략으로 채택되었다. 이후 보건복지부는 「지역사회 통합돌봄 기본계획(2018~2026)」[2]을 수립하고, 2019년부터 2022년까지 전국 16개 지방자치단체를 대상으로 1단계 선도사업(시범사업)을 실시하였다. 이 선도사업을 통해 다양한 돌봄 모델이 시험되었고, 특히 안산시·부천시·대덕구 등은 지역 특성에 맞는 모델을 구축하며 긍정적인 평가를 받았다.

이후 2023년에는 「의료·돌봄 통합지원 시범사업 고시(제정안)」가 마련되며, 기존 시범사업을 '통합지원'의 방향으로 재편하고 2단계 시범사업이 시작되었다. 이 시범사업은 보다 체계적인 평가체계를 도입하고, 케어안심주택·통합창구·통합정보시스템 등 전달체계 기반을 구축하는 데 초점을 맞추었다.

이러한 흐름을 바탕으로, 2024년 3월에는 「의료·요양 등 지역 돌봄의 통합지원에 관한 법률」이 국회를 통과하여 공포되었고, 2026년 3월 27일부터 본격 시행될 예정이다. 이 법은 지역사회가 중심이 되어 개인의 욕구에 맞춘 맞춤형 통합서비스를 보건의료, 요양, 돌봄, 주거 등 다양한 영역에서 연계·제공할 수 있는 근거를 마련하였다.

이처럼 한국의 통합돌봄제도는 복지국가의 돌봄 패러다임 전환을 상징하며, 개별 서비스의 병렬 제공에서 통합적·사람 중심의 서비스 연계로 이행하는 정책 흐름을 보여준다. 향후에는 전국 확대와 제도 내실화를 통해 실질적인 삶의 질 향상이 가능한 지역돌봄 사회로 나아갈 것으로 기대된다.

5) 제도의 법적 근거와 기본 방향

통합돌봄제도는 단순한 복지서비스의 확대가 아닌, 제도적·구조적 통합을 지향하는 국가정책으로 자리 잡고 있다. 이러한 정책의 제도화를 위해 제정된 핵심 법률이 바로 「의료·요양 등 지역 돌봄의 통합지원에 관한 법률」이다. 이 법률은 2024년 3월 27일 국회를 통과하였으며, 2026년 3월 27일부터 본격 시행될 예정이다. 이 법의 제정은 그동안의 시범사업과 정책 실험을 제도화하여 전국적으로 확산하려는 첫 공식적 시도라는 점에서 큰 의의가 있다.

해당 법률은 통합돌봄을 "노쇠, 장애, 질병, 사고 등으로 일상생활 유지가 어려운 사람에게 지역사회 안에서 보건의료, 장기요양, 돌봄서비스 등을 통합하여 지원함으로써 건강하고 인간다운 삶을 누릴 수 있도록 하는 국가 및 지자체의 책임 있는 제도"로 정의하고 있다. 여기에는 노인을 비롯하여 장애인, 중증질환자, 노숙인 등 다양한 취약계층이 포함되며, 지원의 형태 또한 건강관리, 일상지원, 주거지원, 복지서비스 등 전방위적으로 설계되어 있다.

법률의 기본 방향은 다음과 같다. 첫째, 사람 중심의 접근이다. 모든 지원은 당사자의 자기결정권을 존중하며 개인의 욕구와 상황에 맞는 계획 수립이 핵심이 된다. 둘째, 지역사회 중심이다. 서비스의 전달은 시군구를 중심으로 이루어지며, 주민 가까이에서 통합적 지원이 제공되도록 구성되어 있다. 셋째, 서비스 연속성 확보이다. 의료에서 돌봄으로, 입원에서 퇴원 후 자립까지 끊김 없이 이어지는 지원체계를 구축하고자 한다.

[표12-1] 통합돌봄 개념도[3]

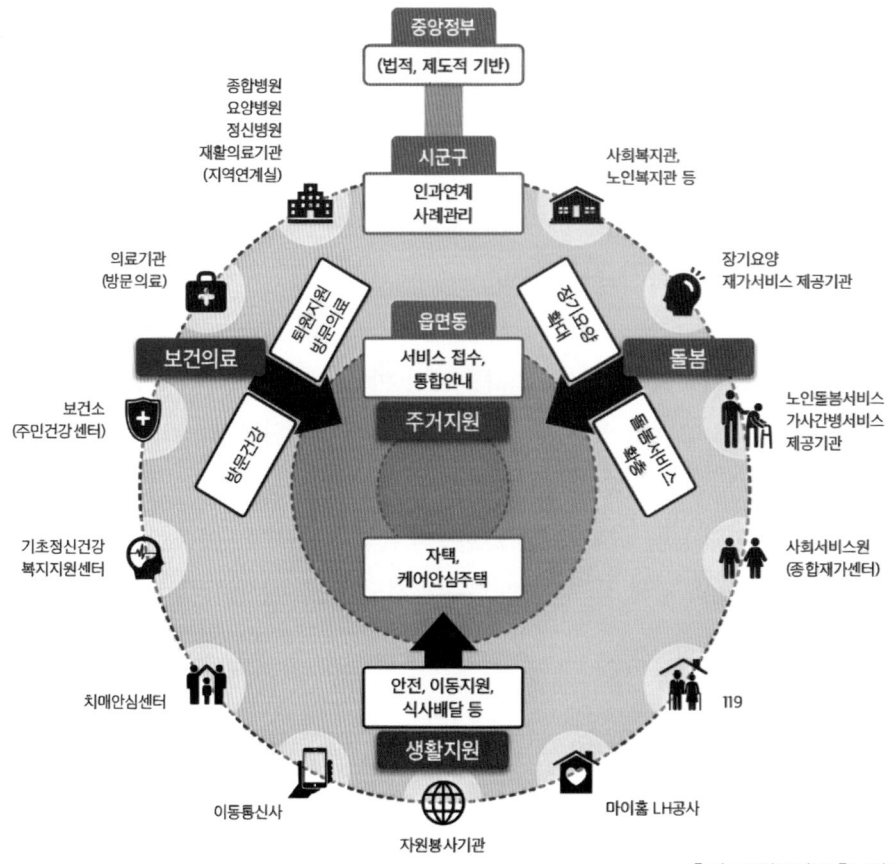

출처: 보건복지부 홍보자료

또한 본 법률은 국가가 5년마다 기본계획을 수립하고, 지방자치단체는 매년 시행계획을 수립하도록 규정하고 있다. 이를 통해 정책이 단발성에 그치지 않고 지속 가능한 행정체계로 자리 잡을 수 있도록 장치를 마련하였다. 더불어, 시군구에 통합지원센터를 설치하고, 지역사회 내 다양한 기관들이 참여하는 통합지원협의체 운영을 의무화함으로써 민관 협력 체계도 제도적으로 뒷받침하고 있다.

이처럼 통합돌봄 제도는 기존의 제도적 틀을 넘어, 새로운 돌봄 패러다임을 실현하기 위한 법적 토대를 마련하고 있으며, 고령사회에 대응하는 국가책임을 보다 구체적으로 수행하고자 하는 제도적 전환의 출발점이라 할 수 있다.

2. 서비스 제공절차 및 운영체계

1) 서비스 제공절차

[표12-2] 통합돌봄서비스 제공절차[4]

절차	내용
대상자 발굴 (개인·기관)	• 다양한 방법을 통하여 통합돌봄이 필요한 대상자 파악 및 발굴 • 읍·면·동 행정복지센터 자체발굴, 병·의원 퇴원환자, 복지관의 사례연계, 돌봄 대상자 가족 또는 지연, 건강보험공단 연계, 보건소 방문 건강관리 대상자
초기상담 (읍·면·동)	• 통합돌봄 필요도 평가조사의 실시(선별평가 및 심화평가) • 대상자 욕구상담, 통합돌봄 이용안내 및 추천서비스 등록 * 초기상담 결과 통합돌봄의 대상자가 아니면, 대상자 욕구에 적합한 사업의 적용
접수 (수행기관)	• '사회보장급여(사회서비스 이용권) 신청서' 작성하여 신청서 접수 • 신청사항은 행복e음에 입력하고 대상자로 관리
조사 (수행기관)	• 현장방문을 통해 대상자의 건강상태, 돌봄 욕구, 생활환경 등을 종합적으로 조사함. • 대상자 인적사항 및 욕구사항 조사 • '대상자 필요도 조사표' 작성과 '필요도 평가도구' 확인
지역케어회의 (수행기관)	• 조사결화를 바탕으로 지역케어회의(1~2차) 또는 시·군·구 지역케어회의(3차) 실시 • 대상자의 개인별통합돌봄계획(ISP)의 논의
대상자 확정 (시·군·구)	• 사례관리 대상의 유형을 분류함(노인, 장애인, 정신질환자 등) • 관리 유형 분류 및 대상자의 확정: 통합돌봄 대상자 또는 서비스 연계 대상자
서비스 제공 계획 (수행기관)	• 지역케어회의를 통한 개인별통합돌봄계획(ISP)의 수립 및 작성 • 대상자에게 '서비스 제공계획 및 점검표' 제공
서비스 제공 및 점검 (수행기관)	• 계획에 따른 서비스 제공 시작 • 서비스별 책임기관 지정 및 점검 병행
종결 (수행기관)	• 서비스 중간 점검 및 목표 달성 여부 검토 • 필요 시 지역케어회의를 통해 종료 결정
사후관리 (수행기관)	• 서비스 종료 후에도 정기적 모니터링과 만족도조사 실시 • 필요 시 재등록 또는 추가지원 • 대상자 의외기관 진행정보 연계

출처: 보건복지부 통합돌봄사업안내

통합돌봄서비스는 단순히 하나의 기관에서 개별적으로 제공되는 것이 아니라, 지역 내 다양한 기관들이 협력하여 하나의 통합된 흐름으로 제공되는 구조를 갖는다. 이를 위해 정해진 절차에 따라 대상자를 발굴하고, 통합적으로 계획을 수립한 후, 그에 맞는 서비스를 연계 제공하는 방식으로 운영된다.

(1) 대상자 발굴 및 의뢰
- 퇴원자 본인, 돌봄대상자 가족 및 지인, 시군구, 단체 및 유관기관 등이 발굴 의뢰
- 시군구 또는 의료기관·요양기관 등이 대상자를 의뢰함.

(2) 초기상담
- 통합돌봄 필요도 평가 조사, 대상자 욕구 파악
- 대상자 정보 확인 및 선정

(3) 접수
- 대상자 등록 및 정보 입력
- 통합돌봄 정보시스템에 입력

(4) 욕구 및 인적 정보 조사
- 현장방문을 통해 대상자의 건강상태, 돌봄 욕구, 생활환경 등을 종합적으로 조사함.

(5) 지역케어회의 개최
- 조사 결과를 바탕으로 지역케어회의(1~2차) 또는 시·군·구 지역케어회의(3차)를 통해 대상자의 확정
- 대상자 유형 분류 및 우선순위 결정

(6) 통합돌봄 제공계획 수립
- 대상자별 케어플랜 작성

- 통합돌봄 이용안내서 작성

(7) 서비스 제공 및 점검
- 계획에 따른 서비스 제공 시작
- 서비스별 책임기관 지정 및 점검 병행

(8) 중간점검 및 절차 종료
- 서비스 중간 점검 및 목표 달성 여부 검토
- 필요시 종료 결정

(9) 사후관리
- 서비스 종료 후에도 정기적 모니터링과 만족도조사 실시
- 필요시 재등록 또는 추가지원, 대상자 의뢰기관 진행정보 연계

2) 통합돌봄 운영체계

통합돌봄 운영체계는 중앙정부, 지자체, 공공기관, 민간기관이 유기적으로 협력하여 대상자 중심의 맞춤형 돌봄서비스를 통합적으로 제공하는 구조다. 특히 노인 통합돌봄의 경우, 지자체 주도하에 다양한 영역의 서비스가 지역 내에서 연계·제공되며, 이를 위한 체계적인 운영 주체별 역할 분담이 핵심이다.

(1) 보건복지부
① 제도 전반의 기획, 정책방향 설정
② 통합지원정보시스템 구축·운영
③ 법령 제정 및 시범사업 총괄 관리

[표12-3] 통합돌봄 운영체계[5]

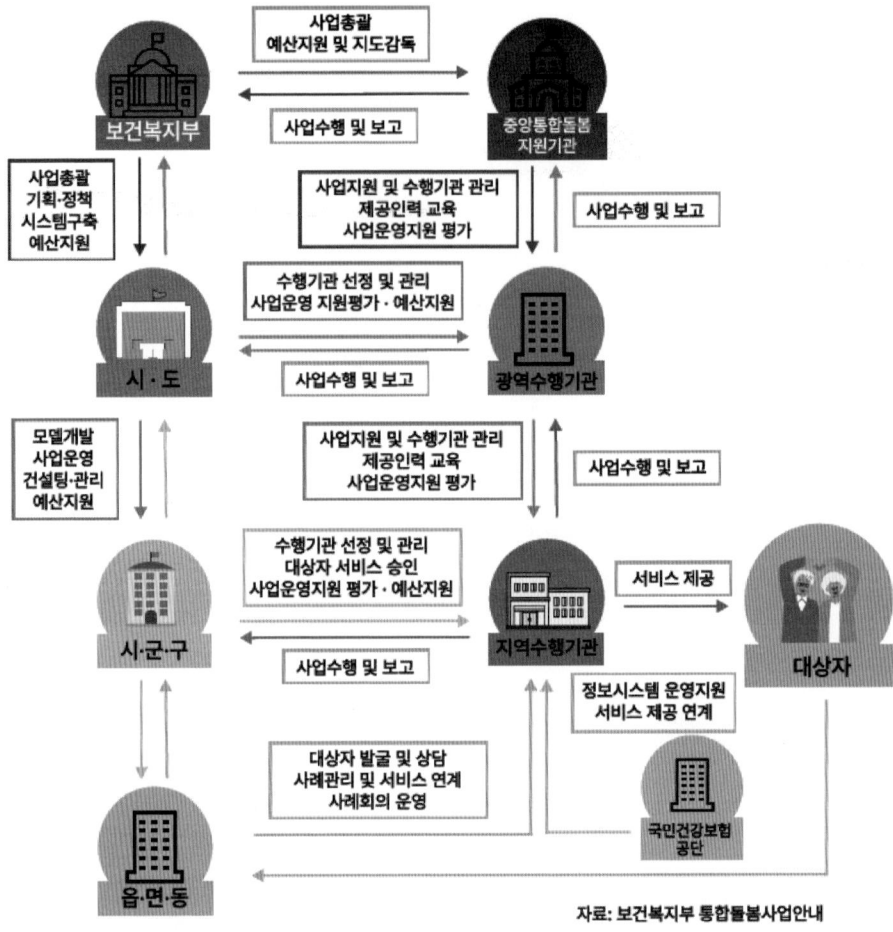

자료: 보건복지부 통합돌봄사업안내

(2) 광역자치단체(시도)

① 광역형 모델 개발 및 보급

② 시군구 컨설팅 및 성과관리

③ 추진조직 구성 및 예산 확보

(3) 기초지자체(시군구)

① 시범사업 실행계획 수립 및 관리

② 전담조직 운영(노인통합지원센터)
③ 통합지원계획 수립 및 통합회의 운영
④ 지역 민관협의체 구성 및 연계서비스 확충

(4) 읍면동(통합지원창구)
① 대상자 발굴 및 상담, 선별평가
② 사례관리 및 서비스 연계
③ 자체 사례회의 운영

(5) 국민건강보험공단
① 건강·장기요양 빅데이터 기반 대상자 발굴
② 의료·요양 서비스 제공 연계
③ 정보시스템 연동 및 운영지원

(6) 민간 서비스 제공기관
① 방문의료, 요양, 일상생활지원 등 전문서비스 제공
② 대상자 상태 모니터링 및 정보 공유

(7) 민관협의체 및 지역 전문가
① 자원 발굴 및 서비스 개선 자문
② 시범사업 자문 및 모니터링 참여

통합돌봄 운영체계의 핵심은 다직종 간의 협업, 민관의 유기적 연계, 지역 기반의 맞춤 설계, 그리고 정보시스템 기반의 통합관리에 있다.

첫째, 다직종 협업은 통합돌봄 실행의 기초가 된다. 복지직, 보건직, 간호직 등 다양한 전문직이 한 팀을 이루어, 개별 대상자의 욕구와 상황을 중심으로 통합지원계획을 수립한다. 이들은 대상자의 건강상태, 생활환경, 사회적 관계망 등을 함께 평가하고 논의함으로써 보다 통합적이고 실효성 있는 서비스를 설계할 수 있다.

둘째, 민관 연계 기반의 협력구조가 작동한다. 지자체, 국민건강보험공단, 보건소 등 공공기관과 요양기관, 병원, 민간 돌봄기관 등 민간 주체가 통합안내창구 또는 지역통합협의체를 통해 정보를 공유하고 역할을 조정한다. 이를 통해 돌봄서비스 간 중복이나 누락을 줄이고, 보다 매끄러운 서비스 연계를 실현할 수 있다.

셋째, 통합돌봄은 지역 기반 맞춤형 설계를 통해 각 지역의 자원과 특성을 반영하는 방향으로 운영된다. 각 지자체는 자치단체 차원에서 사용 가능한 복지·의료 자원을 발굴하고 이를 조정하여 해당 지역의 특수성과 주민의 욕구에 맞는 통합서비스 모델을 구축한다.

마지막으로, 정보시스템을 기반으로 한 연계 관리체계가 마련되어 있다. 통합돌봄은 통합지원정보시스템과 복지멤버십(행복e음) 등을 통해 대상자의 건강, 돌봄, 생활 관련 데이터를 통합 관리한다. 이를 통해 서비스 계획 수립에서 제공, 사후관리까지 일관된 정보 흐름을 보장하며, 데이터 기반의 돌봄 행정이 가능해진다.

이처럼 통합돌봄 운영체계는 다직종 협업, 민관 협력, 지역 맞춤형 설계, 정보 연계라는 네 가지 축을 통해 보다 체계적이고 실효성 있는 돌봄을 실현하고자 한다.

3) 통합지원창구(One-stop) 운영

통합돌봄제도는 노인 개개인의 복합적인 욕구에 대응하기 위해 통합 창구 운영과 정보시스템 연계를 핵심 기반으로 한다. 이는 읍·면·동 단위에서 접근 가능한 일원화된 창구(one-stop)를 통해 서비스 접근성을 높이고, 행정 및 서비스 정보시스템의 연동을 통해 대상자 중심의 효율적인 사례관리를 실현하는 데 목적이 있다.

(1) 통합지원창구(One-stop) 운영 방식

'통합지원창구'는 읍면동 행정복지센터에 설치되어 있으며, 다음과 같은 역할을 수행한다.

① 상담 및 신청 접수: 고령자나 보호자, 혹은 지역 내 기관의 의뢰를 통해 대상자를 발굴

하고, 신청서 접수 및 상담을 진행한다.
② 욕구 파악 및 선별평가: 복지멤버십과 연계하여 기초적인 건강상태 및 서비스 이력, 노쇠 수준 등을 평가하고, 시범사업 대상 적합성을 판단한다.
③ 정보 제공과 연계: 지자체 내 통합지원센터와 협력하여 지역 내 의료, 요양, 돌봄, 사회서비스를 연계하며, 신청 정보는 정보시스템에 등록된다.

해당 창구는 국민건강보험공단, 보건소, 치매안심센터, 노인맞춤돌봄 수행기관 등과 연계되어 운영되며, 대상자 중심의 개별지원계획을 수립하고 통합지원회의와 협업을 통해 서비스 조정·배정 및 모니터링을 수행한다.

(2) 통합지원정보시스템과 데이터 연계
효율적인 대상자 관리와 통합지원을 위해 정보시스템 기반의 연계체계도 강화되고 있다. 주요 시스템 연계 방식은 다음과 같다.

① 행복e음(복지멤버십): 신청 시 대상자의 기본 정보, 소득 수준, 기존 서비스 이용 이력을 확인하고, 서비스 자격 확인 및 중복지원을 방지함.
② 국민건강보험공단 데이터: 건강 및 요양급여 정보를 기반으로 복합욕구 고위험군을 정기적으로 추출하고, 지역 통합지원창구로 통보함.
③ 공공의료연계망(EMR): 병원·지방의료원 연합회의 전자의무기록(EMR)과 연계하여 퇴원환자 정보를 공유하고, 지역 자원과 연계하도록 설계됨

또한 퇴원 예정 환자, 장기요양 재가급여자, 등급외자(A·B), 돌봄 취약노인 등은 해당 시스템을 통해 선제적으로 발굴되며, 통합지원회의에서 그 결과를 토대로 통합지원계획이 수립된다.
이처럼 통합돌봄은 단일창구를 중심으로 한 서비스 접근성과 정보 연계 기반 사례관리 시스템을 통해, 중복·누락 없는 서비스 제공과 지속적 모니터링 체계를 갖추고 있다. 이는 향후 전국 단위의 제도화와 지속 가능한 돌봄체계 확립을 위한 중요한 기반이라 할 수 있다.

3. 대상자 자격 및 선정

1) 대상자의 정의와 조건[6]

통합돌봄제도의 대상자는 단순히 특정 연령대에 국한된 집단이 아니라,

노쇠(frailty), 장애, 질병, 사고 등으로 인해 일상생활을 독립적으로 수행하기 어려운 복합적 돌봄욕구를 지닌 사람들로 정의된다.

「의료·요양 등 지역 돌봄의 통합지원에 관한 법률」 제2조 제2호에 따르면, 대상자는 "노쇠, 장애, 질병, 사고 등으로 인하여 일상생활을 유지하는 데에 어려움이 있어 의료, 요양 및 돌봄을 통합적으로 지원할 필요가 있는 사람"으로 규정되어 있다.

즉, 나이와 무관하게 다음의 조건 중 하나 이상에 해당하면 통합돌봄의 지원 대상이 될 수 있다.

① 노쇠 상태: 노화로 인한 근감소증, 인지저하, 낙상 위험 증가 등으로 신체·인지 기능이 저하된 상태
② 장애: 일상생활에 지속적인 제한을 초래하는 신체적, 정신적 장애 또는 만성적 기능 저하
③ 질병: 암, 중풍, 치매 등으로 인해 장기적인 치료 및 요양이 필요한 경우
④ 사고: 낙상, 교통사고 등으로 인해 일시적 또는 지속적인 돌봄 지원이 필요한 상태
⑤ 복합욕구: 의료·요양·돌봄이 동시에 필요한 경우, 또는 기존 제도만으로는 지원이 충분치 않은 상태

이와 같이 대상자는 고정된 범주가 아니라 의학적 상태, 일상 기능수준, 사회적 돌봄욕구의 복합성을 기준으로 판단되며, 기존 제도(예: 장기요양보험, 기초생활보장 등)로는 충분히 대응하기 어려운 사각지대의 사람들까지 포괄하려는 정책적 의도를 담고 있다.

2) 신청 주체 및 발굴 경로

통합돌봄 대상자는 스스로 신청하거나, 가족 또는 지역사회 구성원의 의뢰를 통해 발굴될 수 있다. 이는 지역사회 내에서 돌봄이 필요한 노인을 적극적으로 찾아내어 개입할 수 있는 체계를 마련하기 위함이다.

(1) 신청 주체
통합돌봄의 신청은 아래와 같은 다양한 주체에 의해 가능하다.

① 본인 또는 가족: 돌봄이 필요한 노인이 직접 시범사업 참여를 신청하거나, 가족이 대신하여 신청할 수 있다.
② 이웃, 복지기관 관계자: 주변 이웃이나 해당 노인을 잘 알고 있는 장기요양기관, 의료기관, 노인맞춤돌봄서비스 제공기관 등의 종사자도 신청을 대리할 수 있다.
③ 읍면동 공무원: 행정복지센터(통합지원창구)의 담당 공무원이 관내 거동불편자나 복합욕구 대상자를 발굴하여 신청 절차를 안내하고 대리 신청할 수 있다.

신청 방법은 통합지원창구 방문 외에도 전화, 팩스, 우편 접수가 가능하며, 일부 지역에서는 '복지로(www.bokjiro.go.kr)'를 통한 온라인 신청도 활용된다.

(2) 대상자 발굴 경로
보다 적극적인 대상자 발굴을 위해 다음과 같은 다양한 경로가 활용된다.

① 읍면동의 자체 발굴: 행정복지센터 담당자가 정기적인 상담, 가정 방문, 지역 주민 제보 등을 통해 돌봄 필요 노인을 직접 발굴한다.
② 지역기관 의뢰: 보건소, 치매안심센터, 복지관, 건보공단(장기요양센터), 의료기관 등은 자체 사업을 수행하며 복합욕구가 있는 노인을 발견할 경우 통합지원센터에 의뢰할 수 있다.
③ 국민건강보험공단 빅데이터 활용: 공단은 건강·요양 정보 데이터를 활용하여 75세 이

상 장기요양 재가급여자 및 서비스 미이용자 중 통합돌봄이 필요한 노인을 발췌해 지자체에 제공한다.
④ 퇴원환자 연계: 급성기병원 또는 요양병원에서 퇴원 예정인 노인을 병원이 직접 의뢰하거나, 퇴원환자 연계체계를 통해 통합돌봄 서비스로 연계하는 구조가 작동된다.
⑤ 복지멤버십 시스템 기반 탐색: '행복e음' 시스템을 활용하여 서비스 수혜 이력, 복지 욕구, 노쇠도 등을 종합적으로 조회하고 대상자 가능성을 탐색한다.

이와 같이 통합돌봄제도는 기존 제도의 틈새를 메우고, 다양한 경로에서 발굴된 대상자를 체계적으로 흡수하여, 보다 촘촘한 돌봄망을 구축하는 것을 목표로 한다.

(3) 방문조사와 평가 항목
통합돌봄 대상자의 필요와 적합성을 평가하기 위해서는 현장 중심의 방문조사가 핵심적인 단계로 시행된다. 본 조사는 대상자의 실제 생활환경을 반영한 심층적 욕구조사로, 통합지원계획 수립의 기초 자료가 된다.

① 조사 수행 주체
방문조사는 시군구 노인통합지원센터, 읍면동 통합지원창구, 국민건강보험공단 지사 등에서 수행하며, 경우에 따라 공동조사 방식으로도 진행된다. 장기요양서비스가 필요한 것으로 판단되거나, 건강보험공단 빅데이터 기반으로 발굴된 경우에는 공단과 지자체가 함께 방문조사를 수행한다.

② 조사 방식과 절차
- 방문조사는 대상자의 가정 등 생활공간에서 직접 수행되며, 면담 및 관찰을 통해 자료를 수집한다.
- 사전조사(기초정보 확인) → 방문일정 조율 및 동의서 작성 → 본인 확인 → 조사 수행의 순으로 진행된다.
- 평가도구는 서식화된 필요도 조사표로 구성되며, 항목별로 구체적인 기준이 명시되어 있다.

③ 주요 평가 항목

평가 항목은 보건의료, 요양, 일상생활, 주거환경 등 다양한 분야를 포함하며 다음과 같이 구성된다.

[표12-4] 통합돌봄 평가항목

평가영역	주요 하위 항목
일상생활기능 (ADL/IADL)	옷 입기, 식사, 화장실 사용, 이동, 세면 등 일상 활동 능력 분류(완전자립-부분도움-완전도움)
도구적 일상생활기능	약 복용, 전화 사용, 돈 관리, 교통수단 이용 등
식사기능	식사 준비 및 섭취 가능 여부
인지심리기능	단기기억력, 의사결정 능력, 우울감, 문제행동 유무 등
병의원 이용	최근 병원이용 패턴, 재택의료 필요성 여부
생활상태 및 주거환경	독거 여부, 주거 형태, 화장실/계단/조명 등 안전 요소 확인
서비스 필요도 판단	보건의료, 요양, 일상지원, 주거 등 복합서비스 필요 유무 종합 판단

④ 선별평가와 심화평가 구분

- 선별평가: 기초 욕구파악을 위한 1차 조사. 예를 들어, 노쇠도 1점 이상 + 복합욕구 2개 이상 해당 시 심화평가로 전환.
- 심화평가: 장기요양서비스 필요성과 복합욕구 정도를 정밀 분석. 지역케어회의를 통해 통합지원계획에 반영됨.

[표12-5] 대상자 필요도 조사표[7]

대상자 필요도 조사표					
기관명		진행일자	년 월 일	조사자	공단
					지자체
대상자		성별		생년월일	
주 소				연락처	자택
실거주지					핸드폰
보호자	성명		관계	연락처	
	주소				
비상연락처	관계			연락처	

신청방법

신청방법		신청자 및 의뢰서
□ 전화	□ 내방	□당사자 □가족 □이웃 □기타 ( )
□ 의뢰	□ 발굴	□읍·면·동 □공단지사 □민간기관 □시·군·구 □기타

대상자 특성

현 거주지	□자가 □전세 □월세 □임대아파트 □의탁거주/무상임대 □무허가 □요양병원 □그 외병원 □시설 □기타	
가구형태	□독거 □부부 □노부모 □성인자녀 □조손 □형제자매 □친척 □기타( )	
사회보장수급권	국민기초생활보장제도 □생계급여 □의료급여 □주거급여 □차상위 □보훈	
	□일반가구 □기초연금 □기타	
대상자 유형	장기요양재가급여자 □1등급 □2등급 □3등급 □4등급 □5등급 □인지지원 □등급외 □기각 □인정 신청중	
	노인맞춤돌봄서비스 □일반돌봄군 □중점돌봄군	
	□급성기·요양병원 퇴원(예정)자(의료기관 연계·지역사회) □장애등급 □기타( ) □해당 없음	
퇴원(예정)여부	지난 1주일 이내 병원에서 퇴원한 경험이 있습니까? ※ 현재 입원 중인 경우 퇴원예정 여부	□예 □아니오

점수		문항(점)
노쇠평가* (총 점) [판정기준] ■ 0점:튼튼함 ■ 1-2점:노쇠전단계 ■ 3-5점:노쇠	__점	1. 지난 한 달 동안 피곤하다고 느낀 적이 있습니까? □ 항상 그렇다(1) □ 거의 대부분 그렇다(1) □ 종종 그렇다(0) □ 가끔씩 그렇다(0) □ 전혀 그렇지 않다(0)
	__점	2. 도움이 없이 혼자서 쉬지 않고 10개의 계단을 오르는 데 힘이 듭니까? □ 예(1) □ 아니요(0)
	__점	3. 도움이 없이 300m를 혼자서 이동하는 데 힘이 듭니까? □ 예(1) □ 아니요(0)
	__점	4. 의사에게 다음 질병이 있다고 들은 적이 있습니까? □ 고혈압 □ 당뇨병 □ 암 □ 만성폐질환 □ 심근경색 □ 협심증 □ 천식 □ 관절염 □ 뇌경색 □ 신장질환 □ 치매 □ 없음 ※ 질병개수5〜11개(1), 0〜4개(0)
	__점	5. 현재와 1년 전의 체중은 몇 kg이었습니까? 현재 ___kg. 1년 전 ____kg ※ (체중을 모를시)최근 1년 사이 벨트나 옷이 헐렁할 정도로 체중이 줄었습니까? □ 예 □ 아니요 ※1년간 5% 이상 체중감소 또는 벨트나 옷이 헐렁할 정도로 □ 체중감소(1) □ 그 외(0)
현재 이용 중인 서비스	\multicolumn{2}{l}{□ 없음 □ 가족 □ 장기요양급여 □ 기타 □ 지자체(국가) [ ]노인맞춤돌봄서비스 [ ]보건소 사업 [ ]치매안심센터 [ ]노인일자리사업 [ ]주거개선사업 [ ]무료진료연계 [ ]급식 및 도시락 반찬 [ ]건강운동교실 [ ]가사간병방문도움 [ ]활동보조 [ ]목욕·이미용 [ ]여가·문화·교육 [ ]말벗 [ ]이동지원 [ ]기타( )}

대상자 욕구 (당사자 또는 의뢰인이 표현하는 돌봄욕구)

보건의료	요양	생활지원	주거복지	타 사업

※ 돌봄 욕구 관련 세부 사항 기입:

선별평가 결과 종합 의견 및 확인 필요사항 등 기록

출처: 보건복지부 통합돌봄사업안내

(4) 종합판정위원회의 역할과 판정 기준

통합돌봄제도에서는 대상자의 복합적인 욕구를 객관적으로 판단하고, 이에 적합한 서비스를 연계하기 위한 공식적인 의사결정 기구로 종합판정위원회를 운영한다. 이 위원회는 다직종 전문가로 구성되며, 통합지원계획의 적절성과 지원 여부를 최종적으로 결정하는 핵심 절차를 담당한다.

① 종합판정위원회의 역할

종합판정위원회는 단순한 서비스 자격 심사를 넘어서, 대상자의 전반적인 생활환경과 건강 상태, 사회적 맥락을 통합적으로 고려한 사례 중심 판정을 수행한다. 주요 역할은 다음과 같다.

- 개별 욕구조사 결과의 검토 및 판단
- 통합돌봄계획(케어플랜)의 적정성 심의
- 서비스 제공 여부 및 범위 결정
- 다직종 협업 회의 역할 수행

② 위원회 구성

종합판정위원회는 지역의 통합지원센터 또는 시군구청 내 위원회 형식으로 설치되며, 통상적으로 다음과 같은 인력으로 구성된다.

- 보건소 간호사, 장기요양 관리자, 복지담당 공무원
- 국민건강보험공단 담당자
- 노인복지관, 지역의료기관, 재가서비스 기관의 실무자
- 케어플랜 수립을 담당한 케어매니저 또는 사례관리자
- 지역사회보장협의체 민간 위원 등

위원회는 통상 월 1회 이상 정기적으로 운영되며, 긴급한 경우 수시 개최도 가능하다.

③ 판정 기준

종합판정은 일상생활 유지 곤란 정도, 복합적 욕구의 수, 장기요양서비스의 이용 가능성, 지역 내 서비스 자원과의 연계 가능성 등을 종합적으로 고려하여 결정한다. 특히 다음과 같은 요소가 주요 판정 지표가 된다.

- 노쇠도 점수 및 IADL/ADL 기능 저하 여부
- 만성질환 또는 퇴원 후 회복기 상태
- 장기요양 미등급자 또는 사각지대 대상자
- 혼자 거주하거나 주거환경이 열악한 경우
- 여러 서비스가 중첩으로 필요한 다중지원 대상자

판정 결과에 따라 대상자는 통합서비스를 제공받거나, 일반 복지서비스 또는 기존 장기요양 체계로 연계된다. 경우에 따라 일정 기간 후 재판정을 진행하는 순환체계도 포함된다.

(5) 케어플랜 수립

통합돌봄제도에서 케어플랜(개인별 통합돌봄계획)은 단순한 서비스 나열이 아닌, 대상자의 의료·요양·일상생활·주거·정서지원 등 전 영역을 통합적으로 설계한 돌봄 전략이다. 이는 단일 기관이 아닌, 다직종 전문가들이 협력하여 수립하며, 통합적 돌봄 실현의 중심 도구가 된다.

케어플랜은 통합돌봄 대상자에게 필요한 서비스를 종합적으로 파악하고, "무엇을, 누가, 언제, 어떻게" 제공할지를 문서화한 계획서이다. 대상자의 자기결정권을 바탕으로, 가능한 한 자립적이고 지역사회에서의 생활을 유지할 수 있도록 하는 데 목적이 있다.

① 수립 주체와 절차

케어플랜은 주로 통합지원창구(읍면동)의 사례관리자, 지역 케어매니저가 중심이 되어 수립하며, 다음과 같은 절차를 따른다.

- 정보 수집: 방문조사 결과, 건강 상태, 기능 수준, 기존 서비스 이용 이력 등 다양한 자료 수집
- 욕구 분석: 대상자의 주관적 요구 + 객관적 욕구를 통합 분석
- 개별회의 및 종합판정: 종합판정회의 결과에 따라 계획 방향 확정
- 케어플랜 초안 작성: 목표, 서비스 항목, 담당기관, 제공주기 등 구체적으로 기재
- 대상자 설명 및 동의: 본인 및 가족에게 설명 후 서면 동의
- 최종 계획 등록 및 실행 연계: 정보시스템에 등록하여 각 수행기관에 공유

② 케어플랜 구성 항목

케어플랜은 다음과 같은 항목으로 구성되며, 다직종 연계 계획표로 작성된다.
- 돌봄 목표: 건강유지, 낙상예방, 정서안정, 자립생활 등
- 서비스 내용: 보건의료, 방문요양, 가사지원, 주거개선 등
- 제공 주체: 보건소, 재가요양기관, 민간서비스기관 등
- 제공 빈도: 주 3회, 월 1회, 필요시 등 구체적 주기 명시
- 연계기관: 장기요양기관, 병원, 복지관, 치매안심센터 등
- 재조정 주기: 월 1회 이상 점검 및 반기별 조정 계획 포함

③ 실행 및 사후관리

케어플랜은 단일 고정계획이 아니라, 탄력적으로 조정 가능한 살아있는 계획이다. 서비스 개시 후에는 정기 모니터링과 중간점검을 통해 조정이 이루어지며, 상태 변화나 가족 상황 변동이 있는 경우 통합케어회의를 통해 플랜을 수정한다.

또한, 사후에도 이행 현황을 전담자가 모니터링하고, 필요시 서비스 간 연결 조치를 한다.

4. 서비스 내용

1) 보건의료 지원

통합돌봄제도에서의 보건의료 지원은 단순한 치료 제공을 넘어, 노인의 건강을 지역사회 안에서 안정적으로 유지하고, 불필요한 병원입원이나 시설입소를 예방하는 데 그 목적이 있다. 이에 따라 통합돌봄 내 보건의료 서비스는 방문진료, 방문간호, 방문재활, 호스피스, 건강관리 등 다양한 형태로 구성된다.

(1) 방문의료 서비스

방문의료는 병원 방문이 어려운 노인을 위해 의사, 간호사, 사회복지사가 팀을 이루어 직접 가정을 방문하여 진료, 건강상태 평가, 처방, 상담 등을 제공하는 방식이다. 이는 특히 퇴원환자, 중증 노인, 장기요양등급 외자 등 외부 이동이 어려운 대상자에게 필수적이다.

① 의사는 월 1회 이상 방문하여 진찰, 처방, 기본 검사, 질환관리를 수행한다.
② 간호사는 의사의 지시에 따라 투약관리, 욕창관리, 경관영양, 정맥주사 등을 지원한다.
③ 케어매니저와 사회복지사는 건강 외의 생활욕구(예: 식사, 주거, 정서지원)를 파악하여 통합지원계획과 연계한다.
※ 이 서비스는 「일차의료 방문진료 수가 시범사업」과 연계되어 수행되며, 공공의료기관 또는 민간의원에서 참여할 수 있다.

(2) 방문간호 및 방문재활
① 방문간호는 주 2회 이상 간호사가 대상자의 가정을 방문하여 건강관리, 투약 확인, 상처처치, 위생관리 등을 수행한다.
② 방문재활은 물리치료사 또는 작업치료사가 가정을 방문하여 운동 기능 유지, 낙상 예방 운동, 재활교육 등을 실시한다. 이는 지역사회 내 자립 생활을 촉진하고, 신체 기능의

급속한 저하를 예방하는 효과가 있다.

(3) 건강관리 및 예방 서비스

통합돌봄에서는 보건소, 건강센터 등과 연계한 예방적 건강관리 서비스도 함께 제공한다.

① 방문건강관리: 보건소 간호인력이 고혈압·당뇨 등 만성질환자를 대상으로 정기 방문하여 혈압·혈당 측정, 건강 상담, 생활습관 개선을 지원한다.
② AI·IoT 기반 건강관리: 스마트밴드, 자동혈압계, AI 스피커 등을 통해 자가 건강 모니터링과 건강습관 교육을 비대면으로 제공한다.
③ 치매관리: 치매안심센터와 연계하여 초기 치매 노인을 대상으로 인지 기능 검사, 치매 예방 프로그램, 쉼터 운영 등을 실시한다.

(4) 호스피스 및 말기 돌봄 연계

① 통합돌봄에서는 말기 질환자, 암 환자 등을 대상으로 가정형 호스피스를 연계하거나, 완화의료기관과 연계하여 삶의 마지막 단계를 지원한다.
② 간호사와 사회복지사가 함께 말기 돌봄 대상자에게 통증 조절, 심리정서 지원, 가족상담, 임종 돌봄 등을 수행하며, 재택 상태에서도 인간다운 죽음을 맞이할 수 있도록 돕는다.

(5) 보건의료 서비스의 통합관리

이 모든 보건의료 서비스는 통합돌봄계획(케어플랜)에 따라 운영되며, 정기적 통합사례회의를 통해 서비스 내용과 주기를 조정한다. 의료기관, 요양기관, 복지기관 간 정보 공유와 모니터링 체계를 통해 대상자의 건강상태 변화에 유연하게 대응할 수 있도록 한다.

2) 요양 및 돌봄 지원

통합돌봄제도에서 요양 및 돌봄 지원은 노인의 신체·인지·정서적 기능을 유지하고, 일상생활을 독립적으로 수행할 수 있도록 돕는 핵심 서비스 영역이다. 이는 기존의 장기요양보험 급여 체계를 기반으로 하되, 통합지원계획에 따라 보건의료·생활지원·정서지원 서비스와 유기적으로 연계되어 제공된다.

(1) 방문요양 서비스

방문요양은 요양보호사가 대상자의 가정을 방문하여 신체활동 지원, 가사활동 보조, 정서적 교류 등을 제공하는 대표적 재가서비스이다.

① 신체활동 지원: 세면, 배설, 목욕, 옷 갈아입기, 식사 등 일상생활을 도와준다.
② 가사활동 지원: 청소, 세탁, 식사 준비 등 일상 유지 기능을 지원한다.
③ 정서 지원: 대화, 산책 동행, 여가활동 등을 통해 사회적 고립을 예방한다.
※ 통합돌봄에서는 기존 방문요양 이외에, 서비스 사각지대 해소를 위한 비공식 돌봄 연계나 긴급 서비스 지원도 포함될 수 있다.

(2) 주야간보호 서비스

주야간보호서비스는 낮 시간 동안 노인을 보호시설에 일정 시간 위탁하여 식사, 운동, 재활훈련, 인지기능 강화 프로그램 등을 제공하는 서비스이다.

① 신체기능 유지 및 재활훈련: 스트레칭, 기능훈련, 간단한 건강운동 등을 제공한다.
② 인지기능 강화: 인지놀이, 회상요법, 치매예방 교육 등으로 퇴행을 지연시킨다.
③ 사회적 교류: 동년배 노인과의 집단 활동을 통해 사회관계망을 유지하도록 돕는다.
④ 가족 돌봄자의 부담 경감: 보호자 부재 시간 동안 안전한 돌봄 환경 제공
※ 통합돌봄에서는 퇴원환자, 등급외자 등 기존 요양등급을 받지 못한 대상자도 시범사업을 통해 일정 기간 동안 주야간보호를 이용할 수 있도록 하고 있다.

(3) 방문목욕 및 방문간호

① 방문목욕: 특수장비가 장착된 차량이나 간이 목욕설비를 통해 거동이 어려운 노인의 위생을 안전하게 유지할 수 있도록 지원하는 서비스이다.

② 방문간호: 장기요양등급자 중 간호 필요도가 높은 대상자에게 간호사 등이 가정을 방문하여 상처치료, 튜브관리, 수액처치 등을 실시한다.

(4) 단기보호 서비스

단기보호는 노인을 단기간 시설에 입소시켜 집중적으로 보호하는 서비스로, 보호자의 부재 시 긴급 보호가 필요하거나, 요양서비스 제공 전 과도기 지원이 필요한 경우 활용된다.

이는 특히 가족이 질병, 사고 등으로 돌봄을 제공하기 어려운 경우 단기간 이용할 수 있는 유연한 서비스로서 기능한다.

(5) 통합재가서비스 연계

최근에는 방문요양, 목욕, 간호, 주야간보호, 단기보호 등을 하나의 기관에서 묶음(Package)으로 제공하는 '통합재가서비스 시범사업'도 확대되고 있다. 이는 수급자의 다양한 욕구에 맞춰 한 기관에서 일관된 서비스 품질을 유지하며, 연속성을 강화할 수 있도록 설계되었다.

3) 생활지원 서비스

생활지원 서비스는 통합돌봄제도에서 노인의 자립적 일상생활 유지와 사회적 고립 예방을 위한 필수 지원영역이다. 이는 의료·요양 중심의 돌봄이 아닌, 노인이 살던 곳에서 안전하고 품위 있게 살아가기 위한 생활 기반형 돌봄 서비스라 할 수 있다.

(1) 이동지원 서비스

고령자에게 가장 큰 일상생활의 장애 중 하나는 이동의 어려움이다. 통합돌봄에서는 이를 해소하기 위해 동행형 이동지원이 제공된다.

① 서비스 유형: 병원동행, 복지관 · 보건소 등 외출동행, 장보기 또는 외출 준비 도움 등
② 제공 인력: 운전기사, 요양보호사, 돌봄지원사 등
③ 특징: 차량지원 외에도 실내 · 실외 이동보조와 심리적 안정까지 제공함
※ 일부 지자체에서는 "병원동행 매니저"나 "케어매니저" 등의 명칭으로 전문인력을 양성해 운영하고 있다.

(2) 식사지원 서비스

고령자의 영양불균형은 건강 저하의 주요 원인 중 하나이다. 이에 따라 통합돌봄에서는 다양한 방식의 식사 및 영양지원 서비스를 제공한다.

① 도시락 · 밑반찬 배달: 일일 식사를 준비하기 어려운 노인을 대상으로 자택 배달
② 식재료 제공: 가사능력이 일부 있는 노인을 위해 조리가 가능한 형태의 식재료 배분
③ 영양상담: 영양사 또는 간호사가 대상자의 상태에 맞는 식단을 설계하고 관리
※ 대상자의 건강 상태에 따라 연하곤란식, 저염식 등 맞춤식 제공도 가능함.

(3) 가사지원 서비스

노화로 인해 자가 가사활동이 어려워지는 노인을 위한 가사서비스도 주요 생활지원 서비스이다.

① 서비스 항목: 청소, 세탁, 설거지, 침구정리, 생활공간 정돈 등
② 제공 방식: 장기요양서비스 전단계 대상자에게 일시적으로 제공되거나, 정기 방문 제공
③ 대상 범위: 장기요양 미등급자, 등급외자, 돌봄 사각지대 노인
※ 가사서비스는 특히 퇴원 직후, 배우자 사망 등 돌봄 공백 발생 시에 긴급지원의 형태로도 활용된다.

(4) 정서지원 서비스

정서적 고립과 외로움은 노인의 우울감과 삶의 질 저하를 초래하는 중요한 요인이다. 통합돌봄에서는 다음과 같은 정서적 돌봄 요소를 구성하여 지원한다.

① 정기 방문 및 말벗 서비스: 생활지원사, 자원봉사자 등이 대면 또는 유선으로 안부 확인
② 인지자극 활동: 퍼즐, 회상요법, 손 운동, 노래 등 소규모 비치료형 인지활동
③ 심리상담: 우울감, 상실 경험, 건강불안 등을 다루는 간단한 심리상담 및 지역 전문기관 연계
④ 디지털 돌봄기기 활용: AI 스피커를 통한 음악 청취, 영상통화, 말벗 기능 등도 정서지원 수단으로 활용됨

(5) 생활지원 서비스의 운영 특징

통합돌봄 내 생활지원 서비스는 '필요할 때, 필요한 만큼'의 탄력적 지원이 핵심이다. 이는 개인별 통합돌봄계획(케어플랜)에 따라 서비스 제공 주기, 강도, 연계기관이 달라지며, 대부분 지역자활센터, 복지관, 사회경제적기업, 민간 돌봄기관과 연계하여 수행된다.

4) 주거지원 서비스

주거는 노인이 일상생활을 지속하기 위한 가장 기본적인 공간이며, 통합돌봄에서 주거지원은 "살던 곳에서 살 수 있도록"하는 핵심 조건이다.

노인은 건강이 악화되거나 돌봄이 필요해질 경우 주거환경의 안전성과 접근성이 삶의 질을 좌우하게 되며, 이에 따라 통합돌봄에서는 다양한 주거복지서비스를 연계하고 있다.

(1) 케어안심주택(Care-Oriented Housing)

케어안심주택은 돌봄이 필요한 노인이 병원이나 시설이 아닌 주거지에서 안전하게 지낼 수 있도록 조성된 거주공간이다. 이는 주거공간 자체에 무장애 설계, 긴급 호출 시스템, 복지 서비스 연계 공간 등을 갖추고, 방문돌봄, 건강관리, 식사지원이 가능한 구조로 운영된다.

① 대상: 시설 입소가 아닌 재가 거주를 희망하는 돌봄필요 노인
② 형태: 공공임대주택, 매입형 임대주택, 사회주택, 단기 임시거처 등
③ 서비스: 보건소, 장기요양기관, 복지관 등에서 방문서비스 연계
④ 운영 방식: 일부 지역은 지자체가 직접 관리, 또는 LH(한국토지주택공사) 등과 협력해 운영

■ 사례

광주 북구, 전주, 부천 등에서는 케어안심주택에 간호사, 생활지원사, 사회복지사를 배치하고, AI스피커와 낙상센서 등을 도입하여 고립과 사고를 예방하고 있다.

(2) 주거환경 개선 서비스

노인의 신체기능 저하나 인지 저하로 인해 기존 주거공간이 비위생적이거나 위험한 구조일 경우, 주거환경 개선 서비스가 제공된다.

① 지원 항목
- 경사로 설치, 손잡이 부착, 조명 개선, 미끄럼방지 바닥 시공
- 화장실 및 부엌 문턱 제거, 레버형 문손잡이 교체, 자동센서등 설치
- 휠체어 이동 가능 공간 확보 및 공간 재구성

② 대상자 기준
- 장기요양등급자 및 등급외자 중 주거환경이 물리적으로 불편한 자
- 시설이 아닌 자택 생활을 희망하나 환경이 위험한 경우

③ 연계기관: 지역자활센터, 주택개조 전문기관, LH 및 지자체 자체 예산
※ 기존에 유사 사업(LH 수선유지급여, 지역주택지원사업 등)을 받은 이력이 있는 경우는 제한될 수 있음.

(3) 단기 임시거처 제공
일시적으로 돌봄이 중단된 노인이나, 퇴원 후 주거공백이 생긴 경우에는 단기 임시 주거공간이 제공되기도 한다.

① 형태: 공공임대 비어 있는 유휴호실 활용, 지역 쉼터 공간 활용
② 대상: 병원 퇴원 후 당장 자택 복귀가 어렵거나, 주거지가 없거나 위험한 상태의 노인
③ 서비스: 입소기간 중 간호, 식사, 활동지원 등이 함께 제공됨

(4) 주거지원의 통합 연계 체계
주거지원 서비스는 단독으로 작동하지 않으며, 항상 통합돌봄계획(케어플랜)과 연동되어야 한다.

① 건강관리 연계: 낙상예방을 위한 물리치료, AI모니터링 장비설치 등
② 생활지원 연계: 케어안심주택 내 가사지원, 도시락 배달 등
③ 정서지원 연계: 단독거주 고위험군에 대한 정기방문, 사회참여 지원
④ 위기대응 연계: 응급안전안심서비스 연계, 비상호출 시스템 설치 등

(5) 통합돌봄에서 주거지원의 의의
통합돌봄의 주거지원은 단순한 집의 물리적 제공이 아닌, "돌봄이 가능한 주거환경"을 조성하고 유지하는 것을 목표로 한다. 이는 곧 돌봄이 병원이 아닌 집에서, 일상 속

에서 이뤄질 수 있도록 하는 기반이며, 궁극적으로는 노인의 주거자립과 지역사회 내 삶 유지를 지지하는 핵심 축이다.

5) 가족지원 및 지역사회 자원 연계

통합돌봄은 단순히 공공서비스 제공에 그치지 않고, 가족과 지역사회가 함께 참여하는 생태적 돌봄 체계를 지향한다. 노인을 둘러싼 가족돌봄자와 지역 주민, 민간기관 등이 유기적으로 연계될 때 돌봄의 지속가능성과 품질이 높아지며, 이는 고립과 돌봄 공백을 예방하는 중요한 기반이 된다.

(1) 가족돌봄자 지원

돌봄의 일선에는 가족이 있다. 배우자, 자녀, 형제자매 등 비공식 가족돌봄자들은 신체적 · 정서적 · 경제적 부담을 동시에 감당하고 있으나, 이에 대한 제도적 지원은 부족한 것이 현실이다. 통합돌봄제도는 다음과 같은 방식으로 가족의 부담을 완화하고 있다.

① 돌봄교육 제공: 기본 간호법, 휠체어 이동법, 욕창 예방 등 노인돌봄 실무교육
② 심리정서 지원: 가족상담, 돌봄 스트레스 해소를 위한 자조모임 및 정신건강 서비스 연계
③ 일시적 돌봄지원: 단기보호서비스 또는 긴급돌봄 제공을 통해 가족의 휴식시간 보장
④ 정보제공과 의사결정 지원: 복지제도, 병원, 요양기관 등에 관한 정보 전달과 의사결정 상담

(2) 지역사회 자원 연계

통합돌봄은 공공기관만으로는 제공할 수 없는 돌봄 사각지대를 해소하기 위해, 지역 내 다양한 민간 · 비영리 · 주민 기반 자원과의 협력을 강화한다.

① 복지관, 자활센터, 사회적협동조합: 식사지원, 정서돌봄, 생활서비스 등의 제공 주체
② 지역 종교기관 · 주민조직: 말벗, 생활 도움, 정서적 지지 등 비공식 자원 발굴

③ 자원봉사단체: 정기적 방문, 동행지원, 문화활동 지원 등으로 참여
④ 전문기관 연계: 정신건강복지센터, 치매안심센터, 건강지원센터 등과의 협업으로 전문 서비스 제공

(3) 통합돌봄 민관협의체의 운영

통합돌봄에서는 행정 주도 방식에서 벗어나, 지역 내 유관기관들과 함께 민관협의체를 구성하여 운영하는 것을 원칙으로 한다. 이는 돌봄계획 수립, 자원 발굴, 정책 자문 등 다양한 기능을 수행한다.

① 지자체 통합돌봄 담당 부서: 협의체 운영 및 조정, 공공서비스 총괄
② 복지·보건·의료기관: 실제 서비스 제공 및 사례회의 참여
③ 민간 수행기관: 정서돌봄, 가사지원, 영양관리 등 구체적 실천 수행
④ 지역주민 대표: 지역의 실질적 욕구 반영 및 생활밀착형 의견 제안

5. 통합돌봄 성과와 사례

1) 1차 시범사업(2019~2022)의 개요와 평가

(1) 시범사업의 배경과 추진 목적

2019년부터 2022년까지 보건복지부는 "지역사회 통합돌봄(Community Care)"이라는 명칭으로 1차 시범사업을 추진하였다.

그 목적은 초고령사회 진입에 따른 돌봄 수요 급증에 대응하고, "살던 곳에서 건강하게 노후를 보내는" 돌봄체계를 수립하는 데 있었다. 기존의 장기요양, 복지, 보건, 의료서비스는 각기 분절적으로 운영되었고, 서비스 간 연계 부족으로 인해 돌봄 공백과 중복이 발생하고 있었다. 이에 따라, 정부는 개별 서비스 단위를 넘어, 주거·보건·복지·요양을 통합 제공하는 모델을 실험하고자 하였다.

(2) 주요 추진 내용

① 선도사업지 선정: 전국 16개 기초자치단체(시군구)를 선도사업지로 지정

② 4대 돌봄 영역 실험
- 보건의료 연계
- 장기요양 서비스 확장
- 주거환경 개선
- 일상생활 지원

③ 주체 중심: 지자체가 돌봄의 총괄 조정자로 참여하며, 지역 내 민간자원과 연계 강화

④ 케어안심주택, 방문의료, 재가서비스 통합모델 등 다양한 유형 실험

(3) 주요 성과

① 돌봄 사각지대 발굴: 기존 제도 밖에 있던 등급외자·퇴원환자 등 복합욕구 대상자 5만여 명 신규 발굴

② 서비스 연계 효율화: 의료-복지-주거 연계를 위한 통합지원창구 구축 및 사례관리 체계 강화

③ 돌봄 만족도 향상: 대상자 및 가족의 주관적 삶의 질, 서비스 만족도 상승 보고

④ 지역 책임성 강화: 지자체의 정책기획·사업관리 역량 향상, 민관 협력 플랫폼 구축

특히, 통합사례관리 회의, 통합케어플랜 수립, 정기 모니터링 체계 운영 등을 통해 돌봄의 연속성과 개인화가 강화되었다.

(4) 한계와 교훈

① 서비스 간 정보 연계 부족, 기관 간 역할 중복, 전문인력 부족 등의 문제 발생

② 지자체 간 역량 격차로 인해 성과 차이가 발생

③ 법적 근거 미비와 재정지원 체계 불안정으로 확산에 한계

그러나 이 시범사업은 대한민국에서 국가가 제도적으로 돌봄을 통합적으로 관리할

수 있는 가능성을 처음으로 시험한 사례로서, 이후 「의료·요양 등 지역돌봄 통합지원에 관한 법률」제정(2024년)으로 이어지는 법제화의 기반이 되었다.

(5) 종합 평가
① 1차 시범사업은 통합돌봄제도의 "초기 토대와 철학"을 실험한 정책적 시도였으며, 현장성과 한계를 동시에 경험한 '현장기반 제도설계'의 사례로 평가된다.
② 이후 2차 시범사업에서는 이러한 경험을 바탕으로 법제도, 정보시스템, 전달체계를 보다 정교하게 설계하여 추진되고 있다.

2) 2차 시범사업(2023~)의 주요 특징

(1) 추진 배경
　2차 시범사업은 1차 시범사업(2019~2022)의 성과와 한계를 바탕으로 법제화 이전 실증 검증 및 전달체계 확립을 목표로 추진되었다.
　특히 2024년 제정된 「의료·요양 등 지역 돌봄의 통합지원에 관한 법률」의 시행(2026년)을 앞두고, 제도의 정착 가능성, 지자체 실행력, 통합정보시스템 운영, 성과지표 측정 등을 사전 점검하고자 했다.

(2) 기본 방향
① 사람 중심: 개별 서비스 제공이 아닌, 복합욕구를 가진 대상자를 중심에 두고 맞춤형 통합계획 수립
② 지역 중심: 지자체가 직접 케어플랜 수립과 수행기관 연계를 주도
③ 서비스 연계 통합: 보건의료·요양·주거·일상생활지원 등 복합적 서비스를 연계 제공하는 체계 마련
④ 디지털 기반 운영: 통합지원정보시스템을 활용한 대상자 관리, 모니터링, 성과분석 체계 구축.

(3) 참여 지자체 및 추진 구조
① 총 12개 시군구가 공모를 통해 선정되어 참여
② 각 지자체는 전담조직(통합지원정책팀 등)을 설치하고, 읍면동 단위의 통합지원창구와 연계하여 운영
③ 전문인력(복지직·보건직·간호직 등) 배치와 찾아가는 보건복지팀, 건강보험공단 지사와의 협업체계 구성

(4) 핵심 서비스 모델
① 보건의료: 일차의료 방문진료, 재택의료센터, 만성질환 관리
② 요양지원: 장기요양보험 재가급여, 통합재가서비스 예비사업
③ 퇴원환자: 퇴원환자 재가복귀 지원, 퇴원계획 연계
④ 일상생활지원: 노인맞춤돌봄, 이동·식사·정서지원 서비스
⑤ 주거지원: 케어안심주택, 주거환경개선, 임시거처 제공
⑥ 정보시스템: 통합지원계획, 사례회의, 모니터링 연동 운영
※ 특히 퇴원환자와 장기요양 등급외자 대상의 적극적 발굴 및 개입이 강조됨.

(5) 대상자 선정 및 평가 방식
① 대상자 범주: 장기요양 재가급여자, 장기요양 등급외자(A, B), 노인맞춤돌봄 집중군, 병원 퇴원(예정) 노인
② 평가 체계
- 선별평가 → 심화평가 → 통합판정위원회 → 개인별 지원계획 수립
- 공단 빅데이터 기반 발굴 및 공동조사 운영.

(6) 성과 평가 구조
① 중간 모니터링(3~6개월 주기) 및 연간 성과평가, 2025년 종합평가 예정
② 실험군(참여자)과 대조군(미참여자) 간 비교 분석
③ 재가기간 연장, 병원입원률 감소, 삶의 질 변화, 서비스 만족도 등 지표 측정
④ 결과는 법제화 이후 제도 설계 및 재정투입 기준 마련에 반영 예정

■ **정리**

2차 시범사업은 단순한 "확장 실험"을 넘어, 통합돌봄 제도의 제도화 준비를 위한 실증 기반 구축 단계라 할 수 있다. 향후 평가 결과는「의료·요양 등 지역 돌봄의 통합지원에 관한 법률」의 전국 시행 모델 설계와 재정 구조 정립에 직접 반영될 예정이다.

3) 부천시 통합돌봄 모형[8]

부천시는 수도권의 인구 밀집 도시로서, 고령 인구의 빠른 증가와 함께 도시형 1인 가구 노인 비율이 높은 지역이다.

병원·요양기관 등 의료자원이 풍부하나, 지역 내 퇴원 후 연속적 돌봄체계 부재, 복합욕구 대상자 미포함 등의 문제로 통합적 접근이 절실했다.

이에 따라 부천시는 2019년부터 보건복지부의 지역사회 통합돌봄 시범사업에 참여하여 "의료-요양-생활이 연계된 도시형 통합돌봄 모델"을 구축하였다.

(1) 주거 분야

① **부천형 케어안심주택(LH한국토지주택공사)**
- 사회적 입원환자 및 거처가 없는 대상자에게 주택과 돌봄서비스를 통합적으로 지원함
- 임대주택3호 직접 운영 및 13호 연계 지원함

② **퇴원환자 단기회복 중간집 지원(엠마우스 커뮤니티홈)**
- 퇴원환자가 일상으로 돌아가기 전 재활과 회복지원
- 유휴주택을 리모델링하여 5호 운영(인천가톨릭사회복지협의회 협약)

③ **안전홈케어 지원(부천소사지역자활센터)**
- 낙상예방 등 안정하고 건강한 주거환경 지원

- 가스타이머, 안전바, 단자설치, 경사로설치, 문턱제거 등 수리

[표12-6] 부천시 통합돌봄 모형[9]

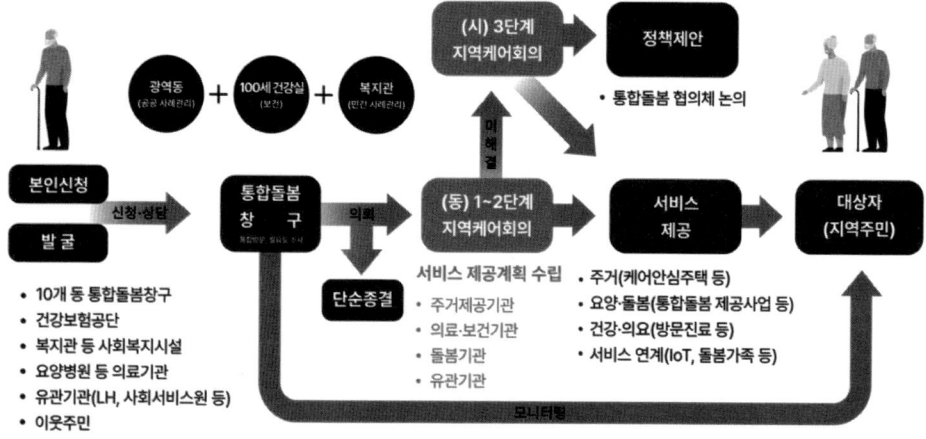

(2) 요양 · 돌봄 분야

① 가사, 이동, 세탁 등 일상생활 지원
- 살던 곳에서 지속거주를 위한 식사, 청소 등 다양한 재가 돌봄 지원
- 사회적경제조직 연계 일자리 창출

② 퇴원환자 재가 복귀 지원
- 통합돌봄 상담인력의 병원 파견
- 퇴원 전 통합돌봄 상담 및 지원계획 수립

③ 틈새 돌봄 지원
- 야간 및 주말의 돌봄 공백 해소

(3) 보건 · 의료 분야

① 통합건강돌봄센터 운영(보건소 건강돌봄팀)

② 재택의료센터 시범사업(부천 시민의원)

③ 지역의료기관과 함께하는 방문진료

(4) 서비스 연계

① 365일 주·야간 스마트 돌봄플러그*[표12-6] 운용

② 더 안전해지는 스마트홈: 응급상황 대처

③ 케어팜: 도시농업 연계한 신체·정신건강 회복 지원

④ 커뮤니티케어 센터 조성

[표12-7] 부천시 돌봄플러그 체계[10]

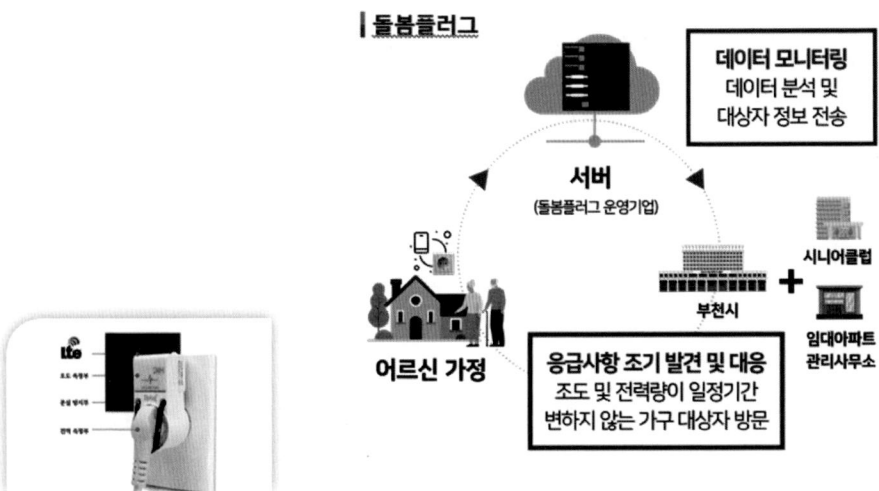

(5) 주요 성과(2023년 10월 기준)

① 정량 평가: 발굴·상담 5,087명, 통합지원회의 1,536회, 돌봄대상자 3,952명, 서비스 자원연계 15,046건

② 보건복지부 평가에서 '도시형 의료·생활 통합모델'로 주목

③ 지역 내 병원과 퇴원계획 협약(MOU)을 체결하고, '퇴원환자 재가복귀 지원 매뉴얼'을

자체 개발하여 병원-지역-공단 간 연계 절차를 표준화함
④ 통합사례관리와 서비스 연계 플랫폼 운영

6. 제도의 과제와 전망

「의료·요양 등 지역 돌봄의 통합지원에 관한 법률」(약칭: 돌봄통합지원법)은 2024년 3월 26일 제정되었으며, 2026년 3월 27일 본격적으로 시행될 예정이다. 이 법의 시행은 노인 돌봄체계에 있어 중대한 전환점이지만, 법적·제도적 기반이 마련되었다고 해서 즉각적인 제도 정착이 이루어지는 것은 아니다. 실제로 법 시행까지는 다양한 준비 과정과 제도적 정비가 요구된다.

우선, 통합돌봄의 전면 도입에 앞서 시행 중인 노인 의료·돌봄 통합지원 시범사업은 제도의 실제 운영방식, 전달체계, 정보시스템, 인력구성 등에서 나타날 수 있는 문제점을 사전에 파악하고 개선하기 위한 제도적 실험이자 검증 과정이다. 특히, 시범사업을 통해 지역별 여건에 맞는 모형이 다양하게 구축되고 있으며, 이들 중 지속가능성과 보편성이 높은 모델을 선정하여 전국 확산을 준비하고 있다.

또한 통합지원정보시스템, 케어플랜 체계, 서비스 통합관리 시스템 등 디지털 기반의 행정·운영 인프라 구축도 중요한 과제다. 현재 시범사업 단계에서는 국민건강보험공단, 사회보장정보원 등이 참여하여 시스템 구축과 실증을 병행하고 있으며, 향후에는 법에 따라 통합지원정보시스템이 본격적으로 운영될 예정이다.

이와 함께 현장 인력의 재배치와 역량강화도 핵심 사안이다. 시군구 본청 및 읍면동 행정복지센터에는 '노인통합지원센터' 또는 전담부서가 설치되어야 하며, 보건·복지·간호직 공무원과 민간 수행인력 간 유기적인 협업체계가 필요하다. 특히, 통합지원계획 수립을 담당할 케어매니저, 방문간호사, 사례관리자 등 전문인력의 체계적인 양성과 배치가 이루어져야 한다.

마지막으로, 법 시행 전까지는 관련 조례 제정, 예산 배정 기준 마련, 지자체 및 민간 협력 주체들과의 업무협약(MOU) 체결 등 현장 실행을 위한 법·제도 하위 체계의

정비가 병행되어야 한다. 지역 간 편차를 최소화하고, 제도의 형식적 시행이 아닌 실질적 실현이 가능하도록 준비하는 것이 핵심 과제라 할 수 있다.

1) 지역 간 서비스 격차 및 표준화 문제

통합돌봄제도는 지역사회 중심 돌봄이라는 철학을 기반으로 하여 지방분권적 실행을 핵심 원칙으로 삼고 있다. 이는 각 지역이 자율성과 창의성을 발휘하여 지역 특성에 맞는 돌봄 모델을 구성하도록 유도하는 긍정적 요소이지만, 동시에 지역 간 서비스 격차를 심화시키는 구조적 위험성도 함께 내포하고 있다.

실제 2019년부터 시작된 1차 통합돌봄 선도사업과 2023년부터 운영 중인 노인 의료·돌봄 통합지원 시범사업의 결과를 보면, 서비스의 질과 내용, 전달체계 구성, 인프라 구축 수준 등이 지역에 따라 현격한 차이를 보이고 있다. 예를 들어, 부천시와 같이 통합돌봄 선도경험이 풍부하고 복지 인프라가 밀집된 지역은 다직종 협업체계, 민간 협력 네트워크, 케어안심주택 운영 등의 면에서 높은 수준을 보인 반면, 농촌 및 도서지역은 전문인력 확보나 물리적 인프라가 취약하여 유사한 수준의 서비스를 제공하기 어려운 현실이다.

이러한 지역 편차는 서비스 수혜자들의 접근성, 선택권, 서비스 만족도에서 불균형을 초래할 수 있으며, 결국 국가 차원의 돌봄 기본권 보장을 어렵게 만든다. 따라서 제도의 안착을 위해서는 다음과 같은 표준화와 균형 발전 전략이 필수적이다.

첫째, 서비스 모델의 최소 기준(Standard Package)을 설정하여, 어떤 지역에서도 일정 수준 이상의 보건의료, 요양, 생활지원, 주거지원 서비스가 제공되도록 해야 한다.

둘째, 지역의 자율성과 표준화 간 균형을 유지하는 운영 가이드라인을 제공하고, 이를 기반으로 성과 평가를 실시해야 한다.

셋째, 상대적으로 인프라가 부족한 지역에는 인센티브 기반의 중앙정부 재정지원을 확대하고, 전문인력 순환 배치 또는 광역 연계 모형 등을 활용한 지원 플랫폼 구축이 필요하다.

또한, 현재의 시범사업 경험을 토대로 지자체의 '좋은 모델'을 수평적으로 공유하고 학습할 수 있는 우수사례 확산 메커니즘도 마련되어야 한다. 이를 통해 지역 간 격차를 줄이고, 통합돌봄제도가 전국적으로 안정적으로 정착될 수 있도록 기반을 마련하는 것이 핵심 과제이다.

2) 전문인력 양성과 돌봄 노동의 질

통합돌봄제도의 성공적 정착을 위해 가장 중요한 요소 중 하나는 전문 인력의 확보와 이들의 노동 환경 개선이다. 돌봄은 인간 중심의 서비스이자 관계 기반의 지원 활동이기 때문에, 제도적 장치나 물리적 인프라만으로는 충분하지 않다. 통합돌봄을 실현하는 핵심 동력은 결국 현장에서 활동하는 전문 인력과 종사자의 역량, 그리고 돌봄 노동의 질에 달려 있다.

현재 통합돌봄 현장에는 케어매니저, 간호사, 사회복지사, 요양보호사, 사례관리자 등 다양한 직종의 인력이 참여하고 있다. 특히 '개인별 통합지원계획(Individual Service Plan, ISP)'을 수립하고 수행하는 역할은 고도의 통합적 판단과 조정 능력을 요구하며, 단일한 자격만으로 수행하기 어려운 복합적 직무이다.

(1) 인력 관련 문제
① 다직종 간 역할 중첩과 모호성으로 인해 업무 비효율이 발생하고 있다.
② 지역에 따라 전담 인력의 충원 속도와 교육 수준의 차이가 크며, 특히 읍면동 단위에서는 복지직과 보건직 간의 협업 경험 부족이 업무 수행에 장애가 되고 있다.
③ 요양보호사, 생활지원사 등 1차 돌봄 수행 인력은 저임금, 비정규직 중심의 고용 구조에 처해 있으며, 이는 돌봄 노동의 질과 지속가능성에 악영향을 미치고 있다.

(2) 인력 양성 및 노동 질 제고 전략
① 직종별 핵심역할 정의와 직무 기준 매뉴얼 개발: 역할 중복 최소화, 직무 책임 명확화
② 통합적 역량을 갖춘 인력 교육 체계 마련: 지역별 통합돌봄 교육훈련센터 설치, 실무 중심 교육과정 개발

③ 표준화된 자격제도 연계 방안 강구: '통합돌봄매니저' 또는 '케어매니저' 등 새로운 자격 도입 검토
④ 돌봄 노동의 사회적 가치 재조명 및 보상체계 개선: 적정임금 보장, 경력 기반 승급제 도입, 정규직 확대 등
⑤ 현장 종사자의 정서적 소진 예방 및 안전관리 대책: 슈퍼비전, 휴식권 보장, 심리상담 프로그램 지원 등

특히 통합돌봄 시범사업 운영 과정에서 제기된 인력 피로도와 업무과중 문제는 법제화 이후에도 구조적으로 반복될 가능성이 높다. 따라서 제도 시행 이전부터 인력 기준의 구체화와 돌봄노동 가치에 대한 사회적 인식 전환이 병행되어야 하며, 이는 돌봄의 질을 결정짓는 가장 근본적인 기반이 된다.

3) 재정 지속가능성과 국가지자체 책임 배분

통합돌봄제도의 안정적인 운영을 위해 가장 중요한 기반 중 하나는 재정의 지속가능성 확보와 책임 주체 간 역할 분담의 명확화다. 통합돌봄은 단일한 사업이 아닌, 의료, 요양, 생활지원, 주거, 정보시스템, 인력운영 등 다양한 분야를 포괄하는 복합서비스 체계이므로, 이에 상응하는 중장기 재정 운용 전략이 뒷받침되어야 한다.

현재까지는 보건복지부, 국민건강보험공단, 지자체 등이 협력하여 통합돌봄 시범사업을 추진하고 있으며, 필요한 예산은 국고보조 및 지자체 자체 예산의 조합으로 마련되고 있다. 하지만 법률 시행 이후 전국으로 확대 적용되면, 사업의 규모는 물론 대상자 수, 서비스 양도 급격히 증가할 것이므로 장기적인 재정 구조 설계가 필요하다.

통합돌봄 제도의 재정과 책임 배분과 관련된 주요 과제는 다음과 같다.

(1) 중앙정부와 지방정부 간 역할과 비용 분담 기준의 명확화
① 국가책임: 제도 설계, 정보시스템 구축, 표준 교육·매뉴얼 개발, 초기 인프라 조성

② 지자체 책임: 대상자 발굴, 지역자원 연계, 민관 협력 운영, 사업추진 관리
③ 공동 책임: 서비스 제공비용, 인력 인건비, 사업 모니터링 등

(2) 통합재정계정(가칭) 마련 필요성
① 현재의 돌봄 재정은 의료보험, 장기요양보험, 복지 예산, 지방비 등으로 분절되어 있어 연계에 한계가 있다.
② 통합돌봄의 실행력을 높이기 위해서는 통합재정관리 체계 또는 '지역통합돌봄기금(가칭)' 등 별도 재정 항목의 신설이 요구된다.
③ 일본의 '지역포괄케어시스템'에서는 장기요양보험의 지역분담금으로 일부 재정을 조성하여 지역 운영의 자율성을 높인 사례가 있다.

(3) 재정의 지역 간 형평성 문제 대응
① 지역별 재정자립도와 인프라 차이로 인해 서비스 질에 불균형이 생길 수 있다.
② 이에 따라 국가 차원에서는 소외지역에 대한 인센티브 지원 또는 차등보조율 적용 등의 방식으로 재정 불균형을 완화할 필요가 있다.

(4) 수요 증가에 따른 예산 확대와 우선순위 조정
① 고령화 심화로 인해 돌봄 수요는 지속적으로 증가할 것으로 예상된다.
② 이에 따라 통합돌봄은 단기 프로젝트가 아닌 국가 핵심 사회기반 투자 분야로 인식되어야 하며, 지속적인 예산 증액과 함께 다른 사업과의 재정 우선순위 조정이 병행되어야 한다.

4) 지역 특성 반영과 민관협력 강화

통합돌봄제도는 지역사회 중심의 분권적 돌봄 실현을 핵심 가치로 삼고 있다. 이는 지역 주민이 자신이 살던 곳에서 건강하고 자율적인 노후를 영위할 수 있도록, 해당 지역의 특성과 자원을 활용한 맞춤형 돌봄 체계를 구축하는 것을 의미한다. 그러나 현실에서는 지역 간 인프라 격차, 민간자원의 불균형, 지자체 행정역량의 차이 등으로 인

해 통합돌봄의 효과가 지역마다 상이하게 나타나고 있다.

따라서 통합돌봄제도가 실질적으로 안착하기 위해서는 지역의 고유한 사회·경제·문화적 조건을 고려한 설계와 실행이 병행되어야 하며, 이를 위해 민간자원과의 전략적 협력이 결정적인 요소로 작용한다.

(1) 지역 맞춤형 모델 설계 필요성

지역마다 노인의 건강상태, 주거유형, 사회적 관계망, 교통 접근성 등은 다르게 나타난다. 도시지역과 농촌지역, 도서지역은 생활환경 자체가 다르기 때문에 획일적인 서비스모델은 현실성과 수용성이 낮다. 예를 들어, 광역시에서는 복지관, 병의원, 방문요양기관이 밀집해 있지만, 농촌지역에서는 이동형 서비스, 찾아가는 돌봄이 더욱 현실적인 대안이 된다.

이에 따라 보건복지부는 시범사업에서 지자체의 자율성을 존중하며 지역 특화형 돌봄 모델을 설계하도록 유도하고 있으며, 성공적인 사례들은 다른 지역으로 확산될 수 있도록 정책적으로 지원하고 있다.

(2) 민관협력 거버넌스 구축의 중요성

통합돌봄은 공공의 책임이 핵심이지만, 공공만으로는 돌봄의 총량과 질을 모두 감당하기 어렵다. 따라서 지역 내 다양한 민간 주체 사회복지기관, 병원, 방문서비스 제공기관, 사회적경제기업, 시민단체 등과의 협력 거버넌스 구축이 필수적이다.

이를 위해 시군구 단위의 '민관협의체'가 운영되고 있으며, 이 협의체는 통합지원계획 수립, 서비스 조정, 자원 발굴, 돌봄 사각지대 해소 등에서 핵심적인 역할을 수행한다. 또한 민간기관이 서비스 제공 주체로 참여하기 위해서는 정보 공유, 재정 지원, 역할 명확화, 성과관리 체계 구축 등이 제도적으로 뒷받침되어야 한다.

(3) 협력 기반 지역 자원연계의 과제

현재 일부 지자체에서는 보건소, 치매안심센터, 노인맞춤돌봄 수행기관, 복지관 등과의 연계가 원활히 이루어지고 있으나, 기관 간 연계 책임이 불명확하거나 정보 공유 시스템이 미흡한 경우 협력에 장애가 발생한다. 또한, 공공과 민간의 협력 방식이 계약 관계에 국한되거나 일방적 위탁 형태에 머무를 경우, 돌봄의 유연성과 대응성이 떨어질 수 있다. 따라서 각 지자체는 지역 특성에 맞는 자원을 체계적으로 조사하고, 중장기 협력계획과 공동 교육, 공동 사례회의 등 실질적인 운영 방안을 마련해야 한다. 이는 단순한 '사업 협력'이 아니라, 지역공동체 차원의 책임 돌봄 체계로 전환하는 출발점이다.

결론적으로, 통합돌봄은 중앙정부의 틀 위에 지역의 자율성과 주체성, 민간의 참여와 협력, 공공의 조정력이 균형을 이루어야만 지속 가능하고 효과적인 제도로 정착될 수 있다. "지역이 제도의 얼굴이 된다"는 말처럼, 통합돌봄의 성공 여부는 결국 지역 내 협력문화와 실행역량에 달려 있다고 할 수 있다.

참고문헌

1. 「포용국가 사회정책 추진계획」 2018. 관계부처합동
2. 「지역사회 통합돌봄 기본계획」 2018. 보건복지부 커뮤니티케어추진단
3. [보도자료] '커뮤니티케어' 구축, (2018. 11. 20. / 보건복지부 · 행정안전부 · 국토교통부)
4. 통합돌봄사업 안내, 보건복지부
5. 위의 자료
6. 「의료 · 요양 등 지역 돌봄의 통합지원에 관한 법률」(약칭: 돌봄통합지원법)[시행 2026. 3. 27.] [법률 제20415호, 2024. 3. 26., 제정]
7. 통합돌봄사업 안내, 보건복지부
8. 2023년 부천형 지역사회 통합돌봄 성과공유집
9. 2023년 부천형 지역사회 통합돌봄현황(PPT)
10. 위의 자료

제13장

돌봄 관련 제도

학습목표

- ✓ 방문건강관리 사업의 목적과 이용절차를 파악할 수 있다.
- ✓ 연명의료제도의 의의와 이행절차를 설명할 수 있다.
- ✓ 간병제도의 필요성과 과제를 설명할 수 있다.
- ✓ 일상돌봄서비스의 개념과 유형을 구분하고 설명할 수 있다.
- ✓ 사례와 함께 병원동행서비스의 이용절차를 파악할 수 있다.

제1절 방문건강관리사업

방문건강관리사업은 이러한 사회적 요구에 대응하여 건강관리에 취약한 노인과 만성질환자를 대상으로 지역 보건기관이 직접 가정을 방문해 맞춤형 건강 돌봄 서비스를 제공하는 대표적인 공공 보건 서비스이다. 이 사업은 건강 취약계층이 일상생활 속에서 건강을 유지하고 질병을 예방할 수 있도록 지원함으로써, 단순한 의료 서비스의 한계를 넘어서는 통합적이고 지속 가능한 돌봄 모델을 목표로 하고 있다.[1]

본 절에서는 방문건강관리사업에 대한 전반적 이해를 돕기 위해 사업의 목적과 필요성부터 서비스의 구체적인 내용과 제공 방식, 그리고 실제 서비스 이용 절차까지 체계적으로 살펴본다. 이를 통해 독자들은 방문건강관리사업이 자신과 가족의 삶에 어떤 변화를 줄 수 있는지 실질적으로 이해하고 활용할 수 있을 것이다.

1. 방문건강관리사업의 이해[2]

1) 사업의 목적과 필요성

방문건강관리사업은 건강 취약계층의 건강을 증진하고 만성질환을 예방·관리하기 위해 공공보건기관이 제공하는 대표적인 1차 예방 중심의 돌봄서비스이다. 특히 고령자, 독거노인, 만성질환자, 장애인 등 건강관리에 어려움을 겪는 대상자에게 보건소나 출장보건팀이 직접 가정으로 방문하여 맞춤형 건강관리 서비스를 제공하는 것을 목적으로 한다.

이 사업의 필요성은 다음과 같다.

첫째, 의료기관 접근이 어려운 노인이나 거동이 불편한 사람들이 정기적인 건강관리를 받기 어렵다는 점에서 방문형 서비스는 사각지대를 해소하는 데 효과적이다.

둘째, 고혈압, 당뇨 등 만성질환을 조기에 발견하고 지속적으로 관리할 수 있어 치료비 부담을 줄이고 삶의 질을 높이는 데 기여한다.

셋째, 정서적 고립과 사회적 단절이 건강 악화로 이어지는 것을 예방하고, 지역사회 안에서 건강한 노년을 유지하도록 돕는다는 점에서 사회적 돌봄으로서도 중요하다.

방문건강관리사업은 단순한 건강 체크를 넘어, 예방, 상담, 교육, 연계를 모두 포함하는 통합적 돌봄 서비스로 볼 수 있다.

2) 주요 대상자

방문건강관리사업의 대상자는 보건소나 지자체가 자체 기준에 따라 선정하는 건강위험군 및 돌봄이 필요한 지역 주민이다. 일반적으로 다음과 같은 사람들이 주요 대상이 된다.

① 65세 이상 노인, 특히 독거노인, 부부만 사는 노인, 기초생활수급자, 차상위계층 등
② 고혈압, 당뇨병, 고지혈증 등 만성질환자로서 지속적인 관리가 필요한 사람

③ 장애인, 거동불편자, 퇴원 후 회복기 노인 등 의료기관 방문이 어려운 사람
④ 정신건강 위험이 높은 사람 (우울증, 자살위험군 등)
⑤ 취약계층 아동, 임산부, 중장년층 중 건강위험요인이 있는 사람 (지자체 사업에 따라)

보건소는 지역 내 건강조사와 상담을 통해 대상자를 선별하고, 가정 방문을 통해 정기적으로 건강상태를 확인하며 필요한 서비스를 제공한다.

2. 서비스 내용과 제공 방식[3]

1) 건강위험군 선별 및 등록

방문건강관리사업은 무작위 방문이 아닌, 건강위험이 높은 지역주민을 체계적으로 선별하여 등록하는 방식으로 운영된다. 보건소는 지역 내 인구 및 건강조사, 건강위험요인 설문, 타기관 협조를 통해 건강위험군을 파악하고, 대상자를 등록 관리한다.

① 노인 단독가구, 부부 가구 등 돌봄이 부족한 구조의 가구
② 기초생활수급자, 차상위계층, 독거노인, 등록장애인 등
③ 고혈압, 당뇨, 고지혈증 등의 만성질환 유병자 또는 의심자
④ 최근 입원이나 수술을 경험한 후 회복기에 있는 사람
⑤ 인지저하, 우울증, 자살위험군 등 정신건강 위험이 있는 사람

보건소 또는 읍면동 공무원, 통합돌봄 창구, 복지기관, 방문간호사 등이 해당 정보를 파악하고 건강위험군 등록 시스템에 입력함으로써 서비스가 체계적으로 제공된다.

2) 보건소 중심의 방문진료 체계

방문건강관리사업은 보건소가 주체가 되어 직접 대상자의 가정에 방문하여 건강을 관리하는 서비스로 구성된다. 각 보건소에는 방문전담팀이 있으며, 주로 다음과 같은 체계로 운영된다.

① 방문간호사(공중보건 간호사, 위탁 간호사)가 직접 가정을 방문하여 건강상태를 확인하고 상담 및 교육을 실시함
② 보건소 내 진료의사, 치과의사, 물리치료사, 정신건강 전문요원과의 연계를 통해 필요한 서비스 연동 가능
③ 출장 건강버스, 의료인력 파견, 원격 건강상담 등 보건소의 인력과 자원을 탄력적으로 활용하여 대상자 맞춤형 진료를 실시함

또한 거동이 불편한 노인을 위해 보건소에서 지역 병원과 협력하여 방문진료(왕진)을 연결하기도 하며, 필요시 병원 진료 및 장기요양서비스로의 연계도 병행된다.

3) 방문 간호 · 건강상담 내용

방문건강관리서비스의 핵심은 정기적이고 지속적인 방문을 통해 노인의 건강 상태를 점검하고 관리하는 것이다. 주요 내용은 다음과 같다.

① 건강상태 측정: 혈압, 혈당, 체온, 체중, 시력, 청력 등 기본 건강지표 측정
② 건강상담 및 교육: 만성질환 관리법, 식이 및 운동 교육, 약물 복용법, 낙상 예방, 치매 예방 교육 등
③ 심리사회적 지원: 우울감, 불안감 등 정서적 문제 확인 및 지지적 상담
④ 응급상황 교육: 고혈압 발작, 저혈당 증상, 낙상 시 대처법 등 응급대응 교육
⑤ 생활환경 평가: 집안의 낙상위험 요소, 위생상태, 고립 상태 등 확인

이러한 활동은 건강기록지(서비스 기록지)에 체계적으로 기록되며, 축적된 정보는 사례관리 및 연계 서비스 판단의 근거로 활용된다.

4) 사례관리 · 연계서비스

방문을 통해 건강문제가 확인되면, 단순 상담에 그치지 않고 체계적인 사례관리와 지역사회 자원으로의 연계가 이루어진다. 사례관리는 일정 기간 반복적으로 방문하며 건강 목표를 설정하고, 건강변화를 추적하고, 생활습관 개선을 도모하는 과정이다. 예를 들어, 고혈압이 있는 노인을 대상으로 식사일지 작성, 약물복용 교육, 혈압기 제공 등의 계획을 수립하고 주기적으로 점검하는 방식이다.

연계서비스는 다음과 같은 다양한 자원을 포함한다.

① 의료기관: 진료가 필요한 경우 지역 병원, 정신건강의학과, 치과 등으로 의뢰
② 복지서비스: 노인맞춤돌봄서비스, 응급안전알림서비스, 식사배달 등과 연계
③ 지자체 및 민간기관: 주거환경 개선, 기초생활지원, 무료 법률 상담 등 지원
④ 장기요양보험 서비스: 장기요양 인정신청을 안내하고 연계 지원

즉, 방문건강관리사업은 '진단-관리-연계'의 통합형 서비스 구조를 가지고 있으며, 단순한 방문을 넘어 지역사회 돌봄 체계의 중심 역할을 수행한다.

3. 서비스 신청 및 이용 절차

1) 신청 자격과 절차[4]

방문건강관리사업은 보건의료 서비스 접근이 어려운 건강취약계층을 대상으로 한

다. 사업은 자격 기준을 충족하는 사람에 한해 제공되며, 간단한 절차를 통해 신청 가능하다.

(1) 신청 자격
① 만 65세 이상 노인 중 아래에 해당하는 자
② 독거노인 또는 노인부부 가구
③ 기초생활수급자, 차상위계층
④ 거동 불편, 만성질환 보유, 정신건강 위험군 등
⑤ 장애인, 임산부, 조손가정 등 건강위험 요인이 있는 지역 주민
⑥ 보건소에서 건강위험군으로 선별·등록된 자

(2) 신청 절차
① 대상자 본인 또는 가족, 이웃이 신청 가능
② 읍면동 행정복지센터, 보건소 방문 또는 전화로 신청
③ 초기 상담 및 등록 후 서비스 제공 시작

신청 이후에는 보건소 담당자가 연락하여 방문일정을 조율하고, 초기 상담을 통해 구체적인 건강 욕구를 파악하게 된다.

2) 서비스 신청기관 (보건소, 읍면동)

방문건강관리사업은 보건소가 중심이 되어 운영되지만, 읍면동 주민센터나 타 기관을 통해서도 신청이 가능하다. 다음은 신청기관의 역할이다.

① 보건소: 사업 총괄 운영, 대상자 등록 및 방문조율, 방문인력 파견
② 읍면동 행정복지센터: 대상자 발굴, 접수, 간단한 건강정보 전달
③ 노인맞춤돌봄 수행기관: 복지서비스 연계 과정에서 건강위험군을 보건소로 연계

④ 지역사회복지관 · 이웃돌봄단체: 취약계층 발굴 및 신청 연계

즉, 가까운 주민센터나 보건소에 문의하면 담당 부서로 연결되며, 신청자가 복잡한 절차를 거치지 않아도 되도록 원스톱 연계 체계가 마련되어 있다.

3) 방문일정 조율과 초기 상담

신청이 접수되면, 보건소 방문건강관리팀 또는 건강관리사가 대상자에게 연락하여 방문 일정과 장소를 조율한다. 이때 대상자의 생활패턴과 일정에 맞춰 유연하게 일정을 조정한다.

① 건강상태 확인 및 기본 조사: 혈압, 혈당 측정, 복용 약물 확인 등
② 생활환경 파악: 낙상위험, 위생상태, 사회적 고립 여부 등
③ 건강 욕구 사정: 만성질환 관리 여부, 우울감, 스트레스, 운동량 등 개인건강기록지 생성 및 서비스 계획 수립

초기 상담은 단순한 측정을 넘어 건강 목표 설정과 문제 확인, 서비스 매칭의 시작점이 된다. 이 상담 결과를 바탕으로 사례관리 여부가 결정되며, 정기 방문 일정도 수립된다.

4) 서비스 중단 및 변경

방문건강관리사업은 대상자의 건강상태나 생활환경의 변화에 따라 유연하게 중단되거나 변경될 수 있다. 일반적으로 다음과 같은 경우에 서비스 조정이 이루어진다.

① 건강 상태 호전으로 서비스가 더 이상 필요하지 않은 경우

② 장기요양등급을 받아 요양보호 중심의 다른 서비스로 전환되는 경우
③ 대상자의 요청 또는 거부 의사에 따라 중단하는 경우
④ 이사, 시설 입소 등으로 주소지가 변경된 경우
⑤ 중복 서비스 방지 또는 통합관리 필요로 타 서비스로 통합되는 경우

이러한 경우 보건소는 대상자 및 가족과 협의하여 서비스 조정방안을 마련하며, 가능한 경우 타 서비스(예: 노인맞춤돌봄, 방문요양)로 연계한다.

4. 서비스 내용과 역할[5]

1) 서비스 내용

방문건강관리 서비스는 노인이 집 안에서 안전하고 편안하게 건강관리를 받을 수 있도록 설계된 서비스이다. 방문 시 수행되는 활동은 다음과 같다.

① 기초 건강측정: 혈압, 혈당, 체온, 체중 등 측정
② 건강상담: 식습관, 수면, 운동, 정서상태에 대한 상담
③ 약물 점검: 복용 약물의 종류, 시간, 부작용 여부 확인
④ 생활환경 점검: 낙상 위험, 위생 상태, 조명 상태 등 확인
⑤ 교육 및 지도: 낙상예방법, 질병관리 교육, 응급상황 대응 교육

이 서비스의 가장 큰 장점은 병원이나 보건소에 가지 않아도 되고, 노인의 실제 생활환경에 맞춰 맞춤형 상담과 지도가 가능하다는 점이다. 이를 통해 질병 예방뿐 아니라 생활 전반의 건강수준을 향상시킬 수 있다.

2) 전담인력의 역할

방문건강관리사업에서 가장 핵심적인 인력은 방문간호사와 건강관리사이다. 이들은 건강위험군 노인의 가정을 직접 찾아가 건강을 돌보고, 필요한 경우 지역사회 자원과 연계하는 역할을 수행한다.

(1) 방문간호사의 역할
① 혈압, 혈당, 체온 등 기초 건강지표 측정
② 건강상담 및 생활습관 지도 (식이요법, 운동, 약물 복용 등)
③ 만성질환자에 대한 질병 관리 및 경과 관찰
④ 건강 문제 발견 시 의료기관 또는 복지서비스 연계
⑤ 응급상황 인지 및 대처 요령 교육

(2) 건강관리사의 역할
① 정서적 지지 및 말벗 활동, 고립 예방
② 기초건강 정보 수집 및 생활환경 점검
③ 건강교육 자료 제공 및 설명 보조
④ 가족과의 연계 및 정보 전달 보조
⑤ 관리 대상자와의 관계 형성을 통해 장기적 사례관리 지원

이들은 보건소의 관리 하에 전문교육을 이수한 인력이며, 단순한 방문 서비스가 아닌 전문적이고 통합적인 건강 돌봄 제공자로서 지역사회 건강 증진에 중요한 역할을 담당한다.

3) 돌봄 가족이 함께 참여하는 법

방문건강관리에서 가족의 참여는 매우 중요하다. 특히 노인이 기억력이나 판단력이

부족할 경우, 가족의 동행은 서비스의 효과를 높인다. 다음은 가족이 함께 참여할 수 있는 방법이다.

① 방문 일정에 맞춰 동석하여 상담 내용 함께 청취
② 건강 상태나 증상에 대해 추가 정보를 제공
③ 복약이나 식이요법 등 관리 사항을 공유하고 실천에 협조
④ 방문기록지나 교육자료를 함께 검토하고 피드백 제공
⑤ 의료 연계나 추가 서비스 신청 시 대리 역할 수행

가족은 노인의 건강 파트너이자 감시자 역할을 할 수 있으며, 이는 지속적인 건강관리와 응급상황 대비에 매우 유효하다. 최근에는 돌봄 가족을 위한 교육도 함께 제공되는 추세로, 돌봄 전반에 대한 인식과 역량을 높이는 데 기여하고 있다.

제2절 연명의료결정제도[6]

의학의 발달은 생명을 연장하는 다양한 기술을 가능하게 하였지만, 회복 불가능한 상태에서 무의미한 연명의료가 환자의 고통을 연장하고 존엄한 죽음을 방해할 수 있다는 문제가 제기되어 왔다. 이에 따라 '연명의료결정제도'는 환자가 자신의 의사에 따라 연명의료를 거부하거나 중단할 수 있도록 하는 제도로 도입되었다.

우리나라는 2018년 「호스피스·완화의료 및 임종과정에 있는 환자의 연명의료결정에 관한 법률」을 시행하여 제도를 법제화하였으며, 사전연명의료의향서와 연명의료계획서를 통해 환자의 자기결정을 실현할 수 있는 기반을 마련하였다.

이 절에서는 연명의료결정제도의 개념, 법률적 근거, 결정 절차, 관리 체계 등을 중심으로 제도의 전반을 살펴보고, 노년기 생애말기 돌봄과의 연계성을 함께 고찰하고자 한다.

1. 연명의료제도의 의의와 배경

1) 연명의료제도의 의의

연명의료(life-sustaining treatment)란, 임종과정에 있는 환자에게 시행되는 의학적 시술로서, 환자의 근원적인 회복 가능성이 없을 때 치료 효과 없이 임종 기간만을 연장시키는 것을 의미한다. 대표적인 연명의료의 예시로는 인공호흡기 착용, 심폐소생술, 혈액투석, 항암제 투여 등이 있으며, 이러한 의료 행위들은 회복 불가능한 상태에서 단지 생명의 시간을 늘리는 것에 그치게 된다.

이에 따라 연명의료결정제도는 환자 본인의 자기결정권을 존중하고, 무의미한 연명의료를 중단할 수 있도록 법적 절차와 기준을 마련한 제도이다. 연명의료결정은 환자 스스로가 남은 삶에 대한 선택을 할 수 있도록 보장하며, 가족과 의료진이 함께 협의하여 생애말기 돌봄이 존엄하고 의미 있게 이루어지도록 한다.

이 제도는 단순히 치료 중단을 의미하는 것이 아니라, 치료의 목표를 환자의 가치와 바람에 맞게 재설정함으로써 환자 중심의 돌봄을 실현하는 중요한 수단이라 할 수 있다. 특히 말기나 임종과정에서의 연명의료 중단 결정은 '좋은 죽음(good death)'을 위한 핵심 요소로 간주된다.

2) 연명의료 중단과 보류의 차이

연명의료의 중단(withdrawal)은 이미 시행하고 있는 연명의료를 멈추는 행위이고, 보류(withholding)는 처음부터 연명의료를 시행하지 않는 것을 의미한다. 중단과 보류는 법적으로는 동일하게 취급되나 윤리적, 심리적 측면에서 의료진이나 가족들에게 다르게 받아들여질 수 있다. 즉, 연명의료를 중단하는 경우 이미 시행 중인 치료를 멈추기 때문에 더욱 큰 윤리적 부담과 심리적 갈등이 발생할 수 있다.

[표13-1] 연명의료 종류

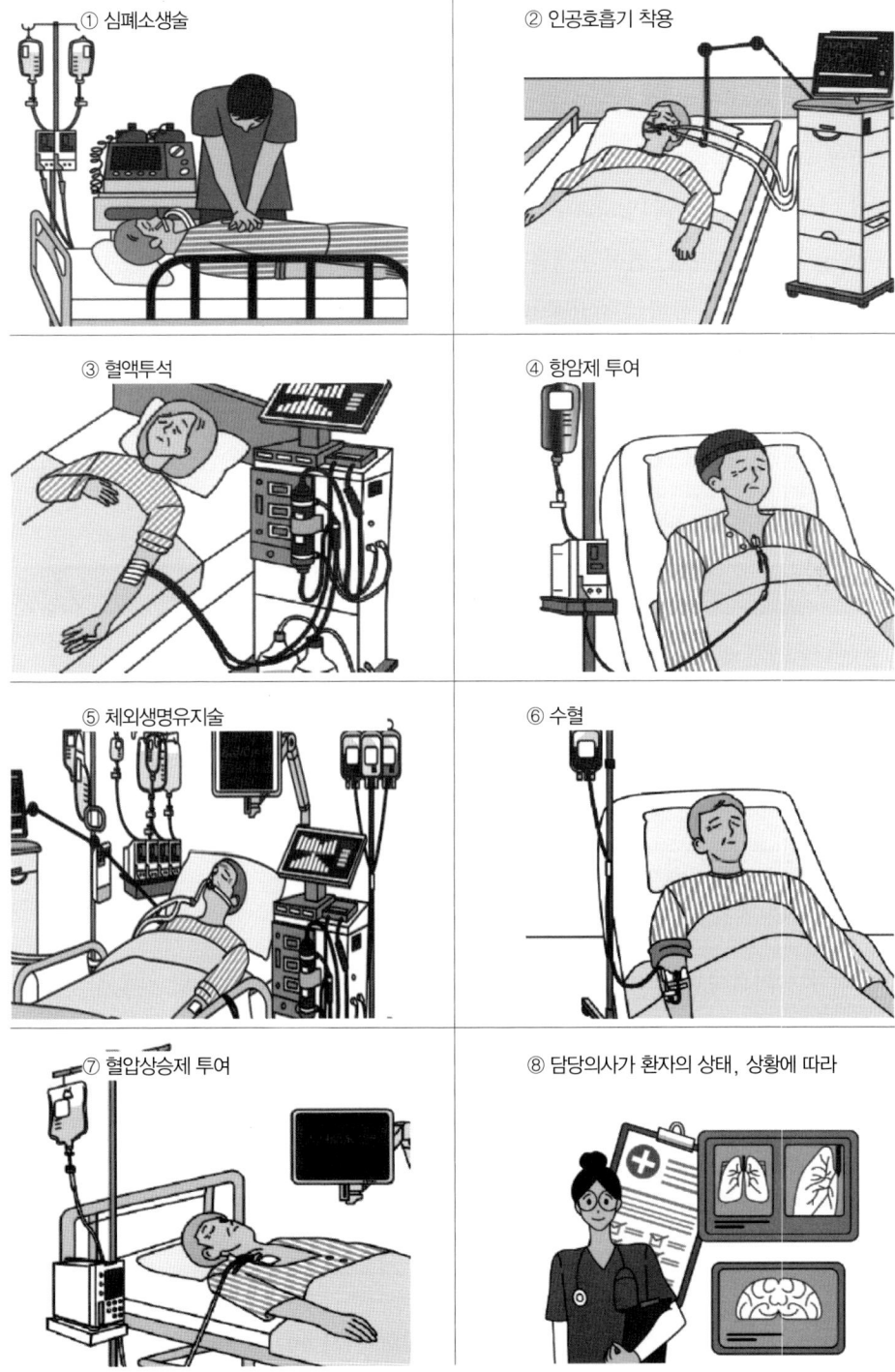

출처: 국립연명의료관리기관

3) 연명의료결정제도의 도입 배경

현대 의료 기술의 발전은 환자의 생명을 연장시키는 기술을 발전시켰으나, 이 기술이 무조건적으로 삶의 질 향상으로 이어지지는 않는 상황이 발생하기 시작했다. 특히, 1997년 '보라매 병원 사건'은 가족의 요청으로 인공호흡기를 제거하여 사망에 이른 환자에 대해 의료진이 살인방조죄로 처벌받은 사례였다. 이 사건은 한국 사회에 연명의료 중단에 관한 윤리적, 법적 논쟁을 촉발시켰다.

또한, 2009년 '김 할머니 사건'을 통해 대법원이 회생 가능성이 없는 환자의 경우 사전의료지시나 가족의 진술을 통해 연명의료 중단이 가능하다는 판결을 내리면서 연명의료 중단에 대한 사회적 공감대와 법적 근거가 마련되었다.

[표13-2] 연명의료제도 도입배경 사건

사건명	연도	사건개요 및 의미
보라매 병원 사건	1992년	가족의 요청에 따른 인공호흡기 제거로 의료진이 법적 처벌, 연명의료에 대한 사회적 논의의 시발점
김 할머니 사건	2009년	대법원이 회생 불가능 환자의 연명의료 중단 가능성을 최초로 인정, 법적 근거 마련의 계기

4) 연명의료결정제도의 법적 도입

이러한 사회적 논의를 바탕으로 2016년 2월 「호스피스·완화의료 및 임종과정에 있는 환자의 연명의료결정에 관한 법률」(이하 '연명의료결정법')이 제정되었다. 이 법은 2018년부터 본격 시행되었으며, 임종과정에 있는 환자에게 연명의료를 시행하지 않거나 중단할지를 환자 본인이 결정할 수 있도록 하였다.

연명의료결정법은 다음과 같은 목적과 원칙을 가지고 있다.

(1) 목적
① 환자의 자기결정을 존중하여 인간으로서의 존엄과 가치 보호

② 환자의 최선의 이익 보장

(2) 기본 원칙
① 환자의 자율성 존중
② 최선의 의료 제공과 의학적 판단 우선
③ 의료인은 환자의 결정을 정확하고 상세하게 설명하고 존중

2. 사전연명의료의향서 및 연명의료계획서 작성

현대의학의 발전은 임종기의 생명을 일정 수준까지 연장할 수 있게 되었지만, 연명의료가 반드시 환자의 이익과 존엄을 보장하는 것은 아니다.

오히려 환자 본인의 의사와 상관없이 이루어지는 인공호흡기, 심폐소생술, 항암치료 등은 신체적 고통과 심리적 부담을 가중시킬 수 있다. 이에 따라 한국에서는 『호스피스·완화의료 및 임종과정에 있는 환자의 연명의료결정에 관한 법률』(2018년 시행)을 통해 환자의 자기결정권을 보장하고, 인간다운 삶의 마무리를 가능케 하기 위한 제도를 마련하였다.

1) 사전연명의료의향서

사전연명의료의향서(Advance Directives, AD)는 18세 이상의 성인이 본인의 건강상태가 양호할 때, 향후 임종기에 특정 연명의료를 시행하지 않겠다는 의사를 미리 문서로 밝혀두는 제도이다. 이는 본인의 결정 능력이 없을 경우를 대비한 사전계획이며, 등록기관(보건소, 지정 상담기관 등)에서 작성할 수 있다.

작성 가능한 연명의료 항목은 다음과 같다.

① 심폐소생술(CPR)
② 인공호흡기 착용
③ 혈액투석
④ 항암제 투여 등

사전연명의료의향서는 언제든지 철회하거나 변경이 가능하며, 이는 의료진과 가족에게 환자의 의사를 명확히 전달함으로써 불필요한 연명치료를 피하고, 환자의 존엄한 죽음을 보장하는 데 중요한 역할을 한다.

2) 연명의료계획서

연명의료계획서(Life-Sustaining Treatment Plan)는 임종과정에 있는 환자 본인과 주치의가 함께 논의하여 작성하는 문서로, 환자의 의사에 따라 연명의료 중단 또는 유보에 대한 결정을 공식화한다.

이 계획서는 다음과 같은 절차에 따라 작성된다.

① 담당 의사가 환자에게 임종과정임을 설명하고,
② 환자 본인의 의사결정 능력이 있는 경우, 구체적인 치료 중단 여부(예: 심폐소생술, 인공호흡기, 수혈 등)를 계획서에 기입
③ 환자 의사 확인이 어려운 경우에는 가족 2인 이상의 일치된 진술에 따라 결정 가능

연명의료계획서는 주치의가 의료기관 내 '연명의료관리기관'에 등록함으로써 법적 효력을 가진다. 환자가 본인의 의사로 중단을 요청하는 경우, 의료진은 이를 존중하고 과잉치료를 피해야 한다.

3) 작성 시 고려해야 할 윤리적 요소

사전연명의료의향서나 연명의료계획서 작성은 단순한 서류 절차가 아니라, 삶과 죽음에 대한 본인의 가치, 존엄, 의미를 다시 성찰하는 과정이기도 하다. 따라서 다음과 같은 윤리적 배려가 중요하다.

① 충분한 정보 제공: 치료 방법의 내용, 효과, 부작용 등에 대한 충분한 설명
② 자기결정권 존중: 의료진이나 가족의 판단이 아닌, 환자 본인의 의지 중심
③ 강요 없는 환경 조성: 작성 여부에 대한 압박이나 유도 없이 자발적 참여 보장
④ 문화적·종교적 다양성 고려: 삶과 죽음에 대한 철학적 차이를 존중

[표13-3] 사전연명의료의향서

호스피스 · 완화의료 및 임종과정에 있는 환자의 연명의료결정에 관한 법률 시행규칙[별지 제6호서식]

사전연명의료의향서

※ 색상이 어두운 부분은 작성하지 않으며, [ ]에는 해당되는 곳에 √표를 합니다. (앞쪽)

등록번호		※ 등록번호는 등록기관에서 부여합니다.	
작성자	성 명		주민등록번호
	주 소		
	전화번호		
호스피스 이용	[ ] 이용 의향이 있음		[ ] 이용 의향이 없음
사전연명의료의향서 등록기관의 설명사항 확인	설명사항	[ ] 연명의료의 시행방법 및 연명의료중단등결정에 대한 사항	
		[ ] 호스피스의 선택 및 이용에 관한 사항	
		[ ] 사전연명의료의향서의 효력 및 효력 상실에 관한 사항	
		[ ] 사전연명의료의향서의 작성 · 등록 · 보관 및 통보에 관한 사항	
		[ ] 사전연명의료의향서의 변경 · 철회 및 그에 따른 조치에 관한 사항	
		[ ] 등록기관의 폐업 · 휴업 및 지정 취소에 따른 기록의 이관에 관한 사항	
	확인	[ ] 위의 사항을 설명 받고 이해했음을 확인합니다.	
환자사망전 열람희망여부	[ ] 열람 가능	[ ] 열람 거부	[ ] 그 밖의 의견
사전연명의료의향서 등록기관 및 상담자	기관 명칭		소재지
	상담자 성명		전화번호

본인은 「호스피스 · 완화의료 및 임종과정에 있는 환자의 연명의료결정에 관한 법률」제12조 및 같은 법 시행규칙 제8조에 따라 위와 같은 내용을 직접 작성했으며, 임종과정에 있다는 의학적 판단을 받은 경우 연명의료를 시행하지 않거나 중단하는 것에 동의합니다.

작성일   년   월   일
작성자   (서명 또는 인)
등록일   년   월   일
등록자   (서명 또는 인)

[표13-4] 연명의료계획서

호스피스·완화의료 및 임종과정에 있는 환자의 연명의료결정에 관한 법률 시행규칙 [별지 제1호서식]

연명의료계획서

※ 색상이 어두운 부분은 작성하지 않으며, [ ]에는 해당되는 곳에 √표를 합니다. (앞쪽)

등록번호		※ 등록번호는 의료기관에서 부여합니다.		
환자	성명		주민등록번호	
	주소			
	전화번호			
	환자 상태 [ ] 말기환자 [ ] 임종과정에 있는 환자			
담당 의사	성명		면허번호	
	소속 의료기관			
호스피스 이용	[ ] 이용 의향이 있음		[ ] 이용 의향이 없음	
담당의사 설명사항 확인	설명 사항	[ ] 환자의 질병 상태와 치료방법에 관한 사항		
		[ ] 연명의료의 시행방법 및 연명의료중단등결정에 관한 사항		
		[ ] 호스피스의 선택 및 이용에 관한 사항		
		[ ] 연명의료계획서의 작성·등록·보관 및 통보에 관한 사항		
		[ ] 연명의료계획서의 변경·철회 및 그에 따른 조치에 관한사항		
		[ ] 의료기관윤리위원회의 이용에 관한 사항		
	확인 방법	위의 사항을 설명 받고 이해했음을 확인하며, 임종과정에 있다는 의학적 판단을 받은 경우 연명의료를 시행하지 않거나 중단하는 것에 동의합니다.		
		[ ] 서명 또는 기명날인 년 월 일 성명 (서명 또는 인)		
		[ ] 녹화		
		[ ] 녹취		
		※ 법정대리인 년 월 일 성명 (서명 또는 인) (환자가 미성년자인 경우에만 해당합니다)		
환자사망전 열람희망여부	[ ] 열람 가능 [ ] 열람 거부 [ ] 그 밖의 의견			

「호스피스·완화의료 및 임종과정에 있는 환자의 연명의료결정에 관한 법률」 제10조 및 같은 법 시행규칙 제3조에 따라 위와 같이 연명의료계획서를 작성합니다.

년 월 일

담당의사 (서명 또는 인)

3. 연명의료결정의 이행절차[7]

연명의료결정은 생애말기 돌봄에서 환자의 자기결정권을 존중하고, 무의미한 연명의료를 지양하기 위한 제도적 절차이다.

연명의료결정 절차는 연명의료결정이 실제로 이행되기 위한 요건과 과정으로서 임종과정에 있는 환자 판단 → 환자 또는 가족의 결정 확인 → 연명의료의 유보 또는 중단으로 진행된다.

[표13-5] 연명의료결정의 이행절차

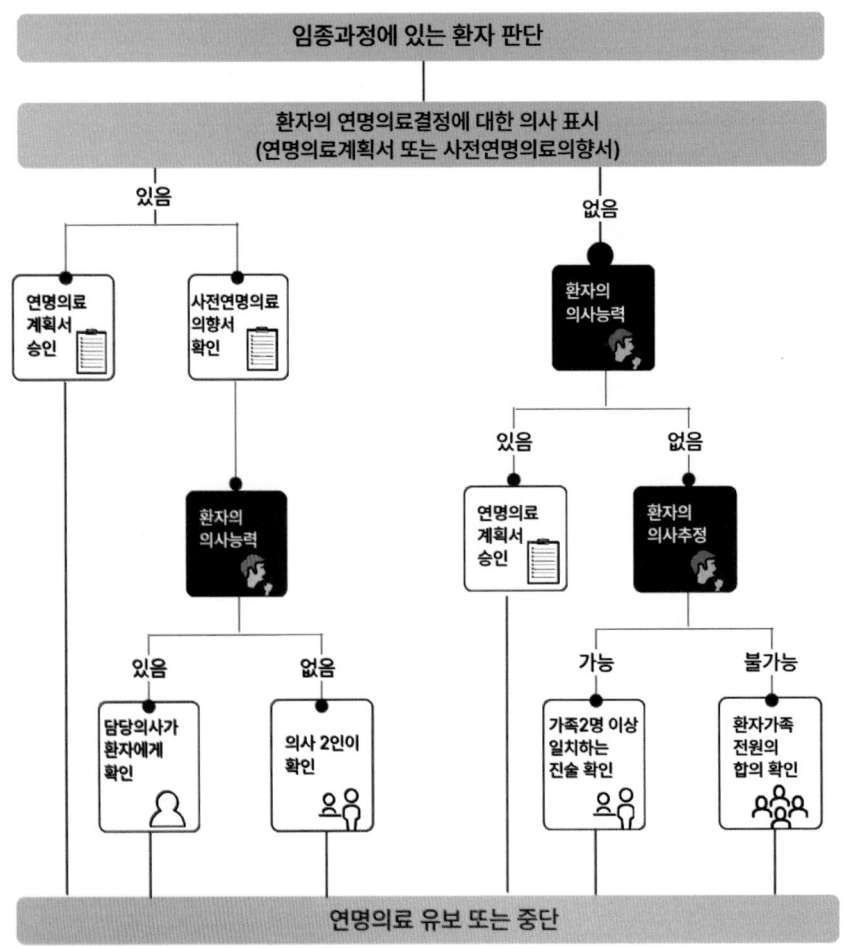

1) 임종과정에 대한 의학적 판단

임종과정이란 회생의 가능성이 없고, 치료에도 불구하고 회복되지 않으며, 급속도로 증상이 악화되어 사망에 임박한 상태를 의미한다. 연명의료결정을 이행하기 위해서는 반드시 환자가 '임종과정'에 있다는 의학적 판단이 선행되어야 하며, 이는 다음과 같은 절차를 거쳐 이루어진다.

(1) 판단 주체: 담당의사와 해당 분야 전문의 1명이 공동으로 판단한다.
호스피스 전문기관에서 말기환자가 이용 중인 경우, 담당의사 1인의 판단으로 갈음할 수 있다.

(2) 판단 기준
- 회복 가능성이 없음
- 급격한 증상 악화
- 사망이 임박한 상태

■ 사례

김 모 환자(73세, 간암 말기)는 입원 중 혈압저하, 호흡곤란, 의식혼미 상태에 빠졌다. 담당의사와 전문의는 환자의 상태를 종합적으로 판단하여 임종과정에 진입했다고 기록하였다. 이후 환자의 연명의료계획서에 따라 연명의료 중단 결정이 진행되었다.

2) 환자 또는 환자가족의 결정 확인

임종과정에 있다는 판단 이후에는 연명의료 중단 또는 유보에 대한 환자의 의사를 확인해야 하며, 아래의 방법 중 하나를 통해 이뤄진다.

(1) 환자의 의사 확인
① 연명의료계획서가 있는 경우: 환자의 의사로 간주
② 사전연명의료의향서가 있는 경우: 환자가 의향서 내용을 이해하고 작성했음을 담당의사가 확인
③ 환자의 의사능력이 없는 경우: 해당 분야 전문의 1명과 함께 의향서의 유효성을 확인

(2) 환자의 의사 추정: 가족 진술을 통한 확인
① 환자의 의사 표현이 불가능하고 사전문서가 없는 경우
② 환자가족(만 19세 이상) 2명 이상의 일치된 진술로 환자의 평소 의사를 추정
③ 진술 내용과 배치되는 객관적 증거(녹음, 문서 등)가 있는 경우에는 무효

(3) 환자가족의 의사확인: 환자가족 전원의 합의
① 위 두 가지 방식(환자의 의사확인, 가족진술을 통한 확인)으로 환자의 의사를 확인할 수 없는 경우
② 배우자 및 1촌 이내의 직계 존비속 가족이 전원 합의하여 연명의료 중단 의사를 표시할 수 있음
③ ①②에 해당하는 사람이 없는 경우 2촌 이내의 직계존비속
④ ①②③에 해당하는 사람이 없는 경우 형제자매

- **사례**

의사 표현이 불가능한 이 모 환자(80세)는 사전연명의료의향서를 작성하지 않았다. 자녀 2명이 평소 "연명의료는 원하지 않았다"는 일치된 진술을 하여, 담당의사와 전문의가 이를 환자의 의사로 간주하였다.

3) 연명의료의 유보 또는 중단

환자의 의사 확인이 완료되면, 담당의사는 연명의료중단 등 결정을 이행할 수 있다.

(1) 이행의 절차
① 이행 시점: 임종과정에 대한 판단 및 환자의 의사 확인 후
② 이행 방법: 해당 환자에 대한 연명의료를 시행하지 않거나(유보), 이미 시행 중인 연명의료를 중단함(중단)
③ 기록 및 통보: 담당의사는 이행 사실을 문서화하고, 의료기관은 이를 국립연명의료관리기관에 통보해야 함

(2) 예외사항과 보장 항목
   연명의료를 유보하거나 중단하더라도, 통증 완화를 위한 조치, 산소 및 영양 공급은 중단할 수 없다.
   담당의사가 종교적 또는 윤리적 이유로 이행을 거부할 경우, 의료기관은 윤리위원회 심의를 통해 대체 의사를 지정해야 한다.

4. 연명의료결정제도의 관리체계[8]

[표13-6] 연명의료결정제도의 관리체계

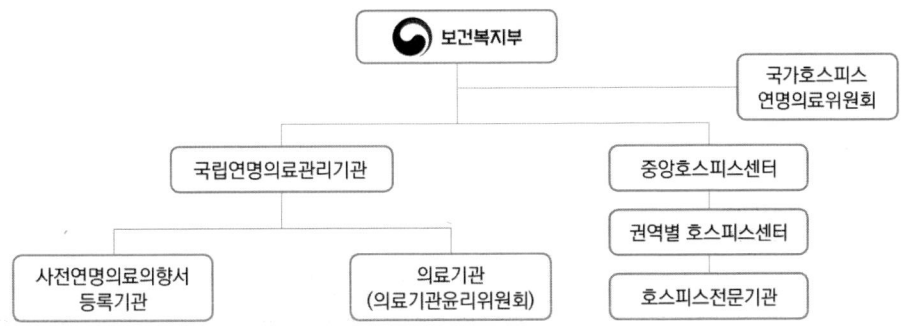

출처: 국립연명의료관리기관

연명의료결정제도는 환자의 자기결정권을 보장하고 생애말기 돌봄의 질을 높이기 위해 국가 차원의 체계적인 관리와 감독이 필요하다. 이를 위해 정부는 제도의 운영을 총괄하는 국가위원회와 중앙관리기관을 설치하고, 현장 의료기관에서도 윤리적 판단을 위한 위원회를 구성하도록 하고 있다.

1) 국가호스피스연명의료위원회

국가호스피스연명의료위원회는 보건복지부 장관 소속으로 구성된 정책 심의 기구로, 연명의료 및 호스피스 제도의 종합적인 운영 방향을 설정하고 이를 평가하는 핵심 조직이다. 위원회는 말기환자 진료, 호스피스, 생명윤리 등에 관한 전문성을 가진 위원으로 구성되며, 연명의료 및 호스피스에 대한 국가 차원의 정책과 시행계획을 심의·결정하는 역할을 수행한다.

위원회는 다음과 같은 주요 기능을 갖는다.

① 연명의료 및 호스피스 제도의 종합계획 수립과 시행계획 심의
② 제도 관련 법령 및 지침의 개선 사항 검토
③ 의료기관윤리위원회 등 현장 기관과의 연계 강화
④ 말기환자와 가족을 위한 돌봄 정책 제안 및 평가

이 위원회는 우리 사회의 생애말기 돌봄 문화 정착을 위한 제도적 근간을 제공하는 역할을 담당하고 있다.

2) 국립연명의료관리기관

국립연명의료관리기관은 연명의료결정제도의 행정적, 기술적 운영을 전담하는 중앙관리기관으로, 연명의료계획서 및 사전연명의료의향서의 등록·관리, 제도 운영 현황

조사, 정책지원 업무 등을 수행한다.

이 기관의 주요 업무는 다음과 같다.

① 연명의료계획서 및 사전연명의료의향서 데이터베이스 구축 및 유지관리
② 등록기관 및 윤리위원회에 대한 교육과 감독
③ 제도 운영 실태 조사 및 통계 분석
④ 의료진, 국민 대상 정보 제공과 제도 홍보
⑤ 정보처리시스템 구축 및 기술지원

관리기관은 연명의료 결정과 관련된 정보의 신뢰성과 연속성을 보장하며, 제도 운영의 실효성을 높이는 중심 기관이다. 이 기관은 연명의료정보포털(www.lst.go.kr)을 통해 대국민 서비스를 제공하고 있다.

3) 사전연명의료의향서 등록기관

사전연명의료의향서 등록기관은 국민이 사전연명의료의향서를 작성하고 등록할 수 있도록 상담, 작성 지원, 등록 등의 업무를 수행하는 지정 기관이다. 이는 국민 개개인이 자신의 생애말기 의료 결정에 대한 의사를 사전에 문서로 명확히 남길 수 있도록 지원함으로써, 연명의료결정제도의 실효성을 높이는 데 핵심적인 역할을 한다.

(1) 등록기관의 지정
보건복지부 장관은 다음과 같은 요건을 갖춘 기관을 등록기관으로 지정할 수 있다.

① 지역보건의료기관(보건소 등)
② 의료기관(병원, 요양병원 등)
③ 비영리법인 또는 비영리민간단체
④ 공공기관

등록기관은 지정 요건으로서 독립된 상담 공간과 보안이 확보된 사무실, 등록 업무를 수행할 전담 부서와 2인 이상의 상근 인력을 갖추어야 한다. 등록기관 지정 신청은 연명의료 정보처리시스템을 통해 제출하게 되어 있다.

(2) 등록기관의 업무
등록기관은 다음과 같은 주요 업무를 수행한다.

① 사전연명의료의향서에 대한 상담 및 설명 제공
② 작성을 희망하는 작성자 본인의 신원 확인 및 의향서 작성 지원
③ 작성된 의향서를 전산시스템을 통해 국립연명의료관리기관에 등록 및 통보
④ 의향서의 변경·철회 시 해당 절차 수행 및 기록 관리
⑤ 작성자에게 등록카드 발급 여부 확인 및 요청 접수

특히, 상담자는 보건복지부에서 지정한 교육과정을 이수한 자여야 하며, 상담 내용과 작성 과정은 법령에 따른 표준화된 절차를 따라야 한다.

4) 의료기관윤리위원회

의료기관윤리위원회는 연명의료결정의 이행에 직접 관여하는 현장 수준의 윤리심의 기구이다. 이 위원회는 연명의료중단 등의 판단을 둘러싼 환자, 가족, 의료진 간의 갈등을 조정하고, 임종과정의 판정과 이행 과정이 법적·윤리적으로 타당한지를 심의하는 역할을 한다.
위원회는 위원장 1인을 포함하여 5명 이상으로 구성되며, 다음과 같은 의무를 수행한다.

① 임종과정 환자 및 가족이 요청하는 연명의료 결정 사안에 대한 심의
② 담당의사의 이행 거부 시 의사 교체에 대한 심의

③ 환자 및 가족을 위한 상담 및 윤리적 판단 지원
④ 의료진을 대상으로 한 연명의료 관련 윤리교육 제공

윤리위원회는 외부 전문가(법률, 윤리, 종교, 시민단체 등) 참여를 의무화하여 의사결정의 객관성과 투명성을 확보하도록 되어 있다. 중소병원이나 요양병원 등 위원회 설치가 어려운 기관은 공용윤리위원회 또는 타기관 위원회와의 위탁 협약을 통해 기능을 수행할 수 있다.

제3절 간병 제도

간병은 고령사회에서 필수적인 돌봄 기능으로, 가족 중심의 비공식 지원에서 국가와 지역사회의 공적 책임으로 전환되고 있다. 본 절에서는 간병의 개념과 필요성을 시작으로, 간호·간병 통합서비스, 요양병원 시범사업, 퇴원 후 지역연계 간병체계, 민간 간병관리 및 기술 기반 확장까지 공공 간병제도의 구조와 과제를 살펴본다.

1. 간병의 개념과 필요성

1) 간병의 정의와 핵심 기능

간병은 질병, 노화, 신체적 장애 등으로 인해 일상생활 수행이 어려운 사람에게 신체적·정서적·생활적 돌봄을 제공하는 활동을 의미한다. 이는 의료적 처치를 포함하지는 않지만, 식사 보조, 이동 지원, 배변 관리, 위생 유지, 수면 도움, 정서적 지지 등 전인적 삶을 지원하는 돌봄 행위를 포함한다. 간병은 일시적일 수도, 장기적일 수도 있으며, 병원, 요양병원, 재가, 시설 등 다양한 공간에서 수행된다.

간호는 진단, 처치, 투약 등 전문의료 행위를 포함하지만, 간병은 비의료적 돌봄이 주된 기능이다. 그러나 두 영역은 긴밀하게 협력해야 하며, 특히 노인의료복합서비스에서는 경계가 점차 융합되고 있다.

2) 고령화와 간병 수요의 급증

한국은 2025년 초고령사회(65세 이상 인구 비율 20% 이상)에 진입할 것으로 전망되며, 이에 따라 노인성 질환과 만성질환자의 증가로 간병 수요가 급격히 확대되고 있다. 특히 치매, 중풍, 심혈관질환, 암 치료 이후의 재활 등에서 장기적인 간병이 필요하다.

고령화에 따라 국민들의 간병 부담이 갈수록 심각해지고 있다. 사적 간병비 부담이 지속적으로 증가하여 연간 약 10조 원을 상회한 것으로 추정된다. 또한, 고령환자 1인당 입원 기간이 평균 20일을 넘는 등 병원 기반 간병에 대한 사회적 부담도 지속적으로 상승하고 있다.

3) 가족 간병의 한계와 '간병 파산' 현상

전통적으로 한국 사회는 가족, 특히 여성 가족 구성원이 간병 책임을 맡아왔다. 그러나 여성의 사회참여 확대, 핵가족화, 장기화된 간병 부담은 가족돌봄의 지속가능성을 위협하고 있다.

- 간병으로 인해 직장을 그만두는 가족
- 간병비로 인해 저축과 주거비, 자녀 교육비를 감당하지 못하는 사례
- 경제적 파탄 상태에 이른 '간병 파산' 가정의 증가

> **■ 사례**
>
> 65세의 A씨는 뇌출혈로 쓰러진 남편을 3년간 간병했다. 직장을 그만두고 돌보는 동안 병원비와 간병비가 가계를 압박했고, 결국 자녀 학비를 중단해야 했다. "병보다 무서운 건 간병비"라는 말은 이들의 현실을 압축적으로 표현한다.

4) 간병의 사회화와 공공성 확보의 중요성

간병은 더 이상 '가정의 문제'가 아니라, 사회 전체가 함께 해결해야 할 공적 과제로 부각되고 있다. 간병은 보건의료와 복지의 경계에 위치하며, 다음과 같은 이유로 공공개입이 필수적이다.

① 사회보험과 연계된 간병서비스 확대: 국민건강보험, 장기요양보험과의 연계 필요
② 간병의 질 관리와 표준화: 간병인의 교육, 인증, 계약 체계 정비
③ 취약계층 대상 간병비 지원: 소득 기반 바우처, 긴급돌봄제도 등 필요
④ 간병을 돌보는 돌봄: 간병 제공자에 대한 정서적·제도적 지원체계 마련

이러한 흐름은 "간병비 걱정 없는 나라"라는 국가 비전으로 구체화되고 있으며, 간호·간병 통합서비스, 요양병원 간병 지원, 재택 간호체계 확장 등이 그 사례이다.

2. 공공 간병제도의 발전과 정책 방향

고령화 사회가 심화됨에 따라 간병의 사회화 요구가 확대되면서, 정부는 '간병비 걱정 없는 나라'를 목표로 다양한 공공 간병 제도를 도입하고 확대하고 있다. 본 단원에서는 간호·간병 통합서비스, 요양병원 간병지원 시범사업, 간병인력 정책, 지방정부 특화 사례를 중심으로 제도적 발전 방향을 살펴본다.

1) 간호·간병 통합서비스의 도입과 제도화(2015~)

간호·간병 통합서비스는 가족이나 보호자가 직접 고용하던 사적 간병인 대신, 병원이 고용한 간호사와 간호조무사 등이 병실 내에서 간호 및 간병 서비스를 함께 제공하

는 공공의료서비스다. 2015년 법제화된 이후, 보건복지부는 해당 서비스를 전국 병원급 이상 의료기관으로 확대 중이다.

① 서비스 제공 대상 병원: 상급종합병원(45개), 500병상 이상 종합병원 등
② 중증환자 전담병실 도입: 간호사 1명당 환자 4명, 간호조무사 1명당 8명 기준
③ 간병 인력 기준 강화: 간호조무사 배치를 기존보다 최대 3.3배 확대
④ 보호자 상주 제한: 환자 안전 확보와 보호자 부담 경감 목적
⑤ 의료기관 단위 서비스 운영전환: 병동별→병원 단위 전면화로 확대

2) 요양병원 간병지원 시범사업의 추진과 확대

요양병원은 만성질환자, 회복기 환자 등 장기 입원 환자가 많은 구조로 인해 사적 간병 의존도가 매우 높다. 이에 정부는 2024년부터 공공 간병 시범사업을 통해 요양병원 간병의 공공화를 추진하고 있다.

① 1단계 시범사업(2024~2025): 전국 20개 병원, 1,200명 환자 대상
② 대상자 선정 방식: '의료-요양 통합판정체계' 도입 → 의료최고도 또는 고도 + 장기요양 1~2등급
③ 간병인력 배치 유형: A형(1:8), B형(1:6), C형(1:4), 본인부담률 40~50%
④ 간병비 지원기간: 의료고도 환자 180일, 의료최고도 환자 최대 300일
⑤ 간호사의 감독 하에 간병 수행: 불법 의료행위 방지

[표13-7] 유형별 간병인 배치 비교

유형	주간 근무 기준	환자 본인부담	간병인 총 배치 수
A형	1:8	9,756원/일 (40%)	17명
B형	1:6	11,478원/일 (40%)	20명
C형	1:4~6	17,935원/일 (50%)	25명

[표13-8] 간병 정책 과제

10대 과제

01	중증환자 우선적 간호·간병 통합서비스 제공
	• 중증환자 전담 병실 도입
02	간호·간병 통합서비스의 간병 기능 대폭 강화
	• 간호조무사 배치 최대 3.3배 확대 • 간호조무사 야간 전담 인력 배치 수가 신설
03	간호인력 근무여건 개선으로 간호·간병 통합서비스 질 향상
	• 중증환자 비율이 높으면 간호사 인력 배치 상향 • 대체 간호사 배치 및 교육전담 간호사 배치 의무화
04	합리적 성과보상을 통해 간호·간병 통합서비스 확대
	• 성과평가 보상 확대(2배 이상) 및 결과지표 중심으로 평가
05	상급병원의 간호·간병 통합서비스 참여 확대
	• 2026년부터 비수도권 상급종합병원은 제한 없이 참여 가능 • 수도권은 6개병동(기존 4개)까지 참여 확대
06	요양병원 간병 지원 단계적으로 제도화
	• 2024년 7월부터 시범사업 시작 • 2027년 1월부터 본사업으로 전환
07	요양병원 간병지원 대상자는 의료·요양 통합판정을 통해 선정
	• '의료필요도'와 '유양필유도'가 높은 환자를 객관적 기쥬으로 선정
08	퇴원 후 집에서도 의료·간호·돌봄 제공
	• 재택의료센터 확대(시군구당 1개소 이상) • 방문형 간호 통합 제공센터 및 긴급돌봄서비스 신설
09	간병서비스 품질관리체계 구축으로 질높은 서비스 제공
	• 간병인력 공급기관 기준 마련 후 관리체계(등록제 등) 도입 • 간병인 표준교육·훈련 프로그램 개발, 병원내 관리·감독 방안
10	복지기술을 활용하여 간병업무 경감 및 간병 관련 산업 육성
	• 복지용구(보조기기) 지원 확대 • 간병 로봇 개발 등 산업 육성 병행

출처: 보건복지부(2023년)

3) 간병인력의 양성체계 구축과 근무환경 개선

간병서비스 질 향상을 위해서는 간병인력의 교육·훈련, 처우 개선, 자격제도 정비가 필수적이다.

① 간병인력 공급기관 등록제 도입: 서비스 표준화, 이력정보 관리, 건강검진, 보험가입 의무화
② 교육전담 간호사 배치 의무화: 신규 간호사의 임상 적응과 간병 역량 향상
③ 간병인 표준계약서 보급: 불공정 계약 방지 및 법적 분쟁 최소화
④ 성과기반 보상체계 전환: 참여 병원의 서비스 질 평가에 따라 인센티브 부여

■ 지방정부 특화사업: 경기도 '간병SOS 제도'

경기도는 간병 사각지대에 놓인 저소득층·취약계층을 위한 긴급 간병지원 제도로 '간병 SOS 사업'을 추진하고 있다.

- 지원 대상: 경기도 내 주민등록이 되어있는 65세 이상의 저소득계층 노인으로서 상해·질병 등으로 병원급 의료기관 이상에 입원하여 간병서비스를 받은 자
- 지원 내용: 1인당 연간 최대 120만 원 지원
- 지원 기간: 필요에 따라 1~14일 단기 집중 지원
- 연계 체계: 병원 사회복지사, 시군 희망복지팀과 실시간 연계

■ 사례

78세 남성 A씨는 갑작스러운 뇌출혈로 입원 후 퇴원했으나 돌볼 가족이 없어 '간병SOS'에 신청하였다. 경기도 간병전문기관을 통해 7일간 간병인을 파견받아 일상 복귀를 지원받았다.

3. 퇴원 후 간병지원과 지역 돌봄 연계[10]

고령 환자나 중증 질환자는 병원 치료 후에도 상당 기간 동안 일상생활의 회복과 지속적인 간병이 필요하다. 그러나 많은 환자들이 퇴원과 동시에 간병 공백에 놓이며, 이는 재입원·건강 악화·가족 부담으로 이어진다. 이에 정부는 의료기관에서 지역사회로의 전환기 간병체계를 구축하고 있으며, 특히 시군구 중심의 지역 연계 모델을 강화하고 있다.

1) 재택의료센터와 방문형 간호 통합제공센터
퇴원 후 집에서도 간병과 의료서비스를 연속적으로 받을 수 있도록 재택의료센터와 방문형 간호 통합제공센터가 구축되고 있다.

① 재택의료센터: 시군구마다 1개 이상 설치(2027년까지)하여 퇴원환자, 장기요양등급자 등에게 의료·간호·돌봄 서비스를 통합 제공
② 방문형 간호 통합제공센터: 퇴원환자를 대상으로 간호사와 간병인이 함께 방문하여 기본간호, 건강관찰, 일상생활 지원을 제공

2) 단기·긴급 수요 대응을 위한 긴급돌봄 바우처

퇴원 직후 일시적으로 간병인이 필요한 경우에는 '긴급돌봄 지원사업'을 통해 단기 간병 서비스를 받을 수 있다.

① 지원 방식: 사회서비스 전자바우처 방식으로 서비스 이용
② 대상자: 병원에서 퇴원하는 노인, 가족의 부재로 돌봄이 어려운 경우
③ 서비스 내용: 1~7일 단기 방문 간병, 식사 보조, 안전 확인, 병원 동행 등

> ■ 사례
>
> 76세 B씨는 고관절 수술 후 퇴원했으나 자녀가 모두 타지역에 거주하고 있어 경기도 긴급돌봄 바우처를 신청했다. 3일간 간병인이 파견되어 집에서 식사 및 이동을 도왔고, 후속 서비스로 노인맞춤돌봄과 연계되었다.

3) 지역 기반 정보공유 플랫폼과 병원 연계 시스템

퇴원환자의 정보가 단절되지 않도록 하기 위해 병원과 시군구 간 정보공유 플랫폼을 구축하고 있다.

- 시군구 돌봄창구(복지센터 등)가 병원의 퇴원계획 정보와 연계
- 퇴원 후 연속 간호, 장기요양, 노인맞춤돌봄, 긴급돌봄 등의 서비스 매칭 및 조정 수행
- 플랫폼을 통해 서비스 이용 이력, 상태 변화, 중복지원 여부 등 통합 관리

4) 장기요양·노인맞춤돌봄서비스와의 통합 연계

퇴원 이후 간병이 필요한 고령자는 장기요양보험(재가급여) 또는 노인맞춤돌봄서비스와의 연계를 통해 중장기적 돌봄 체계로 이행할 수 있다.

① 긴급돌봄 후 장기요양 등 본 제도로 이행 유도
② 서비스 간 중복 방지 및 효율적 자원 배분을 위한 조정이 중요

퇴원 이후의 간병은 단순한 병원 외 활동이 아니라, 환자의 재활, 지역사회 복귀, 삶의 질 회복을 위한 필수 돌봄 요소이다. 지역 중심의 간병 연계 체계는 간병의 연속성,

적시성, 접근성을 높이며, 결국 돌봄 복지의 핵심 기반이 된다.

4. 민간 간병서비스 제도화와 기술 기반 확장[1]

현재 우리나라 간병서비스는 민간 시장이 큰 비중을 차지하고 있으며, 간병인 대부분이 직업소개소나 알선업체를 통해 비공식적으로 고용되고 있다. 이는 서비스 질의 편차, 법적 보호의 부재, 이용자와 제공자 간 갈등 등의 문제를 유발한다. 이에 정부는 민간 간병서비스의 공적 관리체계를 구축하고, 복지기술을 도입해 간병 효율성과 품질을 높이려 하고 있다.

1) 간병인력 공급기관 등록제 및 표준계약 체계

2024년부터 보건복지부는 민간 간병인력 공급기관에 대한 등록제(인증제)를 도입하고, 서비스 품질 표준화 작업을 본격화하고 있다.

(1) 등록제 주요 기준
① 제공 인력의 자격정보와 경력 이력 등록
② 건강검진 결과 및 배상책임보험 가입 확인
③ 표준계약서 사용 의무화

(2) 공급기관의 통합관리 시스템 구축을 통하여 부적격 업체 퇴출 및 소비자 피해 예방

2) 간병인 교육·훈련 제도와 품질 관리

간병서비스의 질은 인력의 전문성과 직결된다. 이에 간병인 대상 표준 교육·훈련

프로그램 개발 및 확대가 추진 중이다.

(1) 교육내용
① 기본 위생관리, 낙상 예방, 욕창 관리 등 신체돌봄 기술
② 환자 응대법, 치매노인 이해, 정서적 대응 등

(2) 의무교육화 및 수료 인증 도입 추진
(3) 병원 내 간병인 관리 주체를 간병업체에서 병원(의료기관)으로 전환

3) 복지용구와 간병로봇 등 첨단 기술의 활용 확대

간병은 대표적인 노동집약적 활동으로, 육체적 피로와 부상 위험이 크다. 이를 보완하기 위해 다양한 복지기술(Welfare Technology)이 개발되고 있으며, 정부는 이를 간병 현장에 접목하고 있다.

산업통상자원부–보건복지부 공동으로 간병·돌봄로봇 R&D 사업을 추진 중이다. 4종 기존 로봇 외에 이동·목욕·커뮤니케이션 로봇을 신규 개발하고 있다.

[표13-9] 복지용구와 간병로봇

구분	주요 기술 및 장비	효과
복지용구	자동배변처리기, 욕창예방 매트리스	위생 유지, 환자 상처 예방
보조기기	체위변환기, 욕조리프트	근골격계 부담 감소
센서	배설감지센서, 낙상감지센서	사고 예방, 위험 조기 대응
간병로봇	식사지원, 이동보조, 자세변환	반복적 간병 업무 대체 가능

4) 사회보험 연계와 간병서비스 급여화 논의

간병서비스는 현재 건강보험이나 장기요양보험의 급여 대상이 아니며, 대부분 비급여로 운영되고 있다. 그러나 간병이 필수적인 사회서비스로 자리 잡으면서, 공적 보험 제도와의 연계 필요성이 제기되고 있다.

(1) 단기적 과제로써 일부 간병서비스(특정 질환, 재택 단기 간병 등)의 건강보험 시범급여화
(2) 중장기 전략
① 장기요양보험 내 간병급여 신설 검토
② 민간 실손보험과의 연계방안 모색

급여화는 간병의 사회적 책임을 강화하는 동시에, 이용자 부담 완화와 서비스의 안정적 공급 기반을 마련할 수 있는 핵심 전략이다.

간병서비스는 기존의 비공식·가족 중심 구조에서 공적 관리 기반과 기술 기반 돌봄 체계로 전환 중이다. 민간 부문의 체계화와 복지기술의 접목은 향후 돌봄 인력난과 질 관리의 해법이 될 수 있으며, 이러한 변화는 간병을 사회적 인프라로 구축해 나가는 기반이 된다.

5. 간병 서비스의 과제와 미래 전망

공공 간병서비스는 제도적 기반이 점차 확대되고 있으나, 실질적인 현장 정착과 국민 체감도 향상을 위해 여전히 많은 과제를 안고 있다. 또한 미래의 간병은 초고령사회의 새로운 복지패러다임 속에서 보다 혁신적이고 지속가능한 방식으로 진화해야 한다.

1) 공공재정의 지속 가능성 확보

공공 간병 서비스의 보편화를 위해서는 건강보험 또는 장기요양보험과의 연계 및 급여화가 불가피하지만, 이는 국가 재정에 상당한 부담을 준다. 사회적 공감대를 바탕으로 지속 가능한 재원 조달 방안(예: 사회보험, 국비 매칭, 민간재정 연계)을 설계해야 한다.

① 요양병원 간병지원 시범사업은 연간 수천억 원의 재원이 소요될 것으로 예측됨
② 간호·간병 통합서비스 확대에 따른 인력 배치 및 인센티브 예산도 지속적으로 증가함

2) 간병인력의 중장기 수급 대책

간병인력은 현재 60대 이상 고령자와 외국인 노동자에 대한 의존도가 높고, 젊은 인력의 유입이 적다. 요양병원 간병인 중 약 40%가 중국 동포 등 외국인, 60%는 60대 이상 여성으로서 처우와 직업 안정성이 낮아 이직률과 피로도가 높다. 향후 과제로 다음의 정책이 필요할 것이다.

① 간병인력의 공공직업화 또는 준전문직화 추진
② 교육 수료자 인증제 및 국가자격 연계 가능성 검토
③ 외국인력 활용 시 비자 체계와 노동권 보호 보완 필요

3) 간병의 질 평가 및 안전한 서비스 표준화

간병의 질은 환자의 안전과 직결되지만, 현재는 간병인의 자격 요건이나 관리체계가 통일되어 있지 않다. 간병서비스의 내용, 빈도, 돌봄 행동 등을 평가 가능한 지표로 정량화하고, 이를 바탕으로 보상과 제재를 연계하는 체계를 마련해야 한다.

① 간병인력 표준계약서, 간병인 공급기관 등록제 등이 초기 단계
② 서비스 내용과 결과에 대한 공공 차원의 질 평가체계는 부재

4) 기술융합 기반의 차세대 돌봄체계 구축

간병의 미래는 인력 중심의 고비용 구조를 탈피하고, 복지기술과 ICT의 융합을 통한 스마트 간병체계로 나아가야 한다. 노인의 독립성과 안전을 동시에 보장하는 돌봄이 중요하며 기술과 인간의 역할 분담의 구조 설계가 필요하다.

① 인공지능(AI): 간병 스케줄링, 낙상예측, 위급상황 자동 경보
② 간병로봇: 이승보조, 식사지원, 배설처리, 이동보조 기능 확대
③ 플랫폼 기반: 돌봄 통합 플랫폼을 통한 수요자 맞춤 연계 서비스
④ 자율돌봄기술: 노인의 자율성 유지 및 자기돌봄 기술 지원

일본은 고령사회에 대응하여 'CareTech 산업'을 육성하고 있으며, 돌봄로봇을 요양시설에 의무적으로 도입하는 지원정책을 시행하고 있다.

■ 미래 간병의 핵심 방향

간병은 단지 누군가를 보살피는 행위가 아니라, 삶의 마지막까지 존엄을 보장하는 사회적 기반이다. 공공성, 지속가능성, 인간성과 기술이 조화를 이루는 간병체계의 구축은 돌봄사회로 나아가는 핵심 조건이 될 것이다.
- 사회보험과의 연계를 통한 지속 가능성 확보
- 간병인력의 전문화와 공공고용 모델 확대
- 서비스 표준화 및 질 평가 제도 구축
- 복지기술과 ICT 기반의 스마트 돌봄체계 확산

제4절 일상돌봄서비스 사업

1. 일상돌봄서비스 사업의 개념과 목적[12]

1) 개요

돌봄이 필요한 중장년과 청년(질병, 부상, 고립 등), 가족돌봄청년(영케어러) 등 일상생활에 도움이 필요한 대상에게 재가 돌봄·가사, 병원 동행, 심리지원 등 서비스를 통합적으로 제공하여 일상생활의 어려움을 해소하는 서비스이다.

[표13-10] 일상돌봄서비스 사업의 개념도

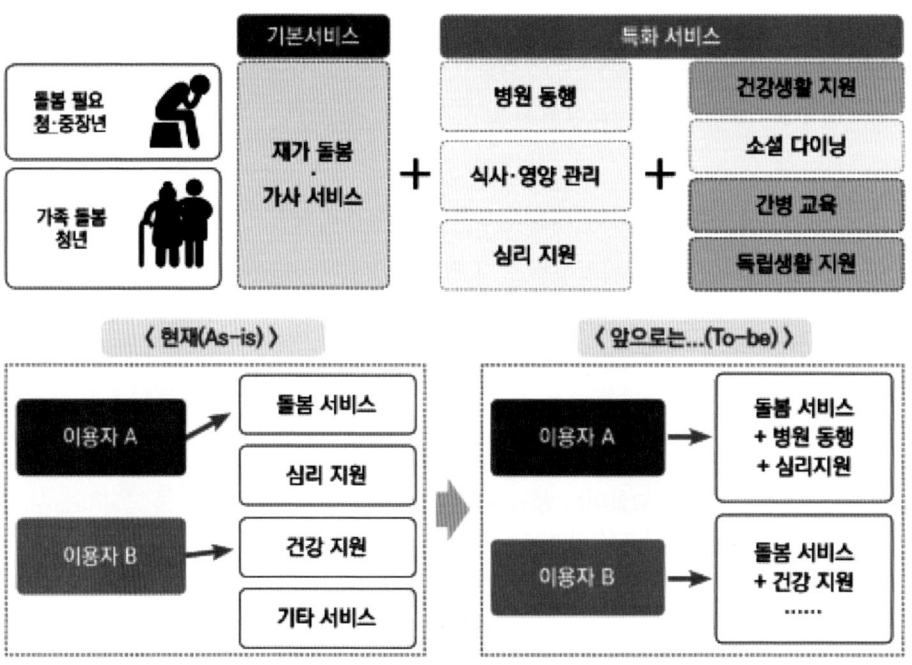

2) 목적

① 돌봄이 필요한 중장년과 청년 대상 서비스 제공으로 서비스 사각지대를 해소하고 국민의 삶의 질을 제고함
② 돌봄 서비스가 필요한 국민 누구나 서비스를 이용할 수 있도록 서비스 제공기반을 마련하고 국민의 삶의 질을 향상함

2. 일상돌봄서비스의 유형 및 제공 방식[13]

1) 서비스 유형

일상돌봄서비스는 서비스 이용자의 돌봄 욕구와 필요성에 따라 다양한 유형으로 제공된다. 크게 기본서비스와 특화서비스로 구분할 수 있다.

(1) 기본서비스

기본서비스는 재가 돌봄 및 가사 지원으로 구성되며, 이용자의 필요 정도와 이용 가능한 시간에 따라 A형, B-1형, B-2형, C형, D형으로 나뉜다.

[표13-11] 일상돌봄서비스의 유형

구 분		기본서비스	제공시간 및 주기
돌봄+가사	A형(기본돌봄형)	월 36시간	3시간/주3회(월12회)
	C형(추가돌봄형)	월 72시간	3시간/주6회(월24회)
가사	B-1형(기본가사형)	월 12시간	3시간/주1회(월4회)
	B-2형(추가가사형)	월 24시간	3시간/주2회(월8회)
특화	D형(특화형)	-	2개 이용

① A형과 C형은 신체적, 정신적 어려움으로 돌봄이 필요한 사람에게 적합하다.
② B-1형과 B-2형은 가사지원만을 원하는 사람에게 적합하다.
③ D형은 기본 돌봄서비스를 받지 않고 특화서비스만 이용하려는 사람에게 적합하다.

(2) 특화서비스

특화서비스는 돌봄 이용자의 개인적 욕구와 특수한 상황에 따라 맞춤형으로 제공된다. 재가 돌봄과 가사 서비스의 기본서비스 외에 병원동행서비스, 심리지원 서비스, 소셜 다이닝 서비스, 간병서비스, 독립생활 서비스 등 심리적, 신체적, 사회적 지원의 8가지 서비스가 포함되며, 다음과 같은 서비스가 있다.

[표13-12] 특화 서비스

서비스명	서비스 내용	단가(월)	횟수(월)
식사 · 영양관리 서비스	질환 등으로 스스로 식사준비가 어려운 대상에게 맞춤형 식사 지원 및 영양관리	25.7만 원	주2회
병원동행 서비스	거동이 불편한 이용자에게 병원동행 지원	24만 원 (시간당1.5만 원)	최대 16시간
심리지원 서비스	전문가에 의한 맞춤형 심리 지원 실시	24만 원	4회
소셜다이닝 서비스	생활에 필요한 요리를 배우고 함께 식사하는 기회를 통해 교류 및 사회참여 증진	12.3만 원	4회 (회당120분)
휴식지원 서비스	중장년 대상 단기시설보호 지원	일 7만 원	3일 (회당24시간)
신체건강 증진 서비스	청년의 근력향상, 체력증진 등 개인 맞춤형 운동 지원	24만 원	주2~3회 (회당60~90분)
간병교육 서비스	간병·돌봄 등에 대한 교육 제공	3개월간 15만 원	3개월간 총5회
독립생활 지원 서비스	청년 자립기반 조성을 위한 교육 프로그램 제공	12만 원	3회(회당60분)

2) 서비스 제공방식

일상돌봄서비스는 기존의 공급자 중심에서 수요자 중심으로 제공방식을 개선하여 이용자의 만족도를 높이고 있다.

(1) 수요자 중심의 통합 서비스 제공 방식

일상돌봄서비스는 이용자가 원하는 서비스를 직접 선택하여 복합적으로 이용할 수 있는 수요자 중심의 통합 서비스 방식을 채택한다. 이는 기존의 개별적인 서비스 이용 방식에서 벗어나 이용자의 돌봄 욕구를 반영하여 여러 가지 서비스가 함께 제공되는 방식이다.

① 기존 방식: 각 서비스별로 별도 정보수집 및 개별 신청, 개별 이용.
② 개선 방식: 서비스 이용자는 지역에서 제공하는 서비스 목록 중 필요한 2~3개 서비스를 선택하여 통합적으로 이용할 수 있다.

> ■ 사례
>
> 김○○ 씨는 가사 서비스만 필요한 경우 기본서비스 B-1형(월 12시간)을 이용하면서 동시에 심리지원 서비스와 병원동행 서비스를 추가로 선택하여 통합적으로 이용할 수 있다.

(2) 바우처 방식의 서비스 제공

일상돌봄서비스는 이용자가 서비스 비용을 효율적이고 투명하게 사용할 수 있도록 바우처 방식을 도입하여 운영한다.

바우처 방식이란 국가 또는 지방자치단체가 일정한 금액의 이용권(바우처)을 제공하여 이용자가 서비스 제공 기관을 선택해 서비스를 받는 방식이다. 소득수준에 따라 본인부담금을 차등 부과하여 이용자의 부담을 경감시킨다.

서비스 신청자가 대상자로 선정되면 본인의 필요에 따라 서비스를 선택한 후 바우처 이용권을 발급받아 서비스 제공기관에서 서비스를 받을 수 있다.

3. 일상돌봄서비스 사업 체계[14]

일상돌봄서비스 사업은 중앙정부부터 지방자치단체까지 다양한 기관이 협력하여 운영하는 사업이다. 각 기관의 역할과 책임을 살펴보면 다음과 같다.

[표13-13] 일상돌봄서비스 사업체계

사업 목적	사회서비스 고도화를 통한 '국민 중심 돌봄체계 구축'
주요 대상	"일상생활에 돌봄이 필요한 국민" ⇨ '24년은 ❶ 돌봄 필요 청·중장년(질병, 고립 등) ❷ 가족돌봄청년을 대상으로 제공

주요 서비스

	기본 서비스	'재가 돌봄·가사 서비스' (돌봄, 가사, 동행 지원(장보기, 은행 방문 등) 서비스)	
	특화 서비스	돌봄필요 청·중장년, 가족돌봄청년	식사·영양관리 서비스
			병원 동행 서비스
			심리 지원 서비스
			휴식 지원 서비스
			소셜 다이닝 서비스
		돌봄필요 중장년	교류증진 지원 서비스
			건강생활 지원 서비스
		돌봄필요 청년, 가족돌봄청년	신체건강 증진 서비스
			간병 교육 서비스
			독립생활 지원 서비스
	그 외 지자체가 자율적으로 기획한 서비스 제공		

사업 규모 ('24년)	17개 시·도 수행, 시도별로 사업 수행지역 조정하여 결정
이용 대상 및 본인부담	• 소득 수준에 따른 이용대상 제한 없이 서비스 필요에 따른 누구나 이용할 수 있도록 제공 • 소득 수준에 따른 차등화된 본인부담을 지불하고 서비스 이용
이용 원칙	• 기본서비스 이용여부, 이용량 + 특화서비스 종류 선택(월 최대 2개)
제공 방식	• 사회서비스 이용권(바우처) 발급을 통한 수요자 지원방식
제공 절차	이용자 발굴, 모집 → 욕구평가, 서비스 신청 → 바우처 발급 → 서비스 제공(민간 제공기관) → 모니터링, 사후관리

출처: 2024년 일상돌봄서비스 사업안내, 보건복지부

(1) 보건복지부
① 사업 기본계획 수립 및 지침 작성
② 지자체 사업계획 승인 및 지도·감독
③ 시도에 국고보조금 교부
④ 사업 홍보 및 평가, 서비스 감독
⑤ 전자바우처시스템 구축 및 관리

(2) 한국사회보장정보원
① 시·군·구 예탁금 관리
② 바우처 비용 지급 및 정산
③ 사업 모니터링 및 통계 관리

(3) 지역사회서비스 중앙지원단의 역할
① 지역사회서비스 지원 종합 관리
② 일상돌봄서비스 홍보, 교육, 전문인력 양성
③ 서비스의 기획 및 신규 사업 발굴 지원
④ 조사·연구개발 활동 및 지역 간 협력체계 구축
⑤ 서비스 제공기관 간 협력체계 조성 지원

(4) 광역자치단체(시도)
① 시도 내 일상돌봄서비스 총괄 관리
② 관내 시군구 사업 기획 총괄 및 사업계획 지원
③ 시도별 지침 수립 및 시군구에 국고보조금 교부
④ 사업 홍보, 성과 관리, 민관 네트워크 구축
⑤ 시군구 사업 감독, 서비스 심사 및 평가
⑥ 서비스 제공기관 현장조사 관리

(5) 기초자치단체(시군구)

① 시군구 사업 총괄 관리

② 서비스 기획, 이용자 모집 및 선정 관리

③ 서비스 제공기관 모집, 등록 및 지도·감독

④ 민관 네트워크 구축 및 홍보 활동

⑤ 사업비 집행 및 관리

(6) 읍면동

① 서비스 신청 접수 및 서류 검토

② 대상자 선정조사 실시(필요시)

③ 서비스 이용자 선정 및 기본 자격 판단

(7) 지역사회서비스 지원단의 역할

① 서비스 제공 인력 교육 및 관리 지원

② 사업 홍보 및 정보 제공 활동

③ 제공기관 컨설팅 지원

④ 사업의 신규 서비스 기획 및 발굴 지원

⑤ 민관 협력 네트워크 구축 지원

4. 일상돌봄서비스 이용 절차[15]

1) 서비스 대상자 발굴 및 선정

일상돌봄서비스는 돌봄이 필요한 중장년, 청년, 가족돌봄청년 등을 대상으로 한다. 서비스의 실효성을 높이기 위해서는 정확한 대상자 발굴과 공정한 선정 기준이 필수적이다.

① 신청권자
- 본인 신청
- 친족(배우자, 8촌 이내 혈족, 4촌 이내 인척)
- 이해관계인(후견인, 이웃 등)
- 읍면동 공무원의 직권 신청

② 신청 방법
- 방문 신청: 읍면동 주민센터를 방문하여 서류 제출 및 신청
- 전화, 우편, 팩스 신청: 거동이 불편한 경우 전화·우편·팩스로 신청 가능 (단, 신청서와 증빙서류는 반드시 제출해야 함)

③ 제출서류
- 사회보장급여(사회서비스이용권) 신청서
- 신청자 신분증
- 사회서비스 이용자 준수사항 동의서
- 대리 신청 시 위임장 및 대리인의 신분증
- 증빙서류(돌봄 필요성, 소득, 가족관계 등 관련 서류)

2) 대상자 선정 기준

일상돌봄서비스는 타 공적 돌봄서비스(장기요양, 가사간병 등) 이용 중인 경우에도 특화서비스는 이용 가능하며, 읍·면·동장 또는 시·군·구청장이 서비스 필요성이 있다고 판단하면 시·군·구 심의를 거쳐 예외적으로 선정할 수 있다.

일상돌봄서비스 대상자는 다음의 5가지 기준(소득기준, 연령기준, 가구기준, 욕구기준, 국적기준)을 모두 충족해야 한다.(참조: [표13-14]일상돌봄서비스 대상자 선

정기준)

3) 서비스 이용 결정 및 통지

서비스 신청자가 정해진 선정 기준을 충족하는지 여부는 단순한 서류 심사만으로는 판단하기 어려운 경우가 많다. 따라서 일정 요건에 따라 선정조사를 실시하고, 이를 기반으로 서비스 제공 여부를 결정한다.

(1) 선정 조사 절차 및 평가 방법
① 선정조사 실시 목적
선정조사는 신청자의 돌봄 필요성을 종합적으로 평가하여 서비스 제공 여부를 판단하기 위한 절차이다. 특히 C형(추가돌봄형) 신청자 등 고위험군을 중심으로 조사된다.

② 수행 주체
- 읍면동 및 시군구 담당공무원
- 경우에 따라 희망복지지원단, 정신건강복지센터, 지역사회서비스지원단, 서비스 제공기관 등에 위탁 가능

③ 조사 방식
- 방문 조사를 원칙으로 하며, 안전 문제 등이 우려되는 경우에는 2인 이상이 동행 조사함
- 일상돌봄 서비스 대상자 선정 조사지를 활용하여 신청자의 신체·정신적 상태, 사회적 관계 등을 평가함

④ 평가 항목 및 기준
- 신체영역(P): 일상생활 수행 어려움 (6개 문항, 총 24점)
- 12점 이상: '상'(지원 필요도 매우 높음)

- 4점 이상~12점 미만: '중'
- 4점 미만: '하'

※ 가족돌봄청년의 경우, 본인이 아닌 돌봄 대상 가족의 신체영역 평가 결과를 적용함

⑤ 예외 승인

선정 요건을 충족하지 못하더라도 긴급 지원 필요성이 있다고 판단될 경우, 선정조사자의 의견서를 첨부하여 시군구에 예외 선정 요청이 가능하다.

(2) 서비스 이용 결정 통지 과정과 방법

① 서비스 제공 결정
- 읍면동에서 신청서 및 증빙자료, 선정조사 결과를 시군구에 보고함
- 시군구는 자체 검토 또는 협의체 심의 과정을 거쳐 서비스 제공 여부 결정
- 필요시 서비스 우선순위에 따라 대기 또는 제외될 수 있음

② 결과 통지
- 14일 이내에 신청자에게 서면 통지: 필요시 30일까지 연장 가능하며 사전 안내 필수
- 행복이음 시스템에 자격결정 자료 입력 후 전자바우처시스템에 연동
- 바우처 생성일에 따라 서비스 개시일이 결정됨

③ 통지서 종류
- 사회보장급여 결정통지서(적합/부적합/변경/정지 등)
- 일상돌봄서비스 이용 안내문 (소득수준별 본인부담금 포함)

[표13-14] 일상돌봄서비스 대상자 선정기준

구분	돌봄 필요 청·중장년	가족돌봄 청년
소득기준	소득기준 없음(단, 중위소득 구간별 본인부담률 차등 부담)	
연령기준 (출생연도 기준)	19~64세	13~39세 ※ 지자체 조례 및 지역상황 등에 따라 달리 정할 수 있으며 돌봄 대상가족의 연령은 무관
가구기준	없음	돌봄 대상 가족과 동거(주민등록상 기본, 실질적 동거 포함)
욕구기준	아래 ❶, ❷를 모두 갖춘 경우 ❶ 돌봄 필요성 - 질병, 부상, 고립 등으로 독립적 일상생활이 불가능하거나 곤란할 경우로, 신체적·정신적·사회적 자립이 어려운 경우 (고립은둔 포함) - 자립준비 청년 또는 보호연장 아동인 경우 ☞ 판단기준(아래 중 1개 충족 시 가능) • 진단서·소견서 등 • 공공·민간기관 추천서 • 일상돌봄서비스 대상자 선정 조사(필요시 지역 판단에 따라 생략 가능) • 자립준비청년 보호종료확인서, 보호연장 아동 시설재원증명서 또는 가정위탁보호 확인서 ❷ 돌봄자 부재 1)~2)중 1개 충족 시 가능) 1) 주 돌봄을 수행할 가족·친지 등이 없거나 함께 거주하지 않는 경우 ☞ 판단기준 - 주민등록상 1인 가구 2) 동거가족이 있더라도 경제 활동 등으로 돌봄을 제공하기 어려운 경우 ☞ 판단기준 - 경제활동, 학업, 장기부재 등으로 가구원이 돌봄을 제공하기 어려운 사유 증빙자료 필요	아래 ❶, ❸을 모두 갖춘 경우 ❶ 돌봄대상가족의 돌봄 필요성 - 질병, 부상, 고립 등으로 독립적 일상생활이 불가능하거나 곤란한 경우로, 신체적·정신적·사회적 자립이 어려운 경우 ☞ 판단기준(아래 중 1개 충족 시 가능) • 진단서·소견서 등 • 공공·민간기관 추천서 • 일상돌봄서비스 대상자 선정 조사 (필요시 지역 판단에 따라 생략 가능) ❸ 가족돌봄청년 증빙1)~2) 중 1개 충족 시 가능) 1) 동거 가족을 직접 돌보고 있는 경우 ☞ 판단기준 - 돌봄 대상 가족과 주민등록상 동거가족 여부(실질적동거포함) - 공공·민간기관 추천서 등을 통한 확인 2) 돌봄 대상 가족의 병원비, 간병비, 요양비, 생활비 등 마련을 위해 경제활동을 하는 경우 ☞ 판단기준 - 재직증명서 등
국적기준	대한민국 국적을 가진 자	

출처: 2024년 일상돌봄서비스 사업안내, 보건복지부

5. 일상돌봄서비스의 운영 현황과 개선 방향

일상돌봄서비스는 2023년부터 지역자율형 사회서비스 투자사업의 일환으로 본격 추진되었으며, 돌봄 사각지대에 놓인 중장년·청년 및 가족돌봄청년을 대상으로 한 새로운 접근의 돌봄 서비스로 평가받고 있다. 본 절에서는 운영 현황과 성과, 그리고 향후 발전 방향을 중심으로 살펴본다.

1) 서비스 운영 현황과 주요 성과

(1) 서비스의 도입 및 확대 경과
① 2023년: 일상돌봄서비스가 신규 내역사업으로 도입됨
② 2024년: 서비스 수행지역 및 대상자 확대 추진→전국적 서비스로 확산되며 제도적 기반 강화

(2) 대상자 확대 및 접근성 향상
① 기존 노인, 장애인 중심의 돌봄을 넘어 중장년, 청년, 가족돌봄청년으로 대상을 확대함
② 소득기준 없이 누구나 신청 가능하되, 본인부담금은 소득 수준에 따라 차등 부과
③ 특화서비스만 선택 가능한 유형(D형)을 통해 타 돌봄서비스 이용자도 접근 가능하도록 설계됨

(3) 통합 서비스 제공의 실현
① 기존 개별서비스 제공 방식에서 벗어나 수요자 중심의 통합적 서비스 제공을 구현함
② 이용자는 본인의 필요에 따라 2~3개의 서비스를 묶어 신청 가능

(4) 주요 성과
① 서비스 사각지대 해소: 고립은둔청년, 자립준비청년, 고독사 위험 중장년 등의 돌봄 수요 대응
② 지역사회 중심 돌봄 실현: 지역사회서비스지원단 및 민간 네트워크를 활용한 유연한 사

업 운영

③ 서비스 다양화: 병원동행, 심리지원, 식사지원, 휴식지원, 간병교육 등 개인화된 특화 서비스 확대

> ■ **사례**
>
> 서울의 한 30대 가족돌봄청년은 일상돌봄서비스를 통해 심리상담과 가사지원을 병행하여 돌봄 부담을 덜고, 사회활동을 다시 시작할 수 있게 되었다.

2) 일상돌봄서비스의 개선 및 발전 과제

일상돌봄서비스는 새로운 유형의 복지서비스로 기대를 받고 있으나, 서비스의 지속가능성과 품질 향상을 위해 다음과 같은 과제를 안고 있다.

(1) 서비스 인지도 및 접근성 제고
① 서비스 도입 초기로 대국민 인식이 낮아 이용률이 지역마다 상이함
② 읍면동 수준에서 맞춤형 홍보와 상담 인력 확보 필요

(2) 서비스 제공인력의 전문성 강화
① 다양한 서비스 유형(예: 심리지원, 건강관리 등)에 적합한 전문 인력 양성체계 부족
② 지역사회서비스지원단 중심의 표준 교육 프로그램 개발 및 보급 필요

(3) 서비스 품질 및 점검 체계 강화
① 제공기관 간 서비스 편차가 존재함
② 현장 모니터링과 성과 중심의 평가 체계 강화가 필요함

(4) 정보시스템 및 연계 강화
① 신청부터 제공, 평가까지 이르는 전 과정이 전자바우처시스템에 의존됨
② 시스템의 사용자 편의성 개선과 관련 기관 간 정보 연계 체계 구축 필요

(5) 민관 협력 기반 확대
① 자립지원기관, 정신건강센터, 청년센터 등과의 유기적 협력 부족
② 공공과 민간이 연계된 지역 협의체 운영의 정례화가 필요

제5절 병원동행서비스 사업

병원동행서비스는 병원 이용에 어려움을 겪는 노인, 장애인, 중증질환자 등을 대상으로 진료 전 과정에 걸쳐 동행하고 지원하는 돌봄 서비스이다. 이는 단순한 이동지원에 그치지 않고, 예약·접수·진료대기·의료진과의 의사소통·귀가·사후관리까지 포괄하는 통합적 돌봄활동으로 발전하고 있다.

고령사회로의 진입과 함께 1인 가구의 증가, 돌봄 공백의 심화, 의료기관 접근의 지역·계층 간 격차가 심화되는 상황에서, 병원동행서비스는 건강권과 이동권을 보장하는 사회안전망으로 주목받고 있다. 또한 지역사회 통합돌봄 정책과 연계되어, 공공돌봄의 사각지대를 해소하고 건강 형평성을 실현하는 핵심 수단으로서 그 정책적 의의가 크다.

1. 병원동행의 배경과 목적

1) 병원동행서비스의 도입 배경

병원동행서비스는 의료기관을 스스로 이용하기 어려운 사람들의 이동과 진료과정 동

행을 지원하기 위한 돌봄 서비스로서, 돌봄 격차 해소와 의료접근성 강화를 위해 도입되었다.

우리 사회는 급속한 고령화와 더불어 1인 가구 노인, 돌봄 취약계층의 증가, 가족돌봄 기능의 약화라는 인구·사회적 요인과 외래 환자의 증가 및 의료환경의 변화 등 사회적 돌봄의 구조적 변화를 겪고 있다. 특히 고령자 중에서는 인지기능 저하, 보행장애, 질병 등으로 인해 병원 진료를 스스로 받기 어려운 경우가 많다. 하지만 가족·지인의 도움을 받기 어려운 독거노인이나 거동불편자들은 진료 기회를 상실하거나 병세가 악화되기까지 방치되는 상황이 빈번히 발생하고 있다.

또한, 병원 이용에는 단순한 이동을 넘어서 다음과 같은 복합적 지원이 필요하다. 예를 들어 병원예약, 교통수단(휠체어 특수차량 등) 확보, 검사(실)지원 동행, 진료대기와 설명 청취, 처방 약 수령, 귀가 지원 등 다양한 과정에서 인지적·신체적·심리적 도움이 요구된다. 이러한 돌봄 수요에 비해 기존의 공공서비스는 주거·생활 중심의 돌봄에 집중되어 있었고, 병원동행에 특화된 지원체계는 미비한 실정이었다.

이에 따라 일부 지자체와 민간 사회서비스 기관에서는 병원 진료 전후의 전 과정에 동행하는 '병원동행서비스'를 시범 도입하거나, 사회적 일자리 창출과 연계하여 '병원동행 매니저' 인력을 활용한 서비스를 운영하기 시작하였다. 이러한 흐름은 단순한 이동지원이 아닌, 의료 돌봄의 연장선으로서 병원동행이 필요하다는 인식의 전환을 보여준다.

결국 병원동행서비스는 의료접근권 보장, 건강형평성 실현, 지역사회 통합돌봄 구현이라는 측면에서 도입의 필요성이 제기되었으며, 향후 제도화 및 정책 확대의 근거로 작용하고 있다.

2) 병원동행서비스의 목적

병원동행서비스의 목적은 의료기관 이용이 어려운 돌봄 취약계층에게 안전하고 정서적인 지원을 제공함으로써 의료접근성을 향상시키고, 건강권을 보장하는 것에 있다. 단순한 교통지원이나 물리적 동반을 넘어서, 의료이용 전 과정에서의 동행과 설명, 정서적 지지, 사후관리까지 포함하는 통합적 돌봄서비스를 실현하는 데 그 목적이 있다.

[표13-15] 병원동행 서비스의 개념도

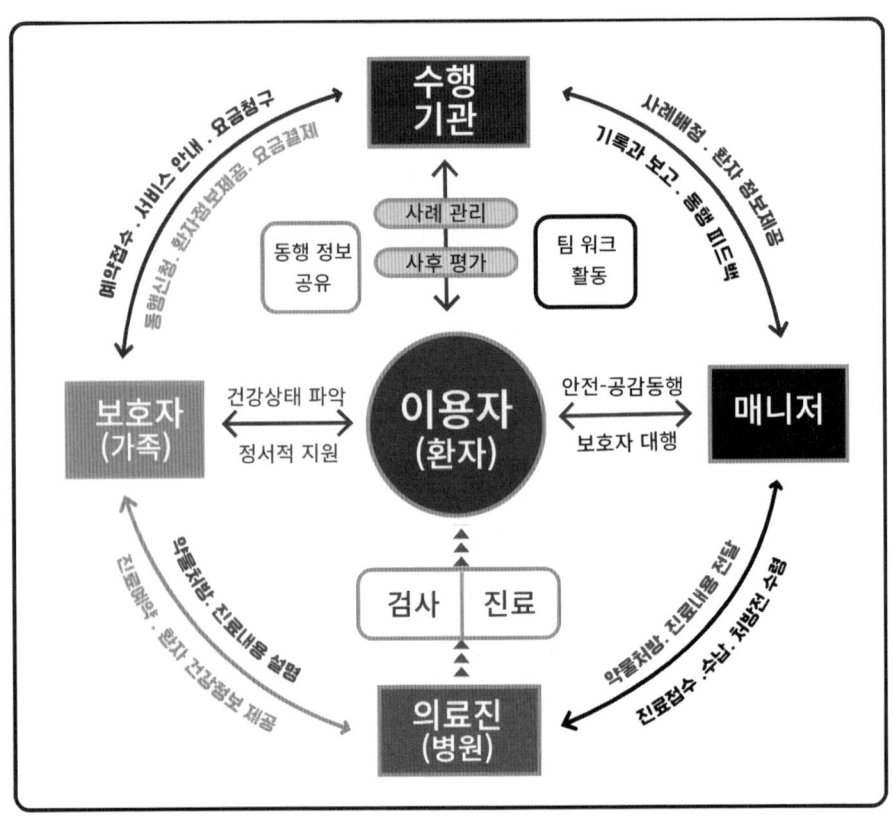

첫째, 의료이용에서 소외된 고령자, 장애인, 중증질환자 등의 이동권과 건강권을 보장하고자 한다. 특히 혼자서는 병원 방문이 어려운 노인에게 진료 전 예약부터 접수, 진료 동반, 귀가까지의 전 과정에서 안전하게 함께함으로써 의료 사각지대를 해소하는 데 기여한다.

둘째, 가족돌봄의 공백을 메우는 대안적 돌봄 체계로서 기능한다. 핵가족화, 여성의 경제활동 증가, 1인 가구 확대 등으로 인해 가족이 동행할 수 없는 사례가 늘어나면서, 병원동행서비스는 비공식 돌봄의 한계를 보완하는 사회적 지원 수단으로 중요성이 부각되고 있다.

셋째, 이용자의 심리적 안정과 자율성 향상이라는 측면에서 목적이 있다. 병원에 혼자 가는 것이 두렵고 불편한 노인에게 신뢰할 수 있는 동행 인력이 함께함으로써 정서적 안정감을 제공하고, 의사소통을 돕는 역할을 통해 진료 이해도를 높이며 자율적인 치료 결정에도 도움을 줄 수 있다.

넷째, 병원 이용과 관련된 생활지원서비스 및 지역자원 연계를 통해 통합돌봄의 일환으로 자리매김하고 있다. 병원동행은 단순한 1회성 지원이 아니라, 사례관리와 연계되어 지역 돌봄망 안에서 지속적인 지원 체계로 발전할 수 있는 가능성을 내포하고 있다.

이처럼 병원동행은 환자의 의료경험을 개선하고 의료결정을 더 잘 이해할 수 있도록 도와주는 중요한 역할을 한다. 병원동행서비스는 이동지원, 정서지지, 의료 동반, 사후관리까지 아우르는 종합적 돌봄서비스로서, 의료접근의 형평성을 실현하고 지역사회 돌봄의 기반을 확장하는 것을 목적으로 한다.

2. 병원동행 현황

국내에서는 병원동행서비스가 다양한 형태로 운영되고 있으며, 특히 자치단체(공공기관), 민간 사회서비스 기관, 사회적기업 등이 중심이 되어 그 수요에 대응하고 있다.

1) 자치단체

일부 시군구에서는 자체 예산을 활용하여 돌봄이 필요한 노인을 위한 병원동행사업을 추진하고 있다. 예를 들어, 서울시에서는 '약자와 동행'사업의 "1인가구 병원안심동행서비스"와 어르신 돌봄 SOS 사업의 일환으로 병원동행을 지원하고 있다.

■ 서울시 '1인가구 병원안심동행서비스'[16]

서울시는 2022년부터 '1인가구 병원안심동행서비스'를 시행하고 있다. 서울시 병원 안심동행은 병원 출발부터 귀가까지의 모든 과정에 동행매니저가 함께하며 병원 접수·수납, 약국 이용 등을 도와주는 서비스다. 서울시 소재 병원에 한하며, 버스·지하철·택시 등 대중교통으로만 동행이 가능하다.

1) 목적
서울시는 전체 가구 중 1인가구가 34%를 넘어서고, 특히 65세 이상 고령 1인가구가 지속적으로 증가함에 따라, '병원 방문이 걱정되는 1인가구를 위한 동행자 지원'을 통해 의료 사각지대를 해소하고, 심리적 고립감을 낮추기 위한 서비스로 본 사업을 기획하였다.

2) 대상
1인가구뿐만 아니라 다인가구지만 도움이 필요한 시민이면 누구나 신청할 수 있다. 주민등록상 주소지가 서울시가 아니더라도 서울에 실거주하는 시민이라면 이용 가능하다.

3) 이용료 및 이용횟수
월 최대 10회, 연간 200시간 한도로 이용할 수 있다. 이용료는 시간당 5,000원이며, 30분 초과 시 2,500원이 추가된다. 요청한 장소에 동행매니저가 도착한 시간부터 요금이 산정된다. 중위소득 100% 이하인 서울시민(주민등록기준)은 연간 48회 무료 이용 가능하다.

4) 이용시간
평일은 오전 7시부터 오후 8시까지 이용할 수 있고, 주말은 사전 예약자에 한하여 오전 9시부터 오후 6시까지 이용할 수 있다.

5) 신청방법
사전 예약은 일주일 전부터 가능하며, 수급자 증명서, 차상위 증명서, 건강보험료 납부확인서 등 관련 서류는 반드시 이용 전에 제출해야 한다.

경기도는 '1인가구 병원안심동행'과 '누구나 돌봄' 사업과 '일상돌봄서비스'의 일환으로 병원동행 사업을 시행하고 있다. 이후로 인천시 그리고 일부 지자체가 '1인가구 지원조례'에 의해 시행 중에 있거나 전국 지자체로 확대되고 있다.

이용 대상자의 조건은 각 지자체별로 조금씩 상이하지만 거동이 가능한 1인가구 또는 노인부부로 한정하고 있으며, 이동차량을 지원하지 않으며 교통비는 이용자 부담이다. 거동이 불편한 휠체어 사용자는 이용할 수 없으며 일반 이용자는 대중교통을 이용해야 한다.

2) 사회적기업

최근에는 병원동행을 전문적으로 수행하는 사회적기업이나 사회서비스 전문기관도 증가하고 있다. 이들 기관은 병원동행 전문인력을 양성하거나, 이동지원 차량, 앱 기반 예약 시스템 등을 도입하여 서비스의 체계화와 전문화를 시도하고 있다.

3. 병원동행서비스의 절차

병원동행서비스는 대상자의 병원 이용 전 과정에 걸쳐 체계적으로 지원되는 것이 특징이다. 서비스는 사전 신청부터 귀가 이후의 사후관리까지 다음과 같은 절차*[표13-16]로 진행된다.

1) 동행예약 및 접수

환자 또는 환자의 가족(보호자)는 병원동행 서비스를 필요로 할 때 병원동행 서비스 제공업체에 문의하고 서비스를 신청한다. 예약은 병원 방문 일정 전에 미리 신청하는 것이 일반적이며, 긴급한 경우 별도의 상담을 통해 당일신청도 가능하다. 신청 전에 서비스의 종류와 내용, 제공 시간, 비용, 결제 방법 등을 확인하고 환자의 상태와 필요에 따른 적합 여부를 검토한 후에 신청하는 것이 좋다. 그리고 서비스 이용자는 서비스 제공업체에 대한 신뢰도, 이동차량지원 여부, 매니저의 자격과 전문성, 이용자의 안전과 보호방안 등을 확인한 후 신청하는 것이 바람직하다.

2) 사례배정

사례배정은 대상자의 특성과 필요에 따라 최적의 서비스를 제공할 수 있도록 도와주는 중요한 과정이다. 이를 통해 서비스 제공자와 대상자 모두가 보다 만족스러운 결과를 얻을 수 있다. 사례배정은 환자가 요청한 적합한 매니저(성별, 전문성 경력 등)배정과 이동차량(일반차량 혹은 휠체어차량)배정으로 구분한다. 배정 기준은 환자의 거주지역, 환자의 거동상태, 이동차량 종류, 매니저의 성별, 동행 소요시간, 환자의 요구사항 등을 고려한다.

수행기관은 사례를 배정한 후부터 서비스 제공 팀을 구성하고 팀워크 활동을 개시한다. 팀워크는 동행 전부터 동행 종료까지 모든 과정을 팀원 간에 서로 공유하며 협력하는 중요한 활동이다.

팀워크를 통해 그룹의 구성원들이 함께 공통의 목표를 향해 노력하고, 효과적으로 목표를 달성할 수 있다. 팀의 구성원 각각이 갖고 있는 다양한 능력, 지식, 경험 등의 자원을 공유하고 효율적으로 활용하여 문제를 해결하거나 목표를 달성한다. 팀워크는 구성원 간의 소통과 협력을 강화하여 동행 프로세스를 원활하게 만들고, 대상자의 만족도를 높이는 데 궁극적인 목적이 있다.

[표13-16] 병원동행서비스의 절차

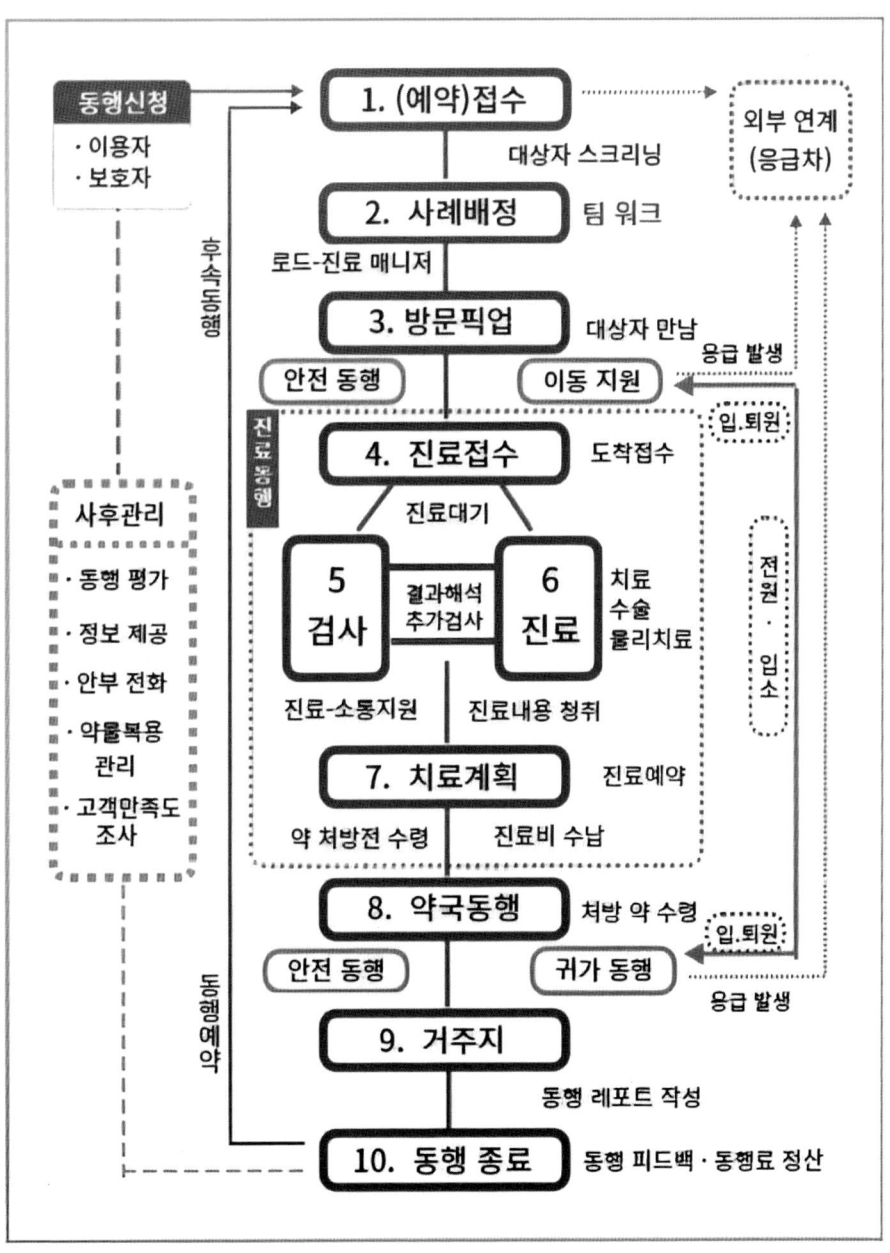

[표13-17] 팀워크 동행의 체계

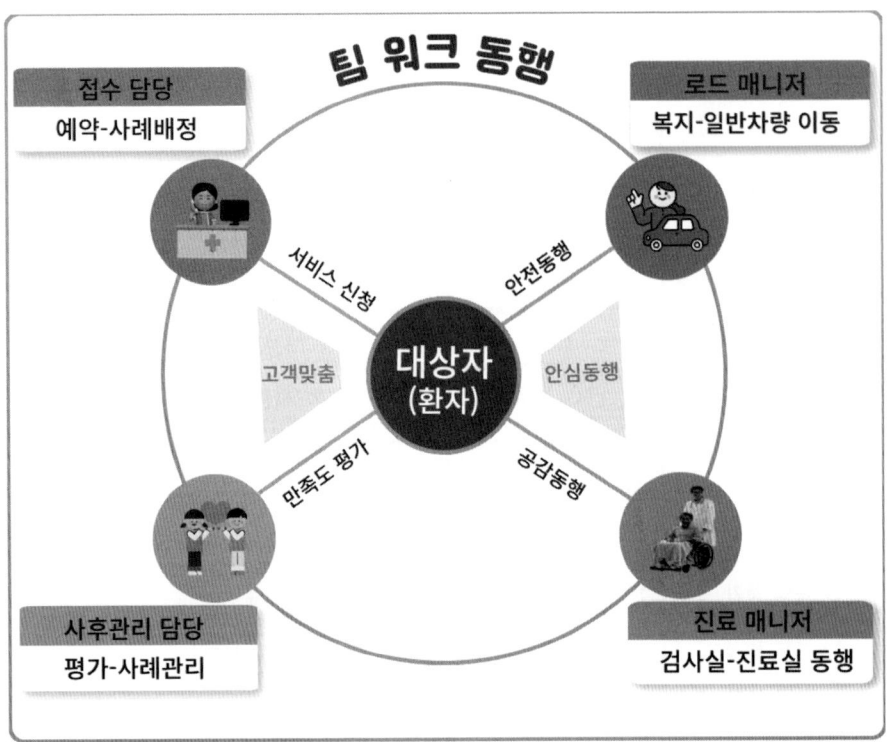

3) 방문 픽업과 만남

이 단계는 서비스 제공자와 이용자와의 첫 대면이거나 또는 동행의 시작으로서 매우 중요한 절차 중의 하나다. 이용자의 병원동행 서비스에 대한 기대감과 서비스 품질에 대한 평가의 척도 역할을 하기 때문이다. 매니저가 이용자의 거주지에 방문하기 전에 전화통화로 동행변동사항 유무를 확인하고 다음 *[표13-18] 절차에 따라 방문 동행을 한다.

[표13-18] 고객 픽업 절차

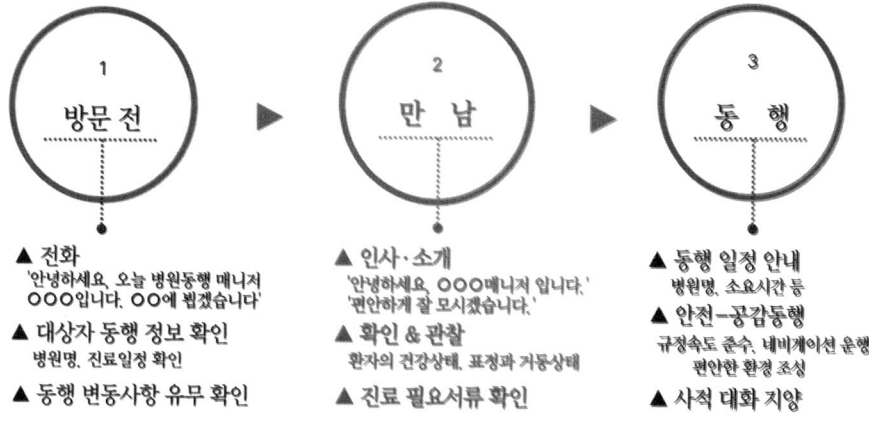

4) 진료접수 및 대기

병원 도착 후 의료 프로세스에 따라 진행하는 첫 번째 단계이다. 진료과목을 확인하고 등록 접수 및 수납한다. 초진과 재진의 접수 방법이 다를 수 있으며, 영상등록이 필요한 경우 키오스크에서 등록한다.

[표13-19] 진료접수 절차

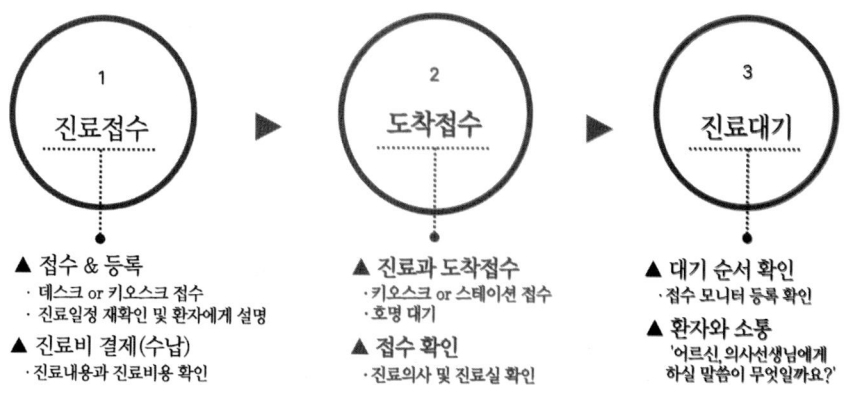

5) 검사(실) 동행

검사는 환자의 건강 상태를 평가하고 질병을 진단하기 위해 사용된다. 각 검사는 특정 증상, 질병 또는 건강 상태를 평가하고 모니터링하기 위해 사용되며, 의사의 지시에 따라 선택되고 실행된다.

[표13-20] 검사의 종류

검사명	검사분야	진단 · 평가
혈액 검사 (Blood Test)	종합혈액검사	백혈구, 적혈구, 혈소판 등 혈액 성분의 측정
	혈당검사	당뇨병의 진단과 관리
	콜레스테롤	심혈관 질환의 위험 평가
	간 기능	간의 건강 상태와 기능의 평가
	감염병 검사	HIV, 간염 등의 감염병 확인
소변 검사 (Urinalysis)		키톤체, 단백질, 세포, 세균 등의 유무를 확인하여 신장과 요로 건강을 평가함
배변 검사		혈변, 기생충, 세균 등을 확인하여 소화기 질환을 진단함
영상 진단 검사	X-ray	뼈, 흉부 등의 구조를 촬영함
	컴퓨터 단층 촬영(CT)	몸 속의 조직과 기관의 세부적인 이미지를 취득함
	자기공명(MRI)	고해상도의 신체 이미지를 제공함
	초음파 검사 (Ultrasound)	임신, 기관의 구조, 혈류 등을 확인함
내시경 검사 (Endoscopy)		신체 내부를 직접 관찰하여 질병을 진단하거나 치료함 위 내시경, 대장 내시경 등
피부 검사	알러지 검사	알러지 반응을 확인함
	피부 조직 검사 (Biopsy)	암 등의 질병을 진단함
심전도 검사 (ECG)		심장의 리듬, 심장 박동의 속도, 그리고 심장 전기 활동의 정상 여부를 확인함
조직검사 (biopsy)	바늘 생검 절개 생검	세포의 구조, 세포의 변화, 이상 세포의 유무 등을 확인하여 다양한 질병, 특히 암의 진단에 사용함
유전자 검사		유전적 변이나 이상을 확인하여 질병의 위험을 평가하거나 진단함

6) 진료(실) 동행

환자가 병원에 방문한 목적 중의 가장 중요한 의료서비스가 의사와의 진료 과정이다. 의사는 검사의 결과, 질병의 진단 등을 통해 환자의 건강상태를 평가하고 적절한 치료방안을 결정하는 과정에서 중요한 역할을 한다. 즉, 의사의 진료는 환자의 건강을 유지하고 향상시키는 데 필수적이며, 의료 서비스의 전반적인 품질과 효율성을 높이는 데 기여한다.

의료인은 검사의 결과를 해석하고 진찰을 통해 진단에 미흡한 부분이 있는 경우에는 다시 추가검사를 요청하게 된다.

진료실에 도착하면 '도착접수'를 하고 대기한다. 안내 모니터에 접수 등록 여부를 확인하고 진료 준비를 위해 환자의 니즈를 파악한다. 환자의 효율적 진료와 의료경험을 향상시키기 위해 병원동행 매니저는 다음과 같은 역할의 목표를 두어야 한다.

7) (후속)치료계획

후속 진료계획은 진료동행에서 마지막 단계이며, 환자의 치료와 회복 과정에서 매우 중요한 부분을 차지한다. 후속 진료계획은 환자의 건강을 최적의 상태로 유지하고, 발생할 수 있는 문제나 위험을 최소화하는 데 목적이 있으며, 이 계획에 따라 다음 진료 예약 일정을 수립한다.

매니저는 다음과 같은 중요성에 근거해 환자의 치료효과를 높이는 데 역할의 의의가 있다.

후속 진료계획은 환자의 전반적인 치료와 회복 과정을 총체적으로 지원하며, 환자가 건강한 상태를 유지하고 재발이나 합병증을 예방하는 데 필수적이다.

8) 약국 동행

약국동행은 노인, 장애인, 또는 의약품 복용에 어려움을 겪는 다른 환자들에게 중요한 지원을 제공하여 약물 관리를 개선하고 건강을 유지하는 데 도움을 준다. 이 역할은 의약품 안전 및 효과적인 복용방법을 안내하는 데 중요하다. 따라서 매니저의 약국동행 역할은 환자가 약국을 방문할 때 필요한 지원과 도움을 제공하는 것입니다. 이러한 약국동행의 주요 목적은 다음과 같다.

① 처방전 확인
② 이동과 의사소통 지원
③ 약물정보 제공
④ 약제비 결제 및 사후관리 지원

9) 귀가 동행

귀가 동행은 진료를 마치고 처방약을 수령한 다음 거주지로 복귀할 때 동행하는 단계이다. 환자에게 당일 진료내용을 정리해서 설명하고, 진료와 처방약 수령과정에서 누락되거나 의료진의 보충설명에 대한 필요 여부를 확인하고 귀가 동행을 준비한다.
환자가 대중교통을 이용해 복귀하는 경우에는 차량 호출 지원과 탑승 도움을 제공한다. 매니저가 거주지까지 동행 여부는 예약사항에 따라 진행하면 된다. 이때 교통비 부담에 대한 사항도 예약사항에 포함되어 있기 때문에 확인하고 처리한다.
환자가 회사 차량을 이용해 복귀하는 경우에는 매니저는 환자와 함께 주차지역으로 이동하여 탑승한다. 병원에 방문할 때와 같이 환자와 지속적으로 의사소통을 하며, 불편한 사항이나 요구사항이 있는지 확인하며, 안전동행을 위하여 환자에게 안전벨트를 착용하고 이동한다.
병원동행 매니저는 귀가 동행 과정에서 환자의 안전과 복지를 최우선으로 고려하여야 하며, 유연하게 상황에 대응할 준비가 되어 있어야 한다.

10) 동행 종료

동행 종료는 병원동행 서비스의 마무리 단계에 속한다. 병원동행 종료는 서비스의 마지막 부분이지만, 매니저의 전문성과 배려가 환자에게 긍정적인 인상을 남기는 중요한 시점이다. 따라서 종료 과정도 철저하고 세심하게 진행해야 한다.

병원동행 서비스 제공업체나 매니저는 이용자의 병원방문 후에 서비스 보고서(레포트)를 작성하고 환자 및 가족(보호자)에게 전달해야 한다. 레포트는 동행과정 및 내용, 환자의 상태, 진료내용 및 결과, 처방약물 등의 내용을 담아야 한다. 환자의 예약진료와 병원동행 예약에 관한 사항도 대상자와 협의해 제공업체(본사)에 내용을 전달해야 한다. 이러한 동행종료 업무를 통해 제공업체는 환자와 가족의 의견을 듣고 서비스의 질과 만족도를 평가한다.

서비스 제공자는 동행 서비스를 종료한 후에도 환자의 복지와 만족도 향상을 위해 다양한 후속 업무를 계속해서 수행해야 한다.

4. 병원동행 매니저의 역할

병원동행 매니저는 병원동행서비스 제공 팀의 구성원으로서 환자늘이 의료 서비스를 원활하게 받을 수 있도록 도와주는 중요한 역할을 한다. 병원동행 매니저의 역할은 다양한 상황에서 환자와 의료진 간의 원활한 의사소통을 돕고, 환자의 안전과 편안함을 보장하기 위한 것이다. 이 역할을 통하여 환자와 가족이 더 편안하게 의료경험을 할 수 있도록 하며, 다음과 같이 다양하다.

① 환자 돌봄과 지원
② 의료일정 관리
③ 의료기록 및 정보 관리
④ 관련자와 협력관계

[표13-21] 병원동행매니저의 역할관계

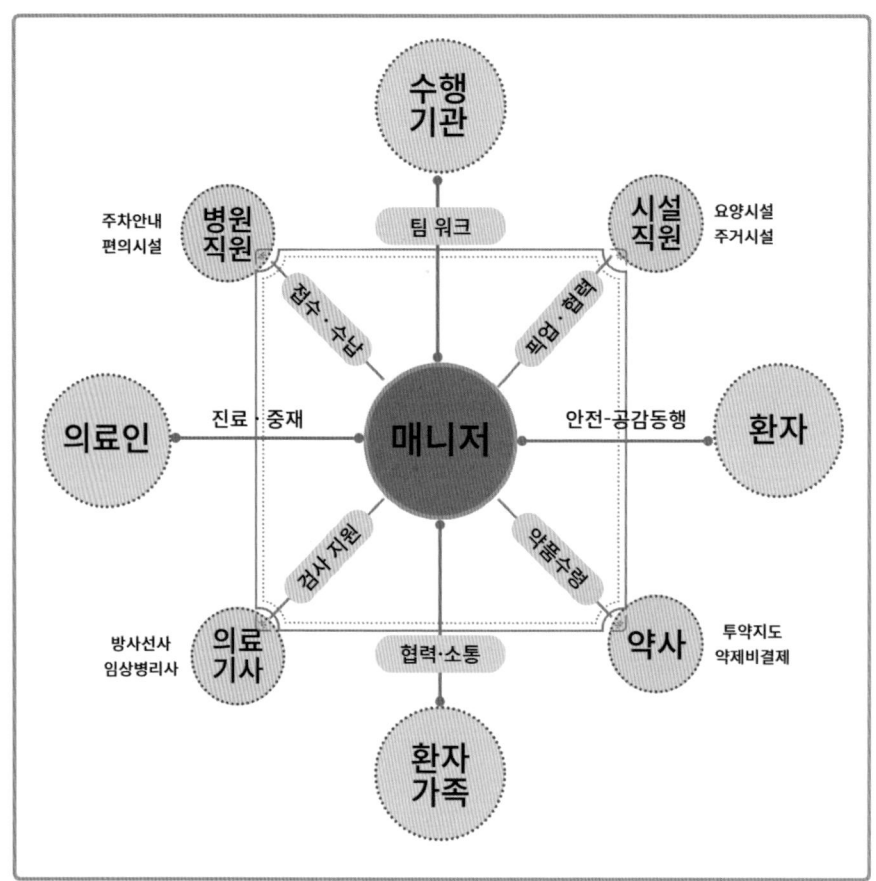

참고문헌

1 한국건강증진개발원 www.khealth.or.kr
2 방문건강관리사업안내(2012), 보건복지부
3 위의 자료
4 위의 자료
5 위의 자료
6 호스피스·완화의료 및 임종과정에 있는 환자의 연명의료결정에 관한 법률 (약칭:연명의료결정법)[시행 2019.3.28] [법률 제15912호, 2018.12.11., 일

부개정]

7　2025년 호스피스 · 완화의료 사업안내, 국립연명의료관리기관

8　위의 자료

9　「국민간병비부담경감방안(2023년)」보도자료, 보건복지부

10　간호 · 간병통합서비스안내(2023), 보건복지부

11　위의 자료

12　「2024년 일상돌봄서비스 사업안내」, 보건복지부

13　위의 자료

14　위의 자료

15　위의 자료

16　서울시 www.seoul.go.kr

제4부

돌봄과 미래

새로운 사회를 향한 돌봄의 상상력

돌봄은 단지 과거와 현재의 과제가 아니다. 돌봄은 미래사회의 핵심 조건이며, 지속가능한 사회를 가능하게 하는 기반이다. 제4부「돌봄과 미래」는 돌봄이 단지 서비스 차원이 아닌 정치, 경제, 교육, 생태, 기술, 그리고 글로벌 협력의 핵심 가치로 자리매김하는 과정을 조망한다. 이 부는 변화하는 세계 속에서 돌봄이 어떻게 사회적 상상력의 중심으로 이동하고 있는지를 탐색한다.

제14장「돌봄경제」는 GDP 중심의 생산주의 경제를 넘어, 돌봄노동의 사회적 가치를 조명하고 돌봄을 새로운 성장 기반으로 인식하는 전환을 모색한다.

제15장「돌봄정치」는 돌봄을 시민의 권리이자 공공의 책임으로 재구성하며, 돌봄의 민주화와 제도적 보장을 위한 정치적 의제를 제시한다.

제16장「돌봄교육」은 배려윤리에 기반한 교육을 통해 타자와의 관계 감수성, 공동체 의식을 키우고 윤리적 시민을 양성하는 교육의 방향을 제안한다.

제17장「돌봄의 미래」는 탈시설, 기술 돌봄, 생태 돌봄, 초국가적 연대 등 미래 돌봄 사회의 주요 키워드를 중심으로, 새로운 돌봄 기본사회로의 전환을 그린다.

제4부는 돌봄을 단지 개인의 책임이나 복지정책의 한 갈래로 보지 않는다. 돌봄은 인간 존재의 조건이자, 새로운 사회계약의 중심 가치이다. 이 부에서 제시된 논의들은 돌봄의 전면화를 위한 윤리적 성찰이자 제도적 상상력이며, 앞으로의 사회를 어떤 방향으로 설계해야 할지를 묻는 실천적 물음이기도 하다. 돌봄의 미래는 곧 우리가 함께 살아갈 사회의 미래다.

제14장

돌봄경제

학습목표

- 패러다임 전환으로서 돌봄경제의 배경을 이해할 수 있다.
- 돌봄경제의 목적 및 특징을 파악할 수 있다.
- 전통적 경제 · 생태주의 · 돌봄경제를 비교 설명할 수 있다.
- 돌봄노동을 중심으로 돌봄경제를 파악할 수 있다.
- 전략적 관점에서의 돌봄경제를 파악할 수 있다.

돌봄경제(Care Economy)는 인간 삶에서 필수적인 돌봄을 중심에 두고 인간 발달과 행복이라는 경제의 목적을 달성하기 위해 재화와 서비스를 효율적으로 생산 · 분배하려는 접근이라 할 수 있다. 돌봄경제는 크게 두 가지 차원에서 논의된다. 하나는 대안적 경제 패러다임 차원의 접근이며 다른 하나는 돌봄노동의 가치를 중심으로 힌 접근이다.

첫째, 광의의 차원에서 돌봄경제는 '성장'을 중심에 둔 기존 경제학의 패러다임에 대한 도전과 비판으로부터 시작해 주류 경제의 패러다임 전환과 대안적 경제의 모색이라는 인간을 중심에 둔 경제발전과 지구 생태계의 지속을 위한 대안적 경제 패러다임을 제시한다.

둘째, 협의의 차원에서 돌봄경제는 주로 '돌봄노동(care work)'을 중심으로 논의된다. 그간 주류 경제에서 간과되고 비가시화되었던 돌봄노동의 가치를 재평가함으로써 가정과 시장에서 선순환 가능한 방안을 모색하려는 돌봄노동 중심의 새로운 경제 방향을 모색한다.

돌봄경제는 현재 통합적이고 정합성을 갖춘 체계적인 분야로 정립되는 과정에 있다.

1. 돌봄경제의 배경

고전 경제학은 경제사상사에서 최초의 근대 경제이론의 기틀을 정립한 경제학이다. 대표적인 근대 경제학자는 스미스(Adam Smith), 리카도(David Ricardo), 맬서스(Thomas Robert Malthus), 밀(John Stuart Mill) 등이 있다. 이들은 중세 사회에서 자본주의 발현까지를 성장과 경제발전이라는 축을 통해 설명하고, 개인의 각자 이윤추구가 이러한 변동에 기여했는지를 보여줌으로써 근대 경제이론의 패러다임이 되었다. 이 절에서는 이러한 성장 패러다임의 기조를 형성한 고전 경제학의 전제에 대한 '돌봄경제'의 비판점을 중심으로 돌봄경제를 이해하고자 한다.

1) 주류 경제 패러다임에 대한 비판

대안 경제(학)인 돌봄(여성주의) 경제학이 등장한 배경에는 주류 경제학에 대한 실망이 자리한다. 이러한 실망에는 주류 경제학이 여성 혹은 돌봄과 같은 비시장적 경제 행위를 인식하거나, 그 의미를 해석하는 데 한계를 보이며, 여성 및 돌봄 문제를 해명하지 못하고, 오히려 성차별적 부당함을 정당화하는 도구로 전락했다는 비판이 뒤따른다.

주류 경제학이 경제행위를 인지하는 인식론과 방법론은 물론 연구 주제와 연구 결과에서 경제적 행위의 반쪽만 반영하고 있을 뿐이며 전체적인 인간의 경제 행위를 아우르지 못한다고 지적한다.

(1) 인식론적 비판

여성주의 경제학자들은 주류 경제학의 근저에 있는 데카르트적 이원론을 비판한다. '나는 생각한다 고로 존재한다'는 이성 중심의 근대적 인간의 탄생을 알린 데카르트의 선언이지만, 정신과 육체, 이성과 감정, 나아가 자본과 노동, 시장과 가정을 이원론으로 위계화하고 있다는 비판을 받는다.

이러한 이원론적 사고는 정신, 새로움, 남성의 영역인 공적 영역과 신체, 반복 순환, 감정, 여성의 영역인 사적 영역을 위계적으로 구분하는 공·사 구분의 전통을 강화해 왔다. 이러한 층위적인 인식론은 가정 밖 시장노동을 가치의 영역으로 간주하고, 가정 내 돌봄노동을 층위적으로 분리함으로써, 전통적으로 여성이 담당해왔던 돌봄(노동)을 천시해왔다.

데카르트적 세계관은 이렇듯 정신과 이성을 중시하고 신체와 감정을 배제함으로써 출산과 질병 등을 인간적 특징으로 고려하지 않고, 그러한 인간적 한계에 공감하는 감정을 배제한다.

요약하면, 인간의 다층적인 측면들을 고려하기보다는 이성 편향적인 인식을 기반으로 함으로써 인간의 생존과 삶의 의미인 돌봄의 가치를 등한시한다는 비판을 받는다.

(2) 방법론적 비판

여성주의 경제학자들은 포퍼(Popper)의 실증주의 방법론과 객관주의에 대해 비판을 제기한다. 사실(fact)에 입각한 증거를 제시할 수 있는 객관적 인과관계를 중시하는 실증주의적 방법론에 따르면, 학문은 인과관계를 가설로 세우고 이에 대한 증거로 사실을 제시해야 한다(홍태희 2024, p.180). 이때 사실이란 어느 누구라도 인지할 수 있는 양상으로 가시화되고 측정될 수 있는 것이다. 경제 현상에서 이는 가시화되고 양적으로 측정되고 보여줄 수 있는 시장적 행위를 의미한다. 예를 들어, 화폐로 그 행위의 부가가치를 측정할 수 있고 다른 행위와 호환되거나 교환될 수 있는 행위가 실증적 사실이다. 하지만 여성주의 경제학자들은 주류 경제학의 실증주의적 방법론은 교환 가능한 시장적 행위에만 집중하게 되고, 경제활동을 '시장에서의 행위'로 환원하는 성향을 보이게 되며, 결과적으로 객관적인 '화폐로 측정되고 거래 가능한 시장적 행위'만을 집중하는 편향성을 보이게 된다고 비판한다.

따라서 실증주의 방법론에서 보면, 비시장적 활동이나 행위는 규명과 분석의 대상에서 제외되게 된다. 가계생산이나 가사활동은 대표적인 비시장적 활동이기 때문에, 전통적으로 여성이 담당했던 영역들은 체계적으로 배제되게 된다. 즉, 이는 주류 경제학이 경제의 주요 영역인 재생산영역이나 생산과 재생산의 관계 등에 대해 제대로 파악하지 못하는 것이며, 경제 현상의 실제 동학을 제대로 규명하지 못하는 것일 뿐만 아니라, 인류의 절반인 여성의 경제 행위를 제대로 규명하지 못하는 것이다(윤자영 2012, p.222; 홍태희 2024, p.181).

(3) 경제적 인간상에 대한 비판

여성주의 경제학자들은 주류 경제학에서 제시하는 경제적 인간상은 '반쪽의 경제적 인간상'에 불과하다고 지적한다. 주류 경제학은 경제적인 인간 일반을 대표해 '호모 이코노미쿠스(homo economicus)'를 제시한다(홍태희 2024, p.183). 호모 이코노미쿠스는 경제적 합리성, 이기성, 완전한 정보, 효용 극대화 등을 추구하는 주류 경제에서 추구하는 인간 모델이다. 이 모델은 행위를 판단하기 위해 필요한 모든 정보를 완벽히 알고 있으며, 자신의 이해득실에 따라 철저히 계산해 자신의 이익에 최대로 부합하는 방향으로 행동하는 인간이다. 예컨대, 소비자로서 경제적 인간은 자신의 만족이나 효용을, 생산자로서 경제적 인간은 최대이윤을 추구하는 것을, 최고의 목표로 추구하는 인간을 의미한다. 하지만 이러한 인간상은 타인에 대한 걱정(care), 이타적 동기나 사회적 가치 등으로 말미암아 움직이는 인간의 행태를 담아내지 못하는 '절반의 인간상'에 불과하다고 할 수 있다(홍태희 2024, p.183).

대신에 여성주의 경제학자들은 호모 리페어런스(homo repairans)를 대안의 경제적 인간상으로 제시한다(Spleman 2002; 홍태희 2012). 이들은 주류 경제학이 돌봄에 대한 가치평가 문제에 대해 충분한 해결책을 제시하지 못한다고 비판한다. 이들은 돌봄의 가치를 재인식하여 단지 수동적으로 대상을 돌보고 대가를 지불받는 관계가 아니라, 사람과 세상을 고쳐 다시 기능하게 하는 수선(repairness) 개념을 통해 돌봄을 보다 적극적으로 재설정해야 한다고 주장한다(홍태희 2012, p.175).

이러한 배경에서, 스펠만(Spleman)은 인간을 '수선하는 동물(repairing animals)'로 설명한다. 스펠만에 따르면, 자신과 세상을 유지시키고 고장 나고 부족한 부분을 보수하며 찢어진 곳을 수선하는 일은 인간의 일상이다. 따라서 인간을 다음과 같이 정의한다. "인간은 수선하는 동물이다. 수선 행위는 곳곳에 있다. 매일 우리가 하는 일, 즉 우리의 생활이 수선이다. 호모 사피엔스는 호모 리페어런스이기도 하다"(홍태희 2012,

면, 가계에서 생산되는 가치와 서비스를 통해 느낄 수 있는 행복과 복지의 수준은 낮아질 수밖에 없다. 기혼 여성의 소득을 모두 가구소득의 증가분으로 간주하는 것은 실질소득의 증가, 경제성장률, 그리고 가구의 행복 수준을 과대포장하는 것이다(윤자영, 2012, p. 228).

예를 들어, 한 가구는 맞벌이로 부부의 가계 소득이 3,000만 원이고, 다른 가구는 남편이 2,500만 원의 소득을 갖고 있다고 할 때, 소득만으로 보면 3,000만 원의 가구가 더 행복하다고 볼 수 있다. 하지만 비시장 즉 가계에서 생산된 것까지 고려한다면, 후자의 가구가 더 행복한 삶을 영위하고 있을 수 있다.

정리하면 '성장' 중심의 시장은 사회를 유지하는 데 필수적인 돌봄의 재생산력을 감안하지 않기 때문에, 사회적 재생산의 위기를 방치할 뿐만 아니라 조장할 수 있다. 자본가는 이윤극대화를 위해 노동자를 최대로 이용하려 하고, 노동자는 가능한 높은 임금과 혜택을 받기를 원한다. 또한 자본은 이윤을 극대화하고자 하기 때문에 물질생산의 최대화를 위해 가능한 한 적은 양의 자원과 시간을 사회적 재생산에 할애하도록 허용하는 것이 자본의 논리이다.

하지만 가족은 자본과 반대로 작동한다. 비시장 경제에서의 노동은 시장의 힘, 국가 정책, 가족의 경제적 필요의 변화에 따라 확대 혹은 축소되는 무궁무진한 자연과 같은 것으로 간주되지만, 실제로 가사노동은 무한히 탄력적이지 않으며 충분한 자원이 없다면 사회적 재생산에서의 위기를 야기하게 된다.

3) 전통적 경제와 돌봄경제

전통적 경제는 개인의 이윤과 시장 내 효율성 증대를 목표로 하지만, 반면 돌봄경제는 공동체의 행복과 안정에 기여하는 선순환적 성장을 지향한다. 전통적 경제는 경제성장을 기업 생산을 위한 고용의 증가와 연결하고 더 많은 일자리와 소득 증대라는 개인의 경제적 성취와 관계시켜, 기업과 개인이 각자의 이익을 극대화하는 데 집중하게 한다. 반면 돌봄경제는 돌봄을 공공재로 인식하며, 공동체와 사회적 안정에 기여하는 중요한 자원으로 간주한다.

[표14-1] 전통적 경제와 돌봄경제

구분	전통적 경제 모델	돌봄경제 모델
경제 목표	개인의 이윤과 시장 내 효율성 증대	경제와 돌봄의 선순환적 성장
경제 영역	시장에서 교환되는 재화 서비스에 한정	재생산(출산, 돌봄 등) 영역 포함 가정 및 지역사회 중시
생산수단	노동, 자본, 자연자원	출산, 돌봄 등 비시장 영역의 활동 포함
인간 모델	합리적 인간 및 개인의 웰빙 극대화	인간을 상호의존적 존재로 인식하고 타인의 웰빙을 경제목표로 포함
돌봄노동	경제적 가치가 없는 비공식 노동	공공재로서 돌봄공동체의 복지와 사회적 안정에 기여

전통적 경제는 돌봄을 비공식적 노동으로 인식하고, 시장에서 교환되지 않는 돌봄노동, 특히 무급 돌봄노동을 경제적 분석의 범주에서 제외하며, 공공정책에서도 돌봄의 가치를 충분히 반영하지 않는다. 이로 인해 돌봄노동의 사회적 기여가 축소되고 경제에서의 중요성이 낮게 평가된다. 반면 돌봄경제는 돌봄노동이 단순히 돌봄을 제공받는 개인에게만 혜택을 주는 것이 아니라, 사회적 자본을 형성하고 신뢰와 안전망을 구축하여 공동체 전체의 복지를 증진하는 데 기여한다고 본다. 돌봄경제는 유급 및 무급 돌봄노동의 경제적 가치를 정책 목표와 예산 배분에 반영함으로써 사회적 혜택을 극대화하고자 한다. 전통적 경제는 개인의 이윤 극대화를 추구하는 합리적 인간을 전제로 하지만, 돌봄경제는 타인의 웰빙을 함께 고려하는 상호의존적 인간 모델을 지향한다.

2. 돌봄경제의 이해

1) 목적

돌봄경제는 돌봄노동을 경제발전의 중요한 인간적 가치로 보고, 이를 중심으로 사회와 경제의 선순환(사회적 재생산과 경제적 생산)을 이루는 지속가능한 경제발전을 지향한다.

돌봄경제는 '성장'경제가 지향하는 자원의 이윤 극대화를 위한 물적 배분의 효율성의 한계를 직시하고 인간적 삶과 행복을 포용하는 경제를 추구한다. 이에 돌봄경제는 돌봄의 가치가 배제된 성장 경제를 비판하며, 필연적인 인간의 의존성에 대한 돌봄의 필요와 충족을 사회적 가치이자 경제적 가치로 인정하고 이를 포괄하는 경제체계를 만들고자 한다.

2) 구성요소 및 특징

돌봄경제는 기존 시장 중심 성장 경제 개념을 확장하여, 인간의 역량 유지 강화와 인간 삶의 질을 위한 돌봄을 경제 활동의 핵심으로 포함한다(Flobre 2020). 따라서 유급 돌봄노동뿐만 아니라 기존에 고려하지 않았던, 가정과 공동체 내에서 이루어지는 무급 돌봄노동도 포괄한다.

특히 돌봄경제는 무급 돌봄노동은 기존 '성장' 패러다임에서 경제적 가치를 인정받지 못했지만, 사회의 재생산과 유지에 필수적인 가치로 인정해야 할 뿐만 아니라, 사회와 시장이 연결되는 경제 패러다임으로의 전환을 위한 전략적 가치이자 선순환의 고리로 재조명한다.

돌봄은 무급과 유급으로 나누어지며, 무급 돌봄은 주로 가정 내에서 이루어지는 직간접적인 돌봄노동을, 유급 돌봄은 직접 돌봄과 간접 돌봄 및 의료교육과 돌봄행정지원까지 포함한다.

재화 생산은 돌봄 대상자의 일상과 생활 편의를 증진하기 위해 개발되고 제공되는 것으로, 재활과 보조 기기, 고령 친화 식품, 돌봄 지원 첨단 제품(AI, 로봇), 고령친화 주택 및 요양시설, 장애 친화 교통 시설 등 다양한 재화 생산이 해당된다.

돌봄경제의 기반을 강화하기 위해 돌봄제공 인력을 위한 교육, 돌봄 관련 재화 연구개발(R&D), 정책 제도 연구와 수립 및 집행이 이루어진다.

[표14-2] 돌봄경제의 구성요소

돌봄경제	돌봄 제공	무급	가정 내 직·간접 무급 돌봄노동	
		유급	직접돌봄	보육 유치원, 초등돌봄, 요양·간병, 장애인활동지원
			간접돌봄	조리, 청소, (비대면)가사서비스
			의료교육전문직 돌봄행정사무지원	의사 간호사, 치료사 초중등교사 관련 행정사무원, 사회복지사
	재화 생산		재활 보조기기, 고령친화식품, 돌봄지원첨단제품(AI, 로봇), 주거(고령친화주택, 요양시설), 장애친화교통시설	
	기반 강화		돌봄서비스, 인력 교육, 돌봄 재화 R&D, 돌봄 관련 정책 제도 연구 및 수립집행	

※ 출처: 유재언 외(2019), 김태일 외(2022)

3) 국제노동기구(ILO)의 돌봄경제와 돌봄노동

국제노동기구(ILO)는 2024년 '괜찮은 일자리와 돌봄경제(Decent Work and the Care Economy)'안을 결의했다. 해당 결의안은 돌봄노동의 사회적·경제적 중요성을 인정하고, 돌봄경제에서의 괜찮은 일자리 창출과 노동권 보장을 강조한다.

ILO는 돌봄경제가 전 세계 고용의 약 11.5%를 차지하며, 무급 돌봄노동만으로도 연간 11조 달러의 경제적 가치를 창출한다고 평가한다. ILO 결의안에 따르면, "돌봄경제(care economy)는 유급 및 무급 돌봄노동, 가정과 그 밖에서의 돌봄제공, 돌봄을 주고받는 사람들, 돌봄을 제공하는 제도들"로 구성되며, "돌봄노동(care work)은 사람 관계 속에서 삶의 지속가능성과 질을 추구하는 활동들 및 관계들"로 구성된다고 정의한다.

구체적으로 "인간의 역량을 육성하고, 능력, 자율성 그리고 존엄성을 양성하며, 돌봄을 주고받는 사람들의 기회와 회복력을 발전시키며, 삶의 구간들에서 개개인들에게 채워져야 하는 다양한 필요를 다루며, 신체적·심리적·인지적·정신적 건강과 아이,

청소년, 청·장년, 노년을 포함하는 사람들을 지원하고 돌보는 데 필요한 발전적 요구를 충족시키는 것들"을 돌봄노동으로 제시한다(ILO 2024).

(1) ILO의 돌봄경제 패러다임

ILO의 돌봄경제 패러다임은 시장에서 교환되는 돌봄 관련 상품과 서비스, 노동만을 포함하지 않는다. 교육, 영유아 보육, 보건 및 사회서비스 종사자, 가사 노동자, 무급 돌봄노동을 하는 사람들을 포함하지만, 이에 국한하지 않고 사회의 모든 층위에서 이뤄지는 돌봄 관련 활동을 포괄하는 광범위한 개념으로 돌봄경제를 정의한다.

여기서 주목해야 할 점은, 결의안은 돌봄을 일자리 창출이나 산업 활성화에 필수적이지만 그것을 넘는 '인간' 중심의 경제를 위한 기초로 이해하고 있다는 점이다. "성평등, 다양성, 통합, 모든 사람을 위한 돌봄 생태계 구축 등 사회경제적 전환기의 의제로서 돌봄에 대한 통합적 논의가 시급"하다는 인식에서, 결의안은 "돌봄은 인간, 사회, 경제, 환경의 건강 그리고 지속가능한 발전의 요체이며, 유·무급을 막론하고 돌봄노동은 다른 모든 노동의 기초"로 천명한다. 또한 결의안은 "기술발전의 혁신, 인구학적 변화, 환경과 기후변화에 의한 근로환경의 질적변화에 대한 대안으로 돌봄"을 제시한다(ILO 2024).

따라서 ILO의 돌봄경제 패러다임은 시장에서 교환되는 돌봄 관련 상품과 서비스, 노동만을 포함하지 않는다. 돌봄경제학자 폴브레(Nancy Folbre)는 "인간과 사회의 재생산과 복지를 제대로 연구하기 위해서는 시장을 넘어서서 '사람' 혹은 '노동력'을 생산하고 재생산하기 위해 필요한 재화와 서비스의 생산과 분배, 유지의 과정을 들여다볼 것"을 강조한다(윤자영 2025).[1]

ILO의 돌봄경제는 경제를 '성장' 중심으로 이해하는 패러다임을 벗어나 '인간' 중심 패러다임 경제로 탈바꿈할 수 있는(transform) 가능성을 돌봄경제의 비전으로 제시하고 있다는 점에서 의의가 있다. 이는 돌봄경제를 단순한 일이나 직업군으로 국한해서 이해하지 않고, 인간 사회 모든 층위에서 이뤄지는 돌봄활동을 포괄하는 광의로 접근

---

1 윤자영(2025), '세계적 핫이슈 돌봄경제, ILO 나침반을 따라가자'

함으로써, 경제발전을 시장의 성장이 아니라 인간(역량)의 발전으로 제시한다. 동시에 돌봄을 변혁적인(transformative) 경제의 중심에 두고 그 구체적인 실현 방안의 로드맵을 제시하고 있다. 즉, 시장과 성장 중심의 제도와 개념 등 기존 경제 관념에 익숙한 사고방식을 넘어 인간과 인간의 재생산을 위해 돌봄의 가치를 중심에 두고 경제의 패러다임을 재편해 그 전략까지 제시하고 있다는 점에서 큰 의의가 있다.

어찌 보면 나고 자라고 호흡하고 젖어든 자본주의 사회에서 살아온 우리는 '경제'를 시장경제와 동일시하는 관습과 제도에 젖어있으며, '경제'의 개념과 범위를 확장해야 하며, 새로이 정의된 경제발전의 궁극적 목표는 시장의 성장이 아니라 인간의 발전과 행복임을 환기해야 함을 알려준다. 전통적인 시장 중심의 경제 개념이 상기하는 인적 자본 투자의 수익성과 GDP 수치로 표상되는 경제성장이라는 환상에서 벗어날 것을 요구하는 것이다.

(2) 국제노동기구(ILO)의 5R[2]

ILO는 돌봄경제에서 괜찮을 일자리를 만들기 위해 통합적이고 정합적인 전략을 5R 프레임(5R Framework for Decent Care Work)으로 제안한다.

무급 돌봄은 인정(recognized)받고, 그 양은 줄여서(reduced) 재분배(redistributed)되어야 한다. 유급 돌봄은 동일가치노동 동일임금의 원칙에 맞게 충분히 보상(rewarded)되어야 하며, 효율적인 노동으로 사회적 보호를 받아야 하며, 돌봄노동자들은 대표(represented)되어야 한다.

첫째, '인정(Recognition)'은 돌봄 특히 가계 영역에서 비가시화된 돌봄노동의 가치를 인정하는 것이다. 이를 위해 무급 돌봄의 경제적 가치를 측정하여 국가 통계에 포함시키고, 돌봄노동의 사회적 중요성을 대중적으로 재고하기 위해 인식 개선에 노력한다.

둘째, '감소(Reduce)'는 무급 돌봄의 부담을 줄이는 것이다. 이를 위해 공공 인프라를 확충해 돌봄과 가사 노동 시간을 단축하고, 유연 근무 제도를 정착해 일과 돌봄의 균형을 찾는 방안을 강구한다.

---

2 윤자영(2025), '세계적 핫이슈 돌봄경제, ILO 나침반을 따라가자'

셋째, '재분배(Redistribution)'는 돌봄 책임의 공평한 분배를 의미한다. 이를 위해 돌봄 휴가 정책 정비를 통해 남성의 돌봄 분담을 유도하고, 돌봄의 공공 인프라를 확대할 뿐만 아니라, 돌봄 책임의 공평한 분담을 촉진하는 교육 프로그램 실시를 고려할 수 있다.

넷째, '보상(Reward)'은 유급 돌봄에 대한 적절한 보상을 보장하는 것이다. 이를 위해 돌봄노동자의 최저 임금 보장 및 임금 수준 개선, 돌봄노동자에게 사회보장 제도 확대, 그리고 돌봄노동자의 경력 개발 기회 확대 등의 방안을 실행할 수 있다.

다섯째, '대표(Represent)'는 돌봄노동자들의 목소리를 정책 결정 과정에 반영하는 것이다. 이를 위해 돌봄노동자들의 노조 결성과 단체 교섭권 보장, 돌봄 정책 수립 과정에 돌봄노동자들의 참여 보장, 이들의 권익을 대변하는 전문 기관 설립 등의 방안을 고려할 수 있다.

3. 생태주의 경제

생태주의 경제학(Ecological Economics)은 성장 중심의 전통 경제학이 자연·자원과 환경의 한계를 무시하고 자연과 자원을 남용하며 이윤의 극대화만을 추구하는 측면을 비판하는 데서 시작한다. 돌봄이 전통 경제에서 무급으로 공급되는 자연적인 것으로 간주되듯, 환경 또한 전통 경제에서 무급으로 공급되는 것으로 전제한다. 즉, 화폐적 가치로 측정될 수 없는 것으로 분류되어, 실제 인간과 자연의 유한성이라는 사실을 경제학에서는 실감하지 못하게 한다.

이에 비해 생태주의 경제학자들은 인간과 자연의 유한성을 인정하고 돌봄이 필요한 유한한 인간이자 자원이 한정된 지구라는 유한한 자원임을 인정하는 데서 세상을 바라본다. 다시 말해, 성장 중심 경제에서는 제한된 자원을 어떻게 효율적으로 이용하고 분배해서 최대 생산과 이윤을 낼 수 있을까에 골몰하지만, 생태주의 경제는 그러한 자원을 어떻게 유지하고 보존할 것인가를 중요한 화두로 삼는다(Floro, 2012).

1) 자연·자원의 유한성 인식

성장을 해야 자원을 둘러싼 궁극적인 갈등이 해소된다는 성장 중심 경제관에 비해 생태주의 경제론자들은 유한한 자원을 고갈시키는 물적 생산을 감소시키는 데 관심을 둔다. 성장 중심 경제관은 인구 증가를 감안하면 물적 생산의 감소는 결국 줄어든 자원의 감소를 둘러싼 갈등의 폭발을 야기해 자원 배분을 중심으로 격돌이 불가피하다고 본다. 이렇게 필연적인 분란을 생각하기 때문에, 물적 성장이 전제되지 않고는 민주적인 분배 역시 가능하지 않을 것으로 생각한다. 요약하면 성장중심주의가 성장이 없으면 분배의 갈등도 필연적인 것으로 생각하지만, 생태주의 경제학자들은 민주적 다양성을 통해 성장중심주의에서 지속 가능한 발전으로 이행이 가능하다고 본다.

2) 소비와 성장의 재해석

생태주의 경제학은 '경제성장과 물질 생산의 감소가 양립할 수 있는 경제적 발전에 대한 개념적 전환'을 위해 두 가지 대안적 프레임을 제시한다. 첫 번째 프레임은 경제성장을 자원을 이용하는 물질 생산과 분리하는 '서비스 기반 성장' 과정으로 이해해서 시작한다. 이들의 관점에서 보면, 성장은 원재료를 적게 투입하면서 인간이 생산해낸 가치로 볼 수 있다. 즉, 성장 중심 경제학에서 성장은 생산을 위해 투입한 자원의 양을 고려하지 않는 기존의 GDP 혹은 GNP의 증가만을 의미하는 것이었다면, 생태주의 경제학에서 성장이란 같은 양의 자원을 투입했을 때 얼마만큼의 경제적, 사회적 가치를 생산한 것인가로 이해될 수 있다.

'서비스 기반 성장'의 관점에서 보면, 경제적 가치는 인간의 창의력과 혁신성으로 원재료 사용의 효율을 높이는 것으로 만들어갈 수 있으며, 경제는 최소한의 물질 생산의 증가로 성장할 수 있다는 것이다(윤자영 2012).

이러한 맥락에서, 물질 생산이 추동하는 경제성장(material-throughput-derived economic growth)과 물질에서 독립적인 성장(materially-independent growth)을 구분한다. 예를 들어, 서비스 당 원재료 사용지수(Material Intensity Per Service, MIPS)를 만들어서,

인간이 생산품이나 서비스를 생산하기 위해 사용한 원자료량의 정도를 보여준다. 이를 통해 현재 인류가 유한한 자연 자원을 고갈시키면서 누리는 소비 수준이 지속 가능하지 않다고 판단하고, 인류의 소비 행동을 변화시켜야 한다고 주장한다(윤자영 2012).

3) 사회 서비스와 환경 보존 서비스

두 번째 프레임은 성장 중심 경제에서는 고려하지 않았던 투입 요소를 경제 복지의 측정에 포함시키는 것이다. 무급 노동이나 환경 보존 서비스 노동이 그 예가 될 수 있다. 이러한 시각에서 보면, 성장은 물질 중심의 확장에서 벗어난 '성장'을 생각할 수 있게 된다. 예를 들어, 무급 노동이나 무급 돌봄 등의 서비스를 경제에 필수적인 것으로 인정하면, 물적 자원을 이용하지 않더라도 생산이 가능할 수 있기 때문에 자원의 감소가 수반되지 않고 경제가 '순전히' 성장하고 발전할 수 있다는 것이다.

이러한 맥락에서, GDP에 대안으로 개발된 진짜발전지수(Genuine Progress Indicator, GPI)를 주목할 필요가 있다(윤자영 2012). 샌프란시스코에 있는 '발전을 재정의하기'(Redefining Progress)는 GDP에 대안적이면서 여전히 화폐가치에 기반한 GPI를 제시한다. 이 지수는 물적 자원뿐만 아니라 서비스 및 사회적 요소까지 포괄적으로 고려한 성장 지수를 제시한다. 이 지수는 기존 GDP에서 소득불평등 심화, 범죄의 사회적 비용, 불완전취업으로 인한 손실, 여가시간의 감소, 물, 대기오염, 소음의 피해, 습지와 농지의 감소, 비재생 자원의 고갈, 숲지대 상실, 이산화탄소의 피해 등을 차감하고, 공공기반시설, 가사노동, 교육, 자원봉사의 가치 등을 추가하는 등의 수정을 거친 GDP의 대안 발전지표이다. 이런 과정을 통해 보정된 GPI는 국가나 지역의 경제적 번영, 사회적 형평성, 생태적 지속가능성 등을 모두 감안하면서 삶의 질, 복지수준을 나타낼 수 있는 실질적인 발전의 지표가 되게 된다(문태훈 2018).

GPI의 성장 시각에서 보면, 미국의 GDP는 세계 2차 대전 이후 꾸준히 증가한 반면 GPI는 2차 대전 이후에 증가했지만 1970년대 이후는 절반 수준에 머물러 있거나 감소하고 있다고 한다(윤자영 2012, p. 235).

최근 한국에서도 GPI를 국가 및 대도시 단위로 산출 비교하는 연구가 진척되고 있다. 국가 단위 연구로는, 한국은 1970년대 후반 이후 GDP와 GPI의 격차가 점점 벌어지고 있으며, IMF 외환위기(1997년) 이후나 글로벌 금융위기(2008년)와 같은 경제 충격 시 GPI가 더 크게 감소하는 경향을 보이고 있다(김경아 2022). 도시별 비교 연구로는, 서울, 울산, 대구 등 대도시를 대상으로 GPI를 비교한 연구에서, 울산의 경우 GPI가 가장 낮게 나타났는데, 이는 산업화와 도시화로 인한 환경오염 등 외부비용이 경제성장에 따른 편익보다 크다는 점을 시사한다(김경아 문태훈 2022).

4) 돌봄노동 중심이 관건인 생태주의 경제체제

'서비스 기반 성장'은 노동을 경제성장에 중요한 것으로 간주함을 의미하는데, 돌봄노동은 비재생 자원을 가장 적게 이용하면서 사람들을 이롭게 한다는 점에서, 전환된 패러다임의 중심축이 된다. 부연하면, 가정에서 무보상으로 제공되는 돌봄노동자가 임금을 받게 되었을 때 그 임금이 물질 생산 중심의 성장을 추동하는 방식으로 그 소비를 높일 것인지? 아니면, 시장 밖에서 일어날 것인가에 따라 돌봄노동자에게 기대하는 생태학적 효과 여부가 좌우된다(윤자영 2012, p. 235).

하지만 돌봄노동자의 내적 동기에 기대는 전략의 한계 또한 지적되어야 한다. 물질 생산 중심의 성장 패러다임이 득세하는 사회에서 개인의 내적 동기만으로는 한계가 있기 때문이다. 우선, 돌봄노동은 시장에서 거래될 때 근로조건의 열악성이 심화된다. 저임금이 구조화되어 있기 때문이며, 또한 돌봄노동력의 공급 과잉, 성차별 관행과 성역할 사회화로 인해 여성들이 돌봄서비스에 몰려드는 '돌봄의 여성화'로 문제로 지적될 수 있다. 게다가, 돌봄노동이 훈련과 숙련이 필요하지 않거나 축적되지 않는다는 통념에 기인한 사회문화적 저평가도 원인으로 지목된다.

궁극적으로는 생산 혹은 소비된 돌봄(서비스)의 질을 측정하기도 어렵기 때문에 이에 대한 보상과 인센티브 체계의 기준을 마련하기 어려운 취약성이 있다. 따라서 단위당 자원에 노동을 더 많이 생산함으로써 가능할 수 있는 지속가능한 발전이 일반적으로 저평가되는 서비스 노동의 가치를 제대로 인정할 수 있을지의 난제를 인식해야 한다(윤자영 2012, p. 236).

5) 시장과 화폐를 넘어선 보상기제의 발전

돌봄이나 환경보존 등 비시장적인 경제 행위들이 활성화되기 위해 성장 중심의 시장과 화폐 이외 보상 기제와 사회적 경제의 생태계를 육성해야 한다. 인간의 복지가 화폐적 거래에 의존하지 않고 인정받고 통용되어 유지될 수 있도록 생계를 중심으로 (subsistence-based) 한 행위에 보상할 수 있는 기제들이 개발되어야 한다.

예를 들어, 지역화폐가 통용되는 공동체 단위별 사회적 경제체계를 활성화하는 방안이다. 돈이 없는 사람도 지역 경제에 큰 기여를 할 수 있다는 전제에서, 자신들의 거래에 기반해 벌어들인 신용을 가지고 공동체 구성원들 간에 지역에서 생산된 재화와 서비스의 교환을 촉진해 지역 내 경제의 순환과 일자리 창출이 지역 안으로 한정될 수 있게 하는 부가적인 장점도 득할 수 있다.

지역화폐가 생활협동조합을 통한 사회적 경제의 확산이나, 약자들 간의 도움과 보답으로 유통되는 지역화폐로 지역 내 사회적 가치를 활성화시키는 타임뱅크(Time Bank)도 같은 맥락에서 이해될 수 있다.

6) 전통적 경제·생태주의 경제·돌봄경제의 비교

대안 경제는 기존의 성장주의적·산업 중심적·가부장적 경제질서에 대한 비판에서 출발하여, 대안적이고 지속 가능한 삶의 조건을 제시하는 공통된 목표를 갖고 있다. 하지만 대안 경제는 주류 경제학의 성장주의, 시장주의, 이분법적 구조에 대한 공통된 문제의식을 공유하면서도, 분석 단위, 접근방식, 전략적 적용 수준에서 서로 다른 특성과 실천 경로를 제시한다. 이러한 차이점은 각 이론이 특정한 사회적 생태적 위기에 어떻게 대응하고자 하는지를 보여주며, 종합적으로 보다 입체적인 전환 담론 형성에 기여할 수 있다.

현재 한국사회는 기후위기, 돌봄위기, 불평등 위기라는 삼중의 구조적 문제에 직면해 있다. 이러한 복합 위기는 단순한 기술적 조정이나 시장기제의 효율화만으로는 해결될 수 없으며, 기존의 성장 중심 경제 패러다임 자체에 근본적인 질문을 던져야 한다. GDP 중심의 경제성장은 생태계의 한계를 무시하고, 사회적 관계와 재생산 노동을 사유화하며, 인간의 삶의 질을 수치로 환원시키는 과정이었다.

한국 사회의 다층적인 위기를 극복하기 위해서는 이러한 다층적인 대안경제 담론을 통합적으로 수용할 필요가 있다. 국가 정책은 생태적 회복력을 확보함과 동시에, 돌봄 기반 복지국가의 구축과 젠더 정의 실현을 포함해야 하며, 시민사회의 실천은 커먼즈(commons)를 중심으로 한 생태적·사회적 협력 기반을 확장해야 한다.

[표14-3] 전통적·생태·돌봄경제의 비교

구분	전통적경제	생태경제	돌봄경제
주류 경제학 비판		자연을 외부효과로 취급하고 무한성장을 추구하는 경제관 비판	생산 중심 경제가 돌봄과 재생산 노동을 무시하고 저평가함을 비판
핵심 가치	자원의 최적 배분	생태적 지속가능성	상호의존성, 돌봄 정의
전략	생산의 극대화	생태세, 자원순환 대안지표	돌봄소득 제도화, 공공서비스 확대, 시간은행 등 커뮤니티 기반 실천
운동 주체	시장 기업	생태경제학자, 지속 가능발전정책가	페미니스트, 복지활동가, 지역 커뮤니티 조직
범위	시장 중심	국가 정책, 국제기구중심 지속가능발전 모델	사회복지제도, 지역 돌봄 실험, 탈성장 정책 운동
사례		부탄 GNH, EU탄소세, 생태회계	FaDA(탈성장+돌봄), 세계여성파업, 스페인 돌봄소득 시범사업

4. 돌봄노동의 돌봄경제

1) 돌봄노동의 정의와 특징

노동은 윤리적·사회적·경제적인 유무형의 부가가치를 생성하는 사람의 능력이라는 의미에서 보면 여러 관점에서 분류가 가능해진다. 신체적 힘의 유무에 따라, 육체

노동과 정신노동, 금전적 대가 유무에 따라 임금 노동과 무불(無拂)노동, 시장의 매개 여부에 따라 시장노동과 비시장 노동, 공식 부문 노동과 비공식(informal) 부문 노동, 숙련도에 따라 숙련 노동과 비숙련 노동으로 나눌 수 있다. 여기서 돌봄노동, 비공식 부문 노동, 무불 노동, 가사노동, 비숙련 노동의 공통점은 대부분 여성이 담당하고, 주로 타인을 돌보는 저임금 노동이라는 점이다. 이런 공통점으로 인해, 돌봄노동, 가사노동, 무임 노동, 비공식 노동은 흔히 혼용된다(홍태희 2012, p. 164).

타인을 염려하고 살피는 노동인 돌봄노동은 타자의 상황을 이해하고 상대적 약자인 타자의 곤란함을 감지하고 공감하는 능력을 핵심으로 한다. 여기서 돌본다는 것은 나딩스(Nel Noddings 1984)가 지적했듯이 본인의 개인적 좌표를 넘어 상대적 약자의 좌표로 이동하는 것을 의미하며 그러한 타인의 관점에서 부족한 사항을 고려하고 이에 부응하는 행위와 실천을 의미한다. 즉, 돌봄노동은 타자의 곤경을 파악하고 이러한 평가에 기초하여 응답하는 행위라 할 수 있다(홍태희 2012, p. 166).

돌봄노동은 시간과 에너지가 들어가야 하는 물리적인 노동인 동시에 감성이나 정성이라는 질적인 기준도 갖고 있다. 노동이면서도 감정적 차원과 도덕적 태도까지 겸비되어야 한다는 점이 그 특징이다. 여기에다 합리적인 경제인으로 대변되는 남성의 영역이 아니라 모성 본능을 가진 여성의 영역이라는 특징까지 들어간다. 따라서 헌신과 봉사, 사랑 등의 가시화되기 힘든 보이지 않고 측정이 어려운 감정적인 요소가 요구되어 폴브레(Nancy Folbre 2007)의 지적처럼 개념화하기도 객관화하기도 어려운 특성이 있다. 따라서 적정한 가치를 입혀 보상을 요구하기도 어렵다.

게다가 누구나 어깨 넘어 보다 보면 할 수 있어 보이는 노동으로 별도의 전문적인 숙련과정이 요구되지 않아 보이지만 상당히 노동 집약적인 특징이 있다. 이처럼 돌봄은 한편으로는 누구나 인간으로서 최소한의 생계와 생활을 할 수 있도록 돌봄 받을 권리라는 측면과 다른 한편으로는 본인이 제공하는 노동에 대한 정당한 대가나 이를 위해 필요한 제도적 보장을 받을 수 있는 권리의 측면을 동시에 함축한다(홍태희 2012, p. 167).

따라서 돌봄경제는 개인 중심의 경제적 효율과 성과를 넘어 돌봄노동을 중심으로 한 공동체에서의 상호의존적 관계와 협력 및 연대의 가치를 중요시한다. 돌봄경제는 돌봄노동을 중심으로 합리적이고 생산력 있는 독립적인 성인뿐만 아니라 필연적으로 돌봄이 필요한 사람들의 상호의존성과 유대를 통해 개인의 정체성이 확립되는 인간상을 지향하기 때문에, 이웃, 지역사회 등 공동체 내에서의 돌봄 관계가 사회 전체의 상호협력과 연대의 가치로 이해한다.

[표14-4] 돌봄노동의 특징

구 성	내 용
의존성과 취약성	생물학적 조건에 따른 불가피한 인간의 의존성과 그로 인해 타인의 돌봄을 요구하는 취약성을 전제하는 노동
관계성	돌봄 제공자와 돌봄 수혜자 사이의 상호 관계 속에서 이루어지는 노동
비대칭성	돌봄 제공자와 수혜자 사이의 능력의 차이, 돌봄에 투입되는 자원 그리고 동기의 비대칭성이 존재하는 노동
역학구조	돌봄의 제공자와 수혜자 사이에 비대칭성뿐만 아니라 이데올로기를 포함하는 사회동학의 맥락에서 작동하는 노동

돌봄노동과 중첩되면서 때로는 혼용되는 개념이 가사노동이다. 돌봄이 공사를 구분하지 않고 취약한 인간의 의존성에 대한 반응과 책임이라는 공간적 구분과 무방한 광의의 개념이라면, 가사노동은 가정에서 취약한 구성원을 돌보고 살리기 위한 대인적 돌봄뿐만 아니라 비-대인적인(impersonal), 글자 그대로, 가계의 운영과 살림 및 계획까지 포괄하는 개념이라 할 수 있다. 가정에서 이뤄지는 아이와 노인 등 취약한 구성원에 대한 직접적인 대인적인 노동은 돌봄노동으로 분류되며, 가정의 상하수도, 정원 가꾸기 등은 공간적으로 가계 내에서 이뤄지는 비-대인에 대한 노동은 가사노동으로 분류된다. 물론 가사노동이 대부분 돌봄노동이란 측면에서 이 두 가지 범주는 중첩되는 측면이 있다(이숙진, 2012:윤자영, 2011).

전통적인 시장 거래의 차원에서 돌봄노동의 특징으로 거론되는 것은 돌봄노동이 저임금이라는 점이다. 저임금의 원인에 대해서는 경제적 분석을 넘어 사회적 동학까지 고려되는 매우 복잡한 문제로 간주된다. 돌봄이 전통적으로 여성이 전담해오던 일로 보는 젠더 차별이 돌봄 저평가의 주요 원인으로 지목된다. 출산과 수유 등 생물학적으로 여성에게 돌봄책임을 귀속시키는 사회적 편견과 관습의 유습으로 돌봄은 거래되거나 시장적 교화의 대상에서 제외되어 왔다.

연장선에서, 돌봄이 그 자체로 대체될 수 없는 큰 기쁨이기 때문에 그 자체로 보상을 바라서는 안 된다는 돌봄노동 특유의 보상적 성격이 거론되기도 한다. 공공재적 성격으로 그 편익과 노고를 일대일로 대응시키거나 측정하기가 난망하다는 지적과, 돌봄을 받는 사람에게 대가를 받는 쌍무적 계약구조가 아니라 보호자 혹은 국가나 공동체로부터 보상을 받기 때문에 저임금을 받게 된다는 주장도 있다. 게다가 돌봄노동이 시장에 초과 공급되기 때문에 저임금에 머문다는 해석도 있다(김경희, 2009).

돌봄의 경제적 가치의 관점에서 보면, 돌봄노동은 공공재로 재조명된다. 공공재란 이것의 비용과 혜택이 돌봄노동(경제)이 개인의 이익을 넘어 사회 전반에 긍정적인 파급효과(externalities)가 있는 재화와 서비스를 말한다. 돌봄노동은 그 서비스를 받은 당사자 개인의 복지뿐 아니라, 사회의 유지, 시장적 생산의 기반, 공동체의 유대 등 다양한 긍정의 외부효과를 생성한다. 예를 들면, 가정에서 돌봄과 교육을 잘 받은 아이가 학교에서 더 잘 생활하고 학습해 더 좋은 시장과 사회의 구성원이 되면서 사회 전체에 긍정의 파문을 일으키듯, GDP에 잡히지 않지만, 사회 전체의 복지와 행복에 공헌하는 사회와 경제의 필수적인 기초 체력을 육성하는 역할을 한다. 그뿐만 아니라 노인이나 장애인에 대한 돌봄 역시 가족 구성원의 부담을 줄이고, 돌봄불평등을 완화함으로써 사회적 연대를 강화하며, 장기적으로 사회적 비용을 절감할 수 있다. 이와 같이 돌봄노동은 돌봄을 주고받는 당사자들의 행복과 이익을 넘어, 경제 전반의 구성원들과 사회 전체의 안정에 기여할 수 있다. 결국 돌봄노동이 가동되지 않는 사회와 공동체는 그 전체 복지가 위협받을 수 있으며 돌봄경제 관점을 통해 돌봄노동에 대한 경제적 가치를 인정해야 할 필요성이 제기된다.

2) 돌봄노동의 다양한 동기와 대가

일반적으로 시장에서 자신의 노동을 교환하는 이유는 그 금전적인 대가를 위해서이다. 하지만 돌봄노동의 경우 그 동기가 단순하지 않은 특징들이 있다. 먼저, 인간의 본성이라는 주장이 있다. 자식을 돌보는 생물체의 본성으로 돌봄을 하는 것이지 대가를 바라고 돌봄을 하는 것은 아니란 주장이다. 그뿐만 아니라 약하고 힘없는 혹은 위험에 처한 사람을 보고 즉각적으로 반응하는 인간의 이타심이나 헌신에서 그 동기가 나온다는 주장도 있다. 더욱이 부담스럽고 힘이 들지만 그럴수록 보람을 느끼며 의미를 더한다고 생각하는 자기만족이 돌봄의 어려운 부담을 자원하도록 만들기도 한다. 이러한 본성, 이타적 규범성, 자기만족, 헌신 등은 모두 금전적 대가와 무관하게 돌봄을 하는 사람들의 동기이다.

돌봄을 제공하는 이유와 돌봄에 대한 대가의 다양성에서 돌봄에 대한 논의의 어려움이 있다. 하지만 경제학이 돌봄에 관심을 두는 영역은 사회의 제도적 측면, 즉 성별 관계나 관습, 노동시장의 여건 등이 돌봄의 제공자를 결정하고 돌봄의 시장 가치에 영향을 준다는 점과 그 결정이 정당한가 하는 문제이다(홍태희 2012, p. 168). 이런 점에서 기존의 경제학처럼 돌봄의 이유를 개인의 선호에 따른 결정으로 보는 견해나 돌봄을 다른 사람을 배려하는 차원에서 이루어진다고 하는 견해로는 설명되지 못하는 공백을 위해 돌봄경제학이 요구된다.

5. 전략적 관점에서 돌봄경제

1) 돌봄경제의 지속가능성

돌봄경제가 부각되는 배경에서는 무엇보다 저출산·고령화 시대의 도래로 경제 전반에 걸친 생산 인구의 감소와 증가하는 돌봄 수요에 대한 공백을 해결하기 위함이다. 이를 위해 돌봄을 인정하지 않았던 시장의 '성장' 중심의 경제와 다른 패러다임에서 돌봄과 인간 발전에 대한 새로운 접근이 요구되고 있다. 한국은 현재 합계 출산율 0.72로 세계 최저 수준을 갱신하고 있으며, 2040년에는 노인 인구의 비율이 30%를 넘어설 것으로 예상된다. 경제적 지속성에 대한 이 같은 인구 구조의 위기는 개인 수준을 넘어 전체 경제와 사회를 위협하는 큰 부담으로 지속 가능한 공동체의 존립을 위협하는 시급한 요인이라 할 수 있다.

이에 대해 그간 정부와 사회 차원에서 등한시해왔던 인간의 의존성과 취약성을 인정하고 돌봄의 가치를 존중하는 돌봄 중심의 인간적 발전을 위한 새로운 전략이 요구되며, 사회적 재생산과 인간 중심의 경제라는 새로운 선순환 경제 체계를 모색해야 할 필요성이 제기된다. 이러한 전략적 차원에서 돌봄노동을 인정하는 돌봄경제의 필요성이 제기된다.

가정과 사회 그리고 경제적으로 돌봄의 가치를 인정하지 않고, 잘해야 최저임금 수준에서 그저 여성들에게 돌봄을 전가함으로 돌봄을 해왔던 사람들을 중심으로 사회경제적 불평등 문제는 동서고금을 막론하고 심각하게 제기되었다. 특히 돌봄을 생산하는 돌봄노동의 생태계 근저에서 여성의 무급 저임금 돌봄노동에 의존함으로써, 코로나 사태에서 보여주듯, 근로 환경의 악화를 넘어 여성 경제활동을 제약하고 여성의 불안정 고용 상태를 사회경제적 불평등을 심화시키고 있다. 이는 사회와 경제 전반적인 체력을 잠재적 성장을 저하시키고 잠식하는 구조적 위협 요인이라 할 수 있다. 이렇게 돌봄노동이 사회적 취약계층이 담당해온 상황 속에서, 돌봄을 하는 사람들이 돌봄을 받지 못하는 돌봄 접근성의 불평등과 공백의 문제가 가중되면서 이들의 고립과 정치적 대표성의 공백까지 이어지는 악순환의 패턴이 강화되고 있다.

이러한 돌봄의 불평등을 완화하고 보다 정의로운 대안적 접근으로 돌봄경제가 다시 부각된다. 즉, 돌봄 영역에 대한 정책적 사회적 투자를 통해 여성의 경제 참여 기회를 확충하고, 노동 시장과 사회 전반의 불평등을 완화하여 장기적인 경제적 역량을 확충하여 지속 가능한 선순환의 구조적 전환을 도모할 수 있다. 사회정의 관점에서 돌봄경제에 전략적으로 접근함으로써 돌봄을 하는 사람들이 겪고 있는 가정, 사회, 경제적인 다차원적이고 구조적 불평등을 줄여 돌봄에 고립된 삶 외에 사회적인 일과 여가 및 시민적 활동의 기회가 확충된 인간적 성장이 가능한 경제기반의 선순환 고리를 제공할 수 있다.

2) 돌봄경제의 선순환[3]

돌봄경제는 돌봄의 선순환적 성장을 목표로 한다. 경제 활동의 목표를 자본축적에 한정하지 않고, 공동체와 개인의 삶의 질을 높이는 것에 두며 인간 중심의 경제발전을 추구한다.

돌봄경제는 경제적 성장이 단순한 수익 창출에 그치지 않고 공동체의 안정과 행복에 지속적으로 기여해야 함을 강조한다. 따라서 돌봄경제의 선순환이란 돌봄노동에 대한 재정투자(공적투자)와 지원을 통해 개인과 공동체의 삶의 질이 향상되고, 일자리가 창출되며, 사회적 불평등이 완화되는 것, 즉 지속가능한 발전이 경제적·사회적으로 이어지는 긍정적인 순환구조를 의미한다. 이는 돌봄이 가족 내에서 이뤄지는 비공식적 노동임을 넘어, 사회 전체의 경제적·사회적 발전을 견인하는 원동력이자 가치임을 의미하는 것이다.

(1) 돌봄경제의 투자효과

돌봄경제에 대한 투자는 양질의 서비스 일자리를 창출하고, 이는 복지와 경제의 선순환을 촉진한다. 돌봄일자리의 확대는 무급 돌봄노동의 부담을 줄이고, 특히 여성의 노동시장 참여를 높여 경제성장과 세수 증가로 이어진다.

(2) 돌봄경제의 사회적 가치

돌봄노동의 가치를 사회적으로 인정하고, 돌봄의 부담이 특정 집단에게 집중되지 않도록 재분배함으로써 불평등 해소와 사회적 포용성을 강화한다.

(3) 지역순환경제

돌봄경제는 지역 내 자원과 인력, 서비스가 지역에서 순환하도록 하여 자본의 외부 유출을 막고, 지역경제의 활력을 높인다. 사회적 경제조직(협동조합, 자활기업 등)과

---

[3] 김건호 외, 『휴머노믹스 전략에 관한 연구』, 2024. 경기연구원

연계해 지역공동체의 지속가능성도 제고한다.

(4) 인간중심 경제

돌봄경제의 선순환은 인간의 삶의 질, 존엄성, 상호의존성을 강화하며, 모두가 일상적으로 돌봄을 주고받을 수 있는 사회적 환경을 조성하는 데 기여한다.

ILO(2018)는 돌봄에 대한 투자와 경제성장 간 선순환 구조를 강조하면서, 돌봄경제에 대한 투자는 무급노동 재분배 및 돌봄 고용 확대를 가져올 수 있다고 강조한다. 돌봄에 대한 투자는 고용 창출, 여성의 노동시장 참여 확대, 세수 증가, 기술개발 등의 메커니즘을 통해 경제성장을 견인할 수 있다고 기대한다.

[표14-5] 무급 돌봄노동-유급 노동-유급 돌봄노동의 순환 구조

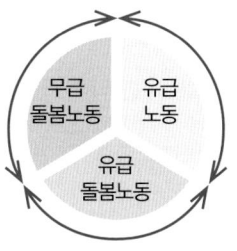

무급 돌봄 노동의 수준과 분배는 무급 돌봄 노동자가 유급 노동에 진입하고 계속 일할 수 있는 조건에 영향을 미치며, 동시에 유급 돌봄 노동자의 근로 조건에도 영향

노동시장에서의 성평등, 특히 여성의 노동시장 참여, 고용 조건 및 근로 환경이 개선되면 돌봄을 받는 사람들에게도 긍정적인 결과를 가져옴

충분한 수의 돌봄 노동자와 그들의 근로 조건이 성평등에 기여하며, 이는 노동 세계에서 무급 돌봄 노동의 재분배로 이어짐

참고문헌

- Floro, Maria S.(2012). The Crises of Environment and Social Reproduction: Understanding their Linkages. (http://www.american.edu/cas/economics/pdf/upload/2012~4pdf).

- 김건호 외, 2024.『휴머노믹스 전략에 관한 연구』, 경기연구원

- 김경아. 2022. 한국의 지속가능발전을 위한 참발전 지수 연구 – 국가, 대도시의 GDP와 GPI 간의 격차 비교 중심으로, 중앙대 대학원 도시계획 부동산학과(도시계획전공) 박사학위 논문. 2022년 2월.

- 김경아, 문태훈(2022). "한국 대도시의 참발전지수 연구" 2022, vol.34, no.2, 통권 120호 pp.1-26. 한국지역개발학회지

- 김태일, 2022.『돌봄경제 활성화 방안』. 대통령직속 저출산고령사회위원회

- 문태훈, 2018. 자율기고 지역정보 한국지역개발학회 No.15.

- 유재언 외(2019).『돌봄경제 육성전략 수립 연구』

- 윤자영. "성장 중심 경제 패러다임에 대한 비판과 지속 가능한 발전", pp.217-246,『여성학논집』제29집 1호.

- _____. 돌봄노동의 경제적 rcl? "GDP의 5%에 육박", 2021 국제 컨퍼런스「코로나19와 돌봄경제」리뷰2.

- _____. 세계적 핫이슈 '돌봄 경제' ILO 나침반을 따라가자 2024. Social Korea.

- 이숙진. [심층분석1] '노동'으로서의 돌봄『월간복지동향』2012-02-15. 참여연대

- 홍태희. "돌봄과 수선에 관한 경제학적 이해", pp.163~182.『여성경제연구』제9집 제2호, 2012년 12월

- _____. "여성주의 경제학의 대안적 연구 동향과 비전", pp. 81-104.『질서경제저널』제18권 4호, 2015호 12월

제15장

돌봄정치

학습목표

- ✓ '돌봄이 왜 정치의 문제인가?'를 이해할 수 있다.
- ✓ 돌봄 무임승차의 정치의 배경과 특징을 파악할 수 있다.
- ✓ 파국의 열위적 지점을 이해하고 그 확장성을 살펴볼 수 있다.
- ✓ 민주주의 발전 관점에서 돌봄민주주의를 설명할 수 있다.
- ✓ 한국의 돌봄민주주의를 살펴볼 수 있다.

　이 장은 돌봄이 정치의 문제임을 설명한다. 특히 돌봄책임을 누가 하는지를 결정해야 하는 정치라는 점을 이해한다. 이러한 맥락에서 돌봄책임의 분담을 정치적 논의에서 배제함으로써, 누구는 돌봄을 전담하게 되고, 누구는 돌봄 '무임승차'를 하게 되며, 돌봄불평등의 구조적 악순환으로 확장되는 역학을 이해한다. 돌봄을 하는 사람들이 겪게 되는 '파국의 열위적 지위'를 이해함으로써, 돌봄을 하는 사람들에게 사회경제적 나아가 정치적 불평등이 가해지는 양상을 이해한다. 끝으로, 이를 타개하기 위한 일환으로 돌봄민주주의를 소개하고, 한국의 돌봄민주주의를 위한 현황과 비전을 제안한다.

1. 돌봄정치의 의의

1) 돌봄정치의 개념

우리가 부지불식간에 거론하는 정치는 선거나 정당, 국회 같은 제도적 활동을 생각하기 십상이다. 하지만 정치의 본질은 우리 삶과 깊숙이 관련되어 있으며 범위도 훨씬 더 넓다. 트론토(Joan Tronto 2024)에 따르면, 정치는 본질적으로 사회구성원들 사이에 작동하는 권력과 그에 따른 이해관계를 어떻게 조정할 것인가에 대한 문제다. 즉, 누구에게 어떤 권한이 있으며, 누구에게 어떤 책임이 있고, 누가 어떤 자원을 활용할 수 있는지를 결정하는 과정이 정치다.

이러한 트론토의 시각에서 보면, 정치는 단순히 법과 제도를 다루는 영역에 그치지 않고, 일상에서 누가 무엇을 하고 무엇을 갖게 되는가를 중심으로 그치지 않는 갈등과 선택의 과정이라 할 수 있다. 그리고 이 권력과 이해관계의 조정은 궁극적으로 우리가 어떤 사회를 지향하는지와 긴밀히 관련된다. 정치란 결국 "누가 무엇을 차지할 것인가(who gets what)"뿐만 아니라 "누가 무엇을 할 것인가(who does what)"의 문제이기도 하다.

돌봄을 보자. 트론토는 돌봄이 정치의 핵심 주제라고 주장한다. 그녀에 따르면, 돌봄은 인간이 살아가는 데 꼭 필요한 조건이지만, 돌봄의 책임이 특정한 사람이나 집단에게 치중되어 있다는 점에서, 돌봄은 권력의 문제이자 동시에 정의의 문제라고 설명한다.

예를 들어 어린아이·노인·환자와 같이 스스로를 돌볼 수 없는 사람들은 다른 사람의 돌봄 없이는 존엄한 삶을 영위하기 어렵다. 그런데 이들에 대한 돌봄책임은 오랜 시간 동안 여성, 특히 가족 내 여성이 담당하는 것으로 자연시(naturally) 되어 왔다. 하지만 돌봄은 특정인 혹은 여성의 사랑이나 희생의 문제가 아니다. 돌봄은 누가 돌보는가, 누가 책임지는가, 누가 열외되는가를 결정하는 파워(power)와 불가분의 관계에서 조직되는 사안이다. 다시 말해, 돌봄은 누가 돌봄책임을 어떻게 얼마나 담당하는지를 결정할 수 있거나 혹은 없게 되는 즉 권력과 밀접히 연관된 문제이다.

돌봄이 정치적 사안에서 배제되면서 돌봄책임을 일방적으로 담당하는 사람들은 다양한 방식으로 불이익 혹은 불평등을 감수하게 된다. 가족 내에서 돌봄노동을 전임하다 시피 하는 여성은 경력단절, 소득 감소, 노후 불안과 같은 경제적 손실을 겪을 뿐 아니라, 사회와 정치에의 참여의 기회도 유명무실이기 십상이다. 또한 돌봄을 가족 내 개인책임으로 간주하는 사회적 분위기 탓에 돌봄담당자나 돌봄을 하는 가족 내 구성원에 대한 공적 지원을 금기시하게 되고, 결과적으로 이들의 삶을 더욱 불안정하게 만든다. 이러한 상황은 역시 돌봄책임이 단지 개인의 미덕이나 도덕의 문제가 아니라, 사회정의와 직결된 문제임을 반증한다.

2) 돌봄과 파워

트론토는 '무임승차(passes)'라는 개념을 통해 돌봄과 파워의 관계를 확연히 한다. 무임승차란 누군가는 돌봄을 받으면서도 그에 대한 책임에서 예외가 되는 상황을 말한다. 예컨대, 많은 남성들이 여성의 무급 가사 노동과 양육에 의존하면서도, 그것이 사회적으로 어떤 부담을 주고 있는지는 외면한 채 당연한 듯 살아가는 상황이다. '경력단절녀(경단녀)'라는 비하어가 사회적으로 익숙하게 통용되는 반면 '돌봄책임단절남(돌단남)'이라는 돌봄책임 중심을 우선하는 용어가 어색하게 느껴지는 만큼, 돌봄의 책임에 대한 무임승차를 당연시하며 살아가고 있는 것이다(김희강 2022). 이는 돌봄책임을 특정 성별과 계층에 전가하고 있는 사회의 조직방식이며, 사회정의와 사회적 자원배분의 부정의한 측면을 단적으로 보여주는 정치적 사안임을 방증한다.

결국 돌봄은 단지 정성스런 마음이나 개인윤리의 실천으로 환원될 수 없는 차원이 있다. 누가 자원을 가지고 있는지, 누가 돌봄책임을 담당해야 하는지, 돌봄책임의 분담은 누가 어떻게 결정되는지, 제공되어야 하는 누구의 필요(need)를 누가 결정하고 돌봄을 누가 담당해야 하는지를 결정하는 것은 정치적 사안이기 때문이다.

그렇다면 왜 돌봄은 지금까지 정치의 주제가 되지 못했는가? 우리는 왜 지금까지 돌봄을 정치의 문제로 여기지 않았을까? 트론토는 그 원인을 돌봄의 사적 영역화(privatization) 혹은 자연화(naturalization)에서 찾는다. 이러한 배경에서 돌봄을 동서고금을 막론하고 가족 안에서 여성의 몫으로 생각하고 지냈으며, 이는 돌봄이 여성의 본성이나 사랑의 감정에서 비롯되는 것처럼 인식하게 했다고 주장한다.

이렇듯 돌봄책임의 배속을 자연(natural)의 것 즉 여성의 것으로 선결해 떠넘기다시피 함으로써, 돌봄을 공공정책이나 정치적 논의의 중심에서 밀어내고, 비공식적이고 개인적인 책임으로 만들어버렸다. 결과적으로 돌봄은 정치와 무관한 탈정치적인 비공용어가 되었고, 제도적 보장도 미진했으며, 사회적 책임 역시 분담되지 못했다. 돌봄책임은 여전히 여성과 비공식 노동자, 이주노동자 등 사회적 약자에게 집중 전가되고 있다.

3) 돌봄 불평등의 구조적 악순환

돌봄의 사적 영역화와 자연화는 구조적 불평등의 악순환을 만든다.

첫째, 돌봄이 가정이나 사적영역에서 비가시적인 책임으로 머물면서, 여성과 저소득층, 이주여성 노동자들이 주로 돌봄을 담당하게 된다.

둘째, 이들은 저임금 혹은 무급 상태에서 돌봄을 담당하며, 이는 돌봄의 질과 돌봄 담당자의 자유와 평등을 모두 위협한다.

셋째, 돌봄을 하는 사람들에 대한 사회적 시선과 평가가 낮고, 이들을 대변할 정치적 대표성도 부족하기 때문에 제도적 개입과 시정은 더욱더 약화 된다.

넷째, 결과적으로 다시 비공식적인 돌봄에 의존하게 되면서 구조적 불평등이 심화된다. 이 같은 악순환은 사회경제적 불평등과 정치적 대표성 부족이 서로를 강화하는 구조이며, 이는 다시 돌봄을 담당하는 계층이나 집단에게 사회경제적 부담이 고스란히 돌아가게 되는 결과를 낳는다.

트론토(Tronto 2024)에 따르면, 돌봄의 구조적 악순환은 단지 돌봄을 제공하는 사람들의 삶을 위협하는 것에 그치지 않고 시민의 평등이라는 민주주의와도 직결된다. 사회가 공동체 구성원들의 (상호)의존성과 취약성을 전제로 구성되고 조직되고 운영되지 않는다면, 장기지속적으로 안정적인 민주주의마저 위협하게 되는 것이다.

이에 대해 트론토는 대안으로 '돌봄민주주의(caring deomcracy)'를 제안한다. 돌봄민주주의는 단지 돌봄정책을 확대하자는 주장을 넘어, 민주주의의 정의 자체를 다시 쓰자는 제안이다. 즉, 민주주의를 독립적이고 자율적인 개인들의 집합의 결과물로 보는 것이 아니라, 상호의존성과 돌봄의 관계 속에서 살아가는 존재들 간 돌봄책임을 평등하게 분담하는 공동체로 재구성하고 조직하자는 것이다.

이를 위해 트론토는 다음의 세 가지를 강조한다. 첫째, 시민을 경쟁적 개인이 아니라, 서로의 필요에 민감하고 그에 응답하는 책임을 공유하는 존재로 인식할 것, 둘째, 정치적 담론의 중심에 돌봄책임을 위치시킬 것, 셋째, 돌봄책임의 분담을 성별과 계층에 관계없이 민주적으로 분담하고 나눌 것이다.

돌봄민주주의는 단순한 복지정책의 확대가 아니라, 우리가 어떤 사회를 만들고 싶은지에 대한 민주적 비전이자, 돌봄을 배제하지 않는 진정한 민주주의를 향한 초대장이다.

2. 돌봄정치의 배경

돌봄을 하는 사람들이 불리해지는 위치를 말하는, 돌봄담당자의 열위는 돌봄노동 자체에 대한 평가의 어려움과 돌봄노동을 등한시하는 사회적 시각들에 기초한다. 돌봄담당자의 불리함은 돌봄을 담당함으로써, 다시 말해 돌봄관계를 외면하지 않고 가담함으로써 무방비로 노출되는 상대적 위력의 차이 즉, 위상의 차이(asymmetry of power)이다(나상원 2022).

가정 밖에서 소득원을 두고 있는 일반적인 경우, 가정이란 조직은 가정 밖에서 활동하는 가장이라 불리는 자원공급자(provider)와 자식, 장애인, 고령가족 등의 의존인의 돌봄필요를 담임하는 돌봄담당자(caretaker)로 구성된다. 이러한 가정은 시장의 요구에 부응해야 하는 부양인의 필요와 돌봄요구를 담임해야 하는 돌봄담당자의 필요가 상충할 뿐만 아니라 협력적인 목표를 동시에 지향하기도 한다는 측면에서 협력적 갈등(cooperative conflict)관계로 불린다(Sen 1990).

일방에게 불리할 수 있는 일종의 거듭된 협상상태인 협력적 갈등관계에서, 돌봄담당자는 돌봄관계/가족관계를 지키기 위해 불만이 있더라도 그렇지 않은 상대보다 갈등적인 상황을 기꺼이 감당하게 된다. 가족이라는 조직 내에서 돌봄담당자의 조건은 이러한 경향을 보인다(Kittay 2017, 102).

부연해보자. 통상의 가족이란 조직에서 돌봄에 필요한 필수자원을 공급하는 자원공급자와 돌봄담당자는 협력적 갈등의 관계에 있다. 돌봄담당자는 돌봄관계가 지속될 수 있도록 자원공급자의 협력이 필요한데, 돌봄담당자는 양육비 때문에 남편의 폭력을 견뎌야 하는 돌봄담당자처럼, 돌봄관계가 와해되기(break-down) 직전까지의 힘든 상황을 배우자보다 더 감내하는 경향을 보인다. 커테이는 이 지점을 파국의 열위적 지위(worse breakdown position)라 부른다(Kittay 2017).

커테이에 따르면, 자식이나 돌봄의존인의 필요를 우선시하는 돌봄담당자들의 도덕적 책임과 돌봄관계를 위한 자원의 공급이 자원공급자에게 전용되기 쉽기 때문에, 협력적 갈등관계에서 돌봄담당자는 의존인을 돌보기 위해 돌봄담당자가 의존해야 하는 자원공급자의 지배와 착취에 대단히 취약하게 된다고 지적한다. 가정 내 돌봄담당자의 취약성은 자신이 통제력을 행사할 수 없는 가정 밖 외부자원에 돌봄관계를 위해 접근해야 하는 필연성에 기인한다.

물론 이 같은 객관적인 요인뿐만 아니라 가부장제의 압력과 가족에 대한 도리, 그리고 여기에 모성이데올로기까지 더해지면, (돌봄을 외면하지 않는 자립적이고 경제력이 있는 여성조차도) 돌봄담당자의 자아인식은 위축된다. 결국 자원공급자라는 사회적 지위가 있는 사람의 심기를 건드리지 않고 그의 마음에 들어야 하는 필요와 바람을 당연시하게 된다. 그렇기 때문에 돌봄담당자는 협상이나 불만의 제기 혹은 이의제기 없이 스스로 파국의 열위적 지점을 받아들이는 경향이 생긴다.

센이 지적하듯, 이는 "가정이라는 조직의 본질이 이 같은 갈등을 도리를 벗어난 행동이나 일탈 행동으로 간주하기 때문에, 일반적인 협력적 틀에 끼워 맞출 것을 요구"하기 때문이다(Sen 1990, 커테이 2017 재인용). 즉 돌봄담당자가 돌봄을 담당함으로써 처하게 되는, 자원공급자와의 협상의 불리함에 대한 보호나 견제력이 없다면, 가족 내에서 협력이 해야 할 필요가 커질 때마다, 돌봄담당자의 시간, 에너지, 기량에 대한 착취, 지배의 가능성은 은폐된다.

경제학자 베이커(Gary Baker)와 같이 부양자와 돌봄담당자의 합리적 선택으로 바라본다면, 그래서 통상적인 가정이 협력적이고 평등한 사회의 축소판으로 이해한다면,

가정 내에서 돌봄담당자와 자원공급자(조달자)간의 실질적인 위력 차이를 은폐하는 것이다. 이러한 힘의 격차에 무방비로 노출된다면, 힘이 있는 쪽은 상대를 대등한 역할의 담당자로 보기보다 보조적인 허드렛일을 처리하는 상대로 바라보고 하대(下待)하게 된다. 따라서 책임과 역할 그리고 권한을 서로에게 물을 수 있는 동급(평등)의 관계에서 보면, 유불리가 일방에게만 기울어가는 협력적 관계는 자유로운 선택의 결과라기보다 강압의 하나로 볼 수 있다.

결국 가정이 누군가의 '영혼의 안식처'가 아니라 '영혼의 잠식처'가 될 수 있는 취약성과 가능성을 직시해야 한다. 특히 시장에서 자립적인 젠틀맨으로 조달자에게 쌓여가는 경력은 돌봄담당자와는 나눌 수 없는 독점적인 역량이다. 더불어 돌봄담당자는 시장적 경쟁에 나갈 역량이 제한되고 사회적 관계에서도 고립되는 경향을 보인다는 점을 감안한다면, 가정 안에서 돌봄담당자와 조달자 사이의 관계는 비록 이들이 자신들은 대등하고 평등한 관계라고 자평할 때조차도 객관적인 힘의 격차는 더 벌어진다. 또한 주관적인 인식도 이를 받아들이는 누군가의 우월적 지위와 누군가의 열위적 지위가 구조화되는 관계가 된다. 이러한 불평등한 관계는 부정의한 지배관계가 되기 쉽다(Kittay 2017, 104).

부정의한 지배관계를 보유하고 있는 가정의 협력적 갈등관계는 두 층위의 위력차이(혹은 위상차이)에 비보호된 상태이다. 이러한 위상차이는 두 가지 측면을 포함한다. 하나는 의존인과 돌봄담당자 간의 위력차이이고 다른 하나는 돌봄담당자와 자원공급자 간의 위상차이이다. 즉, 이는 힘의 불균등이다.

첫 번째는 본인의 의지와 무관한 생물학적인 능력이 반영될 수밖에 없다는 측면에서 역량의 차이를 반영하지만, 두 번째는 돌봄담당자와 자원공급자 간의 인격적 권력의 차이를 반영한다. 흔히 가부장제 하에서 가장 혹은 시장체제 하에서 젠틀맨으로 불리는 자원공급자는 실제로는 자원의 일부만을 공급하는 데만 책임을 지거나, 때로는 자원공급에 기여를 하지 않고 자원의 흐름과 분배만을 통제하는 경우도 많다. 젠틀맨이라는 대다수의 전문직 가장이 거느릴 수 있는 사회적 존경과 자원에 대한 통제력 혹은 우대로 인해 젠틀맨은 상당한 자율권을 보장받는다. 이러한 젠틀맨은 다른 젠틀맨의 이해를 우선시할 것으로 기대된다. 예를 들어, 육아휴직을 우선순위로 젠틀맨 간에 권장하지 않는다.

이에 반해 돌봄담당자의 경우, 자원을 젠틀맨이 통제하고 있기 때문에 돌봄담임에 대한 사회적 등한시, 홀대, 혹은 저평가와 맞물려, 돌봄담당자가 담당하는 임무에 부응하는 자율권이 보장되지 못한다. 축소된 자율성(diminished autonomy)은 돌봄담당자와 자원공급자 간의 위상차의 일면을 보여준다.

게다가 전통적으로 돌봄이 무시되고 간과된 그간의 역사적 관행이 지속되는 지금까지의 도덕적 통념이 가세하면 불평등은 더 악화된다. 또한 이러한 배제는 불평등한 도덕적 위계를 가져온다. 아이를 돌보는 것에 대한 도덕적 의미를 부여하지 않았던 그간의 도덕체계는 돌봄을 담당함으로써 자율성이 초라해져 시름하는 사람을 두고 영혼이 없는 사람으로 간주했다. 누군가를 돌보는 사람은 돌봄을 하지 않는 사람에 비해 도덕적으로 열등한 존재로 인식되었으며, 자유로운 남성 혹은 젠틀맨 혹은 전문직 종사자만이 가족경제를 통제할 수 있는 도덕적 자질이 우위에 있는 행위자로 보았다.

이러한 이데올로기적 특징이 제외하더라도, 본인 자신의 필요, 돌봄의존인의 필요, 그리고 돌봄관계의 지속을 위해 필요한 자원을 충당하기 위해 돌봄담당자가 자원공급자에게 매여있는 한, 돌봄담당자의 협상적 위상은 자원공급자에 비해 훨씬 더 열세에 있게 된다.

불리한 대화와 협상에서 상대적 열세지대에 처하게 된다는 것은 돌봄담당자에게 상대적 격차에 의한 위력을 바로 행사할 수 있는 불리한 상황에 있다는 의미이다. 위력의 차이는 한순간에 지배관계가 될 수 있다. 동등한 반려자이자 협력자로 가정을 시작하지만, 누군가가 돌봄을 전담하게 되면서 대등한 동반자라는 힘의 균형추는, 그대로 방치하면 지배의 방향으로 기울기 십상이다.

반대로 돌봄담당자가 자원공급자와의 의존관계를 파탄내고, 돌봄관계를 유지하면서 돌봄자원을 공급하는 시장경쟁에 나선다는 것은 "써레에 메인 채 외다리로 경주에 참가"하는 것이 된다(Kittay 2016, 109).

3. 민주주의와 돌봄민주주의

돌봄민주주의는 자유와 노동을 넘어, 돌봄을 중심에 두는 새로운 민주주의이다. 오늘날의 민주주의는 자유와 평등을 핵심 가치로 내세우며 정치적 질서를 정당화해왔다. 하지만 이러한 민주주의 체제는 정작 사회의 존속과 재생성에 필수적인 돌봄의 문제를 주변화하거나 간과해왔다(김희강 2020). 가정 내 무보수 돌봄노동, 저임금의 사회적 돌봄노동, 그리고 공공 돌봄제도의 미비 등은 시민 개개인의 삶에 대한 심대한 영향을 미치고 있음에도 불구하고, 정치 담론의 중심에서는 소외되었다.

'돌봄민주주의(care democracy)'는 기존 민주주의 모델들이 돌봄을 어떻게 체계적으로 배제해왔는지를 분석하고, 돌봄을 민주주의 핵심 구성원리로 복권시키는 새로운 정치 이론적 패러다임을 제시한다. 돌봄은 단지 사적인 행위나 가족 내 의무에 국한되는 것이 아니라, 공동체의 존속과 구성원의 생명 유지에 필수적인 사회적 기반이며, 이 활동의 사회적 가치와 책임, 분배 방식은 정치의 핵심 쟁점이 되어야 한다. 이는 단순한 정책 제안이 아니라, 민주주의의 기초 개념을 근본적으로 재정립하려는 도전이다(김희강 2020).

1) 자유민주주의의 성립과 한계

자유민주주의는 18세기 근대 시민혁명과 계몽주의를 기반으로 형성된 민주주의의 초기 형태로, 개인을 자율적이고 이성적인 존재로 상정하며, 국가 권력으로부터의 자유와 시민적 권리의 보장을 민주주의의 핵심으로 설정하며 신분제 사회를 타파하며 성립되었다. 이 체제는 국가권력으로부터의 자유와 시민적 권리의 보장을 민주주의의 핵심으로 설명한다. 하지만, 정치적 평등은 개인들 사이의 법적 평등, 즉 투표권과 표현의 자유 등 형식적이고 절차적인 자유를 중심에 두었다.

이러한 자유민주주의는 인간을 독립적이고 자기충족적인(self-sufficient) 존재로 전제하면서, 의존과 상호의존에 기반한 돌봄을 철저히 사적인 책임으로 배제한다. 김희강(2020)에 따르면, 자유민주주의가 상정한 시민의 전형인 자유인-시민은 재산, 시간,

독립된 경제 기반을 지닌 남성 시민을 중심으로 공적 활동을 조직함으로써, 돌봄과 같이 사적인 영역의 활동은 정치적 고려에서 제외되었음을 강조한다. 이러한 시민상은 경제적 합리성을 전제로 정치의 장에 참여할 수 있는 젠틀맨 같은 젠더화된 시민상을 그 중심에 둔 모델이라 할 수 있다.

이 같은 경제적 합리성 전제로 한 시민 개념은 돌봄을 해야 하는 이들, 특히 여성, 저소득층, 비시민권자들을 비가시화하며, 돌봄의 불평등한 분배 구조를 정당화하거나 방치하였다. 결국 자유민주주의는 돌봄을 공적 영역 밖에 두며, 민주주의가 실질적 삶의 조건과 단절된 추상적 이상 즉, 선거만 하면 정치적 평등이 완성된 것으로 보는 추상적 이상에 만족하도록 만들었다.

2) 사회민주주의의 전개와 내적 한계

사회민주주의는 자유민주주의가 자본주의와 결합하면서 심화된 사회경제적 불평등에 대한 반작용으로 등장했다. 이 사회민주주의는 자유민주주의의 형식적 평등을 넘어서 실질적 평등을 구현하고자 했으며 국가가 복지를 통해 시민들의 최소한의 삶을 보장하는 것을 목표로 삼았다.

사회민주주의의 주요한 정치적 주체는 노동계급, 즉 노동자-시민이었다. 이 체제는 자유민주주의에서 시민적 권리를 누리지 못했던 노동자들에게도 실질적 권리와 복지를 확장함으로써 시민적 위상을 누릴 수 있게 되었다. 기존 자유민주주의에서 정치적 주체로 간주되지 못했던 노동계급이 정당한 시민으로 정치 영역에 등장하며, 정치적 평등의 실질적 확장이 이루어졌다는 점은 고무적이다. 이는 선거와 같은 형식적 권리를 넘어 사회경제적 조건의 평등을 중시하는 복지국가 모델로 이어졌으며, 의료·교육·주거·돌봄 등 삶의 기초에 해당하는 분야에서 시민적 수준의 삶이 가능하도록 국가가 보장하는 체제가 되었다.

어떤 점에서 사회민주주의는 돌봄의 공공화를 일정 부분 진전시켰다. 복지국가의 제도적 장치들은 돌봄을 철저히 개인의 책임으로 한정했던 자유민주주의와는 다른 차원의 진보를 이뤘다. 하지만 사회민주주의 역시 구조적 한계를 지닌다(김희강 2020). 시장 노동자 중심의 사회민주주의는 돌봄을 여전히 여성과 가정의 영역으로 한정시켰으며, 돌봄을 수행하는 주체의 시민적 위상과 윤리적 관계성, 그리고 돌봄책임의 평등이라는 문제를 정치적 고려의 대상으로 다루지 못했다. 다시 말해, 사회민주주의 역시 돌봄을 노동시장의 밖의 영역에 한정시켰으며, 따라서 돌보는 사람들의 평등은 민주주의 논의에서 배제되었다.

3) 돌봄민주주의

돌봄민주주의는 자유민주주의와 사회민주주의를 넘어서는 민주주의 발전적 맥락에서 이해된다(김희강 2020). 그녀에 따르면, 돌봄을 정치의 핵심 요소로 재위치시키며, 돌봄책임의 불평등이야말로 오늘날 민주주의의 결정적 결함이라고 진단한다.

돌봄민주주의는 모든 인간이 상호의존적 존재이며, 돌봄은 삶의 본질이라는 점을 인정한다. 따라서 돌봄은 사적 책임이 아니라, 민주사회 전체가 분담해야 할 공적 책임으로 전환되어야 한다는 것이다. 이를 위해 돌봄을 수행하는 존재의 정치적 가시성과 도덕적 정당성을 회복시키고자 한다. 돌봄을 주고받는 돌봄인은 우리 모두가 돌봄을 받아야 하고 해야 하는 존재라는 점에서 민주주의의 새로운 시민상을 제시한다. 또한 국가는 사회민주주의처럼 단순한 복지 제공자를 넘어, 돌봄을 재조직하고 보장하는 '돌봄민주국가'로 전환되어야 한다는 비전을 제시한다.

돌봄민주주의는 정치적 평등이라는 민주주의의 고전적 가치에서 한걸음 더 나아가 돌봄책임의 평등이라는 새로운 정치적 요구를 정식화한다. 이는 "누가 돌보는가, 누가 돌봄의 부담을 지고 있는가"라는 질문을 통해 정치의 지형을 근본적으로 재구성하는 것이다.

4. 한국의 돌봄민주주의

아이돌봄, 어르신돌봄, 장애인돌봄, 환자돌봄 등 돌봄의 사회화나 돌봄의 공공성에 대한 필요성을 다루는 기존 논의들은 돌봄을 공적 서비스 혹은 전달체계로 보거나 혹은 돌봄을 받는 사람을 중심으로 한 논의에 주로 주목한다. 그 결과 돌봄을 누가 어떻게 해야 하는지 질문하고 그에 대해 논의하는 작업, 즉 돌봄을 담당하는 사람에 대한 논의는 더 미진하다. 돌봄이 개인과 사회 나아가 정치공동체에서 반드시 있어야 하는 가치이자 실천이며, 우리 중 누군가는 해야 하는 부담임을 전제한다면, 돌봄을 하는 사람을 중심으로 한 논의 즉 돌봄책임에 대한 논의야말로 꼭 필요한 정치의 문제라 할 수 있다.

'돌봄을 힘의 균등한 분배의 민주적 기초로 이해하는' 돌봄민주주의는 돌봄을 누가 어떻게 해야하는가에 대한 질문과 민주적 탐색이라 할 수 있다. 돌봄은 개인과 사회 나아가 국가구성에서 없으면 안 되는 우리 중 누군가는 하지 않으면 안 되는 필수불가결한 가치이자 실천이다. 하지만 한국 사회에서 돌봄을 담당하는 사람들은 돌봄불평등 상황에서 보호받지 못해 불안한 모습을 보일 수밖에 없다. 돌봄을 하더라도 불안하지 않고 슬프지 않을 수 있도록 민주적인 협력을 만들어가는 것이 돌봄민주주의다. 돌봄민주주의는 누가 돌봄을 하더라도 불평등을 겪지 않을까 겁먹지 않을 수 있는 떳떳하고 당당한 시민적 삶을 지향한다.

이 절에서는 글은 1) 돌봄을 주고받아야 하는 인간의 삶, 2) 민주적 협력이 필요한 돌봄의 특징, 3) 돌봄불평등을 민주적으로 탈바꿈시키자는 맥락에서 한국의 돌봄민주주의를 제언하고자 한다.

1) 돌봄의 삶

(1) 취약성

남녀노소 사회적 지위고하를 막론하고 우리 모두는 엄마에게서 나왔다. 우리는 누군가가 탯줄을 끊어주지 않으면 분리된 개체가 되지 못하며, 신생아가 머금은 입안의 양

수와 이물질을 누군가 제거해 주지 않는다면 숨통조차 제힘으로 열 수 없는 취약한 존재이다. 사슴이라면 몇 분 만에 제힘으로 일어나 부모를 따라다니며 자력으로 먹이를 구할 수 있지만, 인간은 그럴 수 없다. 단순히 생물학적으로 보더라도 몇 년이 걸린다.

이러한 인간의 생물학적 취약성은 인간이라는 종의 보편적 특징이다. 인간의 취약성은 비단 영유아 시기에 국한되지 않는다. 건장한 성인이 되더라도 불의(不意)의 사고를 당할 수 있으며, 사고의 경중과 회복의 차도에 따라 취약성은 높아진다. 나이가 들어 노년기에 접어들면 기력이 떨어지는 만큼 자생력은 줄어들고 취약성은 높아지기 마련이다. 모두가 취약성에 기반한 생로병사에서 예외이고 불운에서 안전하고 싶지만 누구도 예외가 아니다. 취약성은 인간 보편의 특성이자 객관적인 생명의 조건이다.

(2) 의존성

취약한 인간은 생을 유지하고 복원하기 위해 누군가에게 의존해야 한다. 인생의 4할은 누군가에게 의존해야 한다. 영양을 섭취하고 각종 위험에서 안전하기 위해, 나아가 사회에 적응할 수 있는 인격체가 되기 위해 자기 힘이 아닌 남의 손길에 힘입어야 하며 이에 의존해야 한다. 영양 섭취를 위해 막힘없이 목 넘김을 할 수 있도록 누군가가 빚어주는 이유식이 있어야 안전하게 자신을 살릴 수 있으며, 혹시나 있을 낙상을 호위해 줄 누군가가 지척에서 부축해 주어야 걸어볼 엄두라도 낼 수 있고, 식자재가 옆에 있거나 냉장고가 바로 옆에 있어도 끼니를 해결할 수 없는 유약한 노인은 누군가의 관심과 정성 그리고 수발에 의존하지 않으면 생에서 멀어진다.

인간이 특정 기간 때로는 수시로 타인에게 의존할 수밖에 없다는 것은 생물학적 사실이며 당연한 인생의 일부이다. 의존성은 이제 어엿한 성체가 된 모든 성인이 성찰하고 반추하지 않으면 망각하고 지내기 쉬운 개개인에게 이미 체득되고 체화된 사실적 삶의 특성이다.

의존성은 수치스럽거나 남 부끄러워해야 할 근거가 아니며 사회적으로 비하하거나 낙인찍을 수 있는 근거도 아니다. 인간의 취약성과 의존성은 개개인이 책임져야 할 선택이라기보다 비선택적이고 우연적이지만 인간 모두에게 피할 수 없는 보편적 사실이다.

(3) 관계성

생물학적으로 취약한 불가피한 인간의 한계로 의존적인 삶의 구간을 안전하게 지내기 위해 우리는 타인의 힘에 의지해야 한다. 이 같은 인간의 취약성과 의존성에 대한 대응 및 책임이 돌봄이다. 아이를 돌보는 엄마가 돌봄의 대표적인 이미지다. 돌봄의 윤리적 의미는 취약한 생명을 외면할 수 없는 일종의 인간애(humanism)로 봐도 무방하다. 인간은 취약한 인간의 의존성을 보고도 못 본 체하지 않고 뭔가를 해줘야 한다는 마음과 그런 실천에 의해 비로소 인간다운 인간, 다시 말해 윤리적 인간이 된다.

이를 외면한다면 윤리적 존재가 아닌 금수나 짐승만도 못한 존재가 되는 것이다. 취약한 생명을 조우했을 때, 물이 얼음으로 질적인 변화를 하듯 실천적으로 대응함으로써 윤리적인 인간의 탈을 쓴다. 돌봄이야말로 사람을 인간다운 인간으로 사람 사는 사회로 탈바꿈시키는 동력이 된다.

여기서 놓치면 안 되는 돌봄의 특징이 있다. 돌봄은 두뇌 속 뇌파의 작용으로 완성되지 않는다. 돌봄은 누군가가 몸소 해야 하는 실천으로 완성된다. 아이를 보고 살피는 것이 TV나 모니터 앞에서 착석해 좌시하듯 그냥 보고 생각하면 끝나는 것이 아니다.

돌봄은 누군가의 정성과 손길로 공을 들여 적절하게 대응해야 하는 부담이자 책임이다. 강도와 연속성에서 차이가 있지만, 이런 부담과 책임을 마다하지 않은 인격체를 우리는 그간, 남녀를 막론하고, 엄마라 불렀다. 우리는 이러한 노고에 의존하고 힘입어 생을 이어왔으며 누군가의 삶을 살리고 유지하고 복원하고 있다. 이 같은 동고동락은 생애사적으로 의미 있는 희로애락이자 실천적 가치가 될 것이다. 우리는 모두 돌봄에 힘입은 어느 엄마의 자식이다.

(4) 책임성

아이돌봄, 노인돌봄, 장애돌봄, 환자돌봄 등을 포함하는 소위 '사회서비스'로 불리는 돌봄은 가치와 실천의 측면에서 인간 삶의 중심이자 지향점이다. 존재론적으로 우리는 태어나 성장할 때 아프거나 장애가 있을 때 그리고 나이가 들어 거동이 어려울 때 누군가의 돌봄에 힘입을 수밖에 없는 존재이다. 윤리적으로 돌봄은 취약한 돌봄대상자의 필요에 대응함으로써 인간을 인간다운 인격체로 만드는 가치이다. 돌봄은 누군가가 반드시 몸으로 해야만 하는 부담이자 실천이며 책임이다.

내가 취약할 때 나를 긍정해준 돌봄으로 타인을 긍정하게 되었음을 감안한다면, 사회적 신뢰와 정치적 협력까지도 우리가 주고받은 크고 작은 돌봄과 애정에서 비롯된다고 할 수 있다. 한마디로, 돌봄은 인간과 사회 나아가 정치 구성원들의 존립과 협력의 씨알이자 모태라 할 수 있다. 인간, 사회 나아가 정치공동체의 구성과 유지 및 복원의 열쇠라 할 수 있다.

2) 불리해지는 돌봄 위상과 사회적 책임

하지만 동서고금을 막론하고 돌봄을 담당하는 사람들은 항상 불리해진다. 착한 사람의 딜레마로 불리기도 한다. 간단히 말해, 타인의 돌봄필요에 응답하는 좋은 사람들이 그 필요와 요구를 사양하면 더는 좋은 사람이 아니기 때문에, 자신에게 불리함이 계속되더라도 약자의 요구에 대응해야 하는 딜레마에 처한다는 것이다.

돌봄을 담당하는 사람들은 본인보다 취약한 아이, 노인, 환자 장애인 등 의존인의 불가피한 의존성을 본인보다 우선시한다. 즉, 취약한 의존인의 돌봄필요와 돌봄담당자의 자아가 충돌할 경우 돌봄을 담임한 사람은 본인의 이해관계를 내세우지 못하고 양보하게 되는 자아가 된다. 쉬고 싶고, 자고 싶고, 시간을 쪼개 공부하고 싶고, 본인도 지치고 힘들지만 우는 아이나 더 힘들어하는 환자나 어르신 또는 장애가 있는 약자들에게 자신의 마음과 미래 그리고 손발을 양보하고 이들을 돌본다.

또한 사적 무급 돌봄영역인 가정에서 돌봄을 담당하는 소위 집안사람은 바깥사람에 비해 불리해진다. 지금까지의 가부장적 성별분업의 유습에서 보면, 돌봄을 하는 사람은 주로 가정 안에서, 돌봄에 필요한 자원을 제공하는 사람은 가정 밖에서 돈을 벌며 분업을 해왔다. 돌봄의 책임이 성별분업으로 조직되는 방식에서, 돌봄을 담당하는 사람은 돌봄의 자리를 떠날 수 없기 때문에 돌봄에 필요한 자원을 소위 돌봄자원조달자에게 의지해야 하는 처지가 된다.

그래서 돌봄과 자원조달의 협력과 갈등이 비일비재한 돌봄담당자와 자원조달자 간의 정치적 협상에서 돌봄담당자는 자신이 지키려는 돌봄관계가 깨지기 직전까지 자원조달자에게 양보하게 되는 불리하고 취약한 상황에 직면한다. 이러한 돌봄담당자에게 불리한 결과가 내장된 피할 수 없는 정치적 협상이 반복될수록 돌봄담당자의 위상은 떨어지게 된다.

사적 무급 돌봄영역뿐만 아니라 유급 돌봄영역에서도 돌봄을 제공하는 사람들은 취약해진다. 사적 돌봄관계에서 돌봄제공자는 돌봄대상자의 필요를 우선하기 때문에 자기를 내세우지 않고 양보하게 된다. 돌봄제공자는 정작 돌봄에 필요한 사회경제적 자원을 본인이 조달할 수 없기 때문에 취약한 상태가 된다. 또한 유급 돌봄영역에서도 돌봄종사자는 취약한 상태를 면하지 못한다. 돌봄종사자의 임금은 제조, 서비스, 전문 돌봄직 및 사회복지 종사자의 수준에 절반도 못 미치는 수준이다.

돌봄의 임금체계는 민간 중심 공급구조 속에서 노동자의 경력과 숙련도를 반영하는 임금체계 대신 최저임금을 기반으로 책정되고 있다. 돌봄은 사회적으로 저평가되고 있으며, 이 같은 구조적 제약에 취약한 돌봄종사자는 저임금의 굴레를 벗어나지 못하게 된다. 이렇게 돌봄을 담당하면 무급영역이든 유급영역이든 사회경제적으로 취약해진다.

설상가상으로, 돌봄담당자들의 가정, 사회, 경제적으로 취약한 위치를 정치적으로 교정할 수 있는 교섭에서도 전정치화된 돌봄의 이력으로 교섭단체도 정치적으로 대표해주는 집단이나 정당도 없다. 돌봄의 자리를 비울 수 없는 이들의 불리한 위상을 정치적으로 대변하고 제도적으로 시정해 줄 누구도 없다는 측면에서 이들은 정치적으로도 취약하다. 혹자는 이들의 무급, 유급영역 그리고 사회경제적으로 취약한 이들의 위상이 교정될 정치력에서도 취약하기 때문에 이들의 취약성이 악순환된다며 이를 '돌봄부정의의 구조적 악순환'이라 부른다.

대한민국에서 돌봄의 구조적 부정의(불평등)를 간략히 보면 좀 더 실감할 수 있다. 가부장적 단일민족국가, 반공안보국가, 경제발전국가, 민주국가, 시장국가, 복지국가, IT국가 등 건국 이후 지금까지 대한민국호의 방향성이자 실적이다. 많은 학자들은 반공국가와 압축성장 그리고 민주화로 요약하기도 한다. 하지만 가부장제가 기저에 있는 대한민국의 어떤 국가프로젝트에서도 돌봄은 공적 가치로 인정받지 않았다.

사실상 엄마라는 이름의 여성의 시간과 돌봄공로에 힘입어 성장한 미래 시민을 산업역군으로 동원했지만, 이들이 힘입은 돌봄을 공적 가치인 유공(有功)으로 제대로 평가한 적은 없었다. 심지어 87년 민주화체제의 수립과정을 상징적으로 보여주는 헌법제정

과정에서도 여성단체들의 요구는 배제되었다. 다시 말해, 민주화에서도 돌봄의 공적 인정과 돌봄책임의 민주적 분담은 없었다. 돌봄을 하지 않고 돌봄에 힘입어 성장했던 넥타이부대의 민주화가 있었을 뿐이다.

시장국가로의 진입을 알리는 IMF구조조정에서도 여성과 돌봄을 담당해온 사람들은 공적 영역에서 당시 시민을 대표했던 넥타이맨 사람들을 사회적 그늘인 비공식영역에서 뒷바라지하는 그림자 돌봄노동을 해야 했으며, 제일 먼저 비정규직이 되거나 일용직이 되는 비보호된 초라한 위상이었다. 비유컨대, 넥타이부대를 키우고 뒷바라지하느라 각종 돌봄을 전담해온 엄마라는 이름의 돌봄담당자들의 정치적 위상은 뒷전이었다.

68년의 한을 풀었다는 평가가 나온 가사노동자법 개정(2022)이 그나마 인정한 가사노동의 근로자성은 돌봄없는 대한민국의 구조적 단면을 보여준다. 한마디로 대한민국호는 돌봄의 유공을 인정하지 않으며, 사적인 가사화, 혹은 여성화를 방치해왔다. 비록 민주정부에서 장기요양의 실시 및 치매국가책임제 등 기사회생의 변화가 있었지만, 2024년 중앙사회서비스원의 폐지 등은 돌봄이 사회에서 또다시 뒤안길로 사장되고 고사될 처지에 방치될 위험에 처해있음을 상징한다.

3) 돌봄민주주의

(1) 돌봄책임의 민주화

기존의 윤리와 정치, 공적인 것과 사적인 것, 특별한 것과 보편적인 것 간의 구분이 돌봄을 정치적인 것으로 못 보게 했다. 하지만 돌봄은 정치와 분리될 수 없으며 좋은 삶을 위해서는 민주주의와 분리될 수 없다. 무엇보다 인간은 생로병사에서 초탈할 수 없는 유한한 존재들이기 때문에 타인의 돌봄을 받아야 하고 수시로 돌봄을 해야 하는 존재들이다. 나아가 돌봄을 통해 인격체로 성장하고, 삶의 의미를 만들고, 삶을 마감하는 존재로서 돌봄을 주고받아야 하고, 그러한 상호의존적 관계에서 벗어날 수 없다.

또한 정치가 힘의 차이와 관련된다는 점에서 돌봄의존인과 돌봄제공자의 힘의 차이가 분리될 수 없기 때문에 돌봄은 정치의 문제가 된다. 돌봄을 외면하지 않는 인간적인 삶을 전제한다면, 돌봄책임은 누군가에게 반드시 필요한 사회적 필수양분이지만, 돌봄책임을 담당한다는 것은 개개인의 삶을 기획하고 꾸려가야 하는 이해관계가 결부되며 부담일 수밖에 없으며 모든 인간의 삶에 지대한 영향을 미친다. 그렇기 때문에 돌봄책임을 누가 얼마나 어떻게 분담해야 하는가의 문제를 결정하는 것은 정치적인 문제의 핵심이 된다.

하지만 고대, 근대, 지금까지도 돌봄책임의 분배에 대한 결정에서 돌봄을 주로 담당해왔던 사람들은 배제되어왔다. 이러한 이유로 돌봄을 '힘의 균등한 배분을 위한 민주적 정책의 기초'로 이해함으로써 민주정치의 핵심을 돌봄책임의 민주적 분담에 둔다. 누구는 평생 돌봄책임을 외면하고 돌봄책임에서 열외로 살 수 있고, 누구는 평생 돌봄부담에 매어있는 삶을 살아야 하는 것은 결국 돌봄책임의 분담을 결정하는 정치와 관련된다.

(2) 함께 돌봄의 비전

'함께 돌봄'은 돌봄의 민주화이다. 돌봄은 생애사적으로 가장 의미 있는 기쁨이지만 시간과 심신의 에너지가 들어가는 부담이다. 그렇기 때문에 돌봄과정의 부담이 분배되는 방식이 개인적 혹은 사회적 위력이나 가부장제 혹은 위계 같은 비민주적인 방식으로 배정된다면, 결과적으로 누구는 돌봄에서 열외되고 누구는 돌봄을 부당하게 전담하게 된다.

우리는 돌봄이라는 선한 의도가 돌봄책임의 배속이 결정되는 비민주적이고 부정의한 방식, 예컨대 가부장제나 성별분업 같은 것에 복무하고 합리화하는 도구로 전락할 수 있음을 경계해야 한다. 돌봄이란 이름으로 횡행할 수 있는 억압에 눌려있는 사람들은 없는지 사회적으로 취약한 이들을 민주적으로 돌봐야 하는 책임이 우리 모두에게 있다고 할 수 있다.

돌봄민주주의를 위해서는 '돌봄불평등의 악순환'을 끊어야 한다. 사회경제적으로 취약한 계층이 돌봄을 주로 담당하게 되고 이들은 상대적으로 열악하고 열세인 자신들의 돌봄위상을 정치적으로 표출하고 시정할 기회 즉 정치적 평등을 갖지 못하면서, 이들의 사회경제적 지위는 더욱 악화되는 구조를 혁파해야 한다. 그래야 돌봄을 민주적으로 분담할 수 있는 조건이 마련된다.

나아가 돌봄민주주의는 '바깥사람=남성=일하는사람=일등시민 vs 안사람=여성=돌봄하는사람=이등시민'이라는 시대착오적인 인식과 위계적 사회경제질서를 깨야 한다. 돌봄책임의 배정을 민주적으로 결정하는 정치적 평등의 관점에서 보면, 시대에 따라 개개인이 속한 집단의 사회경제적 불평등한 지위가 공고화된 위계질서는 민주주의가 혁파해온 장벽이었다.

봉건제 신분질서라는 위계를 자유인이라는 시민이 자유를 기치로 도전하고 혁파했으며 자유민주주의라는 이름의 시장제도를 확립했듯, 사회민주주의는 노동자가 배제된 자본주의 시장질서라는 위계를 노동자로서의 시민이 노동을 기치로 도전하고 혁파했으며 노동 중심의 사회권과 복지제도를 확립했다. 결과적으로, 자유민주주의의 적자 자유인으로서의 시민과 사회민주주의의 적자인 노동자로서의 시민의 '정치적 동맹'에서 돌봄은 배제되었다.

자유민주주의와 사회민주주의가 정치적 평등을 제도적으로 일궈왔듯, 돌봄민주주의의 목적은 '노동=남성=일등시민 vs 돌봄=여성=이등시민'이라는 위계적 사회경제질서를, 돌봄을 기치로 도전하고 혁파해 돌봄책임을 민주적으로 분담할 수 있는 제도를 고안하고 민주적으로 정립하는 과제를 갖는다. 이러한 제도하에서 돌봄을 담당하더라도 자신을 속이거나 비겁한 삶을 살지 않을 수 있으며, 돌봄을 담당하게 주고받는 동등한 시민으로 살아갈 수 있어야 한다. 돌봄을 하더라도 슬프지 않을 수 있어야 한다. 이것이 돌봄민주주의가 돌봄을 담당하는 사람들을 자유롭게 해방시키는 '함께 돌봄의 비전'이다.

(3) 협력적 다자구조로서 돌봄민주주의

돌봄민주주의로 가기 위해 돌봄을 양자구도가 아닌 다자구도로 봐야 한다. 흔히, 돌봄하면 초기 돌봄윤리가들처럼 아이를 돌보는 엄마, 환자를 돌보는 간병인이나 간호사, 어르신을 돌보는 요양보호사, 또는 학생을 돌보는 교사를 떠올린다. 하지만 돌봄을 두 사람의 관계로 떠올리는 이러한 양자구도는 정확하지 않으며 심지어 위험할 수 있다.

우선 아이를 한 사람이 키우는 것이 아니라 여러 사람이 키운다. 여러 엄마들과 여러 아빠들이 함께 돌보며 여러 할아버지 할머니 심지어 주변의 여러 지인들이 함께 돌본다. 더 나아가 양자구도는 위험할 수 있다. 아이를 돌보는 사람의 심성으로 돌봄을 환원시키거나, 함께 돌볼 사람도 협력을 청할 사람도 없다는 그래서 혼자 감당해야 하는 헌신과 희생의 이데올로기를 전파할 위험이 있다. 돌봄은 누군가의 심성과 태도의 문제로 그치지 않으며, 많은 노고, 자원 그리고 협력이 필요한 공동 작업이다.

또한 돌봄민주주의 관점에서 보면 양자구도는 돌봄관계의 불평등한 맥락을 전체적으로 누락시킬 수 있다. 예를 들어, 돌봄관계가 위치하는 가부장적 맥락이나 돌봄에 필요한 자원을 제공하는 생계부양자 같은 조달자와 돌봄제공자 간의 파워관계 등을 보여주지 못하거나, 돌봄제공자 역시 취약하고 어렵고 때로는 누군가의 협력이 반드시 필요하다는 사실을 보여주지 못한다.

전술하듯, 돌봄을 전담하거나 그 부담이 과도하게 편중되며, 심리적으로 사회적으로 또한 경제적으로 돌봄제공자는 큰 타격을 받는다. 돌봄을 장기간 전담하게 되면 고립과 단절감을 느끼게 되고 개인을 위한 준비시간이나 주변 사람들과 의미 있는 대화하기가 어려워진다. 어떤 돌봄은 스트레스가 커서 심리적으로 위태로운 소진을 겪게 된다.

양자구도는 이러한 '아이를 안고 있는 성모상의 눈물'이 성별분업이나 사회적·경제적·정치적인 불평등과 힘의 차이에 기인한 것일 수 있다는 점을 못 보게 하며, 이들의 슬픔을 덜어줄 수 있는 정치적 협력과 제도적 시정을 할 수 있는 정치적 시야와 민주적 상상력까지 사장시킬 수 있다.

과거 학교에서 공업과 기술은 남학생의 교과목으로 가정은 여학생의 교과목으로 지정했던 성별분업적 교육을 성찰해보면, 돌봄을 정치사회적 맥락과 무관하게 가정에서 엄마에게 부과되는 성스러움으로 간주하며 돌봄을 불평등하게 조직해왔던 권위주의와 그 현재적 유습 역시, 돌봄을 양자적으로 좁게 보며 그 시야 밖에 있는 불평등을 외면했던 근시안과 무관하지 않아 보인다. 돌봄이 슬프지 않을 수 있는 사회적 맥락과 정치적 협력의 탐색이 가능하도록 양자관계 이상의 협력적 돌봄을 이야기할 수 있어야 돌봄책임의 민주적 협력을 논할 수 있을 것이다.

(4) 돌봄의 공공성을 넘어

조심해야 할 부분이 있다. 돌봄의 공공성 혹은 돌봄의 공적 가치 인정이 돌봄민주주의와 일치하는 것은 아니다. 돌봄의 공공성 강화는 돌봄을 사적인 영역에서 개인이 감당하는 것이 아닌 공적 영역에서 제공하고 지원함으로써 돌봄의 공적 가치와 실천을 강조한다고 볼 수 있다. 이때 유의해야 할 점은, 사적인 돌봄이 공적인 돌봄으로 탈바꿈하더라도 돌봄의 민주적 책임 분담과는 거리가 멀 수 있다.

왜냐하면 기존에 사적 영역에서 여성이 담당해온 돌봄에 공적 지원과 실천이 확대되더라도 '여성의 돌봄화' 혹은 '돌봄의 여성화'를 오히려 강화할 수 있는 함정이 있다. 다시 말해, 돌봄의 공공성 강조는 공사불문이라는 측면에서 돌봄민주주의의 필요조건이지만, 성별불문 돌봄책임의 민주적 분담까지 고려되어야 돌봄민주주의의 충분조건이라 할 수 있다. 따라서 돌봄책임의 민주적 분담이라는 측면에서 남녀불문하고 돌봄의 양성화 관련 논의와 실천이 돌봄민주주의의 중요한 방향성이 될 것이다.

(5) 국가가 만들어내는 휴머니즘의 정치

누구든 돌봄을 하더라도 가정과 사회에서 안심할 수 있어야 한다. 누가 돌봄을 하더라도 가정에서의 관계, 사회에서의 관계, 나아가 직장에서의 관계와 국가와의 정치적 관계에서 취약해지지 않도록 국가와 사회는 이들을 돌봐야 할 공적 의무와 책임을 다해야 한다. 다시 말해, 우리 모두가 어느 엄마의 아이인 이상, 우리는 모두 돌봄을 주고받더라도 동등한 위상이 유지되고 복원될 수 있는 제도적 조건을 만들어 가야 한다. 이것이 돌봄사회의 핵심이다.

근본적으로 돌봄은 타인의 취약성과 고통을 외면하지 않으려는 일종의 휴머니즘이라 할 수 있다. 임금이 돌봄담당자들의 최우선순위가 아니라, 취약한 아이와 어르신들이 반겨주고 기다리는 그 마음에 반응했을 때, 평범한 말로 하면 살아있는 정을 느낄 때, 보람과 행복을 찾는다는 돌봄담당자들의 인터뷰를 보면 돌봄은 인간애 즉 휴머니즘이다.

돌봄을 휴머니즘으로 보면 돌봄민주주의는 일종의 정치적 휴머니즘이라 할 수 있다. 국민이 곧 국가인 민주공화국에서 돌봄을 하는 사람들이 슬프거나 겁먹지 않고 살 수 있도록 이들을 지원하고 보호할 책임을 민주적으로 구성하고 구비된 국가를 만들어가는 휴머니즘의 정치가 돌봄민주주의라 할 수 있다.

가정에서 한 계단, 직장이나 사회적 관계에서도 한 계단, 경제적으로 또 한 계단. 이렇게 기울어진 경사면을 시정할 수 있는 정치적 교섭에서도 한 계단 낮은 불리한 위치에서 결과적으로 한 층 아래 그늘에서 슬퍼하고 있는 돌봄담당자들이 없는지 이들을 위해 우리 모두가 동참해야 할 민주적 책임을 확인하고 실천하는 시발점이 되는 자리가 되었으면 한다.

돌봄을 담당하는 사람들을 돌보는 사회라야 돌봄을 주고받는 모습들이 좋아 보이고 행복해 보일 것이고, 보다 인간적인 모습들이 복원된 사회라면 돌봄을 왜 기피하는지 반문하는 돌봄민주사회에 한 계단 가까워질 것이다.

참고문헌

- 김희강, 2020. "돌봄민주주의: 자유민주주의와 사회민주주의를 넘어", 『한국여성학회』. 36권, 1호

- 나상원, 2022. "돌봄포용적 공화주의의 가능성", 고려대학교 대학원. 정치외교학과. 박사학위 논문.

- _____, 2024. "미래시민과 돌봄교육:도덕적 휴머니즘에서 정치적 휴머니즘으로." 『시민사회와 NGO』, 2024 봄/여름 제22권 제1호(39-64), 한양대학교 출판부

- _____, 2024.5.2. "왜 돌봄민주주의인가?", 보건복지자원연구원 주체, 국회토론회 발표문

- Engster, Daniel. 2007. The Heart of Justice: Care Ethics and Political Theory. Oxford: Oxford University Press. 김희강 · 나상원 역. 2017. 『돌봄: 정의의 심장』. 서울: 박영사.

- _____. 2015. Justice, Care and the Welfare State. Oxford: Oxford University Press.

- Gilligan, Carol. 1982. In a Different Voice. Cambridge: Harvard University Press.

- Held, Virginia. 1993. Feminist Morality: Transforming Culture, Society, and Politics. Chicago: University of Chicago Press.

- _____. 2006. The Ethics of Care: Personal, Political and Global. Oxford: Oxford University Press. 김희강·나상원 역. 2017. 『돌봄: 돌봄윤리』. 서울: 박영사.

- Kittay, Eva Feder. 1999. Love's Labor: Essays on Women, Equality and Dependency. New York: Routledge. 김희강·나상원 역. 2016. 『돌봄: 사랑의 노동』. 서울: 박영사.

- Sen, Amartya(1990). "Gender and Cooperative Conflicts." Persistent Inequalities. New York: Oxford University Press.

- Sevenhuijsen, Selma. 1998. Citizenship and The Ethics of Care: Feminist Considerations on Justice. New York: Routledge.

- Tronto C. Joan. 1993. Moral Boundaries: A Political Argument for an Ethic of Care. New York: Routledge.

- _____. 2013. Caring Democracy: Markets, Equality, and Justice. New York: New York University Press. 김희강·나상원 역. 2024. 『돌봄 민주주의』. 한국어 개정판. 서울: 박영사.

제16장

돌봄교육

학습목표

- 길리건의 배려윤리 교육을 이해할 수 있다.
- 나딩스의 전념과 동기적 전환을 설명할 수 있다.
- 돌봄교육의 다양한 필요성을 파악할 수 있다.
- 돌봄윤리의 확장성으로 돌봄교육을 이해할 수 있다.

돌봄교육(care education)은 교육이 단순한 지식 전달을 넘어 사람에 대한 배려, 공감, 책임, 상호 돌봄의 가치를 체득하고 실천하는 과정으로 보는 관계 중심의 교육론을 말한다. 이는 전통적인 경쟁중심, 결과중심 교육에 대한 비판 속에서 등장하여 지성보다 인성을 중시하는 관계와 공동체 회복의 밑거름으로 돌봄교육이 강조된다.

돌봄교육의 강조는 개인주의에 대한 교육학적 대척점에 있다고 할 수 있다. 역사적으로 개인주의는 계몽주의 시대를 거쳐 개인 단위의 인간의 존엄성과 자유, 자율성이 강조되면서, 신분·계급 중심 사회에서 벗어나 개인의 독립성과 권리를 중시하는 사조에서 성장했다. 이러한 개인주의 사조는 근대 이후 도시화와 상업화, 경제 발전, 근대교육의 확산 등 개인의 자율성과 독립성이 시대정신으로 강조되는 원동력이 되었다. 사상적으로도 자유주의, 공리주의, 신자유주의 등 주류 사상들이 앞다퉈 개인의 자유와 권리, 능력에 초점을 맞추었고, 교육적 강조에서도 개인의 역량에 기반한 개인 간의 경쟁이 합리화되고, 능력주의가 미덕이 되는 배경이 되었다. 집단주의 전통이 강했던 한국사회에서도 IMF 이후 급속도로 개인의 자유와 자율, 자기 권리만을 내세우는 경향이 확산되고, 교육에서도 학생 개개인의 능력·선택·성과를 중요시하는 교육방식이 대세로 자리잡았다. 이러한 개인의 자율성·권리를 강조하는 맥락에서 타인과의 관계는 단지 자신의 목표를 달성하는 데 유용한 도구적 합리성의 일환으로 이해됨으로써 지성교육에 대한 비판들이 제기되었다.

교육적 차원에서, 개인주의 교육은 함께 사는 타인에 대한 배려, 공감, 공동체적 책임이나 연대의식을 약화시켜 사회적 고립이나 단절을 개개인들이 감당해야 하는 개인의 몫으로 환원시키는 개인책임을 강조하게 된다. 흔히 한국 사회에서 권장하는 관계 속에서의 능력을 의미하는 사람 됨됨이라는 도덕성에 무관심하고, 타인의 고통과 취약성에 무관심한 냉정한 인격체들이 개인주의라는 이름으로 합리화된다. 또한 개인주의는 소위 개개인의 능력이라는 사회적 성취와 성패를 개개인들에게 귀속시킴으로써 사회적 불평등이나 정의 혹은 구조적인 문제를 등한시하는 단절의 합리화를 두둔하게 한다. 결과적으로 개인은 사회적으로 고립된 개인으로 해체되어, 가족이나 사회적 혹은 공동체적 관계와의 상호의존성을 개인의 능력 없음으로 치부하여 다양한 문제를 해결할 수 있는 정치적 상상력이 가능한 사회적 관계의 저력에 무감각하고 소통에 둔감한 구성원 개인을 배출한다.

돌봄교육은 이와 같은 고립된 개인주의 혹은 지나친 지식(지성)중심의 교육방식에 대한 대안으로 돌봄의 교육적 의미를 강조하며, 인성중심의 도덕적 인간의 회복을 추구한다고 할 수 있다. 이러한 배경에서 이 장에서는 돌봄교육의 일반적 의의를 개괄하려는 목적으로 중요 서양 이론가들이 제시하는 돌봄의 교육적 의미를 짚어본다.

1. 길리건의 돌봄교육론

길리건(Carol Gilligan)은 남성중심의 정의 윤리를 넘어, 배려·관계·책임에 기반한 페미니스트 윤리학을 정립하고, 교육 현장에서 여성의 목소리를 복원하고 민주적 주체로 발전하도록 길러내는 교육론을 전개했다. 이 책 2장의 돌봄윤리에서 약술하듯, 정의윤리와의 대비 속에서 배려윤리의 토대를 닦은 길리건의 초기 교육발달심리론은,

이후 이를 바탕으로 전개시킨 자신의 교육론으로 발전·통합된다. 그 중심에 두 가지 개념 '사춘기의 침묵(Silencing in Adolescence)'과 '목소리의 윤리(Ethics of Voice)'가 있다.(Gilligan 1992)

1) '사춘기의 침묵(Silencing in Adolescence)'

(1) 사춘기의 침묵

길리건은 1980년대부터 1990년대 초까지 미국 여성 청소년들을 대상으로 장기 인터뷰 연구를 진행한다. 이 연구를 토대로 길리건은 소녀들이 초등학교 시절까지만 해도 감정과 생각을 솔직하고 씩씩하게 표현하고 자신의 의견을 서슴없이 주체적으로 말하던 모습에서, 사춘기에 접어들면서 서서히 자기검열과 침묵의 태도를 보이기 시작한다는 사실을 발견한다. 길리건에 따르면, 이 침묵은 단순히 말수가 줄어드는 함구(緘口)가 아니라, 사회가 요구하고 사회적 시선이 암시하는 '여성다움'(얌전함, 순응, 감정 절제)에 적응하면서 자기 내면과 감정, 목소리를 외부에 드러내지 않게 되는 심리적 변화를 의미한다. 길리건은 이 현상을 '사춘기의 침묵'이라 명명하고, 이는 단지 언어적 침묵이 아니라 도덕적·정체적 침묵이라고 보았다. 그녀에 따르면, 이는 본인의 주인이라는 자기로서의 말하기를 거두는 경험이며, 사회적 시선과 압박이 조율하는 여성으로서 살아가는 방식이 내면에 각인되는 결정적 전환점이 된다.

(2) 침묵의 이유

길리건에 따르면 이 침묵은 다양한 사회문화적 압박으로 인해 시작된다. 먼저 여학생들은 성장하면서 성 역할에 대한 명시적·묵시적 메시지를 접수한다. "여자는 조용해야 한다", "예쁘고 상냥해야 한다", "감정적이지 말아야 한다"는 식의 사회적·문화적 규범과 시선이 여학생들의 솔직함과 과감한 감정과 욕망을 스스로 검열하게 만든다. 특히 사춘기 이후 이성의 시선을 의식하게 되는 시기에는, 자신의 서슴없는 표현이나 감정 표출이 "너무 강하다", "예민하다", "나댄다"는 평가를 받을 수 있다는 두려움으로 자기검열을 하게 된다. 그녀에 따르면, 이처럼 타인의 시선과 평가에 민감해지는 시기에, 여학생들은 자신이 진짜로 느끼는 것과 말할 수 있는 것 사이에 선을 긋게 되고, 결과적으로 점점 자기검열의 폭이 넓어지게 된다. 이러한 과정은 여학생들이 자기 목소리를 억압하고 '침묵'을 선택하게 되는 구조적 배경이 된다.

(3) 침묵의 양상

길리건에 따르면, 사춘기의 침묵은 다양한 양상으로 나타난다. 겉으로는 웃지만 속으로는 불안한 감정을 억누르고 있는 경우가 많았다고 한다. 예를 들어, 친구에게 상처받은 경험이 있어도 "그냥 괜찮은 척" 행동하거나, 토론 수업에서 분명한 의견이 있음에도 "말하면 너무 나서는 것처럼 보일까 봐" 말하지 않는 식이다. 길리건의 인터뷰에서 한 여학생은 "사실 말하고 싶어도, 사람들이 날 이상하게 볼까 봐 걱정된다"고 고백한다. 또 다른 학생은 "내가 진심으로 생각하는 것을 말하면 분위기를 망칠까 봐 일부러 웃으며 넘긴다"고 술회한다. 길리건에 따르면, 이런 모습들은 단순한 수줍음이 아니라, 자신의 본 감정과 생각을 드러내는 것 자체를 위험하고 불안하게 여기게 하는 사회문화적 맥락 속에서 형성된 행동이다. 이 침묵은 소녀들이 자신의 내면과 외면 사이에 '거리'를 두고 살아가게 만들며, 때로는 스스로 자신의 감정을 부정하거나 무시하는 데까지 이르게 된다고 길리건은 설명한다.

(4) 침묵의 결과

길리건에 따르면, 이러한 침묵은 단지 언어적 표현의 사양에 그치지 않고, 정체성의 분열과 혼란으로 귀결된다. 사춘기 여학생은 사회가 요구하는 여성상에 자신을 맞추기 위해 자기감정과 욕망을 억누르며, 본인이 내면적 진실을 외화하지 못 하게 된다고 설명한다. 이 과정에서, 자신이 누구인지, 자신이 느끼고 있는 것과 원하는 것에 굳건한 확신이 서지 않게 되고 자신을 믿지 못하게 된다. 이로 인해 도덕적 판단 능력도 체화되어, 자신의 기준이 아닌 주변의 기대와 규범 그리고 시선에 따라 판단하게 되는 도덕적 자기부정을 경험하게 된다. 길리건은 이를 "심리적 분열(psychic split)"이라고 부르며, 이는 곧 자신의 목소리를 잃는다는 것은 곧 자기 존재의 일부를 포기하고 자신 신념의 일부를 단념하는 것을 뜻한다고 지적한다.

(5) 침묵을 극복하는 교육

길리건은 사춘기의 침묵을 피하거나 극복하기 위해서는 교육이 근본적으로 변화해야 한다고 주장한다. 요체는 학생의 목소리를 듣고 존중하는 관계 중심의 교육 환경을 만드는 것이다. 선생님은 학생의 말에 '맞다/틀리다'를 판단하지 않고 학생이 자신의 감정과 경험을 말할 수 있는 안전한 공간을 제공해야 한다. 그녀에 따르면 글쓰기, 자전적 이야기 나누기, 감정 표현 활동 등을 통해 학생은 자기 내면의 언어를 다시 발견할 수 있다. 특히 여학생이 자신의 감정을 표현하거나, 성차별적 상황에 불편함을 표현했을 때, 이를 민감하게 받아들이고 응답해 주는 태도가 중요하다.

교육은 단지 지식을 가르치는 것이 아니라, 학생이 자신의 목소리를 가지고 세상과 관계 맺을 수 있도록 돕는 과정이어야 한다. 결국 길리건의 윤리란, '무엇이 옳은가'를 말하는 논리나 기술이 아니라, '나의 진실을 말할 수 있는 용기와 그 말을 들어주는 관계'를 통해 실현된다는 것이다.

2) 길리건의 '목소리의 윤리(Ethics of Voice)'

(1) 목소리는 단순한 말하기가 아니라 존재를 드러내는 행위

길리건에게 목소리(voice)는 음성적 신호나 언어적 발화의 기술이 아니다. 그녀가 말하는 목소리는 자신의 감정과 생각, 경험을 인식하고 그것을 진실되게 표현할 수 있는 능력과 의지를 말한다. 그녀는 인간이 도덕적 존재로 성장하기 위해 가장 먼저 필요한 것은 '옳고 그름'을 판단하는 규칙을 연마하는 것이 아니라, 본인이 느끼고 있는 것을 말할 수 있는 내면의 목소리를 잃지 않는 것이라 말한다.

상술하면 길리건에게 목소리는 단지 의견(opinion)의 전달이 아니라, 자기 존재를 사회와 관계 속에서 드러내고, 응답을 요청하는 존재적 행위가 된다. 인간은 고립된 개체가 아니라 서로의 존재에 감응하고, 관계를 맺는 존재이며, 이 관계의 기반이 바로 '목소리의 교환'이다.

(2) 목소리는 관계 안에서 길러지고 보호되어야 한다.

길리건은 특히 여성 청소년들이 사춘기를 지나며 점차 자기 목소리를 잃어가는 구조적 경험에 주목한다. 이전 단계에서 그녀가 제시한 '사춘기의 침묵'은 이 목소리가 억압되거나 사라지는 과정을 설명하는 개념이었다. 여성들은 사회로부터 "착해야 한다", "조용해야 한다", "튀지 말아야 한다"는 규범을 내면화하면서, 자신이 실제로 느끼는 감정이나 갈등을 밖으로 드러내는 일을 회피하게 된다.

길리건은 이러한 상황은 도덕적 판단의 실패가 아니며, '관계적 안전'의 부재로 설명한다. 즉, 목소리를 내기 위해서는 상대가 그 말을 진지하게 들어주고, 존중해주리라는 신뢰와 응답 가능성이 요구된다. 목소리는 관계 안에서 자라나는 윤리적 힘이며, 그것은 독백이 아니라 타인과의 '응답적 관계' 속에서 실현된다.

(3) 목소리를 잃는다는 것은 윤리적 자기 상실을 의미한다.

길리건에게 윤리란 어떤 객관적 기준이나 규칙을 외워 따르는 데서 생기는 것이 아니다. 오히려 윤리는 자신이 어떤 존재이고, 무엇을 느끼고 있으며, 타인과 어떤 관계를 맺고 싶은지를 자각하고 표현할 수 있는 감정적·관계적 민감성에서 출발한다. 따라서 목소리를 잃는다는 것은 곧 도덕적 자아를 상실하는 일이다.

특히 여성 청소년들이 "말해도 소용없을 것 같다", "내가 말하면 이상하게 보일까 봐" 등의 이유로 자신의 감정과 의견을 억누를 때, 그들은 점차 타인에게 맞춰진 자아로 살아가게 되고, 이는 내면의 도덕적 기준을 스스로 부정하는 결과로 이어진다. 결국 침묵은 단순한 발화의 중단이 아니라, 윤리적 존재로서의 자기 자신을 포기하는 '윤리적 자포자기의 경험'이 된다.

(4) 목소리를 회복하는 것이 교육과 윤리의 핵심이다.

길리건은 교육이 단지 지식의 전달이 아니라, 학생이 자신의 목소리를 회복하고 표현할 수 있는 힘을 기르는 과정이 되어야 한다고 주장한다. 사춘기를 통과하면서 자기검열과 침묵을 경험한 학생들이 다시 자신의 감정과 판단을 말할 수 있도록 도와주는 것, 그것이 교육이 수행해야 할 가장 핵심적인 윤리적 실천이다.

(5) 윤리는 규칙이 아니라 응답성에서 시작된다.

전통적인 윤리학이 '정의', '규칙', '보편성'을 중심으로 구성되었다면, 길리건의 '목소리 윤리'는 관계·책임·응답·감응성에 기반한 대안 윤리다. 길리건에게 윤리란, 고립된 개인이 추상과 형식적 논리로 제시하는 판단이 아니라, 타인과의 관계 속에서 내가 어떻게 응답하고, 어떻게 들을 것인가에 대한 실천적 태도이다.

이때 중요한 것은 감정의 언어를 인식하고, 자신의 경험을 말할 수 있는 감수성을 지켜내는 것이다. 즉 목소리의 윤리는 '타인의 고통을 외면하지 않는 태도'와 '자신의 고통을 말할 수 있는 용기' 둘 다를 포함하는 윤리이다. 길리건은 이런 방식으로 배려의 윤리와 목소리의 윤리를 통합된 관계 윤리로 확장하고 있다.

2. 나딩스의 돌봄교육론

자유주의 도덕교육에 대한 비판과 대안으로 언급되는 대표적인 논의는 저명한 교육학자 나딩스의 연구이다. 나딩스(Nel Noddings)는 1950년대 교사로 커리어를 시작한 후 교육학자와 교수로서 수학교육, 도덕교육, 교육철학, 윤리학 등의 분야에서 다수의 교육학 저서와 논문을 집필하였다. 돌봄교육에 대한 초기 대표 저서인 『배려: 윤리와 도덕교육에 대한 여성적 접근법』(1984)에서 나딩스는 합리성을 강조한 칸티안 윤리학을 비판적으로 접근한 돌봄윤리를 근거로 돌봄교육론을 개진한다.

나딩스의 돌봄교육론은 개인의 이성과 합리성, 원칙의 보편가능성과 불편부당성을 기반으로 추론 능력을 강조하는 근대 자유주의 계통의 기존 윤리학에 대한 비판으로부터 시작한다. 나딩스는 『배려: 윤리와 도덕교육에 대한 여성적 접근법』의 서론에서 자신의 입장이 기존 윤리학과 어떤 차이가 있는지에 대해 설명한다.

도덕에 대한 철학적 연구인 윤리학은 대체로 도덕 추론에 주의를 집중해 왔다. 그것은 원칙과 원칙으로부터 논리적으로 이끌어낼 수 있는 것의 확립에 주의를 집중해 왔다. 나는 윤리적 행위의 바로 그 원천을 인간의 정서적 반응에 둘 것이기 때문이다. 우리가 관심을 가져야 할 초점은 타자를 어떻게 도덕적으로 만날 것인가에 있을 것이다.

실로 나는 원칙의 윤리를 모호하고 불안정하다고 보기 때문에 거부할 것이다. 모든 교육의 일차적인 목적은 윤리적 이상을 키우는 것이다(Noddings 1984, 1-8).

1) 윤리적 원형

나딩스에 따르면 기존 윤리학은 실증적이고 논리적인 도덕 추론에 치중하고 있다. 이는 경험적으로 추론 가능한 것으로 세운 보편적인 원칙과 법, 이를 전제로 한 공정성(fairness)과 정의(justice)라는 용어로 논의된다고 보았다. 그러나 원칙과 보편가능성이 도덕의 유일한 지침이 되지 않는다고 나딩스는 지적한다. 나딩스가 보기에 원칙과 법의 윤리는 예외가 없는 원칙을 말하지 못할 뿐만 아니라, 특정 원칙을 세우면 독선으로 흐를 수 있고 또한 원칙과 다른 입장을 비하하거나 '다르게' 대할 수 있다고 그 위험성을 비판한다(Noddings 1984, 6-7).

대신에 나딩스는 이성적인 도덕 추론에서 시작하는 윤리학이 아니라 사람에 대한 도덕적 태도에서 시작하는 대안적 접근을 제언한다. 도덕적 딜레마에서 기존 윤리학은 기하학 문제를 다루듯 추상적이고 보편적인 원칙을 제시하고 적용하는 것이지만, 대안적 접근은 윤리적 행위의 원천을 인간의 정서적 반응이나 감정 같은 실재에 두기 때문에 도덕적 딜레마에서 당사자가 무엇을 느끼는지에 주목한다. 따라서 이에 대한 정보를 알아내기 위해 실제 상황과 당사자에 대한 더 많은 대화가 중요하다. 즉, 대안적 접근을 위한 도덕적 판단에는 감정적 접근이 필요하며, 상대의 현재 심리를 파악할 수 있는 표정과 말투 그리고 상대가 이뤄내고 싶어 하는 이상에 초점을 두고 있다.

이러한 배경에서 나딩스는 인간과 인간이 서로를 정서적으로 인식하는 만남과 연결을 '관계'로 보고, 이러한 관계 중 어머니와 자녀 관계를 원형으로 하여 돌봄관계의 윤리적 정향을 정교화한다. 그리고 이를 돌봄윤리로 부른다. 돌봄관계에 근간한 돌봄윤리는 인간을 관계 속에서 정의한다. '나'는 관계로 들어가는 개인이 아니라, 관계 자체가 '내'가 되며 육체적 자아가 놓여 있는 관계들로 내가 정의되는 것이다(박병춘 1998, 387). 나아가 행위의 도덕성 역시 보편가능성이 아니라 관계된 사람들의 감응에 의해서 판정된다(박병춘 2002, 129-133).

2) 전념(engrossment)과 동기적 전환(motivational displacement)

나딩스에 따르면, 돌봄은 전념과 동기적 전환으로 구성된다. 전념이란 뭔가의 필요를 느끼는 돌봄수혜자의 체감에 대한 돌봄제공자의 감정적이고 의식적 몰두로 돌봄수혜자와 동감(同感)하는 상태이다. 동기적 치환이란 돌봄수혜자에게 내 에너지를 사용하는 방식이 돌봄수혜자의 목적에 부합하게 하는 것을 말한다(Noddings 1984, 24-28). 또한 나딩스는 돌봄을 자연적 돌봄과 윤리적 돌봄으로 구분한다. 자연적 돌봄이란 말 그대로 특별한 노력이나 의식을 하지 않고 자연적으로 나오는 돌봄이며, 윤리적 돌봄이란 타인에 대한 의무감, 즉 돌봄이 더 좋다는 의식적 노력의 발로에 의한 돌봄이다. 나딩스에 따르면, 윤리적 자아는 타인과 나를 연결해주고 그 사람을 통해 나를 내 자신과 연결해주는 관계성을 근본적으로 인식할 때 형성되며, 주고받은 돌봄의 체험과 숙고로 발전된다. 이러한 윤리적 돌봄은 윤리적 자아에 좌우된다(Noddings 1984, 115-118).

나딩스의 돌봄교육은 윤리적 인간의 관계인 돌봄관계를 발전시키기 위한 도덕교육이다. 돌봄교육의 목적은 타인과의 관계에서 돌볼 줄 아는 사람을 길러내는 것이다. 모든 아이들이 다른 사람을 배려하는 것을 배우고 배려에 대한 궁극적인 관심을 회복하도록 북돋우는 것이라 돌봄교육을 설명한다. 다른 사람의 처지와 그에 따른 심정을 헤아릴 줄 아는 능력인 돌봄의 인성을 육성하고 함양시키는 도덕교육인 것이다(Noddings 1984, 8).

나딩스는 돌봄교육이 인간다움을 함양한다는 차원에서 지식습득을 위한 다른 교육보다 우선한다고 설명한다. 역사, 사회, 과학, 수학 등 기존 학문분야인 이른바 자유교육(liberal education)에는 돌봄에 대한 교육내용이 없다고 보았다. 또한 전통적으로 여성과 관련된 태도와 능력이 폄하되어서는 안 되며, 인간의 돌봄적 능력에 대한 존중이 필요하며, 이를 위해 돌봄의 관점에서 교육을 재조직해야 한다고 보았다. "교육은 자신에 대한 배려, 친근한 사람들을 위한 배려, 동료와 지인들을 위한 배려, 동물을 위한 배려, 사물과 자연환경을 위한 배려, 인간이 만든 대상과 도구를 위한 배려, 그리고 사상(idea)과 같은 '배려의 중심들(centers of care)'을 근거"로 재조직되어야 한다고 나딩스는 설명한다(Noddings 1984, 9-10). 주변을 보고 생각하고 배려할 줄 아는 인성 중심의 인격체를 길러내는 돌봄교육을 축으로 지식과 지성 중심의 기존 교육이 재편되어야 한다는 것이다. 따라서 학교의 목적은 "유능하고 배려할 줄 알고 사랑스럽고 친애하는 사람들의 성장을 고무시켜 주는 것"이어야 한다고 보았다(Noddings 1984, 12).

정리하건대 돌봄윤리에서는 돌봄윤리적 자아의 발달을 도덕교육의 목적으로 이를 도야하고 함양한 인격체가 도덕적으로 훌륭한 인간이다. 이러한 맥락에서 나딩스에게 모든 교육의 목적은 돌봄적 인격체의 육성이며, 그렇기 때문에 교육의 학문적 지성적 기능은 이러한 돌봄적 인격발달을 위한 매개수단으로 한정하고, 아이들의 돌봄역량을 단련시키기 위해 교육 자체가 '돌봄적'이어야 한다고 주장한다. 시민으로서 돌봄을 실천하는 도덕적 시민을 길러내는 것이 돌봄교육으로 이해되는 것이다.

나딩스 논의는 국내 학계에서도 적극적으로 소개되고 활용되고 있다. 교육학계에서 나딩스의 돌봄교육론은 도덕교육의 이론적 근거를 체계적으로 마련한, 인간화 교육을 위한 새로운 접근으로 평가받고 있다(추병완·박병춘·황인표 2002, 13). 교육학자 박병춘은 정의·권리·독립성·자율성 등과 같은 합리적 도덕성을 중시해 인지 도덕성에만 편중된 도덕교육에서 소홀하게 취급된 돌봄·책임·상호의존성·관계성 등과 같은 도덕성의 감정적인 측면을 돌봄윤리가 새롭게 인식할 수 있게 해주었으며, 도덕성의 영역을 확대시키고 인간에 대한 총체적인 이해를 가능케 해주었다고 평가한다(박병춘 2005, 241-242). 그렇다 하더라도, 그는 도덕교육의 적용에 있어서 정의와 돌봄의 균형을 강조한다. 박병춘은 "도덕교육에서 인지가 배제되면 병적 감상에 빠질 위험이 있고, 감정적인 요소를 배제하면 타인에게 무감각한 합리주의에 빠질 수 있는 위험성"이 있으며 자칫 돌봄을 여성적 특성으로 편협하게 인식할 수 있다고 지적한다(박병춘 2005, 248). 따라서 그는 이를 경계해 불완전한 두 이론의 변증법적 통합적 관점에서 도덕성을 정의해 정의와 돌봄을 함께 갖춘 도덕적 인간상을 제시해야 할 필요를 제언한다(박병춘 2013, 181-182).

'도덕적 가치로서 감정에 대한 긍정(affirm)'은 나딩스 돌봄윤리의 가장 중요한 도덕교육적 의의라고 평가할 수 있다. 돌봄윤리는 이성과 지성 중심의 합리성이 묵살한 감정을 도덕교육적 가치로 복원한다. 이 점은 전통적으로 감정을 도덕의 영역 밖으로 간주했던 도덕 전통과 달리, 인간의 동감, 연민, 동정심과 상호의존적인 감정을 도덕적 원천으로 긍정하는 것이다. 이성, 영혼, 남성, 공적 영역을 도덕의 범주로 간주하고 반면 감정, 몸, 여성, 사적 영역을 도덕의 범주 밖으로 분류했던 전통 윤리에서 사장되었던 감정을, 나딩스의 돌봄교육론은 도덕교육적 차원에서 긍정하고 그 가치를 복원함으로써 이성 중심의 지성과 돌봄 중심의 인성이 겸비된 균형 잡힌 인간상을 도덕교육적으로 유의미하게 제시하고 있다.

따라서 인간의 감정을 긍정한다는 측면에서 나딩스의 돌봄윤리는 '도덕적 휴머니즘(humanism)'이라 부를 수 있겠다. 나딩스의 돌봄윤리는 자연의 섭리에 따르는 보편적 원칙을 찾고 인간에게 권장하기보다, 인간적 감정을 묵살하지 않고 오히려 이를 도덕교육의 시발점이자 도덕교육의 수단으로 활용하여 도덕교육의 방편으로 활용한다. 비유하면, 자유주의 도덕관에서는 하늘을 가리키는 플라톤처럼 인간 삶의 지침을 인간 외부 즉 자연에서 찾으려 했다면, 나딩스의 돌봄윤리는 아이를 보는 성모상의 심상에서 도덕의 근원과 인간다움의 모범을 발굴해 인간 삶의 실천적 지침을 제시하고 있다. 자유주의 도덕관에서는 아이를 보는 성모상에서 윤리와 도덕을 찾지 못하겠지만, 아이를 보는 어머니의 모습에서 철학과 도덕교육을 발굴하고 추천했다는 점에서 나딩스의 돌봄윤리는 의미가 있다.

3. 돌봄윤리의 정치사회적 확장

나딩스의 돌봄윤리는 전통윤리에 대한 비판과 대안적 윤리와 인간상을 제시했다는 점에서 의미하는 바가 크다. 하지만 이에 대한 비판 지점 또한 거론된다. 이는 나딩스 논의 자체의 한계라기보다 이후 돌봄윤리 논의가 확장되고 발전된 지점과 겹친다. 예컨대, 돌봄이론의 세대를 구분하는 한키브스키(Olena Hankivsky)는 길리건(Carol Gilligan 1982)을 바탕으로 여성의 도덕성(female morality), 어머니 같은(mothering), 돌보는(caring), 육성하는(nurturing) 활동과 경험을 접목시키는 나딩스(Noddings 1984), 헬드(Virginia Held 1993), 러딕(Sara Ruddick 1989)의 돌봄윤리를 돌봄윤리 1세대로 분류한다. 그리고 이러한 도덕적 개념을 넘어 "힘의 균등한 배분을 위한 민주적 정책의 기초로 이해하는" 정치적 개념으로 돌봄의 중요성을 확립하려는 트론토(Joan Tronto

1993)를 위시한 헬드(Virginia Held 2006), 잉스터(Daniel Engster 2007), 세븐후이젠(Selma Sevenhuijsen 1998) 등의 이론가들을 돌봄윤리 2세대로 분류한다(Hankivsky 2014, 252). 이 같은 세대 구분은 돌봄윤리 논의가 확장되는 추세와 흐름을 보여준다고 하겠다.

1) 존재론적 관계성

나딩스를 넘어선 돌봄윤리의 확장은 다음의 지점에 주목한다. 확장된 돌봄윤리는 존재론적 관계성을 강조한다. 모든 인간은 신생아에서 시작해야 하고, 섭식과 부축을 받아야 하는 영유아, 환자, 장애가 있는 혹은 노인의 삶을 살게 된다. 이렇듯 인간은 존재론적으로 누군가에게 의존해야 할 뿐만 아니라 인간의 삶은 때로는 불평등한 힘의 관계 속에서 살아야 하는 존재다. 이러한 유한한 삶 속에서 생존과 인간다운 삶의 복원을 위해 누군가에게 의존해야 한다. 인간의 의존성은 남녀노소를 막론하고 인간이라는 종(種)의 특징으로 그 누구도 예외일 수 없는 인간의 존재론적(ontology) 조건이다. 확장된 돌봄윤리의 정곡은 '인간의 의존성에 대한 인정'이라 할 수 있다(Held 2006; Engster 2007; Kittay 1999).

인간 존재론에서 강조하는 관계성은 나딩스 돌봄윤리의 관계성과 차이를 보인다. 나딩스의 논의가 어머니-자녀 관계를 전형으로 하는 교사-학생 관계에서의 돌봄적 관계 즉 교육적 차원의 관계를 강조한다면, 인간 존재론에서의 관계는 비교육적이지만 시급성과 절박성(urgency)이 강조되는 관계를 강조한다. 이는 학생이라는 일반적인 교육대상을 넘어선 영아, 노인, 환자, 장애인 등에 대한 생명유지와 활동 및 복원까지 포괄하는 삶의 '필수불가결한' 관계를 강조하는 것이다. 나딩스의 돌봄윤리 역시 본원적으로 '관계'윤리로서 관계 속의 타인에 주목하고 있지만, 관계의 존재론적 특징보다는 교육적 특징이 강조된다. 의료, 보건 및 전반적인 인간 삶에서 돌봄이 반드시 있어야 한다고 보기보다, 교육적 지향과의 연계성에서 돌봄의 필요성을 강조하는 것이다.

2) 다자적 관계성

확장된 돌봄윤리는 다자적 관계를 전제한다. 나딩스의 돌봄윤리는 어머니-자녀 또는 교사-학생의 양자관계를 기초로 전개된다. 2세대 돌봄윤리가들에 따르면, 양자적 돌봄은 부정확하고 위험할 수 있다. 나딩스의 양자모델은 여러 명의 엄마역할자들(allomothers)의 협업으로 이뤄지는 다양한 돌봄양상을 고려할 때 부정확하며, 돌봄을 "착한 사람의 심성으로 환원"시키거나(Engster 2007, 32), 함께 돌볼 사람도 협력을 청할 사람도 없다는 이데올로기를 전파할 위험성이 있다(Tronto 2013, 288-289). "많은 노고, 자원, 협력(collaboration)이 있어야 하는" 돌봄의 조건이 고려되지 않는다면, "이와 관련된 제3의 행위자들 또는 제도들 없이 자연인 둘(natural individuals)만의 돌봄은 불가능해 보인다."(Tronto 2013, 26; Collins 2015, 124)

다자적 관계는 돌봄관계자'들'의 다차원 관계이다. 예컨대, 커테이(Kittay 1999)는 '돌봄수혜자'와 '돌봄제공자' 외에 돌봄자원을 제공하는 '돌봄자원제공자(provider)'를 강조하면서, 돌봄관계를 양자구도(dyadic)에서 삼자구도(triad)로 전환한다. 그녀는 신생아를 돌보는 산모를 보살피는 돌봄제공자인 '둘라(doula)'의 사례를 들어, 돌봄관계와 이 관계가 생성하는 의무에서 파생된 일종의 사회적 파급효과(ripple effect)를 제언한다.

나아가, 버틀러(Samuel Butler)는 커테이의 삼자구도(triad)를 사자구도(tetrad)로 확장한다. 그에 따르면, 돌봄수혜자에 대한 돌봄제공자의 의존성에서 또다시 두 가지 의존성이 또 분화되는데, 하나는 자원제공자에 대한 돌봄제공자의 의존이며, 또 하나는 자원제공자에게 자원을 요청하는 정치적 협력과 교섭을 대변하는 '청구자들(claimant)'에 대한 의존이다(Butler 2012). 더 나아가, 콜린스(Stephanie Collins)는 돌봄관계의 확장 선상에서 단 한 사람이 아닌 많은 돌봄관련자들 간 협력적인 프로젝트로서 국가 및 비국가 행위자를 포함한 '집단적'관계의 가능성을 포괄하며 돌봄관계를 정치적 단계로 확장시킨다(Collins 2015, 124-136).

이러한 돌봄의 다자관계는 돌봄의 사회적 맥락과 제도의 필요성 및 돌봄관련자들과 돌봄제공자 간 역학구도를 보여줌으로써, 협력적인 관계로서 돌봄의 필요성을 제언한다.

3) 파워와 불평등을 다루는 정치의 주제

확장된 돌봄윤리는 돌봄을 파워와 불평등을 다루는 '정치'의 주제로 강조한다. 트론토는 돌봄을 "가능한 잘살 수 있도록 우리의 '세상'을 유지하고 지속하며 복원하기 위해, 우리가 하는 모든 것을 포함하는 종(種)의 활동"으로 정의함으로써 도덕적 개념뿐만 아니라 정치적 개념으로도 돌봄의 중요성을 강조한다(Tronto 1993, 103; 2013, 73).

트론토는 돌봄윤리를 정치적인 것으로 인식하지 못하게 하는 방해하는 세 가지 경계, 즉 윤리와 정치의 전통적인 경계, 구체화된 관점과 추상적이고 탈인격체적(impersonal) 관점의 경계, 공적 삶과 사적 삶의 경계에 대해서 언급한다. 그녀는 이러한 경계들이 인간의 상호의존성을 설명하는 정치적 돌봄의 방식을 불분명하게 만들었을 뿐만 아니라, 정치적으로 배제된 사람들에게 발판을 확장해서 민주적이고 다원적인 정치를 할 수 있는 방식을 모호하게 한다고 주장한다(Tronto 1993).

트론토를 필두로, 돌봄을 정치적 주제로 확립하려는 많은 논의들이 제기되었다. 사회의 필수요소로서 돌봄노동과 돌봄노동에 대한 현재적 착취를 맑시스트적으로 접근한 부벡(Diemut Bubeck 2002), 시민성원자격(citizenship)의 개념을 돌봐야 할 필요성과 돌봄이 빠지지 않도록 재편한 세븐후이젠(Sevenhuijsen 1998), 의존성을 기초로 한 평등개념을 발전시킨 커테이(Kittay 1999)의 논의들이다.

이외에도 돌봄윤리는 복지정책(Engster 2015), 회복적 정의, 구조적 부정의 등의 정치적 이슈로 확장하고 있다. 나딩스가 돌봄을 기쁨으로 보고 돌봄수혜자와 돌봄제공자의 상호작용에서 돌봄의 도덕적이고 교육적인 특징을 발굴해 강조했다면, 확장된 돌봄윤리는 돌봄이 정치와 불가분의 관계임을 전제로 돌봄을 둘러싼 불평등한 관계와 맥락을 정치적 주제로 논의한다. 예를 들어, 트론토는 돌봄을 누군가는 해야 하는 부담일 수밖에 없는 돌봄책임은 모든 인간의 삶에 지대한 영향을 미치는데 왜 지금까지 돌봄을 정치학의 주제로 다루지 않았는지 반문한다(Tronto 2013, 59).

확장된 돌봄윤리에 따르면 돌봄은 정치의 주제다. "윤리와 정치를 분리하면서 파워와 불평등이 도덕윤리(morality)에서 드러나지 않게 되었다"고 진단하는 트론토(Tronto 2013, 21-25)에 따르면, 인간 삶에서 반드시 있어야 하고 누군가는 해야 하는 돌봄이 조직되는 방식은 평등한 삶이 가능해지는 시민적 역량에 영향을 미치기 때문에, 특히 돌봄책임이 결정되는 방식은 정치 특히 민주사회의 주제다(Tronto 2013, 61). 하지만 그녀에 따르면 고대, 근대 및 현대사회에서 돌봄은 사적인 전(前)정치적인 것으로 간주되고 있다.

게다가 돌봄책임은 '자연적(natural)'이라는 미명으로 '사적인' 문제이기 때문에 혹은 '가부장적인' 위계적 방식으로 조직되고 있어, 특정 성이나 특정 계층에게 돌봄책임이 전가되고 있는데, 이러한 돌봄불평등은 민주시민의 자유, 평등, 정의의 차원에 부응하는지 민주적으로 재검토되고 재건되어야 한다고 보았다(Tronto 2013, 56-61).

4. 미래민주시민과 돌봄교육

앞장에서 살펴본 정치사회로 확장된 돌봄윤리의 특징과 관련지어, 미래의 민주시민에게 필요한 돌봄교육의 도덕교육적 함의는 무엇일까? 다시 말해, 도덕교육을 넘어 정치사회교육의 측면으로 확장된 돌봄윤리의 교육적 함의는 어떻게 확장될 수 있을까?

이러한 질문에 답하기 전에 돌봄교육의 정치사회적 측면을 언급하는 기존 논의에 대해 먼저 짚어보고자 한다. 돌봄을 정치적 관점에서 접근해야 하는 필요성이 제기되고 있으며, 구체적 적용으로 트론토 돌봄윤리를 초등교육에 반영하는 논의 등도 존재한다. 이들 논의는 인간의 돌봄의존성과 사회구조와 환경을 고려한 돌봄관계의 정치적 측면을 고려하고 있다는 점에서 필자의 제안과 유사한 맥락이다.

하지만 필자는 인간의 의존성뿐만 아니라 보다 구체적인 돌봄책임의 불평등과 민주적 교정, 나아가 이에 대한 교육적 해법으로 실천을 지적하고자 한다는 점에서 이들 논의와 차이가 있다고 생각한다. 필자가 제언하는 미래민주시민에게 필요한 돌봄교육의 도덕교육적 함의는 다음과 같다.

1) '인간의 의존성'에 대한 교육의 필요성

돌봄교육에서 '인간의 의존성'에 대한 교육이 필요하다. 미래시민은 우리 모두가 돌봄의 수혜자이며 돌봄을 주고받는 평등한 존재임을 이해해야 한다. 인간 존재론적 차원에서 인간의 의존성과 취약성에 대한 교육이 있어야 한다. 모든 인간은 어느 엄마의 자식이듯 의존적인 존재였으며 돌봄을 받아온 존재들이다.

다시 말해, 모든 인간이 생로병사에 구애받는 한 취약한 모습도, 누군가에게 의존하지 않으면 안 되는 모습도, 이를 외면하지 않는 모습도 인간의 지극히 인간적이고 정상적인 나아가 도덕적인 모습이다. 하지만 자유주의 도덕이 전제하는 인간상에서는 그렇지 않다. 홉스는 인간을 자연에서 혼자 나온 버섯처럼 자란 존재들로 이해하며(Held 2006에서 재인용), 칸트를 계승한 롤지안(Rawlsian) 자유주의에서도 인간을 "누군가의 돌봄이 필요 없는 존재"로 상정한다(Costa 2015, 85).

이러한 인간형에서는 인간의 취약한 모습과 의존적인 모습 그리고 돌봄을 주고받는 모습은 안 보인다. 심지어 취약하고 의존적인 모습을 도덕적 모습에 못 미치는 비정상의 범주에 두고 아이, 노인, 장애인, 그리고 환자와 이들에게 돌봄을 제공하는 사람들에 대한 사회적 배제가 조장된다. 아픈 사람, 장애가 있는 사람, 혼자 힘으로 거동할 수 없는 사람 등 사회적 약자를 대하는 도덕적 태도가 자유주의적 '정상인'을 대하는 태도와 다르지 않을 수 있는 돌봄교육이 필요하다.

자신은 아니었을 것이라 생각하고 취약한 상대를 대하는 태도에서 자신도 예외가 아니었음을 생각하고 공감하며 대응할 수 있는 도덕적 역량을 갈고닦을 수 있어야 한다. 인간 의존성에 대한 교육은 우리 모두가 돌봄수혜자임을 그렇기 때문에 돌봄을 함께 인정해야 하고 돌봄에 협력해야 한다는 사회적 공감을 형성할 수 있는 기초가 될 것이다.

2) 양자관계의 돌봄 구도를 넘는 돌봄교육의 필요성

양자관계의 돌봄 구도를 넘는 돌봄교육이 필요하다. 어머니-자녀 혹은 선생님-학생 관계처럼 돌봄을 양자구도로 보여주는 것은 돌봄의 인간적인 특징을 강조하는 분석적 수단으로 의미가 있을 수 있다. 하지만 양자구도는 돌봄관계가 처한 여러 불평등한 맥락을 전체적으로 누락시킨다. 예를 들어, "돌봄관계가 위치하는 가부장적 맥락이나 돌봄에 필요한 자원을 제공하는 생계부양자 같은 조달자와 돌봄제공자 간의 관계" 등을 보여주지 못하거나(Kittay 1999, 104), "돌봄제공자 역시 취약하고 어렵고 때로는 누군가의 협력이 필요하다"는 사실을 보여주지 못한다(Tronto 2013, 289).

돌봄을 전담하거나 그 부담이 과도하게 편중되면, 심리적으로 사회적으로 또한 경제적으로 돌봄제공자는 큰 타격을 받는다. 돌봄 자체가 생애사적인 기쁨이기는 하지만 심신의 에너지가 들어가는 부담이기도 하다. 돌봄을 장기간 전담하게 되면 고립과 단절감을 느끼게 되고 개인을 위한 준비시간이나 주변 사람들과 의미 있는 대화하기가 어려워진다. 어떤 돌봄은 큰 스트레스를 받고 심리적으로 위험한 탈진과 소진(burn out)을 경험하게 된다. 그뿐만 아니라 자신의 일과 노동 조건에 대해 자율성도 줄어들며, 돌봄을 위한 퇴사가 향후 연금의 하락을 동반하기에 노년기 빈곤의 위험 또한 높아진다(윤자영 2016).

양자구도는 이러한 '아이를 안고 있는 성모상의 슬픔'이 성별분업이나 사회적·경제적·정치적인 불평등과 파워관계에 기인한 것일 수 있다는 점을 못 보게 하며, 그러한 슬픔을 덜어줄 수 있는 정치적 협력과 제도적 시정을 할 수 있는 정치적 시야와 민주적 상상력까지 사장시킬 우려가 있다. 예를 들어 과거 학교에서 공업과 기술은 남학생의 교과목으로, 가정은 여학생의 교과목으로 지정했던 성별분업적 교육을 성찰해보자. 돌봄을 정치사회적 맥락과 무관하게 가정에서 엄마에게 부과되는 성스러움으로 간주하며 돌봄을 불평등하게 조직해왔던 권위주의와 그 현재적 유습 역시, 돌봄을 양자적으로 좁게 보며 그 시야 밖에 있는 불평등을 외면했던 것과 무관하지 않아 보인다.

'좋은' 돌봄이 '슬프지 않을 수 있는' 학교 담장 밖 사회적 맥락과 정치적 협력을 탐색할 수 있도록 양자관계 이상의 협력적 돌봄을 이야기할 수 있는 돌봄교육이 있어야 한다.

3) 실천으로서 돌봄교육의 필요성

마지막으로, 실천으로서 돌봄교육이 요구된다. 앞서 언급한 양자 틀을 깨는 교육이 불평등을 시정하는 정치사회적 협력과 제도의 필요성과 관련된 논의라면, 실습으로서 돌봄교육은 그러한 협력과 제도를 조성하고 운영할 수 있는 민주시민의 개인적 태도와 역량이 관련된다. 실천으로서의 돌봄교육은 교과목으로 돌봄실습의 필요성과 민주시민교육의 일환으로 필요하다.

먼저, 하나는 실천으로서의 돌봄은 두뇌적 작용이 아니라 식사제공 수발 및 부축 등 신체접촉을 포함하는 역량과 관련된다. 돌봄은 약자에 대한 뇌파적 생각이란 의미의 배려나 정서적 지지를 의미하는 심정적 위로와 격려로 끝나지 않는다.

산모에 대한 수발, 영유아와 함께하기, 섭식 보조 및 배변 정리하기, 환자에 대한 간병, 장애인에 대한 수발, 노인에 대한 부축 등은 누군가가 몸소 해야 하는 실천이 들어가야 한다. 약자가 된 취약한 주변 사람들을 조우했을 때 미래시민은 취약한 사람들에게 실제로 해야 하는 실천을 실습하고 체득함으로써 취약한 사람들의 고통을 외면하지 않는 개인적이고 집단적인 인간적 태도와 대응력을 체득해야 한다.

또한 민주시민교육의 일환이다. 공사불문 남녀불문으로 우리 모두가 함께해야 하는 협력적 기획이 있음을 다시 말해, 민주공화국이라는 민주적 협력이 가능한 시민으로 성장할 수 있는 선행학습이 될 것이다. 공교육에서 돌봄실천을 실습교과의 하나로 지정함으로써 돌봄은 사적으로 전수되는 것이라기보다 공적인 무엇이 됨으로써 함께 해야 하는 공무로 자연스럽게 인식되고 함양될 수 있다.

이러한 실습은 그 자체로 남녀불문 공사불문과 함께 하는 돌봄으로 보이고 체화시킴으로써, 가정이란 학교에서 아빠 엄마의 공사구분을 보며 부지불식간에 본받았던 윗세대 성별분업의 답습을 민주적으로 성찰하고 교정할 수 있는 민주적 시민의 근성을 키울 수 있을 것이다.

정리하건대, 정치사회적으로 확장된 인간다움을 위한 돌봄교육 즉 정치적 휴머니즘은 인간의 의존성뿐만 아니라 돌봄책임의 불평등과 민주적 교정을 요구하며, 이러한 정치적 제도적 제도를 요구한다. 나아가, 제도적 해법을 넘어 교육적 해법의 차원에서 돌봄실습을 제안한다. 우리 모두가 돌봄을 받아야 하며 수시로 돌봄에 의존해야 하는 평등한 존재들이라는 민주적 전제를 함양해야 한다.

이러한 사회적 공감대의 두터워진 저변 위에 돌봄을 제공하는 사람들의 불평등을 감지하고 이를 외면하지 않는 협력과 제도의 필요성을 이해해야 한다. 게다가 정치사회적 제도의 운영과 향배는 타인의 고통을 외면하지 않는 민주시민의 에토스에 좌우된다는 점에서 미래시민은 남녀불문의 돌봄실습을 통해 정치적 휴머니즘을 함양해야 할 것이다.

참고문헌

- 박병춘. 1998. "나딩스의 배려윤리와 도덕교육." 『도덕윤리과교육』. 12(9). 381-398.
- _____. 2002. 『배려윤리와 도덕교육』. 서울: 울력.
- 윤자영. 2020. "무급 돌봄노동의 경제적 가치." 『노동리뷰』. 188. 23-34.
- 추병완·박병춘·황인표. 2002. "역자 서문." 넬 나딩스. 추병완·박병춘·황인표 역. 『배려교육론』. 서울: 다른우리.
- Bubeck, Diemut Grace. 2002. "Justice and the Labor of Care." In Eva Feder Kittay and Ellen K. Feder (eds.). The Subject of Care: Feminist Perspectives on Dependency. Lanham: Rowman & Littlefield Publishers, Inc.
- Butler Samuel. 2012. "A Fourth Subject Position of Care." Hypatia. 27(2). 390-406.
- Costa, Victoria. 2015. "Care." In Jon Mandle and David A. Reidy (eds). Companion to Rawls Lexicon. Cambridge: Cambridge University Press.
- Collins, Stephanie. 2015. The Core of Care Ethics. London: Palgrave MacMillan.
- Engster, Daniel. 2007. The Heart of Justice: Care Ethics and Political Theory. Oxford: Oxford University Press. 김희강·나상원 역. 2017. 『돌봄: 정의의 심장』. 서울: 박영사.

- Gilligan, Carol. 1982. In a Different Voice. Cambridge: Harvard University Press.
- _____. 1992. 『Meeting at the Crossroads』. Harvard University Press.
- Hankivsky, Olena. 2014. "Rethinking Care Ethics: on the Promise and Potential of an Intersectional Analysis." American Political Science Review. 108(2). 252-264.
- Held, Virginia. 2006. The Ethics of Care: Personal, Political and Global. Oxford: Oxford University Press. 김희강・나상원 역. 2017. 『돌봄: 돌봄윤리』. 서울: 박영사.
- Kittay, Eva Feder. 1999. Love's Labor: Essays on Women, Equality and Dependency. New York: Routledge. 김희강・나상원 역. 2016. 『돌봄: 사랑의 노동』. 서울: 박영사.
- Noddings, Nel. 1984. Caring: A Feminine Approach to Ethics and Moral Education. Berkeley: University of California Press. 한평수 역. 2009. 『배려: 윤리와 도덕교육에 대한 여성적 접근법』. 서울: 천지.
- _____. 1992. The Challenge to Care in Schools: An Alternative Approach to Education. New York: Teachers College Press. 추병완・박병춘・황인표 역. 2002. 『배려교육론』. 서울: 다른우리.
- Tronto C. Joan. 1993. Moral Boundaries: A Political Argument for an Ethic of Care. New York: Routledge.
- _____. 2013. Caring Democracy: Markets, Equality, and Justice. New York: New York University Press. 김희강・나상원 역. 2024. 『돌봄 민주주의』. 한국어 개정판. 서울: 박영사.

제17장

돌봄의 미래

학습목표

- 돌봄의 탈시설화와 지역돌봄을 설명할 수 있다.
- 기술 돌봄의 윤리를 이해할 수 있다.
- 생태돌봄과 녹색돌봄을 구분해서 설명할 수 있다.
- 초국가적 돌봄연대의 중요성을 강조할 수 있다.
- 돌봄 기본사회의 개념과 과제를 파악할 수 있다.

---

1. 탈시설과 지역돌봄

21세기 돌봄의 지형은 급속히 변화하고 있다. 고령화의 가속, 가족구조의 해체, 도시화와 인구 유출입, 경제 불평등의 심화는 전통적인 돌봄 방식에 근본적인 재검토를 요구한다. 과거에는 노인 돌봄의 주요 형태가 가족 내 비공식 돌봄 혹은 대규모 시설수용 중심이었다면, 이제는 '어디에서 어떻게 돌봄을 받을 것인가'라는 질문이 돌봄정책과 사회적 논의의 중심에 서게 되었다.

특히 가족 돌봄의 지속 가능성은 크게 약화되었다. 맞벌이 가구의 증가, 1인 가구의 확산, 여성의 경제활동 참여 증가 등은 가족 내 무급 돌봄의 한계를 드러내고 있다. 반면, 돌봄을 외주화하거나 시설에 위탁하는 방식은 경제적 비용 부담과 정서적 고립, 개인의 자율성 침해 등 여러 한계를 안고 있다. 이러한 현실적 조건은 돌봄의 장소와 방식에 대한 패러다임 전환을 촉진하고 있으며, 그 대안으로서 지역사회 기반 통합돌봄이 부상하고 있다.

1) 탈시설화의 배경과 의미

(1) 시설 돌봄의 한계

전통적인 노인 돌봄시설(요양원, 요양병원 등)은 돌봄의 공급자로서 중요한 역할을 해왔지만, 다음과 같은 한계에 직면해 있다.

① 비인간화된 환경: 시설은 규격화된 공간과 일률적 프로그램으로 인해 개인의 욕구와 일상성을 반영하기 어렵다.
② 사회적 고립: 지역사회와 단절된 환경은 노인의 자율성과 사회적 연결을 약화시킨다.
③ 감염병 위험성: 코로나19 팬데믹은 집단생활 시설의 감염 취약성을 극명하게 드러냈다.
④ 권리 침해: 시설 입소는 종종 본인의 의사와 무관하게 이루어지며, 탈시설 선택권이 제한된다.

(2) 탈시설화의 국제적 흐름

유엔장애인권리협약(UNCRPD)과 유럽 복지국가들의 정책은 자기결정권과 지역사회에서의 삶을 기본권으로 인정하며, 탈시설화를 권장한다.

예를 들면 스웨덴은 요양시설을 대폭 축소하고 홈케어 중심 체계를 구축하였으며, 영국은 커뮤니티 기반 돌봄 서비스에 재원을 집중하고 있다.

2) 지역기반 통합돌봄의 등장과 원칙

지역사회 통합돌봄(Community Integrated Care)은 돌봄의 장소를 '시설'에서 '생활권'으로 전환하자는 발상에서 출발한다. 개인이 익숙한 환경에서 자신의 의사에 따라 돌봄을 받을 수 있도록, 보건·복지·주거·돌봄 서비스가 통합적으로 제공되는 모델이다. 이는 '돌봄을 받기 위해 이주해야 하는 삶'이 아니라 '살고 있는 곳에서 계속 살아가는 삶'을 지향한다.

한국 정부도 2018년 '지역사회 통합돌봄 기본계획'을 수립하고, 2019년부터 선도사업을 추진해 왔다. 통합돌봄은 다음과 같은 기본 원칙을 갖는다.

① 보편성과 접근성: 지역 내 누구나 필요한 돌봄을 이용할 수 있어야 함
② 개별성 중심: 대상자의 욕구, 환경, 상황에 따른 맞춤형 서비스
③ 통합성과 연계성: 보건·복지·의료·주거가 유기적으로 연결
④ 지속성과 예방성: 일시적 처치가 아닌 지속적 돌봄과 조기개입

이러한 원칙은 단순한 서비스 전달 방식을 넘어, 돌봄의 새로운 사회적 구조를 만드는 방향성과 맞닿아 있다.

3) '지역에서 살아가기'를 위한 인프라 설계

지역기반 돌봄이 성공적으로 작동하기 위해서는 물리적 인프라와 제도적 기반이 마련되어야 한다.

첫째, 고령자 친화적 주거 공간이 중요하다. 무장애 주택 개조, 커뮤니티케어 복합공간, 돌봄주택(Assisted Living Housing) 등이 대표적이다.

둘째, 돌봄서비스의 접근성과 이동성을 높일 수 있는 동네 단위 돌봄 거점이 필요하다. 예를 들어 생활권 내 방문간호, 방문요양, 식사배달, 병원동행, 일상생활지원 서비스 등이 통합적으로 제공되어야 한다.

셋째, 지역사회 내 다양한 주체(지자체, 주민조직, 민간 돌봄기관, 사회적경제 주체 등)가 협력하는 돌봄 거버넌스 구조가 요구된다. 이는 '제공자-이용자' 구도가 아닌, 지역 전체가 돌봄의 주체가 되는 협력적 생태계를 의미한다. 예를 들어 일본의 '지역포괄케어시스템'은 행정, 병원, 시민조직, 복지기관이 수평적으로 연계되어 고령자의 건강과 삶을 함께 책임지는 구조를 갖추고 있다.

4) 돌봄의 장소화와 관계 중심의 돌봄문화

돌봄을 단지 기능적 서비스로 이해하는 것이 아니라, 삶이 이루어지는 장소에서의 관계적 경험으로 이해하는 시각이 중요하다. 이른바 '돌봄의 장소화(placemaking)'는 일상 속 공간과 인간관계를 회복하는 과정이다. 지역사회는 돌봄의 대상자가 살아온 역사, 관계망, 감정이 얽혀 있는 공간이기에, 그 자체로 돌봄 자원이 된다.

이러한 시각은 단지 비용 절감이나 정책 효율성 이상의 의미를 갖는다. 지역에서의 돌봄은 '나이 들어도 함께 살아갈 수 있는 사회'를 가능하게 하며, 돌봄을 사회 전체의 과제로 확장시키는 정치적 함의를 내포한다. 특히 공동체 기반 돌봄은 고립과 소외를 완화하고, 연대와 책임의 문화를 회복시키는 데 기여할 수 있다.

5) 지역돌봄을 위한 정책 과제와 전망

향후 지역기반 돌봄체계가 지속 가능하기 위해서는 다음과 같은 정책 과제가 있다.

① 재정 구조의 전환: 시설 중심의 예산 구조에서 지역통합돌봄 중심으로 재배분
② 인력 양성과 고용 안정성 확보: 돌봄노동자에 대한 교육, 처우 개선
③ 서비스 품질 관리와 이용자 권리 보장: 지역별 편차 해소, 서비스 표준화
④ 시민 참여 기반 확대: 지역주민이 기획·운영에 직접 참여하는 구조 필요

지역사회 통합돌봄은 단순한 정책이 아니라, 돌봄을 바라보는 사회적 상상력의 전환이다. 이는 돌봄을 국가나 시장의 책임만이 아니라, 모두가 함께 짊어지는 공동 책임으로 다시 자리매김하는 과정이기도 하다.

돌봄의 미래는 더 이상 '시설'이라는 특정한 공간에 갇혀서는 안 된다. 누구나 자신의 삶의 공간에서 존엄하게 나이 들고, 필요한 지원을 받을 수 있는 사회야말로 진정한 돌봄사회다. 탈시설화와 지역돌봄은 단지 정책적 이동이 아니라, 돌봄을 삶의 중심으로

재배치하는 사회적·철학적 전환이다. 돌봄의 미래는 결국 '어디에서, 누구와, 어떻게 살아갈 것인가'에 대한 우리의 집단적 선택에 달려 있다.

2. 기술과 돌봄

1) 돌봄과 기술의 만남

인공지능(AI), 사물인터넷(IoT), 로봇공학, 빅데이터 기술의 비약적 발전은 돌봄 영역에도 빠르게 스며들고 있다. 특히 팬데믹 이후 비대면 돌봄의 필요성이 증대되며, 기술기반 돌봄 모델에 대한 사회적 수용성이 급속히 높아졌다. 고령화 사회에서는 돌봄 수요는 증가하는 반면, 노동력은 줄어드는 구조적 문제에 직면해 있다. 이 틈을 메우기 위한 방안으로 기술은 점차 돌봄의 대안이자 보완 수단으로 자리 잡고 있다.

과거 '손으로 하는 돌봄'은 이제 '데이터로 예측하고, 기계로 수행하는 돌봄'으로 진화하고 있다. 하지만 기술이 돌봄을 대체할 수 있는가, 기술은 돌봄의 인간성을 훼손하지 않는가 하는 질문은 여전히 유효하다.

따라서 기술을 단순히 도입하는 수준을 넘어, 돌봄의 본질과 인간 중심의 가치에 부합하는 방향으로 재구성하는 것이 중요하다.

2) 스마트 돌봄 기술의 발전과 주요 유형

현재 상용화되거나 개발 중인 기술기반 돌봄 서비스는 다양하다. 그 주요 유형은 다음과 같다.

(1) IoT 기반 생활 모니터링

고령자의 움직임, 수면, 낙상 여부 등을 센서가 감지하고, 위급 시 가족이나 응급센터로 알림을 전송한다.
　예시 | 스마트 매트, 움직임 감지 센서, 스마트 조명

(2) AI 예측 시스템 및 케어매니지먼트
건강 데이터와 생활 데이터를 학습하여 질환 악화를 예측하거나, 개인별 맞춤 돌봄 계획 수립에 활용한다.
　예시 | 치매 예측 알고리즘, 방문간호 일정 자동화 시스템

(3) 돌봄 로봇 및 반응형 장치
대화·정서지원·약물 복약 안내·이동 지원 기능을 가진 로봇 및 디지털 반려기기 등이 있다.
　예시 | 인지훈련 로봇, AI 음성비서, 로봇휠체어

(4) 원격 진료 및 비대면 건강관리 서비스
고령자의 병원 방문 부담을 줄이고, 일상에서 의료적 관리를 가능케 하는 서비스다.
　예시 | 원격 진료 플랫폼, 스마트 약통, 웨어러블 혈압계

기술은 돌봄의 '효율성'과 '안전성'을 높이는 데 기여할 수 있으며, 돌봄공백 해소에도 일정 부분 역할을 할 수 있다. 그러나 그것이 곧 좋은 돌봄을 보장하지는 않는다.

3) 기술 돌봄의 윤리적 쟁점과 위험

기술의 도입은 새로운 윤리적 쟁점을 동반한다. 대표적으로 다음의 문제들이 제기된다.

(1) 돌봄의 비인간화 위험
돌봄은 단순한 서비스 제공이 아니라 관계와 정서, 인정의 경험을 포함한다. 기술은

효율적일 수 있으나, 인간적 온기를 대체하기 어렵다. '기계에 의한 돌봄'이 정서적 고립을 가속할 수 있다.

(2) 프라이버시 침해와 감시 문제

센서나 카메라, 위치추적 기술은 돌봄대상의 사생활을 위협할 수 있다. 특히 인지저하 노인의 경우, 동의권이나 선택권을 충분히 보장받기 어렵다는 점에서 더 민감하다.

(3) 디지털 격차

고령자 및 저소득층은 디지털 기기 사용 능력이 낮아, 기술 기반 돌봄 서비스에서 배제될 수 있다. 기술이 돌봄의 불평등을 심화할 위험이 존재한다.

(4) 의존성 및 책임 회피

기술 의존이 높아질수록, 인간의 돌봄책임이 희석될 수 있다. 기술 고장이나 오작동 시 그 결과는 누가 책임질 것인가에 대한 문제도 발생한다.

이러한 윤리적 쟁점을 해결하지 않고 기술을 무비판적으로 수용할 경우, 돌봄의 본질이 훼손될 수 있다.

4) 기술과 인간의 협력

기술이 돌봄의 전면적 대체가 아닌 인간을 보완하는 협력적 도구로 활용되어야 한다는 관점이 중요하다. 이러한 접근은 '기술이 인간을 도와 돌봄을 확장시키는 방식'으로 전환될 수 있도록 돕는다. 이를 위한 구체적 방향은 다음과 같다.

(1) 하이브리드 케어 모델

기술과 사람이 함께 돌봄을 수행하는 체계로써 로봇이 기본 정보를 제공하고, 사람이 정서적 지지를 제공하는 방식이다.

(2) 사용자 중심 디자인(User-Centered Design)

고령자와 돌봄제공자가 기술 설계 과정에 참여하여, 실제 사용 맥락을 반영하도록 하는 방식이다.

(3) 기술과 관계의 통합 설계

AI 비서가 고립감을 완화할 수 있는 방식으로 인간 중심 인터페이스를 구현하거나, 공동체 내 기술 공유 플랫폼을 도입하여 지역 내 상호작용을 유도하는 방식이다.

(4) 사회적 기술 인프라

기술이 공공 인프라로서 작동할 수 있도록, 지자체·공공기관 주도의 플랫폼화 및 공공데이터의 투명한 활용이 요구된다.

5) 기술 돌봄의 공공성과 제도화 과제

기술 기반 돌봄이 상업적 영역에만 맡겨질 경우, 돌봄의 공공성이 약화될 우려가 크다. 따라서 기술을 공공적 자원으로 인식하고, 사회적으로 관리·운영할 수 있는 제도적 장치가 필요하다. 공공성과 기술을 통합한 정책 설계는 미래 사회에서 돌봄의 형평성과 지속가능성을 함께 보장하는 핵심 축이 될 것이다. 주요 과제는 다음과 같다.

(1) 공공 플랫폼 구축

민간 서비스 중심의 파편적 기술이 아닌, 국가·지자체 차원의 통합 기술 시스템을 도입한다.

(2) 기술보조금 및 서비스 바우처화

취약계층이 기술 돌봄을 이용할 수 있도록 공공재정 기반을 지원한다.

(3) 표준화와 인증제 도입

기술 돌봄 제품 및 서비스에 대한 공공 인증제도를 통해 신뢰성을 확보한다.

(4) 데이터 주권과 개인정보 보호법 강화

고령자의 데이터 활용에 있어 투명성과 동의권 확보가 중요하다.

(5) 기술 활용 인력 양성

사회복지사, 요양보호사, 방문간호사 등을 대상으로 한 '디지털 케어매니저' 양성이 필요하다.

기술은 돌봄의 대안이 아니라, 돌봄을 확장하고 보완하는 도구여야 한다. 인간의 정서, 관계, 배려라는 돌봄의 본질은 기계로 완전히 대체될 수 없다. 하지만 기술이 올바르게 설계되고, 공공성과 윤리를 갖춘 시스템 속에서 작동한다면, 돌봄의 질과 접근성은 분명 향상될 수 있다.

결국 중요한 것은 기술을 어떻게 활용하느냐이며, 기술 중심이 아닌 인간 중심의 디지털 돌봄 전환이 미래를 위한 핵심 과제이다. 우리는 기술이 아니라 사람을 중심에 두는 '기술 돌봄의 윤리'를 함께 설계해 나가야 한다.

3. 생태돌봄

1) 돌봄 경계의 확장

돌봄(care)은 오랫동안 인간 상호 간의 행위, 특히 취약한 존재를 향한 보호와 지원으로 이해되어 왔다. 그러나 기후위기와 생태계 파괴가 일상이 된 21세기에는 돌봄의 개념 또한 확장을 요구받고 있다. 인간만을 위한 돌봄에서 벗어나, 인간-비인간-자연 간의 상호의존적인 삶의 조건을 유지하는 실천으로 돌봄을 재정의해야 할 때이다. 이러한 전환은 단순한 감정적 동정이나 보호가 아닌, 공동 생존을 위한 관계적 실천으로서의 돌봄을 지향한다.

이른바 '생태돌봄(Ecological Care)'은 인간중심주의를 넘어 모든 생명과 생태계에 대한 배려와 책임을 포함한다. 이는 돌봄을 통해 지속 가능한 삶과 사회를 실현하려는 윤리적·정치적·문화적 실천의 토대가 된다.

2) 생태위기와 돌봄위기의 교차

현대 사회는 기후변화, 생물다양성 감소, 대기오염, 도시열섬 현상 등 다양한 생태적 위기를 동시에 겪고 있다. 이러한 위기는 환경의 문제일 뿐 아니라, 취약한 존재들에게 훨씬 더 불균형하게 영향을 미친다는 점에서 돌봄의 위기이기도 하다.

① 폭염, 미세먼지, 감염병 확산 등은 노인과 만성질환자에게 치명적이다.
② 도시의 열악한 주거 환경, 녹지 부족, 교통 단절 등은 고령자의 야외활동을 위축시킨다.
③ 자원고갈과 에너지 위기는 공공 돌봄 서비스의 지속 가능성을 위협한다.

이처럼 생태위기는 돌봄의 조건을 악화시키며, 돌봄의 대상과 범위, 방식 전반에 영향을 미친다. 따라서 생태와 돌봄은 분리될 수 없는 상호 의존적 영역이며, 두 위기는 통합적으로 대응되어야 한다.

3) 녹색돌봄(Green Care)의 실천과 사례

'녹색돌봄(Green Care)'은 농업, 자연환경, 동물, 정원 등 생태 자원을 활용하여 사람의 건강과 삶의 질을 증진시키는 실천을 일컫는다. 이는 단지 자연과 접촉하는 수준을 넘어, 자연과의 관계 속에서 회복과 치유, 돌봄이 이루어지는 구조이다. 이러한 실천은 고령자의 건강 증진은 물론, 돌봄노동자의 소진 예방, 지역경제 활성화, 공동체 복원 등의 부가 효과를 낳는다.

(1) 주요 유형

① 치유농업(Therapeutic Farming): 농작업을 통해 심리적 안정과 기능 회복을 도모한다.
② 정원치유(Garden Therapy): 식물 가꾸기, 정원 산책 등으로 인지기능·정서회복을 촉진한다.
③ 동물매개돌봄(Animal-Assisted Care): 동물과의 상호작용을 통한 정서적 유대를 강화한다.
④ 자연기반 요양시설: 숲, 호수 등 자연환경 속 요양공간 조성

(2) 국내외 사례

① 네덜란드 '데 호흐베이크' 치매마을: 숲과 농장이 결합된 자연 중심 생활환경으로 설계됨
② 일본 '사토야마 케어': 지역 생태를 활용한 공동체 돌봄 공간을 운영함
③ 한국 '치유농장 인증제': 농촌진흥청이 주관하며 치유 기능이 있는 농장을 인증하고 돌봄 프로그램을 운영함

4) 생태적 돌봄 공간과 커뮤니티 디자인

생태돌봄은 물리적 환경과 공간 설계 차원에서도 중요한 의미를 지닌다. 고령자의 삶의 질은 단지 서비스의 양과 질뿐 아니라, 살고 있는 환경의 생태적 품질에 의해 결정된다. 생태돌봄 공간의 핵심 원칙은 다음과 같다.

① 접근 가능한 녹지와 자연: 걷기 좋은 숲길, 공원, 수변공간
② 기후 친화적 건축: 단열, 자연채광, 환기 등 생태주거 요소
③ 공유 공간 중심의 마을: 커뮤니티 정원, 공용텃밭, 마을 주방 등
④ 생태교통과 이동권 보장: 친환경 이동수단, 저상버스, 순환 셔틀 등

이는 돌봄이 특정한 기관이나 주체의 몫이 아닌, 지역 전체가 함께 살아가는 생태적 장치로 확장되는 과정이라 할 수 있다.

5) 생태적 전환과 새로운 돌봄윤리

생태돌봄은 인간과 비인간, 현재와 미래 세대 사이의 윤리적 책임감을 전제로 한다. 이는 새로운 사회적 돌봄윤리를 요구하며, 다음의 원칙을 포함한다.

① 상호의존성(interdependence): 돌봄은 인간만이 아닌 생태계 전체와 얽혀 있다.
② 책임의 확장: 현재의 돌봄 실천이 미래 세대의 생존에 영향을 준다.
③ 생명 중심 윤리: 효율·편의보다 생명 보호와 재생산을 중심으로 사고한다.
④ 사회적약자의 우선성: 생태위기의 가장 큰 피해자인 취약계층에 대하여 우선적으로 돌봄을 제공한다.

이는 낭비와 소비 중심의 자본주의 시스템에 대한 비판적 성찰과 함께, 생태적 감수성과 돌봄의 연결성을 회복하려는 윤리적 시도다.

6) 지속 가능한 돌봄사회를 위한 과제

생태돌봄을 제도화하고 일상에 녹여내기 위해서는 다음과 같은 정책적, 사회적 과제가 요구된다.

① 생태돌봄서비스 인정 및 제도화: 치유농업, 정원치유 등을 지역돌봄서비스 범주로 편입한다.
② 공공 생태인프라 확대: 노인돌봄시설 주변에 자연접근 공간의 확보를 의무화한다.
③ 지속가능한 식생활과 지역생산 연계: 노인급식에 지역 농산물을 연계하고 푸드마일을

축소한다.
④ 돌봄 관련 기후교육 및 생태감수성 교육 확대: 돌봄노동자, 지역주민 대상으로 하는 생태 감수성 함양 프로그램이 필요하다.
⑤ 녹색 복지 예산 편성: 돌봄·환경·농업이 연계된 통합 예산 구조를 마련한다.

돌봄은 단지 인간의 문제가 아니다. 인간이 살아가기 위해 의존하는 자연과 환경, 공동 생명체들에 대한 배려와 책임이 돌봄의 확장된 지평에 자리 잡고 있다. 생태돌봄은 새로운 기술이나 제도 이전에, "우리가 어떤 존재로 살아가고 싶은가?"라는 근본적인 물음에서 출발한다.

생태돌봄은 돌봄과 환경, 건강, 공동체의 문제를 분리하지 않고 통합적으로 다룰 수 있는 중요한 대안이다. 나이 들어도, 병들어도, 혼자 살아도 자연과 연결된 삶을 누릴 수 있는 사회야말로 진정한 돌봄사회이며, 지속가능한 사회다.

4. 초국가적 돌봄연대

1) 돌봄의 세계화: 국경을 넘는 돌봄노동

21세기 세계화의 가장 뚜렷한 특징 중 하나는 돌봄노동의 이동이다. 필리핀, 인도네시아, 베트남, 네팔, 우즈베키스탄 등에서 온 이주 여성들이 한국과 일본, 유럽 각국의 요양시설, 병원, 가정에서 노인과 환자를 돌보고 있다. 이들은 단순한 가사노동자가 아니라 국가 복지의 공백을 메우는 핵심 인력으로 기능하고 있다.

이러한 구조는 '글로벌 케어 체인(Global Care Chain)'이라고 불리며, 글로벌 케어 체인이란, 돌봄노동이 국가 간 불균형 구조 속에서 저임금 여성 노동자들을 중심으로 연쇄적으로 이동·분담되는 구조적 현상을 말한다(Arlie Hochschild, 2000).

① 저개발국의 여성들이 고소득국으로 이동하여 돌봄노동을 제공함

② 그 결과 본국의 가족·자녀 돌봄은 다시 다른 여성(할머니, 친척 등)에 의해 수행됨
③ 돌봄이 국가 간 불균형 구조 속에서 연쇄적으로 전가되는 시스템

이 구조는 돌봄이 국가 간 자원 불균형, 젠더 분업, 인종적 위계에 따라 배분되고 있음을 보여준다. 돌봄의 세계화는 한편으로는 필연적인 흐름이지만, 동시에 초국가적 불평등과 착취의 기제를 내포하고 있다.

2) 글로벌 돌봄 위기와 팬데믹의 교훈

코로나19 팬데믹은 돌봄의 세계화가 얼마나 취약한 구조 위에 놓여 있었는지를 명확히 드러냈다. 국경이 봉쇄되고 이동이 제한되자, 많은 국가들이 돌봄 인력의 부족으로 심각한 사회적 혼란을 겪었다. 특히 요양시설과 재가 돌봄 서비스의 인력이 급감하면서, 돌봄의 지속 가능성이 국가 안보 수준의 문제로 부상했다. 이로 인해 다음과 같은 논의가 국제사회에서 본격화되었다:

① 돌봄을 공공재(Public Good)로 인정하고 국제적 협력 기반의 마련
② 이주 돌봄노동자의 노동권 및 거주권 강화
③ 보편적 돌봄권(Universal Right to Care)에 대한국제인권 담론의 확산
④ 국가 간 돌봄 협력체계 및 돌봄 협약(Care Pact) 체결 필요성 제기

돌봄은 더 이상 한 국가의 내부 정책에 머무를 수 없으며, 세계적 과제(global concern)로 다루어져야 할 시점에 도달했다.

3) 초국가적 돌봄정의

'초국가적 돌봄정의(transnational care justice)'는 다음의 세 가지 가치를 중심으로 논의

된다.

① 형평성(Equity): 돌봄노동의 분배가 국가 간 경제력이나 인종에 따라 왜곡되지 않아야 함
② 권리성(Rights): 모든 인간은 적절한 돌봄을 받을 권리와 돌봄노동자의 권리를 보장받아야 함
③ 상호의존성(Interdependence): 돌봄은 보편적 욕구이며, 모든 사회는 서로의 돌봄을 필요로 한다는 인식

이러한 논의는 국제기구와 시민사회, 노동운동이 중심이 되어 전개되고 있다. 예를 들어 국제노동기구(ILO)는 2022년 『돌봄정책과 돌봄노동자 권리 보호를 위한 국제 권고안』을 발표하였고, 유엔은 '2030 지속가능발전목표(SDGs)' 중 5번 목표에 돌봄노동의 가치 인정을 명시했다.

4) 각국의 정책 변화와 국제 협력 사례

돌봄의 글로벌 불균형을 해소하려는 움직임은 점차 제도적 실천으로 이어지고 있다.

(1) 일본: '경제동반자협정(EPA)'에 기반한 간호인력 수급
① 인도네시아, 필리핀 등과의 국가 간 협정 체결
② 일본 내 노인요양시설에서 일정 기간 일한 후 국가시험 응시 가능
③ 숙련 이주노동자의 돌봄역량을 체계적으로 인정하는 제도

(2) 독일: 'Triple Win 프로그램'
① 독일 정부가 세르비아, 필리핀 등과 협력하여 간호 인력 확보
② 공공기관 주도로 교육·취업·정착 전 과정 지원
③ 단기 계약 대신 지속 가능한 상호협력 모델 강조

(3) 한국: 비공식 외국인 간병인의 제도권 편입 논의
① 현재는 요양기관 내 외국인 노동자 합법 고용 제한
② 일부 지자체에서 시범적으로 외국인 간병인 고용 허용
③ 향후 국가 간 돌봄 협정 및 체류 안정성 보장이 과제로 부상

이러한 정책들은 단순히 인력을 수입하는 방식이 아니라, 인간다운 노동조건과 상호 존중에 기반한 파트너십 형성으로 진화하고 있다.

5) 글로벌 돌봄연대를 위한 실천 과제

초국가적 돌봄연대를 실현하기 위해서는 다음과 같은 다층적 실천이 필요하다.

① 보편적 돌봄권의 법제화: 돌봄이 생존권과 마찬가지로 기본권으로 보장되어야 하며, 이를 위한 국제 협약 체결이 필요하다.
② 이주 돌봄노동자의 권익 보장: 노동시간, 휴식권, 사회보장, 가족동반권 등 실질적 권리를 보장하는 장치를 마련한다.
③ 시민사회의 연대: 소비국 시민과 공급국 시민이 함께 책임의식을 공유하는 교육·캠페인을 확대한다.
④ 초국가적 돌봄 거버넌스 구축: 국제기구 주도하에 국가 간 돌봄 인력 교류와 협력 기준을 마련한다.
⑤ 인종, 젠더에 기반한 위계 해체: '이주 여성=저임금 돌봄노동자'라는 사회적 편견 극복과 문화적 전환이 필요하다.

돌봄은 본질적으로 경계를 넘는 행위이다. 돌봄의 수요는 보편적이지만, 그 부담은 특정 국가·성별·계층에 집중되어 있다. 세계화는 이 문제를 더욱 가시화시켰고, 이제는 연대와 협력 없이 돌봄의 미래는 존재할 수 없다는 사실을 우리에게 보여주고 있다.

따라서 우리는 돌봄을 글로벌 공공재로 인식하고, 국경을 넘어선 정의롭고 지속 가능한 협력 체계를 구축해야 한다. 돌봄의 정의는 이제 한 사회의 내적 윤리만이 아니라, 지구적 정의(global justice)의 핵심 척도가 되어야 한다.

5. 돌봄 기본사회

우리는 지금 전 지구적 차원의 위기와 변화의 시대에 살고 있다. 고령화, 감염병, 기후위기, 사회적 고립, 불평등은 서로 얽혀 있으며, 이는 '돌봄의 위기'를 구조적으로 드러낸다. 특히 가족 구조의 해체, 지역공동체의 붕괴, 국가 복지의 한계 속에서 돌봄은 사적인 책임으로만 남겨져 왔으며, 여성과 저임금 노동자에게 과도하게 전가되고 있다. 이런 조건 속에서 '돌봄 기본사회'라는 개념은 단순한 복지확대가 아닌, 사회구조 전체의 전환을 의미한다. 돌봄이 사회의 주변이 아니라 중심이 되어야 하며, 인간의 상호의존성과 공동생활의 필수 조건으로서 재구성되어야 한다. 이는 새로운 사회계약이자 윤리, 정치, 경제, 문화 전반을 포괄하는 전환의 비전이다.

1) 돌봄 기본사회의 개념

현대사회는 개인의 자율성과 선택을 강조하는 자유주의적 모델을 기반으로 성장해 왔다. 그러나 그 이면에는 누군가의 돌봄 없이는 유지될 수 없는 취약한 삶의 구조가 존재한다. 인간은 의존적 존재이며, 돌봄은 인간 존재의 지속을 가능하게 하는 가장 기초적인 조건이다. 그럼에도 불구하고 기존 사회는 돌봄을 여성, 가족, 비공식 영역에 몰아넣고, 그것을 사회구조의 바깥에 두었다.

이런 반성을 바탕으로 최근 사회학과 정치철학에서 등장한 개념이 바로 '기본사회 (the foundational society)'이다. 이는 인간이 가족이나 국가 같은 거대 체계 없이도, 일상 속 관계망을 통해 살아갈 수 있는 최소 단위의 사회적 기반을 의미한다. 돌봄 기본

사회란, 그 기본사회를 '돌봄'을 중심 원리로 재조직한 사회 모델이다.

2) 돌봄 기본사회의 핵심 원리

돌봄 기본사회는 기존의 시장 중심 사회나 생산 중심 사회와는 근본적으로 다른 가치체계를 제안한다. 그 핵심 원리는 다음과 같다.

① 상호의존성(interdependence): 인간은 독립적 존재가 아닌 서로 연결된 존재이며, 돌봄은 인간 관계의 핵심이다.
② 보편적 돌봄권(right to care): 누구나 돌봄을 받을 권리가 있으며, 이를 복지 이상의 사회권으로 보장해야 한다.
③ 돌봄 시민성(care citizenship): 시민은 단순한 소비자나 유권자가 아니라, 돌봄을 수행하고 요구하는 이중적 주체이다.
④ 삶의 리듬 전환: 경쟁, 속도, 효율성이 아닌 관계, 지속성, 회복을 중심으로 한 사회시간 구조의 재편이 필요하다.
⑤ 공정한 돌봄 분담: 젠더, 계층, 세대 간 공정한 돌봄의 나눔과 참여 구조의 구축이 필요하다.

이러한 원리는 사회를 유지하는 가장 기본적인 윤리이자 조직 원리로서 돌봄을 제안하는 것이다.

3) 돌봄 기본사회의 제도적 기반

돌봄 기본사회는 단순한 철학적 선언이 아니라, 구체적 제도 설계를 필요로 한다. 다음은 그 실현을 위한 핵심 제도적 요소들이다.

(1) 보편적 돌봄 제도
① 아동, 노인, 장애인 등 생애주기 전반에 걸친 돌봄 보장
② 장기요양보험, 노인맞춤돌봄서비스, 가족돌봄휴가제 등 보편 서비스화
③ 돌봄 기본소득 또는 돌봄 배당제 도입 논의

(2) 지역 기반 돌봄 공동체
① 마을 단위 돌봄공간: 돌봄센터, 공유부엌, 커뮤니티 가든 등
② 주민 참여형 거버넌스: 지역주민이 기획·운영하는 돌봄회
③ 도시계획과 돌봄의 통합: '돌봄 친화 도시(care-friendly city)' 조성
※ '돌봄 친화 도시(care-friendly city)'란 모든 시민이 생애주기 전반에서 돌봄을 주고 받을 수 있도록 도시의 물리적, 사회적, 제도적 환경이 조성된 도시를 의미한다.

(3) 돌봄 노동의 사회적 인정과 공정 보상
① 돌봄노동자에 대한 생활임금 보장, 노동권 보장, 감정노동 보호
② 비공식 돌봄자(가족, 친구 등)에 대한 수당, 연금 인정 등 제도화
③ 커뮤니티 기반 사회적경제 돌봄기업 육성

(4) 시민돌봄교육과 문화전환
① 초·중등 및 성인 대상 돌봄 감수성 교육 정규화
② 돌봄윤리, 관계성, 공존 등을 주제로 한 공공 미디어, 예술, 문화 콘텐츠 확산
③ '케어 리터러시(care literacy)'의 생활화: '케어 리터러시'는 돌봄이 필요한 상황에서 스스로 혹은 타인을 위해 적절한 돌봄을 이해하고, 활용하고, 실천할 수 있는 능력과 태도를 의미한다. 이는 단순한 정보 습득을 넘어, 돌봄을 삶의 일상에서 인식하고 판단하며, 상호작용하는 종합적 역량을 말한다.

4) 기본소득과 돌봄기본사회

돌봄 기본사회는 '기본소득', '기본주거', '기본교육'등과도 연계될 수 있다. 특히 기본소득제와 돌봄의 결합은 다음과 같은 시너지 효과를 낼 수 있다.

① 무보수 돌봄의 가치 보상: 비공식 돌봄자에게 실질적 시간과 자원 제공
② 자발적 돌봄활동 확대 유인: 일정 수준의 경제 안정성 확보를 통해 돌봄 참여 여력 증가
③ 시장노동과 돌봄노동 간 선택의 자유 확대

다만, 기본소득이 단순한 현금 지급에 머문다면 돌봄 책임을 오히려 사적으로 전가할 위험도 존재한다. 따라서 기본소득은 공공 돌봄 서비스의 강화와 함께 설계되어야 한다.

5) 돌봄 기본사회의 미래 전망과 과제

돌봄 기본사회는 거대한 이상처럼 보일 수 있지만, 이미 그 조짐은 우리 주변 곳곳에서 나타나고 있다. 고령친화도시, 공유주택, 치매친화마을, 시민돌봄단 등은 돌봄 기본사회의 씨앗이다. 향후 이를 확장하기 위한 과제는 다음과 같다.

① 정치적 상상력의 확대: 돌봄을 핵심 어젠다로 삼는 정치 세력과 의제 형성
② 복합 위기 대응력 강화: 기후위기, 감염병, 경제 불안 속에서도 돌봄의 일상 지속성 보장
③ 세대 간 연대와 재분배 구조 구축: 청년, 중장년, 노인이 함께 돌봄을 구성하는 구조
④ 돌봄의 데이터화와 공공 플랫폼화: 돌봄 정보와 자원을 공공적으로 공유하는 디지털 인프라 구축

돌봄 기본사회는 결국 "사람이 살기 위해 필요한 사회"를 묻는 질문에 대한 응답이

며, 경쟁과 효율 너머 공존과 관계의 사회로의 전환을 선언하는 사회계약이다.

돌봄은 단지 누군가를 도와주는 행위가 아니다. 그것은 사회를 구성하는 가장 기본적인 연결망이며, 인간 존재의 지속 조건이다. 돌봄 기본사회란, 이 조건을 부끄러워하지 않고 사회의 중심에 위치시키는 작업이다.

우리는 이제 돌봄을 외주화하거나 가족 내부에만 맡기는 시대를 넘어, 사회 전체가 돌보는 사회, 누구나 돌보고 돌봄받을 권리와 책임을 갖는 사회를 상상해야 한다. 돌봄 기본사회는 그런 새로운 시대의 문을 여는 상징이자 실천의 언어가 될 수 있다.

우리는 돌봄을 비용이 아닌 투자로, 시혜가 아닌 권리로, 부담이 아닌 가능성으로 전환해야 한다. 그러한 사회는 혼자가 아닌 함께 살아가는 방식으로 움직이며, 모두가 돌보고 돌봄받는 사회, 바로 그것이 돌봄 기본사회다.

참고문헌

- 보건복지부. (2023). 『노인맞춤돌봄서비스 기본계획 2023~2027』.
- 보건복지부. (2018). 『지역사회 통합돌봄 기본계획』.
- OECD. (2020). Digital Disruption in Health Care.
- Nussbaum, M. (2006). Frontiers of Justice. Harvard University Press.
- Tronto, J. C. (2013). Caring Democracy. NYU Press.
- Berridge, C., & Wetle, T. (2020). Why Older Adults May Decline Offers of In-Home, Sensor-Based Telemonitoring Services. The Gerontologist
- 한국보건산업진흥원. (2021). 『ICT 기반 고령자 건강관리 서비스 실태조사』.
- 과학기술정보통신부. (2023). 『디지털 포용 정책백서』.
- 유엔(UN). (2016). Convention on the Rights of Persons with Disabilities.
- 국제노동기구(ILO). (2022). Care work and care jobs for the future of decent work.

- Selwyn, N. (2004). Reconsidering Political and Popular Understandings of the Digital Divide. New Media & Society, 6(3), 341-362.

- Muramatsu, N., & Akiyama, H. (2011). Japan: Super-aging society preparing for the future. The Gerontologist, 51(4), 425-432.

- WHO. (2021). Digital Health Guidelines: Recommendations on Digital Interventions for Health System Strengthening.